SANQIANNIAN
YUANYU

三千年冤狱

杨师群 著

江西高校出版社

图书在版编目（CIP）数据

三千年冤狱 / 杨师群著. —南昌:江西高校出版社,2016.1
ISBN 978-7-5493-4045-3

Ⅰ.①三… Ⅱ.①杨… Ⅲ.①案例—汇编—中国—古代
Ⅳ.①D929.2

中国版本图书馆 CIP 数据核字（2016）第 022264 号

责 任 编 辑	曾文英　　胡苏珍
装 帧 设 计	邓家珏
排 版 制 作	邓娟娟
出 版 发 行	江西高校出版社
社 　　　 址	江西省南昌市洪都北大道 96 号
邮 政 编 码	330046
总 编 室 电 话	(0791)88504319
编 辑 部 电 话	(0791)88595397
销 售 电 话	(0791)88517295
网 　　　 址	www.juacp.com
印 　　　 刷	南昌市红星印刷有限公司
经 　　　 销	全国新华书店
开 　　　 本	700 mm × 1000 mm　　1/16
印 　　　 张	31.25
字 　　　 数	545 千字
版 　　　 次	2016 年 3 月第 1 版第 1 次印刷
书 　　　 号	ISBN 978-7-5493-4045-3
定 　　　 价	56.00 元

赣版权登字-07-2016-41

序　言

中国三千年的"法制"史料可谓浩如烟海,从夏商周诸刑、战国变法到以云梦秦简、张家山汉简为样式的秦汉律,还有《魏律》《晋律》《北魏律》《大统式》《北齐律》等南北朝各国立法,然后是《开皇律》《唐律疏议》《唐六典》《宋刑统》《庆元条法事类》《大元通制》《元典章》《大诰》《大明律》《大明会典》《大清律例》《大清会典》……条文不断增加,体系日趋繁密,断例堆积如山,粗略打量,中国似乎是一个有着悠久"法治"传统的国家。然而,透过那一层层所谓"法制"的纱幕,当你仔细读完《三千年冤狱》的时候,你会恍然大悟:原来中国传统社会的"法治"与"专制"几乎是可以画等号的。对历史上的中华文明,我们应该尊重和传承,择其善者而从之,而对于历史上所发生的一些冤案狱情,我们要本着科学的态度,牢记历史的教训,牢记历史的警示。

首先,看看古希腊罗马社会,在那里"法律代表正义",具有权利、契约等含义,因此人们逐渐认识到法律应是为全体公民谋幸福的公平规则。由是,古希腊罗马社会的人们在追求公正、平等价值观的过程中,用法律制定出有关民主共和制度一些初步的游戏规则,为近代西方的崛起,奠定了坚实的法制基础。而中国古代的"法"却主要是刑赏,所谓"刑九而赏一",是以刑罚为主体的统治工具。另外,中国传统社会的人们在追求和谐、稳定价值观的过程中,用法律构筑起等级森严的君主家长制统治秩序,由于缺乏前者法律文化的相关基因,使君主专制法律统治模式成为根深蒂固的"天理"。

其次,从夏商周酷刑发展到战国法家的所谓"法治"思想及其变法实践,统治者采用残酷的刑法来维护君主专制,实行轻罪重刑等赤裸裸的血腥恐怖统治,以镇压臣民的任何反抗和不轨行为。然而,秦采用法家思想施行暴政导致二世而亡,汉武帝不得不抬出儒家的仁义道德来对法家的严刑峻法进行粉饰包装,使中国社会进入儒法合流的统治模式。我们只要仔细观察和分析,就可了解此后各朝各代的法律体系其实仍以法家的血腥镇压为核心,只是在其外表披盖了一层儒家德治的面纱。中国传统社会的所谓"法律",主要是制裁臣民的刑罚工具,至于施用刑罚的宽严程度,只要能围绕"法律维护专制统治"这一主旨,常常可以便宜行事,由严刑酷法生出的冤狱,可谓比比皆是。

再者,中国的法律完全是按君主的意志和专制的需要而制定的,许多法律直接就出自君主的敕令。《管子·任法篇》所谓"生法者君也,守法者臣也,法于法者民也",就是说法律必须由君主制定,由官吏执行,而民众只能被法律制裁。这样,君主常常可根据个人的喜恶,随心所欲地立法,并且掌握着最高司法大权,滥行诏狱而制造出的大冤狱,历朝历代可谓层出不穷。一批酷吏、佞臣们也打着维护君主旨意和国家利益的旗帜治狱判案,常常上下其手、假公济私,还有专权的宦官嫔妃、皇亲国戚也都可以利用时机与权势而玩弄法律于股掌之上……总之,中国传统社会的立法、司法程序中极少有对抗性的权力制衡机制,民众往往如俎上之肉而任官吏宰割,而官员贵族又往往由掌握绝对权力的皇帝所宰割,在这些权奸们的层层宰割下,必然制造出无数惨烈的冤狱。

中国传统社会中的专制权力至高无上,有无所不能的魔力。它不时地在告诉人们:有权就有一切,可谓"有权能使鬼推磨"。其间,法律不仅不能对专制统治权力有所制约,而且只能沦为其工具、婢女,尤其是在保护财产私有权方面法律机制的基本阙如,使个人的经济权益没有任何保障。因此,中国传统社会运作的重心从来就不在正常的经济竞争轨迹上,而完全以夺取专制权力为转移,也就是人们所说的"政治",它日益深化着经济从属于政治的传统,或者说政治斗争成为中国社会的运作核心。在不择手段争夺权力的驱使下,不但君杀臣,臣弑君,而且兄弟相残,父子相害,血亲相斫……数量庞大,极端残忍,令人发指。

对中国古代三千年冤狱的总结,使我们想到:为什么号称"光辉灿烂"的中华文明历程中,却充满了这类摧残生命、暴虐民众的冤狱?为什么人口数量占据世界第一的中华民族,不懂得生命的珍贵与人的价值?这一幕幕惨剧并没有因为中国的近代化进程而有所收敛和改观。中国的近现代史中同样充斥着连续不断的暴虐镜头，许多场面还是那样冷酷和血腥，从北洋军阀的各种野蛮暴政，到国民党专制时期对民众与反对党的血腥镇压，乃至 1949 年新中国成立后的一系列以阶级斗争为纲的残酷运动，尤其是"文化大革命"……在这段"疯狂岁月"中，一大批党和国家的开国元勋、知识分子、老革命都惨遭迫害。巴金在《随想录》中写道："我经常思考，我经常探索：人怎样会变成了兽？对于自己怎样成为牛马，我有了一些体会。至于'文革派'如何化作虎狼，我至今还想不通。"为什么会发生这样的人性异化，我认为主要就是中国数千年的专制法统所造就的，在遇到适合的时机便又会冒出来残害社会。中共中央《关于建国以来党的若干历史问题的决议》中写道："中国是一个封建历史很长的国家……但是长期封建专制主义在思想政治方面的遗毒仍然不是很容易肃清的。"人们不懂得何者为"人"，不了解"人"到底尊贵在哪里，更不知道人有什么基本权利，不清楚如何对权力进行有效的制衡，便没有人人平等的公民意识，只有蒙昧愚痴的臣仆观念，其法律的主要功能不是限制权力，而恰恰是极力维护统治权益。其过程中不时发生压迫民众、摧残精英的冤狱，尤其是那些花样百出、残酷无比的刑罚也时常会死灰复燃。如果我们不对中国历史上"法制"体系中的弊端有清醒的认识，就会在封建的人治怪圈之中打转，有的时候还会重蹈覆辙。

本书记载的虽然都是古代冤狱，但其中所弥漫的中华法系之内核精神，对于今天中国司法的运作、立法思想的确立依然存在着潜移默化的影响。当今许多冤案的产生，无不打上中华法系权大于法、统治工具、有罪推定、滥捕无辜、刑讯逼供等传统烙印。近期的有些冤狱，就很能说明问题。比如内蒙古呼格吉勒图一案。1996 年呼格吉勒图以强奸杀人罪被判处死刑，2005 年真凶向警方坦白，此案在其亲人长期的申诉和社会各界关注下，到 2014 年他才得到平反，十八岁的少年才被宣判无罪，然而其人早成为枪口下的冤魂。还有湖北京山的佘祥林一案。警方进行了长达十天十一夜的刑讯逼供，嫌疑人被打得遍体鳞伤，在求死不得的情况下，才交代了所谓"杀妻"的经过，被判重刑。同时，为了给亲人申冤，佘祥林大哥被拘留数十天，其母亲被抓进看守所三个月后含冤离世，甚至相关证人也被无辜关押……佘祥林服刑十一年后,其"被杀"之妻偶然重新出现,此案才得以昭雪。

　　法律和政治有着天然的联系,但是处理二者的关系往往走偏,政治挂帅、政治代替法律的案件时有发生,这样的教训是极为深刻的。本书中写到的冤狱,比起实际发生的冤狱数,可谓九牛一毛,然而已足以给我们刻骨铭心的启示。三千年来的这一系列"法治"灾难,时刻在提醒人们:必须经过深刻而痛苦的反思和反省,彻底肃清中国传统社会的"人治"毒素,摆脱法律就是刑罚工具、法律实为权力婢女的愚昧阴影,逐渐了解法律实为民众与政府之间订立的契约,人们才能真正用法律的力量来减少冤狱的发生,才能走上民众权利是法律本源的法治轨道。

　　习近平在十八届四中全会上明确指出:"坚持依法治国首先要坚持依宪治国,依法执政首先要坚持依宪执政。坚持法律面前人人平等。平等是社会主义法律的基本属性。任何组织和个人都必须尊重宪法法律权威,都必须在宪法法律范围内活动,都必须依照宪法法律行使权力或权利、履行职责或义务,都不得有超越宪法法律的特权。必须维护国家法制统一、尊严权威、切实保证宪法法律有效实施,绝不允许任何人以任何借口任何形式以言代法、以权压法、徇私枉法。"目前,我国正在进行司法体制改革,尤其是要去除旧的司法体制弊端。这说明,我们迫切需要以史为鉴,注重尊重生命和保障人权的司法体制改革,减少冤狱的发生,使法律能切实维护民众的权益。在这个时候总结历史教训,对一个国家的法治现代化建设是十分必要的,尤其对于我们这个有着三千年根深蒂固的专制统治传统的国家,尤为必要。历史是现实的一面镜子。我们今天遇到的很多事情都可以在历史中找到影子。以史为鉴才能更好地前进。恩格斯说过:"无论从哪方面学习都不如从自己所犯错误的后果中学习来得快。"本书旨在对中国传统法律体制中产生冤案的各方面因素,尤其是司法专制所造就的冤案进行深入的解剖,让人们全面了解中国三千年来发生的重要冤案及其生成的文化土壤,期望能唤起人们的深刻反省,使当前的司法体制改革能从中吸取有益的经验与教训。可以说,这是中华民族能否得以振兴,完成中国梦的素质基础和必要条件之一。我真诚地希望全体中华民族的子孙,对这一紧迫的时代使命能有一个深刻的体认。这本书若能为我们国家的现代化法治进程尽一点微薄之力，那我就十分欣慰了。

杨师群

2015 年 8 月于华政小院联谊书屋

目　　录

第一章　先秦与秦朝冤狱

中华民族有着五千年的文明史,然而最早的炎黄部落只是个传说,史迹缥缈,制度模糊,有关狱案故事已难钩沉。如果说从尧、舜、禹及第一个王朝:夏朝,我们已经能够看到冤狱的影子,那么或者能说我们有近四千年的冤狱史。然而由于当时文字还没有出现,许多史事还无法考证。商代出现了甲骨文,考古收获了数十万片甲骨。另外,殷墟诸地的发掘,还展现出灿烂的青铜文化。商代可以说是中国第一个有文字可考的朝代,有关重大史事的考证获得了很大的成就。但是,由于甲骨文司法方面记载的简陋,及后人有关案子追述文字的不详,因此有关商代的冤狱,我们还是知之甚少。西周实行宗法封建制度,国家机构及统治秩序日益完备,有关史书与考古的资料更为丰富,司法狱案方面的记载也不断有所发现,所以古代冤狱的研究主要从周朝开始,这样一算也就有三千年的历史。

春秋战国时期,王权衰微,诸侯崛起,战争不断,社会剧烈动荡,同时经济发展,人口移动频繁,统治阶级斗争活跃。原来以宗法血缘关系来划分等级的社会结构逐步崩溃,社会开始重新组合,国家制度也出现相应改革。至秦统一,社会进入中央集权君主专制的统治模式。中国走过了它自己独特的上古历程:由宗法奴隶制转型为封建君主集权制。可以说,夏、商、西周三代是中华民族的发祥奠基时期,而春秋、战国、秦朝则是中国古代社会结构的改制定型时期。下面我们就来考察中国古代社会奠基期与定型期中的司法与冤狱状况。

第一节　夏商周三代冤狱与刑法

　　公元前 20 世纪,夏禹将王位传给儿子启。至末代夏王桀,夏朝共十四世,历十七王,约四百余年。中国历史上第一个世袭制家天下王朝就此开创。其前后围绕着的权力争夺,杀戮惨案接连不断。公元前 16 世纪,商汤起兵灭夏,夏桀逃亡,死于南巢。汤于是建立了历史上最为野蛮、残酷的商王朝,在无数的人祭坑和殉葬墓上登踏着它的历程。至末代商纣王,商朝共十七世,历三十一王,约六百年。公元前 11 世纪,周武王率军攻商,纣王自焚而亡。西周以宗法礼制治国,倒也稳步有序,然而,时现王权的肆虐与不平等的司法状态。到公元前771 年,周幽王被犬戎所杀,西周结束。

　　三代处于甲骨文、金文时代,史事记载有限,后人对其历史的追溯也较为简略,其中反映的司法冤狱自然也就很少。到东周的春秋时期,随着竹简、帛书的出现,史事记载丰富起来,后人这才读到较为翔实的历史资料,其中有关司法冤狱的记载开始井喷。当然,由于当时几乎谈不上有什么严格的司法程序,所以有些冤狱与现代冤狱的概念可能有一定的差别。

一、夏、商、西周冤狱概览

　　禹的父亲鲧被杀　它可能是中国历史上第一桩有史可查的冤案。

　　《左传·昭公七年》载:"昔尧殛鲧于羽山。"《左传·僖公三十三年》却载:"舜之罪也殛鲧。"《国语·晋语》也说:"舜之刑也殛鲧。"总之,鲧被尧、舜流放、杀害应不成什么问题,问题是为什么要杀鲧。史书一般都说鲧治水无功而获罪。如《国语·鲁语》载:"鲧障洪水而殛死。"《史记·五帝本纪》说鲧治水九年,"功用不成,水害不息",认为鲧治水用"障"或"堙"的办法,不用疏导的方法而终致治水失败。其实,鲧在以木、石为生产工具的条件下治水九年,没有功劳也有苦劳。

同时用"障"之办法，即使不获大功，也不会失败到哪里去，更不至于达到罪该处死的地步。鲧被处死，应该另有原因。

《国语·晋语》载："昔者鲧违帝命，殛之于羽山。"那么如何违抗帝命呢？《韩非子·外储说右上》说："尧欲传天下于舜，鲧谏曰：'不祥哉！孰以天下而传之于匹夫乎？'尧不听，举兵而诛杀鲧于羽山之郊。"即鲧因不同意尧传位于舜而被杀。《吕氏春秋·恃君览·行论》说："尧以天下让舜。鲧为诸侯，怒于尧曰：'得天之道者为帝，得地之道者为三公。今天我得地之道，而不以我为三公。'以尧为失论……于是殛之于羽山。"看得出，鲧相当不满意尧关于人士的安排，说了几句忘乎所以的话而被害。当然两书都相当晚出，其论也不免取之于传说，问题是有关论述鲧治水失败而被杀的诸书也同样晚出。所以，与其相信鲧治水失败而死，不如相信他是因统治矛盾而被杀。鲧既死，其治水任务自然不能完成，而由儿子禹接任。而尧、舜作为上古明君，哪能因君臣之间意见不同而杀人，归罪于治水失败，便是最好的借口。古籍中几乎普遍持此说法，最后还将鲧列为上古时期对天子统治构成威胁而该被诛杀的叛乱者"四凶"之一，其中透露出的信息是：如果鲧仅因治水有过而被刑杀，有必要如此加罪而震慑天下吗？

《山海经·海内经》载："洪水滔天，鲧窃帝之息壤以堙洪水，不待帝命，帝令祝融杀鲧于羽郊。""息壤"是上帝保存的"神土"，鲧为平息水患，不惜自己的生命，冒险去偷"息壤"，虽被帝所杀仍不失为英雄，这一神话表达了后世对鲧的崇敬心情。同时，大禹治水的成功，完全如《史记·夏本纪》所言，是"续鲧之业"。另外，《世本》《吕氏春秋》《淮南子》等古籍中还载有："鲧筑城"、"鲧作郭"等史实，说明鲧确实是一位建筑工程专家，在筑城方面可能还另有成就。所以，鲧不但与禹同样是治水的功臣，可能还有其他方面的功劳和业绩。那么，说鲧因治水失败而被杀，实在是当时统治者的一个很难成立的可耻借口。正如人们后来所谓："欲加之罪，何患无辞。"然而，造成此冤狱的这个谎言居然能经数千年而不被击穿，可见中国统治者在制造冤狱方面的残忍手段及欲盖弥彰的方法，早已炉火纯青。呜呼哀哉！

益被启诛杀一案　益是一个很有能力的人，如《世本》说："化益作井。"《史记·五帝本纪》说在尧统治时，益就与皋陶、后稷等人一起被举用。《尚书·尧典》

说在舜统治时，益担任"虞"的职务，管理山泽之利。西汉刘歆的《上山海经表》认为："益等类物善恶，著《山海经》"。尽管《山海经》成书较晚，非益所作，但还是说明后世对益的才能颇为肯定。

《战国策·燕策》谈道："禹授益，而以启为吏，及老，而以启为不足任天下，传之益也，启与支党攻益而夺之天下，是禹名传天下于益，其实令启自取之。"《史记·燕世家》也有相同的记载，说得入木三分。当时部落酋邦中首领位置的更替，往往在表面上要做得像禅让贤达那样风风光光，而暗底下却常常是通过残酷的争斗来夺位。禹想让儿子启继承其王位，但表面上不得不说是传位给有能力的贤者益，由是先把启任作酋邦的官吏，任其积蓄势力，私下培养党羽，等到禹老了，便装模作样地把王位禅让给有能力的益。然而，此时启早已具备武力夺位的实力。

闻一多《天问疏证》说："案《天问》似谓禹死，益立，启谋夺益位而事觉，卒为益所拘……启卒脱拘而出，攻益而夺之天下。"这一曲折过程，说明启想篡位是蓄谋已久。益虽有所觉察，但最后还是疏于防范，终为启所诛杀，而这一幕其实早在禹的预谋之中。所以，益只是这次王位更替的牺牲品，死得很冤。

暴君桀的暴行　桀是夏朝亡国暴君，《史记》说他："不务德，而武伤百姓，百姓弗堪。"《竹书纪年》载他："倾宫饰瑶台，作琼室，立玉门。"总之，荒淫无耻，大肆挥霍。《古本竹书纪年辑校订补》据《路史》补云："大夫关龙逢谏瑶台，桀杀之。"《庄子》《荀子》诸书也有类似记载，汉代《韩诗外传》《新序》记之最详，载关龙逢上谏言："古代的君主，自身躬行礼义，爱护人民，节俭财物，因此国家安定且自己也长寿。如今君王您耗用财物就像用不完一样，杀人就像怕杀不尽一样，君王您如果不改正，天灾就一定会降临，惩罚就一定会到来。"说完还一直不离开。桀就把他关起来，并杀了他。但由于史事久远，关龙逢的话是如何说的，其实已很难考实。然而，他上谏直言且不怕死的精神，让后人肃然起敬。

《史记·夏本纪》载，夏桀曾"召汤而囚之夏台，已而释之"。后来商汤攻夏，桀在国灭逃亡的路上，后悔道："吾悔不遂杀汤于夏台，使至此。"今考证可知，"夏台"即为夏王朝监狱。当时的君王或官府已经能随意关押嫌疑人，甚至位至诸侯都不能幸免。

商代盛行人祭、人殉、人奠 人祭是杀战俘以祭祖先，又称人牲、牺牲，主要是墓区和宫殿区大批的排葬坑，人数从几人至十几人。据1976年考古发掘统计，殷墟人祭有五六千人骨。而殷墟出土的一千三百五十片甲骨中记载有关人祭卜辞计一千九百九十二条，共祭用一万三千零五十三人。人殉，又称陪葬，就是把活人奉于死者，以供伴侍，以备役使，以充护卫。所以人殉中所用家内奴隶不多，而多的是死者的亲属、近侍、武士、臣僚。贵族大型墓的陪葬一般为数十人，多的达百余人，如侯家庄商王大墓中有一百六十四具殉葬者的骸骨。中小贵族与平民的中小型墓也多有陪葬，多者数十人，少者一二人。可见，统治者不但可以任意奴役臣民，还能用强权使他人成为自己的殉葬品。人奠是用杀人兽的方法完成建筑奠基诸仪式，如每座宫殿在奠基、置础、立柱、安门、落成诸庆典过程中都要在房基下、础柱旁等地方杀人、牲以埋，仪式隆重。许多建筑下还有小孩被活埋的，景象惨不忍睹。而在宗庙前的人祭、人奠，规模更是吓人，时有数百上千之巨，残酷程度令人瞠目结舌。可以说，上述情况都属于冤杀，一种根本不把人当"人"看待的野蛮屠戮。

商王文丁杀西伯侯季历 此案是首例见于史书记载的商朝冤狱。季历是周族大王古公亶父的少子。他继承王位后，发展生产，增强实力，并征讨四方。商王武乙时，季历率军灭程(今陕西咸阳)，伐义渠(今宁夏固原)，并把俘获的义渠首领献给武乙。商王文丁时，季历统军征服余无(今山西长治)之戎，后又降服了山西南部的始乎之戎、翳徒之戎等，声威大震。季历依然对商王无任何防备，再次到殷都献俘报捷。但文丁已经感到周族势力的威胁，他表面上大加犒赏，封季历为西伯侯，实际上已准备谋害。当季历准备返周时，文丁突然变脸，下令将季历逮捕囚禁。不久，文丁便对季历进行加害。后季历死于殷都。

商纣王的一系列暴行统治 商朝冤狱见于史书记载的有纣王暴行下的受害者。《史记·殷本纪》载："百姓怨望而诸侯有畔者，于是纣乃重刑辟，有炮烙之法。以西伯昌、九侯、鄂侯为三公。九侯有好女，入之纣。九侯女不熹淫，纣怒，杀之，而醢九侯。鄂侯争之强，辩之疾，并脯鄂侯。西伯昌闻之，窃叹。崇侯虎知之，以告纣，纣囚西伯羑里。""醢刑"即剁成肉酱，"脯刑"是把人处死后做成肉干，西伯昌即周文王。据说当时西伯昌的长子伯邑考在商朝做人质，纣王为试探西伯昌的预卜能力，竟把伯邑考杀了做成肉羹，给西伯昌送去。西伯昌知道是自己儿子的肉，但为了麻痹纣王，只能含泪咽下。最后，因西伯昌的臣属送来了美女财宝，西伯昌才得以生还。

商纣王就是对自己的亲属也毫不手软，叔父比干强谏死诤，纣王发怒道："吾闻圣人心有七窍，信有诸乎？"于是，剖比干以观其心。居然用剖心的手段杀害自己的叔父。另一位贵族大臣箕子，也属于纣王的叔父辈，对纣王劝谏不听之后，因怕受迫害，只能以发佯狂为奴，最后还是被囚禁。当时，其他一般官吏与民众被随意迫害者，更不计其数。

西周大臣吕望滥杀贤士　西周一开国，军师姜太公吕望就制造了一件滥杀地方贤士的冤案。《韩非子·外储说右上》载，太公望因灭商有功被封于齐国。齐国东海边有两位隐士：狂矞和华士，两人的处世原则是不向天子称臣，不与诸侯结交，不去做官，不食俸禄，自食其力。太公望到达齐国听说后，便派官吏去捕杀了他们。周公姬旦从鲁国听到这件事，便发出紧急公文责问道："那两位先生是贤士，您刚享有封国就杀贤士，这是为什么呢？"太公望回说："他们的处世原则是不向天子称臣，这样我们就不能使他们臣服；他们不与诸侯结交，我们就不能役使他们；他们不食俸禄不去做官，就不能为我们所用；他们自食其力，我们就不能用赏罚来制约他们。先王用来驱使臣民的手段，除了爵位、俸禄，就是杀戮、处罚，如今这四种手段都无法使用，那么我们将做谁的君主呢？比如有匹千里马，驱赶它，它却不向前跑；勒止它，它又不停步；要它向左，它却向右；这样的千里马有用吗？所以自认为是贤士却不被君主所用的人，就像这匹千里马一样，不能成为英明君主的臣属，就要杀死他们。"有关故事亦见《淮南子》《论衡》诸书。虽然它只是战国法家韩非子模拟数百年前太公望的话，但这案子透露出的有关统治思想让人不寒而栗：不愿为君王服务者必须除去！专制主义的统治文化在这里已经初露其残忍的面目。

周厉王的专横残暴统治　周王室统治时期的冤案主要表现在周厉王统治时期。《史记·周本纪》载："王行暴虐侈傲，国人谤王。召公谏曰：'民不堪命矣。'王怒，得卫巫，使监谤者，以告则杀之。"周厉王派卫巫去监视人们的言行，凡批评朝政者，就加以杀害，手段极其阴险凶狠，这大概是中国历史上第一个对民众用特务统治术的君王。这样的屠杀,一直杀到"国人莫敢言,道路以目"的地步,最后国人忍无可忍,起来暴动,推翻了厉王的统治。遗憾的是,国人不知道如何改良制度,不懂得如何维护自己的基本权益,最多只想到要换一个君主而已。所以数年后,依然迎回周厉王的儿子周宣王,历史依然在老路上行进。周宣王开始有"中兴"之名,可后来还是朝政腐败。他虽然不像他父亲那样残暴,但刚愎自用,再加上不受权力制约难免制造冤狱。如一些史书记载大夫杜伯被宣王无辜杀害,而杜伯的阴魂找宣王报复的故事,便是有关冤案与人们愤恨心理的反映。

牧牛案及其社会司法背景　近代出土的西周裘卫家族铜器中,《傰匜》铭文记载了这样一个案件:有个牧牛的小吏,竟敢和他的上级"师"打官司,结果被周王派来的官员伯扬文判以鞭刑五百,罚金三千锾。其罪名就是诉告上级,违反了尊卑等级的礼制秩序,并警告他如再敢控告上级,将处以更重的刑罚。在当时等级森严的社会中,小吏胆敢控告上级,定有很大的冤情要上诉。法官不是根据案情判决,而是按等级礼制定是非,判卑贱者鞭刑、罚金,说明当时的是非概念已经完全被权势等级所左右。用宗法等级辨别对错,这就是周代司法判案的基础。这样的是非观、价值观对中国古代社会司法的影响是巨大的,在这一原则的左右下,冤案可谓俯拾皆是。

夏、商、西周三代因为史料有限,所以冤狱内容不多,主要是一些君王施行残暴的统治,利用至高无上的权力,滥刑擅杀,根本上不把臣民当人看待。当时被枉杀冤死的灵魂肯定难以计数,但是因为远古文献的缺乏而使后人无从详见。不过,就这些冤狱也或可勾勒出中国古代社会的发展特点:专制权力已经是冤狱产生的主导因素。

二、春秋冤狱叙要

公元前 770 年前后,周幽王被西北夷、戎诸族杀于骊山脚下,周平王被迫东迁,周王室从此衰微,历史进入动荡的东周时期。到公元前 256 年,东周为秦所灭。两周共历三十七王,约九百余年。东周前期为春秋时期,众多的诸侯国开始成为历史舞台上的主角,进行着无休止的不义之战,而冤狱便主要围绕着各国君臣之间的关系展开。

伍子胥之死　当时,伍子胥父子的有关冤屈遭遇最为有名。楚平王时,伍子胥的父亲伍奢为太子建的老师,官拜太子太傅。奸臣费无极官任太子少师,平王为太子娶亲,派费无极到秦国接媳妇。费无极归来,为了邀宠,向平王说:"秦女绝美,王可自娶。"平王遂自娶为妃。费无极知得罪太子,便出计把太子建调往边城驻守。过了一年,费无极又诬告太子建与伍奢外交诸侯,准备谋反。平王便派人先把伍奢抓来拷问,并派司马奋扬前往杀太子。幸亏奋扬预先派人通报太子,太子建逃奔外国。费无极又告诉平王,伍奢有两个儿子,都很有本事,若让他们逃往敌国,将是楚国的祸害。平王便使人告诉伍奢:"能把两个儿子叫来则生,否则便死。"伍奢知道,大儿子伍尚为人仁厚,一呼必来;二儿子伍员(字子胥)为人精明,能成大事,必不肯来。果然,伍尚知是诡计,便叫弟弟逃走,自己去赴君命。于是,平王杀了伍奢和伍尚,伍子胥带着满腔的仇恨亡命他国。

十几年后,伍子胥助吴王阖庐登位,并建立霸业,再次破楚都,掘楚平王墓,鞭尸复仇。阖庐在与越国交战中受伤而死,太子夫差即位。为报父仇,夫差大败越国。越王勾践收集残兵,派大夫文种通贿于吴太宰伯嚭,并卑辞厚礼讨好夫差,请委国为臣妾。伍子胥看出勾践的志谋,劝夫差乘胜灭越。夫差不听,终与越议和。

回国后,夫差又进兵中原,两次伐齐。伍子胥加以劝阻,认为不灭近越而伐远齐是失策。夫差根本不听,伐齐先败后胜。伍子胥感到悲哀绝望,当夫差派他出使齐国,便将儿子托付齐人鲍牧。太宰伯嚭乘机向夫差进谗言,说伍子胥为人刚暴少恩,因大王不用其计谋而心怀不满,里通外国,望吴王早作打算。夫差说:"你不讲,我也早有疑心。"便赐剑命伍子胥自尽。伍子胥仰天长叹,对左右说:"我死后,可在坟墓上种棵梓树,长大可做棺材。并挖出我的眼睛挂在城门上,以观越军入城灭吴。"说完自刎而死。吴王闻言大怒,命把伍子胥尸体装入皮套子里,抛入江中。十年后,越王勾践果然起兵灭吴,夫差被俘。这时,他才后悔不听伍子胥之言,自杀而死。

文种被赐死　越王勾践卧薪尝胆而取得灭吴的胜利,也靠了一帮得力大臣的出谋划策与浴血征战,其中大夫范蠡、文种尤其功勋卓著。范蠡是个十分识时务、懂进退的人,看出越王长颈鸟嘴,鹰眼狼步,只可与其共患难,不可与其共安乐,便劝文种功成身退,离开越王,否则"狡兔尽,良犬烹",将来可能要遭诛戮之祸。文种不以为然,范蠡只得独自向越王辞行。勾践口是心非地说:"你走了,叫我依靠谁。你留下,我与你分地而治。"范蠡对此种假惺惺的表白看得很清楚,决心离开,后居陶为商,积资巨万,享受天伦。

　　文种留在朝中,很快有小人在越王面前进谗言,说文种以谋略使越王称霸,如今官位依旧,封地未增,怀有怨恨之心。勾践听了,也有些猜忌。接着二人在派军讨伐鲁三桓等国事方面又产生分歧,越王就更对文种看不顺眼。一天,勾践声色俱厉地对文种说:"你自称兵法计谋有九术之策,过去只用了你三策,还有六策也该拿出来用用了。"文种听勾践的口气,内含杀机,感觉祸将临头,不禁叹道:"所谓'大恩不报,大功不还',确是如此,悔不听范蠡之言,而有今日。"果然,越王赐剑文种,令其自裁。文种伏剑自尽前喊了一声:"后世忠臣一定会以我为鉴的!"可惜,后世几乎没有几人能吸取有关教训,此类悲剧在中国历史上一再上演。

　　君主擅杀臣属　春秋时,君主擅杀臣属常常不用什么像样的罪名。如楚灵王怀疑令尹屈申有二心,不待求证便杀之。楚平王患令尹计成然恃功而不知度,也杀之。陈灵公与大夫孔宁、仪行父皆私通夏姬,淫乱不堪,大夫泄冶上谏:"君臣淫乱,民何效焉?"遂被杀。晋怀公立,命跟从重耳在外国流亡的人员将自己的儿子召回。大臣狐突不愿召回二子,即遭杀害。晋灵公因宰夫烹熊掌不熟,便诛杀之,并叫婢女抬尸弃之野外。灵公还数次使人暗杀执政赵盾,甚至放凶狗撕咬臣属。晋越婴与赵庄姬私通。事情败露,大夫赵同、赵括将赵婴放逐。赵庄姬乃晋成公之女,因谗之于晋景公,说二人将为乱。景公也不问青红皂白,遂诛杀赵同、赵括,并族灭之。晋厉公杀直谏的大夫伯宗,又杀大夫郤锜、郤犨、郤至,陈尸于朝,夺其财产。齐懿公为公子时,与臣属一起狩猎,或有争执,即位后便断其足以施报复……此类君主的滥刑冤杀相当普遍。

　　邓析被杀案　春秋诸国执政大臣冤杀臣民之事也常有发生。《左传·定公九年》载:"郑驷歂杀邓析,而用其《竹刑》。"驷歂是郑国执政,他为什么要杀害作《竹刑》的邓析呢?《荀子·非十二子篇》说:"不法先王,不是礼义,而好治怪说,玩绮辞,甚察而不惠。辩而无用,多事而寡功,不可以为治纲纪,然而其持之有故,其言之成理,足以欺惑愚众,是惠施、邓析也。"可以看出,邓析是位辩才出众的思想家,荀子站在其对立面加以贬斥,但也不得不承认其"持之有故,言之成理"。《吕氏春秋·离谓》则把邓析描写成一个专与官府作对的恶棍和乱法败俗的讼师。如说邓析教民学讼,"以非为是,以是为非,是非无度,而可与不可日变。所欲胜,因胜;所欲罪,因罪"。要知道这在当今司法较为民主的资本主义社会中的律师都很难办到的事,说邓析在上古司法相当原始且专制的时代就已经办到了,这几乎就是神话。

根据《左传》紧接其后批评驷歂这一做法的话来看,"君子谓子然(即驷歂)于是不忠。苟有可以加于国家者,弃其邪可也……思其人犹爱其树,况用其道而不恤其人乎!子然无以劝能矣。"可见,邓析是一位有益于国家的法学家,否则驷歂何用其《竹刑》,即《左传》所说"加于国"而"用其道"。所谓"弃其邪可也",最多也就是邓析有一些不同政见,你弃罢不用就是了,何必要杀人呢?郑国另一位执政子产"不毁乡校",与此形成鲜明对比。所以驷歂因不同政见杀人是于国不忠,更是无以劝能。这一批评是诚恳且尖锐的,可惜对统治者并不能起到反省、儆戒之作用。

孔子杀少正卯疑案　据《荀子·宥坐》所载:"孔子为鲁摄相,朝七日而诛少正卯。"孙子数落少正卯的罪状是:"一曰心达而险,二曰行辟而坚,三曰言伪而辩,四曰记丑而博,五曰顺非而泽。"也就是说少正卯内心凶险、行为邪僻、虚伪好辩、喜记怪事、非理狡猾,这些大多是属于"思想犯罪"。《论衡·讲瑞》中说少正卯在鲁国与孔子同时讲学,曾使孔子之门"三盈三虚",这就是说少正卯的学说也相当有吸引力,连孔子门徒也被争取过去了。这种学术思想上的竞争可能就是孔子要诛杀异己的重要原因。可见像孔子这样以"礼"、"仁"自我标榜的思想家,一旦执掌权力(摄相才七天),就迫不及待地要杀害与自己持不同学术见地的思想者。我们只有表示悲哀,为这样的制度与文化深感悲哀!不过,此事仅见于《荀子》《史记》《孔子家语》诸书,而不见于《左传》《伦语》。总之,像荀子这样的儒家后辈,包括编写《孔子家语》的儒家后学们绝不至于给自己崇拜的老师妄加罪名吧!

大臣互害诸案 当时诸侯国大臣间互相陷害、被杀的冤案也不少。如楚国左尹郤宛被灭族一案,罪魁就是那个曾经谋害伍奢父子的奸佞费无极。郤宛为官正直,也有才能,颇得人心,使费无极相当妒忌。令尹子常是个爱财信谗之人。一天,费无极对子常说:"郤宛准备请你赴宴。"转而又对郤宛说:"令尹有意来你家饮酒,子常喜欢欣赏兵器,可把家中好兵器陈列出来。"并帮挑选了"五甲五兵"放置门前,由帷幕掩着,准备届时展出。费无极见郤宛中计,便马上对子常说:"我差点害了你,原来郤宛想加害于你,还是不去赴宴为妙。"子常听了,派人去探察,果然兵器林立,杀气腾腾。于是,子常派右领鄢将师带兵去进攻郤宅。郤宛闻祸自杀,军队烧了郤宅,尽灭郤氏之族,并杀其朋友包括楚大夫晋陈、阳令终与子弟。《左传·襄公十年》记,郑子产闻盗,出"兵车十七乘",杜注"千二百七十五人"。春秋一国大夫之族兵就有如此之数,而所谓灭族,起码要杀数千无辜。

楚国大将子上无辜被杀一案让人唏嘘不已。晋阳处父率军侵蔡,楚派大将子上领兵去救,与晋军隔江相持。阳处父提出自己后退三十里,让楚军渡江摆开阵势再战。于是,子上准备渡江。楚军副帅大孙伯不同意,认为晋军若不讲信用,等我军渡江到一半时搞突然袭击,那时后悔就来不及了。楚军打算后退三十里,等晋军渡江。而阳处父见此情景,就大肆宣扬说"楚军逃跑了",接着就率军回国了。楚军见此也只好回国。不料,大将子上回到楚国后,太子商臣却诬告说:"子上是接受了晋国的财礼而躲避晋军,这是楚国的耻辱,罪过是很大的!"于是,楚成王就杀了子上。

齐国大臣崔杼滥杀太史事件也相当出名。齐庄公荒淫无度,大臣崔杼强娶故去的棠公之妻棠姜为妾。不料庄公也勾搭上了棠姜,引起崔杼的怨恨,借机杀了齐庄公,又杀了庄公嬖臣贾举等十余人。崔杼立齐景公,自己为相国。这时,齐国太史记道:"崔杼弑其君。"崔杼一看,顿时大怒,杀了太史。其弟接替兄长之职,同样如此书写,又被崔杼砍了。另一个弟弟仍坚持不改,崔杼杀得自己也有些手软了,这才罢手。此事被誉为中国古代史官不畏强暴、秉笔直书的典范。其实,真正秉笔直书还应该加上"庄公淫"三字,即把此事的前因后果都记载入档,而不应隐瞒齐庄公荒淫的事。从中可见,为尊者讳,很早就已经成为中国古代史官之传统。

冤杀滥刑平民诸冤　当时统治者冤杀滥刑平民之狱更是无数,然而有记载的不多。鲁隐公十一年(公元前 712 年),大臣羽父想巴结隐公,自请去杀隐公之弟轨,以保隐公能永做鲁君,并自请为太宰。不料隐公却正想把位子传给弟弟,自己好去养老。羽父碰了一鼻子灰,反到轨那里去说隐公的坏话,说愿意去杀隐公,帮轨继统大位。一次,隐公外出祭祀,留宿在村野为氏之家。羽父便派刺客把隐公杀了,拥立轨为君主,是为桓公。同时,羽父又把弑君之罪转嫁给为氏,派兵讨伐为氏,杀了为家好多人。

楚国卞和氏献玉被刖刑的故事,也常被人提起。卞和氏得玉石,献于楚厉王。厉王令玉匠鉴定,玉匠说是石头,卞和氏便以欺君之罪被刖右足。厉王死后,武王继位。卞和氏再次将此玉石献于武王,玉匠依旧说是石头,卞和氏又被刖去左足。楚文王即位后,听说卞和氏抱着玉石在城郊痛哭了三天三夜,直哭得双眼泪尽,血都流出来了,便差玉匠再去仔细鉴定,果然是宝玉,遂名"和氏璧"。此类似寓言故事,难辨真伪,但含义倒相当深刻,需要后人认真思考:此美玉拾得于楚山,为什么就不能自己收藏鉴赏? 为什么一定要献给帝王家? 哪怕自己的双足被砍掉也不足惜! 其抱玉痛哭得何其惨烈,就为了向帝王表达:自己没有欺骗君王,自己是忠贞之士,而不是控诉自己被冤枉砍掉了双足。这其中反映出怎样的一种国民性及其文化内涵? 只要能向帝王表达自己的忠贞,肉体受虐也可以忽略不计。国人如此轻视自己的生存权利,在此案中得以充分体现。有学者将其描述为"受虐的道德快感",实质为一种奴才心态!

殉葬之风　《史记·秦本纪》载,秦武公于公元前 678 年死时,"初以人殉死,从者六十六人"。秦穆公于公元前 621 年死时,用了一百七十七人为他陪葬,这大概是西周以来用活人陪葬最多的一次。西周立国,殉葬之风顿减,而到春秋中期,秦国仍有如此大规模的殉葬,令人悲叹不已!陪葬者中不但有奴婢、近侍,并有一些相当有才干的士人。如当时贤达之士、子车氏的三个儿子:奄息、仲行、针虎,便在这陪葬的行列之中。秦国民众只能作《黄鸟》诸诗来表哀叹、惋惜之情,诗中写道:"彼苍者天,歼我良人! 如可赎兮,人百其身! "人们诅咒老天,杀害贤士,要是能赎回的话,拿一百个人来换都行。可见,殉葬者死得有多冤。悲哀的是,人们却还是没有觉悟到真正害人的是君主专制体制。

《西京杂记》卷六载,盗墓者掘开晋幽公的陵墓,见其内有百余具殉葬者,横相枕藉,除一男子外,全部都是女子。这些殉葬者尸体未腐,或坐或卧,甚至还有站立的,衣服、肤色不异活人。《史记·晋世家》载:"幽公淫妇人,夜窃出邑中,盗杀幽公。"就是说晋幽公是在出宫与妇人鬼混时被人杀掉的。一个非正常死亡的君主,都有这么多的殉葬者,那么正常死亡的国君,估计殉葬者更不会少。

齐桓公死于宫廷政变,被奸臣禁闭在寝殿中活活饿死。死后数十天,直到腐尸上的蛆虫爬民室外,才被人发现,死得如此悲惨。然而陵寝却十分豪华,不但随葬品非常多,而且发现有殉葬者的骸骨,横七竖八地躺在地宫里。可见,春秋时期以活人殉葬是必不可少的葬礼之一。《吴赵春秋》载,吴王阖闾的女儿去世后,阖闾用计谋强迫市民殉葬,手段相当残暴。《墨子·节葬下》中说:"天子杀殉,众者数百,寡者数十;将军大夫杀殉,众者数十,寡者数人。舆马女乐皆具……"春秋时期的文化与商代相比肯定已有很大进步,然而当时的殉葬之风依然如此厉害,说明当时还没有"人"的意识。

三、春秋血亲冤杀,骨肉相残

春秋史实际上又是一部统治集团内部自相斫杀的历史。为了争夺权力,不但君杀臣,臣弑君,且兄弟相残,父子相害,血亲相斫,其中相当部分属于冤杀。通过这些冤杀,我们能够看到一幅幅在所谓宗法礼制外表遮掩下毫无法治秩序可言的混乱画面,了解到当时社会上层权力运作的一个令人毛骨悚然的侧面。

周王室兄弟相残　周惠王先立王子郑为太子,却宠爱续娶的惠后之子王子叔带,曾想废兄立弟,遭到诸侯的反对。公元前652年,周惠王去世,太子郑立为周襄王,弟弟叔带不服。公元前649年,叔带串通戎人进攻周的都城,企图夺取王位。周襄王在秦晋联军的支援下,击败戎人,叔带逃到齐国。公元前638年,周襄王念及兄弟情义,派人将叔带接回。公元前636年,周襄王发现夫人狄后与弟弟叔带私通,便下令废黜狄后,这引发狄侯发兵进攻。而惠后又与狄军串通为内应,周襄王逃奔郑国,叔带被立为周王。次年,晋文公发兵护送周襄王回国,诛杀叔带。

公元前520年,周景王病故,太子寿早逝,诸庶子:子猛、子朝、子匄争位。王公贵族立子猛继位,为周悼王。子朝不服,发动叛乱,杀周悼王,自立为王。子匄害怕被杀,逃亡晋国。晋顷公不能容忍子朝弑兄自立,便派兵护送子匄回国,立为周敬王。子朝据城反抗,周敬王退据泽地(山西晋城)。四年后,晋国会同其他诸侯国军队攻入周都,子朝逃楚国。十年后,周敬王派刺客到楚国将子朝杀死。

卫国的骨肉相残 公元前813年,卫釐侯去世,太子共伯即位。其弟和赂士袭击共伯,逼得共伯自杀。和自立为卫侯,是为武公。到公元前719年,州吁又杀其兄卫桓公而自立为君,很快被大夫石蜡设计斩首。卫宣公即位后,将其父的年轻妃子夷姜收作自己的妻室,生子伋,并立为太子。后给太子伋聘齐女为妻,还未成婚。卫宣公见齐女漂亮,便占为己有,称为宣姜。后,宣姜给宣公又生二子:寿与朔。不久,夷姜被逼自杀。宣姜为使自己的儿子继位,便在宣公面前诬陷太子伋。宣公本来抢了儿媳为妻,有点做贼心虚,对伋怀有戒心,听到宣姜的诬陷,全信以为真,决心杀死太子伋。卫宣公假意派太子带白色的旄节出使齐国,并暗中派凶手在国境上等候。寿得知此事,来告之哥哥,让他别去。太子伋以为父命难违,坚持要去。寿便偷了白色的旄节先到边境,被凶手杀害。随即太子伋赶到,对凶手说:"你们要杀的应该是我。"也即被害。于是,宣公立朔为太子。

公元前632年,晋伐卫。卫成公出奔,留大夫元咺和弟弟叔武守国都。有人向成公诬告:"元咺已立叔武为君。"成公大怒,先将跟从身边的叔武之子(亲侄子)杀害。后晋军与卫盟约,卫成公返回都城。当叔武出迎时,当即被成公射杀,元咺只得出奔他国。卫国后期,权力斗争更加激烈。卫庄公与卫出公父子以兵相加,或结党互斫,陪葬者不少,孔子的弟子子路就是在这场争斗中遭害。后出公失败移居宋城时,迁怒于失宠的夫人,杀了她所生的儿子,其实也是自己的儿子。公元前425年,卫昭公又为其子怀公所杀。几年后,怀公为堂兄弟公子颓所杀,自立为慎公。不久,卫国便为秦所灭。

晋国公室宗族相斗　公元前745年,晋昭侯封叔父成师于曲沃。曲沃势力日渐壮大,便开始与晋侯争夺权力。公元前708年,曲沃武公杀晋哀侯,四年后又杀晋小子侯,曲沃益强。公元前679年,曲沃武公终于杀晋侯湣自立为君。武公即位两年而卒,子献公立。晋献公为彻底解决公室宗族间的权力斗争,决心将有关亲属全部除掉。他采用大夫士为的策略,先用离间计,鼓励宗族间互相残杀,以此灭掉了几个强宗,随后又将剩余弱小宗族亲属赶到新筑之城中全部杀害。晋国公室亲属几乎被完全消灭,手段之残酷,在春秋史上也是首屈一指的。

晋献公有八个儿子,齐姜生太子申生后早亡,献公又娶二戎女,生公子重耳、夷吾,后伐骊戎时,又获二妖女。献公立骊姬为夫人,生公子奚齐,骊姬妹生公子卓子。献公宠爱骊姬,骊姬便勾结几个近臣,想排挤诸公子而立奚齐为太子。骊姬先借口边防需要,使献公将诸公子分别派往边城。公元前656年,申生遵命祭祀生母齐姜,而后将祭肉送来给献公,骊姬乘机在肉中放入毒药。等献公回来要吃时,骊姬让狗与仆人先尝,吃后立即死亡。骊姬便诬告太子要害献公,献公也本有意要废太子,见此情景勃然大怒。申生是个懦弱忠厚之人,闻听此事后便自杀了,其师傅也被杀抵罪。骊姬又对献公说:"重耳、夷吾也知道此事。"献公正要追查,重耳与夷吾得知消息,只得出奔外国。公元前651年,献公病死,晋国内乱,奚齐与卓子都被杀害。最后,夷吾回国立为惠公。惠公死,其子怀公即位,统治残暴。此时,公子重耳回国,杀掉侄子,自立为君,是为大名鼎鼎的晋文公。

楚国的血亲相杀　周厉王时,熊延杀兄自立为君。周宣王时,熊霜死,三个弟弟争位,两个死于战乱,少弟熊徇即位。春秋初年,熊通杀侄子而自立,是为楚武王。公元前672年,楚王庄敖欲杀弟弟熊恽。熊恽出奔,后袭杀兄自立,是为楚成王。四十六年后,成王欲另立太子。太子商臣先下手,领兵围宫,逼父亲成王自杀,自立为穆王。公元前541年,公子围绞杀侄子楚王郏敖,并杀二侄孙,自立为灵王。后灵王派少弟弃疾领兵攻蔡。弃疾联合宿敌,立公子比为楚王。灵王出逃,饿死山中,太子被杀。最后弃疾用计再逼死诸兄,自立为平王,即是那个杀害伍奢父子,并要杀自己儿子(太子建)的楚平王。

齐国的血亲杀戮　周夷王时,公子山杀害胞兄胡公,自立为齐献公,胡公子出奔。后献公孙厉公即位,胡公子回来夺位,杀厉公,胡公子也战死。国人乃立厉公子赤即位,为齐文公,杀胡公子同党七十余人。公元前 694 年,鲁桓公与夫人来齐做客。鲁夫人乃齐襄公之妹,过去兄妹一度私通淫乱,此时旧情复发。鲁桓公知晓后,对夫人大发脾气。夫人告之襄公。齐襄公竟派力士彭生杀了这位妹夫,然后杀彭生以谢鲁。后襄公为堂兄弟公孙无知杀害,无知又为国人所杀。襄公弟弟纠与小白争位。最后小白得胜,令鲁人杀兄纠,自立为君,即大名鼎鼎的齐桓公。

齐桓公有一位大臣叫易牙,据说是一位鲁菜大师。一天,桓公对易牙说,听说人肉很好吃,"惟蒸婴儿之未尝"。为了满足国君尝鲜的夙愿,易牙回家就把儿子烹蒸了给桓公吃。齐桓公吃后很满意,立即对易牙进行封赏。要不是管仲反对,易牙就升任相国了。此事反映出当时吃人,甚至吃亲人,都属于平常事一桩,也没有制裁此等行为的法律。

五霸之首的齐桓公,威风一世,病死之际却可悲之极。五个儿子各树党争位,领兵相攻。桓公尸体在床上放了六十七天,也无人来管,直到尸虫满身,恶臭扑鼻,才被收敛。其后孝公昭逼死兄长无诡,并靠宋国军队打败其他兄弟而自立。孝公死,其弟潘杀孝公子而自立,为齐昭公。昭公死,其弟商人又杀昭公子而自立,为齐懿公。诸子夺权斗争持续了三十年。

公元前 554 年,齐灵公宠戎姬,将太子光废黜,放居东面边境,立戎姬之子牙为太子。后灵公病重,大臣崔杼看有机可乘便迎回原太子光。等灵公一死,催杼就拥立光为君,是为齐庄公。庄公即位,杀庶娘戎姬及弟弟太子牙。崔杼也大杀与自己对立的大臣属吏。数年后,崔杼杀庄公,立景公,自为右相,权倾一国,不想其儿子间由于嫡庶之别而互相残害。最后,崔杼领兵杀了两个儿子后自杀,崔氏一族在互相攻杀中几乎灭尽。公元前 490 年,齐景公卒。在大夫田乞的导演下,公子阳生杀弟弟晏孺子而立为悼公。后悼公之子简公为田常所杀,田氏专权,遂夺齐国。

鲁国的血亲残杀　鲁国乃孔子家乡,所谓礼仪之邦。西周时,鲁幽公弟溃杀兄自立,是为魏公。公元前 807 年,懿公兄之子伯御杀叔自立。至公元前 797 年,周宣王诛伯御,立公子称,是为孝公。公元前 661 年,鲁庄公病重,问三弟叔牙,谁当继位,叔牙认为二哥庆父可以胜任。庄公实际欲立儿子斑,便很不高兴,又去问四弟季友。季友迎合大哥的意思,说应立子斑。庄公问:"刚才叔牙想立庆父,如何是好?"季友便以庄公之命,令三哥叔牙饮鸩自尽,还威胁说:"饮此则有后代奉祀,不然,会断子绝孙。"叔牙只得饮鸩而亡。庄公死,季友立斑为君。不久,庆父便杀斑,另立侄子启,是为闵公。两年后,庆父又袭杀闵公,企图自立,不得支持而出逃。大臣立闵公之弟申,是为釐公。庆父终被迫自杀。公元前 609 年,文公卒,文公小儿子俀私下联合大臣襄仲。襄仲杀其兄恶与视,立俀为君,是为宣公。由是鲁公室弱,三桓势强。

吴国的堂兄弟相杀　吴国国王寿梦有四个儿子:诸樊、余祭、余眛、季札。长子诸樊继位后,在征战中身亡,传位余祭,并令兄弟依次相传。四年后,余祭被敌军杀害,余眛继位。十四年后,余眛病逝,传位季札。季札不愿为王,隐匿而去。吴国大臣拥立余眛之子僚为王。诸樊之子公子光不服,便收买刺客专诸,最终刺死吴王僚,继位为吴王阖闾。

其他父子相残事件　如宋国,宋平公听信宦官伊戾的诬告,说太子痤图谋不轨,逼得太子自杀。后得知太子痤无罪,平公就把伊戾扔进锅里煮了。蔡国,景侯与媳妇通奸,太子般愤而杀父自立,是为灵侯。陈国,宣公有嬖姬生子款,欲立其继位,便杀太子御寇。……总之,各国父子、兄弟、叔侄及其他血亲间的相杀夺位之事,不胜枚举。我们看到,在权力的诱惑下,人几乎完全异化为野兽,而相关的宗法制度并不能有效阻止上述史事的频繁演绎。在这些相残、相杀中,许多人被冤杀、冤害是毋庸置疑的。

四、三代之刑与春秋"法制"

中华刑法文化的源头　中华文明一开场,就充斥着一股肃杀阴森之气,残酷的刑法统治迎面扑来:从皋陶作刑,到《禹刑》《汤刑》《五刑》《九刑》《吕刑》,尽管有《周礼》,但出礼就得入刑,其后春秋时代依然是"铸刑书"、"铸刑鼎"……乃至从秦汉律一直到《大清律例》，哪一部不是刑法典！数千年间，这"刑"字就是了得，将中华民族砍杀得悲悲戚戚、颤颤巍巍，冤狱也由是丛生。所谓德主刑辅，也就是一种包装，中华法系的核心其实是以"刑"为主的。有学者经过研究后指出，中文"法"字的本义，就是"刑"，包含一系列令行禁止的刑罚；而西文"法"字的含义，却是正义、权利、契约，古希腊有关城邦的法律及古罗马法、日耳曼法的核心内容都是如此。我们需要深究的问题在于：两者法文化反差如此之大，其原因何在？其源头在哪里？

　　一般认为，其源头在于远古时代的部落战争。据《史记·五帝本纪》等史籍记载，远古时代，有处于陕西、河南的炎帝部族，山西、河北的黄帝部族，山东、两淮的东夷部族，长江南北的苗蛮部族等。这些部族间战争不断，且往往旷日持久，规模浩大。如有东夷部族的蚩尤与炎帝之间的战争，接着是炎帝联合黄帝与蚩尤大战，黄帝与蚩尤恶战于涿鹿，终擒杀蚩尤，然后是黄帝与炎帝之间的大规模持久战争，最后在阪泉之野，黄帝战胜炎帝，还有共工与颛顼之战，尧伐南蛮三苗的丹水之战，舜、禹与三苗之战，最后将三苗赶往西南方。夏、商、周三朝的更替，在某种意义上也是这种战事争夺的延续。中国古代的政权与法律主要产生于残酷的征服战争之中，就是用暴力（大刑）夺取和巩固政权，有所谓"刑始于兵"、"兵刑合一"之说，这就是中华法系以刑法为主体的重要历史原因。

　　然而这一说法似是而非，无法解惑。因为我们从古希腊、古罗马、日耳曼的历史中同样看到这样连续、激烈、残酷的部落和城邦之间的战争，从《荷马史诗》中以"特洛伊战役"为核心的部落大战，到古罗马建城前的一系列部落战争，乃至古希腊城邦之间的战争（以伯罗奔尼撒之战最为残酷）、罗马统一意大利半岛时的战争、日耳曼部落之间的争夺战争以及对西罗马帝国的扫灭之战……就是说上古时代的西方社会，他们之间发生的战争，其时间的连续性、战事的激烈情景、手段的残酷程度，绝不比中国上古时代逊色。那么，他们为什么没有产生"兵刑合一"的以"刑"为核心的法律体系呢？

　　笔者以为，其源头应在于两者完全不同的部落权力结构之中。谢维扬《中国国家形成过程中的酋邦》一文论证了：中国古代部落及其联合体的权力结构，基本是专权于一身的酋长制，酋长是部落联合体的最高首脑；而古希腊、罗马、日耳曼的部落及其联合体却是人民大会、酋长议事会、军事首长等多个权力点互相牵制的权力结构,其军事首长要受到其他权力点的多方制约,其议事原则往往是部落会议的一致通过。军事首长从来没有单独成为部落的权力点,更谈不上是部落或联合体的最高权力核心。如《荷马史诗》中,希腊方的部将阿喀琉斯敢于顶撞和谴责最高军事首领阿伽门农,不听命令而退出战斗,阿伽门农也无可奈何。而中国传说时代的"帝",却恰恰是部落及其联合体最高权力的拥有者,不存在与之抗衡的其他权力点。由此发展到春秋战国时代,"国不堪贰","天无二日,士无二王,国无二君,家无二尊"的观念根深蒂固。因此,从权力结构的性质上看,中国传说时代与西方部落时代的权力结构是不可同日而语的,其性质带有根本性的区别。

我们看到,古希腊、罗马、日耳曼部落一些权力点的产生,往往采用民主选举的方式。而在中国传说时代的氏族或部落共同体中,基本没有出现过"选举"方面的有关记载,酋长往往已集政权、军权、神权于一身。如河南濮阳西水坡遗址发现的相当于仰韶文化后岗类型的三组用蚌壳摆成的龙虎图形墓葬遗迹所显示的权力文化内涵。那位在三组龙虎图案之间的男性老人,生前肯定具有显赫的地位与权力,应该是一位集政权、军权、神权于一体的部落酋长。中国古代的部落首领主要是以家长的身份取得酋长之权。一些遗址中同时出土象征王权的玉钺和象征神权的玉琮,说明中国上古社会一开始走的是家长权与王权、神权相结合的道路,并较为顺畅地迈向君主体制。它与西方上古"选举"方式产生首脑的权力文化结构,可以说是截然不同的两种社会制度雏形的表现。

西方古代"人民大会"的权力机关与运作机制同样不见于中国上古时代。有的学者常常将文献中有关上古时期酋长、君王就某些国事"询万民"、"朝国人"的记载,说成是传说时代"人民大会"的孑遗,这完全是一种十分牵强的一厢情愿式的误读。所谓"人民大会"应具有对公务事务的议题及有关措施、方案的最后决定权,有关部落社会的一个权力点。而中国上古时期的"询万民"和"朝国人"等等现象,只是君主为搜集信息以便做出决断而采取的一种咨询方式,有时甚至只是让下属和国民贯彻自己决断的一种布政方法,如《尚书》中一些首领们的誓词,其实就带有相当强权的味道。总之,在中国上古时期,从未出现过让

"国人"或"万民"组成一个社会权力点的任何制度。

　　同时,随着征服和掠夺战争的不断扩大,首领的权力也不断膨胀,法律往往通过两方面产生:一是首领指挥战争期间,向本部落成员的发号施令,以加强自己的权威。从《尚书》中《甘誓》《汤誓》《牧誓》诸篇的内容来看,所谓:"弗用命,戮于社,予则孥戮汝。"其惩罚手段是相当严厉的。二是战胜部落首领对战败部落实行的一系列暴力镇压的统治措施。《汉书·刑法志》载:"因天讨而作五刑,大刑用甲兵,其次用斧钺;中刑用刀锯,其次用钻凿……"也同样极为残酷。所谓的《禹刑》《汤刑》诸刑法的名称与产生,反映的就是权制统治体制中酋长与君王以自己的称谓来命名法律的权势,这样产生出的法律就必然是残酷的刑法。

　　部落联合体首领的位置一方面可依靠战争手段征服周围部族以扩大自己的力量来夺取,另一方面是依靠权势消灭异己力量来实现。这类斗争不但相当尖锐和频繁,而且各种残酷刑法在斗争中也不断制定和加码。《尚书·尧典》载:"流共工于幽州,放欢兜于崇山,窜三苗于三危,殛鲧于羽山"。《国语·鲁语下》载:"昔禹致群神于会稽之山,防风氏后至,禹杀而戮之。"夏朝前期,启杀益、灭有扈,太康失国,后羿代夏政,寒浞夺位,少康复国……这些都是贵州使用权势暴力消灭异己取得首领位置的事例。《尚书·舜典》记舜之指令:"皋陶,蛮夷猾夏,寇贼奸宄,汝作士,五刑有服。"就是告诉司法官皋陶,对内外之敌人,可以使用五种刑罚进行弹压,结果便是刑法的不断扩展与日益残酷。

　　西方远古祖先在一系列社会实践中,逐步产生了民主共和的理念,由是其社会权力结构是多权制衡的模式,城邦也产生于氏族内部各种力量斗争之后出现的契约性法律的基础之上,日耳曼人更演绎出议会制度。虽然也时有残酷的刑法出现,但不会是法律体系的核心,其法律呈现出一种以平衡协商关系为主的契约文化。而中国在整个古代社会,人们始终不懂"民主"、"平等"、"权利"为何物,问题就在这一权制的专制性结构中。酋长与首领可用极为残酷的手段对民众进行统治,使严刑酷法成为中国法律制度的主体。中华五千年文明,这一刑法文化的大肆泛滥,就是这一权制政治体制结出的恶果! 这样性质的法律也必然与冤狱的产生有着千丝万缕的联系。

　　春秋时期具体的"法制"状况　公元前 662 年,鲁公子斑喜欢梁氏女,前往探视，见圉人荦在墙外与梁氏女说笑，发怒，用鞭打荦。鲁庄公知道后，对儿子说："荦有力焉，遂杀之，是未可鞭而置也。"（《史记·鲁世家》）这里，刑、杀都任统治者为所欲为，无任何方面的制约。

公元前 650 年，晋献公病死。大夫荀息按献公嘱托，立奚齐为君。大臣里克欲接逃亡在外的重耳回国，便杀了奚齐。荀息又立奚齐弟卓子为君，里克又杀卓子，荀息愤而自杀。这时，逃亡在秦的夷吾回国即位，是为晋惠公，对里克说："微里子寡人不得立。虽然子亦杀二君一大夫，为子君者不亦难乎？"便赐里克死。里克回答："不有所废，君何以兴欲诛之，其无辞乎？乃言为此！臣闻命矣。"便伏剑而亡。此案中，里克的罪与功全凭当权者的心意，可大肆封赏，也可刑杀赐死。

再如郑厉公流亡在外，诱劫郑大夫甫假，要他帮助自己入国复位，甫假答应，遂杀国君及其二子，迎立厉公。等厉公位子坐稳，便翻脸不认人，以甫假事君有二心的罪名杀之。可见，当时按什么罪名杀人，全凭君主之意，而没有法律依据。当时杀君而得富贵者也大有人在。如宋国太宰华督，看中大司马孔父的妻子，便杀孔父而强娶其妻。宋殇公得知后大怒，要惩办华督。哪料华督一不做二不休，干脆杀了殇公，迎立公子冯为君，自己为相。郑昭公为太子时，与卿高渠弥不合。及昭公即位后，高渠弥惧被惩处，便乘狩猎时射杀了昭公，更立昭公弟为君，自己为相。

春秋司法判案的例子　《左传·昭公元年》载，郑国大夫徐吾犯的妹妹很美丽，下大夫公孙楚聘为妻，上大夫公孙黑知道了，也要强行聘娶。徐吾犯只得去请示执政子产，子产说："可以让你妹妹自己选择。"徐吾犯便请二人来家中，让妹妹挑选。届时，公孙黑盛装而来，公孙楚戎装到达，其妹在房中观察后，选择了公孙楚。公孙黑得知后大怒，居然拔刀要杀公孙楚。公孙楚执戈自卫，两人在街上殴斗。后公孙黑受伤而归，却反咬一口说："公孙楚有意伤我。"朝中大臣对此事的审理有所争执。最后子产判决道："各人都有理由，但幼贱有罪，罪在楚也，"遂逮捕公孙楚，数以罪名说："你用兵器殴斗，违反国家规定，下大夫冒犯上大夫是不尊贵，年幼冒犯年长是不事长。我不忍心杀你，宽宥你流放边地，快点去吧，不要再加重你的罪孽。"此案其实曲直分明，是公孙黑无理，先欲夺人妻，后拔刀挑衅,公孙楚正当防卫而已。子产被后人崇为法家先驱,能较公正断讼。然观此案,子产却以等级秩序为断案依据。如此以尊卑、长幼、等级断案,哪有公平正义可言!

　　总之,从三代一直到春秋后期,中国还没有产生系统的实体法,哪怕是完整的刑法也没有,更没有像样的司法程序法,而主要是依据习惯法(《周礼》等)和一些刑罚进行统治。在此状况下,所谓"法律"大多是君主向臣民凶神恶煞的命令与威胁,或者就是一些残酷的刑罚杀戮。如《尚书·盘庚》中"我乃劋殄灭之,无遗育。"《尚书·多方》说:"乃有不用我降尔命,我乃其大罚殛之。"甲骨文中记载一次刖刑,动辄数十上百人。春秋齐国"屦贱踊贵"所描述的情景,都说明当时滥刑到何等程度。《国语·晋语》载:"平公射鴳,不死,使竖襄搏之,失,公怒,拘将杀之。"幸亏大臣叔向知道后,用反面的言语嘲讽平公,竖襄才得以免死。尽管春秋后期有郑国"铸刑书"和晋国"铸刑鼎",据说是中国古代首次制定和公布的成文法,然而铸在一只铜鼎上能有多少文字,其内容之简陋可以想见。

第二节　战国冤狱与法家改革

　　大约公元前 5 世纪,诸侯国兼并加剧,三家分晋,田氏代齐……主要出现了七个强国,互相争战,一直到公元前 221 年秦始皇统一,我们称之为战国时代。在当时激烈的竞争角斗中,各国君主优容士人,选拔贤才,组成军功官僚集团,进行改革图强,统治略显平恕松弛。民众借此发展经济,提高文化素养,致使农业、手工业发展迅速,城镇商业逐步繁荣,文化更出现了百家争鸣的氛围,古代社会显出少有的活力。法家改革是当时头等大事,尤其是商鞅变法的完成,直到秦始皇统一,将中国古代社会的统治结构纳入中央集权君主专制统治的模式。然后法家统治手段严酷,法治思想专制,各类冤狱时有发生。

一、吴起、商鞅被车裂

吴起　卫国人，一度做过鲁国的将军，旋即入魏，任西河郡守，后因受倾轧排挤，由魏入楚，被任为宛守。楚悼王即位，吴起被提升为令尹（相国），主持变法。吴起认为，楚国国贫兵弱是由于大臣权重，封君太众。于是开始削减官吏的禄秩，精减无能冗员，整顿官场吏治，并对封君三世的贵族取消爵禄，把旧贵族迁徙到荒凉之地去开发，节省开支来供养选练兵士，增强国家实力，所谓"损有余以补不足"。

这些改革措施严重触犯了一些贵族与官员的利益，遭到他们的强烈反对。公元前381年楚悼王去世，尽管吴起变法取得一些成效，但新即位的楚肃王并不支持变法，许多贵族官员乘机围攻吴起。吴起逃到悼王的治丧处所，伏在悼王的尸体上抽泣。贵族官员们依然肆无忌惮地向吴起放箭。吴起被射中，同时箭还射中悼王尸体。最后，楚肃王判吴起车裂刑，即被肢解而死，而射中王尸的贵族也有七十余人被判死刑。

现在人们对吴起变法一般持肯定态度，由于史料太少，实难细论。但从《史记·吴起传》中，我们看到吴起是一个心狠手辣相当残忍之人。年少时，吴起家有千金，相当殷富，但吴起长期游仕不遂，花费惊人，居然搞得倾家荡产。乡里有人讥笑他，吴起居然手起刀落杀了讥笑者三十余人，然后逃奔他国。他在鲁国任将军时，娶了齐女为妻，引起鲁人的怀疑，吴起竟然杀妻以表心迹，这就是所谓"杀妻求将"。在魏国，大臣李克也说吴起"贪而好色"。由是观之，吴起变法有功被害，固然是冤，然其为人残忍贪傲，执政树敌，被害也属必然。从楚贵族宁愿用七十多条生命换吴起一命来看，吴起变法也颇耐人寻味。

商鞅　卫国贵族出身，姓公孙，曾称公孙鞅，或称卫鞅，后因被秦封于商，故称商鞅，曾在魏国做过小官，后来到秦国辅佐秦孝公。在孝公的支持下，于公元前356年，开始进行变法。内容可分成五个方面：

一、政治上加强专制力度，实行恐怖统治。主要手段是：什伍连坐，轻罪重刑，"法胜民"。什伍为军队基层编制，商鞅将它应用于民间村邑，即将民众置于严密的军队式组织控制之下,用全面军事化的措施来强化控制,并开邻里间告奸连坐之先河,用轻罪重刑等严酷手段,有效地加强了对民众的控制。《史记·商君列传》载:"秦民初言令不便者有来言令便者,卫鞅曰:'此皆乱化之民也',尽迁之于边城,其后民莫敢议令。"用流放边境的刑罚来压制舆论,不允许民众有任何议政的权利。

《商君书·去强》谓:"国以善民治奸民者,必乱至削;国以奸民治善民者,必治至强。"这也是轻罪重刑思想的一种荒诞表现,用奸民治善民,其结果只能是统治残暴,治狱冤滥。最让人啼笑皆非的是说:"重罚轻赏,则上爱民,民死上;重赏轻罚,则上不爱民,民不死上。"认为重刑是一种"上爱民,民死上"的体现,典型的法西斯逻辑。《商君书·说民》中说,国家若用善人管理,罪过就会被隐匿,叫"民胜法",统治秩序就会乱;国家若用奸人管理,罪行就得到惩罚,叫"法胜民",国家就会强盛。总之,要把国家统治建立在一种"奸民治善民"的恐怖控制之中。这样所谓的"法胜民",令人不寒而栗。

二、经济上加强国家控制,掌握民生命脉。主要手段是:土地国有,奖励耕织,抑工商。"作辕田",明确国家对土地的所有权,使它成为中央集权政治统治下最可靠的经济基础。然后是奖励耕织,一般认为,此措施解放了生产力,促进了经济的发展,其实并非如此。《商君书·垦令篇》要求:禁止正当的粮食贸易流通渠道,用提高关税来压制农民经商,杜绝农业方面的商品生产,国家垄断山泽之利,不许人们开发利用;禁止农民从事开设旅店等副业以增加收入,减断各地经济文化的交流,甚至不允许富裕人家雇佣帮工,并在"重刑而连其罪"的强控制下专一农耕。将农业生产发展建立在摧抑私营工商业和愚民政策等项措施之上,实是一种极其狭隘的农耕经济观,是一种强迫发展生产力只得单一从事农业的短期行为。国家在组织军需生产方面或许会有些"效益",但必然为农业生产的进一步发展,尤其是国家整体经济的长远发展套上枷锁。

尤其是"事末利及怠而贫者,举以为收孥",这一举措不遗余力地摧残私营工商业,严重僵化了社会经济的运转机制,也使重农抑商成为此后统治者长期奉行的国策。战国时期,商品经济得到一定的发展,对整个社会的进步产生了巨大影响,如私有经济的深化,社会秩序的调整,价值取向的改观等诸方面。秦国在公元前 378 年"初行为市",然而就在这个点上,商鞅实行严厉地摧抑私营工商业的政策,将这一社会发展的重要契机扼杀在襁褓中。在东方诸国出现众多商业都会的情况下,秦国这方面的发展却几乎等于零,堵绝了当时私有经济发展之路,有效地稳固了君主专制统治体制,极大地阻碍了社会的正常发展。

三、文化上摧残已有成果,厉行愚民政策。主要手段是:焚烧诗书,禁止游学,将农、战需要作为一切文化生活取舍的标准,要求人们除了积极从事农业耕耘与参军作战之外,必须舍弃杜绝其他一切社会生计与文化生活。诗、书、礼、乐、善、修、仁、廉、辩、慧之类都在禁绝之列,并与"燔诗书"、禁止游学诸措施相配合,竭力摧毁当时优秀的文化成果。另外,禁止人口的合理流动,阻隔各地经济文化的交流,将人们的视野局限在极其狭小的天地中,把民智、民力限制在一个极其单调、简陋的世界里,这种政策使本来已日渐活跃、不断昌盛的社会再次封闭僵滞起来,民众在相当蒙昧的状态下,听任统治者的摆布,无法萌发自己的创造力。这样,通过愚民政策,进一步加强了君主专制统治和秦国的军事力量。

《商君书·更法篇》中,商鞅认为统治者可以不顾社会之舆论,不管民众之要求,只要自己觉得可以"强国"、"利民",就可以一意孤行。不与民众讨论政事,只与其分享成功的欢悦,把民众看作愚昧者,对民众采取根本不屑一顾的态度,其变法透露出"利民"的说法,完全是一种欺人之谈。

四、军事上增加军备力量,宣扬战争崛起。主要手段是:严禁私斗,奖励军功,迫诱参战,以极大的诱惑力驱使民众去为国家作战卖命,并按军功调整等级爵秩,同时增收军赋,保障军需,以增强秦国的军事实力。《商君书·赏刑》提出:在"壹教"作用下,人们都努力从战,以谋取利益,"务之所加,存战而已矣"。乃至"富贵之门必出于兵,是故民闻战而相贺也,起居饮食所歌谣者,战也",将民众都训练成战争机器。《商君书·画策》吹嘘:"民之见战也,如饿狼之见肉,则民用矣。凡战者,民之所恶也。能使民乐战者,王。"人的天性应是憎恶战争的,而统治者能使民众乐于战争,甚至看见战争像饿狼见肉,真是不可思议的战争狂人。《荀子·议兵篇》《汉书·刑法志》中的一些记载,将秦民生计穷隘,统治者专用刑罚和功赏利诱民众从战,以保持军事强国的概况,刻画得入木三分。

五、初步完成集权专制统治体制,奠定帝国基础。主要手段是:推行县制,统一度量衡,迁都咸阳。推行县制是为了加强中央集权,统一度量衡则是为了便于国家田租、军赋的征收以及军功赏赐、官员俸禄的发放,另外,革除落后的戎狄风俗,造就有利于专制集权统治的小农家庭基础。其法治主要为"刑赏"二字,且以刑罚为主,目的是禁止民众对统治的不利行为与不同政见。《开塞》主张惩治"将过"罪,即将要犯罪,实际上还没有犯罪,其实质就是不用任何客观的标准,允许统治者以主观臆测去进行司法统治,以实现《商君书·修权篇》所谓"权者,君之所独制也"。

《史记·商君列传》赞誉变法道:"行之十年,秦民大悦,道不拾遗,山无盗贼,家给人足。民勇于公战,怯于私斗,乡邑大治。"在如此高压统治下所获得的社会暂时安定局面,只是一种虚假的表象,并不值得称道。商鞅"天资刻薄"的个性,在秦国处境日渐孤立,他每次外出都要"后车十数,从车载甲,多力而骈胁者为骖乘,持矛而操闟戟者旁车而趋,此一物不具,君固不出。"(《史记·商君列传》)如临大敌,神经高度紧张,害怕别人暗算已到了杯弓蛇影、草木皆兵的地步。可见,其变法统治逾益不得人心的境况已不言而喻。

商鞅变法加强了秦国的专制集权与军事实力,政府几乎垄断了一切社会资源,可谓达到了"强国"的目的,然而这是建立在对人民施行残暴且恐怖,竭力消灭民间力量,粗暴干涉私人生活的基础上的。尽管它为秦后来的统一大业准备了军力,但是这样的国强民弱、官贵民贱的社会,专制权力渗透到每一个角落,绝非是一种进步。如此带有军国主义色彩的"崛起",非但不值得赞赏,而且应对其进行批判。一些历史、文学作品都把商鞅塑造成一位因主持改革而使帝国日益强大的英雄,一位主张以法治国的先驱,一位以身殉国的伟人,然而,我们认为这场改革运动所形成的专制统治体制与权力运作规则实为中国社会一切罪恶的渊薮。

商鞅变法期间得罪了许多贵族官员,如太子驷犯法,估计也不会太严重,商鞅判处太子的师傅公子虔杖刑、公孙贾黥刑,后来公子虔又因犯罪被判劓刑。《史记·商君列传》集解引《新序》说:"卫鞅内刻刀锯之刑,外深铁钺之诛,步过六尺者有罚,弃灰于道者被刑,一日临渭而论囚七百余人,渭水尽赤,号哭之声动于天地,畜怨积仇比于丘山。"一天就要杀七百余人,把渭水都染红了,真骇人听闻！所以，秦孝公一死，公子驷即位，是为秦惠公。公子虔党羽便向惠王诬告商鞅谋反，惠王也正要报仇，就下令逮捕商鞅。商鞅逃向边关、魏国，都无处藏身，只得逃回封邑，发动家丁邑兵去攻郑国，很快被赶到的秦军捕获。商鞅被车裂、灭族。

二、屈原忠君爱国遭流放

屈原　名平，湖北秭归县人，约生于公元前 340 年，是楚国的宗室远亲，楚怀王时由文学侍臣升任左徒之职，掌管出草号令，接待宾客，处理外交诸责，颇得信任。屈原博学强识，善于辞令，尽力国事，忠于职守，还曾出使齐国，践行联齐抗秦的政策。

同僚上官大夫靳尚对屈原心怀嫉妒。一次，怀王要屈原草制一指令，靳尚想按自己的意思草拟此令，便要屈原交出草稿，屈原不肯。靳尚随后向怀王谗言道："朝廷要屈原制令，众人都知道是大王的旨意，而每令一出，屈原便自夸其功，以为非他不能。"怀王听了很生气，便开始疏远屈原。不久，又罢去屈原左徒官职，降为三闾大夫。这是一个管理宗族事务的闲职，实际上是将屈原从国家高级领导集团中赶了出来。

楚怀王十六年，秦派张仪来楚，离间楚齐关系。张仪应允，如楚与齐绝交，秦愿送楚六百里土地。怀王贪心而受骗，张仪回秦等楚齐交恶便毁约。怀王大怒，派军队两次攻秦，结果都被打得大败而归，损兵折将，丧城失地。怀王只得再派屈原出使齐国，去寻求齐国的谅解。这时，秦出于外交考虑，又想与楚议和，以孤立齐国，便答应归还刚夺得的土地。怀王气愤不过，向秦要张仪解恨。张仪先用厚礼贿赂怀王宠姬郑袖与宠臣靳尚，然后来楚巧言诡辩，而怀王听信郑袖、靳尚之言，竟放了张仪。

屈原虽身在齐国，却时刻焦虑着国事。他见楚又被秦如此玩弄，气愤不已，便贸然从齐国赶回朝中，谏怀王杀了张仪。在屈原忠诚凛然的苦谏下，怀王有些后悔放了张仪，赶忙派人去追张仪，然而此时张仪已出国境。公元前 304 年，楚国正式与秦国联盟，再次失信于齐国而投入秦国的怀抱，屈原联齐的成果被轻易葬送了。

屈原在此事中始终反对怀王亲秦背齐,一再苦谏。怀王幼子子兰与靳尚诸人亲秦,对屈原的行为相当反感,便不断在怀王面前诋毁屈原,甚至威胁说:"秦最恨亲齐的屈原,现在秦楚已经结盟,可屈原还在攻击秦国,万一秦国怪罪下来,那楚国就要大祸临头了。所以应该将屈原论罪,以示守信于秦国。"昏庸的怀王听信谗言,将屈原治罪,流放到汉北。屈原无辜被黜,忧愤而作《离骚》,以叙爱国忠君之情怀。

楚怀王的昏庸还可从郑袖谋陷魏美人一事中反映出来。魏王向楚怀王进献一美人,受怀王的宠爱,而宠妃郑袖被明显冷落。郑袖心中忌恨,但表面上还与魏美人装亲近,一天,郑袖对魏美人说:"你长得太美了,就是鼻子大王不太喜欢,见到大王,最好把鼻子捂住。"魏美人信以为真,此后见怀王总把鼻子捂住。怀王注意到这一情况,便问郑袖。郑袖说:"魏美人是怕闻到大王身上的狐臭,所以如此。"怀王听了勃然大怒,下令割下魏美人的鼻子。

在屈原被流放期间,秦多次背约,发兵伐楚,使楚遭到很大损失。怀王感到秦的凶狠,又想与齐重修旧好,便下令召回被放逐的屈原。这样,怀王三十年,流放了五年的屈原又重新回到郢都,也就在这一年,秦军攻陷楚国八座城池。秦昭王在军事上占据绝对优势之后,派人送书信给怀王,约楚怀王会谈结盟之事,怀王欲往。屈原知道后,又冒死上谏:"秦乃虎狼之国,不可相信,大王绝不能去秦。"靳尚则主张与秦修好,切不可得罪秦国,否则秦国必定增兵伐楚,后果不堪设想。怀王便去问少子子兰。子兰娶秦女为妻,为婚姻所恃,力劝怀王赴会,认为靳尚所言极是,不可不听。怀王听了子兰的话后,便不理屈原的劝谏,决定出发赴会。哪料,怀王这一走果然中秦的圈套,遭秦军伏击而被囚禁。秦强行要求割地换人,怀王大怒,执意不从,最后竟死于秦国。

怀王死,长子顷襄王立,以弟弟子兰为令尹,并召回屈原,官拜三闾大夫。此时,楚人把怀王入秦而死归咎于靳尚、子兰,这也进一步增加了他们对屈原的嫉恨。没有多久,顷襄王在子兰、郑袖、靳尚众人的谗毁下,将屈原流放江南。公元前296年,屈原从郢都出发,沿长江北岸向东南行,在荒僻山野与简陋村镇中漂泊了十几年。到公元前278年,六十二岁的屈原走到江滨,颜色憔悴,形容枯槁,回想自己这一生忠君爱国却落得如此下场,悲愤交加,痛不欲生,披发沉吟了《怀沙赋》之后,便抱石投汨罗江自尽了。

屈原是我国古代著名的爱国诗人,他创造的"楚辞"诗体,丰富了我国古典文学的体裁,是古代诗歌中的瑰宝。屈原深切的感情、丰富的想象力、美丽的辞藻,使其诗歌成为不朽之作,其忠君爱国的思想、哀怨无奈的诉告、愤恨不平的牢骚,也是中国文人坎坷遭遇的典型代表。屈原的悲剧中含有极其深刻的文化内涵,即中国传统知识分子的奴性人格,最大的愿望就是在忠诚于帝王的同时也得到帝王的信任与重用,一旦得不到帝王的信任与重用,就会发出"怀才不遇"的忧愤,这成为中国传统知识分子的普遍情结。什么时候中国知识分子灵魂中终止了这个情节,中国文化才可能走向现代化。

三、白起、李牧功高被害

白起　战国后期秦国名将。秦昭王十四年,白起率军攻韩、魏,虏大将,拔五城,斩首二十四万,官迁国尉(太尉);十五年攻魏,夺城池六十一座。二十九年攻下楚都鄢郢,楚国被迫迁都,一蹶不振,被封为武安君;三十四年攻赵魏联军,斩首十三万,攻赵,沉敌军二万于河;四十三年攻韩,拔五城,斩首五万。四十七年率军攻赵,在长平之战中击败纸上谈兵的赵括,俘获赵军四十余万。将其全部坑杀,只留两百余青年回去报丧。此战赵军损失四十五万兵马,国力几乎损耗殆尽,举国大震。

秦昭王四十八年,白起率秦军继续挺进赵国腹地。赵国恐慌,派人用厚礼贿赂秦相应侯范雎,道:"武安君为秦攻取七十余城,杀敌百万,虽姜子牙再生也不能及。今天如果赵国亡,武安君必为三公,这样应侯就不得不屈居其下了。同时,秦攻得赵国,赵民不服。现在灭掉赵国,许多地方将为燕、韩、魏乘机所得,但秦所得的百姓,却没有多少。故不如停止进攻,不让武安君得头功。"范雎听了,便向秦昭王说:"秦兵久战,已相当疲劳,不如暂且请和,以休整军队。"昭王同意,令罢兵回秦。白起正欲灭赵,却令返回,大功半途而废,心中愤懑,回来得知事由,便与应侯产生隔阂。

过了几个月，秦复发兵攻赵，这时白起生病，不能成行，秦王只得派五大夫王陵统军。四十九年初，王陵攻战赵都邯郸不利，阵亡五校秦军。此时，白起病已痊愈，秦王欲派白起代王陵。白起说："邯郸实不易攻，去年时机不错，却令退兵。现在诸侯国救兵至，并且秦军虽得长平之胜，伤亡也不少，国内又空虚。如在诸侯国军的夹击之下，秦军要败，所以现在不宜攻赵。"秦王还是命白起统军，白起婉谢。秦王再让应侯去请，白起依然不肯，以身体有病推辞。

秦军攻邯郸八九个月不下，而楚、魏救兵到达，秦军大败。白起便说："秦王不听臣计，今天如何？"秦王闻言大为愤怒，强令白起领军作战，白起还是称病不行。应侯亲往其宅去请，白起同样回绝。秦王一怒之下，免去白起所有官爵，贬为士伍，并流放阴密（今甘肃灵台县）。白起确实身体不适，不能成行。

三个月中，诸侯联军攻秦，秦军数次退却，形势紧急，使者几乎天天来白起府宅探察。秦王见白起没有悔改的表示，便强行驱逐白起，令不得留咸阳都城中。白起不得不上路。秦王与应侯等商议，应侯说："白起出城时，怏怏不服，似愤不欲言。"秦昭王便派使者赐白起宝剑，令自裁。白起出城四十里，至杜邮，使者赶到。白起拿起剑，叹道："我有什么罪，而受此惩处。"想了一会，又说："长平之战，我坑杀了四十万人，是该死了。"说完自刎而亡。白起为秦王征战四十年，可谓功高盖世，虽有些脾气，屡违旨意，然事出有因，死非其罪。

李牧　战国后期赵国名将，一度为赵守北疆以防匈奴，曾大破匈奴入犯十余万骑，十余年间，匈奴不敢进犯赵国边城。赵悼襄王元年，李牧率军攻燕，拔二城。十年后，李牧为大将军击秦军于宜安，大破秦军，被封武安军。赵王迁十年，秦派王剪攻赵，赵使李牧、司马尚率军御敌。秦国用反间计谣传李牧通敌，又送赵王宠臣郭开重礼。郭开向赵王谗言："李牧、司马尚欲反。"赵王就派赵葱、颜聚替换李牧、司马尚。李牧不受命，赵王令赐死李牧。

宠臣韩仓得令，使人逮捕李牧，宣布罪名说："将军在向赵王祝寿时，曾手持匕首，企图行刺造反，罪当死。"李牧辩道："我身长臂短，跪下手不能及地，故使工人做了假肢，绝非匕首。赵王若不信，可以拿给他看。"说完便拆下假肢，用布包好，递给韩仓，希望韩仓给赵王过目，以明是非。韩仓却说："我受命于赵王，要赐将军死，没有特赦令，臣不敢上言。"李牧自知不免，便向北再拜，拔剑自刎。

不过三个月,赵军大败,赵王迁被俘,赵国遂灭。

白起与李牧都是战国名将,功高勋重,都封为武安君,又都遭到敌国的反间计诋毁,最后被君王赐死。我们看到,在君主专制体制之下,臣属的功劳再大,在君主眼里仍是可剐可杀的奴仆。君主的命令就是法律,赐死、车裂、流放之类,可任意判处,根本无须任何司法程序。

四、范雎、孙膑、春申君之冤

范雎　秦国后期赫赫有名的宰相,即前案中谗害大将白起的应侯。范雎是魏国人,早年事奉魏中大夫须贾,也差点被陷害至死。

一次,须贾为魏昭王出使齐国,范雎跟随。在齐数日,范雎与齐君论辩,颇得好感。齐襄王赞赏范雎之口才,使人赐黄金十斤一酒一壶,范雎辞而不敢受。须贾知道后,心中不高兴,认为范雎将魏国军事机密透露,故得齐王的礼馈,便叫范雎受其酒而还其黄金。回到魏国后,须贾将此事报告魏相魏齐。魏齐大怒,令左右将范雎押来,打得骨折筋断,遍体是伤。范雎装死,魏齐命以草席裹卷,扔于厕中,宾客酒足饭饱之后,便用小便溺浇范雎。范雎苦苦哀求守厕之人:"公能帮我出逃,我必厚谢公。"守者乃请将死人扔弃,魏齐同意了,范雎这才得以逃脱,改名换姓叫张禄。后范雎投奔秦国,说动秦王,教以安邦定国之策,遂以客卿拜相。范雎相秦后,决心报仇,要魏国交魏齐的人头来,魏齐逃到赵国,秦王又逼赵王交出魏齐,魏齐看已走投无路便自刭而死。赵王取其头交秦,范雎算是报了冤仇。

孙膑　战国时期著名的军事家,后为齐国军师,著《孙膑兵法》。早年,孙膑与庞涓共学兵法,后庞涓事魏,得任将军。庞涓自以为学识不如孙膑,心中妒忌不已,怕孙膑显露才能超过自己。于是,庞涓暗中把孙膑请来魏国做客,用刑具断其两足,且黥其脸,将孙膑迫害成刑余之人,无法在社会上抛头露面。后齐国使臣至魏,孙膑设法偷偷拜见了齐使,并说动齐使带他离开魏国。到齐国后,齐国大将田忌尊之如宾。不久,齐发兵救赵攻魏,田忌为将军,孙膑为军师,用减灶诱敌之法,将魏军打败,杀死庞涓。孙膑不仅报了冤仇,且名显天下。

春申君　战国四公子之一,死得最为冤惨。春申君姓黄名歇,楚国人,游学博闻。时楚都鄢郢为秦军攻占,国势危急,黄歇为楚顷襄王使秦,说动秦昭王停止攻楚。后他与太子共质于秦,又设计放归楚太子。顷襄王死,太子立,是为考烈王,黄歇为相,封为春申君。相楚八年,楚又复强。相楚二十二年,春申君联合诸侯攻秦,兵败。考烈王以咎春申君,略疏远之。

楚考烈王无子,春申君很着急,到处找会生孩子的妇人献进宫为妃,然考烈王还是无子。赵人李园有个漂亮的妹妹,也想进献楚王,听到楚王不能生子,有些犹豫,恐久而无宠,李园便先去做春申君的门客。一次回家探亲,假装归来迟到,春申君问其原因,李园谎言:"齐王使人来求聘我妹,与使者饮酒谈事,所以迟回了。"春申君忙问:"齐王下聘了吗?"李园说:"还没有。"春申君便急于见李园妹妹一面,李园于是将妹妹接来,献给春申君。

李园妹与春申君同居不久,便有了身孕。李园便与妹妹谋划入宫之事,其妹对春申君说:"楚王与君犹如兄弟,今君相楚二十余年,而王无子,百岁后将更立其他兄弟。他人即位,各贵所宠,君将说不定有祸。今妾知有身孕,而人莫知,妾幸君未久,可现在将妾献与楚王,楚王必宠幸于妾。今后有子,则是楚太子,实是君之子而为王矣。"春申君听了也大以为然,乃照计行事。果然楚王宠幸李园妹,遂生子为太子,以李园妹为王后。李园也由此得以升官,离开了春申君的家。

李园官运亨通,颇为得意,却恐春申君泄露此事,也怕春申君日后权力更大,便暗中养有刺客,准备杀春申君灭口。家臣朱英观察到李园的歹意,告诫春申君:若楚王死,李园必先入宫夺权,并杀君灭口。春申君听了毫不相信,说:"李园为人懦弱友善,又何至于此。"过了十几天,楚考烈王死,李园果然布置壮士埋伏于宫中,待春申君入宫门,刺客窜出杀春申君,砍其头扔宫门外。李园马上入宫夺得权力,并给春申君加上罪名,派军队灭春申君一族。司马迁《史记》列传中记载此事时叹道:"观春申君前期说秦昭王,计归太子,何其明智,最后却被小人李园判死,真所谓'当断不断,反受其乱'。"

赵武灵王被围饿死事件　赵武灵王在位近三十年,也算是一位战国时著名国君。他实施"胡服骑射"进行军事改革,然因在王嗣问题上失策而被害。赵武灵王有二子:长子章、次子何。赵武灵王先立章为太子,后宠爱次子何,就废去章的太子位,让何继位为赵惠文王,由肥义为相,自称主父,专注于对外战事。后又把代地封给长子章,为安阳君,由田不礼为相,造成二子对立局面。章对于仅十岁的弟弟称王心怀不满,便趁主父、惠文王出游时,发动叛乱,杀害肥义。大臣公子成、李兑率军赶来,杀田不礼。章逃入主父行宫。公子成、李兑包围行宫,杀章。二人因怕被主父治罪,索性围行宫百余天不放,主父被活活饿死。

五、法家的法治与冤狱

战国法律制度方面的发展,主要就是法家变法过程中所进行的各方面改革及其著述中法律思想的全面阐述。随着春秋后期成文法的公布,到战国出现了一批法家人物,他们不但著书立说,宣传其思想主张,且千方百计地说动君主进行了一些实地改革操作,其法治实践与法律思想对后世产生了重大影响,几乎完全支配了中国古代社会的法治发展方向。史学界、法学界对此多有嘉誉之词,然而实质上,法家之"法治"即在于加强君主专制,更导致了冤狱枉滥。

首先,"法治"是赤裸裸的血腥恐怖暴政　法家最首要的主张便是轻罪重刑,对一些轻微的违法行为,乃至算不上什么过失,就处以极其严酷的刑罚。《商君书·赏刑篇》强调:"禁奸止过,莫若重刑。"明确反对重罪重判、轻罪轻判的司法判案原则,提出所谓轻罪重刑可以制止犯罪的空想,实际上纵容了司法的冤酷滥刑。尤其是其连坐法,迫使人们相互检举揭发,就必然发生许多诬告,牵连无辜。《韩非子·奸劫弑臣篇》也提出:"夫严刑重罚者,民之所恶也,而国之所以治也;哀怜百姓轻刑罚者,民之所喜,而国之所以危也。"再三要求统治者"操法术之数,行重罚严诛"。以上内容反映出法家一味追求重刑统治而完全不把民众当人对待,唯考虑统治者安危的法律观。

在法家的法律体系中,非但没有一般违法与犯罪的区别,并且常常混淆着罪与非罪的界限,对是否犯罪的界定和司法判刑的尺寸都有着极大的随意性。如《商君书·开塞篇》主张惩治"将过"罪:"故王者刑用于将过,则大邪不生。"其所谓"将过",即将要犯罪,实际上还没有犯罪。从犯罪构成学上看,最多存在动机而尚未实施犯罪行为,更没有产生危害后果,还谈不上有罪。就是说,仅凭动机就可判人以罪名,而不用任何客观的标准,这实际上就是允许统治者以主观臆测去进行司法判罪。李悝在《法经》写道:"窥宫者膑,拾遗者刖,曰为盗心焉。"看了宫室、俯拾路遗就算犯罪,属于盗心萌发的表现,所以要处以"膑"、"刖"的酷刑。"群相居……三日四日五日则诛。"认为群居超过一日则有谋反嫌疑之罪,此种犯罪学逻辑何等荒谬。可见法家为了统治者的安危,可以用臆想来判罪。

　　韩非为了加强君主专制统治,更是信口雌黄地滥加人罪,把死刑当儿戏。《韩非子·初见秦》载:"为人臣不忠,当死;言而不当,亦当死。"就是说,君主可以把任何不顺自己心的臣下,以"不忠"和"言不当"的罪名处以死刑。韩非甚至为了维护君主的私利,滥加罪于臣民到达厚颜无耻的地步。《韩非子·忠孝》说:"为人臣常誉先王之德厚而愿之,是诽谤其君者也。"就是说做人臣除了赞誉当今君主以外,其他任何行为都可能有罪。更荒谬的还有《韩非子·外储说右上》为君主谋划时说:"赏之誉之不劝,罚之毁之不畏,四者加焉不变,则除之。"连"不劝"、"不畏"、"不变"之类的处事态度都要被杀头("除之"),那臣民只有像哈巴狗一样的活着了。如此看来,韩非被秦王下狱治死,可一点也不冤。

　　我们看到,在法家的"法治"思想中,根本就没有一个较为合理、正义的司法审判准则,其想以重刑的残酷统治来达到"以刑去刑"的目的,只能是一个自欺欺人的骗局,结果只会产生大量悲惨的冤狱。

　　其次,法家用法律实施专制统治　　法家将法律的制定权仅限于君主,任何臣民不但没有立法的资格,且完全不准议论君主所立之法,臣民只有守法的义务,否则便是大逆不道。《管子·任法篇》说:"夫生法者君也,守法者臣也,法于法者民也。"李悝《法经》规定:"议国法令者诛,籍其家及其妻氏,曰狡禁"。《商君书·定分篇》谓:"人主为法于上,下民议之于下,是法令不定,以下为上也。此所谓名分之不定也。……此令奸恶大起,人主夺威势,亡国灭社稷之道也。"简直就是耸人听闻。《韩非子·饰邪篇》也强调:"君子立法,以为是也。今人臣多立其私智以法为非者是邪。以智过法立智,如是者禁。主之道也。"明确君主立法为是,他人就不能以法为非。商鞅变法时,秦民哪怕改变初衷,赞成法令,也要被流放边城,冷酷专制到完全不近情理的地步。

当时,臣民议论法令、批评时政的现象不少,法家不是因势利导,以此为契机来改善法制,而是用极其专制、严酷的手段去打击压制。《商君书·定分篇》要求:"有敢剟定法令,损益一字以上,罪死不赦。"《韩非子·显学》认为:"民智之不可用,犹婴儿之心也。"完全排斥民众对完善法制的作用,从而使其立法、执法诸程序走向极端狭隘的专制道路。春秋时期,士人在乡校议政,子产认为:"其所善者,吾则行之;其所恶者,吾则改之,是吾师也。"(《左传·襄公三十一年》)这是何等度量与气魄!战国法家却背其道而行之。可以说,法家的这种扼杀民智政策是子产不毁乡校的反动。

在君主独掌立法权的基础上,法家相应要求实行的是赤裸裸的君主专制独裁统治。《商君书·修权篇》谓:"权者,君主所独制也。"申不害认为:"独视者谓明,独听者谓聪,能独断者,故可以为天下主。"韩非更是把君主专制统治制度设计到无以复加的地步,他一再告诫君主不能给臣下任何权力和自由:"臣制财利,则主失德;臣擅行令,则主失制;臣得行义,则主失明;臣得树人,则主失党。此人主之所以独擅也,非人臣之所得操也。"(《韩非子·主道》)同时要求臣民唯唯诺诺,竭尽愚忠,去做君主奴颜婢膝的驯服工具,"贤者之为人臣,北面委质,无有二心。朝廷不敢辞贱,军旅不敢辞难,顺上之为,从主之法,虚心以待令而无是非也。故有口不以私言,有目不以私视,而上尽制之。"(《韩非子·主道》)甚至公开为暴君辩护:"汤、武为人臣而弑其主,刑其尸,而天下誉之,此天下所以至今不治者也。……人主虽不肖,臣不敢侵也。"(《韩非子·忠孝》)在这里,要求臣民对夏桀、商纣这类暴虐君主,也俯首帖耳,任其宰割。

法家在"法治"方面最能迷惑人的地方,恐怕是其"刑无等级"、"法不阿贵"之说。《商君书·赏刑篇》给"刑无等级"下的定义为:"自卿相将军以至大夫庶人,有不从王令、犯国禁、乱上制者,罪死不赦。"《韩非子·有度篇》在"法不阿贵"后说:"刑过不辟大臣,赏善不遗匹夫。"矛头主要是指向贵族官吏,原因是,法家认为君主与贵族官吏之间的利害关系是对立的,所以提出"君臣利异观",如君主控制不当,臣下大有威胁,所以君主要时刻提防臣下图谋不轨、篡弑夺位。这样,专制主义者的法家,要求君主对不同道且时有威胁的贵族官僚也实行严酷的刑法控制。可以说,"刑无等级"、"法不阿贵"只是为进一步加强君主专制统治。

同时，韩非明确反对君主自律以法，《韩非子·难三》说："为君不能禁下而自禁者谓之劫；不能饰下而自饰者谓之乱。"认为即使臣民没有过错，甚至贤义有德，君主也可以心安理得地滥施刑罚，乃至杀戮。《韩非子·外储说左下》认为商纣王就因不听费仲"且主而诛臣，焉有过？"的劝谏，没有杀周文王西伯昌，"三说不用，故亡"，公开宣扬君主为了专制统治，可以不惜采用任何不法手段。可见，其"刑无等级"、"法不阿贵"之类倡言，绝不是在追求什么法的平等性，而恰恰是为了法的专制性，它与"法律面前人人平等"思想存在着本质的区别。

法家在进行如此"法治"的同时，还要求君主伴以"势"与"术"的统治手段。如慎到认为权势高于一切，道德、才能之类都是权势的仆从。韩非一再告诫君主："权势不可以借人，上失其一，臣以为百。"而且，君主在牢牢把握权势的同时，还需有运用自如的权术，"赏罚者，利器也。君操之以制臣，臣得之以拥主。故君先见所赏则臣鬻之以为德，君先见所罚则臣鬻之以为威。故曰：'国之利器，不可以示人。'"（《韩非子·内储说下》）就是说，君主应将赏罚利器隐藏于阴谋诡计之中，才能随心所欲地控制臣民于股掌之上，乃至教以离间、盯梢、人质、暗杀等鄙劣手段。总之，君主应该不厌其诈，阴狠毒辣地进行专制统治。很清楚，法家的所谓"法治"，绝非一般意义上的以法治国，实乃专制，且是一种不择手段，充满恐怖的专制，这种与强悍权势、阴谋权术相结合，并以残酷的法律规范为保障的君主专制统治，本质上比儒家所追求的人治更为狭隘、更为有害。

最后，法家用法律来践踏私权　中国古代，自三代以来便只有君主家长制专制统治，其"法"无非是统治者镇压民众的工具。到春秋战国社会发展、转型的重要时期，法家在其法律思想中非但没有一点正义、权利和契约方面的内容，反而变本加厉地实行君主专制，同时毫无顾忌地剥夺民众应有的基本权利。《韩非子·诡使篇》言："夫行法令者所以废私也，法令行而私道废矣。"这里所谓"私道"，在很大程度上便包含了臣民个人应享有的权益。《慎子·威德篇》也说："法制礼籍，所以立公义也。凡立公所以弃私也。"法家把"法律"与"私道"完全对立起来，而凭借着手中的权利，大肆剥夺臣民的各种基本权利，甚至对民众合理的生产活动、生活方式横加干涉，将民众圈羁于极其狭隘且愚昧的空间范围内。

前述,法家对臣民的"私言"、"私视"都不允许,已足见一斑。商鞅变法规定:禁止民众经商,否则沦为奴隶。《商君书》中还规定:不许雇佣帮工,不准迁居,不能将各类文娱活动通行百县,还有禁止游学,燔烧诗书等等。《商君书》与《韩非子》都把文学、习武、工商、技艺诸种人都列入社会蛀虫"五蠹"行列,而要求清除,并反对春秋以来,教育进步的标志:私学。《商君书·农战篇》更道:"诗、书、礼、乐、善、修、仁、廉、辩、慧,国有十者,上无使守战。国以十者治,敌至必削,不至必贫。"法家几乎要将农、战以外的一切文化成果予以铲除,将人们引入极其单调、野蛮专制社会中。

法家禁止一切不符合君主专制统治的个人思想道德方面的行为。《管子·法禁篇》规定,"隐行僻倚"、"诡俗异礼"、"济人以买誉"、"以朋党为友"等品行都属"圣王之禁也"。《商君书·赏刑篇》将"博闻、辩慧、信廉、礼乐、修行、群党、任誉、清浊"诸品行都入禁止之列。其《说民篇》谓:"辩慧,乱之赞也;礼乐,淫佚之征也;慈仁,过之母也;任誉,奸之鼠也。"《韩非子》中更是列举了大量法家所反对的道德品行,并予以竭力诋毁。如《八说篇》中讲:"轻禄重身"、"弃官宠交"、"离世遁上"、"行惠取众"等都是"匹夫之私誉"。《诡使篇》中谓"少欲宽惠"、"重厚自尊"、"私学成群"、"闲静安居"等行为都是"乱民"、"乱上"者。凡此种种,俯拾皆是。总之,一切个人的道德品质、行为准则都要以维护君主专制统治为前提,凡不合此标准的,都在严禁、取缔之例。这样每个人的兴趣爱好、独立人格诸方面都受到极大的限制,由此也限制了社会生活的丰富多彩和健康发展。

许多人以一些惩治盗贼的律文为根据,津津乐道地谈其保护了私有财产权,其实查遍法家的所有言论主张、改革措施和法律条文,从没有明确表示过要保护私有财产。恰恰相反,法家要求国家用各种手段坚决打击当时的"私门"、"私家",并毫不隐讳地主张对私有财产加以剥夺。《管子·揆度篇》就要求政府"富而能夺"。《商君书·说民篇》提出:"治国之举,贵令贫者富,富者贫。"当时因各种原因被籍没财产之事,可谓比比皆是。法家绝不允许一般臣民发财致富,如前所述,此乃"圣王之禁"。韩非也坚决反对"国地削而私家富"的情况出现,并首先提出"均贫富"的口号。惩治盗贼的主要目的在于维护其统治秩序,而并非保护私有财产。

在法家的法律中,唯有赏罚二字,且以刑罚为主。《商君书·开塞篇》明言:"治国刑多而赏少,故王者刑九而赏一。"法家不但继承了三代单一的刑法规范,且进一步发展了君主专制的法治内容,将民众完全视为给统治者奴役的对象。"君上之于民也,有难则用其死,安平则尽其力,……故不养恩爱之心而增威严之势。"(《韩非子·六反》)"夫上所以陈良田大宅,设爵禄,所以易民死命也。"(《韩非子·显学》)法家心目中的民众地位已昭然若揭,其没有任何权利方面的规范乃至概念,唯有被蛮横无情的统治者任意的摆布与宰割的条例。这种专制法治统治模式,在某些时期会造成表面上社会秩序安定,军事力量强大,农业经济丰足的假象,实际上却时刻在扼杀着民众丰富的创造能力,窒息着社会发展的竞争动力,最终必然造成统治残暴、社会闭塞、民众愚昧、经济单调……尤其是产生大量悲惨的冤狱。

第三节　短命冤滥的秦王朝

秦朝一般指公元前 221 年秦始皇统一至公元前 206 年农民战争灭秦。我们这里将其略向前推到公元前 246 年(秦王政元年),即把秦始皇即位至统一的二十五年也计算在内。

秦王朝由于秦始皇骄横暴戾之性格,加之在法家思想指导下,横征暴敛、用法酷滥、统治残忍而命祚短暂,然而它对中国古代社会之影响却是巨大的。首先它统一了中原各国,建立了幅员广阔的帝国,这是暴力竞争的产物,也是用暴力统治的政权。其次它的政治制度,即中央集权的君主专制统治成为后代楷模,被长期延续下来,有关的一系列政策法规对中国传统社会的法治产生了根深蒂固的影响,生命力可谓超强。

秦王朝都城咸阳,二世而亡,虽然短命,冤狱还不少。

一、秦始皇一手造就的冤狱

吕不韦诸案　公元前 247 年,秦王政即位,即秦始皇,时年十三岁。吕不韦任相国,并以"仲父"的身份辅政。吕不韦出身商贾之家,原籍为卫国人,后在韩国经商已小有名气,然而并不满足于眼前的商业利润,于是将赌注下到政治方面,开始了大起大落的政治赌徒生涯。《战国策·秦策五》载,吕不韦问父:"耕田之利几倍?"答:"十倍。"再问:"珠玉行商之利几倍?"答:"百倍。"又问:"为国立君而干政治之利几倍?"答:"无数!"吕不韦遂研究时政,将赌注押到秦国在赵国的质子异人身上,计谋帮异人回国争夺王位。时运不负吕不韦的种种努力,异人靠吕不韦的帮助得以逃脱厄运,历经艰难回到秦国,并终成功立为太子,后即位为秦庄襄王,以吕不韦为相。吕封侯食邑,遂得一人之下,万人之上的显赫地位。

吕不韦还下过一个颇值玩味的赌注:吕很有可能是秦王政的生父。《史记》载,吕不韦在帮助异人回国夺位的过程中,将已经怀有自己孩子的赵姬送给异人为妻,遂生下秦王政。许多学者虽认为此说并不可靠,很可能是吕不韦的门客在吕被害后编造的,以报复手段狠毒的秦王,然而也提不出能够足以否定它的论据。作为政治赌徒,其有关心态也在情理之中,尤其是吕不韦与赵姬之间存在绝不一般的关系,也或可佐证。当秦庄襄王去世,秦王政年纪尚小,太后即当年的赵姬,要和吕不韦重叙旧情。吕不韦感觉此事不妥,便替太后物色了个大阳人嫪毐,假装行了腐刑,送进宫中,成为太后的情夫,并生了二子。嫪毐经常胡作非为,荒淫奢侈,不可一世,可谓小人得志便猖狂。吕不韦后也因安排嫪毐入宫一事而得祸。

吕不韦虽说是一位商人出身的政治赌徒,用投机与计谋爬上高位,不过其行政能力并不低,任职期间功勋卓著。他身为秦相,在庄襄王至秦王政亲政前的十二年里,抚政安民,颇有节度,尤其是调度秦军二次击败五国联军的进攻,又派大将蒙骜灭东周取洛阳,东进攻夺赵、魏、韩、楚大片土地、城镇,秦领土扩大了三个郡,已占全国总郡数的二分之一,为秦始皇统一中国作了前期准备。同时,吕不韦还广览名贤高士,汇集各家学说,编纂而成《吕氏春秋》,单是这部书的编成就已使吕不韦名垂千秋了。

吕不韦还试图借此书来训导少年君主。《史记》载秦王为人，"少恩而虎狼心，居约易出人下，得志亦轻食人"。此时应该有所显露，所以如何趁少年懵懂之际训导这位君王，将其改造成一个符合自己理想而能与自己共治天下的君主，是吕不韦这场政治赌博的关键。

《吕氏春秋》的成就不仅在于融会了百家各派之思想精华，如吸取儒家民本思想基调，要求君王尊重民意，以民为本，行"仁于人"之政。《爱类》篇说："其当世之急，忧民之利，除民之害同"，强调得民心者得天下。另外，书中还吸取道家思想的有关观点，将自然主义的理念运用到自己的政治设计领域，提出一些统治方法论，如此等等，不一而足。尤为难能可贵的是总结了许多治乱存亡的历史教训，敢于与传统观念挑战，提出了反对君主"专独"统治的系列政治理论。如反对"君权神授"与"家天下"的传统观念与相关制度，主张君主无为，臣下尽能，强调君王要以德行义，治身才能治天下。其中反对君主专制的立意非常明显，对君主专制体制的批判也颇有力度。然而，这样的训导对施行专制统治的秦始皇而言，无异于对牛弹琴、鸡对鸭讲。

公元前238年，秦王成年开始亲政，而嫪毐依然毫无收敛，一天他酒后狂言道："吾乃秦王假父，何人能与我比。"有人马上报告秦王政。同时又有人密告，嫪毐并非宦者，与太后淫乱，已生二子。秦王政摸清情况，准备除掉这祸害。嫪毐也有觉察，居然先发制人，盗用御玺，征发军队，攻打王宫。秦王政不慌不忙调来军队，一举歼灭之，接着下令清除嫪党，一网打尽。嫪毐被车裂、灭族，朝中二十余党羽也被枭首，其四千余门客流放四川，并将太后囚禁到雍地贯阳宫，两个还不懂事的弟弟被立时扑杀（装麻袋摔死），最为无辜。事后，有官员对囚禁太后事提出谏言。秦王政认为此乃家丑，不准再提，下令，"有谏者，戮而杀之"，由是处死谏者二十余人。

在一举歼灭嫪毐集团之后，就以"事连相国吕不韦"为罪名处置吕不韦。由于吕的功劳及在朝中的势力，不便于马上加害，就先将吕不韦免职，黜居食邑河南。接着，秦王政又以吕不韦在河南与使者、门客来往频繁为由，写信谴责，信中道："君何功于秦？秦封君河南食十万户。君何亲于秦？号称仲父。其与家属徙处蜀。"虽将吕不韦流放,但语气中完全抹杀了吕不韦对秦国的巨大功绩,暗含有赐死之意。吕不韦了解秦王的性格,知道难免一死,只得服毒自杀。随后,家属被籍没入官为奴,门客也被大批流放或驱逐,这场政治赌博的结局非常悲惨。

吕不韦之死的根本原因,就在于君权与臣权的矛盾对峙。吕不韦功高盖主,权势颇大,威名过高,还是君主的"仲父",甚至还编写《吕氏春秋》训导君王,要与秦王共治天下,这是君主无论如何不能接受的,尤其是遇上了嬴政这样的专制君主,所以吕不韦的这场赌博必输。应该说,吕不韦可称战国时代的政治家,不论是在执掌秦国大权的十二年中,还是在主编《吕氏春秋》把握思想文化取舍的过程中,都能显示出一个大政治家的水平与眼光。然而,他生逢的是专制政治日益强化的战国末期,际遇的又是暴戾残忍的秦始皇,这就使得这样一位政治天才,只能沦落为政治赌徒。他的一身都在与专制政治赌,前期的小赢,得益于这个专制体制的漏洞,而后期的惨败,则是输在这个体制的无法逆转。总之,在这样的专制体制中,没有哪个政治家不堕落为投机者或者阴谋家。所以,吕不韦的冤案,不仅是其个人政治命运的悲剧,也是中国古代社会无法走出专制体制的悲剧。

秦王政亲政不到两年,就扫除了自己专制统治道路上的所有障碍,禁母杀弟,逼死仲父,可谓手段凶狠,干净利落。秦始皇的个人品性在此时已初露端倪。

韩非之狱　韩非为战国末期韩国王室贵族,曾与李斯一起受业于荀子,喜爱刑名法术之学,所著《韩非子》集法家之大成。秦王政特别喜欢韩非的著作,对其要求君主专制独裁统治的种种主张大加赞赏,曾感叹道:"嗟乎!寡人得见此人,与之游,死不恨矣!"公元前234年,秦王政发兵伐韩,威胁韩王交出韩非。韩非曾多次上书韩王,希望改革图强,韩王并不当回事,此时见秦王要人,便遣韩非出使秦国。

韩非来到秦国,与秦王讨论政事,有两件事使秦王对韩非产生反感。一是韩非批评秦王用人不当,提出秦上卿姚贾出身于梁国的监门卒之家,曾偷盗于魏国大梁,后又在赵国犯罪被逐,如此之人秦王怎能任用他出使四国,担任国家重职。秦王听了并不以为然。二是韩非上言《存韩》,要求秦王"先攻赵而存韩"，反对秦国先灭韩国。秦王以为韩非在为韩国做说客，心里产生怀疑。

当姚贾得知韩非在秦王面前说自己坏话，便与客卿李斯商议。李斯也正嫉妒韩非才能在己之上，想到韩非若受到重用，自己必被冷落，所以也想除掉这个心头之患。二人便一起对秦王说："韩非是韩国公子，如今大王要吞并诸侯，他肯定要向着韩国，此人之常情。大王现在不用他，他若回国必为祸患，不如找个借口把他杀了。"秦王听了觉得有理，就下令将韩非投入监狱。秦王虽然喜欢韩非君主专制一套理论，然而对这套理论的作者同样进行专制。

韩非下狱后，李斯怕夜长梦多，就派人送一壶毒酒给韩非，逼其自尽。韩非想向秦王表白自己的冤情，却无法见到秦王，悲愤之余，只好饮毒酒而亡。司马迁说："秦王后悔之，使人赦之，（韩）非已死矣。"如真后悔，必会惩办李斯、姚贾，然而他却毫无追悔的动作。韩非一生致力于君主专制学说，最后自己也被君主专制统治害死，实乃历史的极大讽刺。韩非虽说死得颇为冤枉，却又让人觉得有点咎由自取。

坑儒惨案　此案最为惨无人道。秦始皇自以为其威德自古帝王无能及者，为了永当皇帝，梦想服用仙药，以求长生不死，便聚方士儒生以修功炼丹，还派徐福率童男童女数千人入海求仙，派多人到处去寻不死之方。各地方术之士也纷纷欺骗作假，虽耗资巨万，然多无结果。

某天，方士侯生与卢生商谈道："秦始皇为人刚愎自用，专制残暴，任用狱吏，涂炭百姓，虽有博士生七十人，但不过充充人数而已，并不派用处，而喜欢用刑杀来建威严。天下人怕触犯法网，都唯唯诺诺地做人，也不敢竭尽忠诚。皇帝听不到对自己过失的批评而日益骄横，臣下唯恐得罪也整天说谎欺骗他，以博取他的欢心。按法律，献方无效验者要处死刑，我们再这样混下去怕凶多吉少，何况对此贪婪权势的皇帝，也不值得替他寻找仙药。"于是相约逃之夭夭。

不料隔墙有耳，有人向秦始皇告密。秦始皇听说后，勃然大怒，骂道："我招这些文学方士，为炼丹求仙，但派出去的人都一去不返，白费我巨大资财。卢生等人，我平时待之不薄，如今却逃走还要诽谤我，真不是东西。"发了一阵脾气之后，秦始皇下令，派御史将咸阳的儒生方士全部抓起来审问，追查诽谤过皇帝之人。儒生们经不起严刑拷打，都互相告发以开脱自己。最后，秦始皇亲自划定其中"罪情严重"的四百六十余人,以妖言惑众、诽谤朝廷之罪,全部活埋,其余流放边地,这应该是秦始皇制造的最惨烈的以言论治罪的大冤狱。

其他诸案　秦始皇统一中国后的第十个年头。一天,秦始皇到梁山宫中游玩,从山上看到丞相的随从车骑众多,声势不小,马上显出极不高兴的样子,连声说"不善"。其后,秦始皇的随从中有人告之丞相。丞相一听,赶快减少随从车骑。秦始皇知道后大怒:"从中人(宦官)泄吾语。"马上令司法部门抓宦官拷问,但都不肯承认。秦始皇下诏:凡当时宫中在场之人,全部诛杀。从此,秦始皇的行踪及其心意,再无人知晓。这套专制统治权术,秦始皇可谓运用得相当娴熟。

由于秦始皇的残暴统治,尤其是筑长城、修宫殿、造陵墓,横征暴敛,民不聊生。公元前211年,在东郡,天上落下一块陨石,上面居然刻有七个大字:"始皇帝死而地分"。秦始皇知道后,遣御史把周围百姓都抓来拷问,但问不出个所以然来,于是诏令将石旁居住的百姓全部杀光。第二年,秦始皇便一命呜呼。

秦始皇在位三十七年,统一中国,奴役天下,可谓轰轰烈烈。然而,他一生刀光剑影,制造冤狱无数,也劣迹昭著。死后,修陵寝的工匠及后宫未生子的嫔妃、夫人全部都给他殉葬,其人数应该也是空前绝后的。

二、扶苏诸公子和蒙恬兄弟之死

扶苏是秦始皇的长子,为人正直忠厚,因为劝谏坑儒冤案而触怒父皇,被派到上郡(今陕西榆林)蒙恬军中做监军。

蒙恬的祖父蒙骜为秦昭王、孝文王、庄襄王、秦王政四朝统军,南征北战,所向披靡,战果辉煌,为秦始皇的统一奠定基础。蒙骜死后,儿子蒙武继承父业,协同大将王翦,领兵攻楚,最后灭楚。公元前221年,蒙恬又继父业,担任将军,攻灭齐国。蒙氏祖孙三代可以说为秦国立下了汗马功劳,是秦国的开国功臣。统一后,秦始皇又命蒙恬带领三十万将士开辟北疆,威震匈奴。

蒙恬有个弟弟蒙毅,也很受秦始皇的器重,任上卿之职,跟随皇帝左右,出谋划策,视为心腹。宦官赵高出身卑微,由于通晓狱法,身强力壮,秦始皇任他为中车府令。赵高生性狡诈,善于察言观色,逢迎拍马,也颇得信任。一次赵高犯罪,秦始皇令蒙毅依法查办,蒙毅不敢曲法,判赵高死刑,除去宦官名籍。秦始皇因为赵高平时做事还算勤勉,印象不错,就下令赦免了他,还恢复了官爵,这样赵高便恨透了蒙毅。赵高见皇帝的小儿子胡亥很受宠爱,便私下以辅导律法为名,笼络感情,为篡位作准备。

公元前210年,秦始皇巡游会稽,公子胡亥、左丞相李斯、上卿蒙毅、中车府令赵高等一路跟随。中途,秦始皇病重,派蒙毅往名川大山祈祷神灵。巡游车队走到沙丘,始皇已奄奄一息,知道将死,便令赵高起草一份诏书,命长子扶苏将兵权交给蒙恬,速速赶回咸阳主持丧葬大事。诏书封好后,还没来得及交给使者发送,秦始皇就断气了。这时,诏书与玉玺都在赵高手中。赵高一看时机来了,便怂恿胡亥篡夺帝位。胡亥答应后,赵高又去拉拢李斯。李斯起初表示不同意,赵高分析说:"你才能、功劳及与公子扶苏的交情诸方面都不如蒙恬,那么一旦扶苏登基,自然要用蒙恬为相。到那时,你的地位恐怕就难保了。而秦国被罢免的丞相几乎都没有好结果,往往身诛家亡。"李斯被赵高一席话说得不寒而栗,仰天长叹,只得无可奈何地同意了。

于是,赵高与李斯串通一气,伪造秦始皇的诏书,立胡亥为太子,又伪造了一份诏令,赐扶苏与蒙恬自尽,派使者送到扶苏与蒙恬驻军的上郡(今陕西榆林县)。扶苏接旨,伤心地流下眼泪,准备入室自刎。蒙恬赶忙上前劝住:"皇帝在外巡游,未曾册立太子,公子统领三十万大军,重任在身,不可来一使者即自杀,怎么知道其中有没有诈呢?应该再次请求,如不成再死未晚。"使者却在一旁催促,担心完不成使命。扶苏为人憨厚懦弱,没有勇气再提请求,便对蒙恬说:"父亲赐儿死,还有什么可请求的呢?"说罢,便拔剑自刎了。蒙恬不肯自杀,使者便将蒙恬逮捕关押在上郡阳周的监狱中。

使者回报,胡亥很高兴,觉得自己皇位已稳,便打算释放蒙恬。而赵高怕蒙氏兄弟重新起用,对自己不利,尤其是和蒙毅有仇,必欲置之死地而后快,便向胡亥谗言道:"我听说先帝早就想立你做太子,就是被蒙毅所劝阻。明知陛下贤明而反对立为太子,则是对君主的不忠欺瞒,应该杀了他。"胡亥一听,立刻生气地派人将蒙毅关押于代郡监狱。这样,蒙氏兄弟双双身陷囹圄。

巡游车队回到首都咸阳,葬礼完毕,胡亥登基为秦二世皇帝,赵高也升迁为

郎中令。这时，赵高变本加厉地诬陷蒙氏兄弟，捏造罪名，进行举劾。昏聩的秦
二世完全相信赵高的诬告，派使者到关押蒙毅的代郡，宣诏说："先王欲立朕为
太子，而卿阻拦，是为不忠，乃赐卿死。"蒙毅申辩绝无此事，但使者已受赵高密
嘱，又领会胡亥之意，便抽剑将蒙毅杀了。

接着，二世又派使者至上郡阳周，对蒙恬再度赐死。蒙恬气愤地说："我祖
先三世有功于秦，今天我统领三十万大军，虽身陷囹圄，实足以反叛，然自知必
死而不敢辱祖先之教，也不敢忘先王之恩。"蒙恬又慷慨陈词一番后，知道事情
已无可挽回，便长叹一声："我何罪于天！"便吞药自杀了。

虽杀了兄长扶苏与蒙氏兄弟，但秦二世对自己篡位之事仍有些忧心忡忡，
便与赵高谋曰："大臣不服，诸公子与我争，如何是好？"赵高出主意要二世"严
法而刻刑，尽除去先帝之故臣和诸公子，更置陛下之亲信，便可高枕无忧了"。
秦二世于是公布严酷法令。没几天，群臣与诸公子纷纷被指控犯罪而入狱。一
下子，十二个公子在咸阳被斩首示众，十个公主在杜陵被肢解而死，家产没官，
亲属因此被连坐而诛杀者不可胜数，一时王室宗族大为震恐。如公子将间兄弟
三人，秉性忠厚，素无异议，也被囚于内宫而赐死。公子高当时虽还没有入狱，
但自料将来必不能免，准备逃走，又恐家眷不能免，后来总算想出一条舍身保家
的苦计，即主动上疏，求为秦始皇殉葬。秦二世看了奏章，喜不自胜，准其请求，
并赐钱十万，作为丧葬费。至此，秦始皇子女共有三十四人，都被秦二世杀得精
光。

秦始皇原想传万世而建立的庞大后嗣皇族，哪料到才传到二世就已经在自
相残害中几乎被杀戮殆尽，只剩下的胡亥一族也很快被秦末农民起义的铁拳消
灭。英雄一世的秦始皇不会想到这么快就继子绝孙吧，原因何在呢？我们确实
应该帮始皇帝反省反省。

三、李斯被诬谋反案

当秦二世在赵高的教唆下，大杀诸公子和功臣，刑罚一天比一天苛刻，"群
臣人人自危，欲畔者众"。丞相李斯对局势深感不安，曾数次进谏，反遭二世的

责问,心里很是沉重。

　　李斯是楚国上蔡人,曾师从荀子,学成,度楚王不足任事,便西入秦。正巧秦王政继位,吕不韦为相理政,李斯便投靠吕不韦,担任郎官。秦王政亲政后,李斯为朝廷出谋划策,屡建功业,深得信任。秦始皇统一后,李斯升任丞相。此人也颇有心计,自私贪婪,曾谋害师兄韩非,又与赵高、胡亥一起伪造遗诏,谋杀扶苏和蒙氏兄弟。秦二世登基后如此残暴无道,致使民怨沸腾,起义迭起,这也是李斯所始料不及的。

　　这时起义军袭击了三川郡,郡守李由是李斯长子,李由兵力薄弱无法抵抗,只得固守城池。大将章邯击败起义军后,向朝廷汇报李由失职之罪,并指责李斯身为丞相,不能制止动乱,让起义军猖狂到如此地步。李斯得知消息,害怕殃及自身,又随风转舵,迎合秦二世的淫乐,主张用严刑峻法来对付不服从的臣民,以博得秦二世的欢心。

　　赵高当上郎中令后,假行君令,乱杀无辜,凡过去有仇怨之人,必予报复。赵高为了阻挠大臣到秦二世面前举劾自己的罪行,也为了自己能独揽朝政大权,便劝二世深居宫中,让大臣只能闻其声而不能见其面,以保持皇帝的尊严,一切政事由他和宦官传达。二世也乐得在宫中淫乐,懒得管理朝政。这样,二世被架空,"事皆决于赵高"。

　　李斯对赵高大权独揽非常不满。赵高知道后便设计要去掉这块绊脚石。赵高知道,李斯也是个老谋深算之辈,自己要完全窃得权力,必须要手腕除掉李斯。赵高先假惺惺地对李斯说:"如今关东强盗众多,而皇帝却还在加紧征发劳役修筑阿房宫,且搜罗许多狗马玩物。我想去劝谏,只因地位太低。这应是丞相分内事,你为什么不去劝谏呢?"李斯不知是计,便答道:"皇上不上朝,老在内宫,没有机会啊。"赵高见李斯上钩,又说:"你想去劝谏,候机会我通知你。"然后,赵高总趁秦二世玩兴正浓之际,传李斯觐见。二世抱着宫女正来兴致,见李斯进宫劝谏,大煞风景,憋了一肚子火。接连几次后,二世便问赵高:"丞相总在我玩乐时进谏,这是什么意思?"赵高趁机挑拨道:"这事恐怕麻烦了,沙丘篡位之谋,丞相是参与了的,如今陛下已为皇帝,而丞相依旧,他是不是想分块土地,弄个国王当当。况且,李斯的长子李由是三川郡守,而叛匪陈胜等都是李斯家乡附近的人,这帮盗匪经过三川郡时,李由并未派兵出击。我早听说李斯父子与叛匪有来往,致使叛匪如此猖狂,只因还没有抓住真凭实据,所以没有敢向陛下禀报。再说丞相在朝廷外的权力比陛下还大得多呢。"二世听了信以为真,马上派人到三川郡去调查李由通匪的罪状。

李斯进谏接连碰壁,此时又听说秦二世正派人去调查李由通匪的罪状,心里才恍然大悟,不由气愤异常,便向秦二世上奏揭发赵高的罪行。二世看了很不高兴,把李斯召来,向他夸奖了一番赵高的忠诚,并责问李斯,不把国事交给赵高,那交给谁呢?李斯据理力争,再次强调宦官赵高揽权的危害性,然而二世已为赵高蒙蔽至深,一句也听不进去。等李斯走后,秦二世把此事告诉赵高。赵高反咬一口道:"丞相所担心的只有我赵高,如果我一死,他就可以学战国田常代齐那样夺位。"二世一听,勃然大怒,立即下令将李斯逮捕入狱,并派赵高去审理。

李斯被套上刑具关进监狱,只有悲叹二世的昏聩无道,把贼人赵高当心腹。赵高为追究李斯一家的谋反罪状,又把他的亲戚族人、门客朋友全部逮捕入狱,严刑拷打。赵高又亲自审讯李斯,棍打鞭笞,李斯忍受不了痛苦,只有承认"谋反"罪名,亲属朋友也都屈打成招。这时李斯还天真地希望通过向秦二世上书,陈述自己一生对秦的功绩,说不定能得到皇上的赦免,于是在狱中草拟了一篇奏章,历数自己追随先皇三十多年来立下的七大功勋,以求感动秦二世。哪料奏章送到赵高手中,就被抛在一边,赵高还骂道:"囚犯哪能上奏章!"其实奏章就是被二世过目,也不会有任何宽赦的。

为了不使李斯翻供,赵高派人装成秦二世的特派使者,冒充御使、侍中等官衔,轮番对李斯审讯。李斯不知是假,便诉说冤情,结果遭到一顿毒打。经过十余次后,李斯被打得死去活来,哪里还敢申诉。等到秦二世真的派人来复审时,李斯为免受皮肉之苦,竟都一一诬认了,不再申冤。二世听了复审官员的汇报,高兴地说:"果然丞相要谋反,如果没有赵高,我差点被李斯骗了。"

这时,二世派往三川郡调查李由罪状的使者得知李由已在战场上阵亡了,便回京交差。赵高又买通使者捏造了李由谋反的证据,向二世报告。这样,李斯父子的谋反罪名可谓"铁案如山"。

　　秦二世二年七月的一天,李斯及其三族在咸阳闹市被执行死刑。在押赴刑场的路上,李斯对两个小儿子说:"我真想与你们再次牵着黄狗,一起从城门出郊外去追逐野兔,这哪里还能办得到呢。"说罢,父子相对痛哭。在一声开斩的命令声后,李斯三族都人头落地,一代名相就这样稀里糊涂被杀。李斯也是位法家人物,一生追随秦始皇,鞍前马后,竭尽忠心,为加强集权专制统治立有汗马功劳。当然,李斯为人阴险自私、手段狠毒,不但谋害过许多无辜之人,而且为皇帝策划制造了焚书事件。这次由于斗不过赵高,因而被其诬害致死,三族起码有数百人遭株连被害,这类冤狱从此在这个皇帝专制统治体制中层出不穷。一人之下、万人之上的丞相都是如此悲惨,更何况其他臣民。

　　八月,赵高发动政变,杀死二世,立子婴为帝。子婴不甘心做傀儡,又设计杀死了死有余辜的赵高,并夷灭其三族。不久,起义军兵临城下,子婴投降后也被处死,秦朝就这样覆灭了。

四、云梦秦简(秦律)与冤狱

　　1975年云梦秦简的出土,为我们了解秦朝统一前后的有关法律制度提供了前所未有的珍贵资料。首先,秦国法律的种类已达数十种之多,包括《田律》《厩苑律》《仓律》《金布律》《关市》《工律》《工人程》《均工》《徭律》《司空》《置吏律》《效律》《军爵律》《传食律》《行书》《内史杂》《尉杂》《属邦》《除吏律》《除弟子律》《中劳律》《游士律》《敦表律》《傅律》《公车司马猎律》《藏律》《法律答问》《封诊式》,涉及农业、畜牧业、官府仓库、货币、市场贸易、官府手工业、各类徭役和工程、官吏任用和职务、军士服役、军功爵位、宫中内史、传递文书、度量衡器、士人游学、婚姻家庭、审判程序、案件文书等各个方面,其范围之广、内容之多、要求之细都是后人难以想象的。我们可以看到秦政府对国家经济文化的全面控制,这种国家主导所有领域的集权统治样式可谓中国模式的滥觞。

　　与君主专制相配合的秦国"法治"的特点有:

　　令高于律　《法律答问》载:"律所谓者,令曰勿为,而为之,是谓犯令;令曰为之,弗为,是谓废令也。"这里用律文规定了君主诏令的绝对权威性。当诏令与法律发生矛盾时,应以"令"为准,否则要追究"犯令"、"废令"的罪责,这样就将君主的诏令明显置于法律之上。把君主诏令有可能与成文法律之间产生的矛盾,用专制主义原则解决,这成为中华法系的一大特色。君主不时可以用"令"来补充,甚至修改法律,以契合君主对臣民的任何处置,乃至滥杀。这在中国两千年的历史中可谓司空见惯,如宋代的"以敕代律"之类,从中可见中国式"以法治国"的精神内涵。

轻罪重刑　《法律答问》载,"五人盗,赃一钱以上",就要"斩左趾"或"黥以为城旦"(服苦役五至六年)。"盗采人桑叶,赃不盈一钱,何论?赀徭三旬。"偷采几片桑叶就要被服苦役三十天。"甲谋遣乙盗,一日,乙且往盗,未到,得,皆赎黥。"甲主谋派乙去盗,但未及盗成便被拿获,要判处"赎黥"。再如,"同母异父相与奸",要弃市。近亲通奸,纯属道德问题,也要处以死刑。"誉敌以恐众心者,戮。戮者可(何)如?生戮,戮之已乃斩之之谓也。"分析敌情,稍有不慎,便恐有此嫌,且处刑还须先"生戮",即活着受刑,再斩杀之。有关状况秦简中俯拾皆是。

秦在思想文化方面的控制更是严酷。公元前213年,颁布"焚书令",史官所掌非秦记,皆烧之,非博士官所职,天下有敢藏《诗》、《书》、百家语者,一律送官府烧毁。"有敢偶语诗书者弃市,以古非今者族,吏见知不举者与同罪。"令下三十天不烧者"黥为城旦"。(《史记·秦始皇本纪》)

当时各种残酷刑罚不胜枚举。死刑就有戮(刑辱而杀)、磔(碎裂肢体)、定杀(淹水而死)、囊扑(装袋打死)、凿颠(凿穿头骨)、抽胁、镬烹、车裂、射杀、剖腹、弃市、枭首、腰斩、绞、坑、族等;肉刑有黥、劓、刖、宫、鋬足、矐(用马尿熏瞎眼睛)、斩左右趾、榜掠(笞刑)等,可谓五花八门,应有尽有,惨不忍述。"城旦"诸苦役刑,乍看起来,刑期并不算长,但由于徒刑的生活极其艰苦,劳役又十分繁重,加上鞭挞、重罚、疾病、饥馑等情况,致使许多人刑期未满而身先亡,所以被判徒刑、苦役在当时是很悲惨的。秦律还扩大了株连、连坐的范围,先有家族连坐,所谓的灭三族,其次是邻里连坐,是商鞅首创,还有职务连坐,如吕不韦案牵连的官员、属吏、门客多达数千人。

任意判罪　《法律答问》规定:"甲盗,赃值千金融,乙知其盗,当分赃不盈一钱,问乙何论?同论。""分赃不盈一钱"实际上等于没有分到赃物,且也没有参与其"盗",仅"知"而已,就要同罪论处。另一条规定:"夫盗千钱,妻所匿三百,可(何)以论妻?妻知夫盗而匿之,当以三百论为盗;不知,为收。"妻不知其夫犯罪,也要收为官奴。参与犯罪和是否"知"其犯罪是性质完全不同的行为,却将其不分轻重地以罪论处。这一以所谓有无犯罪意识来判断其是否犯罪的司法逻辑,常常可由官员主观臆断,大量的冤狱也由是产生,可谓是中华法系中最拙劣的传统之一。

道德治吏 《为吏之道》要求对官吏进行道德教育,提出许多箴言,如官吏要"正行修身","精洁正直,慎谨坚固","兹下勿陵,敬上勿犯","毋喜富,毋恶贫","除害兴利,兹(慈)爱百姓","喜为善行,龚(恭)敬多让","止欲去愿","审悉无私",这样就不会去犯罪了,其中许多为儒家的道德思想。《语书》曰:"凡法律令者,以教道(导)民,去其淫避(僻),除其恶俗,而使之之于为善也。"要求官员实施法律教育,使民众除恶向善,预防犯罪,即"以法为教,以吏为师"。律令也较重视对官员的考核,《语书》称:"今且令人案行之,举劾不从令者,致以律。"派人巡行视察,如官员不依法办事,就要严惩。但把法制建筑在官员道德自律与互相监督之上,不懂得如何限制官员的权力以保护民众的权益,其作用是非常有限的。如《史记·张耳陈余列传》谈到,范阳某令为官十年:"杀人之父,孤人之子,断人之足,黥人之首,不可胜计"。

儒法融合 《为吏之道》融合了儒、法、道诸家思想,以儒家思想为主,要求官吏忠于君主。法律还极力维护家族伦理的"孝"。《法律答问》载:"免老告人以为不孝,谒杀。""子告父,臣妾告主,非公室告,勿听。主擅杀、刑、髡其子、臣妾,是谓'非公室告',勿听。而行告,告者罪。"是说老年男子可以请求官府以不孝罪处小辈死刑及家主可擅自杀、刑其子女或奴婢;小辈起诉长辈为"非公室告",官府不予受理,如坚持要告,告者有罪。《封诊式》也载有三个案例,父亲告儿子不孝,要求施刑或终生流放,官府完全照办,可见法律赋予父亲任意惩罚不孝之子的权利,以维护家族伦理秩序。此外,有爵位可减刑、贵族官员可赎罪的等级司法特权也已逐步出炉,其议爵、议官诸规定,与儒家后来的"八议"已有相通之处,可见儒法两家政治互补的情况在秦代就已经出现了。

在中国,法只是君主政权力量的单方面体现,是权力的工具与化身,权大于法,权高于法,在中国人的潜意识中已根深蒂固。法为维护君主的权力,必然要求限制他人的权利,形成基本不存在民众权利概念的法律体系。民众心甘情愿履行法律规定的义务,也没有什么权利意识,对于权利的被剥夺与遭权力的蹂躏习以为常,中华法系被铸造成稳固的义务模式规范。在这样的制度中,人们对现实中产生的大量冤案日渐麻木。《盐铁论·诏圣篇》谈到,秦始皇"专任狱吏",执行"刑戮有加"的司法制度,造成"劓鼻盈累,断足盈车,举河以西,不足以受天下之徒","赭衣塞路,囹圄成市"的现象。秦二世时更是"刑者相伴于道,而犯人日成积于市"。秦朝的司法统治,的确相当恐怖。汉代陆贾《新论》评说,秦就亡于"举措暴众而用刑太极也"。

第二章　汉朝冤狱

在气势磅礴的秦末农民战争中，农民出身的刘邦打败贵族出身的项羽，于公元前202年登上皇帝宝座，建立汉朝。因建都长安（今西安），史称西汉，历十一帝一后，至公元9年被外戚王莽篡夺皇位，建立短暂的"新"朝。公元25年，宗室刘秀又在农民起义军中崛起，平定群雄，重建汉室，建都洛阳，史称东汉，历十四帝。两汉共四百余年。

汉王朝是农民起义胜利后推翻旧王朝建立的新政权，然而这样建立的政权并不代表农民的阶级利益，它依然继承君主专制家天下的秦朝统治模式，所以其冤狱中最醒目者，还是帝王的擅杀滥刑，许多功臣名士都遭其毒手。其次后宫夺嫡争位的斗争也异常惨烈，许多案子根本无人性可言。还有外戚与宦官交替专权为祸，在皇帝支持下酷吏肆横，法律制度也比较紊乱……两汉的冤案同样层出不穷。

第一节　西汉要案

西汉建国，为确保刘家天下，汉高祖刘邦杀功臣、兴冤狱。然而，汉初还算平稳，统治者吸取一些秦亡的教训，一度信奉黄老思想，无为而治，让民休养生息，发展生产。至文景之时，轻徭薄赋，减刑宽政，史称盛世。武帝即位，好大喜功，独尊儒术,封禅泰山,对外战争,增修宫殿,穷侈极奢,加剧剥削,冤狱不断。西汉从顶峰开始下滑,从此一代不如一代,至外戚王莽专权,更是制造了无数冤案。

一、韩信、彭越诸王被杀

韩信被杀　韩信是秦汉之际最著名的军事家,为刘邦打天下,立下了汗马功劳,与萧何、张良并称为"汉初三杰",然而这位大功臣,最后却被吕后捕杀于长乐宫中,且被灭三族,还加以谋反的罪名。我们经过认真考察后,发现其谋反罪名与岳飞被害的罪名一样,都是"莫须有"的,是统治者为掩盖其杀戮无辜的卑劣行径而妄加给韩信的。

首先,韩信作为秦末战争中汉王的一员大将,率领十数万军队,屡立奇功,打下很大一片土地,可以说是汉与楚对抗的唯一主力军,在楚汉相争中有着举足轻重的作用,所以有人曾劝他叛汉联楚或与汉、楚"三分天下,鼎足而立",而韩信没有听从这样的劝告,还是以帮刘邦消灭项羽为其作战目标。尽管时有凭功劳讨封王、封地的一些故事,但在要求得到满足后,便立即率兵援助刘邦,使汉军实力大振,一举夺得垓下之战的胜利,刘邦由是登上皇位。若韩信有谋反的意向,在拥有重兵的情势下是最适宜的,但韩信没有这样做,说明韩信是忠实于刘邦的。

而恰恰是刘邦一直不信任韩信。在扫除项羽这个皇位的最大障碍之后,即垓下之战刚刚结束,刘邦趁韩信猝不及防之际,迅速率兵到韩信的驻地,解除了韩信的兵权。刘邦认为军事实力远远超过自己的韩信是另一隐患,便借口韩信熟悉楚地风俗,改封齐王韩信为楚王,以江苏宿迁西北的下邳为都城,让韩信离开他所控制的军队,到南方楚地当一个没什么军事力量的小王。这时韩信也没有反抗,而是乖乖交出了兵权,听候安排。

然而刘邦对韩信的戒心,并未因韩信到楚地而放松,他那双充满猜忌的眼睛一刻也不停地注视着韩信。不久,刘邦就发现项羽故将钟离眜逃到韩信的封地,与韩信交往密切,于是刘邦下令韩信将钟离眜逮捕归案。此时,韩信初到楚地,军力不少,这引起刘邦的不安。恰值有人诬告韩信要谋反,这更坚定了刘邦要铲除韩信的决心。丞相陈平献计,让刘邦借口出游云梦,趁韩信不备时将其擒拿。刘邦当即宣布出游。汉六年(公元前201年),刘邦率随从兵将向楚地进发,同时下诏要在楚国之陈地会诸侯。

韩信听说刘邦将至,已经猜出刘邦此行的意图,但自觉无罪,没必要与刘邦刀剑相见,左右思量,也没有做出反叛的决定。当刘邦到陈地会诸侯时,韩信献上钟离昧的人头,以表对刘邦汉王朝的忠心。岂料刘邦除韩信的决心已下,献人头也无济于事。只见刘邦喝令身边的武士将韩信绑缚,此举令在场的诸侯大惊失色,韩信更是大呼其冤,刘邦却轻描淡写地宣称"有人告韩信谋反"。于是刘邦也不游云梦了,押着韩信将其带回洛阳审讯。但是审讯了半天,也没有什么像样的证据,就这样杀了韩信,实在于天下臣民交代不过去。刘邦只好又将韩信改封淮阴侯,居于洛阳,也就是将韩信时刻放在朝廷的监视之下。

韩信一再被削地夺爵,知道刘邦不能容忍自己,心中愤懑的情绪时有流露,说自己正像人们常说的"狡兔死,良狗烹;高鸟尽,良弓藏;敌国破,谋臣亡"。他常常称病不朝,时有上朝也或会流露不满。一次在朝廷上议论各人的统兵能力时,韩信竟然当面说刘邦:"陛下不过能统兵十万,而本人则多多益善。"完全不给刘邦任何面子,这样再也不能容忍韩信的杀戮计划已经在宫廷中谋划。

汉高祖十一年(公元前196年)春天的一个夜晚,吕后诈称陈豨叛乱已被刘邦率军平息,令朝臣们入宫庆贺。当韩信大步跨进大门,环顾四周时,只见吕后手臂一挥,早已埋伏在四周的兵士一拥而上,韩信来不及抵抗,便丧命于众兵士的刀枪之下。随后宣布韩信曾与陈豨密谋反叛,陈豨在外起兵反汉,韩信从中响应配合,所以必须诛除,然而又提不出多少像样的罪证。我们分析,如果韩信真与陈豨密谋反叛,他没有必要入宫庆贺陈豨的失败,完全可以称病不去。再者如果韩信真要谋反也不会在朝中大发牢骚,让人看出自己的不满情绪。一个大军事家在这些事情上的坦坦荡荡,正说明心中没鬼。如果韩信果真有罪,也应该由法庭审判后再执行死刑,为什么要由吕后在宫中用这样见不得人的手段进行杀戮呢? 这只能说明心中有鬼的是刘邦统治集团。一句话,杀韩信是最高决策层有预谋、有计划、有安排的。

彭越被害　彭越出身绿林,做过强盗。秦末时,他响应陈胜起义,举兵归附刘邦,袭扰项羽的后方,展开游击战,助刘邦灭项羽,立有大功,被封为梁王。汉高祖十年秋,代国丞相陈豨举兵谋反,刘邦御驾亲征,调遣彭越领兵共讨。彭越称病未往,仅派手下将军领兵前去。刘邦不见彭越亲自前来迎驾,大发雷霆,当即派使臣赴梁都向彭越问罪。彭越惊恐不定,部将扈辄劝他既已犯欺君之罪,不若举兵造反,否则会被擒拿问罪。彭越没听从。

　　天有不测风云,梁国太仆因事得罪彭越,彭越要责罚治罪。太仆潜逃到汉营,向刘邦告了黑状,说彭越与部将扈辄密谋造反。刘邦当即派出得力部将,采用突然袭击的方法,出其不意一举将彭越捉拿。此案经审定,由于彭越没有听从部将扈辄反叛之言,但也没有诛杀扈辄,所以应按“反形已具”论罪,罪当斩。刘邦回洛阳审阅案卷后,念及彭越过去的功劳,法外开恩,贬为庶人,押往蜀地青衣(今四川名山北)居住。

　　彭越途经郑州,正遇到路过此地的吕后,便向她哭诉自己的遭遇,表明自己是清白无罪的,并希望能留在故乡。殊不知吕后刚刚杀了韩信,此时听了彭越的遭遇,只是想皇帝怎么如此糊涂、手软,像彭越这等壮士怎能放虎归山?于是,吕后假意答应替他向皇帝求情,把他又带回了洛阳。吕后见刘邦后,当即言明彭越只可杀不可放,而且还须斩草除根。在得到刘邦首肯之后,吕后便暗中命门客告发彭越谋反,将案子交到廷尉手上。廷尉王恬开秉承上意,判彭越死刑,夷灭三族。吕后为了进一步震慑诸王,将彭越尸体制成肉酱,分装后“遍赐诸侯”。

英布之死　传醢(即肉酱)之举却激反了另一位诸侯王,即淮南王英布。他年轻时因犯法被施黥刑(即脸上刺字),故又称黥布。他与韩信、彭越诸大将在灭项羽的楚汉战争中,同样战功赫赫,并称于世,封淮南王,定都六(今安徽六安市)。汉六年(公元前191年),英布在陈朝拜见刘邦时目睹韩信被绑已胆战惊心,这次收到“梁王醢”更是惊骇不已,遂生戒心,暗地部署兵力以备不测。也是合当有事,英布疑心他的中大夫贲赫与自己的王姬有私情,拟将他逮捕治罪。而贲赫原本是为了讨好淮南王才巴结他的爱姬,不料英布疑心特重,贲赫为避祸便向朝廷告发淮南王谋反。在朝廷还半信半疑之际,英布就迫不及待地发兵反叛,最后在刘邦亲率大军征讨下兵败身亡。

　　在短短一年都不到的时间内,将功高盖主的三王各个击破而擒杀,从而稳固了刘家的天下,刘邦与吕后似乎先有周密计划,至少也是配合默契。刘邦是继越王勾践之后,又一位残忍杀戮开国功臣的皇帝,为帝王夺取政权后滥杀元勋开了先河。

二、周勃、周亚夫父子被冤

周勃为刘邦同乡,从刘邦于沛县举兵反秦,前后征战三十余年。先是灭秦,后又平定三秦,再是打败项羽,助刘邦夺得天下,多有战功。汉王朝建立后,周勃又随从刘邦剿灭反叛的诸侯王,有燕王臧荼、韩王信、代国陈豨,战绩显著,官拜太尉,封绛侯。刘邦死后,他历事惠帝、吕后二朝。吕后去世后,诸吕专权,刘氏危在旦夕。他与丞相陈平合谋,诛平诸吕,迎立汉文帝,保住了刘氏江山。文帝时,官拜丞相,受赏五千金,食邑万户。周勃可谓功高盖世,位极人臣,是刘汉王朝的大功臣。

然而,他亲身经历了汉初刘邦滥杀功臣诸王的血腥场景后,深恐功高盖主将祸及自身,不久便辞相归印,回封地绛县(今山西侯马市东)养老。由于面对过太多的杀戮,绛侯已是心存畏惧,家居见客也时常要陈兵列甲。每当郡守、郡尉等官员下来巡视,周勃更是穿上戎装,令家丁手握武器来接见他们,于是好事者上书告周勃想要谋反。文帝命廷尉审理此案,将绛侯逮捕入狱。面对狱吏的折辱,周勃不知所措,只有送千金以贿赂,狱吏这才指点迷津,让周勃求救于公主与太后。周勃便以重礼买通薄太后的弟弟薄昭,薄昭为此向薄太后说情。一天,文帝上朝,薄太后对文帝说:"想那绛侯在诛灭诸吕时,曾掌管皇帝印玺,统领精锐的北军,他不在那时造反,如今养老居一县,反而会造反吗?"一句话点醒了文帝。周勃这才得以出狱,恢复了爵位与食邑。

由此案可知,汉初杀戮功臣已造成朝廷中人人自危的恐怖气氛,就连周勃这样的开国元勋、四朝重臣,也惶惶不可终日,最后还是被诬告入狱。要不是狱吏指点迷津,去贿赂国舅向太后说情,恰好薄太后也算明理之人,向绛侯伸以援手,否则周勃也难免不冤死狱中。汉文帝如此之宽恕英明,周勃如此之质朴谨慎,竟然也会有此冤案发生,其他更何论哉!

　　周勃死于文帝十一年,长子胜之袭位绛侯。周胜之娶公主为妻,两人感情不和,又犯了杀人罪,封爵被取消。文帝就选择周勃儿子中有才能的河内郡守周亚夫,封为条侯,接续绛侯之后。周亚夫治军细柳营章法严谨,深受文帝宠信,官迁中尉、车骑将军。汉景帝三年(公元前 154 年),吴、楚等七国造反。周亚夫受命于危难,以太尉统兵平乱。叛军首先攻击的是梁国,而梁王刘武与景帝是同母兄弟。周亚夫在出征前已定下战略:不与吴楚联军正面交锋,用梁国拖住叛军,然后出奇兵断叛军粮道,叛军当不攻自破。景帝批准了这一战略决策。但此时梁王已被迫死守都城睢阳(今河南商丘),岌岌可危,情急之间,他多次向条侯求援,但条侯只是在昌邑坚守,遣轻骑兵直插淮泗口(今江苏洪泽湖中),切断了叛军的粮道。梁王只得直接向景帝求救。景帝顾及兄弟而不管既定战略,竟下诏令周亚夫发兵救梁,但条侯周用亚夫以“将在外,君命有所不受”为由,守至叛军因缺粮而退兵时,才率精兵出击,一举击破吴楚联军,平息了一场大乱。

　　周亚夫平定七国之乱立了大功,升任丞相,却因为“见死不救”而得罪梁王刘武。梁王时常在景帝面前说条侯坏话。周亚夫又多次抵触景帝的旨意,如景帝要废黜太子刘荣,改立宠妃王夫人之子刘彻(即日后的汉武帝),条侯却认为不应轻易更换储君。再如窦太后提出要封王皇后(即王夫人)的兄长王信为侯,以赏外戚。景帝找周亚夫商议,亚夫搬出高祖“非刘氏不得王,非有功不得侯”的盟约,景帝只得作罢,这样亚夫又得罪了窦太后。不久,匈奴王唯、徐卢等五人归降,景帝想封他们爵位以鼓励后来者。但条侯认为若封赏背叛主人的臣子,又如何来指责失节的人呢? 景帝不以为然,开始疏远周亚夫,并封徐卢等人为侯。周亚夫于是称病不上朝,最后因病免去其丞相之职。景帝目送亚夫离开的背影,喃喃地说:“这心中不满的人,不能做少主的臣子。”

　　几年后,儿子为亚夫买了一批皇家仪仗使用的盔甲盾牌,共五百套,以用作陪葬。家中佣工由于不满所给报酬,便告发他家盗买皇家器物,并说是准备作乱,事情牵连周亚夫。景帝将案子交给廷尉审理,有关官吏按诉状责问周亚夫,周亚夫竟一言不发。廷尉将此事汇报给景帝,景帝说了句“我不用也。”言外之意是你们尽管审,这人我不会再用了。随后周亚夫就被关进监狱,廷尉审问道:“你想造反吗? ”亚夫回答:“我买的是陪葬品,为什么问造反呢? ”狱吏说:“你即使不想在地上造反,也想要在地下造反吧。"真是"欲加之罪,何患无辞"。于是主审官逼供,狱吏虐待,无以复加。条侯原本被捕时就想自杀,但被夫人劝止,此时见法官狱吏如此诬赖逼供,便绝食抗议,以表清白,五天以后竟吐血而死。

周亚夫一生忠于汉王朝,对于汉景帝更是辅佐有力,但他的耿直得罪了皇帝、皇后、太后、梁王等一批皇族,将自己陷于危境之中而不知。此案充分暴露了专制帝王的刻薄寡恩、残忍狠毒,以致忠臣的一次小小的犯错,便得到了被诬谋反入狱的回报。

三、晁错上《削藩策》被诛

汉王朝建立后,刘邦为了笼络功臣,曾封了八个异姓王,后为了刘汉王朝的安全与稳固,又以各种借口除掉了七个异姓王。刘邦总结秦亡的教训,以为分封刘氏子弟为王能屏藩皇室,而异姓王则会有反叛的风险,便与群臣杀白马为盟誓:"非刘氏而王者,天下共击之。"所以一面消灭异姓王,一面又分封宗室子弟。到刘邦死时,被分封为诸侯王的刘氏子弟共有九个。其实它与郡县制相比,反而增大了中央政权与地方势力的矛盾冲突,且为了争夺皇位,同样会发生诸侯国叛乱的情况。

刘邦死后,吕后专权,封吕氏子弟为王。吕后一死,周勃、陈平把吕氏诸王铲除。文帝即位,还剩五个刘氏诸侯王。文帝原是代王,初到朝廷,根基不深,为了笼络刘氏宗室,巩固自己的帝位,又大规模的分封了十个诸侯王。这样,诸侯国的土地与人口便大大超过了中央直接管辖的区域。诸侯王的势力迅速发展,某些大诸侯王的宫殿、百官仪制俨然与皇帝差不多,野心也在不断膨胀,公开叛乱之事时有发生,如最先反叛的济北王刘兴居和淮南王刘长。这时,梁王太傅贾谊上《治安策》,指出诸侯国问题危机四伏,就像人身上的毒瘤,必须现在医治,并提出分割父辈封地的方案。

贾谊的意见得到文帝的重视,不久便把齐国一分为六,把淮南国一分为三,但这两次分割只是杯水车薪,到汉景帝即位时,诸侯王与中央的矛盾进一步激化了。如吴王刘濞拥有三个郡,五十三城,富足强盛,国力雄厚,因太子被皇太子误杀,怀恨在心,准备反叛。这时,御史大夫晁错向景帝上《削藩策》,主张削减诸侯王的封地,特别提到吴国必须削减,认为像刘濞这种人迟早都会反叛,所以早削比晚削好,这样祸害会小些,否则会酿成大祸。一席话正中景帝下怀,于是景帝便定计划向诸侯王逐步开刀。

第一个被削地的是楚王,以薄太后服丧期间行私奸的罪名,削去东海郡。接着是赵王有罪,削去常山郡。胶西王有罪,削去六个县……景帝如此动真格削藩,诸侯王个个群情激昂,被削的一肚子不满,未削的惶惶不安。吴王见此情景,知道自己也在劫难逃,决心公开叛乱,开始联络诸侯国。景帝削减吴国会稽和豫章郡的诏书一下达,吴王便扯起反叛的大旗,征集二十余万人马,向长安进发。接着,胶西、胶东、淄川、济南、楚、赵等国也出兵响应,声称:"御史大夫晁错蛊惑皇上侵削诸侯之地,把持朝政,阻塞忠良,招致怨声四起,朝野不安。"并打出"诛晁错,清君侧"的口号。一时到处都是反叛的旗帜,叛军连连得胜,锐不可当,后人称"吴楚七国之乱"。

景帝立即进行了部署,派周亚夫等将军率军迎敌。正当军情十万火急之时,老臣袁盎要求见景帝。在朝中,袁盎与晁错两人水火不容。晁错曾向景帝奏报,袁盎接受吴王的贿赂,与吴王狼狈为奸,法当治罪,袁盎由是被免去官职。这次袁盎见景帝说:"吴楚七国叛乱是由晁错鼓吹削夺诸侯之地引起的,而今只要杀了晁错,赦免七国之王,恢复封地,就可免去战争之灾。"并保证自己能说服吴王退兵。景帝正为叛乱大伤脑筋,听了袁盎的话便有几分动心,表示不会因私爱晁错一人而得罪天下。于是就有了牺牲晁错,换取诸王退兵的计划。景帝当即拜袁盎为太常,派宗正刘通为使臣说服吴王退兵。

晁错生性刚直,不善结交。在景帝还是太子之时,晁错就担任太子家令,为景帝近臣,两人颇为投缘。景帝即位,晁错官迁御史大夫,得重用青睐,群臣都来拍马,然而,一旦失去景帝这座靠山,落井下石者便纷至沓来。很快,就有丞相陶青、中尉陈嘉和廷尉张欧上书参奏晁错,提议将晁错满门抄斩。景帝朱笔一挥,马上派中尉逮捕晁错,而蒙在鼓里的晁错刚穿好朝服准备上朝,便被拉到长安街头斩首。可怜对景帝忠心耿耿,为汉王朝竭尽犬马之劳的晁错就这样成了刀下之鬼,其妻子及同族亲属也全部弃市。

　　景帝原以为晁错一死,吴楚便可退兵,但袁盎与刘通来到吴军阵营,不仅未能说服吴王退兵,反而遭到冷遇。刘濞已自称"东帝",拒不行臣子之礼,也不接受景帝的诏书,还暗自派人准备囚杀袁盎,袁盎只得逃回长安。此时校尉邓公从前线归来,也告诉景帝:吴楚之乱的目标并不在于一个晁错,而在夺取最高权力,诛杀晁错实在是一个绝大的错误。景帝顿时恍然大悟,但人头已经落地,无法挽回。

　　当初晁错上《削藩策》时,不仅遭到了以窦婴为首的众多大臣们的反对,就连自己的父亲也从遥远的家乡赶来,劝儿子不要做这种"疏人骨肉"而招致怨恨的事。但晁错不听,回答说:"不这样做,天子的地位就不能尊崇,刘氏家族的地位就不能安固。"其父愤愤地说:"刘氏安固了,可晁氏就要危难临头。我可不忍看着灾祸降临我们一家。"随后便饮毒身亡了。故事的结局正如晁错父亲所预料的,让人深感痛惜与恐怖。而晁错父亲话语中所隐内涵也值得国人反思:中国皇权能得数千年的安固,这是中华民族付出了何等惨重的代价才换来的。

四、司马迁惨遭宫刑

　　元封三年(公元前108年),司马迁接替父亲被任命为太史令,开始了宫廷史官的生活。此前,通过遍读古籍与漫游考察、民间采访,司马迁已经积累了大量的历史材料,如今当了史官,又能接触到许多皇家藏书与官方档案,这些都为编写一部贯通古今的历史著作准备了很好的条件。太初元年(公元前104年),司马迁主持了"太初历"的改制工作,很快也开始了《史记》的写作。正当司马迁全力以赴地写作这部前无古人的历史巨著之际,不料李陵之祸却降临到他的头上。

　　事情要从汉武帝发动对匈奴的战争说起。太初元年,汉武帝为了让他宠爱的李夫人的哥哥李广利立功封侯,便命他为贰师将军,率兵进攻大宛,到贰师城掠取汗血马。李广利率领数万人马,经过近四年的鏖战,耗费了巨大的人力物力,总算取回了几匹汗血马。此时,汉武帝下诏为报高祖的平城之仇(刘邦曾被匈奴困于平城),决定出兵伐匈奴。

　　天汉二年(公元前99年),汉武帝派他的小舅子贰师将军李广利,率三万骑兵,由酒泉出兵,击匈奴左贤王于天山,而派名将李广之孙李陵负责后方辎重。李陵乃名将之后,不愿如此屈居人下,而且还是管后勤之类的活,便提出要当先锋官,吸引匈奴的主力,以保证贰师将军出击取胜。汉武帝听了道:"现在我手上分不出骑兵给你。"李陵一听也急了,就说:"不用骑兵,只要带手下五千步兵,就能直捣匈奴单于的老巢。"汉武帝见他如此英勇要强,也就答应了,并派强弩校尉路博德带一支人马作为侧应。

　　李陵率五千步兵,从居延向北进军,走了一个多月,在浚稽山安营扎寨。由于李陵军长驱直入,很快被匈奴的三万骑兵团团包围。李陵军奋起杀敌,开始士气很盛,追杀了匈奴数千人。单于大惊,没想到这么点汉人步兵有如此强的战斗力,便又调来八万骑兵夹攻。李陵只能一路战,一路向南退却,第二天又杀了匈奴三千多。由于接连数天的作战,李陵的士兵已大半负伤,重伤的放上车,轻伤的扶着车依然战斗。经过十余天的苦战,又不见救兵,终因寡不敌众,只剩十来个人,李陵受伤被俘,向匈奴投降了。此后,李广利所率三万骑兵也被匈奴打得丢盔卸甲、溃不成军,这次出师进攻匈奴以惨败告终。

　　好大喜功的汉武帝,由于这次惨败食不甘味,情绪极坏。一些阿谀奉承之徒讳言武帝的小舅子贰师将军之败,就把失败的责任诿过给李陵。当武帝召问司马迁的时候,司马迁直言陈述了自己对李陵的看法,认为李陵品德高尚,深得士兵爱戴,有"国士之风",此次赴国家之难,率步卒才五千,却与匈奴鏖战半月余,转战数千里,杀匈奴兵也达数千之巨,最后由于救兵不至,弹尽粮绝、伤亡惨重而被俘投降,是不得已之举。司马迁还认为,李陵虽已投降,但在适当的时候,他还是会报效国家的。况且他在此战中杀了那么多匈奴,怎么也可以功过相抵了。

　　司马迁直言谈出自己的看法,原想以此安慰汉武帝。不料,武帝却认为司马迁在为李陵开脱,而将罪名加给自己的小舅子李广利,便将司马迁下狱判罪。其实,此战失败的原因很清楚,主要是汉武帝指挥部署的轻敌所致。汉武帝令李广利率三万兵马就要与匈奴决雌雄,尤其是同意李陵率五千步兵深入敌后,这哪里是十几万匈奴骑兵的对手? 加上李广利本非将才,指挥不力,手下兵马没有很好地配合,才被匈奴各个击破。所以,明明是汉武帝应负主要责任,此时却强加给说了几句实话的司马迁。

次年,又传来李陵在匈奴教单于练兵以对付汉军的消息,后证实为讹传。然武帝信以为真,未经核实就下令把李陵的母亲、妻儿全家处死。司马迁以诬罔主上的罪名,也被判死刑。按照当时的法律,司马迁若想不死,只有两条路:一是交纳五十万钱赎金,二是受腐刑(即宫刑)。司马迁出身清贫的史官之家,拿不出那么多钱。为了完成自己早已定下的志愿,也为了继承父亲的遗志,司马迁决定下"蚕室"接受宫刑。太始元年(公元前 96 年),司马迁出狱,由于他的家传才能,朝廷仍任命其为中书令。司马迁除了作为皇帝秘书处理日常工作外,便将全部精力都放在《史记》的撰写上,大约四年后完成了这部五十二万余字的巨著。

司马迁因李陵事件遭受宫刑,虽然身体被强权残酷阉割,但却依然坚守独立之人格,保持思想之自由,最终完成了被称为"千古绝唱"的《史记》。司马迁作为御用史官,却能在受到极端凌辱之后写出个性鲜明的作品,可称千古一人。他那豪放生动而能通古今之变的文笔,那独立不羁而成一家之言的史诗,是中国历史文化中光彩夺目的亮点。司马迁以他毕生的精力写成的《史记》,在我国古代史学史、文学史、思想史上竖起一座巍峨的丰碑。

五、宫廷内斗,巫蛊之祸

历史上称作"巫蛊之祸"的事件,发生在汉武帝晚年。这次惨祸导致了太子刘据和卫皇后的自杀,并牵连有关官员、军士数万人,冤死之人真是血流成河,直接影响到汉武帝死后继位人的确定,因此在历史上有较大影响。

巫蛊是古代方士巫师玩弄陷害他人把戏的一种迷信邪术,据说只要以仇人模样刻成一个小木人,用针刺心锥钉眼,埋在地下,或到庙中祷告,祈求将灾祸降临到仇人身上,就可达到陷害他人之目的。在当时人看来,这一方法能给被诅咒者带来灾难或死亡,是一种很恶毒的做法,当时法律也规定要严厉制裁进行这类活动的人。然而汉代迷信盛行,汉武帝也笃信不疑,以至方士巫师纷至沓来,不是教人长生成仙之术,就是为人埋木偶行诅咒。达官贵人之府,平常百姓之家,甚至皇室宫廷也是巫术常来之地,长安城几乎成了一个神巫世界。

汉朝宫廷中最早用此术的或是陈皇后。陈皇后虽是武帝的原配,但崇信黄老无为而治,与武帝政见不合,尤其是其母为景帝的姐姐,为武帝及母亲立为太子、皇后都出过力,所以"擅宠骄贵",然而嫁给武帝十年却没有生出一个儿子。自武帝另有新欢卫子夫后,陈皇后就只能空守宫房,备受冷漠,度日如年,便请来巫师用巫蛊术诅咒卫子夫。很快,陈皇后的巫蛊活动被武帝得知,武帝勃然大怒,当即令侍御史张汤审理此案。陈皇后被判大逆不道之罪,摘去皇后桂冠而打入冷宫,女巫楚服被杀,还诛连同党三百余人被杀。

卫子夫登上皇后宝座,并在武帝二十九岁时为他生了一个儿子,即太子刘据,顿时身价倍增。卫皇后的弟弟是大将军卫青,在对匈奴的作战中战功赫赫,成为武帝的左膀右臂,但在元封五年(公元前106年)去世了。武帝又有新宠钩弋夫人,并在武帝六十四岁时也为他生了一个儿子。老年得子,武帝甚为喜欢,常常夸耀小儿子聪颖过人,最像自己。

征和元年(公元前92年)发生一巫蛊案。先是卫皇后的姐夫、当朝丞相公孙贺的儿子犯法,接着公孙贺又被人告发,称与武帝的女儿阳石公主私通,并揭露他们用巫蛊术诅咒武帝。武帝责成廷尉杜周审理此案。杜周察觉到钩弋夫人对卫氏家族的不满,为了讨得钩弋夫人的欢心,竭尽罗织陷害之能事,最后经武帝批准,判处公孙贺全家死刑,被处死的还有卫皇后的女儿诸邑公主、卫青的儿子卫伉及阳石公主等。这样一来,卫氏家族的地位到了岌岌可危的地步,卫皇后和太子的地位也开始动摇了。

武帝晚年宠信专管京城地区治安的直指绣衣使者江充。江充先以告发赵太子与姐妹乱伦一事得到武帝信任,再以容貌壮美进一步受到武帝青睐,委以重任。江充对皇亲国戚、贵族官员违法行为的惩治毫不手软,甚至太子家使用车辆违法也同样治罪。武帝对江充如此铁面无私地执法很是赏识。

随着时日的推移,江充内心却多了一分恐惧,他担心一旦武帝晏驾,太子会挟隙报复。于是,江充瞄准此时卫后失宠、太子失势的形势,联合党羽不时谗毁太子,使武帝也对太子产生怀疑,卫太子的地位,岌岌可危。公孙贺案后,武帝对巫蛊的疑心更大了,搬出皇宫而住进甘泉宫,并派江充为使者,专门惩治巫蛊。江充便乘机栽赃诬陷,刑讯逼供,使得后宫与官员因巫蛊之罪被处死者,前后达数百人。

征和二年的一天，武帝打瞌睡时梦见数千木头人持棒要击打自己，惊醒之后，很不舒服。江充乘机说是巫蛊作祟，长安皇宫内有邪气。武帝信以为真，任命江充为治巫蛊使者，专门审理巫蛊案。江充便率领一班胡巫四处侦察巫蛊行为，到处开挖，搜寻蛊物，最后宣称在太子宫中挖得木人最多，并有帛书写有诅咒之言。面对如此明目张胆地诬陷，太子与母亲商量不出办法，便请来师傅石德。石德引称前时公孙贺巫蛊案的情形，认为即使明知有冤也无从辩白，所以只有采取极端措施，并以秦扶苏为戒来激励太子。于是太子派人假装武帝使者，诏捕江充等。最后，江充被擒，太子亲自监斩，巫师也被烧死。事后，太子秉明皇后，并调集兵马以备不测。

御史章赣、苏文回到甘泉宫，向武帝报告事情的原委，认为太子是因为害怕且恼恨江充等人，才有这些举动，不可能造反。武帝先派使者召唤太子，而使者因为害怕，只是绕了一圈就回报武帝，说太子已反。于是武帝大怒，命丞相刘屈氂领兵平叛。这样双方在长安城展开一场混战，四五天后，长安城血流成河。太子的兵马损失惨重，只得退出长安城，向河南方向撤退。卫皇后闻知太子兵败出逃，绝望中自杀身亡。太子带着两个儿子逃到湖县泉鸠里，被人告发而遭官军包围，太子悬梁自尽，两个幼儿也在混乱中遇害。此案牵连面很广，许多与太子有关系的官员都被诛杀，随太子发兵者皆灭族。

日后，壶关三老令狐茂给武帝上书，指出此案中太子杀江充只是为保全自己，并无其他非分之念，加上其他许多已定案的所谓巫蛊之事也多有冤情。这样，武帝逐渐了解江充陷害太子的真相，追悔莫及，于是下令族灭江充，并惩办其党羽，还在太子自尽地建造了一座"归来望恩"台，以寄托哀思。

探究此案的深层原因，罪魁其实应该是汉武帝。一是迷恋女色，且不时更换宠爱，武帝先后有陈皇后、卫夫、王夫人、李夫人、钩弋夫人等等，如此频繁更换内宠，必然加剧宫廷内的钩心斗角，而那帮官员奴才们也会见风使舵，参加内斗。二是迷信方士，追求长生，相信巫蛊的作用，时刻疑心别人要害自己，使得皇宫内、贵族中迷信之风盛行，而宫廷中的有关斗争也被所谓的巫蛊迷信所左右。三是信任与重用小人江充，如此一个奸贼之人，居然能以容貌与手段获得武帝的青睐，得以专管京城治安与巫蛊案，而使数万条生命葬送冤狱。

第二节　东汉要案

　　刘秀光复汉室,为政宽猛相济,虽时有冤滥,仍被史家称为"中兴",但东汉好景不长,就陷入外戚与宦官交替为祸的旋涡中,你争我夺,冤狱遍地。针对朝政的昏聩,一些有气节的士人们想力挽狂澜,不料招致更为惨烈的党锢案迫害。黄巾起义,诸侯割据,汉室徒有虚名,军阀混战不已。天下大乱,杀戮为常事。

一、楚王"谋反",冤连无辜

　　楚王刘英是东汉光武帝刘秀的儿子,其母许氏失宠,所以楚国既小又穷,直到刘秀晚年才给楚国增添两县。刘英与太子刘庄(即后来的汉明帝)关系很好,刘庄即位之初,多次给予赏赐。刘英年轻时喜好游历,交往很广,私下结交了许多天下名士,还录有一份交往过的名人名单。早先,刘英崇尚黄老之学,对道教很感兴趣。后来他见明帝遣使迎来佛法"浮屠",也学佛法斋戒祭祀,成为当时贵族中较早信仰佛教者,深受明帝的赞赏。

　　楚王的朋友中有许多方士道长。他们制作了一些金龟玉鹤的印章,刻上一些表示祥瑞的字符,还制作了几本预言吉凶得失的谶书,常常玩一些占卜预测未来的游戏。然而这样的行为在当时有僭越之嫌,因为金龟玉鹤的印章,只有皇帝才有权制作,占卜预测未来的游戏,也只有朝廷有权摆弄。总之,刘英与方士们的这些行为,是不允许民间任意而为的,不符合专制等级统治的规则,触动了专制统治者的敏感神经。

　　永平十三年(公元70年),有位名叫燕广的人,向朝廷告发刘英与渔阳人王平、颜忠等方士制作御用之物,阴谋造反。明帝将此案交给大臣们审理,结果大臣们定案上奏道:楚王刘英招聚奸猾之辈,私制印鉴,还互相委任官职,有诸侯王公、将军、二千石等，属大逆不道，罪当死刑。汉明帝念在异母兄弟的分上，不忍诛杀，便废黜其王爵，流放丹阳泾县（今安徽泾县），赐汤沐邑五百户，派官员护送，原来府上的技工、奴婢、鼓吹都可带上。刘英一路上坐车，有兵弩保护，还可行道打猎，极意自娱，到达后食邑，生活如故。然而第二年，刘英还是自杀了。明帝派人葬以诸侯之礼。

从明帝最后对刘英的安排来看，明帝也知道刘英绝无谋反之意，只是平时生活较为随意，玩玩印章、图谶、占卜等道家方士的游戏而已。在没有任何武力反叛的意图与行为下，平时朋友间互相委任官职，也只是一种自嘲的游戏。可悲的是在专制统治之下，许多游戏都是不能做的，一做就非常危险。

明帝对自己的兄弟还算宽恕，但对受此案牵连的人就不客气了。司徒虞延位在三公，前时有人向他报告楚王刘英涉嫌谋反，他认为楚王是明帝的至亲，怎么可能谋反，不信其言，不过还是派幽州从事公孙弘去提醒楚王，叫楚王当心些，而并没有向明帝奏报。后来刘英事发，明帝知道他知情不报，便下诏责惩，虞延只得引咎自杀。

由于刘英交友甚广，有一份结交名士的名单，在审理时往往"按图索骥"，加上在刑讯逼供下彼此间互相诬咬，所以此案审理达一年多，牵连了一大批无辜的名士。许多人被牵连入狱而死，如安平侯盖侧、东武阳侯刘述、阜成侯王坚石、杨虚侯马檀、千乘太守薛汉、河东太守焦贶……他们的门生故吏还不敢为他们料理后事。

楚王名单中有吴郡（今江苏苏州）太守尹兴之名，明帝竟下令将尹兴及其属官五百多人一并押解到京都洛阳关入廷尉监狱中候审。在严刑拷问中，受刑过重者往往当场死亡，不久尹兴的属吏已死了一多半。只有门下掾陆续、主簿梁宏、功曹史驷等人，虽倍受酷刑，体无完肤，但终无异辞，很快，绝不滥牵无辜。陆续之母从吴郡千里迢迢来洛阳探视儿子，却因案情重大而不能相见，只能为儿子准备了一餐饭食，托狱卒送进去。陆续对食而泣，不能自制。此事感动了审案使者，当即上书向明帝奏明情况。明帝终于下令赦免尹兴、陆续诸人，但禁锢终身。

还有寒朗案也颇为感人。主犯王平、颜忠供词中牵连随乡侯耿建、朗陵侯臧信、护泽侯邓鲤、曲成侯刘建等，而四位侯爵都说从未见过二人。侍御史寒朗很同情四位侯爷，便单独审讯王平与颜忠，问及四位侯爵的有关情况，结果二人无言以对。寒朗便将四位侯爵受诬陷的情况向明帝说明。一开始明帝并不认可，还下令拿下寒朗。当寒朗无畏地表述自己为司法公正、为国家安定死而无憾时，明帝才有所感悟，最后不但放了寒朗与四位侯爵，还亲自到洛阳监狱中复审在押人犯，清理出无辜者千余人。当时任城县令袁安因审理重案而被推举为楚郡太守，到任后清理楚王案，将并无证据的在押人犯奏明释放，释出有四百家之多。

这一在专制时代颇为可笑的谋反案，竟以其牵连人数之多而垂名史册，实在令人悲叹。而数千人的冤死却为告密者燕广换来"折奸侯"的封赏。

二、班固牵连入狱死

班固从小聪明好学，九岁就能写文章、诵诗赋，十六岁进洛阳太学学习。父亲班彪是著名学者，出任过一些低级官职，学友与学生不少，有意续写《史记后传》，二十三岁时父亲去世。由于生计问题，班固回到家乡扶风安陵（今陕西咸阳东北），决定继承父亲未竟之业，利用家藏的丰富图书，开始正式撰写《汉书》。

永平五年（公元 62 年），有人告发班固"私修国史"，于是班固被捕关进监狱，书稿也被官府查抄。当时，"私修国史"是被严格禁止的，甚至"国史"一般也不能为个人所拥有。班固只是个没有一官半职的平民，如此大胆地敢于私修国史，肯定触犯了朝廷禁令。而且前不久，有个叫苏朗的人被人告发伪造图谶，入狱后很快被处死。面对这种形势，班家老小十分紧张，担心班固此次入狱凶多吉少。弟弟班超为了营救哥哥，马上赶往京城，向汉明帝上书申诉。

汉明帝对这一案件十分重视，特旨召见了班超了解情况。班超将父兄两代人几十年来修史的辛劳及宣扬"汉德"的目的全部告诉了汉明帝，并谈到西汉一代二百一十余年，需要写出一部断代史，给后人以启示与借鉴，且王莽灭亡已四十年了，再不及时撰写，史料将会越来越少。这时，班固的书稿也已送到京师。明帝在阅读后感到相当满意，对班固的才华很是赞赏，便下令立即释放班固，还召他到京都皇家校书部供职,担任"兰台史令"。此案幸亏弟弟班超为之申诉,而明帝也算讲理,这才有惊无险。

班固成为皇帝的秘书后,便开始受诏修史,先与同事协力完成东汉光武帝的《世祖本纪》,官升"校书郎",后又完成《东观汉纪》的开篇,写了著名的《两都赋》等作品,还将白虎观会议记录整理成《白虎通义》一书,至建初七年(公元83年),经历了二十五个寒暑,终于基本完成了《汉书》的撰著。班固一直在默默无闻地写作,只能担任一些秘书类小官,当他看到一些才能不如自己的人,纷纷从政而获得升官,风光无限时,总有些不甘心。永元元年(公元89年),五十八岁的班固决定去投附大将军窦宪,北伐匈奴以获取功名。

窦宪出身外戚,是汉和帝的国舅老爷,兄弟叔侄皆担任要职,权势很大,尤其窦宪专横跋扈,甚至随意杀人。班固不知内情,随军出发,以中护军兼代中郎将职务,参与军事谋议。正遇上南匈奴攻破北匈奴军营,匈奴发生内乱,使得窦宪并没有打什么大仗,就获平定匈奴的胜利。回来后,班固进入窦宪幕府。窦氏家族在京城更是无法无天,甚至想暗杀皇帝,夺取最高权力。永元四年(公元92年),窦宪的爪牙阴谋在宫中刺杀皇帝。和帝觉察后,与宦官们定计,将有关官员斩首,并将窦宪等人革职,遣送回封地,窦宪等被迫自杀。

班固因与窦宪关系密切而被免职,接着又被逮捕入狱。原来洛阳令种兢对班固一家有私仇。由于班固平时对子弟、家奴管教不严,曾有一次,班固的家奴因喝醉酒冲撞了种兢的车骑。种兢手下对其训斥,不料此家奴居然仗势口出恶言。种兢大怒,想抓回去治罪,但畏惧班固有窦宪这座靠山,不敢发作,一直怀恨在心。此时窦宪案发后,其幕府宾客都被逮捕审讯,种兢便借机报复,不但将班固关进监狱,而且严刑拷打,倍加折磨。这位对中国文化有所贡献的大学者,很快瘐死狱中,卒年才六十一岁。事后,汉和帝曾下诏谴责种兢公报私仇的恶劣做法,种兢便将害死班固的狱吏处死抵罪。

班固是我国历史上继司马迁之后,又一位重要的历史学家。他竭尽全力、精思二十余年完成的《汉书》,是我国第一部完整的断代史,然而两位历史学家都经历了灾难性的冤狱。班固生前经历了两次冤狱,最后还以六十一岁的高龄屈死狱中,真令人为之叹息!他的悲剧也给后人留下一些教训,他出身书香门第,时有怀才不遇之痛,不甘心家境的贫寒,对功名利禄不能淡然处之。作为史学家,他对前代时事人物的遭际得失往往能看得清楚,做出适当的评论,而对于身边潜伏的巨大危险却不能洞察,依附于外戚权贵势力,从而埋下祸患,这也反映出班固思想认识的局限。

三、二次党锢案惨祸

东汉党锢案祸起于当时朝野有气节、崇道义的士大夫们对握有实权、统治黑暗、荼毒百姓的宦官势力的不懈斗争。所谓"党锢",即是对结党反抗的士大夫们禁锢终身,本人乃至亲属都被禁止就学和出仕。由于皇帝的昏聩和偏向,士大夫们遭到惨重的打击和杀戮。当时优秀的士人被入狱害死者达数百人之多,是秦始皇坑儒以来又一次大规模迫害知识分子的惨案。

自延熹二年(159年)桓帝利用宦官单超等五人,铲除了飞扬跋扈的大将军梁冀,宦官单超等人因功受封万户侯,朝政大权便从外戚手中转移到宦官集团手中,皇帝反而成了宦官的傀儡。《后汉书·宦官列传序》说他们"手握王爵,口含天宪","阿旨曲求,则光宠三族;直情忤意,则参夷五宗"。长期外戚擅权遗留下来的任人唯亲的裙带之风,宦官更变本加厉,兄弟姻亲都成为掌有实权的中央及地方大吏,对百姓大肆压榨盘剥。赵翼《廿二史劄记》中说:"唐、明阉寺先害国而及于民,东汉则先害民而及于国。"

东汉社会敬重读书人,崇儒敬士之风很是普遍,官员中有不少著名学者。当然名利所在,趋之若鹜,因此私学大盛,官学规模也空前发展。如顺帝时,洛阳太学聚达三千余人,士人群聚,交流联络,汇成舆论,影响颇大。由于朝政昏暗,宦官势焰太盛,士大夫们普遍感到无比的压抑和愤慨,常常一触即发,群起请愿。如冀州刺史朱穆因打击宦官党羽而遭贬职,京师数千名太学生诣阙上书,为朱穆申冤。皇甫规平羌有功,但触犯宦官被议罪入狱,又有三百多名太学生到朝廷请愿。东海太守宋均因事免官,郡中数千吏民到洛阳请愿,要求留任宋均。同时,士大夫们标榜自己得官正当,为官清直,是不畏强暴的"清流",而蔑视那些门路不正、投靠宦阉、贪污腐败的"浊流"官吏,"清流"与"浊流"之间也同样展开着争斗。

李膺,字元礼,历任青州刺史、渔阳太守、蜀郡太守,转任护乌桓校尉、度辽将军,威震边关。延熹二年,李膺任河南尹。北海郡守羊元群贪赃,声名狼藉,罢官后车载奇珍异宝而归。李膺表奏朝廷,要求办他的罪,而羊元群向宦官们行贿,李膺被反坐治罪,罚作左校苦役。幸亏司隶校尉应奉上疏为之辩理,才得免刑。李膺复出为司隶校尉,他为官严厉明察,政绩超群,尤其对横行霸道、残害民众的宦官子弟,予以坚决打击,如跟踪追击,逮捕处决了宦官张让之弟,杀孕妇取乐的野王县令张朔,因而名声大噪,也为宦官集团恨之入骨。

太尉陈蕃,字仲举,以敢于阻击宦官而获"不畏强御"之誉。二人深受太学生们的敬慕,被称为"天下楷模"。另外,太学生领袖郭泰、贾彪,汝南名士范滂、南阳名士岑晊……一大批讲气节、守道义的士人互相推重,无形中结聚成一股与邪恶的宦官势力抗衡的力量,开始猛烈抨击当时的黑暗统治。斗争形式多种多样,进谏揭露、开展清议或用舆论褒贬。

南阳太守成瑨不顾朝廷的赦免令,严惩了与宦官勾结、胡作非为的豪强张汜。太原太守刘质诛杀了贪横放恣的小黄门赵津。山阳太守翟超籍没了宦官侯览老家的不义资财。东海相黄源逮捕法办了杀人的下邳令徐宣。他们都与宦官及其党羽进行坚决斗争,惩办不法。然而宦官百般潜诉于昏聩的皇帝,将白痴皇帝惹怒,在朝廷赦令的淫威下,大肆迫害正直的士大夫官员。结果,成瑨、刘质死于狱中,翟超、黄浮被罚苦役。这一系列事件,拉开了党锢惨案的序幕。

第一次党锢案的导火线是延熹九年(166年)李膺诛杀风水先生张成之子。张成以推算祸福、占卜凶吉,交结宦官,乃至桓帝也请他算卦。一次占卜之时,张成当众推断朝廷就要颁布赦令。为日后验证,他居然指使儿子行凶杀人,以报私仇。当时任河南尹的李膺得知内情,愤慨万分,便不顾赦令,硬是将张成之子就地正法。宦官乘机唆使张成的徒弟牢修上书诬告李膺交结太学生、士大夫,聚党营私,诽谤朝廷,败坏纲纪。在宦官的蛊惑下,桓帝大为震怒,严令各地收捕"党人"。陈蕃因不肯在赦令文件上署名,并上书反对而被罢官。

李膺遂很快被捕入狱,一些地方官乘机大肆牵连,任意诬陷士大夫为"党人",入狱者达两百多人。许多人只得闻风逃亡,官府还到处悬赏捉拿,吏役们到处逮捕。一时，朝野笼罩在极度恐怖之中，人人自危，惶惶不安。李膺虽身陷囹圄，受尽凌辱，但仍志节不屈，正气浩然。范滂等人为减轻他人痛苦，还争受毒打。名士陈寔主动到洛阳投案，说："我不入狱，大家就会失去依靠。"度辽将军皇甫规更以自己没列入"党人"名籍而以为耻。一些儒生甚至上书，称自己也是党人，应该连坐。

　　太学生贾彪见事态严重，来洛阳向外戚城门校尉窦武求援，窦武也对宦官反感而同情太学生。由于窦武及尚书霍谞的上书营救，桓帝时意已有所缓解，便下令赦免"党人"两百多名，放归田里，禁锢终身。

　　通过此次炼狱，士大夫们更加意气昂扬，临难不苟，推崇标榜之风更上一层楼。舆论推出陈蕃、窦武等人为"三君"，李膺等为"八俊"，郭泰等为"八顾"，张俭等为"八及"，度尚等为"八厨"。"顾"、"及"、"厨"诸字有德行好、引导人、救贫困等含意。

　　桓帝很快病故，灵帝即位。建宁元年（168 年），窦太后临朝，陈蕃被起用为太傅，与大将军窦武共同秉政，被禁锢的李膺、杜密等人也相继被启用。九月，宦官郑飒因事下狱，供词中牵连到中常寺曹节、王甫等大宦官。陈蕃、窦武决定趁此良机，将曹节等宦官一网打尽，于是写好奏章向窦太后报告。不料奏章被宦官朱瑀偷看，曹节、王甫等人便先发难，以武力劫胁窦太后，夺取玺绶，矫诏发兵收捕窦武、陈蕃。窦武拒捕率部抵抗，陈蕃领太学生与宦官搏斗。最后陈蕃被捕遇害，窦武兵败自杀，两人的亲故门生或株连被杀，或闻风而逃。郎中谢弼上书请求释放陈蕃家属，也被贬黜后害死。

　　接着又发生了更为惨烈的第二次党锢案。"八及"中的张俭，时任山阳督邮，而大宦官侯览是当地人，依仗权势，残害百姓，强抢民女，侵占土地，无法无天。张俭上奏举劾侯览罪行，请求依法严惩，并将其强抢的资产没收。侯览怀恨在心，唆使张俭同乡朱并，上书诬告张俭与同乡二十四人结党谋反，图危社稷。灵帝也不辨是非，下令逮捕张俭。张俭只身逃亡，官府跟踪追捕，凡接纳过张俭的人家都被灭族。

　　曹节等人便乘机扩大事态，大兴党狱，将李膺、范滂、杜密等一百多人全部逮捕。搜捕开始时，有人劝李膺逃生，李膺却说："事不辞难，罪不逃刑，臣之节也。"自动入狱。范滂也主动到县里投案,县令郭揖大为感动,解下印绶准备与范滂一起逃走,但范滂不愿牵累他人,遂只身入狱。一百多名士大夫相继被害死狱中。此外,奸人乘机告讦,官员任意牵连,从而致死、监禁、流放、废锢的士大夫又有六七百人,其妻子家属也被流放边地。

熹平元年(172年),窦太后死,有人在皇宫门墙张贴反对宦官专权的标语。宦官怀疑是太学生所为,又四处搜捕太学生近千人。熹平五年(176年),永昌太守曹鸾上书为"党人"讼冤,措辞激切。灵帝大怒,下令将曹鸾入狱,后即被拷打致死,同时下诏,凡是党人的门生、故吏、父子、兄弟,并五服以内亲属,统统加以禁锢。

第二次党锢案前后持续了十几年,一直到黄巾起义,朝廷见局势危急,灵帝才勉强采纳宦官吕强的建议,宣布赦免党人,以防止党人积怨成仇,与黄巾军勾通。然而宦官迫害士人之事依然不断。如侍中向栩上书论宦官之害,被诬与黄巾军勾结,下狱至死。郎中张钧上书论十常侍残酷剥削,百姓被逼从贼,也被下狱而死。谏议大夫刘陶上书说当今国家大乱是宦官造成的,又被下狱拷打而死。

东汉士大夫与腐朽的宦官势力的斗争,虽造成了一场场悲剧,数百人为此献出了生命,但士大夫们在斗争中所表现出来的气节和品格,对后世产生了深远的影响。如北宋末年太学生陈东诸人的反投降请愿、明末东林党人的反宦官斗争……都可说是东汉士大夫精神的发扬。顾炎武《日知录》中赞道:"朝政昏浊,国事日非,而党锢之流,独行之辈,依仁蹈义,舍命不渝。"

四、蔡邕一叹死狱中

蔡邕是东汉末年的大才子,对辞章、数术、天文、音律、书画、史志、阴阳谶纬,几乎靡不精通,学识渊博,才华横溢。在文学上,他的碑诔、辞赋等直接影响着建安时期的作家。在史学上,他立志撰集汉史,参与了《东观汉纪》的编撰,亲自撰写了《独断》《月令章句》《汉官典职仪式》等著述,为后来诸家修《后汉书》留下宝贵的资料。他在书画、音乐等领域也都取得了当时的最高成就。然而,他的一生却相当坎坷,名高难隐,随乱世浮沉,动荡而多舛,两次蒙冤下狱,被流放边地九个月，亡命异乡十余年，最终受董卓的牵连，死于司徒王允之手，极为悲惨。

蔡邕早丧二亲，依叔父蔡质生活。蔡质官至尚书，位列九卿。家族同居，三世不分财，也算名门望族。蔡邕二十七岁时，桓帝召入京献艺鼓琴，蔡邕走到半路称病辞归。建宁三年（170年），蔡邕三十八岁，终因司徒乔玄征召为掾属，召拜郎中，校书东观，又迁议郎。在朝九年，他屡次上书言事，针砭时政，抨击奸佞，表现出相当的政治卓见。

光和元年（178年），蔡邕四十六岁。由于灾异频现，祸难不断，灵帝召诸臣至金商门答诏问灾异。蔡邕切言直对，引起灵帝的重视，便特诏他进一步言事。难得帝王如此看重自己，蔡邕"感恩忘身"，遂将自己心里的所想所见和盘托出，明确指责宦官程璜及有关的佞臣数人。这样的君臣密谈及有关奏章被中常寺曹节偷看而泄露了，一时在朝廷引起震动，随后程璜便使人造匿名传单加以诬陷。在这些奸臣的联合营构之下，蔡邕与叔父蔡质一起以阿附党人、诽谤公卿的罪名下狱，被判以弃市。后来，经过大臣卢植等人的上书营救，才得以保全性命，改判全家髡钳，流徙朔方（今内蒙古磴口县）。

蔡邕不知灵帝之昏，更不知灵帝宠信太监已达如此无以复加的地步，以致招来这场突如其来的灾祸，从东观著述打入洛阳监狱，继而又流放边远荒郡。在流徙途中，酷吏阳球还派人追杀他。刺客了解到蔡邕的为人，被其感动而放弃行刺。到了徙所，阳球又一次贿赂地方部主，意欲对他加害，部主又将情况告诉蔡邕。这些个人遭遇，使他对政治丧失了希望和信心，唯一放不下的，是续修汉史的愿望。于是蔡邕便向朝廷上呈了一封言辞恳切的章表《戍边上章》，还附上汉史十志，这使灵帝略生恻隐惜才之心。次年大赦党人时，流放九个月的蔡邕终于被赦免，可返回本郡。

然而，在五原太守王智（中常侍王甫之弟）为他饯别的酒宴上，蔡邕断然拒绝了王智的示好，当众拂袖而去，这种丝毫不与奸臣苟且的态度激怒了王智。王智向朝廷密告，说蔡邕对于被囚放满腹怨恨，时常诽谤讥讪朝廷。由于又一次招致内宠大臣的忌恨，蔡邕不敢回归陈留本郡生活，只能亡命江海，流寓异乡长达十二年之久。

随着朝中外戚与宦官斗争的白热化，大将军何进为了铲除宦官势力，召拥有重兵的前将军董卓进京。结果何进被宦官所杀,而董卓乘机挟武力登上权力的顶峰。他借口废了少帝,杀了何太后,立陈留王为汉献帝,自为太师,专擅朝政。董卓一面为被宦官杀害的窦武、陈蕃等人平反,一面擢用党人、公卿弟子任职,摆出除奸佞、安社稷、用党人的姿态,大征天下名士为自己所用,蔡邕也在征辟之中。蔡邕开始称病不来,董卓发怒道:"不来,我能灭族。"蔡邕不得已而来,官署祭酒。

董卓十分敬重蔡邕的才学,很快蔡邕就补侍御史,迁尚书,再迁巴郡太守,复留为侍中,几日之内,官升多级。每当宴会,董卓就让蔡邕弹琴助兴。蔡邕也时常有所补正、助益。但董卓常自以为是,刚愎自用,很少听取蔡邕的进言。蔡邕深知董卓掌权难以长久,一直筹划着脱身之计。他曾对堂弟蔡谷说:"董公个性暴烈而又固执己见之人,最终难成大事。我想要东去兖州,但路远一时难到,暂且逃避山东等待时机,怎么样?"蔡谷回答:"你的相貌与常人不同,名气又太大,想要隐居可不是件容易的事。"蔡邕才打消了这个念头。

到初平三年(192 年),蔡邕在朝四年,董卓被司徒王允与将军吕布等人密谋诛杀。蔡邕知道后,一天,在王允面前很不在意地说起此事而叹息,脸上有激动的表情。王允勃然大怒道:"董卓是国家大害,几乎颠覆了汉朝,你作为帝王的臣子,应该共同愤恨他,却心怀私遇之恩,而忘了大节。如今上天诛灭有罪之人,却反而为他难过,难道不是和他一起成为叛逆了吗?"立即将蔡邕拘捕,交付廷尉治罪。蔡邕陈词请罪,乞求受墨面、砍足之刑,以继续写作《后汉史》。士大夫们也多同情援救他,如太尉马日磾对王允说:"蔡邕是举世无双的卓越人才,应当让他继续完成《后汉史》。况且他向来以忠孝德才著称,杀了他岂不失掉人心?"王允回答:"从前汉武帝不杀司马迁,让他写成谤书流传后世。当今国运衰微,帝位又不稳固,不能让佞臣执笔在幼主身边。"蔡邕终于死在狱中,才六十岁。

蔡邕对董卓之死的叹息,一是出于董卓的知遇之恩,此乃人之常情;二是恨他不纳善言,终无善果。这本在情理之中,其中可能存在蔡邕对董卓之恶还没有深刻的认识,但绝不至于死罪。而王允杀董卓,使用的是连环美人计,采取的是阴谋手段,也不算光明正大,所以他容不得别人对此有半点不同的看法。从王允对司马迁的看法中,也反映出他与专制残暴者是同路人。商纣王时西伯姬昌因一声叹息而囚禁羑里,终不至死,蔡邕因一声叹息竟死狱中,王允之狠毒或过于商纣王。同时,对王允杀董卓之事发出一声叹息,也说明蔡邕对此洞若观火。士大夫们为蔡邕的遭遇而流涕,家乡人听说蔡邕去世,都画像纪念他。

五、田丰忠心遭冤杀

东汉末年,由于发生了黄巾军起义和讨伐董卓等重大事件,皇帝与朝廷早已被架空。各地军阀纷纷拥兵割据,互相争夺地盘,扩大势力范围,试图独掌天下。当时董卓、吕布等先后败亡,北方势力最大的是袁绍,盘踞河北四州,河南一带有曹操,江南一带有孙策。曹操迎汉献帝于许昌,挟天子以令诸侯,在政治上占有优势。刘备当时还无立身之地,四处奔波,处境狼狈。建安四年(199 年),袁绍自恃地广兵强,率十万大军南下,企图一举打垮曹操,独占北方,然而指挥不力,进军缓慢。

建安五年,曹操领兵攻打占据徐州的刘备,此时后院空虚。袁绍的谋士田丰献策说:“与袁公争夺天下者,就是曹操。曹操如今东去攻打刘备,战事频连,不可能很快解决。如果此时领兵袭击他的后方,便能够一往而定大局。用兵要抓住时机而出动,便能取得决定性的胜利,现在正是这个时候啊!”袁绍听了犹豫不决,后以儿子有病作借口,终未能行动。田丰举杖击地,激动地叹道:“唉!大势去矣。遇上如此难得的战机,却以小儿有病而失去良机,可惜啊!”袁绍听了很生气,认为这个只任别驾从事小官的田丰如此自以为是,真不识抬举,从此便疏远了田丰。

曹操害怕袁绍袭击他的后方,就猛烈攻击刘备,很快在下邳打败刘备。刘备只得投奔袁绍,请袁绍为他报仇。袁绍便发布讨伐曹操的檄文,率兵贸然进军许昌。田丰认为既然丢失了前面的良机,现在就不应当轻易出击,他劝告袁绍说:“曹操既已破刘备回兵,那许昌城眼下已并非空虚之地。再说曹操善于用兵,变化不定,军队虽比我们少,但不能轻视他!现在不如与他长久相持。将军据有山河之险固,拥有四州之军民,外与各路英雄联合,内部积极整治农战。然后挑选精锐将士,分成多支奇兵,乘虚而连连出击,敌方救右面,就攻击他的左方,救左面,就攻击他的右方,使敌人疲于奔命,人人不能安宁,便可扰乱河南。这样,我方未感劳乏而他们却已困顿,不到三年,便可以坐地而战胜他。如果放弃这必胜的策略,而以一战决成败,不能达到目的,后悔就来不及了!"袁绍还是不听他的话。田丰极力劝谏,甚至不惜顶撞袁绍。袁绍认为他败坏军心,便将田丰戴上刑具关押起来。

当袁曹双方军队在前线相持时,曹操听说田丰的计谋不被袁绍采纳,高兴道:"袁绍必败矣!"果然,袁绍军先受挫于白马(今河南滑县),后大败于官渡(今河南中牟),十万大军被打得落花流水,一些官兵失声痛哭:"假如有田丰在此,必不至于如此惨败也!"

失败的消息从前线传来,有人对狱中的田丰说:"你的预言被证实了,你一定会被重用的。"田丰听后却眉心紧锁道:"袁公外表上宽宏文雅,似有气度,但实际上高傲固执,目空一切。忧喜往往不表露在脸上,而内心尤为忌妒刻薄。且短于择善而从,而我又多次用话顶撞过他,所以一定不会原谅我的一片苦心与忠诚。如果他获胜后高兴,还有可能赦免我,如今惨败后一肚子怨气,内心的忌恨就会发作,所以我是不指望活命了。"别人听了将信将疑。不久,袁绍回来后想起了还在狱中的田丰,便对左右说:"我没有采用田丰的策略,可真要被他取笑了。"于是下令杀了田丰。

田丰,河北巨鹿县人,博览多识,志存匡救。他先在军阀韩馥那里不得志,便来投靠袁绍,见袁绍地广兵强,便一心想帮助袁绍成就大业。如果田丰的献策、计谋被采用,袁绍就不会有官渡之惨败。田丰谋事高出常人,从中可见他卓越的军事才能。可惜袁绍不仅不能信用,反而因忌妒他的才能而将其无辜杀害,致使自己也从此兵败地失,一蹶不振,而北方终由曹操统一。有人提出,田丰不仅谋略超人,而且有知人之明。不过,既然他事后将袁绍的性格把握得分毫不差,那他为什么明珠暗投,自己找死呢? 其实,在这样的君主专制体制中,又会有谁是明主呢? 史称"治世之能臣,乱世之奸雄",最后统一北方的曹操不也是滥杀无辜。(详后章)

第三节　冤狱类述

一、帝王擅杀滥刑与冤狱

汉朝政权表面上是农民起义的胜利果实,实质上汉承秦制,依然实行君主专制,帝王的擅杀滥刑及制造冤狱方面一点也不逊于秦朝。

汉高祖刘邦　一般认为,刘邦颇有肚量,忌杀很少。实际上刘邦的猜忌之心还是相当厉害的,前述杀楚王韩信、梁王彭越诸功臣已见一斑,不过有些反复无常。如相国萧何乃开国头等功臣,也要用强买民田诸手段自污,来宽缓刘邦的猜忌。后来萧何上疏认为上林苑(皇家狩猎园林)空置可惜,不若令民入田。刘邦听了大怒,说:"相国一定是受了商人的贿赂,而来打我皇家林苑的主意。"竟将萧何关入监狱,准备加罪。后经诸臣谏救,刘邦才怏怏不快地将萧何放出。当萧何来拜谢不罪之恩时,刘邦却调侃道:"相国休矣,相国为民请吾苑不许,我不过为桀纣主,而相国为贤相。吾故系相国,欲令百姓闻吾过。"刘邦清楚事情的性质,却还能拿冤狱来害功臣,事后又说得如此轻描淡写,真是一副流氓嘴脸。

再如,刘邦的女婿赵王张敖手下臣属犯罪,案发后,赵王被无辜免去王位。吕后来求情说:"张敖因为公主的关系,不应该削夺王位吧。"刘邦生气地回答:"如果使张敖据天下当皇帝,难道会嫌少了你的女儿吗?"对女婿都如此猜忌,其忌刻之心若揭。

汉文帝刘恒　前述周勃一案,反映出文帝对功臣也时有冤杀。《汉书·张释之传》载有两案:一是说文帝出行过桥,有人从桥下走出,惊了御马,文帝险些受伤。廷尉张释之判:"此人犯跸,当罚金。"文帝却不满意,要求重判。在张释之的坚持下,这才让步。二是有人盗高庙座前玉环,张释之按法判处弃市,文帝则以其侵犯皇权,要处以族刑。张释之依法力争,再次折服文帝。两案如没有廷尉的诤谏,那么肯定又是冤案,尤其是后者,盗高庙玉环就要被灭族,其族人何罪之有?汉朝最宽厚有德的文帝尚且如此,其他诸帝就可想而知了。

汉景帝刘启　汉文帝与景帝统治时期为汉代盛世,史称"文景之治"。然而,景帝其实为人忌刻暴戾,猜疑心特重,施法也苛酷。早在他为太子时,与吴王濞太子博戏,就用棋盘活活打死吴太子,致使吴王濞怀恨在心。即位后,他大力削藩,最终引发七国之乱。为平定叛乱,他下诏严惩反叛者,以多杀为功,诸侯国官吏在三百石以上者杀不赦,若不奉令即坐罪腰斩,施法之暴,镇压之酷,自汉以来未有。尤其是前述大臣晁错被冤杀案,可说是皇帝恩将仇报之典型,其出尔反尔之狠毒昭然若揭。

景帝即位后,碍于祖母薄太后的情面,封太后的侄孙女薄妃为皇后。次年,太后病逝,景帝就将薄皇后废黜。两年后,长子刘荣立为太子,其母栗姬有希望封为皇后。景帝姐姐长公主想把女儿嫁给太子,遭到栗姬拒绝,因而在景帝面前谗告栗姬,使景帝对栗姬不满。长公主转而要把女儿嫁给景帝的小儿子刘彻,其母王娡满口答应,长公主便在景帝面前经常夸赞王娡与刘彻。景帝七年正月,主管礼仪的大行官员建议:"母以子贵,应立栗姬为皇后。"景帝听后大怒,下令将大行官员处死,将太子刘荣废为临江王。四月,景帝立王娡为皇后,刘彻为太子。不久,栗姬在忧愤中病死。两年后,废太子刘荣以"侵太宗庙地"的罪名,被迫自杀。汉景帝刻薄寡恩如此,却受历史好评,令人讶异。

窦太后干政杀大臣　景帝时,中郎将郅都敢于直言进谏,能当面斥责大臣的过失,执法不回避高官贵族,不接受私相请托,号称"苍鹰"。临江王刘荣受诏到中尉府受审,想要文具写信给皇上认错,郅都禁止官吏给他文具。魏其侯窦婴找机会给了刘荣,刘荣写好书信向皇上认错,便自杀而死。窦太后听说此事,便诬陷中伤郅都,郅都被免官回家。景帝后来任命他为雁门太守,威震匈奴。但最后窦太后还是使用手段,杀了郅都。

武帝时,尊崇儒术,拜儒生赵绾为御史大夫,王臧为郎中令。窦太后素好黄老之学,不满儒生。当时武帝与群臣经常要到长乐宫向太后奏事听训,赵绾嫌太后掣肘皇帝的手脚,提出今后不必到宫中奏请。王臧则提出要立明堂辟雍,讲授儒学五经。窦太后得知大怒,借题发难,把赵绾、王臧送进监狱,二人在狱中自杀。

汉武帝刘彻　武帝好用酷吏，屡兴大狱，杀人远远超过秦始皇。如元狩年间，淮南王、衡山王、江都王三起谋反大案，株连被杀者有数万。晚年太子巫蛊案也杀了数万人，其他如民间盗铸私币被杀达数十万之众……司马迁在《史记·龟策列传》中讥刺汉武帝"素有眦睚不快，因公行诛，恣意所伤，以破族灭门者，不可胜数"，以致"百僚荡恐"。

汉武帝晚年立小儿子刘弗陵为太子。武帝吸取吕后专权的教训，为确保少年天子顺利执掌皇权，几天后便将其生母钩弋夫人赐死于云阳宫。此外，汉武帝制造的冤狱中，最让人痛心疾首的应当是前述司马迁遭李陵之祸。

汉宣帝刘询　宣帝是武帝曾孙，先太子刘据之孙，他的祖父母、父母都冤死于巫蛊之案，童年历经磨难。然一旦登上帝位，却也是统治严酷，用刑苛刻，冤杀不断。

司隶校尉盖宽饶平时直言敢谏，又不把权贵放在眼里，得罪了宣帝与高官。神爵二年（公元前 60 年），盖宽饶又上疏批评时政，宣帝看疏章认为盖怨谤不休，令群臣议罪。有人断章取义，说盖宽饶要皇帝禅位是大逆不道。谏议大夫郑昌为盖讼冤，但宣帝不听，命将盖宽饶逮捕送有司治罪。盖宽饶一气之下，拔刀自刭于宫阙之下。

左冯翊韩延寿为地方官时，尊学重教，令行禁止，讼狱大减，颇有政绩。然而在东郡时曾治饰兵车，试用骑士，画龙虎朱爵等，耗费官钱数百万。御史大夫萧望之与韩有隙，劾韩上述行为僭越不道，宣帝竟判杀头弃市。吏民数千人送至刑场，老小扶持争相敬酒，韩延寿被斩首时，据说百姓莫不流流涕。

常侍骑杨恽密报大司马霍禹谋反有功，升光禄勋，封平通侯。杨平时办事公正廉洁，也算良吏，然居功恃才，心高气傲，又喜揭人阴私，结下祸胎。太仆戴长乐上书检举杨恽"诽谤当世，无人臣礼"等言论，被免官贬为庶人。杨恽居家无聊，又招朋聚友，置酒备乐，添置产业，颇不检点，被人议论。友人西河太守孙会宗写信劝他谨慎自守，闭门思过。杨恽愈加愤怒结胸，写了封满腹牢骚的回信。五凤四年（公元前 54 年），杨恽家一仆人上书告发杨恽居家的牢骚怪话，招致日食。宣帝便派廷尉于定国前往查证，结果搜得那封回信。宣帝读此《报孙会宗书》，非常恼怒。廷尉便以"大逆不道"罪将杨恽腰斩，妻子家属流放，亲朋故友免官。

西汉元帝以下，大都昏庸无能，然而制造冤狱依然是行家里手。

汉成帝刘骜　成帝荒淫奢侈，谏大夫刘辅田上疏反对立宫婢赵飞燕为皇后，就被关进监狱。幸亏有其他官员劝谏，才只被处鬼薪之刑，即三年苦役。当时大将军王凤专权，京兆尹王章上疏谏成帝罢免王凤，收回权力，另选忠贤。成帝出尔反尔，还是将忠臣王章下狱，廷尉判王章的大逆罪名，最后死在狱中，家属被流放。绥和二年（公元前 7 年）天灾人祸并起，民不聊生，社会动乱。郎官附会星象，说要以大臣抵罪受死才能免灾除祸。汉成帝立即召见丞相翟方进，授意其自杀。翟方进死后，成帝又猫哭耗子，封方进为侯，为其举行隆重葬礼。

汉哀帝刘欣　哀帝是位同性恋者，与男宠董贤影形不离。尚书仆射郑崇上疏极谏，被哀帝下狱害死。丞相王嘉反对增封董贤，劝皇帝不要肆意轻身，阴阳失节，损害健康，导致后继无人，同样被打入廷尉大牢。老人在狱中备受酷刑折磨，绝食二十多天，便吐血身亡。建平三年（公元前 4 年），东平王封地出现奇异的自然现象。东平王刘云夫妇为了消灾免祸，便在王宫中立石祭拜，却被人为了邀功得官进行了歪曲，以诅咒皇上罪诬告，并通过男宠董贤上奏皇上。哀帝当时正在病中，对此深信不疑。审理结果，说刘云妻用巫师、侍女诅咒皇上，还祷祈刘云做天子，为谋逆的大罪。刘云因与皇上是堂兄弟，得免一死，迁去他郡，而其妻却被斫头示众，后刘云还是自杀了。它是西汉末年巫蛊冤案的尾声，同时也为西汉王朝的覆灭敲响了丧钟。

东汉光武帝刘秀　光复汉室，可谓创业英主，为政宽猛相济，也时有冤滥。大司徒韩歆为人耿直，征战有功封为扶阳侯。一次上朝，韩歆因听皇上在宣读败军之将的来往书信，感觉不是味道，便直言"亡国君主也有才华，夏桀、商纣也都有才华"，还预言将有凶年饥荒发生。光武帝认为韩歆在讥嘲自己，大怒之下免官放归田里。然后，刘秀仍觉不解气，又派使者去宣诏斥责。韩歆不能忍受，父子双双自杀身亡。

光武帝十分相信迷信的谶纬之书，议郎给事中桓谭上疏极谏，刘秀不快。中元元年，光武帝下令商议修建灵台的处所，又对桓谭说想起谶纬之事，桓谭痛切陈述其种种荒谬之处,并说自己从来不读此类书。刘秀当场怒喝:"桓谭非圣无法,拉下去斩首!"桓谭见皇上翻脸,吓得伏地请罪,叩头流血不止。光武帝才饶他不死,贬为六安郡丞。这位已经七十多岁的老人只得抱病上路,随即死在路上。

马援是东汉开国功臣,在收复陇西、镇守陇西、北定羌胡、南平诸越中功勋卓著,被封为"伏波将军",赐爵新息侯。六十二岁之时,他还自请率军前往湖南西部征讨五溪蛮。在战争中,由于追击线路选择有误,导致一些士兵染疫而亡,自己也病死军中,后被人告到光武帝那里。有人还诬陷他出征交趾回师时,装载了一车南方珍宝据为己有,其实那只是南方的薏仁米而已。光武帝不察究竟,一怒之下削夺了马援的侯爵与官位。妻子儿女不敢将他的尸体送回祖坟安葬,只好草草掩埋。马援生前忠事朝廷二十二年,出生入死,最后为国捐躯,却被光武帝夺侯灭名。马援妻儿赴京城请罪,前后六次上诉申冤,也仅得到准予重新安葬马援的结果,致使一代名将沉冤九泉。

邓太后与汉安帝刘祜　元兴元年(105 年),汉和帝驾崩,皇后邓绥抱着刚过百日的刘隆登基,即汉殇帝,邓绥被尊为太后,临朝称制。然而,殇帝一年后就夭折,太后决定迎立清河王刘庆之子刘祜为帝,即汉安帝,时年十三岁。邓太后依旧临朝,厉行节俭,为政平和。执政期间,多名官员进谏要求太后归政。对此太后一意孤行,至死也没有归政。其中郎中杜根上书要皇帝亲政,太后大怒,下令将杜根装进麻布袋扑打致死。幸亏执法者以杜根知名,私语行刑人使不加力,后尸体运弃城外,杜根才得复活,捡回了一条命。

邓太后非但没有归政,还差点将安帝废黜,改立河间王之子刘翼为帝。原因是安帝长大后行为失检,不合太后的心意,故而将刘翼招来作为汉和帝的长子继承人。安帝的奶妈王圣与一些太监勾结,经常在安帝面前说太后的坏话。于是,安帝对太后怀恨在心。建光元年(121 年),邓太后崩逝,安帝开始发难。有宫人挟怨诬告太后的兄长曾密谋废黜安帝而迎立刘翼,加以大逆不道之罪名,这样唯一健在的兄长也被罢官,没收田产,遣回封地。其他已经去世的兄长,父债子还,五个已经封侯的儿子被废为庶人赶出京城,期间邓氏一门七人自杀。当时有官员为邓氏喊冤,指出邓氏有功于汉室,不应遭此横祸。安帝大概也觉得有些过分,便下诏停止迫害邓氏族人,允许其回京居住。

汉安帝清洗了邓氏之后,奶妈王圣及其家人与一帮宦官便居功自肆,不可一世。司徒杨震上疏呼吁安帝远离小人,遣出王圣母女,安帝不予理睬。王圣女儿找了个皇室远亲为夫,得以承嗣侯爵。杨震又是一番抗辩,但安帝根本不听。安帝进而封奶妈王圣为野王君,并下诏为她营建府邸。宦官们诈传伪诏,调发人力物力,将王圣的府邸造得豪华异常,并乘机为自己修建私宅。杨震的谏言还是被置若罔闻。河北布衣赵腾上书指陈皇帝的得失,安帝大怒,竟将赵腾扣上"罔上不道"的罪名而弃市。杨震上疏营救,但同样毫无作用。这可能是中国历史上第一次布衣上书被杀之冤祸。

而这时宦官们又恶人先告状,向安帝揭发说杨震对赵腾之死多有怨言,还说杨震是邓太后的旧人,对邓氏一门罹难也早怀不满。安帝便下令收取杨震的太尉印绶,杨震不防群小来这么一手,只得闭门谢客,韬晦自保。而宦官们不肯罢手,煽动一些官员向安帝揭发杨震不服罪。安帝便再诏,将杨震发回原籍待罪,这实际上就是逼大臣自尽的故例。杨震西行至洛阳城西夕阳亭,告别随行的儿子和门人弟子,饮鸩自尽。而其原籍的弘农郡太守还为虎作伥,不准杨震归葬,并用苦役差使杨震诸子,路人皆为之落泪。

汉桓帝刘志　其时宦官弄权,朝廷昏暗,官场腐败。白马县令李云上书批评朝政,桓帝看后大怒,以"大不敬"罪名要处死李云。五官掾杜众上书支持李云,表示愿意与李云同死,于是李、杜被下狱害死,其他曾为李云求过情的官员也受罪谴。七年后又发生了襄楷上书事件,襄楷是位博学多才的学者,到洛阳两次书奏朝廷,从天象之异说到朝政之弊,并指责桓帝宠信宦官,奢侈荒淫,刺痛了桓帝,被下狱治罪。不过,桓帝见襄楷懂天文地理,所论皆有天文术数作依据,也不敢乱施刑罚,只处以两年苦役的徒刑。

汉灵帝刘宏　同样昏聩、迷信。乐安太守陆康为民请命,上疏要求减免赋税,指出:"聚敛民财,抛弃训戒,只会自蹈危亡。"宦官们诬陆康"大不敬"罪名,灵帝命将陆康押到洛阳治罪。幸亏侍御史刘岱审理时主持公道,陆康才得以免死罢官回乡。黄巾起义爆发,谏议大夫刘陶上书陈当务急政八件事,恳请皇上纳言去祸,改变因宦官专权而天下大乱的局面。而宦官们诬告刘陶私通叛贼,理由是如果他没有与叛贼私通，如何得知叛贼详情？于是，刘陶被打入天牢，每天遭受毒刑拷打，最后气绝身亡。桓、灵时期杀戮最惨烈的两次党锢案最能说明这个时期朝政已经堕落到了何等黑暗的地步。

皇帝的其他儿孙们 作为封在各地的诸侯王，这些公子哥儿大都品行恶劣、暴戾凶残，制造的冤狱比皇帝更多、更野蛮。下举几例：

文帝之孙济川王刘明，官属因事触犯他，便被他用乱箭射死。廷尉上疏武帝，要求严惩，也只废为庶人了事。济东王刘彭离更是个虐待狂，他专门豢养了一批打手到民间去杀劫，以血腥杀人游戏作为刺激，见于记载的就有百余人遭害。被害者亲属上告，司法官吏被其暴行震惊，武帝也只将其降为庶人了事。

梁孝王刘武的八世孙刘立，横行不法，盘剥贫民，还笞打郎官。元延年间，他命家奴杀了属官相掾和睢阳丞，然后又杀死家奴灭口，并亲自动手打伤二十几个郎官。如此暴虐，汉武帝只削去他五县租税以示惩罚。长沙王刘发的曾孙刺王刘建德，一次外出打猎，由于民房妨碍了他奔马驰骋，一怒之下，下令放火烧掉九十六家民宅，还杀了两个据理交涉的百姓。某内史得罪了他，便叫人诬告，致使内史被处死刑。如此罪恶，汉宣帝也只削去他八县租税，减少几个属官而已。

宣帝的儿子东平王刘宇，纯粹是个流氓，到处寻衅滋事，行凶作恶。汉元帝只把他的傅相治罪。后来，王尊被任为东平相，管教颇严。刘宇恨透王尊，想找借口杀他，一天，故意对王尊说："我想看看你的佩刀。"王尊微笑着答道："大王想看佩刀，是不是要诬告我拔刀行刺啊？"一句话说得刘宇面红耳赤，无言以对。由于刘宇一再诬告，王尊终被免官，贬为庶民。

河间献王刘德的六世孙刘元，是个无恶不作的淫棍恶贼。他娶了故世诸侯王的七个小妾为姬，被官员告发。廷尉召逮诸姬，刘元便胁迫她们七人自杀。官府奏请判刘元死刑，皇帝下诏只削去其封邑两个县。王府中有个少史留贵，跳出城墙，想去告发刘元的罪行。刘元知道了，马上派人杀了留贵的母亲。最后朝廷也只削减其所得租税而已。

江都易王刘非的儿子刘建，荒淫暴戾堪称西汉皇室公子之最。他强占父亲的小妾，并杀了表示不满的小妾父亲。随后又丧心病狂地奸污了妹妹。他还是个虐待狂，一次叫四个宫女划小船游湖，他晃动小船，四宫女落水呼救，他不救反哈哈大笑,结果两人淹死。在刘建成群的妻妾宫姬中,看谁稍不称心,就扒光谁的衣服,绑在大树上,时间最长的达三十天,并令宫姬人兽相交,供他取乐。甚至给她们戴上刑具,服舂米苦役,或放出狼狗,将人活活咬死,或将她们关进监狱,活活饿死。这个魔鬼就这样用各种残忍手段,杀害了三十五名宫姬。

广川王刘去也是个恶少。由于师傅管教颇严,他居然派人秘密地杀了师傅及其儿子。其姬妾间争风吃醋,互相诬告,刘去怒起将两个宠姬活活打死。为了保密,又绞死了知情的三个婢女。甚至对姬妾乱用酷刑,如烙铁灼烧、利刃剜目、割肉灌铅、肢解尸体等。刘去用这些酷刑杀死十四名姬妾。罪行暴露后,汉宣帝因刘去是自己亲侄儿,虽将其废为庶人,仍给以汤沐邑百户的租税。

以上这些令人发指的罪行,只是诸王孙中的极小部分,两汉广大皇室子孙们在实际生活中制造的冤滥,真不知还有多少。从中可以看出:"太子、王孙犯罪与庶民同罪"的口号只是一种乌托邦空想,只有欺骗民众的作用。

二、后宫夺嫡争位,搏斗惨烈

两汉后宫争斗之血腥与惨烈是今人根本无法想象的,它远远超过当今一些相关影视作品的描述,是三千年皇权下宫廷生活的一个缩影。

高祖之吕后 吕后为高祖嫡妻,年长见疏,所以对其他妾属嫔妃及其所生子女,满怀妒恨,尤其是对戚夫人。戚夫人曾得刘邦宠爱,跟随皇帝左右不离,生赵隐王刘如意。而刘邦正嫌吕后所生刘盈(惠帝)仁弱,不像自己,意欲废之而立如意为太子,谓"如意类我"。戚姬更是日夜啼泣,要求立其子。赖公卿大臣孙叔通等人的苦谏,加上张良的计谋,刘盈才得以继位,而吕后因此对戚夫人更恨得咬牙切齿。

高祖一死,吕后便迫不及待地进行报复。先将戚夫人囚禁服役,剃去头发,穿着赭衣,犹如犯人,不许其母子相见。其他后宫姬妾也大多被幽禁。戚夫人知道儿子在远方封地为王,念子心切且悲愤异常,边劳作边歌曰:"子为王,母为虏,终日舂薄暮,常与死为伍,相离三千里,当谁使告女?"吕后听后大怒,骂道:"你难道还想靠儿子翻身吗?"便遣使将赵王如意招来。惠帝欲保护弟弟,叫如意住进宫中。但吕后还是乘惠帝出猎,叫人将如意毒死。随即又把戚夫人斫去手足,熏瞎眼睛,弄哑喉音,扔进厕所中,名曰"人彘"。数月后,吕后带惠帝去参观"人彘"。惠帝呆视良久,才知是戚夫人。一时惊吓得病,大哭不止,岁余才得起床,使人告诉母后:"此非人所为,臣为太后子,终不能治天下。"

惠帝就此一病不振,饮酒作乐,不理朝政,七年而亡。吕后随即立惠帝后宫美人所生子为帝,自己临朝听制。为巩固地位,吕后又先后杀了高祖姬妾所生的其他几个儿子:赵幽王友、共王恢与燕王建,同时又杀了所立惠帝之子的亲生母亲,以保自己永坐太后宝座。帝立四年,自知非皇后所生,且生母为太后所杀,便喃喃而语:"太后能杀我母亲而立我,我必定以牙还牙,为母报仇。"话传到吕后耳中。为免后患,吕后又将帝囚禁害死,另立恒山王刘弘为少帝,以侄女为皇后。吕后临朝听制八年而亡,诸大臣奋起诛杀吕氏一门,又以少帝及三弟为王者皆非惠帝所生,全部诛杀,另立高祖庶子代王刘恒,是为汉文帝。汉朝开国才十余年,就被吕后搅成一锅粥,后宫惨祸不断,至此才得以平息。

汉武帝陈皇后想用巫蛊害卫夫人,及其他女宠之间的内斗,在前"巫蛊之祸"案中已可见一斑。

宣帝时霍显害皇后　宣帝刘询是武帝废太子刘据之子,"巫蛊之祸"后流落民间,娶贫民许平君为妻,生子刘奭。昭帝病逝,没有儿子,大将军霍光等拥立刘询为帝。刘询不肯舍弃糟糠之妻,立许平君为皇后,这引起霍光之妻霍显的忌恨,因为霍显想让女儿霍成君入宫为皇后。于是,霍显便串通宫中女医生淳于衍,将许皇后毒死。次年,霍成君被立为皇后,却一直没有生子。三年后,宣帝立刘奭为太子,霍显又气得咬牙切齿,再想毒死太子而没有得逞。第二年,许皇后毒死案真相大白,此时霍光已死。霍显与儿子、大司马霍禹等密谋政变,被人告发。霍显、霍禹被处死,霍皇后被废黜,十余年后怨恨自杀。

成帝之赵飞燕姐妹　汉成帝后宫之争最为酷烈。先是许皇后生子夭折,不受专宠,嫔妃王美人怀孕,许皇后就联络姐姐许谒,一起用巫蛊术诅咒王美人,怀孕的王美人果然身亡。事情败露,许谒被拷打致死,许皇后也被废黜,数年后赐死。赵飞燕姐妹随后又荼毒成帝后宫。

汉成帝在阳阿公主家饮酒听乐,看中舞态轻盈、歌喉婉转的歌姬赵飞燕,召入宫中。成帝听说赵飞燕有个妹妹赵合德也是天生丽质,又召入宫中。姐妹俩轮流侍寝,成帝天天玩得昏昏然如坠五里雾中。许皇后被废后,便立赵飞燕为皇后,其妹为昭仪。姐妹俩贵宠倾后宫,然而肚子不争气,十多年也没能为成帝生下一个龙种。赵飞燕怕成帝不满,又私下和侍郎、宫奴多人通奸,企图借种怀孕。她怕有人向成帝告密,丑事败露,便先叫妹妹对成帝说:"姐姐性情刚烈,得罪不少人,如有人诬陷,皇上将如何处置?"成帝表示必定严惩。由此,成帝对告密者一律问斩,吓得宫中其他人再也不敢多嘴。

　　赵皇后没能生育,成帝求子心切,又找来其他宫嫔侍寝,许美人、曹宫人因此怀孕生子。赵皇后妒火中烧,知道这是对自己皇后地位的极大威胁,便用残忍手段杀害了皇子、许美人、曹宫人及知情宫女数人。此后,宫女凡生子者,辄被毒死;怀孕者又逼其服堕胎药,总之,用尽一切卑劣残酷手段,来保住自己的皇后地位。当时有民谣谓:"燕飞来,啄皇孙,皇孙死,燕啄矢。"宫闱惨剧连连,使成帝一个儿子也没有留下来。

　　一天,成帝起床后猝死。朝廷归罪于陪宿的赵合德,赵合德畏惧自杀。汉哀帝即位,赵飞燕为赵太后。六年后,哀帝病逝,飞燕姐妹在后宫罪行暴露。赵飞燕以"残灭继嗣以危宗庙"的罪名被贬,后又废为平民,后自杀。

　　另有一说,认为上述飞燕姐妹杀害皇子的故事都是王莽掌权后为谋害赵飞燕而编造的。真实的史实是,许皇后两次怀孕都流产,班婕妤也怀孕数月后流产,如此频繁流产,应归罪于成帝极端嗜酒而使其精子质量低劣,所以三十年中始终没有子嗣。到成帝后期,中宫史曹宫自称生了成帝的儿子,却被成帝赐死。可见这时成帝已知道自己是生不出儿子的,曹宫所生的根本就不是自己的种,所以接下来成帝便同意赵飞燕的提议,立侄子、定陶王刘欣为太子。一年后成帝就猝死了,时才四十五岁。如果成帝不是自知有生理缺陷,不能生育,是绝不肯在此年纪就甘心立侄子为嗣的。

　　汉哀帝即位后,念及赵飞燕提议立自己为太子有功,尊飞燕为太后。赵飞燕极力扩展自己母族的外戚力量,使王氏外戚家族受到严重打击,所以王莽恨赵飞燕入骨。哀帝仅仅在位六年就驾崩了,王莽重新掌权,便开始对太后赵飞燕进行疯狂报复。由是竭尽编造诬陷之能事,不但迫使赵飞燕自杀,而且将这些无中生有的宫廷罪孽宣传得家喻户晓,成为一桩至今无法昭雪的冤案。

哀帝傅太后　汉元帝傅昭仪对冯昭仪的妒害,也相当惨烈。当初,元帝率众妃至上林苑虎圈观斗兽,傅昭仪与当时还是婕妤的冯昭仪都在场。突然一熊窜出牢笼直扑观众,众妃惊逃,独冯婕妤挡熊而立,左右武士冲上来,才将熊格杀。事后,元帝问她:“人情惊惧,何故挡熊?”冯氏答:“猛兽得人而止,妾恐熊至御坐,故以身当之。”元帝听了,赞叹不已,敬重有加。傅昭仪等甚感惭愧,并由愧生妒。第二年,冯婕妤升为昭仪,随子就国,即后来的中山太后。

哀帝即位,尊傅昭仪为太后。中郎谒者张由奉命督医为中山小王治病,张由素有狂易病,病发擅归,恐获罪,竟诬告中山太后诅咒皇上及太后,这就勾起了这位傅昭仪的宿怨,傅太后为泄愤,当即派御史丁玄审理此案,逮捕中山官吏及冯氏家属等百余人,分别囚禁于各地。因审问不出什么,傅太后又派中谒者令史立,与丞相长史、大鸿胪等官员共同审理。史立受傅太后暗下密旨,便穷治中山冯氏,将冯后的妹妹、弟妇数十人逼死,女巫刘君诬服认罪,巫医还诬告冯氏姐妹欲造反等罪名。冯太后在被审讯时,宁死不屈服,最后服毒自杀。此案牵连冯氏许多亲属或处死,或自杀,或免官。而张由反而以首告有功得迁关内侯,史立也算办案有功迁官中太仆。

章帝窦皇后　东汉章帝窦皇后虽能专固帝宠,却无子嗣。当时宋贵人子刘庆已立为太子,梁贵人生子刘肇。窦皇后先害宋贵人,诬告宋贵人行巫蛊之事,致使宋贵人惧罪自杀,太子刘庆被废为清河王。梁贵人姐妹是大臣梁竦的女儿,窦皇后便作匿名信诬陷梁竦而致其被诛杀,梁氏姐妹忧郁而亡。刘肇被窦皇后收为养子,日后继承大统,是为汉和帝,窦皇后为太后。直到窦太后死,梁贵人家人上书陈情,和帝才知自己的母亲为梁贵人,伤感不已。

和帝阴皇后　汉和帝的阴皇后,因邓绥进宫封为贵人后,爱宠稍衰。而邓贵人“姿颜妹丽,绝异于众”,又知书达礼,举止有度,深受和帝嘉爱。阴皇后便把邓贵人视为眼中钉,一心要除掉她,但邓贵人严守宫规,几乎无懈可击。于是,阴皇后与其外祖母邓朱密谋,暗中搞巫蛊邪术,妄想害邓贵人。后来,阴皇后的巫蛊活动被人告发,和帝以“大逆无道”罪,下令将阴皇后之弟阴辅和邓朱的两个儿子拷打致死,并废黜阴皇后。阴皇后之父阴纲忧惧自杀,阴废后不久便死于幽宫。

安帝阎皇后　汉安帝阎皇后也妒忌成性，为了专宠，鸩杀了皇子刘保的生母李氏。后刘保虽被立为太子，阎皇后很快勾结朝中奸臣先将太子乳母王男、厨监邴吉幽囚而死，又设计诬陷太子及东宫官属。安帝溺于群小，自己没什么判断力，便下诏废刘保为济阴王，东宫官属也多被流放。后安帝崩逝，阎后立章帝之孙刘懿为少帝。阎太后临朝听制，逼大将军耿宝自杀，又处死中常侍樊丰、虎贲中郎将谢恽、侍中周广等反对派大臣。随后，阎氏家族与党羽布满朝廷，位居权要。然而，少帝即位没几个月就病亡。群臣与宦官合谋拥立废太子，发动政变，斩杀阎氏党羽，拥十一岁的刘保登基，史称顺帝。经过捕杀，后族及其党羽伏诛。顺帝下令废黜阎太后，次年，阎废后在忧愤中死去。

桓帝诸位皇后　汉桓帝梁皇后是顺帝梁皇后之妹，仗着姐姐与兄长大将军梁冀之势力，在后宫飞扬跋扈。由于自己无子，便对后宫中有孕的嫔妃宫女横加迫害，桓帝也敢怒而不敢言。梁皇后死，继立的邓皇后先也专宠，与帝所幸之郭贵人钩心斗角，后色衰遭废，送暴室囚禁而忧亡，家属也受牵连而下狱致死。窦皇后靠政治集团之力继立，未得桓帝宠幸。桓帝喜欢以田圣为首的九位宫女，后都封为贵人。窦皇后眼见田圣等与桓帝日夜承欢，妒火中烧。桓帝刚死，积怨已久的窦皇后干的第一件事就是诛杀贵人田圣，当时桓帝的灵柩尚停在前殿。窦皇后还想诛杀其他贵人，经宦官苦劝，方才作罢。

灵帝何皇后　史载灵帝何皇后"性强忌，后宫莫不震慑"。当时王美人有身孕，因惧怕何皇后，竟服堕胎之药，无奈胎安不动，并多次梦见"负日而行"，最后还是生下了这位皇子，即日后的汉献帝。何皇后见状，很快鸩杀了产后的王美人。灵帝曾想为此废掉何皇后，无奈何皇后外戚颇有势力，诸宦官也请灵帝息怒，这才忍了。后来，何皇后为董卓所毒死。

为了争嫡专宠，两汉宫中的这些美若天仙般的后妃，做出来的事却似凶残的野兽。专制权力的诱惑能把柔弱的女子都异化为恶魔，可以想见，秦汉时期建立和不断完备的中央集权君主专制制度，给中华大地带来何等深重的灾难。

三、外戚与宦官交替专权为祸

　　外戚与宦官专权乱政是两汉政治的一大特色。期间外戚与外戚的争斗,外戚集团与宦官集团的争斗,冤案迭出,血肉模糊。

　　田蚡冤陷窦婴案　此案是汉武帝时期西汉外戚争权互斗的典型案例。元光三年(公元前 132 年)夏某日,丞相武安侯田蚡娶燕王刘嘉之女为妻,在府邸大排喜筵。当朝王太后与田蚡是同母异父的姐弟,为使弟弟的喜筵更荣耀风光,便下诏皇亲国戚、列侯高官都要到场贺喜。一时间,丞相府名流会聚,好不热闹。但最引田蚡注目的客人是魏其侯窦婴及其好友灌夫将军。

　　窦婴是窦太后的堂侄,景帝时曾任大将军佐太尉周亚夫平定了七国之乱,因功封为魏其侯,在武帝初年任丞相。田蚡因裙带关系也被封为武安侯,官任太尉。此二人显贵当时,后皆因得罪窦太后而被罢官。田蚡因有王太后撑腰,在窦太后去世后,仍任丞相。而窦婴失势,门下宾客也多投奔田蚡门下,只有灌夫将军与窦婴交情依旧。灌夫也是个失势之人,平七国之乱时,他勇冠三军,却因酒后生事而被罢官,平生最不买贵戚的账,几次酒后顶撞田蚡。田蚡怀恨在心,向武帝告发灌夫家族在乡里欺压百姓。

　　席间几杯酒下肚后,灌夫又有几分酒意,见人们对失势的窦婴不敬,且把自己也不当回事,便又使起性子发泄怨气。田蚡更以语言挑起矛盾,灌夫大骂不止,一场喜筵不欢而散。

　　田蚡声明这次是奉诏设宴,下令关押灌夫后,命长史议罪,以"骂坐不敬"之罪论处,罪当弃市。随后,田蚡派出吏员搜捕横行乡里的灌夫宗族,从重议处,一概弃市。

　　窦婴为救灌夫而求见武帝,以为灌夫醉酒闹事,罪不当诛。武帝对两家外戚的是是非非也左右为难,决定在东宫议论此案,结果众大臣也莫衷一是。罢朝后,王太后对武帝施加压力,认为她活着时人们就敢如此对待她的兄弟,百年以后人们还不把她兄弟吃了。鉴于太后的态度,武帝派御史就灌夫的案情向窦婴核实,而窦婴并不清楚灌夫宗族横行乡里之事,只知灌夫酒后闹事,当然更不知田蚡阴谋陷害灌夫之事。御史就认为窦婴有"欺君"之嫌,竟也将他拘押入狱。窦婴只得托宗室兄弟上书,以景帝遗诏求面君议事。但尚书称皇家档案中并无相关的遗诏副本,从而窦婴又多了一条"矫先帝诏"的罪名,罪当弃市。武帝念他是外戚,不忍加诛,只是将灌夫族诛了事。但田蚡却不依不饶,命人编造了窦婴的牢骚恶言,激怒武帝,欲置窦婴于死地。原来田蚡垂涎窦婴的城南之田,曾派人去接洽此事,但遭到窦婴的断然拒绝,并指责田蚡仗势欺人,故而内心已深怨窦婴这次乘机报复。元光四年底,窦婴被弃市。

没过几个月,田蚡也病死了,当时传闻是被窦婴、灌夫的冤魂索去了性命。后来淮南王刘安谋反案发,田蚡收受刘安贿金一事败露。武帝知道后说:"若武安侯还活着,当处以族刑。"

外戚王莽称帝之路　自汉元帝王皇后开始,外戚势力日益发展,致使西汉后期的几个皇帝都近似傀儡,真正掌权的是外戚。最后,外戚王莽逐步登上权力的顶峰。

绥和元年(公元前 8 年),王莽用尽手段登上大司马、大将军的座位,上台后的第一件事就是找个罪名杀了淳于长的儿子淳于酺。淳于长是王莽的姑表兄长,曾官任卫尉,位列九卿,极有可能再登大司马之职。由于骄奢淫逸,胡作非为,被王莽告发,死于狱中,亲属流放,官员也有数十人受株连。王莽置其兄长于死地,就为夺大司马之位,此时,又竭力将淳于长子孙诛杀干净,以斩草除根。

绥和二年,成帝去世,哀帝即位。哀帝的外戚集团以傅后、丁姬为代表,自然要向王氏夺权,与王莽发生冲突。王莽以辞职相要挟,不料哀帝竟顺水推舟,同意王莽辞职,并把王氏族人清除干净,而傅、丁集团许多人当上公卿列侯。元寿二年(公元前 1 年)六月,荒唐的汉哀帝短命而亡,没有留下太子,而傅、丁后人也先后去世,这又给王氏集团东山再起创造了机会。元帝后王政君召王莽入京,赋予军政大权,立年仅九岁的中山王刘衎为帝,即汉平帝。王太后虽临朝称制,而大权实际操纵在王莽手中。王莽首先便向傅、丁集团报复,将其成员及党羽全部赶出京城,并挖傅、丁二氏坟墓暴尸。

王莽为了专权,怕平帝母亲卫后临朝执政,就将平帝母亲及舅氏隔留中山国,不得入京。王莽的儿子王宇反对父亲的做法,怕平帝长大后会怨恨王氏,于是与师傅吴章、妻兄吕宽等人一起写信给卫氏,要他们请求入宫。王莽当然不答应。后王宇等人又商量用鬼神、怪异之法使王莽畏惧，以还政于卫氏。事情败露，王莽将儿子投入监狱，让他服毒而死，儿媳已有身孕，也被杀害。此案不但有牵连的吴章、吕宽诸人被族灭，还将卫氏兄弟家族也尽行诛杀，牵连至死的公主、王侯及其堂兄弟、子侄，达百余人。此时，朝中凡不愿投王莽门下者，都罗织罪名，或罢或杀。

王莽为了扫清自己通往皇帝宝座之路上的障碍，不惜杀子灭孙，其残忍狠毒程度可谓空前。元始四年，王莽将比皇帝大三岁的女儿嫁给皇帝，立为皇后，而自己晋封为安汉公，加九锡，位极人臣。随着小皇帝年纪与日俱长，对王莽也愈益构成威胁。次年，汉平帝生病，王莽乘机毒死平帝，同时将平帝母亲卫氏的支属逐个杀光，再故意找了年纪不到两岁的刘子婴继位，自己以"假皇帝"摄政。东郡太守翟义起兵讨伐王莽，失败后被磔尸，灭三族。王莽还不解恨，对响应起兵的二十三个县的"盗贼"进行残酷屠杀，尸体堆积于五个县的通衢大道旁，再挖万人坑掩埋。

始建国元年（公元 9 年）春，王莽正式去掉汉朝名号，自己登位，建立新朝。并残酷地将刘子婴囚禁于府宅中，只准乳母喂奶，不准教子婴讲话，不准子婴接触室外。这样，刘子婴长大后，等于是个白痴。王莽后来还把孙女嫁给这个白痴，只要能控制住这个白痴，牺牲一个孙女，又算得了什么呢，可见其手段之阴险。

王莽即位后，进行改制，首先是宣布王田制。凡是进行土地买卖、不愿上缴多余土地或造谣惑众者，就逮捕法办，流放边区。当时违反王田制而获罪的人不计其数，许多人被流放后死在他乡，全国上下，一片怨声。

接着王莽又改革币制，废除五铢钱，另发行货泉。官府没花多少代价就使民众手中的货币贬值，导致无数人家倾家荡产。如私铸钱币便处死，违禁者处苦役，一家私铸，五家连坐。由于无法维持生活，犯禁违法者有增无减，每天从各地押来京城的犯人，源源不断地被送到长安，没入官府为奴。而沉重的苦役、非人的待遇，使囚犯奴婢们十之六七都死于非命，民众已是怒气冲天。

同时，在工商业方面又实行五均六管制度，全面管制私营工商业，它成为官府对付市民的杀手锏。奸吏由此对市民敲诈勒索，稍不如意就以苛法绳之，送入监狱。此类罪犯又是无数，百姓此时已经无法正常生产与生活。

王莽还下诏征发高句丽人民当兵去征讨匈奴,高句丽人不甘心当替死鬼,纷纷逃至塞外,沦为流寇。辽西大尹田谭发兵追杀逃亡者,为愤怒的民众所杀。朝廷认为是高句丽侯驺的罪过,便用阴谋手段诱杀了驺。西南地区的钩町王邯,对王莽也极为不满,被诱杀。逼反西南少数民族后,王莽派大军前去征讨,结果军队水土不服,士卒饥饿、病死数万人。

王莽还拿身边心腹大臣开刀。大司空甄丰被无辜降为更始将军,心中不满。其子甄寻年少气盛,决心回敬一下王莽,便制造了一道《符命》,说王莽应把做过汉平帝皇后的女儿嫁给甄寻做老婆。这下激怒了王莽,甄寻逃亡,甄丰吓得自杀。一年后,甄寻被逮捕归案,供词中又牵连国师刘歆的两个儿子,及其门徒几百人,王莽居然下令全部杀光。汉学家扬雄也在此次追捕中,跳下楼阁摔成重伤后被关进监狱。卖身投靠王莽的古文经学家刘歆见两个儿子莫名其妙就被杀了,这才尝到苦果,决定与大司马董忠等人起事谋反。后泄露消息,在被官府捕拿的混战中,拔剑自刎。

王莽曾先后杀了两个儿子,做皇帝后立四子王临为太子。有个侍女叫原碧,生得十分美丽,王莽便收原碧为妾。不料王临已与原碧勾搭成奸,王临怕奸情败露会落得像两个哥哥一样的下场,就和原碧商量,如何把老子干掉,以抢夺皇位。王莽此时已看出一些蛛丝马迹,便叫人把原碧抓起来审讯。原碧经不起严刑拷打,只得招出实情,王莽决定用最隐蔽的手段将此事干净了结。首先为遮掩家丑,他命武士将参与拷讯原碧的所有官吏、打手全部杀掉,将尸体掩埋狱中,连家属也不知他们如何失踪。然后用毒药赐王临自尽,王临不肯服毒,用剑自刎而亡。王临的妻子也被追杀。原碧如何处理,史书失载,很可能被秘密处死。一幕宫闱丑剧就此终结。

其他,再如汝南郡西平县(今河南舞阳)儒生郅恽上书,说观天象知汉朝必再受命,劝王莽还天下于刘氏,以遵天命。王莽勃然大怒,下诏以大逆不道罪处死郅恽。后又想到郅恽是观天象、据谶书而上言,就把他投入监狱。东莱郡凤夜县(今山东掖县)郡守韩博上书,说有巨人名"巨毋霸",愿从军击匈奴,借以讽谏王莽到处侵战称霸。王莽以"非所宜言"罪将韩博弃市,可怜韩博如此诡谏也枉送性命。王莽在令军队出征和镇压民众时,军令严酷,稍有违纪,就立即斩首,甚至不许民众在周围急走喧哗,犯者立杀。城市里,大道旁,经常不断滚动着斫下的头颅,流淌着死囚的鲜血。更始元年(公元 23 年),王莽被起义军斫杀,悬挂首级示众。老百姓看到这个好话说尽、坏事做绝的新朝皇帝的头颅,怒不可遏,一拥而上,抢下头颅,猛摔乱踢,为自己也是为那些已遭新朝毒手冤害的同胞报仇出气。

东汉章帝以降,因为皇帝年幼而由太后临朝听政,使后族外戚势力又大盛,以窦宪和梁冀最为飞扬跋扈。皇帝成年后为了夺回皇权,往往不得不倚靠身边的宦官,外戚虽灭,但权力又转移到宦官集团手中。这样的朝政运转,只见冤案迭出,血肉模糊。

外戚窦宪　东汉和帝时,窦太后临朝听政,其兄窦宪掌握朝政,开始乱施淫威。其父因不法而早被处死,窦宪上台后第一件事就是找当年主办官韩纡报复。韩纡已死,窦宪就命人杀其子以祭奠其父。尚书仆射郅寿上书劾奏窦宪骄横不法之事,被窦宪反诬诽谤朝廷和强买公田,下狱当死,后减死流放,临行郅寿愤郁自杀。骑都尉乐恢不肯附从窦宪,上谏朝廷又无用,便告老还乡,窦宪也不肯放过,暗示地方官府加以迫害,乐恢遂饮毒自杀。就连都乡侯刘畅与窦太后私通,窦宪也忌其得宠而分自己的权,就派人刺杀了刘畅。窦氏兄弟还侵凌百姓,强夺财货,夺人妻女,商贾关门,如避强盗,而官府根本不敢干涉。永元四年(公元 92 年),窦宪女婿联合诸官员谋事,与和帝、宦官郑众等共同定议,遂收捕窦氏兄弟,或下狱受诛,或逼令自杀,窦氏党羽也全免官。

外戚梁冀　前述和帝乃梁贵人所生,梁氏为窦太后害死,至窦太后死,和帝才得知真情,于是追封生母,厚报梁氏。顺帝时,梁商的女儿立为皇后,梁商拜大将军。商死,其子梁冀继承父爵,执掌朝政。

顺帝时,梁冀任河南尹,无知而傲慢,多为不法,残害民众。洛阳令吕放向梁商状告梁冀的行为过失,梁冀受到父亲的责备,竟派刺客杀了吕放,恐父亲怪罪,又嫁祸吕放的仇家,杀其宗族宾客百余人。梁冀想与涿郡学者崔琦结交,崔琦作赋讽刺为诫,梁冀怀恨,竟数次派人捕杀崔琦。下邳人吴树为宛县令,梁冀有许多亲戚宾客居于宛县,故而请托吴树关照,吴树推辞。吴树到任后,查得梁冀宾客违法害人者有数十人,都依法论死,梁冀由是深恨不已。等吴树官迁荆州刺史,临行去向梁冀辞行之时,梁冀假意设酒宴饯行,下毒鸩杀了吴树。

永和六年(141年),梁商去世,梁冀继任大将军。建康元年(144年),顺帝崩,太子刘炳登基,时值两岁,史称冲帝,梁皇后为太后,梁冀为宰相。永嘉元年(145年),冲帝崩。太尉李固认为应立年长有德的清河王刘蒜为帝,但梁冀为贪图权力,立年仅八岁的渤海王之子刘缵为帝,史称质帝。梁太后委政于太尉李固,李固着手整顿朝纲,得罪了梁冀。也就在这一年,益州刺史种暠纠劾永昌太守刘君世铸金蛇献给梁冀,最后,梁太后将此二人免官,将金蛇被收缴国库。梁冀想看一下这本属于自己的东西,大农令杜乔断然拒绝,还上书谏言梁冀五个儿子无功受封诸事,梁冀怀恨在心。

本初元年(146年)六月,登基才一年的质帝遇害,凶手就是梁冀。原来质帝聪慧,对时政有自己的看法,有一次当众称梁冀为“跋扈将军”。梁冀又惊又怕,为了免除后患,就让下人准备了毒饼给质帝食用。质帝食后不适,招来李固,李固眼见质帝毒发身亡,下令勘察、追查元凶。由于太后的干涉,此案未彻底追查,而梁冀做贼心虚,却生了要灭口之心。

李固又提议立清河王,而梁太后看中蠡吾侯刘翼之子刘志,还要将妹妹嫁给他。其间,宦官曹腾提醒梁冀,为了巩固已有的地位应立刘志为帝。于是在朝会议论时,梁冀气势汹汹,一定要立刘志,大臣们听出他语气中的威胁之意,都缄口不言,只有李固、杜乔不同意。最后,还是立刘志为帝,即汉桓帝,年仅十五岁,太后仍临朝。次年,罢免了李固,任命杜乔太尉。一度低落丧气的士人似乎又看到了希望,杜乔可是不屈不挠的直臣,可几个月后,京师地震,梁氏竟依例归罪三公,罢免了杜乔。且一些宦官们又告诉桓帝,李固、杜乔是不同意桓帝登基的,于是桓帝也开始怨恨李、杜。

这年十一月,清河(今山东监清东)人刘文与魏郡人刘鲔,想拥立清河王刘蒜为帝。刘蒜虽捕杀了刘文、刘鲔,但他自己也遭劾奏,被贬为尉氏侯,在迁徙途中自杀身亡。梁冀便抓住这一事件,诬告李固、杜乔与刘文、刘鲔是同谋,凭据就是他们曾提议立清河王为帝,于是将李固、杜乔逮捕入狱,严刑逼供。李固的门生数十人冒死上书言李固之冤,梁太后下令释放李固。出狱之时,其门生与百姓为之欢呼。梁冀大惊失色,马上奏明太后,说李固不但谋逆且收买民心,不除会有后患,也不等太后表态,就又派人将李固捕入狱中残害致死,李固的两个儿子也死在狱中。接着又胁迫杜乔自杀，杜乔不从，只得也将他捕入狱中害死，并将二人暴尸城北，不准收尸。

辽东太守侯猛只因赴任前不去拜谒，梁冀就诬以他事，竟被腰斩。郎中袁著年仅十九，血气方刚，对梁冀的横暴不胜其愤，于是上书谏诫。梁冀闻听，派人秘密捕杀袁著。袁著只得变易姓名潜藏起来，乃至诈称病死，装棺出殡，还是被梁冀党羽侦知，加以杀害。袁著友人太原的郝絜、胡武等人曾连名奏记三府，荐海内高士，都不去谒见梁冀。梁冀发怒，疑为袁著之党，命人追杀，胡武家被族诛，死六十余人。郝絜知不能免，服毒自杀。

梁冀及其党羽还常常监捕县中无辜富人，诬以他罪，囚狱拷讯，令出钱赎罪，钱出不多者，常常被处死刑或流放。扶风人孙奋家中殷实，梁冀想敲他一笔，便假意赠送马匹，向孙奋借五千万钱，孙奋只给了三千万，梁冀大怒，便诬告孙奋母亲曾为守仓奴婢，盗取过库中白珠十斛，紫金千斤。地方官府遂将孙奋一家逮捕，后死于狱中，而家资七千余万都被梁冀没收。梁冀在京城大起宅第，奢侈至极；又广拓林苑，殆至千里。其禁同王家，人或有犯，罪至死刑，如曾有西域商人胡氏，不知禁忌，在其林苑误杀一兔，坐死者十余人。梁冀还捕取平民，悉迫为奴婢，有数千人之巨，名叫"自卖人"。

梁冀与弟弟梁不疑不和，其弟有一次私自派宾客出猎上党，梁冀闻听就派人去逮捕，一时杀了三十余人，无生还者。不疑知道斗不过其兄，只得让位归第，闭门自守。梁冀还不高兴有人上门去拜谒不疑，暗中派人便服侦察，记下来往之客。南郡太守马融、江夏太守田明，初拜官时来谒见梁不疑，梁冀就暗示官府以他事诬陷，最后二人都被笞流朔方，死于半路。梁冀对自己兄弟的宾客朋友都如此残酷无情，更何论他人。

延熹元年(158 年)，太史令陈授与小黄门徐璜，上陈灾异日食天象之变，咎在大将军梁冀横行不法。梁冀闻听，立刻命洛阳令收监陈授，即死于狱。桓帝由是发怒，加上梁冀又派刺客杀皇亲诸人，桓帝遂与宦官单超等五人谋划，下诏出兵围剿梁宅，梁冀夫妇自杀，梁冀夫妇的宗亲全部送诏狱，不管老少全部弃市。党羽官吏数十人被杀，故吏宾客贬黜者三百余人，家产被没官。至此，东汉最后一个专权外戚被消灭，朝政大权不知不觉中转到宦官手中。

汉代宦官参与政务约从吕后时开始。宦官张释任中谒者，为诸吕游说，得封建陵侯，开创西汉宦官封侯先例。武帝沉湎于酒色，宦官弘恭开始执掌中书。

宦官石显　汉代宦官专权迫害士大夫的事件始于西汉元帝之世。宦官弘恭、石显在宣帝时分别任中书令、尚书仆射之职。汉元帝初，弘恭病死，石显继任中书令。元帝生病，不能理政，石显遂专断国事，贵幸倾朝，百官皆敬事如主。顾命大臣光禄勋萧望之、光禄大夫周堪与谏议大夫刘更生谋划铲除宦官势力，但元帝昏愚不听，三人即遭其害。刘更生被诬妄言天变，贬为庶人。萧望之、周堪被诬结党夺权，周堪也被贬为庶人，萧望之下狱。元帝后来得知实情，释放了萧望之。然而宦官们不肯罢手，发兵再到萧家捉人。萧望之只得饮鸩自杀，而石显之辈从此更是为所欲为。

元帝中叶，郎中京房利用元帝与他谈论灾异之事，引用西周厉王、幽王二位昏君的故事，指斥石显等人。石显等先让京房出任郡守，将他与元帝隔绝，然后诬陷他泄露省中机密，与岳父张博通谋不道，诽谤朝政。最后京房与张博兄弟弃市，家属徙边。其他受诬害的还有：待诏贾捐之弃市，太中大夫张猛自杀，御史中丞陈咸服苦役，郑县令苏建被处死。石显先后侍候宣帝、元帝，窃弄权柄十余年，许多士大夫惨遭其毒手。

东汉宦官　东汉和帝用宦官郑众诛灭窦宪，郑众因功封侯。安帝惑于宦官江京、李闰等，冤害邓氏。皇后阎氏一族登台称雄。废太子刘保又在宦官孙程等十九人的帮助下除去阎氏，登上帝位，即汉顺帝。顺帝因此将十九人封侯，朝政遂陷入宦官之手。桓帝时，宦官曹腾以定策功封侯，当时梁冀与宦官也时有勾结，直臣李固、王龚等与宦官有过交锋，都险些遇害。至桓帝倚重宦官单超五人，合谋剪灭了梁冀，事后五人都封侯，宦官遂成为政治舞台上的主角，随后即上演了迫害士大夫空前惨烈的党锢冤狱。

灵帝时，黄巾军已占领冀州大部，并准备南下进攻洛阳。灵帝派中郎将卢植率军抵抗，卢植刚到冀州就获得接连的胜利，杀黄巾军万余。黄巾军看不是卢植对手，便改变策略，坚守不战，卢植也只能作长期围困的准备。此时灵帝派宦官左丰来军队视察，卢植只当例行公事而没有送礼。左丰回去向灵帝述职时，便诬陷道："黄巾其实不堪一击，而卢植不发兵进攻，不知是纵容逆贼，还是与逆贼有什么勾结？"灵帝听了，命令用囚车将卢植锁拿回京城问罪。后来，卢植差点死于狱中。

另外，还有中常侍王甫枉杀勃海王刘悝及王妃宋氏一案。宋妃乃宋皇后的姑姑，王甫担心皇后抱怨，便与太中大夫程阿共诬皇后挟左道祝诅，也属巫盅之类，灵帝相信，遂废后，并囚禁于暴室。宋皇后因此忧愤而死，其父亲兄弟也并被诛杀。大将军何进欲灭宦官，反为所害。随后董卓进京，鸩杀太后与少帝刘辩，大乱朝纲，引出群雄纷起，诸侯混战。

四、两汉法律与酷吏横行

法律制定　汉朝立国，刘邦命萧何参照秦律，制定了《九章律》，其他还有关于礼仪的《傍章》《朝律》，关于宫廷警卫的《越宫律》等。形式有律、令、科、比。科是律令的实施细则与补充规定，比是制案成例，都是律令的重要补充与司法根据。武帝时，对已制法律作了一次统计："律令凡三百五十九章，大辟四百九条，千八百八十二事，死罪决事比万三千四百七十二事。文书盈于几阁，典者不能遍睹。"到成帝时，"今大辟之刑千有余条，律令烦多，百有余万言"（《汉书·刑法志》）。

法律条文如此细密繁多，即使现在也苦于查找，更何况使用竹简的西汉。其内容重复矛盾、轻重不一，给官吏受贿曲法、为所欲为，创造了条件，造成"或罪同而论异，奸吏因缘为市，所欲活则傅生议，所欲陷则予死比，议者咸冤伤之。"（《汉书·刑法志》）这种紊乱的法律状况，即使练达的老吏也无所适从，"奸猾巧法"之辈，更可营私舞弊。

《史记·邹阳列传》载西汉初年，名士邹阳游历梁国，不意遭到几个小人的谗毁，被梁孝王投入监狱，准备处以死刑。幸亏邹阳在狱中上书，陈己之冤情，抒己之愤慨。梁孝王还算识才，邹阳才被释放出狱，尊为上宾。在《邹阳狱中上梁王书》中，邹阳自己都不知道犯了何罪，所以通篇几乎没有关于罪名的辩解之词，只能历数先秦时期的冤狱以示自己清白。由此可见，不仅皇帝掌控最高司法权可以草菅人命，一个封国之小王也或享有生杀予夺之特权。藩王只要听信谗言,不需调查事实真相,不需遵循一定的司法程序,就可将名士投入狱中,甚至将其处死。西汉初年司法之紊乱可见一斑。

肉刑改革　两汉时,肉刑相当残酷,受刑者往往终身残疾,甚至受刑而死。文帝时,下令废止肉刑,改革刑制,用徒刑、笞刑与死刑来取代肉刑。结果表面上好像废止了肉刑,然而却把斩右趾改为死刑,刑罚加重,把斩左趾及劓刑分别改处笞刑五百和三百,受刑者往往被打死,造成"外有轻刑之名,内实杀人"的结果。景帝即位后,将笞五百减为三百,笞三百减为两百,不久再各减去一百,并规定笞臀,且中途不得更换打手,自是受刑者大多得以生还。而事实上,两汉肉刑还是存在,如景帝允许以宫刑代替死刑,武帝时司马迁便受宫刑。斩右趾到东汉时又恢复,作为减轻死刑的一种量刑。可见,残酷异常的肉刑,数千年中从未废止过。

纲常伦理　自汉武帝崇尚儒学后,儒家三纲五常的伦理观念逐步与法律相结合,其中在婚姻家庭制度方面表现得极为明显。如汉律规定:父母可随意殴打子女,而子女若殴父母或被告不孝者,处死刑,殴兄姐也要加刑。"不孝"为重罪,犯者弃市。汉律还允许亲族间互相隐瞒罪行,并规定子女为父母报仇而杀人者,减刑。在夫妻家庭关系上也明显不平等,所谓夫为妻纲,夫与人通奸,只处徒刑,妻若与人通奸,则处死。离婚主动权也在男方,已有"七出"之规定。男子娶妾是合法的,实际上承认一夫多妻制,如丞相张苍有"妻妾以百数",当然皇帝更是例外,妇女地位比先秦明显低下。

《汉书·于定国传》载,东海郡有一孝妇,年轻守寡,又没有儿女,婆婆劝她改嫁而终不肯。婆婆见她勤苦,自己连累儿媳十余年,心中不忍,便以自杀来促成其媳改嫁,哪知小姑见状,诬告孝妇逼死婆婆。在官府的严刑逼供下,孝妇只得屈打成招,被处死刑。婆婆的一片好心,反害了媳妇。官府不调查研究是一方面,而儒家等级伦理对司法的负面效应则是另一重要方面。

思想言论方面　当时为加强专制统治,维护皇帝的绝对权威,法律严惩对皇帝的诽谤、祝诅、诬罔、诋欺等言行,有"非所宜言"等罪名,广泛钳制挟控臣民的言论,甚至创设出"腹诽"的罪名。武帝连年对匈奴用兵,国库空虚,民众贫困。武帝造发皮币,以图缓解经济困难,征求大农令颜异的意见。颜异认为皮币面值过高,本末颠倒,不易使用。武帝见颜异反对,心中怀恨,就想治其罪。恰逢有人控告颜异,武帝就派酷吏张汤审理。张汤本来就与颜异有隙,也领会武帝的意思,便一心要置颜异于死地。调查得知,颜异与朋友议论朝政,朋友认为政令多有不便之处,颜异笑而不答。张汤据此上奏,说颜异身为九卿,见政令不便不向朝廷奏报,只是冷笑,有"腹诽"之嫌。武帝居然也默认此罪名,判处颜异死刑。皇帝之荒唐可笑与没有人性,从此罪名中便足见一斑。

"春秋决狱"　汉代还盛行"春秋决狱",亦称"经义断狱",就是拿儒家经典《春秋》及诸传(以《公羊传》为主)的经义精神及事例作为司法审判的依据。经董仲舒提倡,并作《春秋决狱二百三十二事》,在当时司法实践中普遍推广。此后又有应劭、马融、郑玄诸家的决狱解释,朝廷确认郑玄的解释具有法律效力。此类决狱的核心理论就是儒家的"论心定罪",即主要根据嫌疑人的主观动机来定罪,所谓:"志善而违于法者免,志恶而合于法者诛。"这种唯动机论的判案原则不但影响法官对客观犯罪事实的准确把握,并为法官断案时的主观臆测提供了理论基础,此所谓"援经诛心"断案。随心所欲地以主观动机定罪量刑大大增加了冤狱产生的频率,也为君主专制统治秩序的维护增添了可以严厉惩治"思想犯"、"良心犯"的司法理论与实施手段。

经济掠夺　汉武帝时的经济掠夺也相当疯狂,用所谓的"告缗"手段,大量掠夺民间财产。即颁布工商高税收率,凡申报不实者没收财产,罚戍边一年,有能告发者,赏没收财产的一半。自"杨可告缗"一发而不可收,中等以上工商业者几乎全部破产,而国家由此"得民财物以亿计,奴婢以千万数,田大县数百顷,小县百余顷,宅亦如之"(《汉书·食货志》)。国家用经济立法去掠夺民众的财产,是专制统治者的惯用伎俩,真不知造成了多少人家倾家荡产、流放戍边。

大赦制度　汉代以儒家思想指导司法,出现了频繁的大赦制度。统治者认为赦乃德化之道,仁政之端,所以凡即位有赦,死葬有赦,灾异有赦,寿庆有赦……西汉两百余年,总计大赦有七八十次,平均二三年一次。滥赦的结果,使犯罪率更高,社会愈加动乱。而有罪不惩,对于被害者来说,无异于冤狱。东汉王符在《潜夫论·述赦》中指出:"今日贼良民之甚者,莫大于数赦。赦赎数,则恶人昌而善人伤矣。"崔寔在《政论》中也说:"赦以趣奸,奸以趣赦,转相驱踧,两不得息,虽日赦之,乱甫繁耳。"

酷吏司法　汉武帝时,实行"缓深故之罪,急纵出之诛"之司法政策,就是对官吏故人入罪处理宽缓,而对"故纵宽出"人罪者要加重处罚。结果便使官吏"上下相驱,以刻为明;深者获功名,平者多后患",造成大量冤案,这也是西汉酷吏产生的政治背景,或可说汉武帝是两汉酷吏的制造者。酷吏虽能镇压一些地方豪强,或将地方治安治理得"道不拾遗",清静平安。但酷吏的政绩主要是靠凶暴的不法手段,制造恐怖统治所致,而不是靠正当的法律制度。这当然与历史的局限有关,由此造成了许多惨烈的冤案。

如尹赏长安缉盗。成帝永始、元延年间,朝政紊乱,贵戚骄恣,长安城中奸猾豪门不少,社会上到处仇杀剽劫。尹赏为长安令,即召集乡吏、亭长、里正、父老,举发城中恶少流氓数百人。一天,尹赏出动军队,分头缉捕,然后关进事先挖好的地下洞穴中,将犯人全部饿死。百日后,令死者家属领回尸骨。又抓来数十上百名罪行较轻,愿意悔改的良家子弟,令其家长用钱赎回,或用为爪牙,使之立功赎罪。这样一来,盗贼事辄止,亡命徒散逃,社会治安立见好转。但其手段之残酷,不免有冤滥,且完全不合法,无异于滥杀。后来,尹赏为江夏太守时,同样用此法捕捉盗贼,但"所诛良民甚多"(《汉书·酷吏列传》)。

东汉此类酷吏更多,《后汉书·酷吏列传》载,董宣为北海相,知大姓公孙丹家杀人奠基新宅,便捕公孙丹父子诛杀。其宗族亲党三十余人,来府衙喊冤,董宣又将他们全部收入狱中,竟全部杀光。黄昌任宛县令,有人盗其车盖,大概想给黄昌一个下马威,黄昌侦知是曹家所为,"悉收其家,一时杀戮。大姓战惧,皆称神明"。阳球拜九江太守,也是"设方略,凶贼殄破,收郡中奸吏尽杀之"。此类事例不胜枚举。

对用如此暴行所获得的统治政绩,司马迁与班固诸史家都表赞赏:"虽惨酷,斯称其位矣。"个别酷吏确也有些颇值称许的举动,如董宣为洛阳令时,湖阳公主的奴仆仗势杀人,又藏匿于主家不出,吏不得捕治。董宣便候此奴驾车陪公主外出时,截车杀了此奴。然而,此类事迹只是少数,大量存在的是酷吏们玩弄法律,滥杀无辜的记录。

如周阳由为郡守,"最为暴酷骄恣,所爱者,挠法活之;所憎者,曲法灭之。

所居郡，必夷其豪。"土豪也有守法与不法之别，而他一概夷平之。义纵为定襄太守，一次视察监狱，将两百余名重罪轻系的犯人，及私自入狱探看他们的宾客昆弟等两百多人，估计都是当地的豪强，全部加以"为死罪解脱"的罪名，并且在一天之内，将此四百余人全部屠杀，其郡民众不寒而栗。王温舒任中尉时，更是势利小人，"善事有势者，即无势者，视之如奴。有势家，虽有奸如山，弗犯；无势者，贵戚必侵夺。"（《汉书·酷吏列传》）还设告奸器（举报箱），收到情报便广为收捕，告密之风由是盛行。王温舒任广平为都尉时，捕郡中豪猾，连坐千余家，上书奏请，一概论罪，大者灭族，小者死罪。执行之日，血流十余里。狱中犯人多得整个冬天也杀不完，只急得顿足叹道："令冬日益展一月，才够我杀犯人呀。"其好杀伐如此。汉武帝听说，却认为有能，给予升官。

严延年任河南太守，冬月将属县囚徒，定罪杀戮，血流数里，号称"屠伯"。樊晔为天水太守，"人有犯其禁者，率不生出狱"，即遭到囚禁犯人，李章为千乘太守，"坐诛斩盗贼过滥，征下狱免"，很快又拜侍御史，出为琅琊太守。黄昌任陈相，县人彭氏造筑临道楼舍，黄昌每次出行，彭氏妇人总是坐在楼上观看，黄昌不高兴，遂派兵将彭氏及其妇人收入狱中，并立案杀之。王吉为沛相，手段更是残忍，地方若有人生子不养，即斩其父母，用土棘埋尸。且杀人皆碎尸后放在车上，写上罪名，宣示属县，夏日尸体腐烂，则用绳串联其骨头，周遍一郡乃止，见者无不骇惧万分。"视事五年，凡杀万余人。其余惨毒刺刻，不可胜数。"（汉书·酷吏列传）酷吏能如此随心所欲地杀人，说明汉代法律制度在执行中的随意性。

当然，少数酷吏用刑不避皇亲国戚及官员，也时会发生几件酷吏被冤害案。如前述景帝时的郅都，便是位廉洁奉公，不避权贵的酷吏，被窦太后冤杀。武帝时，御史大夫张汤办案手段残忍，上述腹诽案已可见一斑，从而得罪了许多同僚，很多人都在监视张汤，伺机报复。御史中丞李文不法一案，被张汤问成死罪，便有人告发张汤与下属合谋陷害李文。案子由酷吏减宣审理，而减宣与张汤不和，此案对张汤极为不利。同时，丞相与三位长史又告张汤泄露国家经济政令，囤积物资致富。武帝便认为张汤欺君罔上，派使者前去质问。张汤不肯服罪，武帝便派廷尉赵禹亲往赐张汤自裁，张汤留下遗言："陷臣者，三长史也。"随即自杀。后查明张汤家财不过五百金，全是俸禄与赏赐所得。武帝闻知，恨三位长史的诬告，便诛杀三位长史，丞相也畏罪自杀。酷吏张汤害死过许多无辜之人，他为人所陷而死也算报应。东汉末年，司隶校尉阳球敢于惩治当权坏政的宦官，诛杀了中常侍王甫父子三人，财产没入，家属流放。而曹节等人见王甫被杀，兔死狐悲，便向皇上诬告阳球。阳球遂被送洛阳监狱治死，妻儿徙边。

皇帝意志为法　司法过程中，也常常以皇帝的意志为左右。如宣帝时，京兆尹张敞为私仇杀人，宣帝非但没有治罪，反而将他升迁为刺史。尤其是当时许多酷吏，都看皇帝的脸色办事。如武帝时的张汤"所治即上意所欲罪，予监吏深刻者；即上意所欲释，予监吏轻平者。""腹诽"罪名的制造，也是武帝欲杀颜异的结果。酷吏杜周更是"上所欲挤者，因而陷之"。有人责备杜周："君为天下决平，不循三尺法，专以人主意指为狱，狱者固如是乎？"杜周直截了当道："三尺安出哉？前主所是著为律，后主所是疏为令；当时为是，何古之法乎？"就是说，完全可按君主的旨意断案，因为法律本来就是按君主的意志制定的。所以只需按现在的君主旨意办，不必拘泥于过去的法律，这可谓中华法系最为悲哀的内核。酷吏若违背皇帝的意志，也绝没好下场。如酷吏义纵，不赞同杨可告缗事件，认为这是乱民，查捕了杨可的幕后指使人，不料指使人竟是武帝派遣的，于是武帝将义纵斩首示众。

《汉书·杜周传》载，汉武帝时，杜周为廷尉，当时诏狱（就是皇帝下令办的案子）极多，二千石以上官员入狱者新旧相因，常不下百人。廷尉及中都官审理诏狱，牵连逮捕人数常常可达数万之众。当官的都如此不安全，更何况一般民众。地方大府一年上报狱案有千余件，大案牵连逮讯数百上千人，小案也起码数十人。民间狱案在胥吏的任意文致下，逮捕牵连的人数更无从统计。两汉的监狱已十分普遍且量多，"天下狱，二千余所"，仅中都洛阳就有官狱二十六所，且监狱管理极为黑暗，虐囚致死乃家常便饭。可见汉代在崇儒德治之外表下，法制繁琐紊乱，冤滥比比皆是。

第三章　魏晋南北朝冤狱

　　184 年,黄巾大起义爆发。在镇压农民起义的过程中,各路军阀割据混战,逐渐形成曹魏、孙吴、蜀汉三国鼎立的局面。此局面维持了五六十年,司马氏夺取曹魏政权。280 年,晋灭孙吴,统一了中国,建立晋朝,史称西晋。西晋才维持了十余年便天下大乱,中原地区晋宗室互相残杀,制造了"八王之乱"。北方陷入"五胡十六国"的大混战,其中由拓跋族建立的北魏曾统一北方,维持了近百年,后又分裂为东魏、西魏、北齐、北周。317 年,晋室东迁江南,史称东晋,也是维持了百年,又先后由宋、齐、梁、陈四个小朝廷辗转传嬗。直到 589 年,隋朝重新统一中国。此战乱不止而分裂割据的历史阶段,持续了近四百年。

　　魏晋南北朝时期,各种社会矛盾错综交织。农民与地主之间,汉族与各少数民族以及少数民族之间,汉庶族地主与世族地主之间,各统治集团之间……各种矛盾十分微妙复杂。这是由于当时没有一个稳定且有法制的社会环境,而主要以武力为解决问题的手段,加之暴君层出不穷,杀伐与暴政不断制造着冤滥,出现了许多骇人听闻的案件。

第一节　魏晋要案

　　魏都洛阳,历五帝,凡四十六年;蜀都成都,历两帝,凡四十三年;吴都建业(今南京),历四帝,凡五十九年;西晋都洛阳,历五帝,凡五十一年。这百余年期间战乱频仍,社会动荡。各国统治者为了增强自己的国力,削弱及打败对手,千方百计地吸引、笼络和利用各种不同背景的人才,然而一旦人才们有些不合统治者心意的言行,或者统治者猜忌之心严重,便往往拿人才开刀。即使一些历史上很有作为的统治者,也一再滥施刑罚,制造冤狱,杀人如同儿戏一般。

一、曹操滥杀制造的血案

三国故事在中国几乎家喻户晓,曹操的大名也同样妇孺皆知。当时名士许劭对他"治世之能臣,乱世之奸雄"的评价,更是不胫而走。曹操在政治上、军事上颇有成就。他搜罗了一批人才,挟持了汉献帝,扫平群雄,基本上统一了北方,而其滥杀制造的冤案也是触目惊心,如在他根基未稳之时,就公然杀了恃才傲物、出言不逊的名士边让。他不但冤杀名士,而且屠戮平民、滥刑下属。官渡之战后,袁绍的八万多人的军队全部投降,而曹操竟然将这八万多人全部坑杀活埋。可以说这位奸诈狡猾的冷血政客,手段之残忍在历史上肯定名列前茅。

曹操为人的首条原则是:"宁我负人,毋人负我",其代表事迹就是屠杀好友吕伯奢一家。在董卓对异己大开杀戒之际,曹操逃出京城,东归乡里。路过故友吕伯奢之家时,伯奢留曹操歇脚,并自己出去买酒,叫家人杀猪待客。曹操听见吕家磨刀之声,误以为是为了对付自己,便杀了朋友一家。后来,他看到死猪,知道误杀后,却依然残忍地杀害了出去买酒的吕伯奢,理由是免得他回去见家人惨死而将此事传出,误我大事。曹操做完此事的心态就是:"也罢! 宁可我负天下人,休教天下人负我。"在这样的心态下,曹操开始了为完成他的政治抱负而不惜滥杀无辜的血腥之路。

董卓之乱时,曹操父亲曹嵩去官避难于徐州琅邪。曹操为兖州牧时,派人接父亲来兖州享福。不料在半路上,镇守阴平的徐州刺史陶谦诸将见曹嵩拉着百余车的财货招摇过市,便袭杀曹嵩全家,并劫取了财物。194 年,曹操举兵伐陶谦报杀父之仇,拔徐州属下的彭城、傅阳、取虑、睢陵、夏丘五城,攻下便屠城,到处血流成河,尸横遍野,"凡杀男女数十万人,鸡犬无余,泗水为之不流,自是五县城保,无复行迹"(《后汉书·陶谦传》)。曹操为了报仇,可以不分青红皂白地大肆屠城,实在骇人听闻。这场战争持续了两年,还使很多人背井离乡,流离失所。

汉献帝刘协只是曹操任意摆布的玩具,其下臣子经常被曹操任意杀害。如议郎赵彦曾为献帝陈言时策,因遭曹操恶而被杀。刘协被曹操挟制得痛苦不堪,便密令国舅车骑将军董承想办法殄灭曹操。董承联络了刘备等人。200 年,刘备在徐州宣布反曹,这时有人向曹操告发了汉献帝密令董承之事。曹操就杀了董承和参与此事的侍郎王子服、长水校尉种辑、议郎吴硕、昭信将军吴子兰,并将他们灭三族。接着,曹操领武士入宫,当着汉献帝的面,曹操用白练勒死了已经有身孕的董贵妃。曹操又借此屠杀了一批忠于汉献帝的臣子,还胁迫汉献帝废了伏皇后。最后,伏皇后和两个皇子连同伏氏家族都成曹操刀下之鬼。另外,曹操还不断剪除分散在各地的刘姓宗室诸侯王势力,如杀琅玡王刘熙等。

孔融　字文举,素有才名,曾得河南尹李膺的赞誉,号称俊秀。后任北海相,兴学举贤,颇有政绩,迁少府、迁太中大夫。孔融个性独立,不识时务,不把曹操放在眼里,经常讽刺、顶撞曹操。如有一次,曹操下禁酒令,孔融就上书取笑说夏桀和商纣因女色而亡国,何不下令禁止人们结婚呢? 之后,曹操战败袁绍,将袁绍的儿媳甄氏许配给儿子曹丕。孔融又写信杜撰、讽刺说周武王打败商纣,把妲己赐给了周公。另外,由于太尉杨彪与袁术是姻亲,曹操为泄私愤要杀死杨彪。孔融当面指责曹操滥杀无辜,甚至上表要求为汉献帝划一块王畿之地,企图削弱曹操的权力,这些使曹操恼羞成怒,积恨在心。光禄勋郗虑与孔融不和,曹操便授意郗虑与丞相府属吏路粹等罗织孔融罪状。208 年,曹操便给孔融加上"有讪谤之言"的罪名,将他杀害,并灭其族。孔融妻及年仅七岁、九岁的一对儿女也被曹操滥杀。

崔琰　字季珪,本仕袁绍,为骑都尉,曹操败袁绍后归降,为别驾从事。他为政清廉,常有诤言,受到朝士的尊重,魏国初建,迁任尚书,力主册立曹丕为太子。表面上,曹操对崔琰十分"敬惮",内心却存有戒备。崔琰曾向曹操推荐了钜鹿人杨训,后曹操为魏王,杨训发赞表,述盛德。崔琰看到后,便写信给杨训,谈到时局"会当有变"。不料被人告发,说崔琰"傲世怨谤"。曹操也大怒,认为"会当有变"意指不逊,于是将崔琰处以徒刑下狱。后来,曹操又派人去监狱探视,回来报告说崔琰还是心怀不满,不肯改过,曹操就将崔琰赐死。另一位同僚毛玠也受到牵连,被免除官职,死于家。

荀彧　字文若,有王佐之才,曾在袁绍手下做事,见袁绍鼠目寸光,成不了气候,便改投奔曹操,先后任司马、侍中、尚书令、光禄大夫等职。荀彧多出奇谋,具有政治眼光,如曹操败袁术,占徐州,杀吕布,迎献帝于许都,降张绣,破袁绍,定辽东,取荆州、破马超,直至统一北方等,荀彧皆参与主谋。荀彧由是深得信任和重用,被曹操誉之为"吾之子房(张良)也"。荀彧还为曹操推荐了不少人才,其中包括荀攸、钟繇、郭嘉等,他们都先后成为曹操集团的中坚。建安十七年,曹操已不安于丞相、大将军之职,暗中策动官员给自己进国公、加九锡,并派人秘密探询荀彧的意见。当知道荀彧明确反对他晋爵魏公,加九锡后,便怀恨在心。当荀彧生病时,曹操派人给他送去空的食盒,这分明是君王赐死大臣的故技。荀彧明白曹操此时已容不得自己,便只好含冤自尽。

杨修　字德祖,太尉杨彪子,聪颖好学,又恃才傲物,官任丞相主簿,常能揣得曹操心意,又不知轻重地说出,使曹操相当恼怒。有一次,曹操梦中杀仆,送葬时,杨修对尸体说:"丞相并不在梦中,而是你在梦中啊。"曹操听到后,非常痛恨。杨修还与曹操三子曹植意气相投,力促曹植继承大业,每每为曹植准备好曹操的突然考问。曹操查出实情,感到杨修的存在会对曹丕的即位不利。尤其是有一次,曹军与刘备的军队在汉中一带对峙,进退两难,军心不稳。部下请示曹操夜间口令,曹操说了两字"鸡肋"。别人不解,只有杨修道:"鸡肋食之无味,弃之可惜。如今僵持不下,进退不得,恐怕是要退兵了。"杨修还对身边的人说,你们可以收拾行李了。于是士兵都准备回师,军心被扰。曹操知道后,勃然大怒,只得退兵,并以"泄露机密"、"惑乱军心"的罪名,将杨修处死。

华佗　字元化,当时名医,精于方药、针灸,能治疑难杂症,善于用麻醉药替人开刀,还发明了"五禽戏",以教人锻炼体质。曹操晚年患头痛病,听说华佗大名,便把他召来,针灸后症状得以改善。华佗告诉曹操,此病得慢慢调理,不可一蹴而就。华佗不愿做官医,又思念家乡,便向曹操告假回去了。曹操后来病又发作,便召华佗回来。华佗以妻子有病为推辞,久久不归。曹操又命地方官催促,华佗还是不肯回来。曹操派人前去查看,得知华佗妻子并未真病,勃然大怒,下令将华佗逮捕下狱,关入死牢。荀彧为之求情也未能解救。这位中国历史上的名医,就这样死在了曹操的手中。临死前,华佗还烧毁了凝聚着自己一生心血的医书稿。如此一位于国于民都大有用处的名医,一旦曹操感觉对自己有不忠和威胁,那就只有被杀的结局。这时的曹操没有半点宽容之心,也根本不会顾及由此民族医学将受到怎样的损失,更不会思考有多少百姓的生命将无法挽救。后来爱子曹冲病重而亡,曹操才醒悟到华佗的重要,叹道:"我悔不该杀了华佗,白白送了这孩子的性命。"然而此叹息并非良心发现,乃是出于一己之私念。

被曹操杀害的士人还有不少,再如南阳娄圭,本是曹操旧交,只是在跟随曹家父子出游时说了一句"此家父子,如今日为乐也"的话,曹操便以"有腹诽意"而诛之。南阳许攸,也是曹操旧交,且在官渡之战中有功,所以与曹操相处时相当随便,不分场合时时相戏,甚至直呼曹操小名,曹操也不能容忍而杀之。一次军中缺粮,曹操为平息士兵对自己的不满,便借用管粮官的人头,将罪名加给死人。陈留边让,做过九江太守,博学有辩才,所著《章华台赋》行诵一时,为名士所推崇,只因说了几句侮辱不恭的话,就被曹操杀害。另外,曹操还因儿媳妇衣着艳丽而逼其自尽,并迁怒于其家族。曹操更可以随意杀害无辜的近侍和姬妾,如某姬妾因没有及时叫醒他而被捶杀。

曹操时能"唯才是举",爱才重才,遇事能群策群力、多谋善断、知人敢任,这是他能有所成功的原因,但并不能说明这样的政治家就值得人们去尊敬。因为曹操的用人标准完全是以自己的需要而决定取舍,绝非只要是人才他都会爱惜。综观曹操一生待人处世之道,无不打上权谋、利害的印迹。在曹操看来,可杀之时,就是无罪也可虐杀,不宜杀之时,就是有重罪也应放一马,所以曹操有时显出难得的"至仁待人"、"不念旧恶",与其善察利害的审时度势及精于权术的恩威并用相关,充分演绎出了一个政客的狡猾。

二、魏延悲剧的演义式奇冤

《三国演义》中说,诸葛亮早就知道大将魏延脑后长有反骨,所以一直对他有所防范。诸葛亮病重时,留下一条锦囊妙计,命令马岱在魏延反叛时,可以出其不意地将魏延杀害。此后,由于《三国演义》的故事家喻户晓,经过小说的宣传,魏延反叛被杀的论断,不仅平民百姓,甚至史学家们都深信不疑。然而,认真读一下《三国志·蜀书》,其实根本就不是这么一回事。

　　234年,诸葛亮率军第五次北伐,在五丈原与魏军对峙。由于疲劳过度,诸葛亮病重。于是,他在前线召开了最后一次军事会议,议题是一旦自己不测,蜀军将何去何从。参加这次会议的人只有四个:丞相诸葛亮与长史杨仪、司马费祎、将军姜维。

　　此次会议留下重重疑点,主要是诸葛亮没有安排他死后谁当三军主帅,这就给后来杨仪与魏延发生冲突埋下导火索。从当时形势来看,杨仪是丞相府长史,作为大管家,诸葛亮死后,由杨仪指挥军队,已是不争的事实。但这个事实,一是没有朝廷的正式任命,杨仪做统帅有点名不正言不顺;二是魏延的官爵是前军师、征西大将军、领司隶校尉、南郑侯,官职比诸葛亮的丞相低了一级,但爵位比诸葛亮的武乡侯却要高出一级,这是因为魏延在蜀国的资历要比诸葛亮高,战功也相当卓著。尤其是魏延的官爵要比其他三个参加会议的人高得多,他实际上是这支军队的副统帅。但诸葛亮不仅没有安排魏延接班,甚至还没让魏延参加会议,从中可见诸葛亮对魏延的不信任。

　　然而,诸葛亮决定,在他死后全军撤回成都时,由魏延率军断后,并又奇怪地加了一道命令:"若延不从命,军便自发。"就是说,如果魏延不服从,就不要管他,全军照样撤退。从这条命令中,我们可隐隐约约地感觉到,诸葛亮已经把魏延假设成"异端"。为什么会出现这样的情况呢?原因是诸葛亮一生用兵谨慎小心,而魏延用兵常常主张出奇制胜,所以诸葛亮不能容忍把军队的最高指挥权交给魏延。加上魏延在诸葛亮麾下常常感叹怀才不遇,并对诸葛亮独揽大权十分不满,会发些牢骚,就更不得诸葛亮的欢心。

　　杀害魏延的罪魁祸首是杨仪,魏延同杨仪的矛盾由来已久。魏延骄狂,自命不凡,杨仪自负,心胸狭窄,两人的关系就好像水火,不能相容,常常为一点小事吵得不可开交。诸葛亮对此如何处理呢?《三国志·杨仪传》说,诸葛亮深惜杨仪之才干,也需要魏延之骁勇,常常遗憾两人搞不好关系,便各打五十大板,不忍有所偏废。而实际上，诸葛亮的内心还是比较偏向杨仪的，从他重病时的安排来看，就明显对魏延不利。

在诸葛亮死后，杨仪秘不发丧，又派费祎去试探魏延的意图和打算。魏延知晓后，便对费祎说："丞相虽然死了，但还有我在，你们可以护送丞相的灵柩回成都安葬，我亲自统率大军消灭敌寇。怎么可以因一人之死，而废掉国家大事呢？我魏延是何许样人？我怎么能给杨仪当断后将军呢？"魏延的这段话其实说得在理，难道诸葛亮死了，蜀国就不北伐了？魏延的军事才能远远超过姜维。姜维后来能坚持九次北伐，魏延为什么就不能呢？同时，魏延的官爵也要比杨仪高得多，他为什么要听杨仪的指挥呢？

事实是，杨仪和费祎早就商量好了军队撤退的计划，费祎假意同魏延商量，实际是把魏延稳住，拖延时间，等到魏延发现上当，十万大军已经撤离前线。魏延了解情况后，勃然大怒，带手下抄小路来到汉中，烧毁了主力部队返回的栈道，结果授人以柄。杨仪上表捏造罪名，说魏延要造反，魏延也不甘示弱，同样上表说杨仪是叛逆。毫无主见的刘禅在一些大臣的左右下，怀疑魏延而偏袒杨仪，便下令蒋琬率御林军准备讨伐魏延。不等蒋琬兵至，杨仪就派大将王平向魏延军队宣布魏延造反，使得魏延部下军心动摇，四下逃窜。这时，魏延势单力薄，被马岱乘机杀害。杨仪拿到魏延的脑袋，踩在脚下，口中骂道："你这个混蛋，还能作恶吧。"并下令灭魏延三族，满门抄斩。

此案中，魏延唯一的错误就是烧毁栈道，阻挡了大军的撤退，但这与谋反是不同性质的行为。魏延是想把大军留下来，继续北伐，因为以他所带领的区区数千人马与十万大军相抗，只能是以卵击石，自取灭亡。具有讽刺意味的是，杀害魏延的杨仪倒真是一个脑后长有反骨的人。回成都后，杨仪自以为功劳很大，能代诸葛亮担任丞相一职。不料诸葛亮生前早有安排，由蒋琬任大将军、尚书令，而杨仪只得一个中军师的虚衔。于是，他大发牢骚："虽知如此，我不如率领大军投降魏国好了，我现在是后悔莫及了。"这样大逆不道的话都能说出，其下场便是削职为民，充军流放。杨仪还不识相，上书诽谤，辞指激切。刘禅便将杨仪下到大牢，杨仪在大牢中自杀了。

此案的罪魁虽是杨仪，但诸葛亮也难辞其咎。蜀汉国小，人才也少，诸葛亮生前却没能好好使用将才魏延,还时时排挤他,打击他,尤其是不能协调好部下文臣武将的关系,结果导致了这一场惨痛的内讧,这对人才资源十分匮乏的蜀汉来说,更是雪上加霜。

三、嵇康、邓艾被冤杀案

这是曹魏政权在司马昭专政期间发生的两桩重要冤狱。

嵇康　字叔夜,出身儒学世家,弹琴咏诗,才学俱佳,又雄伟魁梧,与曹魏宗室通婚。魏太子曹睿欣赏嵇康的《游山九吟》,交谈后封嵇康为浔阳长,迁中散大夫。

时司马氏集团独揽魏国的军政大权,导演了一幕幕任意废立皇帝,擅杀功臣宿将的丑剧。司马氏在夺取政权上尔虞我诈,欺上凌下,做出种种违背礼教和儒学的事情。但在表面上,他们又装出一副道貌岸然的样子,提倡礼教,推崇孔子,以争取士大夫的支持。在严酷的政治斗争现实面前,嵇康逐渐看清了儒教的虚伪本质,自称"非汤武而薄周孔","轻贱唐虞而笑大禹",走上鄙弃礼教,反叛儒学之路。他喜好老、庄,大胆提出了"越名教而任自然"的主张,成为魏晋玄学的代表人物,还写文章对"名教之士"进行辛辣的讽刺和批判,不愿与礼学之士同流合污。于是,他遁世隐居,山阳(今河南焦作附近)便是其主要隐居之地。这里还有阮籍、山涛、王戎、向秀、刘伶、阮咸等,他们七人常作竹林之游,被称为"竹林七贤"。

高官钟会倾慕嵇康的才华,曾带人携重礼来拜访。这一天,恰好嵇康和向秀在树荫下锻造农具。对于钟会的到来,嵇康只顾锻铁,不加理会。钟会站了好一会,见嵇康不予理睬,只得悻悻离去,并暗下决心要报此辱。这时,司马氏集团正在搜罗人才。山涛被收买,任大将军从事郎中,向司马昭推荐嵇康可任吏部侍郎一职。当山涛将司马昭的意思向嵇康转达后,嵇康断然拒绝,还写了《与山巨源(山涛字)绝交书》,痛斥这位昔日的至交。很明显,嵇康在表示不愿为司马氏集团做事的心迹,这使司马昭感到不能容忍。

此时发生一件案子,兄长吕巽是个官迷,任相国掾,受司马昭器重。弟弟吕安仰慕竹林七贤,与嵇康关系密切。吕巽奸污了弟媳徐氏,徐氏上吊而死。吕安上告官府,没想到吕巽反控,说吕安诽谤朝廷、不孝母亲。司隶校尉钟会审理,判吕安流放。吕安写信向嵇康说明原委。嵇康知道真相后,极力为之辩解,并请皇上详查。这引起司马昭的不快,认为嵇康眼里只有皇上,没有他。另外,吕安信中又有影射司马昭的地方,这样嵇康便牵连被抓。名士嵇康被捕的消息不胫而走,数千名太学生赴阙请愿,请求释放嵇康,并要拜他为师。一时,司马昭被搞得左右为难,压力颇重。

这时,钟会为报宿怨,便劝司马昭杀了嵇康,说嵇康"上不臣天子,下不事王侯,轻时傲世,不为物用,无益于今,有败于俗",又说嵇康是条卧龙,不能让他飞起来,否则贻害无穷,并以姜太公诛华士、孔子诛少正卯为例,说明"今不诛康,无以清洁王道"。钟会还故意编造谣言,说嵇康企图帮助前些年在淮南造反的毋丘俭。在钟会一系列诬陷的罪名之下,司马昭最后决定杀了嵇康。景元三年(262年),吕安与嵇康被降旨斩首。年仅四十岁的嵇康,在临刑前还弹了一首《广陵散》,此曲从此绝传。

邓艾　字士载,是魏国的名将。他曾屯田淮北、淮南,使国家军粮充足,历任汝南太守、兖州刺史、南安太守、城阳太守等职,因功受爵关内侯、方城乡侯,加讨寇将军、征西将军,并与蜀将姜维在战场上结下不解之缘。邓艾常常能以少胜多,屡破蜀军,加封邓侯。

景元四年(263年),魏国派三路大军攻蜀国。镇西将军钟会率十余万人进攻汉中,雍州刺史诸葛绪率三万余人出祁山南下,征西将军邓艾率三万余人从甘肃进军四川。钟会攻下汉中,密告诸葛绪畏惧不前,将其押送回洛阳,率两路军在剑阁与蜀军对峙,战势不利。邓艾便率部分兵力偷越阴平(今甘肃文县),经过七百多里荒无人烟的山地小路,打下江油、涪城、绵竹,乘胜偷袭成都。魏军的突然降临,使成都守军措手不及,无法抵抗,蜀后主刘禅被迫出降。

由于袭蜀的战功,邓艾官迁太尉,增邑两万户。掌握实权的司马昭试探性地逼魏主下诏令邓艾伐吴。这时忠直的邓艾向司马昭上表分析形势,认为灭蜀之后不宜立即伐吴,因大军奔袭川蜀已很疲劳,需休整后再图后策,而且吴有长江天险,进攻需要大批战船,这都需时间来准备。同时,邓艾还建议厚待刘禅,封其为王,安定蜀国,这有利于对吴国的安抚。司马昭看表后,斥责邓艾擅做主张。但邓艾认为"将在外,君命有所不受",便封刘禅为骠骑将军,其他各司官属也都封官或领邓艾官属。这时钟会已有反魏之心,见邓艾功高非常嫉妒,一方面,伙同胡烈、师纂等将领控告邓艾在蜀企图拥兵作乱,另一方面,又截取了邓艾向朝廷送的战况报告,仿照笔迹,重新改易其中的内容,改成一份言辞不恭、盛气凌人的奏章,甚至有威凌司马昭的假象。这样,司马昭决定除掉邓艾,下令将邓艾收监,押运回洛阳。邓艾在上囚车前,仰天长叹:"我邓艾是个忠臣,想不到会落得如此下场!白起的惨死,又重见于今日了。"

　　钟会在阴谋得逞后,又收编邓艾所部,在成都独揽军权,指挥着近二十万的军队。在权欲的驱使下,钟会起用蜀将姜维,妄图回师长安,一举灭魏。哪料当钟会召集将领宣布讨伐司马昭时,众将领并不响应,钟会便将这些将领关押起来。很快消息走漏,魏军官兵围攻蜀汉宫廷,钟会被乱箭射死。邓艾手下将士见钟会谋反被杀,便追上囚车,放出邓艾,想迎还成都。司马昭派出的监军卫瓘知道后,就派出军队追赶,在绵竹把邓艾、邓忠父子杀害。邓死时六十七岁,其在洛阳的亲属或被杀,或被流放西域。

　　嵇康是位才华横溢的名士,他被冤杀的主要原因应是那篇《与山巨源绝交书》,此信写得酣畅淋漓,痛快尽致,明确表达了自己与司马氏统治集团绝交的政治态度。既然如此,专制统治者就不可能容忍一个不愿为其所用的人才,更何况嵇康还如此愤世嫉俗地鞭挞了这个社会的丑恶面。邓艾是位功高盖主的将军,袭灭蜀国后更是威望大增。这对于早有篡夺皇权之意的司马昭来说,无疑是其篡位道路上一个极大的障碍,所以对司马氏统治集团而言,除去邓艾将军也一直在其计划之中,也可谓:"司马昭之心,路人皆知"。

四、张华、陆机兄弟被冤杀

　　这是晋朝"八王之乱"中发生的司马宗室诸王屠戮官员的两起冤杀案。

　　张华　字茂先,少年贫苦,勤奋好学,博识多才,著有《博物志》十篇流传后世。他的诗赋文章受到"竹林七贤"之一阮籍的赞赏,由此名声大振。晋初拜黄门侍郎、中书令，草拟诏令，修订典章。他曾持节安抚边镇，使远夷宾服，四境安定，再入朝，官至太常。

太熙元年（290 年），晋惠帝即位，张华为太子少傅。由于皇帝弱智，皇后贾氏开始谋夺权力。赵王司马伦任镇西将军，使关中动乱不安，氐羌部落造反，朝廷就用梁王司马肜代替赵王的职务。有人对张华说："赵王贪婪愚昧，信用小人孙秀，在什么地方都会作乱。孙秀是个诡诈的奸雄，应叫梁王杀了孙秀，这样就削去了赵王一半的力量。"张华同意这个建议，便通知了梁王。而孙秀的朋友却向梁王说："氐羌部落造反不是孙秀造成的。"梁王就免孙秀一死。赵王回朝后，谄媚事奉贾后，要求任尚书令掌管尚书省事务，张华等人坚持不同意。由是，司马伦、孙秀与张华便结下仇恨。

不久，贾后杀了权臣杨骏，引起司马氏宗室互相残杀的"八王之乱"。楚王司马玮起兵叛乱，朝廷惶恐不安。张华向贾后建议向叛王官兵宣喻朝廷旨意，果然造成军心动摇，很快平定了动乱。从此，素来凶妒的贾后对张华格外敬重起来，认为张华"庶族儒雅，有筹略，进无逼上之嫌，退为众望所依"，任命他为侍中、中书监，进入中枢辅助朝政。张华也充分施展才华，尽忠辅佐皇上。张华怕后族势力扩张，还写了《女史箴》来进行规劝。尽管当时处于昏君虐后的时期，又在"八王之乱"中，天下倒也出现了一段较为安定的时期。

然而贾后的本性残忍，先后诛杨骏、杀卫瓘、逼死杨太后、废杀并非自己所生的太子，重用奸佞，秽乱后宫，激起众怒。张华等力谏，根本无济于事。赵王司马伦便乘机以废贾后为名，阴谋篡权夺位。他派人对张华说："如今国家处于危难之中，赵王想与你共同匡扶朝政，做出一番事业。"张华知道赵王想篡权夺位，便严词拒绝。来人发怒说："刀将加在你的脖子上，你还能说出这样的话！"第二天，赵王率兵先冲入宫中杀了贾后，接着又称有诏书召见张华，在宫殿前的马道旁杀了这位六十九岁的大臣，还夷灭其三族。从此，"八王之乱"又重新燃起烽火，国家与民族陷入灾难之中。

张华有功于国，道德文章、政绩才干在当时也可称首屈一指，却成了西晋宗室内部互相倾轧、残杀的牺牲品，朝野为之痛惜。他身死后，家无余财，仅书籍三十多车而已。

陆机 字士衡，出身吴郡大族，祖父陆逊、父亲陆抗，都是东吴重臣。陆机年轻时已才学出众，名冠当世。东吴亡时，陆机二十岁，曾隐居乡间十年，作《辨亡论》两篇，总结东吴从孙权到孙皓的兴亡，并叙述自己先辈的功业，后耐不住寂寞，入晋为官。陆机先到洛阳拜访太常卿张华，得到张华的特别赏识，担任了祭酒、著作郎、殿中郎等。后赵王司马伦辅政，招陆机为相国参军，陆机参与诛杀贾谧有功，被封为关中侯。司马伦准备篡权夺位，任陆机为中书郎。司马伦在"八王之乱"中兵败被杀，陆机受到牵连交付廷尉治罪。幸亏成都王司马颖、吴王司马晏的援救，陆机才得以免死徙边，又遇赦回到洛阳。不少人劝陆机回乡隐居，但陆机自负才能名望很高，又有志匡扶天下危难，不肯隐居。

当时成都王司马颖胸襟颇宽，礼待士人，又对陆机有救命之恩，于是陆机便到成都投靠了他，并以为他能够复兴晋室。司马颖让陆机参谋大将军军事，表奏为平原内史。太安二年（303年），司马颖与河间王司马颙联合攻打长沙王司马乂。司马颖以为陆机乃将门虎子，就临时任命陆机为后将军、河北大都督，统帅二十多万军队。此事不但诸将心中不平，陆机也觉得以一介书生出任上将，有力不胜任之感，曾有意要辞去都督之职。但未获司马颖的允准，陆机只好硬着头皮走马上任。

宦官孟玖、孟超兄弟受司马颖的宠信。孟超任小都督，部下有万余人，未战之前，孟超就纵兵大肆抢掠。陆机知道后，派兵抓了一个主犯。孟超居然率铁骑百余人，闯入陆机军营抢回了那位主犯，还回头对陆机说："看你蛮奴能作督否？"司马孙丞劝陆机杀了孟超，陆机却犹豫不决。孟超却对众人扬言："陆机将要造反。"又给孟玖写信，说陆机两头观望，不愿速战速决。最后，陆机率领的军队与长沙王司马乂的军队在鹿苑决战。孟超不受调遣，率轻兵单独进击而全军覆灭。另外，诸将传言，陆机本是文人，根本不懂行军打仗之事，今为诸军统帅，岂能服众。将士们听了军心涣散，没有了斗志，致使陆机大军败逃，溃不成军，逃到七里涧中被杀死、淹死的士兵堆积起来，涧水也因此断流。

陆机率军大败而归，孟玖怀疑是陆机害死了孟超，就在司马颖面前进谗言，说陆机心怀不轨，有通敌谋反的嫌疑，并拿孟超的信为证。诸将本来心中不平，而且在战场上传了一些影响军心之言，随后在战场上也都望风逃遁，他们怕吃了败仗后被追究责任，便一同作证。司马颖本来对战败就心中不快，听后更是大怒。在没有任何谋反证据的情况下，就派部将直驱军营中逮捕陆机。陆机被捕后给司马颖写了一封言词凄惨的信，对着家乡长叹一声，便被杀害了，时年四十三岁，他的两个儿子也一起被杀。

弟弟陆云，字士龙，正直有才辩，与兄齐名，号称"二陆"，并与兄同为司马颖属官，任清河内史，多次直言进谏触犯司马颖的旨意。孟玖想让父亲任邯郸县令，陆云坚持不同意，说："宦官的父亲怎么能占据公府的资源呢？"从而与孟玖也结下怨仇。此时陆机被杀，牵连陆云。一些属官上疏，认为陆机谋反罪没有证据，不宜连坐陆云。孟玖等人为将冤案做实，便拿司马孙丞开刀。孙丞下狱被打得皮开肉绽，两踝骨见，但始终对孟玖等捏造的罪名一概否认，悲叹道："陆君兄弟，世之奇士，吾蒙知爱，今既不能救其死，忍复从而诬之乎！"孟玖的阴谋未能得逞。然而孟玖等人却依然说动了昏庸的司马颖斩草除根，杀了陆云，并杀了二陆的兄长：时任平东祭酒的陆耽。三陆之死，天下痛惜。

一场皇室宗室的内斗，不知要用多少官员、民众作陪葬。呜呼哀哉！

第二节　南朝要案

东晋都建康（今南京），历十一帝，凡一百零三年。420 年，刘宋取代东晋，又经历萧齐、萧梁和陈四个小王朝，都建康，约一百七十年。其中刘宋历八帝，近六十年；萧齐历七帝，只有二十三年；萧梁历四帝，凡五十五年；陈历五帝，共三十三年。在两晋门阀士族势力发展的情况下，南朝皇帝往往是庶族、寒人出身，由是两大集团间斗争激烈，而且统治阶层都极度的荒淫腐朽。皇室宗族内部为了争夺权位，一再上演骨肉相残的血腥惨剧，名士、功臣被杀的冤狱也层出不穷。如此残暴的统治加剧了社会矛盾与民众苦难，爆发了四十余次农民起义。

一、谢灵运"谋反"冤案

谢灵运,陈郡阳县(今河南太康)人,出身东晋名门,曾祖辈谢安是一代名相,祖父是名将谢玄。他少年早慧,天资聪颖,博学多才,善于诗文,江南没人可比,然而生活奢豪,性格偏激,自恃才高,言行多违礼俗,"自谓才能宜参权要",而实际上"才有余而识不足",此"识"就指政治方面的能力,所以在政治仕途上,谢灵运三次搭错车。

东晋晚期晋安帝时,谢灵运与堂兄弟一起投奔琅邪王司马德文,任大司马行参军之职。419 年,刘裕杀安帝,立其弟司马德文,史称恭帝。420 年六月,司马德文禅位与刘裕。同年九月,刘裕派人以棉被闷死司马德文。谢灵运投奔的第一位主子命运悲惨。

晋安帝时,刘裕、刘毅两位大将之间的争夺日益激烈。谢灵运族叔谢混诸人曾有抵挡刘裕入朝的谋划。刘裕入朝后,谢灵运投奔刘毅,任记室参军,又升为卫军从事郎中,这是他第二次搭错车。后刘裕打败刘毅,刘毅自杀后被斩首,谢混作为毅党被赐死,谢灵运被收编。谢灵运不尴不尬地成了刘裕的太尉参军。

此后,谢灵运转到世子刘义符帐下,任左卫率,曾因怒杀门人而一度被免官。刘义符是个酒色之徒,刘裕对他并不满意,谢灵运自然也与他不投缘,而与刘裕的二儿子刘义真关系密切。在废立太子之议中,虽也考虑过刘义真,但终作罢论。在后来的争斗中,刘义真被废为庶人,这是谢灵运第三次搭错车。刘裕死后,少帝刘义符被废而杀之,刘义真也被杀。最终刘裕的三儿子刘义隆即帝位,史称宋文帝。

谢灵运在入宋后,历武帝、少帝、文帝三朝,却始终郁郁不得志,未能"参权要"。少帝时,有人诬陷谢灵运"构扇异同,非毁执政",被外放为永嘉太守。他郁郁不得志,每天不理政务,只是游山玩水,恣情于自然风光之中。不久,他便辞官回到会稽(浙江绍兴)老家,经营家园田产,每日会友赋诗。

文帝即位后,谢灵运被征为秘书郎,又迁侍中。文帝只把谢灵运作为文学侍臣,欣赏他的山水诗文,并不是真的要重用他。谢灵运心中郁闷,又看不起一些同僚,便经常称病不上朝,夜以继日地在京城游玩宴饮,结果遭到御史中丞傅隆的弹劾,被免官赶出京城。

　　谢灵运回到会稽后,依旧是诗文会友,游历山水。他凭借祖上积累的财富,开辟庄园,广蓄奴僮,外出时常常数百人的队伍,浩浩荡荡,震动当地官府,结果与会稽太守孟颧发生矛盾。谢灵运十分鄙薄孟颧,曾经对他加以朝讽。孟颧怀恨在心,就上表朝廷诬陷谢灵运横行乡里,心有异志。文帝便把谢灵运调离家乡,任命为临川(今江西)内史。

　　在临川,谢灵运依旧不理政务,寄情山水。433 年,部郡从事郑望生将谢灵运的表现报告朝廷。司徒刘义康便派出使者领兵随郑望生去拘捕谢灵运,将其押解入京。谢灵运何等骄傲之人,见部属领兵来拘捕自己,便怒发冲冠,指挥部下把郑望生拿下,并题诗一首:"韩亡子房奋,秦帝鲁连耻。本自江海人,忠义感君子。"领兵抵抗。谢灵运哪是兴兵打仗的料,很快被官军生擒活拿,押送京城。在一番争论之后,文帝决定将其免死流放广州。然而,在去广州的路上,官府居然抓到几个准备救劫谢灵运刑车的歹徒。经歹徒交代,原是谢灵运的手下,谢灵运给了他们一笔钱,让他们来劫取刑车的。地方马上报告朝廷,说谢灵运准备聚众造反。文帝终于下达处死的诏令。谢灵运在广州被行弃市之刑,时年四十九岁。

　　从谢灵运的为人与能力来看,他不可能会聚众造反。他主要是长期怀才不遇,心中已经累积了太多的压抑,一旦遇到极不理解之事,或就会因冲动而不顾一切。他抵抗拘捕与劫取刑车,只是恃才傲物、放浪形骸性格的一种反映,一种被逼急时的不恰当手段,以为就此可以逃避朝廷的惩处,所以说谢灵运在政治上是个极其幼稚而性格脆弱的孩子。因此,说谢灵运准备聚众造反,那肯定是冤枉。

二、忠臣檀道济蒙难

　　404 年,北府将领刘裕起事,参与首谋者二十余人,其中有檀氏叔侄六人。后叔父檀凭之阵亡,五个侄子北伐西征,成为刘宋的开国功臣。在五兄弟中,檀道济年龄最小,却骁勇善战。刘裕北伐时,檀道济为先锋,所到诸城,敌军望风披靡。刘宋建立后，檀道济封镇北将军，南兖州刺史，为抗御北魏的重将。后刘裕死，檀道济为顾命大臣之一。因徐羡之、傅亮、谢晦共谋杀少帝，文帝即位后，以弑主罪杀徐羡之、傅亮，并派檀道济等征讨谢晦。檀道济擒谢晦还朝，以功封征南大将军，江州刺史，时人称檀江州。

430年，文帝派军北伐想收复河南，却被北魏打败，损兵折将，只得立即命檀道济都督征讨诸军，火速增援。檀道济转战三十余仗，多半获胜，但深入北方后，粮草被魏军劫烧，感到继续进军已没有意义，便欲引军退还。魏军知宋军乏粮，即趋兵追赶，宋军将士惊惧。檀道济便派人到营中高声报唱粮到，量沙作米，使得宋军闻声大振。魏兵探得情况也不敢穷追，恐遭埋伏。檀道济因此得以全军而返，为宋军这次伐魏争回一些面子，也保存了军队的实力，因此威名更响。

432年，檀道济因功进位司空，仍兼江州刺史，镇兵浔阳（江西九江）。檀道济既领重兵居外，又威名震主，社会上时有流言，说谁知道檀道济会不会成为又一个司马懿，朝廷中也生疑忌，由此宋文帝更加警觉。434年，文帝因病卧床不起，领军将军刘湛对宰相刘义康说："皇上久病，倘有不测，其他事不足为虑，最可忧的就是檀道济无人可制。"刘义康也有些顾虑，问刘湛如何预先处置。刘湛说，"干脆召他入朝，假装说北魏要入寇，须面议退敌之策。诓他入京后，便可动手除此隐患。"刘义康赞同此策，向宋文帝请示后，飞诏召檀道济入朝。

檀道济接到诏敕，对妻子向氏说："人有盖世的功勋，是道家的忌讳。如今无事召见，灾祸该到了。"檀道济已经感觉到了一些不祥之兆，然而也只得启程入都。435年，檀道济到建康，先去见刘义康了解情况。刘义康说："边患已平定，只是皇上病重堪忧。"檀道济随即入宫问疾，见文帝的确病得不轻，只得问候几句，说了些宽心的话，便回馆待命。此后，文帝的病情牵缠不退，不时还有病危急报。檀道济不便马上返回，只得在建康住下，每隔几天就入宫问候。436年春，文帝的病情开始好转，心情也渐见愉快些。檀道济见都中没什么事了，便去向文帝辞行。文帝下诏，令檀道济还镇治事。

这一天，檀道济收拾好行李，带了随从，从秦淮河下船。正准备起航时，忽有一彪人马疾驰而来，高叫"檀司空慢行"，并来到船边宣读诏命，说圣上病情反复，命他返阙议事。檀道济有所猜疑，知道情况有些不妙，心中忐忑不安，但皇命不敢违,只得还入都中。进入宫门后,刘义康杀气腾腾地领着禁军而来,见了檀道济,就一拥而上,将檀道济绑了。然后刘湛从旁门过来,手捧诏敕,令檀道济跪下听诏。大意是说,檀道济受皇帝恩宠,但不知感恩戴德,心怀疑贰,罪名有二:一是与谢灵运朋比为奸,接受其邪说;二是广散恩惠,召集江湖亡命之徒,伺机图谋不轨,令将檀道济收付廷尉,审理正刑。

檀道济听罢,气得七窍生烟,怒冲霄汉。他睁大双目,怒视刘湛良久,只说了一句话:"乃毁汝万里长城!"即起身自投狱中。刘义康、刘湛知道若不斩草除根,将后患无穷,便又将檀道济在京城做官的五个儿子全部捕入狱中。不经审理,即在廷尉寺中,将檀道济父子六人全部杀害。随从参军薛彤被押至建康市中斩首。刘义康还不放心檀道济在浔阳的亲属,便派特使领军队到浔阳捕系檀道济妻向氏及三个小儿子,连同司空参军诸下属官员,一起屠戮,诸孙也未能幸免。功绩显赫、威名远扬的檀道济无端被害,全家冤死。此惨案连一个伪造的罪名也没有,朝野士民皆愤愤不平。

此案表面上是刘义康、刘湛诸人策划与操作的,但实际上应该是文帝在后面授意指挥的。文帝登位后,首先杀了迎他为帝的功臣徐羡之和傅亮,然后又自毁长城杀檀道济,就连他的亲兄弟刘义康后来也死在他手中。北魏君臣听说檀道济无罪被杀,不禁弹冠相庆。而文帝却这样问大臣殷景仁:"谁可继檀道济之任?"殷景仁答:"檀道济因累有战功,成此威名,今后不可能有人可继其任了。"文帝却强词夺理道:"不然,汉有李广在朝,匈奴不敢南望,李广死后,后继者仍有数人。"似乎在说杀了檀道济也不足惜。直至宋文帝去世,始终没人敢为此路人皆知的冤狱说一句话。450年,北魏太武帝率大军直抵长江畔,声言将渡江。刘宋朝野为之震恐。宋文帝率群臣登石头城北望魏军,叹道:"檀道济若在,岂使胡马至此!"才似有悔杀檀道济之意,不过这也就是说说而已。

三、齐武帝忌杀功臣

垣崇祖,字敬远,出身豪族,将门之子,武勇善战。在刘宋明帝时,他历任平阳、东海诸郡太守,迁冠军将军、兖州刺史,与后来的齐高帝萧道成倾心相交,并设谋免去了宋明帝对萧道成的迫害。萧道成建齐登位,垣崇祖有开国之功,历盱眙、平阳、东海三郡太守，任豫州刺史，封望蔡侯。

南齐建国之初，北魏军频频入侵，垣崇祖亲率大军，多次击败魏军，巩固了北部边防，并晋为都督，号平西将军。他常自比韩信、白起，许多人不以为然，独齐高帝认为他确有韩、白之功。垣崇祖上奏请求增加军队的仪仗，齐高帝说："既然是韩信、白起，怎么能不与众人有别呢？"就赐给军乐鼓吹一部，足见萧道成对他的宠爱。

齐武帝萧赜继位，垣崇祖迁五兵尚书，领骠骑将军。萧赜为太子时，做事多违制度，又宠信佞人为非作歹。前将军荀伯玉向高帝密奏此事，高帝发怒，并有改易太子之意。当时豫章王萧嶷正受高帝宠信，高帝诏命垣崇祖回朝密议国事。萧赜怀疑高宗召见垣崇祖是关于太子废立之事，便对垣崇祖曲意礼待，主动拉拢垣崇祖，以保太子之位。而垣崇祖尽忠王事，不以个人私利为意，从不主动去巴结讨好太子，使太子常感不快。

一次，齐高帝派荀伯玉把边事的命令送给垣崇祖。垣崇祖受命连夜出发，没有时间向太子辞行。猜忌多疑的太子便认为垣崇祖对他不忠，内心产生忌恨。永明元年（483 年），齐武帝即位不久，就下诏说垣崇祖和荀伯玉合谋挑起边乱，将二人处死。如果说荀伯玉因告发太子而结下仇怨，被齐武帝报复谋杀情有可原，那么垣崇祖之死则纯粹是空穴来风，不知罪从何出，且豫章王萧嶷也无与太子争位之心。垣崇祖于其中也没触犯任何人，完全是齐武帝自己忧惧成恨，忌杀前朝功臣，死时才四十四岁。

张敬儿，出身将门，自少勇武过人。刘宋明帝时，他为宁朔将军，领兵讨贼，事平迁南阳太守，后隶齐高帝萧道成属下，讨伐谋反的桂阳王刘休范。张敬儿只身涉险，手刃了反王刘休范，拜骁骑将军，镇守襄阳时，攻入江陵，消灭了萧道成的政敌沈攸之，进征西将军，为南齐的建立有大功。萧道成登上帝位，便授侍中之职，拜中军将军，次年迁散骑常侍，拜车骑将军。齐高帝对他恩宠有加，临死还遗命给张敬儿加官开府，仪同三司。

张敬儿本性粗野骄狂，喜好占卜之术，又特别迷信梦兆。当初在战场上，张敬儿每次会见众将帅，时常会谈到自己的梦，说他未显贵时，梦见自己故居中的树突然长高了几十丈，后来做将军了，又梦见此树长上了天。自认为将来贵不可言,以此来诱惑部下,从不认为是自己的无知。妻子也迎合他说:"从前梦见一只手发热如火,你就任南阳郡守,梦见一只大腿发热如火,你任雍州刺史,南齐立国后梦见半身发热如火,你又得开府仪同三司。现在又梦见全身发热了。"张敬儿把这些话告诉了亲近的人,甚至派人到乡下去编造民谣,"天子在何处?宅在赤谷口。天子是阿谁?非猪如是狗。"让小孩子们到处歌唱,暗示他将来有可能作天子,其愚昧与狂妄之心态暴露无遗。

宫中宦官们听到了这些话,纷纷谈论这件事,而这些话也很快传到齐武帝的耳中。张敬儿还与蛮人有一些贸易往来,这又被齐武帝掌握,于是怀疑张敬儿心怀异志。永明元年(483年),垣崇祖被处死后,张敬儿感觉恐惧。很快,皇上命朝臣在华林园用八关斋饭,席间逮捕了张敬儿。张敬儿摘下官帽,丢在地上说:"这东西害了我!"临死才知道是被"乌纱帽"害了性命。案子牵连到他的三个儿子,父子四人同时被杀。

张敬儿是小人得志,头脑膨胀,忘乎所以,加上愚昧无知,便得到了如此下场。然而说他有谋逆夺位之心,肯定是冤枉的,最多只不过想借此捞取更高的官位而已。齐武帝在拿不出什么罪名的情况下就杀了功臣垣崇祖、荀伯玉,后看到张敬儿这些梦话、迷信玩意儿,感觉罪名确凿,便干脆一并杀了,以绝后患。功臣张敬儿因说梦被杀,也算一奇冤。

第三节　北朝要案

386年,北魏建立后,开始了统一战争,到439年,北魏终于统一北方,结束了北方"五胡十六国"的长期混战局面。北魏先以平城(今山西大同)为都,后迁洛阳,历十二帝,凡百余年。其中孝文帝的太和改革,使鲜卑族迅速汉化,北魏的社会矛盾有所缓和,促进了民族大融和。534年,北魏又分裂为东魏、西魏两个政权。550年北齐取代东魏。557年,北周取代西魏。577年,北周灭了北齐。

581年,隋取代北周。这个时期的冤狱与民族政权的内部冲突、民族本性的愚昧野蛮、汉化过程的民族矛盾,都有着相当密切的关系。

一、郦道元惨遭谋杀

郦道元,字善长,是不朽地理名著《水经注》的作者。他热爱祖国的山河,不但热衷于地理学史的考证,还满怀激情描写着有关的锦绣风景,所著书中历来传诵的千古杰作可谓俯拾皆是,在我国地理史、文学史上都有一定的地位。但他从政的经历和政绩,以及悲壮遇害的结局,也许鲜为人知。

郦道元的曾祖父、祖父都为北魏官员。父亲郦范,从给事东宫做到尚书右丞、青州刺史、平东将军,有功于北魏,封为永宁侯。太和十八年(494年),郦道元踏入仕途,袭爵位,为永宁侯,历任太尉掾、治书侍御史、颍川太守、鲁阳太守、河南尹、侍中兼摄行台尚书、御史中尉等官职,属于北魏王朝的高级官吏。郦道元执法清正严明,官民畏惧,坏人逃遁。尤其是他在任鲁阳太守时,兴建学校,推崇教化,推动了当地文化教育事业的发展。他还曾率军于彭城讨平叛将元法僧,表现出杰出的军事才能。

郦道元一向有治政严厉的名声,所以权贵豪门都很惧怕他。在郦道元任御史中尉时,司州牧汝南王元悦,宠信身边侍童丘念,不但与男宠同睡同起,且由男宠帮他选用州府官员,干预官府行政。郦道元暗中查访,得知丘念行踪,将他拘捕关入狱中。元悦启奏太后,请求保全丘念的性命,皇上也下令赦免丘念。但郦道元觉得不能让此男宠留在世上败坏人伦风化,便果断将他处死,并揭发元悦与男宠的丑恶。这样,郦道元便触怒了太后、皇上及汝南王元悦等一些贵族。

郦道元为官正直清廉,尽忠于朝廷,虽然得罪了一些权贵,但要将他治罪也一时找不到借口。孝昌三年(527年),雍州刺史萧宝夤谋反的迹象已经显现。侍中城阳王元徽向来忌恨郦道元,便暗示皇上,派遣郦道元出任关右大使。这样,佞臣与昏君狼狈为奸,将郦道元推入虎穴。当郦道元率随从出使关右,来到阴盘县驿亭时,萧宝夤担心郦道元会对自己不利,就派出军队包围了阴盘县驿亭,驿亭在山冈上,饮用井水在冈下。郦道元只得打井找水,但挖了十多丈深还不见水,人员精疲力竭,叛贼乘机翻墙而入。郦道元怒目呵斥,不屈而死,其弟弟及两个儿子都被害。朝廷追赠郦道元吏部尚书、冀州刺史。

此案表面上是大臣郦道元被叛贼所害,而实际上是朝廷权贵利用叛贼杀害忠良,甚至还派出耳目与叛贼互通消息,任其在半路劫杀,而朝廷不闻不问,见死不救。可叹年近六旬的地理学家、正直官员,在与叛贼的殊死拼搏中壮烈牺牲。可郦道元恐怕至死还不清楚,正是他为之殉身的朝廷,与佞臣勾结叛贼而谋杀了他。

二、北魏“国史”冤案

北魏太武帝拓跋焘时,国力强盛。魏主以为武功已成,当修文德,在复振儒风的同时令司徒崔浩监秘书监事,负责监修北魏的《国记》,以彰显鲜卑祖先创业建国的丰功伟绩。太武帝发给崔浩的诏书说:“命公留台,综理史务,述成此书,务从实录。”并命中书侍郎高允、散骑侍郎张伟等参典著作。崔浩又奏请阴仲达、段承根等参加,请求授予他们著作郎职衔。崔浩对这部史书非常重视,对重要事件及大小人物的褒贬,都亲自主笔把关,遵循魏主诏书中确定的“务从实录”原则。

崔浩父亲崔宏,在北魏道武帝拓跋珪时,官拜黄门侍郎,掌管机要,许多法律制度都是在他主持下制定的,就连国号“魏”,也是由其提议。崔浩自青年时因才学出众,得以在道武帝身边侍奉,为著作郎,后又辅佐明元帝拓跋嗣,在礼乐宪章的确立及军事征讨方面都功勋卓著。太武帝即位之初,崔浩遭到部分鲜卑族官员的毁谤,一度赋闲在家。太武帝时常光临崔浩之家,叙谈国事。崔浩渐渐得到信任,官由太常卿、抚军大将军、左光禄大夫,升至司徒。在许多军机大事上,崔浩善于谋划,且每谋必中。尤其在灭北凉战役中,崔浩力排众议,为统一北方,立下大功,得到太武帝的极力称赞。

崔浩出身北方士族名门,祖辈皆为高官,由是门阀观念很深,总想以九品中正制的模式,恢复门阀等级制度,标榜士族等第。在选官用人方面,他一心要培植士族势力,常常与太子力争,搞得太子非常不快。崔浩还仰慕南方士族,抬高北逃的南方士族身价，又常当着鲜卑贵族的面赞扬汉人士族是"贵种"，引起鲜卑大臣与非士族官员的不满，太武帝也因有关事件教训过崔浩。但崔浩仍不觉悟，到处宣扬西周的封建五等诸侯制度，希望各士家大族在其势力范围内，与鲜卑统治者保持一定的独立性。崔浩在受领监修国史的重任后，也将明确的士族谱系作为修史的重要部分，而这些都是北魏统治者不能容忍的。

修史开始，由于崔浩遵循"务从实录"原则，将北魏祖宗及贵族们的履历，无论善恶，一律直书。此时，著作令史闵湛与赵郡人郄标一味迎合崔浩，上书太武帝，吹捧崔浩的成就。崔浩就向皇帝推荐，将二人拉入修史的队伍。二人又向崔浩建议，将其所撰《国记》刻在石碑上，立于道边，向天下彰示有关成就，可使其书永垂不朽。这一建议得到太子拓跋晃的赞同，只有中书侍郎高允感到有些不妙，但已无法阻止崔浩对这一建议的采纳。于是，在平城西郭外三里郊天坛之东的通衢大道边，花费了三百多万，建成一座方圆百余步的碑林，将已完稿的《国记》全部镌刻在碑上，供人阅读。

450年，此碑林刚一揭幕，就如同在鲜卑贵族中放了一颗炸弹。因为此书将鲜卑族早期的历史及拓跋氏创业建国的过程毫不忌讳地予以"直笔"记述，披露了大量鲜卑族贵族与拓跋氏皇族不愿让世人知道的事迹。如拓跋氏先祖昭成帝曾被前秦击败，俘至长安。其孙道武帝拓跋珪虽是北魏开国之君，然而也曾被俘，流放到蜀地等等。这些隐秘的历史，被崔浩彰示天下。又如昭成帝曾娶儿媳为妻，以孙拓跋珪为子而养之，其后，道武帝拓跋珪亦曾娶其姨妈为妃。此外，其他贵族妻后母、娶寡嫂等情况也一一直书。这些本是少数民族的一些旧习俗，对鲜卑人来说不以为奇，但如今受汉族儒家文化的影响，已经讳言祖先的这类事迹，而崔浩却将其一一实录于史籍，且镌刻于石碑，使得鲜卑贵族个个咬牙切齿，向太武帝告状。有人还落井下石，诬陷崔浩与河北义士"密有异图"，接受贿赂之类。

崔浩在谗言交构之下大祸临头。太武帝盛怒之下，以"暴扬国恶"的罪名，将崔浩和参与治史的秘书省郎官及家属数百人皆下狱治罪。太武帝在讯问中书侍郎高允时，高允从容不迫，实话实说，一点也不逃避责任，太武帝顿生敬意。再加上太子的请求，便赦免了高允。太武帝在审讯了崔浩等人之后，命高允起草诏命,将崔浩及其僚属宗钦、段承根等128人,皆夷五族。高允认为此案有疑问要求面审,对太武帝说:"直笔编写国史,有所冒犯,即便有罪,也不应处死。"太武帝一听不禁大怒,命将高允拿下,欲与崔浩一并治罪。在太子的再三哀求下,太武帝怒气渐消,改颜说道:"若非此人敢谏,此案恐怕要死数千人。"高允保住了性命,得以拜谢而退。

但几天之后,太武帝诏令传出,命诛崔浩及清河崔氏,同宗者不论远近,皆夷其族,甚至与崔氏有姻亲关系的范阳卢氏、太原郭氏、河东柳氏,也都受到株连,遭灭族之灾。其余秘书省之郎官,皆止诛其身,不及亲属,这应该算是高允力谏的结果吧。崔浩行刑之日,已年逾七旬,拉出囚车后,被几十名鲜卑族人辱骂、泼尿。这位历经北魏三位皇帝,为官五十余年,为朝廷立下汗马功劳而声名显赫的老臣,就在这样备受凌虐后,死于屈辱之中。

此案影响十分恶劣,文人治史谁还敢直笔实录,甚至史官一职,也废弃十年。七十年后,北魏孝明帝令崔光修撰《魏史》。崔光仅列其卷目,不敢正式编著。

三、独孤信、斛律光之死

独孤信,北朝名将,善骑射,多奇谋,先后在北魏、西魏、北周为官,卓有政绩。他是匈奴后代,南单于的嫡裔,出生于武川镇(今内蒙古)。父亲独孤库是酋长,但此部落地位低下,青少年的独孤信沉沦于社会下层。"六镇并反"时,独孤信参与乡豪起兵,曾投义军葛荣部,再到尔朱荣属下为别将,因功拜安南将军。尔朱荣被杀后,他相继出任北魏新野郡守和南乡郡守,境内安定,颇有治声。在高欢拥立孝武帝上台初,独孤信在贺拔胜部任大都督、武卫将军。此时,三十岁的独孤信已在北魏后期的动乱中成长为一员大将。

后孝武帝征召独孤信入朝,备受信任和重用,此时孝武帝与高欢的矛盾逐渐公开化。不久,孝武帝见大势已去,遂轻骑入关,投奔宇文泰。独孤信闻讯后即以单骑追随。尽管自己的父母妻子都在高欢辖地,然而由于宇文泰是自己的同乡,"少相友善",且部众也多是武川乡里,独孤信从自己的政治前途考虑,毅然西入关中,成为武川系集团中的核心人物之一。孝武帝到关中不足半年便被毒死。宇文泰另立元宝炬,是为西魏文帝。

荆州被东魏大将侯景乘虚攻下,宇文泰便任命独孤信为卫大将军都督三荆州诸军事,兼任荆州刺史,率军前往收复。独孤信以寡敌众,勇出奇兵,遂收复荆州,升车骑大将军。但不到半年,东魏不甘心荆州得而复失,突然派大军来攻,兵临城下。独孤信见后援不至,自己孤军守城,破在旦夕,只得逃奔南梁。三年后,梁武帝才允许独孤信一行北还。独孤信回到长安,没被处分,转迁骠骑大将军,加侍中、开府衔、寻拜领军。

不久,随宇文泰东出潼关,大败高欢十万之众。独孤信又为大都督,进攻洛阳,占领金墉城。他占据洛阳后,注意笼络地方豪强,大量起用本地名士。十几天后,洛阳还是被高欢攻下。独孤信转任陇右十州大都督、秦州刺史,坐镇陇右近十年,治绩斐然,还曾多次率部出征,屡建功勋。独孤信自追随宇文泰以后,几乎参与了西魏所有重大的军事行动,或率军远征,或独当一面,每每以寡敌众,以奇制胜,对以宇文泰为核心的西魏政权,可谓竭诚尽忠,甚至不惜捐家为国。大统十四年(548 年),独孤信任命为柱国大将军,后迁尚书令,拜大司马。后北周受禅,闵帝登基,独孤信迁太保,封卫国公,邑万户。

在西魏八柱国中,独孤信位次居前,资格最老,才能突出,威震邻邦。宇文泰虽以推诚待人、善于团结著称,但对独孤信也不免心存戒备,命独孤信移镇河阳,防备柔然。独孤信是聪明人,觉察出一些苗头,正好东魏方面传来母亲亡故的消息,便主动提出居丧辞职。宇文泰便顺势解了独孤信的陇右职,同时不断地给独孤信升官加爵,五子并封。独孤信自大统十六年后不再统兵临阵,闲居高位而已。

556 年秋,宇文泰病故,宇文泰子宇文觉(闵帝)代魏建立北周,宇文护以大司马辅政。宇文护虽为辅政大臣,但名位素卑,一些元老重臣多有不服。尤其是柱国赵贵,是当年推立宇文泰为统帅的首倡者,可谓国家元勋,但北周开国后却被排斥在权力核心之外,这使他大为恼怒。赵贵知道独孤信也遭冷遇,便去找他密谋,准备干掉宇文护。独孤信认为时机不成熟,不能蛮干,就制止了他。不料此事被人告发,赵贵一家被诛,其他同谋亦满门抄斩。独孤信虽加以阻止,但未告发,因名望素重,故先免官爵。一个月后,朝廷将其"赐死",一代名将就只能含恨自杀了。

斛律光,高车族人,出身将门,善骑射,为北齐名将。父亲斛律金,甚得高欢器重,为肆州刺史。斛律光十多岁就随父亲和高欢东征西讨,冲锋陷阵,十七岁任都督,再迁卫将军。550年,高洋代东魏称帝,建立北齐,斛律金受封咸阳郡王,斛律光加开府仪同三司。天保年间,斛律光出塞征讨库莫奚,率步骑袭击北周,屡建战功,晋爵巨鹿郡公。武成帝高湛即位,斛律光为尚书右仆射。河清三年(564年),北周十万大军进攻洛阳,斛律光率五万铁骑迎战。邙山一战,周军大败,斛律光斩俘三千余人,以战功迁太尉。

565年,后主高纬即位。斛律光转大将军,后父亲去世,又袭爵咸阳郡王。天统五年(569年),迁太傅。次年,斛律光率军三万救宜阳,在定陇与周军交锋,斩首二千余,达宜阳,与周军相持百日后,又大破周军,斩俘多名北周大将。斛律光以功加右丞相、并州刺史。武平二年(571年)正月,斛律光率军与北周战于汾水之北,大败周军,斩俘以千计,以功加封中山郡公。五月,斛律光又与周军大战于宜阳城下,虏获千余人而还。十一月,斛律光拜为左丞相,别封清河郡公。

由于斛律光治军有方,战功卓著,乃至功高盖主,后主高纬心中开始疑虑。武成帝时,纳斛律光的二女为皇太子高纬妃。高纬即帝位,太子妃升为皇后。然而,皇后偏偏不得高纬的宠爱。更糟糕的是,皇后只生了一个女儿,一直没有生个皇太子为自己稳固地位。高纬真正宠爱的是皇后的侍婢穆黄花。武平元年,高纬立穆氏子高恒为皇太子。高纬乳母陆令萱为人奸诈,收穆黄花为养女。高纬从小随乳母长大,对陆令萱言听计从。陆便积极怂恿高纬立穆氏为皇后,只是忌讳斛律光的权势,苦于无机会下手。

陆令萱权势欲极强,常常干预朝政,搬弄是非。其子穆提婆成天侍奉在高纬身边,很得宠遇。斛律光为人正直,看不惯这样的小人得势。当穆提婆求娶斛律光的小女儿时,斛律光拒绝;当高纬要把晋阳的良田赐予穆提婆时,斛律光反对,由是这对母子恨透了斛律光。这时,尚书左仆射祖珽与陆氏母子内外勾结,势倾朝野。斛律光对祖珽也很是讨厌,祖珽曾因坐牢而眼睛被熏瞎,斛律光常以"盲人"讽刺之。另外,祖珽是汉人,斛律光对汉人当权的局面也难以接受。一文一武两位大臣,便常常互相拆台。

北齐到了武成、后主统治时期,皇帝荒淫,朝政腐败,国力日衰,北周灭齐的意图也越来越明显。但因斛律光一次次击退北周的进攻,北齐得以苟延,所以北周要灭掉北齐,首先必须除掉斛律光。于是,北周便派人到邺城散布谣言说:"百升飞上天,明月照长安";"高山不摧自崩,槲树不扶自竖"。"百升"为斛,"明月"是斛律光的字,"高山"指高齐王朝,"槲"谐音为斛,意思就是说斛律光要当天子,高氏王朝要易主了。

祖珽听到有关谣言,便与陆氏母子密谋惩治斛律光。祖珽让妻兄郑道盖将谣言上奏后主,后主找来祖珽和陆令萱证实,祖、陆二人更进一步煽动,意思是后主你不杀斛律光,斛律光可就要抢你的帝位了。后主将信将疑,问身边心腹韩长鸾,韩长鸾认为不可。另有内宫对后主说:"若本无意,那也就罢了。现在既然已有要杀的意图,又不立即执行,万一事情泄露出去,后果不堪设想。"后主认为说得在理。

祖珽便又说动斛律光长子的妻兄来告斛律光要谋不轨,再说动斛律光府参军封士让密告斛律光要谋反,说:"斛律光家藏兵器,奴仆千数,常与弟弟、儿子联系,阴谋图划。若不早采取措施,恐有不测。"后主便召祖珽商量,祖珽出主意以赐马为诱饵,趁斛律光入宫谢恩之时,将其杀害。后主按计行事,将斛律光骗入皇宫,派三个力士将斛律光勒死。一代名将便死于小人之手,时年五十八岁,后三个儿子皆被杀,仅小儿子斛律钟因年幼获免。一个月后,斛律皇后被废为庶人。此案"朝野痛惜",而北周大为庆祝。三年后,北齐被灭。

第四节　冤狱类述

一、曹魏、蜀汉国的其他冤案

曹丕怀恨杀杨俊案　杨俊,字季才,为人乐善好施,扶贫济危,曹操掌权时,入为丞相掾属,举茂才,为安陵县令,迁南阳太守,又升中尉,左迁平原太守。曹丕登基后,复任南阳太守。杨俊为官清正,民众称许,与曹植交好。曹操尚未确立继承人时,曾暗中询访一些官员,杨俊为曹植说了一些好话,使曹丕怀恨在心。黄初三年(222 年),曹丕到南阳视察,认为市面不够繁荣安乐,就将杨俊逮捕下狱。许多官员为杨俊求情,曹丕就是不赦免。杨俊知道在什么地方得罪了皇帝,自知皇帝不会放过自己,便自杀了。

魏国后宫诸冤　曹丕随军出征,俘获幽州刺史袁熙之妻甄氏,见其美丽而收纳为妻,留居邺城,生子曹睿。曹丕登基为魏文帝,定都洛阳,又宠爱郭贵嫔,对甄夫人不再宠爱。甄夫人留在邺城忧愤难平,讲了一些埋怨的话,传到文帝耳中,文帝竟然派官员逼令甄夫人自杀。次年,立郭贵嫔为皇后。文帝去世后,太子曹睿继位,即魏明帝,尊奉郭皇后为太后,追封母亲为文昭皇后。后明帝听说自己的母亲因为郭太后的谗毁,死得很惨,“被发覆面,以糠塞口”,便向郭太后询问有关情况。郭太后说:“是先帝派人令她自杀的,此事何必要责问我呢?何况你作为儿子,难道能为追报已经去世的父皇之仇,而枉杀后母吗?”魏明帝勃然大怒,当即令郭太后自杀,亦“被发覆面,以糠塞口”,将其殡葬。

曹睿为平原王时娶虞氏为妃,继位为魏明帝后,立毛氏为皇后,后再移情别恋,宠爱郭夫人,至此毛皇后“爱宠日弛”。有一次,魏明帝在后宫花园召集妃嫔歌舞饮宴,郭夫人提议请毛皇后来同乐。魏明帝没同意,并传令不准将今夜游宴之事告诉毛皇后。第二天,毛皇后见到魏明帝,只问了一句:“昨天游鉴北园,玩得开心吧?”魏明帝一听,显得非常尴尬,怀疑左右侍从有人向毛皇后通风报信,恼羞成怒,接连审问并杀了十余人,最后竟令毛皇后自杀。

刘备泄愤杀张裕、彭羕案　三国时的君主,刘备似乎最为仁慈,待部属也较宽厚,但也制造过几起冤案,其中以泄愤杀张裕、彭羕案最为冤滥。

当初,刘备刚入川,与益州牧刘璋见面,从事张裕陪坐。张裕脸上胡须很多,刘备取笑道:“从前我在涿县,姓毛的人特多。县令说,众毛都环涿(借为豚,肛门)而居。”张裕回答:“从前有人任潞县令,又换涿县令,休官回家后,有人写信给他,就称‘潞涿君’(露肛君)。”刘备脸上无须,张裕以此回敬,刘备便忌恨在心。

刘备取四川,当皇帝后,张裕任后部司马。刘备准备与曹操争夺汉中,询问众臣。张裕通晓天象，能预测凶吉，劝刘备不要攻占汉中，会出师不利。刘备不听。后来，张裕又私下预测刘备不能久居益州，约九年后会失去益州。有人将此事密告了刘备，刘备便新旧账一起算，将张裕关入狱中，准备判处死刑。诸葛亮知道后，认为张裕所犯难定罪名，而刘备说："就是芳香的兰草长在门前，也不得不锄。"张裕于是被杀头示众。

彭羕，字永年，颇有才气，但为人"姿性骄傲，多所轻忽"。庞统、法正将其推荐给刘备，任为治州从事。彭羕有点形色嚣然，忘乎所以。诸葛亮不看好此人，屡密言刘备，认为此人"心大志广，难可保安"，刘备便左迁彭羕为江阳太守。彭羕私情不悦，去看马超。马超揶揄他说："先生这么大的才能，才当一个小郡太守，太令人失望了吧。"彭羕也反唇相讥道："你为外援，我为内应，天下就可定了。"马超听后大惊，默然不答，随后马上上表刘备告密。于是，彭羕被下狱受审。他在狱中上书诸葛亮，为自己辩解，称是酒后失言，但辩解无效。最后彭羕被杀，死时三十七岁。

诸葛亮为蜀汉国的丞相，可称中国古代最受赞誉崇拜，也最具传奇色彩的政治家、军事家，《三国演义》将他描绘成一个能神机妙算、未卜先知的智慧之神。他辅佐刘备建立蜀国，兢兢业业、鞠躬尽瘁，成为人们心目中最完美的辅弼大臣。然而实际上，诸葛亮绝不完美，我们这里仅举两例他一手制造的冤案，便可见一斑。

大臣李严冤案 一般认为刘备白帝城临死托孤，只托给了诸葛亮一人，这是错误的。据《三国志·蜀书·李严传》，刘备托孤是托给了两个人，这两个人就是诸葛亮与李严。"李严与诸葛亮并受遗诏，辅少主。以严为中都护，统内外诸军事"，似乎李严主要管军队，可见刘备交给李严的担子并不轻。但实际情况却是刘备一死，诸葛亮就夺了李严的权，把所有的权力都集中到自己手里。按照刘备的安排，李严应该在成都中央政府中主持军务，然而，诸葛亮却命令李严留守白帝城，防范东吴。这样一来，实际上就是把李严排挤出中枢决策机构，由两人辅政变成一人独揽大权。诸葛亮出将入相，军政大权一把抓。

刘备为什么会托孤给李严呢？因为李严的确有才能。青年时，李严为郡职吏，"以才干称"。在做刘璋的成都令时，李严"复有能名"。后来，李严又率众投靠刘备,拜裨将军,迁犍为太守、兴业将军。建安二十三年(218年),刘备领军在汉中与曹操作战,形势很紧张。李严留守益州,当时益州发生了少数民族数万之众叛乱之事。李严审时度势,来不及向刘备请示,就带五千兵前去镇压,很快把这场叛乱平定下去。刘备觉得李严这个人处理事情很果断、很坚决,能使自己省心,是个人才,于是就封李严为辅汉将军,一直带在左右。经过很多年的考察,刘备认为他具备辅政之才,拜尚书令,决定让李严与诸葛亮同为托孤大臣。

李严受到诸葛亮的排挤和打击,心中当然不服,就向诸葛亮提出开府治事的要求。所谓"开府",就是设立一个由自己掌控的官僚机构,管理一定的国家事务。当时,诸葛亮已经开府,李严认为自己既然与诸葛亮同为托孤大臣,就应该享受同等的待遇,结果却被诸葛亮断然拒绝。后来,李严又提出"求以五郡为巴州刺史"的要求,就是分出益州的五个郡,设立巴州,由他担任巴州刺史,管理一方,结果也被诸葛亮否定。

李严的要求其实并不过分,作为刘备委以重任的托孤大臣,完全有资格与诸葛亮一起执掌或分担朝政。但诸葛亮绝不允许他人分割自己的权力,更不允许李严与自己平起平坐。此后,诸葛亮所有的重大决策,如征讨南中、三次北伐等等,李严都丝毫没能参与。李严在朝廷上没有发言权,被晾在一边,最多给他几个空闲的官爵,如封都乡侯,转为前将军,迁骠骑将军等。从中,诸葛亮的专制权力欲昭然若揭,而诸葛亮并未就此罢休,而是将更为阴险的迫害伸向了李严。

建兴九年(231年),诸葛亮率军出祁山北伐,令李严督运粮草。《李严传》载:秋夏之际,天下暴雨,运粮不继,李严派参军向诸葛亮说明情况,诸葛亮同意退军。当大军退回,李严惊讶道:"军粮饶足,何以便归!"即不想承担责任。后诸葛亮拿出证据,李严"辞穷情竭,首谢罪负"。诸葛亮便将李严以前提出的一些要求一一数落为罪名,夺去官爵,废为平民,流放四川梓潼。三年后,李严病死民间。

此案之记载实在让人有点看不懂,可以说运粮不继完全是天灾,李严没有什么大错,大军退回也没有多少损失,那么李严为什么会犯这样低级的错误呢?其中定有蹊跷,估计诸葛亮想以此事加给李严一些罪名,所以李严有些惊慌了,从而做出上述让人匪夷所思的举动。问题是这样的小错,竟然能数落出如此多的罪名,可见诸葛亮早有准备,此重判应该也早就拟定。诸葛亮为了除去自己的政治对手,以便大权独揽,采取了如此不堪的手段。

诸葛亮判常房冤案　益州从事常房接到密报,检举牂牁太守朱褒密谋叛变,常房立即将朱褒的主簿抓起来审讯,后"杀之"。朱褒大怒,遂率兵袭杀了常房,且诬陷常房谋反。诸葛亮得知之后,竟将常房的几个儿子全部处死,还将常房四弟流放于越巂山区。此案中官位仅为从事的常房敢将朱褒的主簿审讯并杀之,肯定是有定案依据的,只是他过于自信,不该在主犯未曾归案前杀了从犯,从而自毁了人证。常房是文职,更没有兵权,他凭什么谋反,朱褒的诬陷不过是贼喊捉贼,故意弄混水罢了。诸葛亮处丞相高位,却不分青红皂白,以滥杀无辜去安抚朱褒,而朱褒却以反叛给了诸葛亮一记响亮的耳光。

刘禅杀李邈案　蜀后主刘禅,虽懦弱无能,但杀人还是会的。诸葛亮死后,大臣李邈上奏章抨击诸葛亮专权,主要是说到"主畏其威",就是说刘禅看到诸葛亮就害怕。虽然这是事实,但刘禅面子还是要的,这话刺伤了刘禅,结果李邈就被杀了。

二、东吴国诸案与孙皓暴政

孙权杀戮诸案　孙权"性多嫌忌,果于杀戮,既臻末年,弥以滋甚",听不得逆耳直言。如名士虞翻犯颜谏争,被流放交州而死;才子沈友提批评意见,被诬为谋反而遭诛。孙权晚年疑心尤重,宠信的吕壹也是"性苛惨,用法深刻",并设置"校事"人员侦探吏民言行,实行特务统治,选曹郎暨艳、徐彪敢于议论时政,被迫自杀。

孙权第三子孙和,十九岁时立为太子,后因其母王夫人与步夫人所生大女儿鲁班公主(字大虎)有矛盾而受诬陷。大虎说王夫人见孙权病重而有喜色,太子欲图谋不轨。孙权由是发怒,痛斥王夫人。王夫人忧惧而死,孙和也被废黜,以至禁闭。大臣朱据、屈晃上疏为其鸣冤,固谏不止,被杖一百。大臣陈正、陈象上书,引晋献公杀子乱晋之事劝谏,孙权勃然大怒竟将二人灭族。其余上谏受牵连者十余人,也都或流放,或诛杀。

左将军朱据,封云阳侯,且娶孙权小女儿鲁育公主(字小虎),地位不低。也因为这次为太子事谏言,被降迁为新都郡丞,实为流放。接着,中书令孙弘又以其他罪名诬陷之。朱据还未到新都,就被诏书追赐死,时年五十七岁。

诸葛恪被诛诸案　孙权死后,诏命诸葛恪以大将军兼任太子太傅身份总领军政大事,以辅佐幼主孙亮。诸葛恪为诸葛亮之兄诸葛瑾之长子,历任太守、将军诸职,深得孙权信任。陆逊病故,诸葛恪继任大将军,代领荆州事。此次诸葛恪身受顾命重任,竭尽忠诚。他筑东兴堤,建两城,大败入侵魏军,因功封阳都侯,加封荆、扬州牧,督内外军事。每当诸葛恪出入时,百姓都伸长了脖子想要看看他的容貌,可见其辅政是得民心的。

然而,诸葛恪被胜利冲昏头脑,产生骄傲轻敌之心,以为可以乘胜出击,兼并天下,建立盖世奇功。他不听众人的劝告,刚愎自用,发二十万大军伐魏,结果战斗失利,伤亡惨重,百姓骚动,失望而怨恨。诸葛恪是废太子孙和的张妃之舅舅,宦官陈迁曾致问于诸葛恪,诸葛恪告诉陈迁:"为我照顾好张妃,你当会被重用。"此言不知怎么被泄露了出去,加上诸葛恪有意迁都武昌,民间便有谣言说诸葛恪想迎孙和回宫。

中常侍孙峻早就对诸葛恪独揽大权心怀不满,这时便利用战败且民怨滋生的时机,设谋诬陷诸葛恪要造反作乱。孙峻说动和控制住十来岁的幼主孙亮,安排士兵埋伏在宫帷中,便设下酒宴。诸葛恪赴宴,酒喝几轮之后,被孙峻连砍数刀而亡。诸葛恪被诛后,其身用芦苇裹着抛于荒冈。孙峻还派使者赐孙和死,张妃也自杀。

将军孙仪等人欲谋杀专断朝政的中常侍孙峻。不料被人告发,孙仪自杀。公主大虎借机诬告妹妹小虎与孙仪"同谋",小虎被孙峻枉杀。后来,吴帝孙亮知道小虎系大虎所害,便向大虎询问缘由。大虎推说是朱据之子朱熊、朱损所告,致使朱氏兄弟也被冤杀。

暴君孙皓　吴末帝孙皓即位不到几个月,暴君的本质便暴露无遗。他宠信宦官,整天沉湎于酒色。丞相濮阳兴和左将军张布是拥立孙皓做皇帝的功臣,多次苦口婆心地进谏。而孙皓即位才一年,就把这两个拥立自己的功臣放逐广州,并派人半途追杀,灭其三族。据史书记载,孙皓在位期间,迁国都,建宫室,征美女,横征暴敛,昏庸荒唐,粗暴淫凶,大肆杀戮。孙皓在位时杀忠臣四十余人,宗亲与重臣几乎被他杀光,直杀得官员们个个害怕,没有人敢犯颜直谏。

孙皓杀人有很多方法,最别出心裁的就是用酒宴杀人。孙皓经常宴请群臣,终日饮酒。在酒宴上,他强迫群臣饮酒七升,一醉方休,不饮者就有罪,就会受到折辱。他另外任命十个宦官不喝酒而监视群臣,一旦喝酒的大臣醉后有什么失态、失言,或仅仅误犯了孙皓的名讳,就会被罗织罪名。孙皓认为罪行严重者应立即斩首,情节轻的也要下狱坐牢。如常侍王蕃,忠贞为国,但不会讨好君王,在一次酒醉之后被孙皓斩杀。大鸿胪葛奚,为先朝老臣,因酒后直言被孙皓下毒害死。

韦昭是良史之才,著有《吴书》《国语注》《官职训》《辩释名》等书,历任尚书郎、太史令、中书郎、侍中等职,总领左国史职事。一天,孙皓以“祥瑞”之说问之,韦昭认为那不过是一般人家中箱匣里的废物罢了,使孙皓大为扫兴。孙皓又想为父亲孙和在国史中立“本纪”,韦昭以孙和未登帝位,只能作“传”,这更引起孙皓的忌恨。韦昭以经义用语对酒宴罪人提出疑问,认为这样做对国家有害,孙皓便把韦昭关进监狱。韦昭在狱中上书,希望能赦免以完成史书的撰写。一些大臣也上疏申救,把韦昭比作司马迁、叔孙通,说韦昭年已七十,剩余时间不多了,而《吴书》的撰写有待韦昭完成,可孙皓就是不答应。最终杀了韦昭,家属流放零陵郡。

中书令张尚,才思敏捷。一次,孙皓问他:“我饮酒谁可比?”张尚答:“陛下有孔子百觚之量。”这明明是拍马屁的话,孙皓却说:“你明知孔丘未能称王,就用我来比他。”因此发怒,下令逮张尚下狱。后百官求情,张尚才免于惩处。后来在酒宴上,孙皓请张尚谈论琴声的精妙。张尚说到晋平公让师旷奏《清角》之曲,师旷回答说我们的国君德行浅薄,还不能听这样的乐曲。孙皓认为张尚在借古讽今,嘲笑自己,便将张尚再次投入狱中,后加个罪名杀了张尚。

中书令贺邵上书劝谏,指出时政“法禁转苛,赋调益繁”是君主居深宫中宠信奸佞小人所致,提出举贤任能,除奸去佞,纳谏改过,爱民养士的主张。却遭孙皓忌恨,加上群小的诬陷,贺邵受到审讯斥责。后来贺邵中风,孙皓猜疑他装病,把他关押在酒窖中,拷打致死,时年四十九岁,家属流放临海。

历任大司农、宫下镇禁中候、以九卿身份持刀侍奉保卫孙皓的楼玄应该是孙皓最信任的官员了。但楼玄因"奉法而行,应对切直",多次违背了孙皓骄纵的心意,又因与贺邵相逢交谈了几句,就被诬为"谤讪政事",贬官流放交趾。孙皓还密令交趾守将张弈将楼杀害。张弈不忍心下手。楼玄知道后,被迫饮药自尽。孙皓又下令杀害楼玄子孙。

会稽太守车浚,为官清正廉明。当时郡中发生饥荒,民众饿死不少,车浚上表请求朝廷赈贷百姓。孙皓硬说他企图笼络民心,派人将车浚枭首。尚书熊睦对此事略有批评。孙皓竟然亲自动手,在朝堂上将熊睦杀死,并用刀环把他捣得体无完肤。

一次,孙皓宠爱的一个宫女到市上抢夺商人的东西,被司市中郎将陈声依法处置。那个宫女到孙皓那里告状。孙皓大怒,就找了个借口,命人用烧红的锯条锯下陈声的脑袋,将尸体扔到四望矶下的水中。孙皓还把河流引入宫中,凡是不合他心意的宫女,就要被投入河中淹死。

此外,孙皓用刑还特别残酷,甚至有剥人脸皮、挖人眼睛之类的酷刑。为什么要挖人眼呢? 据说是当时朝臣中有人"横睛逆视"孙皓,当属大逆不道罪。当晋灭吴后,孙皓被押送到洛阳,朝见晋武帝司马炎。大臣贾充在一旁责问孙皓:"我听说你在南方常常挖人眼、剥人皮,这是何等残酷的刑法呀!"孙皓居然还理直气壮地回答:"人臣有不忠于君王者,就应处此刑。"中国历史上为什么会出如此残暴的君主? 归根结底在于君主专制制度。那么,中国古代为什么会形成这个制度呢? 这需要我们认真反思。

三、南齐内乱中的杀戮与冤案

齐武帝萧赜在位十一年,文惠太子病死。次子竟陵王萧子良品行清高,声望颇高,又有"八友"聚其门下,实为很好的继承人选。但萧赜与子良有些嫌隙,不愿将帝位交付子良,而是看中了长孙萧昭业。萧昭业长相俊美,但心怀机诈,两面三刀,人品极坏,却骗得祖父对他宠爱备至,立为皇太孙。萧赜临终遗诏,令萧鸾辅政。萧鸾是齐高帝的侄子,萧赜的堂兄弟,萧昭业的祖父辈。

王融被赐死狱中　萧昭业在谋取皇位的过程中，始终认为叔叔萧子良是他唯一的障碍，故而深忌恨之。在为武帝办丧事的过程中，他就派出二百多名禁军提防萧子良，限制其出入宫禁。登上帝位十几天后，他便将子良"八友"中的王融收入狱中。

王融官任法曹参军，年少气盛，文才出众，一心拥立子良即位。在武帝病重期间，他曾想拦截皇太孙萧昭业入宫，以便子良行事，但子良看得很淡，没有与他配合，使得功亏一篑。萧昭业知道后，自然恨得咬牙切齿，便让御史中丞弹劾王融"诽谤朝政"。王融向萧子良求救。子良知道此事的轻重，恐祸殃及自身，不敢出面营救。不几日，王融便被赐死狱中，年仅二十七岁。"八友"中去了一人，其他人也不敢再聚子良门下。子良因愁转病，不及半年即逝，年也仅三十五岁。

493年，二十二岁的萧昭业即位后，宠幸奸佞，淫乱后宫，挥金如土，仅几个月就把国库中的数万亿资财挥霍一空。宰辅萧鸾恼怒了，屡次规谏都无效，甚至被阻挡入宫。萧鸾决定废除萧昭业，另立新主，为自己篡位准备条件。萧鸾联络了卫尉萧谌、东宫直阁将军萧坦之、尚书左仆射王晏、丹阳尹徐孝嗣等人。494年，萧鸾发动兵变，杀了萧昭业及其党羽，迎其弟十五岁的萧昭文为帝。萧鸾仍辅政，升骠骑大将军，封宣城公，其他各有功大臣，及萧鸾的党羽、亲属也都加官晋爵。这样，萧鸾要篡夺皇位的野心逐渐暴露。

萧鸾杀皇族诸萧　鄱阳王萧锵是齐高帝第七子，位高资重，为人忠厚。随王萧子隆是齐武帝第八子，官为侍中，抚军将军。他早已看出萧鸾的居心，便派制局监谢粲劝说萧锵发兵入宫辅政。萧锵终被说动，但临事又犹豫不决。这时有人向萧鸾告密，萧鸾立即发兵二千，围抄萧锵府第，杀死萧锵、谢粲等，又回兵杀了萧子隆。萧子隆之兄萧子懋为江州刺史、晋安王，率兵驻守浔阳，听说后想发兵讨贼，不料被舅舅出卖。萧鸾派军攻入浔阳城，杀了萧子懋。萧鸾担心其他诸王也会兵变，便发兵杀了萧锵的弟弟：桂阳王萧铄、南平王萧锐、宜都王萧铿、晋熙王萧銶，并杀了萧子隆的兄弟：安陆王萧子敬、庐陵王萧子卿、建安王萧子真。一场场血肉模糊的骨肉相残之战，大批无辜官员成为陪葬。

萧昭文为帝才三个月，萧鸾便迫使皇太后颁诏，废萧昭文为海陵王，自己登上帝位，即齐明帝。一个月后，萧昭文被毒死，接着萧鸾便开始对权臣下手。萧湛、王晏在两次政变中都起了重要作用,自恃有功,盛气凌人。萧鸾便罗织罪名,以谋反罪将二人杀了。

永泰元年,齐明帝萧鸾患病,久治不愈,看到自己的儿子年龄尚幼,而高帝、武帝之子却都长大,担心自己死后,他们会来夺权,便想杀尽高帝、武帝子孙。扬州刺史萧遥光也极力撺掇明帝将高帝、武帝之子分批杀尽。由是在萧遥光的指挥下,高帝、武帝及文惠太子的子孙全部被扫荡干净。此类骨肉相残令人不寒而栗,却是此专制制度之常态。

大司马王敬则出任会稽太守,见皇室子孙遭灭,萧湛、王晏被诛,未免兔死狐悲。萧鸾也确实开始猜忌王敬则,派张环为平东将军、吴郡太守,置兵防备王敬则。王敬则听到消息,感觉不能坐以待毙,决定起兵讨伐萧鸾。女婿谢朓是个极有才华的诗人,官镇北谘议参军,是萧子良的“八友”之一,为人谨小慎微,怯懦畏祸。王敬则的小儿子派人送密信给谢朓,约他一同举事。谢朓担心受牵连,便将送信人抓起来送给朝廷。萧鸾得信,立即发兵征讨。王敬则兵败被杀,其在朝中做官的几个儿子及兄弟也都被杀。谢朓因告密功擢吏部郎,其妻王氏却欲杀夫为父兄报仇,弄得谢朓有家不敢回。

诗人谢朓之死 七月,萧鸾死,太子萧宝卷即位,史称东昏侯。他与萧昭业相似,整日嬉戏,荒淫残暴,不问政务。左仆射江祏规谏无果,便与始安王萧遥光商议另立江夏王萧宝玄。但萧遥光认为自己在皇族中最年长,皇位应由自己来坐,江祏的弟弟江祀也同意拥立萧遥光。江祏与江祀两兄弟认为还可以拉拢出身世家大族的谢朓,便与谢朓商议,萧遥光也派人向谢朓致意。然而谢朓胆小怕事,随口敷衍,似允非允,其实内心并不赞同。当萧遥光迁谢朓兼知卫尉事时,谢朓更为担心,便向卫尉刘暄密报。然而刘暄早就是这一集团中的成员,即飞报萧遥光、江祏。萧遥光、江祏决定报复谢朓,由徐孝嗣、江祏、刘暄三人诬告谢朓“贬咒皇上,非议宰臣”,将谢朓逮捕入狱,勒令他在狱中自尽。一代诗人,就这样死在狱中,年仅三十六岁。

“六贵”被除 齐明帝在世时,宠任江祏、江祀、刘暄、萧遥光、徐孝嗣、萧坦之,时称“六贵”。萧鸾临终前,又命其辅政,“六贵”执掌朝政。萧遥光、江祏害死谢朓后,开始谋夺帝位,但在拥立谁的问题上,意见各一。尤其是刘暄,他与萧宝玄有过节,则想拥戴建安王萧宝寅。萧遥光认为刘暄是障碍,便派人去刺杀刘暄。刘暄知道后,认为江祏兄弟也定参与其中,便干脆向萧宝卷密奏一本。萧宝卷立即派人收捕江祏兄弟,绑赴市曹处斩。萧遥光便召亲信合谋兵变,又派人去劫持右卫将军萧坦之、尚书左仆射沈文季,想强迫他们参加兵变。两人闻讯后逃入宫中告变,朝廷马上召集兵马讨伐萧遥光。萧遥光围攻宫城,却屡攻不下,亲信叛离,军心涣散。萧坦之率军攻入萧遥光府第,杀了萧遥光及其亲属、亲信、随从。

　　萧宝卷在徐孝嗣、萧坦之等人的护卫下,又坐稳了皇帝宝座,但他并不信任这些佐命大臣,只宠信身边的小人。萧坦之是位武将,生性刚毅凶狠,群小忌恨他,便在萧宝卷跟前进谗言,说江祏兄弟也曾拉拢过萧坦之。尽管萧坦之刚刚率军镇压了萧遥光的兵变,立有大功,但就在立此大功的二十天之后,萧宝卷突遣禁军包围萧坦之府第,不由分说,将他杀害。萧坦之的儿子萧赏时任秘书郎,也被处死。

　　有人向萧宝卷告发刘暄也曾参与图谋废帝。萧宝卷说:"刘暄是我亲舅舅,怎么会有二心呢?"直阁徐世标说:"明帝是高帝的侄子,武帝的堂兄弟,备受恩遇,且杀尽高帝、武帝的子孙,亲舅舅就那么可靠吗?"萧宝卷一听也有理,下令把刘暄杀了。

　　司空徐孝嗣,一生谨慎,在历次权斗中见风使舵,也算"不倒翁"。此时,大臣们人人自危,徐孝嗣也有兔死狐悲之感。有人劝他再行废立之事,徐孝嗣犹豫不决,几次有机会发动政变,却又不敢下手。群小们有所觉察,便向萧宝卷参奏。就在萧坦之被杀一个多月后,萧宝卷忽然下诏,召见徐孝嗣、沈文季、沈昭略。三人一进宫,宦官手持毒酒,宣敕赐三人死,三人同时被害。一年间,"六贵"尽除,受牵连的官员不计其数,朝廷内外离心离德。

　　赐死大将萧懿　萧懿历镇边郡,多次击退北魏的入侵,确保了南齐的边境安宁,还先后讨平了几起叛乱,力挽狂澜,支撑着南齐政权的统治。尽管萧宝卷是个残暴的昏君,但萧懿也从未有二心。虽然弟弟萧衍对帝位早有野心,但萧懿从未附从和支持,还两次拒绝了萧衍的游说。当东昏侯与佞臣谋害他时,他的长史劝他逃走,他依然大义凛然地拒绝,最后被萧宝卷以毒药赐死。第二年,雍州刺史萧衍发兵攻入建康,杀了萧宝卷。不久,萧衍灭齐,建立南梁。

南齐政权在其灭亡前的六七年时间内如此的互相残杀,血流成河,只为了争夺那个至高无上的皇位,让人唏嘘不已。

四、皇室骨肉相残中的暴虐

从上一节中,我们已经看到了一些血淋淋的场景,而这样的皇室骨肉相残在南北朝历史上层出不穷。

西晋的"八王之乱"　它主要以战争的形式演绎皇室之间的骨肉相残。晋惠帝的贾后声称婆婆杨太后与其父亲杨骏一同谋反,下令将杨太后囚禁。楚王司马玮等率禁军冲入杨骏家,杀了杨骏及其兄弟、同党,诛夷三族,杀了近千人,老幼不免。贾后又将婆婆杨太后废为庶民,杨太后上表向儿媳恳求饶了母亲裴氏的性命,贾后却当着杨太后的面杀了其母亲,最后派人断绝杨太后的饮食,将自己的婆婆活活饿死。

汝南王司马亮是惠帝与贾后的叔祖辈,与尚书令卫瓘同领顾命辅政之重任。贾后要干预朝政,此二人是她不可逾越的障碍,必须除去。于是贾后骗得皇上手诏,以欲行废立的罪名,令楚王司马玮等领兵将二人逮捕。司马玮早就不满司马亮与卫瓘执政,便领军包围了司马亮与卫瓘的府第,杀了叔祖司马亮及其世子司马延明。卫瓘及其祖孙九人同时遇害,时年七十二岁。接着张华等老臣提议必须惩处司马玮,贾后也正想如此,便又下诏以楚王司马玮矫诏滥杀大臣的罪名,将其收监斩杀。司马玮被押至闹市问斩,时年二十一岁,其谋士公孙宏、岐盛皆灭三族。至此"八王之乱"的第一幕闭幕,司马亮、司马玮二王"谢幕"。

太子司马遹是晋惠帝的长子,却非贾后所生,所以如何除掉太子就成了贾后的心病。贾后暗中指使太监引诱太子尽情玩乐,不务正业,甚至滥施淫刑,最后精心布置陷阱,逼太子就范。太子在昏醉中被骗,抄写了贾后事先准备好的大逆不道之文。贾后把此文交给惠帝,还给王公大臣传阅。昏庸低能的惠帝在贾后的摆布下,把亲生儿子废为庶人,押到许昌旧宫幽禁。太子无罪被废,激起群情怨愤。贾后担心有变,便制毒药想要毒害太子。太子已有警觉而不肯服用,贾后的爪牙们就不给太子食物,并乘太子上厕所时,用药杵打死了太子。太子大声呼救,凄惨的声音传到宫外,死时才二十七岁。

赵王司马伦是叔祖辈人物,在谋士孙秀的策划下,以贾后滥杀太子,要入宫废贾后为口号起兵。众人表示遵从,便率军夜入皇宫,逮住贾后幽禁,后赐死。贾氏全家及亲党也都诛杀,灭三族。司马伦与孙秀掌权后加官晋爵,骄横跋扈,潜怀废立之心。淮南王司马允不愿被收兵权而造反,很快被镇压,死年二十九岁,株连被杀者数千。永宁元年(301 年),司马伦逼惠帝"禅让",坐上帝位。齐王司马冏联合诸王起兵诛讨,攻下皇城,杀孙秀及其党羽,赐死司马伦及其四子。此仗打了两个多月,战死士兵近十万。八王之中,司马伦第三个"谢幕",而惠帝得以复辟。

太子司马遹死后,司马遹的两个儿子也被司马伦杀了,惠帝没有继承人。齐王司马冏大权在握,立惠帝侄子八岁的司马覃为太子,自任太子太傅,且专断朝政,激起诸王不满。成都王司马颖与河间王司马颙勾结,以勤王为名,发檄让长沙王司马乂攻讨齐王。司马乂奋勇当先,大战数日后斩杀齐王司马冏及其党羽。齐王司马冏第四个"谢幕"。半年后,成都王司马颖与河间王司马颙联合攻打长沙王司马乂,双方各有胜败,僵持一段时间。不料东海王司马越叛变,捕捉了司马乂,并通知敌军。司马乂被河间王司马颙部将张方抓回宫中,并用火刑将其处死。长沙王司马乂第五个"谢幕"。二王占领京城,废齐王所立太子,成都王司马颖为皇太弟。

此后,成都王司马颖、河间王司马颙与东海王司马越又开始混战。成都王司马颖战败被杀,时年二十八岁,二子亦死,八王中第六个"谢幕"。光熙元年(306 年),司马越毒死弱智的惠帝,立司马炽为帝,是为晋怀帝。司马越以新帝的名义诏河间王司马颙为司徒。司马颙受诏来京,与三个儿子刚到洛阳近郊,就被东海王派出的军队斫杀。河间王司马颙第七个"谢幕"。司马越大权独揽,还杀了废太子司马覃和怀帝的亲舅王延、大臣高韬等。永嘉四年(310 年),后赵石勒大军入侵。司马越率军出征,暴死在前线。司马越成为"八王之乱"的谢幕者。晋军大败,洛阳沦陷。皇族四十八个王爷与东海王世子都死于乱兵之中,司马越棺柩被烧掉,二十余万军民被俘、被烧、被奸、被食。311 年与 316 年,西晋最后两个皇帝都被俘杀,西晋灭亡。

后赵石虎政权　羯族人石勒建立的后赵政权,其野蛮、血腥程度更骇人听闻。第三代君主石虎是石勒的侄子,曾亲手杀了原配妻子郭氏。石虎有十三个儿子,如宠姬郑氏生子石邃、石遵;宠姬杜氏生子石宣、石韬等。石勒刚死,石虎掌权,就杀了自己不喜欢的大臣程遐和徐光两家人。334年,石虎又杀了石勒的皇后刘氏,第二代君主石弘及其家人、亲党,夺得帝位。石虎征聘天下美女实为强抢,家人不愿献出妻女,就会被当场砍死,一年下来竟杀三千余人。宫中女子也达十万有余,真亘古未闻。为容纳这些美女,石虎下令征四十万民工在邺城、长安、洛阳修建行宫,半数以上劳工病累而死。

太子石邃生性残暴,常在宫中杀人、食人,不喜政事,不上朝理事。郑皇后派宫人去责备儿子,被石邃刺死。石虎派宫女来探视,也被石邃杀害。石虎大怒,先斩杀太子手下三十余人,再把石邃幽禁,原想儿子悔过便过去了。不料石邃出来"朝而不谢,俄而便出",没有什么悔意。石虎发怒,废石邃为庶人,并当夜派兵杀了石邃,及其太子妃、儿女二十六人,宫臣近侍两百多人。

石虎另立石宣为太子,淫虐类父。石宣隆冬派人伐木,冻死累死数万,尸体满路,视之如常。侍中崔豹只是嘲笑石宣的属官眼窝深可存尿,父子即被害。石虎宠爱石宣的弟弟石韬,甚至因某事而说:"后悔不立石韬为太子。"石宣发怒,准备暗杀石韬。一晚,石韬有点喝醉了,石宣指挥属下翻墙杀了石韬,石虎闻讯号哭昏倒。丧礼中,石宣非但不哭,反而大笑离去。石虎软禁石宣后,拷问石宣属下,全部招供。在折磨了石宣数天后,石虎亲自设计了处死石宣的刑具和柴堆,自己带数千人登台观看行刑。石韬的两个亲信砍去石宣的手脚,挖去他的眼睛,剖开他的肚子,再放到柴堆上烧,烧后的尸灰,分撒在路口,让万人践踏。随后,石宣的妻子、儿女九人,及随从、亲信、宦官三百多人全部车裂处死。

石虎遂立十岁的儿子石世为太子,其母刘氏为皇后。石虎临死以儿子燕王石斌为丞相,张豹为大将军,二人并受遗诏辅政。石虎刚死,刘氏就与张豹联合,杀害了有威胁的燕王石斌,接着刘氏就以太后身份临朝听制。石虎的另一个儿子彭城王石遵起兵,攻入皇城。石世即位才一个月,就和母亲一起脑袋搬家了。张豹弃市,被夷三族,石遵称帝。石虎庶子沛王石冲起兵反抗,失败后三万劲卒被坑杀,石冲被捕,就地赐死。

大将军石闵,原名冉闵,是汉族,父亲冉瞻为石虎义子。石闵勇猛善战,屡立战功。石遵怕他在朝中势大,处处牵制,想削夺他的兵权,甚至有诛杀之意。石闵闻讯,与司空李农、右卫将军王基合谋,率三千禁军冲入宫中,乱刀斫杀石遵,这时离石遵登基才一百八十三天。随后石闵立石虎的另一个儿子义阳王石鉴为帝。石鉴刚登基,就与大司马石苞、中书令李松、殿中将军张才商议谋杀石闵和李农。不料,谋杀失败,石鉴害怕泄密便杀了石苞、李松。

这时,石虎的另一个儿子新兴王石祗,联络了羌族、氐族力量,发兵诛讨石闵、李农。石鉴一面派大都督石琨率兵七万分讨,一面又怂恿龙骧将军孙伏都领三千羯兵在宫中伏击石闵、李农。哪料孙伏都不是石闵、李农的对手,三千羯兵被杀尽,皇帝石鉴被幽禁于皇宫。石闵宣令内外:"六夷胡人有敢持兵器者,皆斩!"胡人纷纷夺路而逃。石闵又颁《杀胡令》:"汉人斩一胡人首级送凤阳门者,文官进位三等,武职悉拜东门。"霎时间,都城内外大开杀戒,到处刀光剑影,血肉横飞,一日之内,就有数万颗胡人脑袋堆在凤阳门的广场上。石闵又率军队杀胡人,"死者二十余万,尸诸城外,悉为野犬豺狼所食"。

不久,石闵杀了石鉴,石鉴在位才一百零三天。后石闵又杀光石虎在邺城的三十八个孙辈,自称皇帝,国号魏,改回冉姓。石虎十三个儿子,五个被石闵所杀,七个自相残杀,一人(石琨)逃到东晋被杀,一个不剩。后赵从羯族石勒建国至石鉴被杀,二十三年空忙一场。冉闵即位才几个月,就杀了李农及其三子,还杀了尚书令、侍中、中常侍等一批官员,估计也是权位斗争。最后被前燕鲜卑军队击败,冉闵与儿子都被俘杀,冉魏灭亡。

从代国到北魏政权 316 年,代国主拓跋猗卢欲传位其小儿子拓跋比延,并率军攻打其长子拓跋六修,反被杀害。拓跋普根闻讯率兵攻杀堂兄拓跋六修,随即称王。拓跋普根数月后去世,堂弟拓跋郁律为王。321 年,惟后指使人害死拓跋郁律,立儿子拓跋贺傉为代王。拓跋郁律之妻带着儿子拓跋翳槐与拓跋什翼犍,逃入其舅的贺兰部。329 年,贺兰部攻代国,拥立拓跋翳槐为代王。338年,拓跋翳槐去世,拓跋什翼犍为代王,国力开始强盛。

371 年,将军长孙斤刺杀拓跋什翼犍未遂。代王世子拓跋寔击杀长孙斤,自己也受重伤而亡,其妻生下遗腹子拓跋珪。拓跋什翼犍曾封国土给弟弟拓跋孤,拓跋孤死后,拓跋什翼犍没让其子拓跋斤继承领地,遂生怨恨。376 年,拓跋斤挑唆拓跋什翼犍的庶长子拓跋寔君,说:"大王要杀你,立慕容妃之子。"拓跋寔君即率党徒杀父王拓跋什翼犍,并杀了慕容妃生的几个异母弟,拓跋珪随其母逃奔其舅贺兰家。

前秦王苻坚派兵攻代,将拓跋斤和拓跋寔君抓到长安,处以车裂刑。苻坚将代国以黄河为界一分为二,河东地区由部族长刘库仁管理,拓跋珪随其母依附其下,刘库仁待之以厚礼。后刘库仁为后燕所杀,其弟刘眷代领部众。385 年,刘库仁之子杀叔刘眷后,再想杀拓跋珪。拓跋珪逃回贺兰部,受原代国诸部首领推举,次年重建政权,改称"魏",史称"北魏",拓跋珪就是北魏道武帝。

"杀母立子"大概始于汉武帝,到北魏居然形成一种制度。拓跋珪立齐王拓跋嗣为太子,按照"子贵母死"的规矩,赐太子生母刘贵人即日自尽。拓跋嗣怕有危险只得外逃躲避。道武帝喜怒无常,想到旧恶前怨就要杀人,对看不惯的大臣便动手殴打,打死了就把尸体放在殿前。拓跋珪年轻时,看见母亲贺太后的妹妹漂亮,便要娶小姨为妾。太后不答应,认为妹妹过于妖娆,有不祥之兆,且已嫁人,不能夺人之妻。拓跋珪便秘密派人杀了小姨的丈夫,纳小姨为妃。十余年后的某天,拓跋珪无辜将贺妃痛打一顿,其十六岁的儿子清河王拓跋绍知道后,冲入宫中,一刀就把父亲杀了。道武帝死时才三十九岁。拓跋绍又派人追杀兄长拓跋嗣。最后,拓跋嗣杀了弟弟与贺妃,登上皇位。

北魏太武帝拓跋焘统治时期,太子晃因营救崔浩案一事,遭到太武帝指斥,心有余悸。不料自己东宫的两位得力助手:给事中侯道盛、侍郎任平城,因平时有些骄横跋扈,被宦官诬告他们为太子能早日登基,密谋弑帝。太武帝勃然大怒,下诏拘捕侯道盛、任平城及东宫官属数十人,一并处斩。这一打击使太子惊惶不安,竟一病不起,未几而终,时年二十四岁。后太武帝查知并无反叛谋弑之事,深悔而追谥太子。

北魏文成帝拓跋濬,太安二年(456 年)立长子拓跋弘为太子,同样赐死其生母李贵人。李氏临诀"拊胸恸泣",非常悲惨,冯皇后成为拓跋弘名义上的母亲。文成帝去世,拓跋弘即位,是为献文帝,只有十二岁,冯太后执政。数年后,献文帝长大,冯太后只得归政。献文帝英武果敢,专权杀伐,并杀了冯太后的情夫李奕,与冯太后的关系日益疏远。两人互相猜忌,一山难容二虎,冯太后渐起杀心。延兴六年(476年),冯太后派人在酒中下毒,鸩杀了才二十三岁的献文帝,并夺取权位。而此时献文帝的儿子拓跋宏(即赫赫有名的孝文帝)才十二岁,冯太后再次临朝称制,开始制度改革。

孝文帝的皇后林氏,容色美丽,深得宠爱,生下皇子元恂。太和七年(483年)立元恂为太子,其母林氏被杀。孝文帝不愿意这样做,但冯太后主事,孝文帝说了不算。后来,元恂因反对变法诸罪被赐死,没做成皇帝,林氏白死,且原皇后之位也被废掉。

孝文帝后立元恪为太子,即后来的宣武帝,其母高氏也被冯皇后所杀。冯皇后是冯太后的侄女,孝文帝在世时,因与中官高菩萨私通而被冷落,孝文帝临死遗诏:处死冯皇后。

北魏延昌四年(515年),宣武帝病死,六岁的儿子元诩即位,即孝明帝。其生母胡氏因偶然的机遇活了下来,并设法害死高皇后而临朝听政。胡太后的妹夫等人发动政变,幽禁太后,杀宰相元怿,专断朝政,后被推翻。525年,胡太后再次摄政,开始宠信奸臣,淫乱后宫,大建佛寺,搞得民不聊生,元诩母子间的矛盾也日益加深。元诩想削弱母后的权势,就密诏边关大将尔朱荣起兵进京。胡太后知道后极度愤怒,与奸臣们商议后决定先除掉皇帝。武泰元年(528年),元诩在宫中猝死。胡太后杀害亲生儿子,另立一个还不会说话的三岁宗子元钊为帝。尔朱荣率军打进都城洛阳,大开杀戒,杀百官与宫中二千余人。胡太后与她所立的小皇帝都被扔进波涛汹涌的黄河中。

北魏"杀母立子"的初衷是为了防止太后专政,但北魏的太后专政却一点也不比别的朝代少,其中冯太后和胡太后更是影响深远。最让人啼笑皆非的是:在儿子被立储时侥幸没被杀掉的胡太后,专权乱政,最终葬送了北魏。

南朝刘宋政权　　自相残杀也相当厉害。453年,太子刘劭联合弟弟刘濬杀了父来宋文帝,并杀大臣徐湛之、江湛、王僧绰,自立为帝。弟弟武陵王刘骏起兵,杀了刘劭、刘濬,及其妻子儿女,并杀宗室多人,即位为孝武帝后,又毒死了弟弟南平王刘铄。454年,叔父荆州刺史刘义宣起兵与侄子争位,兵败被杀,十六个儿子全都处死。455 年,孝武帝杀弟弟武昌王刘浑。459 年,孝武帝攻广陵城,杀弟弟竟陵王刘诞。因广陵城抵抗了两个月,孝武帝竟下令屠城,把死人头骨堆城南筑为"京观",以炫耀武功;女人不杀,"赏"给军人糟蹋。以与刘诞有通谋罪,孝武帝又杀了东扬州刺史颜竣,将其妻子家属流放,并在半路将其中的男口推入湖里淹死。

464 年,孝武帝死,太子刘子业即位,是为前废帝,同样残暴贪淫。他气死太后,赐死无辜中书通事舍人戴法兴。大臣柳景元、颜伯等密谋废子业,拥立刘义恭,被大将沈庆之告发。刘子业亲领禁军杀叔祖刘义恭及其四子,柳、颜等被灭族。次年,战功显赫,年已八十的大将沈庆之也因谏言被害。十岁的弟弟刘子鸾因曾受父亲宠爱,被责令自杀,同母的弟妹也都被杀。刘子业把姑妈纳入后宫,姑父欲迎立晋安王刘子勋。刘子业发现后杀姑父,逼十岁的弟弟刘子勋自杀。刘子业还把叔父们关在殿内,甚至关进笼子里,任意虐待。466 年,叔父湘东王刘彧的属下乘机杀了刘子业,刘彧即位,是为宋明帝。

刘子勋的部下邓琬等在寻阳拥子勋起兵争位,于是爆发了一场内战。几个月后,官军攻入寻阳,杀刘子勋、邓琬。弟弟刘休仁向明帝建议:子勋还有一些兄弟尚在,不可不防,于是孝武帝刘骏的二十八个儿子,除已死者外,全部赐死。这些王子,大的才十几岁,小的只有四岁。明帝"晚年痿疾,不能内御,诸弟姬人有怀孕者,辄取以入宫。及生男,皆杀其母而与之宫人所爱者养之"。

471 年,明帝生病,他以太子年幼,怕诸弟日后夺位,就把刘休仁、刘休祐、刘休若一个个杀掉,只剩刘休范,因人才凡劣,才免一死。明帝还责令一些功臣自杀,罪状竟是"素得人心"。472 年,明帝临死担心握有实权的王景文会有野心,就命这位历任宰辅的高官服毒自杀。

四月,太子刘昱即位,是为后废帝。474 年,仅存的叔叔刘休范在江州起兵争位,失败而死。两年后,建平王刘景素(文帝孙)起兵失败被杀,其堂兄弟刘休仁的两个儿子也被杀。后废帝与前废帝是一路货色,残酷好杀,一天不杀人便不快活,有时带人出宫,手上都拿着兵器,兴起时不管是人还是牲畜,随手就刺死,左右稍有不合意者,均予以杀害,还曾想毒死太后(自己的奶奶)。477 年,大将萧道成派人暗杀了后废帝。两年后,萧道成灭宋,建立南齐,而南齐政权的自相残杀也并不逊色,前已有述。

　　为什么皇族骨肉相残会到这等禽兽不如的地步? 为什么一个皇位就能把人拉向如此残忍冷血的境地? 为什么这个皇帝专制制度会使人性堕落到这样卑劣野蛮的地步? 面对上述史实,我们不得不认真反思。

五、时代特点与司法冤滥遍地

　　首先是重刑。这四百年的中国基本处于数十个政权的混战割据状态,而这一特定社会状态呼唤着严刑峻法的统治。曹操“揽申、商之法术”治魏,诸葛亮治蜀也是“刑法峻极”。一些人还鼓吹恢复肉刑,以减少犯罪,如曹魏的御史中丞陈群、西晋的廷尉刘颂等。重刑与肉刑思想对法治实践的影响肯定是负面的,导致立法苛酷,司法滥刑,草菅人命。如晋有偷布三十匹被处死的案例,北魏有“赃三匹皆死”的律文。再如《晋书·周嵩传》载,周嵩仅因批评皇帝身边有“碌碌之臣”,就以“大不敬”的罪名弃市。当时还有“非所宜言”罪,统治者只要认为你“非所宜言”,就可将你斩首。

　　当时审理案件,普遍刑讯逼供,称“考竟”。除鞭刑和杖刑外,还有各种折磨人的刑罚。如北魏对犯人使用一种“大数围”的重枷,同时用绳子将石头悬在犯人颈下,往往“伤内至骨”,又派健壮的衙役轮番殴打囚犯,迫使其“诬服”。南梁有一种“测罚法”,就是给犯人断食三日,才许家人送粥,用饥饿法迫使犯人供认罪行。南陈实行一种“测立法”,将犯人鞭笞数十下之后,戴上手铐脚镣,站在高一尺、仅容两足站立的土埂上,经长时间日晒雨淋的折磨,迫使其供认罪行。当时被拷讯、折磨致死者也不在少数。如北齐兖州刺史崔陵博贪腐,其妾冯氏“假其威刑,恣情取纳”,为御史纠劾,下廷尉拷讯,“遂死狱中”。官员士人及其妻妾都尚且如此,更何况平民。

　　当时狱案的株连更是达到了令人发指的地步。北魏尚书吏部郎邓渊,为官勤恳,编纂有成、因为堂弟邓晖被牵连到鲜卑贵族的“奢淫”案,也被无辜疑忌,而被赐死。当然主要是“今世之诛,动辄灭门”,“诸相连者,悉夷三族”,当时有关灭门、灭族的案子俯拾皆是,惨不忍睹,北魏甚至有“夷五族”。太平真君五年

（444年），北魏太武帝拓跋焘下令禁止私立学校，"违者师身死，主人门诛"。崔浩《国史》案发，"自浩已下，僮吏以上，百二十八人，皆夷五族"，直到孝文帝拓跋宏掌权才开恩，"其五族降止国祖，三族止一门，门诛止身"。这样，北魏的族诛才有所收敛。

其次是律学。魏晋南北朝是律学最为繁闹的历史时期，出现一批注律大家。所谓律学也就是以儒家正统思想即经典要义来阐释诠注国家法律，或用圣人之言补充法律的不足与简陋，给现行法律一些详细的礼教类解读和披上古圣正统的光彩。如从"刑不上大夫"中演绎出"八议"之制，从"明德慎罚"思想中理解出"三宥三赦"之制，从三纲六纪中总结出"重罪十条（十恶）"罪名，这种学问的局限非常明显，完全沦为官学的附庸、统治的工具。经过"独尊儒术"强制性洗礼的士大夫，虽然有一些成果可称私家著述，但实际上已没有什么个人立场可言。《晋书·杜预传》提出："今所注，皆网罗法意，格之以名分。"意思是说律学的精神在于严格审查尊卑贵贱身份之"法意"，也就是在严格遵守儒家三纲五常教义的基础上进行法律阐释，即所谓纳礼入律，礼法合一，儒家的纲常终极价值是不容怀疑与讨论的。以儒学正统思想诠释的律学根本跳不出维护君臣纲常立场上说教的窠臼，思想相当狭隘和僵化，同时还使统治者任意用经义解释律条，以随意轻重判决狱案。

还有"风闻言事"。当时的御史已经可以无须真凭实据而以"风闻言事"，北魏还设一种"候官"，专门捕风捉影，充当皇帝的鹰犬。如魏初功臣庾业延，被候官告发"衣服鲜丽，行止风范，拟仪人君"，就被道武帝拓跋珪杀了。宣武帝时彭城王元勰被害也是因捏造的罪名。元勰是北魏孝文帝的亲弟弟，南征北战，出奇谋，立大功。孝文帝病重时，他总揽军政大事，处理日常政务。宣武帝即位，他奉诏辅政，执政宽简，颇得民心，然而与尚书令高肇在立皇后问题上产生矛盾。高肇之妹为孝文皇后，其侄女又被立为宣武帝皇后，双重国舅的身份，使其权势炙手可热。高肇在皇帝面前诬陷元勰与叛贼私通，意欲谋反，这完全是"风闻言事"。皇帝竟然相信，将元勰招入宫，赐以毒酒，还命武士将其砍死。

后赵开国君主石勒在十六国时期也算不错的领袖人物，然而其姐夫张越偶因言语将他得罪，便命力士先打断了他的腿，而后杀死。北魏开国君主道武帝拓跋珪杀大臣崔逞一案更是荒谬。后秦派兵进攻东晋的襄阳,襄阳守将写信向北魏将领求救,信中有"贤兄虎步中原"的句子,道武帝认为把他堂堂一个皇帝称作"贤兄",有悖君臣之礼,就让崔逞回信也贬低一下东晋皇帝。崔逞在回信中称晋帝为"贵主",道武帝看了大怒,斥责说:"命你贬低晋帝,你竟称'贵主',比'贤兄'要尊贵!你想不想活了。"于是就将崔逞赐死。崔逞官任御史中丞,是朝廷中的高级官员,道武帝只因对其写信中的称呼不满意,便可杀害。

皇族自相残杀也是一大特色。除上述南齐政权、晋室八王之乱、后赵政权、北魏政权、刘宋政权外,还有不少因争权而互相残杀的史事。如东吴孙权时太子孙和被无辜废黜,其弟弟孙霸为与胞兄夺嫡,在朝中结党营私,被父孙权处死。孙权死后,太子孙亮即位。诸葛恪案发,废太子孙和被弟弟孙亮赐死。都督孙綝政变,废孙亮为会稽王,立其兄孙休为帝,即吴景帝。景帝贬孙亮为候官侯,随后鸩杀之(或说孙亮被逼自杀)。景帝死,暴君孙皓即位,乃废太子孙和之子。即位第二年就逼杀了孙休的朱太后,也就是自己的婶婶,随后送景帝的四个儿子到吴小城,又追杀了其中年龄大的两个,即自己的两个堂弟。

十六国中匈奴人刘渊建立汉国。刘渊去世,太子刘和即位。刘和准备向自己的弟弟开刀,由是兄弟和叔侄间开始互相残杀。争夺大战中多位亲王被杀,最后,楚王刘聪杀了兄长刘和,登上宝座。刘聪即位后杀哥哥刘恭,封弟弟刘乂为皇太弟,后又废黜,其子刘粲派人毒死叔叔刘乂。刘粲即位后,听信谗言,又处死皇族大臣:济南王刘骥、宰相刘景、车骑大将军刘逞、录尚书事刘颢、大司徒刘勚。即位才一年,刘粲就被自己的岳父所杀。

前凉王张重华病重,手诏酒泉太守谢艾辅佐十岁的儿子张耀灵继位,被异母兄张祚扣下,伪诏张祚辅佐张耀灵继位。张祚与太后私通,太后下令废张耀灵王位,立张祚为前凉王,随后杀谢艾、丁琪诸反对派官员。次年河州刺史张瓘起兵拥立张耀灵,张祚即派人杀侄子张耀灵。几月后,张瓘杀张祚,拥立张耀灵的弟弟张玄靓为前凉王。四年后,骁骑将军宋混杀了暴虐的张瓘,执掌朝政。两年后,宋混死,张祚之弟张天锡在混乱中杀了政敌,得掌朝政。后来,郭太妃(张玄靓庶母)与大臣张钦策划杀张天锡。张天锡得悉后,杀郭太妃、张钦及十四岁的侄子张玄靓,自称前凉国主。

399 年，后凉太祖吕光去世，太子吕绍继位，庶兄吕纂、吕弘率军攻宫逼位，吕绍自杀，吕纂即位。次年，吕弘兵变，失败被捕杀。又一年后，堂兄弟吕超、吕隆害怕被杀，先下手刺死吕纂，拥立吕隆为后凉国主。

后燕王慕容盛暴虐无道，滥杀大臣。401 年，前将军段玑等人冲入后宫，杀慕容盛，王位空缺。众臣希望慕容元继位，而王叔慕容熙与太后私通，太后诏令立慕容熙为王。慕容熙随即以谋反罪处死段玑等人，逼令侄子慕容元自杀。众臣不服，中领军慕容提等准备拥立原太子慕容定。慕容熙获悉后，处死慕容提等人，令侄孙慕容定自杀。慕容熙纳后封妃，引发太后不满，谋划改立慕容渊。慕容熙得知后，即令太后自杀，并处死侄子慕容渊及有关大臣。

420 年，大夏国主赫连勃勃立长子赫连瓌为太子。四年后，他想改立小儿子赫连伦为太子。赫连瓌听说，便率兵攻打弟弟赫连伦。激战过后，赫连伦兵败身亡。这时，赫连勃勃第二子赫连昌率军来救弟弟，与兄激战。赫连瓌战败被杀，赫连昌为太子。

430 年，北燕太祖冯跋病重，授命太子冯翼摄国事。太祖宋夫人想让自己的儿子冯受居继承帝位，便假传太祖诏令，不准太子与大臣入宫伺候，只让宦官胡福一人出入。胡福向太祖弟、宰相冯弘告发宋夫人的阴谋，冯弘觊觎皇位已久，借机领兵冲入后宫。太祖被当即吓死，冯弘宣布自己即位。太子冯翼闻讯，率东宫卫队反击，兵败被擒。冯弘下令逼太子自杀，接着将太祖的百余个儿子全部处死。

西魏太师宇文泰去世，其侄宇文护辅佐宇文泰第三子宇文觉建立北周，杀西魏恭帝元廓，后又杀反对他专权的楚公赵贵、卫公独孤信和仪同三司齐轨等大臣，引起孝闵帝宇文觉得不满。宇文护得报有大臣要除掉他，便先下手为强，杀了反对派诸臣和宇文觉，立宇文泰长子宇文毓为北周明帝。次年，宇文护毒死明帝，又立宇文泰四子宇文邕为北周武帝。十二年后，武帝终于用计杀了这位专权的堂兄宇文护。

北齐暴君高洋，其兄弟永安王高浚、上党王高涣，因谏言而被关在地牢的铁笼里，高洋用矛对着他们乱刺，并加上柴火将其烧死。后高洋病死，十四岁太子高殷即位。叔父高演借太后诏令，废高殷为济南王，自己登位，接着毒杀侄儿。

高演继位后,立年仅五岁儿子高百年为太子,这引起为他即位出过力的弟弟高湛的不满。高演打猎摔死,其弟高湛即位,立自己儿子高纬为太子,并指令侍从毒打高百年,然后将他斩杀。

南梁武帝时太子萧统去世,梁武帝立三子萧纲为太子,使其他诸子及萧统之子为之不满,危机四伏。侯景叛乱,梁武帝被囚禁而死。萧纲即位,为梁简文帝。梁武帝子孙们开始火拼,萧统之子萧詧还引西魏军队南下,加重国难。侯景杀简文帝及其二十子,立萧统之孙萧栋为帝,很快又逼萧栋让出帝位,自称汉帝。侯景乱平,梁武帝第七子萧绎在江陵称帝,是为梁元帝。其八弟武陵王萧纪在益州称帝,起兵争位,兵败被杀,几个儿子被关进狱中饿死。后萧詧引西魏军队攻入江陵,梁元帝被俘,被侄子萧詧所杀,两个儿子也同时被害。

南陈陈霸先死时,因儿子陈昌被西魏扣为人质,所以侄子陈蒨即位,是为陈文帝。陈昌被放回后,与陈蒨争位被杀。陈文帝死后,太子陈伯宗继位,是为陈废帝。叔叔安成王陈顼废侄子陈伯宗,杀陈伯宗兄弟,自己登基,是为陈宣帝。陈宣帝死,太子陈叔宝继位。二弟陈叔陵谋夺位,刺杀哥哥叔宝未果,起兵被杀。

这样的历史一再重演,构成中国史上一大奇观,惨痛而耻辱。

当时暴君尤多,层出不穷,除上面提到的东吴孙皓、后赵石虎、魏国冉闵、宋刘子业、刘昱,南齐萧宝卷等,还有不少。尤其在十六国君王中,一些少数民族酋长类的君主,野蛮而无章法,根本不把臣民当人,任意杀戮,冤滥遍地。下面举几例:

匈奴前赵武帝刘聪　他最大的兴趣是搜罗美女、营建宫殿和乱施刑罚,据说其姬妾达万余人,如宫殿没按期修好,他就要杀监工大臣。他怀疑弟弟谋反,便把一些将领的眼珠挖了,放在炭火上烤,侥幸活下来的押至刑场腰斩。刘聪贪酒好色,常常几个月不上朝,宠幸太监。得宠的太监们把持朝政,结党营私,乃至残害忠良,杀了十多位大臣。太宰刘易与御史大夫陈元达冒死进谏,劝刘聪留心政事,不要残杀忠良。刘聪大怒,手撕刘易表章,依然宠信太监。刘易积愤而病死,陈元达亦悲愤而自杀。不久,刘聪要立太监养女为皇后,尚书令王鉴、中书监崔懿之、中书令曹恂等人纷纷上书强谏,认为此举沦倾纲常,对国家不利。刘聪览表后暴跳如雷,下旨:"王鉴等人,谩侮主上,狂言乱语,没有君臣之礼,立刻逮捕问斩。"可怜这些忠臣们在太监的押解下,送东市行刑。

氏族前秦厉王符生　即位初,中书监上奏,称天象示警,国有大丧,大臣戮死,望皇帝修德养国,安民乐道。符生便把皇后梁氏与三个辅政大臣全部杀了,以应天警。大将强怦阵亡,其妻樊氏于符生出游道中上书,请封忠烈之后。符生大怒,操起弓箭射杀了樊氏。不久,符生又杀了刚正直言的丞相雷弱儿,及其九子、二十七孙。太医令程延为他看病,说是吃枣太多引发,他大怒道:"你怎么知道我吃枣!"便令拉出去杀了。他梦见大鱼吃蒲(符氏本姓蒲)叶,又闻童谣:"东海大鱼化为龙,男皆为王女为公",就下令杀太师鱼遵,及其七子、十孙。符生平时以杀人为乐,如强逼兄妹乱伦,不从,便把二人杀了,又生剖宫人之心。舅舅强平上谏,符生用凿子凿穿强平的头。皇太后见弟弟被儿子凿死,自己也忧恨而死。一次宫廷酒宴,符生见有大臣不喝酒,便引弓射杀了尚书令辛牢,群臣有迟到的,也被斩首。身边妻妾稍不如意者,便杀掉抛河中喂鱼。符生天性好杀,动不动就把人锯颈、剜心、截肢、腰斩。

鲜卑后燕昭文帝慕容熙　慕容熙宠爱符皇后和符昭仪姐妹,造逍遥宫,四处游猎,士兵劳累,冻伤而死者数千。造承华殿时,民不堪命,典军杜静进谏被斩。符昭仪病重,龙城人王荣为医,后昭仪病死,王荣被肢解而焚。符皇后生活奢侈,侍从官员如不能满足其要求,即被斩杀。符皇后病逝,逼令嫂子张氏殉葬,并下令百官哭丧,没眼泪者治罪。

匈奴大夏国主赫连勃勃　他派部属蒸土为砖修筑统万城,城墙建成后,命人用锥子试其坚硬程度,只要锥能刺入一寸,就杀掉工匠,把尸体一起筑进城墙。为筑此城究竟死了多少人,谁也没法知道。他又制造了许多兵器,完成之后,命人用弓箭射铠甲,如果铠甲被射穿,便斩制造铠甲的工匠,如果射不穿,就斩制造弓箭的工匠。制造其他兵器和器具的也同样,如此被杀的人不计其数。赫连勃勃还常常坐在城头,身边放着武器,无论对什么人,稍有不满,便动手杀害。他发现臣下目光中有不满表现的,就凿瞎眼睛;有敢笑的,就割掉嘴唇;有敢谏言的,先割舌头,再杀头。一次,他召见隐士韦祖思,祖思见他时,因心中害怕而极其恭敬,他却怒道:"我以国家名义征召你,为什么与我这么不亲近?我还没死,你就不把我看作帝王,我死之后,不知你笔头上要把我糟蹋成什么样子！"就把韦祖思杀了。

北齐文宣帝高洋　即位初,高洋恨宰相高隆之以往对他不敬,便把高隆之禁闭在尚书省,派壮士对他拳打脚踢。可怜花甲老臣因伤势过重而死,他的二十多个儿子也被杀。大司农穆子容、都督尉子耀等大臣都被他当场刺死。他还屠杀北魏元姓皇族,婴儿被抛到空中,用铁矛承接刺死。对漂亮妇女,他不问亲疏,都要乱来。他把漂亮娼妇薛氏纳入宫中,后听说薛氏与大臣高岳有过奸情,便逼高岳服毒自杀,后又因嫉妒杀了薛氏,杀了之后把脑袋放在怀里,说:"佳人难得。"一次,他在路上问一女子:"你看皇帝好不好?"那女子不知他就是皇帝,就实话实说:"痴痴癫癫的,哪里像个皇帝。"他听了大怒,马上把她杀了。高洋还用箭射中岳母面颊,加打一百皮鞭。他制作了许多杀人的工具:长锯、大锅子、锉刀、礁等,放在殿庭之中,喝醉了酒就要虐杀人,当作玩耍,宫女、宦官常常死在他手上。最后没办法,刑部只得把死刑犯关进宫中,叫作"供御囚",每逢高洋要杀人,就拉出来让他杀。有时死刑犯都不够供应,就把监狱中的犯人拉进宫充数。他又穷兵黩武,打柔然,攻突厥,争淮南,侵江南,损失数十万兵马,还筑长城、建宫殿,劳民伤财,府库为之一空。

北周宣帝宇文赟　周武帝去世时,宇文赟对其棺材叫道:"老头子,你死得太晚了!"一转身便将父亲的嫔妃纳入自己的后宫,开始淫乱。他即位后马上杀了他的叔父齐王宇文宪,并杀其五子。大臣王轨忠心为国,多有战功,曾随太子宇文赟出征吐谷浑,回来后向武帝报告了太子许多失德的行为,使太子遭受鞭打的责罚。王轨还向武帝说了以太子的品行承担不了帝位之类的谏言。宇文赟即位后,将王轨杀死在徐州的任上。大臣宇文孝伯曾为太子太傅,也因为时常进言忠谏,而被赐死家中。周宣帝沉湎酒色,享乐宫中,喜怒无常,常捶打臣下与嫔妃。朝政由宦官把持,搞得乱七八糟。

上述这些政治、司法特点,只能造就一个腥风血雨、生灵涂炭、冤狱遍地的时代。

第四章　隋唐五代冤狱

　　581年，掌握北周军政实权的杨坚自立为帝，建立隋朝。至589年，隋灭南陈，重新统一全国，结束了二百七十年南北朝的分裂局面。但是，在隋炀帝荒淫无耻、凶残暴虐的统治下，冤滥丛生，很快爆发了全国性的农民大起义，隋炀帝被缢杀，隋朝灭亡。

　　618年，关陇贵族集团首领李渊父子建立唐朝。唐朝是我国历史上极为重要的一个强盛朝代，其政治、经济、法律诸方面，对日后的中国社会，甚至对周边诸国都产生了巨大影响。唐太宗的"贞观之治"，几乎有口皆碑，唐玄宗的"开元盛世"，也是空前繁荣。然而安史之乱后，唐朝政治日趋衰败，中央政权日渐削弱，出现了宦官专权与藩镇割据的惨淡局面。唐朝虽称鼎盛，但讲法治的时间还是极少的，各类冤狱仍然延续不断。

　　黄巢起义后，907年，军阀朱温灭唐，建立后梁。国家进入五代十国的分裂割据局面，"法治"状况更不堪入目。

第一节　隋朝要案

　　隋二世而亡，只有三十七年之命祚，颇似秦朝。隋文帝即位之初，勤政俭朴，励精图治，法律方面有些改革，采取宽平政策。隋炀帝阴谋夺权后，胡作非为，却也标榜宽政省刑。然而，文帝后期，至炀帝一朝，实际上都实行苛刑酷法，尤其隋炀帝更滥施淫威，擅杀无辜。尽管隋朝如此短命，可冤狱却与秦朝一样，比比皆是。

一、太子杨勇遭谗被废处死

隋文帝统一全国，改革制度，应该说还算一位较有作为的君主。但他生性猜忌，偏信谗言，最终酿成太子杨勇被废，自己含恨而死的悲剧。

文帝登基后，即册立杨勇为太子，并让他参与议决军国大事。杨勇好学多才，性情温和，对时政的批评建议，也时被文帝采纳。然而，杨勇率直任性，又不善于掩饰自己的缺点，渐渐便失去了文帝的宠信。

一次出猎，杨勇身穿一副做工精细，还经文饰雕刻的漂亮铠甲。文帝崇尚节俭，反对奢华，看了十分生气，告诫杨勇说："自古帝王没有追求奢华而能坐稳江山的。你身为太子，应当躬行节俭，才能继承帝业。"不久，冬至时节来临，朝廷百官到东宫拜贺太子，杨勇设乐迎接，场面铺张。文帝获悉后大为恼怒，认为太子虽为皇储，但仍属臣子之列，不能接受百官朝贺，并下令严禁这种破坏礼制的事件再次发生。从此，文帝开始对杨勇猜疑戒备，恩宠日薄。

杨勇失去了文帝的宠爱，在独孤皇后心中的地位也日益下降，原因就在于他喜欢女色。独孤皇后反对男人多宠。一次，文帝与尉迟妃行了床第之欢，为其美色所迷醉，次日尉迟妃就被独孤皇后处死，所以后宫中虽有许多嫔妃，却无人敢与文帝亲近。文帝的五个儿子都是独孤氏所生，这在中国古代史上可谓空前绝后。而杨勇却偏偏触犯了这一禁忌，爱姬不少，尤其是一位叫云昭训的女子，其地位与嫡妃元氏不相上下。不久，元妃暴病而亡，独孤皇后怀疑为杨勇所害，就召来杨勇训斥，谁知杨勇根本不听，还让云昭训掌管东宫内政。独孤皇后大为不满，想到杨勇的十个儿子均由侍姬所生，更是气恼。她派人秘密监视杨勇的言行举止，一心寻找他的过失，并暗暗产生了要废黜太子的想法。

文帝次子晋王杨广早就觊觎太子的宝座，见杨勇失宠，便开始策划夺嗣。为了达到目的，杨广竭力伪装自己，大搞阴谋诡计。

杨广本奢侈好色，但善于弄虚作假。文帝崇尚节俭，杨广每次进京，都故意把车马随从装扮得十分俭朴。独孤皇后痛恨男人多宠，杨广便假意疏远侍姬，只和萧妃朝夕相处。文帝和独孤氏对此大为赞赏，以为杨广不好声色。凡是宫中派来的使者,杨广和萧妃都亲自到门口迎接,殷勤款待,厚礼相赠。这些人回宫后,无不交口称赞晋王的仁孝忠厚,文帝和独孤皇后也日渐宠爱杨广。

在此基础上,杨广开始对太子进行谗毁陷害。一次,杨广对母后哭泣着说:"儿臣生性愚笨,平时总是顾念兄弟之情,但不知何事得罪了太子,经常遭到他的无端指责。儿臣一直提心吊胆,恐怕有朝一日会被他迫害致死。"独孤氏闻言大怒道:"这小子太不像话了。元妃是我选定的,却被他冷落害死。现在他又想加害于弟弟。父母尚健在,他就敢如此,百年之后还不把你当鱼肉一样宰割吗?"杨广见离间的目的达到,暗自高兴,从此,他加快了阴谋夺取太子之位的步伐。

杨广与心腹太子左卫率宇文述商议夺嗣大计。宇文述认为,废立太子是国家大事,必须得到朝廷重臣的鼎力相助,便向杨广推荐越国公杨素,认为越国公杨素是最受文帝重用的人,只有争取他的支持,才能促使文帝定下废立之心。杨广采纳了宇文述的建议,让他携带财宝入京拉拢杨素。宇文述又去说动了杨素的弟弟杨约,共同助推废立大计。老奸巨猾的杨素为了万无一失,便去拜见独孤皇后,故意试探性地说:"晋王孝悌恭俭,和皇上十分相像。"皇后回答:"晋王确实不错,哪像太子整日拥姬酣宴,还要猜忌兄弟。我之所以更加疼爱晋王,就是担心太子会暗中加害于他。"杨素马上附和皇后,连连指责太子不才,不堪重托。皇后点头称是,便重赏杨素,鼓励他同心协力,以促成废立之事。

杨广的阴谋活动渐渐传到了杨勇的耳中,他既担心又害怕,便召人占卦,铸镇邪之物,穿布衣睡草褥,希望能驱邪远祸,逢凶化吉。文帝知道后,派杨素前去探视。杨素故意激怒太子,使太子言辞不逊,便回报文帝:"太子心存怨望,恐有他变,应及早防范。"杨广又派人私下贿赂东宫幸臣姬威,并威胁利诱说:"皇上早就明察太子过失,已有废立密诏。你若能告发立功,日后定有高官厚禄。"姬威当场应允,随时告密。皇后派去监视东宫的密探,也不断向文帝揭发杨勇的种种过失。对太子的流言蜚语不时传出,朝廷上下议论纷纷,文帝终于听信谗言,下令加强东宫的警卫。

不久,文帝在大兴殿召集大臣,当面斥责东宫属官企图破坏朝政,下令拘捕东宫侍臣交有司审讯,同时命杨素宣告太子的罪状。杨素乘机夸大其词,诬构杨勇怀有篡位野心。文帝听罢语气沉重地说:"此儿早已不堪承继帝业,皇后屡次劝朕废掉,朕考虑他是长子,隐忍至今,他仍不思悔改,今天决定要废黜太子。"文帝话音刚落,有几位大臣抗颜直谏,希望他谨慎从事。这时姬威出来揭发太子骄横奢靡的言行,特别提到太子找人占卜,诅咒皇上的罪行。文帝发怒:"此儿竟如此歹毒!"于是,文帝下令监禁杨勇及其诸子于东宫。

数日之后,司法部门在杨素的授意下,奏称侍卫官元旻勾结太子,暗通情报。在元旻案的审理过程中,杨素又深文周纳,罗织罪状,诬陷杨勇在东京贮藏火种、燃料,训练良马,蓄意篡位。杨素还把查抄的部分物品作为罪证,供文武百官参观,务求置太子于死地。文帝与独孤皇后也多次派人责问杨勇。杨勇虽据理力争,再三抗辩,但已经无法挽加败局。

开皇二十年十月,文帝升殿,正式向百官宣布废黜太子的诏书,将杨勇及其已封为王的儿子和已封为公主的女儿一概废为庶人,加以囚禁。随后,文帝下诏清除太子党羽。五原公元旻、太子左庶子唐令则、太子家令邹文腾、左卫率司马夏侯福、典膳监元淹等七人斩首示众,其妻妾子孙皆没为官奴;副将作大丞高龙叉、率更令晋文建、通直散骑侍郎元衡等被赐自尽;车骑将军阎毗等赦免死罪,各杖一百,本人及妻子、资产、田宅皆没充官府。

次月,文帝册立晋王杨广为皇太子,并把囚禁在东宫的杨勇交给杨广监管。杨勇认为自己受人诬陷,罪不当废,多次请求面见父皇申诉冤屈,却遭到杨广的竭力阻拦。杨勇无奈,只能爬到大树上对着院外大叫冤屈。文帝获悉,召杨素询问。杨素称:"杨勇癫鬼附身,神志昏乱,无可救药了。"文帝信以为真,再也没有召见杨勇。

仁寿四年,文帝在仁寿宫卧病不起,独孤皇后在两年前已病故。杨广登基心切,就写信向杨素询问父皇死后如何即位之事。不料宫人误将杨素的回信送给了文帝,文帝看罢十分恼怒,心中骂道:"犬子,竟盼我早死。"此时,文帝的宠妃陈夫人又状告太子如何无礼。文帝听完暴怒,捶胸蹬足地连呼:"独孤误我!此畜生何足付大事。"并挣扎着传令兵部尚书柳述和黄门侍郎元岩召杨勇进见。杨素闻讯,慌忙飞报杨广。杨广矫诏拘捕了柳、元二人,又派东宫右庶子张衡入寝殿侍疾,而将其他人全部遣走。不一会儿,文帝就驾崩了。时人怀疑是张衡奉杨广之命,毒死了病榻上的文帝。

杨广登基后,伪造文帝诏书,派人赐杨勇自尽。杨勇不服,大叫冤屈,派去的人就把杨勇活活勒死了。杨勇的十个儿子,长子被当场毒死,其余九人流放岭南。不久,杨广又密令当地官员把他们全部杀死。

隋炀帝就是用如此阴谋手段,毒父弑兄,登上皇位。为了这个万能又是万恶的皇帝宝座,中国历史上不知上演了多少出惨绝人寰的悲剧。

二、隋炀帝擅杀大臣

杨广即位,为了笼络人心,他对父皇时的宿臣老将,采取了安抚政策。尤其对一些被文帝冤屈罢官的老臣,重新起用,官居要职。但不久,他就怀疑这些老臣怀有二心,即改变态度,以极其强硬凶残的手段,大开杀戒,导演了一幕幕悲剧。

大业三年(607年),隋炀帝北巡榆林。车马浩荡,排场奢侈,沿途民夫疲于奔命。到榆林后,隋炀帝又决定征集一百多万劳力,修筑西起榆林,东至紫河(今浑河)的万里长城。七月,突厥汗国的使者到榆林请谒隋炀帝,要求归附并传授中原文化。隋炀帝兴高采烈,特意布置隆重典礼,以炫耀自己的文治武功。他下令在榆林东郊建筑特大帐篷,帐内外由百官和武士组成盛大仪仗队。朝觐之日,周围旌旗猎猎,盔甲凛凛,隋炀帝端坐帐中,接受使者贺拜,然后百乐齐奏,歌舞升平,在账内宴请突厥使者及其部属三千五百余人,并赏赐给他们一大批财物。

面对如此盛大的典礼,老臣光禄大夫贺若弼、太常卿高颎等人感到忧虑。贺若弼认为隋炀帝这样做过于奢侈,耗费了无数人力物力,实在没有必要。高颎也有同感,并对修筑长城也持反对意见,认为隋炀帝好大喜功,会耗尽国家元气。礼部尚书宇文弢更是认为隋炀帝好声乐,喜远游,比历史上的昏君有过之而无不及。他们这些话不过是私下发发牢骚,谁也没有当面顶撞皇上,更没有公开散布。谁料隔墙有耳,被一些小人窃听并密报了隋炀帝。杨广勃然大怒,喝令司法部门以诽谤朝政罪,将贺若弼、高颎、宇文弢等捉拿入狱,随即下诏诛杀,家产被没收,妻儿老小一律充为官奴,流放边境。一些与贺、高等人关系较好的官员也被牵连罢官。

高颎是隋文帝的栋梁之臣,精明强干,足智多谋,文武兼备。在主持朝廷政务,决断军政大计,选任贤良之士,制定典章制度,及统一南北战争中,他都功勋卓著。伐灭南陈后,隋文帝加授高颎上柱国、齐国公,妻儿老小俱受恩宠,权威与名望可称冠绝一时,后由于在废太子问题上"得罪"了文帝,被罢官回乡。隋炀帝即位,他被任命为管礼乐的太常卿。原是个与世无争的职务,但高颎最后还是因直言被推上断头台。

贺若弼经高颎推荐,任吴州总管。他博览群书,武艺高强,隋文帝委以平陈军务。贺若弼果不负众望,巧施奇兵,一举攻克陈的都城建康(今南京)。捷报传来,隋文帝对贺大加褒奖,进封宋国公,官拜右武侯大将军,也是人贵位重,世所瞩目。文帝时,因没能担任宰相,口出怨言而被罢官。隋炀帝即位后,任光禄大夫,后因私议朝政而被处死。几位立下如此汗马功劳的开国名臣,顿成隋炀帝的刀下之鬼,朝野震惊。

贺若弼的父亲贺若敦,曾是北周的全州刺史,因为作战有功而未获奖赏,心中不平,口出怨言,遭到晋王宇文护的忌恨,逼令自杀。临死前,他把贺若弼叫到跟前,再三叮嘱:"我因言语不慎,遭此杀身之祸,你一定要牢记父亲的教训!"还特意用锥子把贺若弼的舌头刺出血来,告诫他永志不忘,慎口保身。当时,贺若弼痛彻心扉,涕泪交涟,诺诺连声。谁料若干年后,他又重蹈父亲的覆辙。

其实,在君主专制统治下,此类覆辙永远不会结束。发发牢骚要被砍头,上篇颂文也会获罪被杀。

薛道衡,字玄卿,勤奋好学,十三岁时所写《国侨赞》一文,就受到时人的赏识与推崇,才名鹊起,逐渐步入仕途。杨坚建隋后,授薛道衡散骑常侍之职,每有文章问世,文人竞相传阅。在内史省任职期间,薛道衡殚精竭虑,兢兢业业,博得文帝的厚爱,特赐开府仪同三司散阶,位比宰臣,后外派为襄州总管,为政清廉简俗,颇得各方赞誉。

隋炀帝即位后,薛道衡被任命为番州刺史。不久,薛道衡上表请求改授他职。隋炀帝召他回京,准备任他为秘书监。薛道衡抵京,立即奏上一篇精心写作的《高祖文皇帝颂》,语调抑扬顿挫,文章华丽斑斓,极尽歌颂赞美之词,充满知

遇报恩之情,希望获得赞赏。谁知隋炀帝看了之后,一脸的不高兴,对侍臣们说:
"这篇文章如此歌颂先帝,就像《诗经》中'鱼藻'那首诗,用赞美先王时的安乐生
活来讥讽时政,含沙射影,说的是今不如昔。"于是隋炀帝改变主意,改任薛道
衡为司隶大夫,并怀恨在心,伺机要治他的罪。

当时,朝中正议定新法,意见纷纷,久而不决。一次上朝时,薛道衡随口对
人说:"假如当初不杀高颎的话,新法大概早就实施了。"这话传到隋炀帝耳朵
里。炀帝勃然大怒,下令严办。御史大夫裴蕴揣摩隋炀帝的心思,上奏说:"薛道
衡自以为是先帝老臣,才华出众,就目空一切,不把陛下放在眼里。每次宣读诏
书,总要议长论短,妄图制造事端,危害国家大局。洞察他的内心,实在是阴险
叵测,大逆不道。"隋炀帝道:"正是如此,你对他罪逆分析很有道理,深合朕意。"
裴蕴便照旨意,制造罪名,欲置薛道衡于死地。

薛道衡以为自己忠于皇上,一片赤诚,没犯什么罪。御史台上奏他罪名的
当天,薛道衡还以为皇帝一定会原谅自己,特地嘱咐家人准备好酒席,以招待将
登门来贺的宾客。不料,隋炀帝看了奏报后,随即下诏,赐薛道衡自尽谢罪。薛
道衡顿时手足无措,大惑不解。但他还是自认无罪,不愿平白无故地去死,没有
马上奉诏自尽。隋炀帝闻报后,更加恼怒,派人前去硬把薛道衡给活活勒死了。
他死后,家人也被流放边陲。

那位帮隋炀帝干掉隋文帝的张衡,可谓彻底卖身投靠,然而也同样遭到隋
炀帝的毒手。张衡一直就追随杨广左右,深得信赖,所以杀文帝的活派给他来
干。任务完成,杨广得以顺利登基,张衡也随之官迁至御史大夫。

隋炀帝日益奢侈浪费,劳民伤财,乃至不顾百姓死活,横征暴敛,广建宫室。
张衡仗着炀帝的恩宠,大胆进谏说:"近年来劳役繁重,百姓疲惫不堪。希望陛
下体恤民情,减轻百姓负担。"炀帝听罢沉着脸默不作声。张衡刚刚转身离去,
炀帝就望着他的背影对侍臣说:"张衡自以为凭其计谋,朕才有天下,真是狂妄
至极!"心胸狭窄的隋炀帝决意要伺机惩治张衡。

不久,隋炀帝下令修建江都宫,命张衡前去督造。张衡上任伊始,礼部尚书
杨玄感出使江都(今江苏扬州)。张衡与杨玄感在交谈时感慨万分地说:"薛道
衡死得真冤枉。"杨玄感回到京城,马上将此事禀报炀帝。炀帝勃然大怒道:"大

胆狂徒,竟敢替薛道衡鸣冤!"正在这时,江都丞王世充又奏报张衡建宫偷工减料。隋炀帝便下令将张衡逮捕,听候裁决。张衡被关了很长时间,含垢忍辱,才侥幸被免死罪,削职为民,放还乡里。

张衡虽远离了朝廷政治,但噩运并未结束。大业八年(612年),张衡的一个小妾衔失宠之恨,竟诬告张衡不满现状,讪谤朝政。隋炀帝闻报,立即下诏赐张衡于家中自尽。张衡临死时仰天长叹道:"我为别人干了那种伤天害理的事(谓受隋炀帝指使毒死隋文帝),岂敢指望怡享天年!"监刑者见他出言不逊,赶快令人把张衡杀了。

隋炀帝对任何只要违忤他旨意的人,都随意加害。如建节尉任宗上书谏游江都,在朝堂上被当场杖死。榆林太守董纯谏游江都,太史令庾质谏游洛阳,被分别下狱而死。大业十二年(616年),各地起义军已成燎原之势,隋炀帝依然出游江都。奉信郎崔民象上表谏阻,炀帝大怒,命人割去他的下巴,然后斩首。车驾到达汜水(今河南蒙阴县),奉信郎王爱仁冒死上谏,照样被杀。到梁郡(今河南开封),有平民拦路好心上书:"陛下如去江都,天下都将不保。"炀帝又杀了此人继续赶路。到达江都后,有个宫女报告宫外造反之事,也被炀帝怒而斩之。

隋炀帝筑长城、挖沟堑、修运河、建东都、征高丽,起码有数百万的生命被无辜断送。大业九年,礼部尚书杨玄感反隋兵败,炀帝下令疯狂屠杀,说:"天下人多了就要相聚为盗。"屠杀了数万之众。杨玄感当初开仓放粮,以笼络人心,而受米百姓也被隋炀帝下令悉数活埋。隋炀帝残害臣民,简直已毫无人性。不知其人性何在?

三、宇文述诬陷李浑

隋文帝时,太师李穆深受恩宠,贵盛无比。李穆去世后,因长子已逝,便以嫡孙李筠继承爵位。仁寿初年,叔父李浑忿其吝啬,遂阴谋将李筠害死。李浑是李穆第十子,时任左武卫将军。李筠死后,李浑请太子左卫率妻兄宇文述帮忙,以夺取李家的爵位,并答应袭爵后每年进献食邑一半的收入。宇文述贪图重利,便在皇太子面前为李浑美言。太子奏明文帝,封李浑为申国公,立其为李穆的嗣子。隋炀帝即位,李浑迁右骁卫大将军。大业六年,追改李穆为郕国公,李浑继承爵位,累加光禄大夫。三年后,李浑晋升为右骁卫将军。

李浑自从承袭了爵位,生活之奢侈豪华与日俱增,然而与宇文述的约定两年后便不再履行,令宇文述大为不满。宇文述是炀帝的宠臣,被委任常典选举,参与朝政。他善于供奉,数进奇服异物,深得炀帝欢心,一时"势倾朝廷,文武百僚莫敢违逆"。对于敢冒犯自己的李浑,宇文述当然不会轻易放过。

不久,隋炀帝发兵征讨辽东。有个名叫安伽陀的方士,自称通晓图谶。他对隋炀帝说:"当今有李氏应为天子。"并劝炀帝把海内李姓斩尽杀绝。李浑从子将作监李敏,小名洪儿,炀帝想起父皇曾梦见洪水淹没都城,便怀疑其名应谶。宇文述便乘机进言:"伽陀之言,确有些征兆。李浑是我姻亲,近来发现他行为有些怪异,经常深夜与人私语。他手中握有禁军,陛下不得不防。"炀帝便让宇文述监视李浑的行动。宇文述暗中指使武贲郎将裴仁基上表告李浑谋反,随后捉拿归案。

隋炀帝令左丞元文都、御史大夫裴蕴审理此案。他们审讯数日,没有查到谋反的证据,便如实奏报炀帝。炀帝不信,又派宇文述审办。宇文述领旨后立即从狱中提出李敏的妻子,诱骗她说:"李敏和李浑的名字应验了图谶,皇上要杀他们,这已经是无法挽救的事了。夫人应当为自己找一条全身之路,假使能按我说的话去办,你就可以免受株连。"李敏的妻子惶恐不安地说:"我无计可施,请尊上指教。"于是宇文述口授,令李敏的妻子写成奏表。奏表上说,李家谋反,李浑曾告诉李敏:"你的名字应了图谶,当为天子。"李浑还说:"当今皇帝喜好用兵,劳忧百姓,这是天将亡隋的时机,你我可协力夺取天下。皇上若再征辽东,我俩必为大将,以每军领兵两万余兵士计算,合起来就有五万人马。再动员本族子侄、内外亲故,等待时机,首尾响应,天下就是我们李家的了。"

宇文述拿着告密奏表交给隋炀帝,炀帝边看边感动地说:"我的社稷差点被推翻,全靠亲家公(宇文述之子为皇帝驸马)才得以保全啊!"于是炀帝下诏诛杀李浑、李敏宗族三十二人,其余不分老少,皆发配岭外。数日后,宇文述为了灭口,又鸩杀了李敏的妻子。

暴君与奸臣这对孪生兄弟,其联手制造冤狱与惨案,实为中国历史上的重头戏。上述案例在中国古代社会演绎的频率是很高的,也是这个制度结出的苦果。

第二节　唐朝要案

　　唐从 618 年到 907 年,凡二十二帝,共二百九十年,定都长安(今西安),其间有武则天革唐为周十六年,以洛阳为东都。唐初统治者能认真总结吸取暴政亡隋的历史教训,在政治上、经济上进行一系列改革,且积极地修订《唐律》,使其成为中国古代法律的楷模。在唐太宗贞观之治时,由于统治者较能纳谏容人,主张"慎刑、宽简",以德治天下,据说一年死刑犯才二三十名,所以冤狱较少。但武则天一上台,由于政治野心勃勃,极端贪恋权势,不择手段残酷打击异己,加上宠信酷吏执掌司法,外戚仗势扰乱朝政,皇室争权斗争激烈,各类冤狱顿时铺天盖地。武则天晚年,奸臣与皇亲勾结,朝政更是动乱不堪。直到唐玄宗即位,铲除隐患,才结束纷扰局面。开元盛世,时间不长,政治还算清明。然玄宗后期,奸臣当道,诬陷谋害,冤案频发。安史之乱后,朝政日非,宦官专权,陷害异己,官员党争,互相倾轧。地方藩镇更视法律为具文,严刑酷罚,胡作非为……

一、武则天杀人如麻的登位征程

　　武则天是中国历史上唯一的女皇帝,而其登位征程中制造的冤狱之多,所杀之人的地位之高,在中国历史上也是空前绝后的。武则天是并州文水(今山西文水东)人,父亲为建唐有功之臣,历任利州、荆州都督诸职。在武则天十二岁时,父亲去世。贞观十一年(637 年),十四岁的武则天入宫为唐太宗之才人。在嫔妃如云的皇宫里,武则天做了十二年的才人,尝尽其中的酸甜苦辣。贞观二十年(646年),二十三岁的武才人与十九岁的太子李治产生爱情。贞观二十三年(649 年),太宗病亡,李治即位,是为高宗。按规定,武才人削发为尼。但削发为尼的武才人却在感业寺经常与高宗幽会,生下长子李弘。永徽二年(651年),三十岁的武则天再度进宫,很快被高宗立为昭仪,便开始了她杀人如麻的登位征程。

王皇后、萧淑妃毙命　　王皇后先与萧淑妃争宠,支持高宗将武则天召入宫中,不料武则天入宫后,直奔皇后宝座而来。据《新唐书》《资治通鉴》载,当时皇后虽宠衰,但高宗并无意废后。时值武昭仪生女,王皇后去看望,走后武昭仪扼杀女婴,随即用被盖上,然后嫁祸于王皇后,使高宗始有废后之意。永徽六年(655年)十月,高宗下诏:"王皇后、萧淑妃谋行鸩毒,废为庶人,母及兄弟,并除名,流岭南。"时隔六天,高宗又宣布《高宗立武氏为皇后诏》。次月,高宗下诏赐死冷宫中的王庶人、萧庶人,武皇后再令人皆缢杀之。进宫才两年,武则天就踏着情敌的尸体登上了皇后宝座。

贬逐褚遂良至死　　在皇后废立问题上,朝中官员们分成两派。反武派以长孙无忌、褚遂良为首,还有韩瑗、来济等人。中书令褚遂良为反武派的先锋,不仅面折庭争,还当众不给高宗面子。永徽六年,高宗召诸臣内殿议此事,褚遂良先说:"皇后未闻有过,岂可轻废!"后又说:"陛下必欲易皇后,伏请妙择天下令族,何必武氏!武氏经事先帝,众所具知。天下耳目,安可蔽也!"说罢叩头流血,还气愤地说:"还陛下笏,乞放归田里。"大臣当着皇帝的面如此无礼,实属罕见,且还公然以罢官相威胁。轻易不发火的高宗大怒,命武士将他驾出宫殿,这时坐在帝后的武昭仪喊道:"何不扑杀此獠!"

随后,褚遂良被贬为潭州(今湖南长沙)都督。韩瑗上疏替褚遂良辩护,高宗拒不采纳。显庆二年(657年),褚遂良转桂州(今广西桂林)都督,不久又贬为爱州(今越南清化)刺史。褚遂良越贬越往南蛮荒芜之地,实际上就是流放,从中可见武昭仪手段之毒辣。后褚遂良上表,讲述往昔受遗诏辅政之功,如今已是衰朽残年,希望回家乡养老。高宗仍不听,次年褚遂良病死在荒蛮的爱州,终年六十三岁。褚遂良的儿子彦甫、彦冲,也于流放爱州途中被杀。

老臣长孙无忌被诬害　　长孙无忌是唐太宗长孙皇后的哥哥,随太宗南征北战,屡立战功,策划玄武门事件,为太宗登基立下头功。无忌深受太宗重用,历任中枢要职,爵拜三公。太宗临终,令无忌与褚遂良等为顾命辅政大臣。长孙无忌不顾高宗与武氏的拉拢,虽接受厚礼,但并不帮忙。他坚决反对立武氏为后的态度,使高宗与武后耿耿于怀,招致武后与奸佞们的诬陷。显庆四年(659年),太子洗马韦季方、监察御史李巢交通朝贵,朋比为奸。案发后,中书令许敬宗用刑逼迫季方牵连长孙无忌,因季方自杀未遂。许敬宗便诬奏季方、李巢与无忌企图谋反,事情败露而惊恐自杀。高宗半信半疑,许敬宗说:"无忌曾助先帝取天下,任宰相三十余年,众人敬畏其权威,万一事情爆发,不可收拾。"还说:"臣闻当断不断,反受其乱。大机之事,若少迟延,恐即生变,惟请早决。"于是高宗不亲问此案缘由,便下诏削去长孙无忌太尉等官爵,流放黔州(今四川彭水),其子秘书监、驸马都尉长孙冲等被除名,流放岭外。

武则天不满足于高宗对长孙无忌的惩处,又在高宗面前造谣诽谤,挑拨离间。高宗便令李勣、许敬宗再审无忌谋反案,并透露出可将自己的这位功高盖世的舅舅置之死地。许敬宗便派亲信大理正袁公瑜到黔州重审长孙无忌之反状,实是去逼令长孙无忌自缢。可怜,唐朝的开国元勋就这样含冤而死,并被籍没家产。

贬死韩瑗、柳奭　侍中韩瑗因多次反对立武氏为后,又为褚遂良申冤,令高宗大为不满。显庆二年(657年),韩瑗被贬为振州(今海南崖县)刺史,二年后死在海南,年五十四岁。许敬宗又奏称:"无忌谋反,由褚遂良、韩瑗、柳奭构扇而成。"高宗遂令追削三人官爵,并将韩瑗、柳奭斩于贬所。侍使臣奉诏赶到振州,韩瑗已死,便开棺戮尸而还,籍没其家,子孙配流岭南。

柳奭是王皇后的舅舅,官中书令、吏部尚书,受王皇后案牵连,贬荣州刺史;受褚遂良案牵连,又贬象州(今广西象州)刺史;受长孙无忌案牵连,结果被杀于象州。家产籍没,子孙配流岭南。

诛杀宰相上官仪　麟德元年(664年),宰相许圉师被贬,宰相李义府被流放。高宗不满武后对自己私生活的控制,想做的事都为皇后所制止。这时有道士郭行真出入宫中,宦官王伏胜揭发武后与道士关系密切,且时玩占卜厌胜之术。高宗大怒,便召宰相上官仪商议。上官仪以为高宗与武后在政治上有矛盾,便说:"皇后专恣,海内所不与,请废之。"高宗便命上官仪草拟废后的诏书。然而,高宗与武后的矛盾主要在私生活方面。当武后向高宗说清楚道士的事情之后,高宗有些后悔,便说:"我初无此心,皆上官仪教我。"于是,两人又联手铲除上官仪之流。武后使许敬宗诬奏上官仪、王伏胜与废太子李忠谋大逆。十二月,上官仪与其子上官庭芝、王伏胜被判死刑,并被籍没家产。庭芝妻及刚出生的女儿上官婉儿没入宫。

太子李忠被害　当初,王皇后无子,为了保住自己的地位,采用舅舅中书令柳奭的建议,劝说高宗立长子燕王李忠为太子,此事还得到当时的宰相长孙无忌、褚遂良、韩瑗诸人的支持。永徽三年(652 年),李忠立为太子。但其后,皇后废立的巨澜也将李忠拉下太子宝座,废为梁王。李忠被废后,总怀疑有人要谋害自己,整天提心吊胆,甚至穿上女人的衣服来防备刺客,还经常占卜吉凶。高宗知道后,大为恼怒,遂将李忠废为庶人,徙居黔州(今四川彭水)幽禁起来。上官仪与王伏胜都曾侍候过太子李忠,上官仪案发后,也牵连到李忠,李忠被赐死于流所。

武元庆、武元爽、武惟良、武怀运之死　武则天的父亲最初娶相里氏,生武元庆、武元爽。相里氏病故后,才娶杨氏,生下武则天三姐妹。武惟良、武怀运是武则天伯父的儿子,皆武则天的堂兄。父亲去世后,他们对杨氏及武则天姐妹三人刻薄失礼。武则天当上皇后,高宗封其母为荣国夫人,封其姐为韩国夫人(武则天妹妹早夭)。武则天为了扩充势力,不计前嫌,对他们加官晋爵:武元庆为宗正少卿,武元爽为少府少监,武惟良为卫尉少卿,武怀运为淄州刺史。但他们并不领情,声称是靠先父的余荫袭爵为官。武则天见他们并不能与自己同心协力,就向高宗上疏,借口避免外戚在朝中权势过重,请高宗将他们外放边地。于是,元庆出为龙州(今广西龙州)刺史,元爽为濠州(今安徽凤阳)刺史,惟良为始州(今四川剑阁)刺史。武元庆至龙州忧郁病死,武元爽后又坐事配流振州(今海南三亚)而死。

由于武则天的关系,韩国夫人和女儿得以自由出入宫禁,并受到高宗的宠爱。韩国夫人死后,高宗封其女儿为魏国夫人,并打算纳她为妃。多年的后宫生活经验,使武则天对魏国夫人产生警觉。为了除掉这一隐患,武则天暗暗谋划栽赃。泰山朝觐时,堂兄武惟良、武怀运向武则天进献食品。武则天秘密在食品中加了毒药,然后送给魏国夫人。魏国夫人食后中毒身亡。武则天趁机归罪于惟良和怀远,将他们诛杀。武则天此计一箭双雕,既毒死了情敌,又清除了有碍于自己的亲族,手段可谓毒辣。

儿子李弘、李贤之死　太子李忠被废后,武则天的长子李弘为太子。李弘时年五岁,为人孝敬、勤政。《旧唐书》说他二十四岁时病故,根据有关病情推测,死于肺结核病(肺痨)的可能性较大。而《新唐书》说,李贤由于同情萧淑妃所生的两位被禁闭的公主,奏请放她们出宫婚配。此事触怒了武后,武后便将自己的长子鸩死。后来下嫁禁军军官的两位公主也被武则天处死。也有认为,在高宗病重时,太子李弘监国期间,委任了一些官员辅政。武则天认为这是太子扶植亲信政治集团以制约自己,为了扫除自己登基之路上的障碍,不得不拿大儿子开刀。各种说法各有论据和支持者,很难定论。

李弘死后,武则天的次子李贤为太子。李贤也颇有政治才干,还召集学者注释《后汉书》。太子在宰相、官员中的势力也不小,加上高宗命太子监国,这些使武则天感到空前的政治压力,母子关系也日益紧张。正议大夫明崇俨以符咒劾术为高宗、武后所见重,常密称:"太子不堪承继,英王(武后第三子)貌美太宗。"暗示武则天改立英王为太子。宫中还有议论称,"李贤是韩国夫人所生"。李贤听后大为恐慌,疑惧不已。

调露元年(679年),明崇俨为盗所杀,凶手未获。社会上传言是太子李贤派人暗杀。武后大怒,指使亲信弹劾李贤阳谋篡位。高宗派人调查,结果在东宫马坊搜出数百件皂甲。高宗素爱李贤,欲为其开脱罪责。武后却说:"为人子怀逆谋,天地所不容;大义灭亲,何可赦也!"高宗无奈,只得下诏废李贤为庶人,同伙伏诛。

在东宫马坊所搜出的数百件皂甲,并不能作为李贤谋反的证据,因为按照唐朝制度,东宫有太子仆寺,下设马坊,有十率府的军事机构,领有卫队,所以拥有一定数量的皂甲是正常的。另外,指认太子杀明崇俨也没有证据,而且杀明崇俨对太子巩固自己的地位毫无助益,可见此事只能是一桩冤案。

永淳二年(683年),李贤流放巴州(今四川巴中)。光宅元年(684年),为防备李贤有所行动,武则天派左金吾将军丘神勣赴巴州监管李贤。丘神勣一到巴州,就将李贤囚禁于别室,逼其自杀。当时李贤年仅三十二岁。李贤死后,武后虽举哀于显福门,追封李贤为雍王,并将丘神勣贬职。但这只是一种装门面的动作,很快丘神勣便官复原职。

垂拱四年(688年)四月,太子通事舍人郝象贤被下属诬告谋反。郝象贤的祖父郝处俊曾上书高宗,反对武则天摄政,武则天对此一直耿耿于怀。此时得到密报后,武则天即命周兴审理此案。周兴为了迎合武则天的旨意,便妄称郝案谋反属实,判其株连九族之罪。郝家人讼冤于监察御史任玄殖。任玄殖仔细审查后,以谋反证据不足上奏。武则天极为不满,免去任玄殖的官职,下令将郝象贤处斩。郝象贤临刑前大骂武则天,揭露其宫闱隐私,甚至夺过市人柴刀砍向刑官,最终被乱刀砍死于洛阳街头。武则天震怒之下,令肢解郝象贤尸体,掘其父祖坟墓,毁棺焚尸。武则天还规定,今后处斩犯人,必先用木丸塞进其口,以免胡言乱语,诽谤朝廷。

同年,太宗第八子越王李贞、琅邪王李冲父子起兵讨武。由于原先串联过的宗室无一响应,很快就遭到武则天的镇压。李冲被属下所杀,李贞在绝望中服毒自尽。平定动乱后,武则天决定将与李贞父子有牵连的宗室诸王一网打尽。在武则天的授意下,酷吏周兴施展罗织构陷的卑劣手段,诬奏诸王谋反。于是收捕韩王李元嘉、鲁王李灵夔、常乐公主于洛阳,迫令自杀,江都王李绪、东莞公李融等数人,也被拘捕诛杀。

纪王李慎,太宗第十子,好学不倦,为政清明,为百姓颂扬。李贞起兵讨武,李慎不愿同谋,但事后仍被逮捕下狱,并判处死刑。临刑前,李慎又被免死,迫改虺氏,流放岭南,行至中途病死。其诸子除长子早亡,其余均被武则天杀害,家属流放岭南。

曹王李明,太宗第十四子,在任苏州刺史时,不遵法度,放纵属下危害百姓。高宗时,太子李贤被废,李明与李贤多有交情,也被降为零陵郡王,安置黔州。永淳元年(682年),黔州都督谢祐为了讨好武则天,逼迫李明自杀。

李贞父子动乱平定后,武则天对李唐宗室更加猜忌,严加惩治。据《资治通鉴》记载,永昌元年(689年)四月,因秘密策划迎立中宗李显,辰州别驾汝南王李炜(太宗之孙)、连州别驾鄱阳公李湮等宗室十二人被诛。十月,武则天又诛杀宗室鄂州刺史嗣郑王李璥等六人,流放嗣滕王李修琦等六人于岭南。其后,酷吏侯思止诬告舒王李元名谋反,致使元名流放而死,其子豫章王李亶也被杀害。与此同时,武承嗣指使周兴诬告随州刺史泽王李上金、舒州刺史许王李素节(都为高祖之子)谋反,结果素节被缢身亡,上金恐惧而自杀,诸子及其党羽均遭诛杀。不久,安南王李颖(高祖之孙)等宗室十二人被诛。"唐之宗室于是殆尽矣,其幼弱存者亦流岭南,又诛其亲党数百家。"武则天如此大肆屠杀李唐宗室,基本扫清了其登极称帝途中的障碍。

杀宰相裴炎 弘道元年(683年),高宗病逝,武则天三子李显即位,是为唐中宗。中宗虽才能较平庸,却也反对母后参政。他培植自己的外戚势力,但很快被武则天发现废黜为庐陵王,幽禁于房州。武则天改立第四子李旦为帝,是为唐睿宗。裴炎是受高宗遗诏辅政的宰相,在废中宗李显的问题上,与武后一致,但在睿宗即位后的统治,便与武后分道扬镳,坚持应由皇帝执政,而不是皇太后独掌大权。于是,裴炎反对立武氏七庙,反对乱杀李唐宗室诸王,并坚持请太后归政皇帝,最后被拘捕下狱。在众臣担保裴炎不可能谋反的情况下,武则天还是以谋反罪杀了裴炎。

侍中刘景先、凤阁侍郎胡元范因担保裴炎不会谋反,被下狱治罪。左武卫将军程务挺曾抗击突厥,战功卓著,因在裴炎入狱期间为他求情,结果也被加上罪名处斩。地官尚书魏玄同被诬有请武则天还政的言论,赐死于家,年七十三。雍州新丰县(今陕西临潼)地震,荆州百姓俞文俊上书认为:武则天"以女主居阳位,反易刚柔,故地气隔塞,山变为灾"。武则天大怒,将他流放岭南,后杀于流放地。

武则天登基称帝的第二年,有官员为讨好武承嗣,也为了迎合武则天刚开新朝的心情,唆使洛阳数百人上表请立武承嗣为皇太子。而宰相岑长倩认为皇嗣李旦已在东宫,不宜再有此议,因此奏请武则天下制切责。武则天犹豫不决,又召问宰相格辅元,格辅元也赞同岑长倩的意见。武承嗣对皇嗣垂涎已久,听说此事后大为恼怒,便入宫进谗言,使岑长倩与格辅元入狱。负责审讯的来俊臣拘捕了岑长倩的儿子,胁迫他诬陷侍中欧阳通、格辅元等数十人谋反。欧阳通坚贞不屈,任凭酷刑加身,始终不肯诬服。来俊臣便捏造供词,诬奏三相共同谋反,致使三位宰相与数十人被害,这是武则天登基后的第一大冤案。三位宰相被杀,还牵连数十名官员、士人,此案的幕后指使者肯定是武则天,因为酷吏没有这么大的权力。

杀宰相李昭德　神功元年（697 年）六月，登上帝位已有七年的武则天，在同一天内，杀宰相李昭德和酷吏来俊臣。李昭德开始很得武则天信任，他反对立武承嗣为太子，主张传位给李显或李旦。武承嗣由是在则天皇帝前诋毁李昭德，但并不起作用。长寿二年（693 年），武则天下制"禁人间锦"。酷吏侯思止"私蓄锦"，李昭德立即查办，并命"杖杀于朝堂"，这也得到了武则天的首肯。那为什么武则天最后要杀李昭德？原因就在，李昭德"专权用事"，触犯了女皇的威严，由是被贬为南宾尉，又免死流放，后起用为监察御史。神功元年被来俊臣诬告谋反，于是二人一起被诛杀，时人无不痛惜昭德。

武则天晚年宠幸张易之、张昌宗兄弟。二张深知太子、相王及许多大臣对自己切齿痛恨，便广结党羽，壮大力量，同时窥伺太子、相王之过，以便进行谗害。太子长子李重润与妹永泰郡主，对二张揽权不满，常私下议论，发泄牢骚。张易之的耳目听到兄妹俩的议论，便报告给张易之。张易之再添油加醋地奏报武则天，说李重润兄妹诽谤女皇。武则天一怒之下，竟将自己的这一对孙儿女赐死，时年李重润十九岁，永泰郡主十七岁。

武则天重用酷吏残酷打击异己，镇压百姓，大兴冤狱，然后又诛杀酷吏，以平民愤，其手段之毒辣，旷古少有，我们在类述中再详述。

二、宰相狄仁杰蒙冤

狄仁杰，字怀英，并州太原（今山西太原）人，是唐代前期政绩卓著的良臣名相。他疾恶如仇，刚直不阿，任大理丞时，一年判决疑难滞狱一万七千余件，均秉公执法，无一人上诉称冤。武卫大将军权善才误砍唐太宗昭陵上的一棵柏树，竟要被唐高宗处死。狄仁杰不避君主的盛怒，据理力争，终于让高宗收回了成命。

垂拱四年（688 年），狄仁杰出任豫州刺史。当时越王李贞举兵反对武则天的叛乱刚刚平定，正在追查越王余党，连坐者达六七百家，籍没者也五千余人，司法部门已经催促行刑。狄仁杰深感事态严重，一边请求司刑官缓期，一边立即密奏武则天申诉冤情。武则天认为狄仁杰言之有理，便下诏将犯人减死，特赦流配丰州（今内蒙古五原县）。这些克死流放的犯人在丰州立碑颂扬狄仁杰的恩德。

宰相张光辅率军讨平越王之乱后，驻军豫州。将士以功臣自居，大肆勒索，遭到狄仁杰的坚决抵制。张光辅大怒道："州将胆敢轻视元帅吗？"狄仁杰则义正词严地说："你领兵三十万诛杀了越王，自以为有功，就纵容将士暴掠、残害归降之人以邀功请赏，还大肆勒索百姓，这岂不是数万个越王复生了吗？我恨不能用尚方宝剑斩下你的首级！"张光辅瞠目结舌，无言以对。回京后，他就挟私报复，弹劾狄仁杰出言不逊，结果狄仁杰遭到贬官。

天授二年(691年)，狄仁杰被任命为同凤阁鸾台平章事。当时，武则天的侄儿武承嗣袭周国公爵位，野心勃勃想做皇太子。他一方面博取武则天的欢心，一方面利用称帝初期武则天对李唐王朝复辟存有的戒心，指使酷吏大兴冤狱，以消灭阻碍其当皇嗣的异己力量。狄仁杰正色立朝，不肯谄事诸武，并且身居宰相的要职，对武承嗣来说构成严重威胁。为了除掉狄仁杰，武承嗣唆使酷吏来俊臣暗中构陷。

长寿元年(692年)，来俊臣罗织罪名，将同平章事任知古、狄仁杰、裴行本，司礼卿崔宣礼、前文昌左丞卢献、御史中丞魏元忠、潞州刺史李嗣真诬为"谋反"，将他们一起拘捕入狱。来俊臣审问时，狄仁杰知道，当时法律规定，凡是一问即承认谋反的人，可以减去死罪。为了保全自己的生命，他马上承认"谋反是事实"。来俊臣见狄仁杰满口供认自己谋反的罪行，便不再用酷刑逼供，下令将狄仁杰关进牢狱，听候判决。

狄仁杰认罪以后，狱吏放松了对他的看管。狄仁杰便向狱吏借来笔墨，趁夜深人静之时，撕下一块被头布，愤然将自己的冤情写在上面，将它悄悄塞进棉衣，然后以天热为由，托狱吏将棉衣转交家人拆洗。儿子狄光远收到棉衣后，认定其中必有文章，仔细查找，果然找到冤情诉状。狄光远立即入朝，向武则天呈报。

武则天看罢诉状，马上招来俊臣询问实情。来俊臣申辩道："如果没有谋反的事，他们岂肯供认不讳？"武则天半信半疑，就派使者前往狱中查探。来俊臣强使狄仁杰穿戴整齐出见，并伪造狄仁杰等的谢死罪状，呈给使者，要使者转给武则天。武则天看谢死表后非常疑惑，便决定亲自提审狄仁杰等人。

狄仁杰一行见到武则天便大声喊冤，武则天不解地问："你们若是真有冤，为何审讯时承认谋反呢？"狄仁杰慨然回答："如果当初不承认谋反，早就被狱吏拷打至死了,哪里还能见到陛下呢?"武则天又问:"既然如此那又为何作谢死表呢?"狄仁杰等坚决否认。通过验证,发现谢死表是狱吏代作,真相逐渐大白。于是武则天下诏将狄仁杰贬为彭泽(属江西省)令,任知古、裴宣礼、魏元忠、卢献分别贬任诸地县令,裴行本、李嗣真流放岭南。

武承嗣和来俊臣不肯罢休,还请求武则天下令诛杀狄仁杰七人以绝后患,遭到武则天的拒绝。武则天知道,狄仁杰等既无谋反之心,且是治国之才,那就应该加以利用。不久,狄仁杰从下层不断被提拔,由魏州刺史直至同平章事,再度拜相,执掌朝政。

此案可见,在武则天时期,酷吏大兴冤狱之猖獗,就连宰相都难逃一劫。如酷吏周兴先后奉诏诬杀了宰相魏玄同和名将黑齿常之,构陷流放了宰相韦方质,籍没其家,后诛杀之。周兴还向武则天建议清除唐宗室诸王之属籍,用残酷手段为武则天清除异己力量。此案是狄仁杰凭智慧与酷吏苦斗,才幸免一死。而武则天明知是冤案,却并不指责来俊臣等人,仅下令免狄仁杰等七人之死。这就是说酷吏大兴冤狱,是武则天批准的统治手段,至于嫌疑人的生死,全在武则天的旨意之中。所谓法律完全无章可循,可循的只有向武则天效忠。武则天专制统治凶残严酷的一面,昭然若揭。

三、武三思毒计害五王

神龙元年正月,女皇武则天病重。凤阁侍郎张柬之见时机已到,便与司刑少卿桓彦范、中台右丞敬晖、凤阁侍郎崔玄晖、相王府司马袁恕己密谋恢复李唐王朝。二十二日,五人率五百余禁军,与往东宫迎接太子李显的驸马都尉王同皎汇合,簇拥着太子斩关而入,一直进到武则天居住的迎仙宫。佞臣张易之、张昌宗兄弟被乱刀砍死。诸臣来到武则天的寝殿长生殿,叩头奏报:"张易之、张昌宗谋反,臣等已奉太子令诛之。"武则天闻讯看着太子说:"二张既诛,可还东宫。"桓彦范上前一步抗颜直谏:"太子不能再回东宫!愿陛下传位太子,以顺天意民心。"武则天见大势已去,只得点头默许。八十二岁的女皇被强制返政于五十岁的太子李显,然后被软禁,幽死于洛阳上阳宫。

　　二十五日,太子李显即位,是为唐中宗,封赏功臣,张柬之等人加官晋爵。中宗复立韦氏为皇后。中宗在房州时,与韦氏同遭幽禁,备尝艰难困苦,情爱甚笃,曾私下对韦氏发誓:"他日若能重见天日,当唯卿所欲,不相禁止。"韦氏重新为后,遂依践旧约,效法武则天,隔帷幔坐殿旁,干预朝政。桓彦范忧心忡忡,上表奏请,中宗以历史为鉴,勿让皇后干政。中宗不予理睬,且愈加宠信韦氏,对她言听计从,乃至听从韦氏的建议,拜武三思为宰相。

　　武三思是武则天的侄子,是中宗的表兄,还与中宗、韦氏为亲家,中宗的女儿安乐公主与武三思的儿子武崇训是夫妇。当初有人劝说张柬之、敬晖,应除掉武三思。张、敬不以为然,认为此次政变诛杀已经不少,不可再杀人。而当武三思拜相,太平公主之夫武攸暨拜司徒、封定王,诸武声势复振之时,张柬之等再奏请诛灭诸武,中宗根本就置之不理,就是韦皇后也不会答应。原来,武三思已经成为韦后的情夫,两人狼狈为奸。这时,张柬之等人才意识到事态的严重性。情急之中,他们找来考功员外郎崔湜,密嘱他监视诸武动静。崔湜却向武三思告密求荣,成为其鹰犬,获迁中书舍人。

　　神龙元年五月,为剥夺张柬之等人的实权,中宗采纳武三思的建议,进封张柬之为汉阳王,崔玄暐为博陵王,桓彦范为扶阳王,敬晖为平阳王,袁恕己为南阳王,还赏赐金帛与免死"铁券",令罢知政事,同时,属于五王党羽者都被贬官,而被五王贬黜者陆续官复原职。从此,军国重权全部落入武三思的掌握之中。并与韦后等日夜在中宗耳边谗毁五王,使中宗对张柬之等日渐疏远。

　　张柬之见朝政黑暗,便于七月奏请退休,归家养病了。武三思又奏请中宗,出桓彦范为亳州刺史,敬晖为朗州刺史,袁恕己为郢州刺史,崔玄暐为均州刺史。

　　驸马都尉王同皎见武三思私通韦氏,专权霸道,与好友张仲之等斥骂武三思与韦氏,不料被小人听见。武三思得密报,立即派心腹进宫上奏,诬告王同皎、张仲之欲谋杀武三思后,将带兵入宫,废黜皇后韦氏。中宗闻听大怒,敕令拘捕王同皎严加审问,派酷吏、监察御史姚绍之等主审。张仲之不屈服,被加酷刑,折断双臂,并判王同皎、张仲之等斩首,族诛。武三思除去王同皎后,又指使心腹诬陷桓彦范等参与了王同皎的密谋。于是,中宗贬桓彦范为泷州司马,敬晖为崖州司马,崔玄暐为白州司马,袁恕己为窦州司马,张柬之为新州司马,并削其勋封。

由于武三思的迫害,五王连遭贬谪,从朝廷重臣降为边州司马,境遇一落千丈。可心狠手辣的武三思还不甘心,欲置五王于死地而后快。武三思暗中派人在热闹的市中心贴出告示,将韦氏纵欲偷情的丑行昭然于世,并请求中宗废黜韦氏。中宗得到奏报,怒不可遏,令御史大夫李承嘉严加查办。李承嘉秉承武三思的意指,奏称:"张柬之等五人指使心腹写成此榜。以废后为名,行危君之计,请加族灭,以振朝纲。"武三思又使安乐公主诸人在宫廷内外对五王进行造谣诽谤。中宗令法司根据李承嘉的奏请给五王定罪结案。

大理丞李朝隐抗旨说:"五王未经审讯,不可贸然施行诛夷。"大理丞裴谈则奏称:"根据皇上制书,就可将五王处斩籍没,不必另行审讯。"中宗采纳了裴谈的意见。因五王持有免死铁券,于是判敬晖长流琼州(今海南岛),桓彦范长流瀼州(今广西上思县),张柬之长流泷州(今广东罗定县),袁恕己长流环州(今广西环江县),崔玄暐长流古州(今越南谅山东北),五家子弟,年十六岁以上皆流放岭南。最早劝说张柬之诛除诸武的洛州长史薛季昶,也被一贬再贬,最后流放到儋州(今海南岛),绝望之下,饮药自杀。

武三思见没有除掉五王,有点不快。中书舍人崔湜献计道:"五王都是辅佐皇上复位的重臣,眼下虽被流放边地,日后一旦卷土重来,后果不堪设想,不如派心腹矫制杀之。"武三思表示赞同,崔湜便推荐表兄大理正周利贞。周利贞早先因为托附权贵,为五王所恶,贬为嘉州司马。武三思立即擢用周利贞为左台侍御史,奉使岭南。周利贞便怀着挟私复仇的阴暗心理,欣然领命上路。

周利贞日夜兼程赶到岭南,张柬之、崔玄暐已经忧愤而亡。周利贞又快马加鞭,在贵州追上桓彦范。未容桓彦范声辩,周利贞就喝令左右将桓彦范捆绑起来,拖到一张竹槎上施磔刑,肉尽至骨,然后用乱棍将其活活打死。袁恕己平素服用黄金,周利贞逼其饮服剧毒的野葛汁。袁恕己喝下了数升野葛汁后,只觉得肝胆俱裂,疼痛难忍,只得扑倒在地,挣扎至奄奄一息,周利贞才令人将他杖死。敬晖也被周利贞残酷地寸剐而杀。周利贞返回京城,得迁御史中丞。

武三思施毒计除掉五王以后,结党营私,不可一世。曾狂妄地叫嚣道:"我不知世间何者谓之善人,何者谓之恶人;但于我为善者则为善人,于我为恶者则为恶人。"一个外戚,偶然获得不受制约的权力,就如此滥杀大臣,如此不可一世,如此猖狂跋扈,真令人恐惧。

四、唐玄宗赐死三亲儿

李隆基在皇族斗争中,相当有魄力和能力,先诛灭韦氏集团,取得皇位继承人的资格,即位后,又剪除了太平公主集团,革新政治,举贤任能,开创了所谓"开元盛世"。然而,改年号为"天宝"后,玄宗就由明君走向了昏君,任用奸臣,迷恋声色。开元后期,他为册封武则天的侄女为妃,竟然糊涂到冤杀三个亲生儿子。可见玄宗迷恋声色之病,并非始于杨贵妃入宫。

当时,武惠妃由于聪明秀美,善承恩旨,深受玄宗的宠爱。武惠妃是武则天的父兄恒安王武攸止的女儿,武攸止去世后,年幼的武惠妃遂随例入宫。玄宗王皇后婚后无子,深恐遭到废黜,便请来僧人做符厌之事,希望借此求得贵子,事发获罪被废,三个月后死在冷宫。随后,玄宗册立武氏为"惠妃"。武惠妃逐渐宠倾后宫,宫中礼秩,一同皇后,生母杨氏封为郑国夫人,胞弟武忠、武信分别担任国子监祭酒和秘书监,武惠妃之子寿王李瑁也因此而宠冠诸子,皇太子李瑛却与玄宗日益疏远。

李瑛生母赵丽妃,本是潞州娼家女,容止妖冶,能歌善舞。玄宗为储时,爱其才貌而大加宠幸。玄宗登基,即册封她为"丽妃",并赐其父兄高官厚禄,其子李瑛也被立为皇太子。武惠妃专宠后,赵丽妃逐渐遭到冷落。原先以姿色见爱于玄宗的鄂王李瑶之母皇甫德仪,光王李琚之母刘才人,也因为武惠妃的缘故而相继失宠。李瑛、李瑶、李琚三兄弟对各自母亲的遭际深感不平,便于内第私下议论,不满之情溢于言表。

这件事情恰恰传到了武惠妃的女婿都尉杨洄的耳中,他立即让妻子进宫向武惠妃通报消息。正苦于找不到借口谋陷太子的武惠妃得知这一情报,不禁喜出望外,她马上在玄宗面前诬奏:"太子阴结党羽,将害妾母子,亦指斥至尊。"玄宗正宠爱武惠妃,便信以为真,勃然大怒,欲立行废黜。

次日早朝,玄宗面谕宰相,拟废太子及鄂、光二王。中书令张九龄抗颜直谏:

"陛下践祚垂三十年,太子诸王不离深宫,日受圣训,天下之人皆庆贺陛下享国久长,子孙蕃昌。今三子皆长大成人,不闻大过,陛下奈何一旦以无根之语,喜怒之际,尽废之乎？"接着张九龄又列举晋献公、汉武帝、晋惠帝、隋文帝偏因听谗言而废黜太子,以至国家遭难,生灵涂炭的史实,指出"太子国本,难以动摇"。一番慷慨陈词,说得玄宗默然无语,事情便暂时搁置下来。

在礼部尚书李林甫的挑拨下,玄宗与张九龄的关系逐渐破裂。不久,李林甫取代张九龄为中书令。张九龄被贬后,太子失去了保护,为武惠妃的阴谋计划扫清了障碍。武惠妃便指使杨洄诬陷太子与瑶、琚二王及太子妃兄驸马薛锈潜构异谋,同时,设下圈套,遣人召太子、二王进宫,诡称宫中有贼,请他们带甲入防。太子、二王不知是计,竟依言而行。武惠妃立即禀报玄宗:"太子与二王带甲闯宫,谋反之状昭然。"玄宗半信半疑,派内侍前往查看。太子一行三人武装进入宫中,方才明白上当受骗,急忙返身出宫,正碰上玄宗派来的内侍。内侍回去奏报玄宗:太子三人确实武装入宫。玄宗怒不可遏,马上召宰相入宫议事。

李林甫狡黠地回答道:"此乃陛下家事,臣下不应妄加议论。"一句话提醒了玄宗,既然是家庭私事,就不必征询朝臣的意见了。于是玄宗遣宦官于宫中宣读诏书,废李瑛、李瑶、李琚为庶人,长流薛锈于瀼州(今广西上思县)。

不经过任何审理勘查,皇上就下诏废掉太子与二王,这使得朝野上下大为震动。很多人虽然口不敢言,但心里不免叹惜和惊异,尤其是与三人关系密切的亲属、官员为之暗暗奔走。武惠妃很快感觉到此谋反罪名经不起推敲,如亲属、官员开口直谏,就有翻案的机会,所以需要尽快斩草除根。于是武惠妃联合李林甫及女儿、女婿诸人,拼命将此案在朝野中所造成的紧张气氛夸大,使得正在气头上的玄宗无法控制自己。于是,玄宗再下令:赐死三庶人于城东驿,赐死薛锈于蓝田。他们的亲戚中也有数十人遭到连坐贬谪。

武惠妃在害死李氏三兄弟后,精神恍惚,成天惶恐不安,时常做噩梦。当年六月,就在极度恐惧中死去,似乎也算一种报应。

一个造就盛世的皇帝,居然杀了三个亲儿,一个在前期可称为明君的皇帝,到中期便转为昏君,这就是中国历史上的千古奇帝:唐玄宗。

五、李林甫兴狱施淫威

　　唐玄宗天宝年间,把持朝政的李林甫专横跋扈,肆意妄为。出于残杀异己的政治需要,他网罗群佞,豢养酷吏,大兴冤狱。李林甫在长安别置推事院治理狱案,以吉温和罗希奭为得力打手。他们审理案件,"皆随林甫所欲深浅,锻炼成狱,无能自脱者。时人谓之'罗钳吉网'"。当时杨国忠凭借杨贵妃的关系,出入宫禁,受到玄宗的宠信。李林甫擢用杨国忠为监察御史,遇事就让他出面弹劾,然后交罗、吉两人审讯。御史台在李林甫的操纵下,屡起大狱。

　　天宝四年(745年),李林甫出于对兵部尚书兼左相李适之的忌恨,派人无端寻衅,弹劾"兵部铨曹奸利事",收捕兵部官吏六十余人,交付京兆府与御史台审讯,审讯数日毫无结果,就转交京兆府法曹吉温于推事院审讯。吉温先挑两名重犯严刑逼供,或仗或灌,号呼之声,不忍卒闻。兵部官吏被吉温的淫威所慑服,纷纷按照吉温的意思供认罪状,顷刻而成。李适之明知是李林甫蓄意构陷,却束手无策,李林甫借机泄愤树威。

　　太子李瑛被废杀后,李林甫力劝玄宗立武惠妃之子寿王瑁为太子,企图凭借拥立之功,进一步窃取国柄。玄宗没有采纳李林甫的建议,另立忠王李亨(即肃宗)为太子。由于"太子之立,非林甫意,林甫恐异日为己祸,常有动摇东宫之志"。从此,李林甫千方百计陷害太子。太子妃韦氏之兄韦坚成为李林甫的首攻目标。

　　韦坚时任陕郡太守、水陆转运使。由于他擅长从全国各地搜刮奇珍异宝献给玄宗,因而承恩日深。李林甫见韦坚倚仗恩宠,有入相之志,又与自己的政敌李适之友善时,不禁怒火中烧。李林甫先擢任韦坚为刑部尚书,继而免去其水陆转运使之职。这样表面上是升了韦坚的官,实际上是剥夺他聚敛财宝、博取恩宠的机会。正在这时,太子旧友河西节度使皇甫惟明攻破吐蕃,进京献捷。他见李林甫专权,意颇不平,便劝玄宗除去李林甫。李林甫闻知恼羞成怒,立即指使侍御史杨慎矜暗中监视皇甫惟明的行动,以便伺机陷害。

　　天宝五年(746年)正月,太子出游,巧遇韦坚。后,韦坚又与皇甫惟明在景龙会面。李林甫得到这一情况,马上奏报玄宗,诡称韦坚与皇甫惟明互相勾结,潜谋共奉太子以夺皇位。玄宗闻奏震怒,下令将韦坚和皇甫惟明逮捕入狱。李林甫派杨慎矜与御史中丞王铁、京兆府法曹吉温共同审讯,结果韦坚贬缙云太守,皇甫惟明贬播州太守。将作少匠韦兰、兵部员外郎韦芝为其兄韦坚讼冤,亦被贬放岭南。李林甫又诬陷韦坚与李适之等人结为朋党,致使韦坚长流临封(今广东封开县),李适之贬为宜春太守,受牵连而坐贬、流者达数千人。

李林甫还分遣御史到各地巡查被贬谪官员的情况,实际上是进一步进行加害。结果,皇甫惟明与韦坚三兄弟皆在贬所被赐死。罗希奭自青州至岭南,沿途滥杀贬谪者,郡县惶骇。李适之听说罗希奭将至,忧惧万分,服毒自杀。李适之的儿子迎父丧至洛阳,被李林甫诬告而杖死于河南府。韦坚死后,李林甫恨忧未消,又遣使循河及江淮州县搜罗韦坚的罪状,甚至将纲典小吏、船夫关进监狱,连韦坚的邻居也被牵连,致使不少无辜之人惨死狱中。由于这场大案直接牵涉到太子妻族,太子惊恐不安,被迫上表请求与韦妃离婚。

左骁卫兵曹柳勣因与妻族不和,就诬告岳丈赞善大夫杜有邻“妄称图谶,交构东宫,指斥乘舆”。杜有邻有个女儿为太子良娣。李林甫乘机大做文章,令吉温与御史共同审讯。在李林甫的授意下,吉温诱使柳勣牵连淄州太守裴敦复、北海太守李邕、著作郎王曾等一批名士。结果,杜有邻、曹柳勣和王曾等全被杖死,妻儿流配边地,中外为之震惊。太子不得已出良娣为庶人。

河西、陇右节度使王忠嗣屡建战功,功名日盛,李林甫恐王忠嗣入朝为相,阴怀嫉恨。当时将军董延光献策攻取吐蕃石城堡,玄宗令王忠嗣领兵相助。王忠嗣根本不赞成这一军事冒险,所以虽然勉强奏诏却消极应付。董延光没有如期攻克石城堡,便迁怒于王忠嗣,奏称王忠嗣出师迟缓,致使师出无功。玄宗发怒,李林甫乘机火上浇油,唆使济阳别驾魏林诬陷王忠嗣与太子友情笃深,意欲拥兵尊奉太子称帝。玄宗信以为真,便下令征召王忠嗣入朝。由三司推讯,三司判王忠嗣死罪。名将哥舒翰仗着玄宗的恩宠,力陈王忠嗣的冤情,声泪俱下,并请以自己的官爵为之赎罪。玄宗终被感动,怒气渐消,遂贬王忠嗣为汉阳太守。

杨慎矜曾经在韦坚案中为李林甫奔走效劳。李林甫见他渐受玄宗信宠,升任户部侍郎兼御史中丞,内心又有嫉恨。他唆使与杨不和的侍御史王鉷,诬告杨慎矜身为隋炀帝玄孙,私藏图谶,结交凶人,密谋克唐复隋。玄宗龙颜大怒,诏令侍御史卢铉与刑部、大理寺诸官共同审理,严加查办。

李林甫派吉温前往洛阳,收捕杨慎矜的哥哥少府少监杨慎余和弟弟洛阳县令杨慎名。他又让卢铉抓来少府少卿张瑄,诬陷他曾与杨慎矜研究过图谶。张瑄受尽酷刑,却始终不肯诬服。

李林甫恼羞成怒,就派吉温到汝州(今河南监汝县)抓来杨的朋友还俗僧人史敬忠。在吉温的威逼利诱下,史敬忠亲笔写下了供词,违心地承认与杨论谶谋反的事情。

李林甫获得人证后,又让卢铉到杨慎矜家搜查物证。可是卢铉翻遍了杨宅,也不见图谶的影子。为了向李林甫交代,卢铉只得袖藏谶书,再次查抄杨宅,制造罪证。

这样,李林甫上奏玄宗称杨慎矜谋反罪证确凿。玄宗深信不疑,下诏赐杨慎矜三兄弟自尽,史敬忠重杖一百,籍没财产,妻子流岭南,张瑄重杖六十,长流岭南,其余连坐者数十人。

在李林甫策划下,制造了一连串冤案,前后被无辜诛杀者达数百家,许多大臣贵戚倒在了血泊之中,虽没有达到废立太子的目的,却也大树淫威。太府卿赵奉章上告其罪行,条陈了李林甫二十多条罪状,但奏疏还未送到皇帝手中,就被李林甫指派御史台诬以"妖言惑众"罪,用重杖将其活活打死。

李林甫能如此肆无忌惮地屡起冤狱,谋害众臣,其关键条件是唐玄宗后期昏迷酒色,一心享乐,把政事交托给宠信的奸臣所致。而李林甫也自有一套佞媚手段,极讨巧卖乖,口蜜腹剑,让玄宗宠信。李林甫自任相至病死,掌大权近二十年,朝中没有敢分庭抗礼者。李干尽坏事,罪行累累,唐玄宗居然毫无觉察,死时还赠以太尉诸爵誉。

李林甫死后,户部尚书兼御史大夫杨国忠诬告李林甫与番将阿布思一同图谋反叛,还诱骗李林甫亲族中不满李林甫的人出来作证。玄宗命削去李林甫的官爵,废为平民,籍抄其家,其子及亲属除名流放岭南,并剖开李林甫棺木,取出含珠等宝物,改用小棺草草埋葬。生前大兴冤狱的李林甫,死后也被同僚构陷,真可谓以其人之道,还治其死后之身。历史就是这样具有讽刺意味地演绎着,让人寻味。

六、刘晏、杨炎官场倾轧而死

刘晏,字士安,是唐朝中期著名的理财官员,在肃宗、代宗时期,管理国家财政达二十年之久。任职期间,他整顿盐法,改进漕运,平抑物价,实行一系列经济改革,使安史之乱后日渐衰颓的国家经济有所复苏。另外,他还筹集财赋,供应军国,为稳定当时政局做出一定贡献。但刘晏官显权重,为人任性自专,以钱财结权贵,又固其权位,由此招来不少非议。

杨炎,字公南,仪表不凡,极富文才,肃宗朝开始为官,历中书舍人诸职。他是当时著名的两税法的建议者与执行者,由于两税法的推行,国家财政收入大幅度增益,同样为解决国家财政困难出力不少。然而他心胸狭窄,受不得一点委屈,睚眦必报。

代宗朝初年,刘晏任宰相兼吏部尚书,杨炎任吏部侍郎,两人都恃才傲物,谁也不把谁放在眼里。这两位中唐有名的官员,都在当时险恶的官场倾轧中丧命。话得从代宗时奸相元载说起。

元载因剪除宦官鱼朝恩,深受代宗宠信。他身居相位,居功自傲,恃宠专横,妒贤嫉能,结党营私,贪污受贿,无所不为。大历六年(771年),成都司录李少良上疏奏元载劣迹。元载知道后,反诬李少良有罪。李少良等人便被杖杀于京兆府,人人道路以目,朝廷上下敢怒不敢言。

代宗亦恶其专横,渐生铲除这一奸相之意。大历十二年(777年),有人告元载等夜祀,图谋不轨。代宗令捉拿入狱,交刘晏主审。刘晏知道,元载党羽在朝中盘根错节,势力不小,就请御史大夫李涵等人共同审理。在铁的事实面前,元载只得供认罪状。最后代宗下诏赐元载自尽,并令刑官监视执行,实由执刑官将他勒死。元载被诛后,妻儿也一并正法,并发掘祖坟,开棺弃尸,毁掉家庙,平素与元载亲善的百余名官员也先后遭贬谪。

杨炎与元载交谊颇深,此时也被作为党羽贬为道州司马,杨炎对于元载之死及自己遭贬都耿耿于怀。不久,代宗去世,德宗即位。中书侍郎崔祐甫举荐杨炎为相。由于两税法的推行,杨炎名声大振,开始大权独揽。杨炎决意要为元载报仇,便把主审官刘晏作为打击目标。

正巧,有谣言说:刘晏曾密请代宗立独孤妃为皇后。德宗是睿真皇后沈氏所生,听此谣言,马上对刘晏有种厌恶之感。杨炎便乘机在德宗面前挑拨说:"幸亏先皇没有受贼臣的离间,否则刘晏恐怕会兴风作浪,动摇我大唐社稷了。今天刘晏居然还领要职,臣为宰相而不能及时处理这事,罪该万死。"

正当德宗沉下脸来,准备发作之时,崔祐甫上前奏言道:"先皇立后,那是什么年月的事了。流言蜚语,混淆视听,岂能贸然相信。陛下大德,廓然宽宏,不当追究此类不实之事。"一时间,其他几位朝臣也上前解说,惹得杨炎一肚子火起,又无法发作。最后,朝廷还是罢免了刘晏的转运使等要职,贬为忠州刺史。

杨炎一计不成,又生一计,特意提拔与刘晏不和的庾准为荆南节度使,以侦伺刘晏被贬后的动静。庾准也真心领神会,没几天就上奏诬称:刘晏曾写信给泾原节度使朱泚,要求出力解救,信中多怨望之词,并说刘晏在忠州补充兵马,有抗拒皇命的迹象。

德宗看完奏折,半信半疑之际,杨炎马上站出来证明庾准所奏确凿可信,德宗听了大怒。建中元年(780年)七月,德宗不先派人去调查核实,就密遣中使赴忠州,将刘晏缢杀,终年六十六岁。使者还报刘晏已死,朝廷才下诏,称刘晏谋叛,罪不可赦,赐他自尽,妻儿家属发配岭外,受刘晏案株连而被贬谪流配的有数十人。

刘晏无辜被杀,朝野一片鼎沸,人们纷纷不平。饶阳郡王李正已打抱不平,上表指责朝廷谗害忠良,要求朝廷公布刘晏罪状。朝廷无言以对。杨炎此时也有些惊慌,怕事情闹大,派心腹往各地谎称:"是刘晏当年谋立独孤妃为皇后,所以皇上降罪于他,非为它故。"有人将此事密奏朝廷,说:"杨炎恐天下将杀刘晏之事归罪于他,便委过于圣上。"德宗见杨炎把责任统统推到自己头上,十分生气,始有诛杨炎之意,而杨炎还全然不知。

两税法实施后,杨炎自以为功高盖世,一心想在长安城南曲江边建造一座规模雄伟的家庙,便令河南尹赵惠伯代卖洛阳私宅。赵惠伯对宰相的嘱托心领神会,便以高价将杨家私宅买下,以做官衙的办公用房。不久,杨炎之子杨弘业接受他人贿赂,多次犯禁违律的事被人抖搂出来。朝廷令御史中丞严郢负责查办,一查之下,就把高价卖私宅之事也查了出来。

御史们认为,杨炎作为宰相,强行指令下属官员用高价买其私宅,从中得利,可作受赃论罪。而另一位宰相卢杞却认为,这样的处罪太轻。卢杞摸透了德宗的脾性,处处迎合趋附,更善于佞言惑主,是继李林甫、元载之后的又一奸相。杨炎平素看不起这位貌丑心险、不学无术的同僚,不齿与他同廷议事,而卢杞为此也早已记仇,此时正是报复的机会。

卢杞又招来大理寺诸官员复审,大理正田晋认为此案应按监临官取赃论罪,当罢其官,但大多数人迎合卢杞的意思,最后判处为:“监主自盗,罪绞。”卢杞在奏报德宗时,又加了一个罪名说,曲江这个地方有天子之气,古代帝王的陵墓就在周围,杨炎看中这个地方建家庙,恐怕心有异图。德宗一听大为震怒,下诏法司复审合议。最后,诏贬杨炎为崖州(今海南岛)司马,当即发遣上路。杨炎走到离崖州百里时,突然接到皇上追发的赐死诏命,被迫自杀,时年五十五岁。此时,离刘晏被害才一年。

卢杞没有忘记那位曾为杨炎出力的河南尹赵惠伯,将他贬到贵州多田(今贵州思南),又悄悄地加以杀害。大理正田晋因适当断刑,也被卢杞远贬湖南,任衡州司马。

从此,官场倾轧日益激烈,加深了朝政的混乱,助长了宦官的专横。唐朝后期就在如此荒唐的内斗、内耗中苟延残喘。

七、二王八司马改革罹祸

安史之乱使唐朝从繁荣的巅峰上跌落下来,地方上藩镇割据,朝廷中宦官专权。唐肃宗时用宦官李辅国统领禁军,唐代宗时宦官程元振曾总掌朝政。唐德宗时泾师兵变,禁军作战不力,德宗悉罢诸将,将禁军完全交由宦官统领,因此宦官势力十分嚣张。宦官还担任宫市使,为宫廷购买日用货物,不但在市场上强行贱买,甚至白拿,市民视之为强盗。地方藩镇又独霸一方,为夺地盘而互相厮杀,甚至发动叛乱,各类战争连年不断。加上官府横征暴敛,民不聊生,唐王朝陷入风雨飘摇之中。

永贞元年(805年)正月,德宗崩。长期卧病在床并已不能说话的太子李诵,强撑着身子,在百官的拥戴下登上皇位,是为顺宗。看似废人的顺宗,却有颗想干一番事业的慷慨之心。他即位之初,便起用以王叔文、王伾为首的革新派。二王都是太子的老师,在太子身体尚可的时候,他们朝夕相处,深得太子的信任。王叔文怀着强烈的忧患意识,希望革新图强,挽狂澜于既倒,这也激起太子的共鸣。周围逐渐形成一个较为开明的官僚集团,有韦执谊、韩晔、韩泰、陈谏、柳宗元、刘禹锡、凌准、程异等人。

由于缺乏资历与名望,顺宗只能任命王叔文、王伾为翰林学士。同时,为控制相权,德宗又任命韦执谊为宰相,但朝中大小事都由王叔文说了算。由王叔文、王伾二人主持朝政改革,其他改革派也都安排到各要职上。在不到两个月的时间里,改革派采取了许多措施,主要有:一黜聚敛之小人,减免租欠,撤换向民众横征暴敛之官员,撤了大贪官京兆尹李实的职务,贬为通州长史;二废除宦官向市民进行掠夺的虐政:宫市和五坊小儿,市场秩序得以恢复;三禁征乳母,释放宫女和教坊女乐,释放宫女三百人、教妓女乐六百余人,使家人团聚;四免除国家专卖制度下的苛捐杂税:"日进"、"月进"钱,返利于民。

同时,又从三方面将改革推向深入。一集中财权,把一些地方财权收归中央;二裁抑藩镇,由于有一定难度,只能先对一些藩镇提出的不合理要求,坚决予以拒绝,并收回一些用人之权,以提高中央集权;三谋夺宦官军权,能否把军队从宦官手中夺回,是这场改革的关键。五月,任命范希朝为右神策统军,充左右神策京西诸城镇行营节度使,又任命韩泰为御史中丞,充左右神策京西诸城镇行营兵马节度使行军司马,欲以二人来接管宦官手中的兵权。但这一举措受到了宦官的抵制,夺军权计划失败。

改革集团内部也存在一些问题,人员可谓良莠参半,鱼龙混杂。一些人意志不坚定,受贿纳赂而成暴发户,如王伾大受讨官者的贿物。有些人意气用事,利用权力发泄私愤。如尚书右丞韩皋因对王叔文有些不敬,就被贬为湖南观察使。刘禹锡任屯田员外郎,掌管度支盐铁大权,对大臣多有伤害行为,受到御史窦群弹劾,结果窦群被罢官。柳宗元任礼部员外郎,与御史大夫武元衡有矛盾,上奏弹劾武元衡使之贬职,而对自己的亲近者、吹捧者,就给迅速升官。诸如此类,极大地损害了改革者的形象,也孤立了自己。

以俱文珍、刘光琦为首的宦官集团,企图阻止改革,阴谋颠覆唐顺宗的统治。顺宗身有重病,不能亲自视朝,于是宦官们要求速立太子。顺宗有二十七个儿子,长子广陵王李纯与宦官亲近,所以宦官们都极力主张速立李纯为太子,王叔文等坚决反对。但敌不过朝野势力的压力,顺宗也被诸大臣说动,下诏立李纯为太子。对此,王叔文忧愤不已,又无可奈何。在正式册立太子的当天,反对派太常卿杜黄裳仗着是韦执谊的岳父,就迫不及待地劝韦执谊领文武百官奏请太子监国,逼顺宗退位交权。对此,韦执谊虽然没有答应,但对改革派逐渐不再唯命是从,与王叔文产生很大矛盾。

这时,在舆论的强烈攻击下,唐顺宗的态度也开始变得暧昧。宦官们说服唐顺宗,削去了王叔文翰林学士的职务,调任户部侍郎,这就等于把他一脚踢出了中央决策机关。在王伾的周旋下,顺宗同意王叔文三五天进一次翰林院。然而祸不单行,此时王叔文母亲病故,按礼必须离职回家守制。在翰林院举行的饯行宴上,王叔文痛苦地说:"近年来我尽心竭力,不避危难,兴利除害,都是为了国家。一旦离职,各种诽谤一定会随之而来,到那时候谁肯说一句公道话。"众人都沉默不语,只有宦官俱文珍冷笑道:"你不违背礼制,何必害怕人言呢?未必太多心了吧。"结果不欢而散。第二天,王叔文离职回乡。

王叔文一旦去职,革新派失去了主心骨,改革便停止运作。紧接着,革新派内部矛盾加剧,韦执谊不按既定方针行事,只有王伾还在翰林院做些努力,但也没结果。不久,王伾中风,失去工作能力。于是宦官们开始全面反扑,主要是组织力量不断逼迫顺宗交权,让太子监国。七月二十九日,顺宗下诏军国政事由太子治理。八月四日,顺宗下诏禅位,自称太上皇。

由于改革派曾反对立李纯为太子,使李纯对他们产生很大的仇恨。李纯即位,史称唐宪宗,便下旨惩办革新派大臣:贬王叔文为渝州司户,后又赐死;贬王伾为开州司马,不久王伾死于贬所;又贬韦执谊为崖州司马、柳宗元为永州司马、刘禹锡为朗州司马、韩泰为虔州司马、韩晔为饶州司马、陈谏为台州司马、凌准为连州司马、程异为郴州司马,由是史称"二王八司马事件"。第二年正月,唐顺宗也稀里糊涂地死了。

永贞革新的失败,反映出当时的唐王朝已经十分腐朽,而革新派依靠的是一个重病在身的皇帝,力量弱小,加上改革派本身的许多弱点,失败不可避免,而保守力量却十分强大。宦官的势力此后更加甚嚣尘上,连皇帝的生死废立也操纵在手上。唐顺宗死在宦官手上,后面的唐宪宗、唐敬宗也分别死于宦官之手。宪宗以后至唐亡的九个皇帝,有七个为宦官所立,皇帝成为宦官手中的玩偶。作为皇室奴仆的宦官,权势发展到专擅朝政,控制兵权,在大唐后期反仆为主,成了至高无上皇权的实际代表。这不仅是中国历史的怪现象,也是所谓强盛的大唐王朝的笑话。

八、宋申锡冤案与甘露之变

唐朝后期,一方面是宦官专权,一方面是牛李党争,朝政混乱。文宗李昂即位后,急切地寻找铲除宦官势力的官员。他发现翰林学士宋申锡忠厚勤谨,既不依附任何朋党,又与宦官素不往来,便将宋召进宫秘议。文宗坦诚相告:"中尉王守澄是弑宪宗的元凶,逆罪一直未讨,还统领着禁军,专横跋扈,招权纳贿,中外侧目。朕今令卿与朝臣同心协力,共除邪恶。"宋申锡叩头拜谢,领命而去。不久,宗申锡便拜尚书左丞,一个月后,再迁同中书门下平章事(宰相)。

宋申锡领密旨后,引荐吏部侍郎王璠为京兆尹,并将文宗的意图告之,希望共图大计。不料王璠一听此等机密,便找检校库部郎中郑注通风报信。郑注是王守澄的心腹,立即告之王守澄,以报"知遇之恩"。王守澄闻讯大惊,与郑注想出一条毒计。

太和五年(831年)二月,神策都虞侯豆卢著秉承郑注的旨意,诬告宋申锡谋立漳王李凑。王守澄故作紧张,立即奏报文宗。漳王李凑是文宗的弟弟,由于仁德贤明而颇有声望,文宗对他一直怀有猜忌。阴险狡诈的郑注便利用文宗的这一阴暗心理构陷忠良。果然,文宗对豆卢著的诬告深信不疑。他勃然大怒,当场令王守澄查办此案。

王守澄原想派两百骑屠杀宋门全家,被宦官马存亮谏止,便将漳王内史晏敬则、宋申锡的亲吏王师文等七人逮捕入狱。王师文闻讯先逃逸,晏敬则等人经不住严刑拷打,遂自诬服,谎称宋申锡遣王师文勾结漳王,图谋不轨。文宗下诏罢免了宋申锡的宰相官职,将他贬为太子右庶子。第二天,文宗召众大臣面议其罪。许多人不敢得罪王守澄,皆议宋申锡死罪。左常侍崔玄亮见情况紧急,赶快率领给军中李国言等十四名谏官,伏于玉阶之下,泣涕力谏,据理力争。几个宰相也认为宋申锡不至于谋逆,可让双方对质。文宗有所醒悟。郑注害怕一旦真相大白,必将危及自身,便劝王守澄奏请贬黜即可。王守澄如此一奏,文宗正好借此收场。于是文宗下诏,贬漳王李凑为巢县公,宋申锡为开州司马,晏敬则等死刑,受宋申锡案件牵连而坐死及流窜者数十上百,天下之士,皆以为冤。两年后李凑与宋申锡便先后病卒于贬所。

有御史弹劾郑注,要求送法司审理。王守澄入宫说郑注无罪,还荐其任侍御史等职,文宗只好准奏。不久,文宗忽染风疾,不能说话,王守澄引郑注入宫疗治。郑注懂医,几服药下去,果然有些疗效,文宗渐渐能说几句话,加上郑注能说会道,从此成了文宗宠臣。郑注、王守澄又引荐李仲言,李仲言原诬陷宰相裴度,事败,流至象州(今广西桂林),后遇赦还都。此人口才敏捷,仪表秀伟,出身名门。文宗以为得旷世英才,任为翰林侍讲学士。李仲言因前犯过事,从此改名李训。

宋申锡案后,宦官权势愈张。文宗深感愤耻,起用与王守澄不和的仇士良为左神策军中尉,以分割王守澄的权势。郑注与李训得宠后,一心谋取更高的相位。他们先将牛李二党一些高官排挤出朝廷,后又迎合文宗要除宦官的意图。太和九年(835年),李训得愿任宰相,便出谋先杀了兴元节度使监军宦官陈弘志,后又与郑注密谋,加封王守澄官爵,令其外出就职,实夺其军权,再除去其左右手,使王守澄孤掌难鸣,最后遣中使到王守澄府第,赐其鸩酒,逼令自杀。至此,杀害宪宗的逆党全部消灭。

李训与郑注皆凭投靠王守澄而得官位,一旦得势,反陷王守澄于死地,顿时声名显赫。李训既为宰相,不愿郑注与他同居相位,假托宦官势力未除,须内外呼应,出郑注为凤翔节度使。李训荐御史中丞舒元舆为相,联合左金吾卫大将军韩约等几个亲信,密谋派几个节度使募集壮士,以为部曲,再派一些亲信官员,安置在要冲之地。起事之日,李训用计引宦官进左金吾卫厅,然后关上大门,企图一网打尽。

十一月这天,左金吾卫大将军韩约入殿奏称:"左金吾厅事后,石榴上夜有甘露,为上天所降祥征兆,非圣明感格,不能得此。"李训便率百官称贺,劝文宗亲往观甘露。文宗命李训等先去查视。李训去了许久,回来奏称,"甘露好像不是真的,先不要忙于宣布。"文宗感到奇怪,遂派左、右神策军中尉仇士良、鱼志弘率众宦官去复验。仇士良等到了左金吾卫厅,见大将韩约脸色惨白,汗滴额下,不禁起疑。恰在此时,一阵风吹起幕布,仇士良发现幕后有伏兵,且人数不少,便大喊有伏兵,返身奔逃出大门。

李训见仇士良等奔还,知道那边事情没有得手,便呼殿上的金吾卫士保护皇帝。抬乘舆的宦官一见势头不对,抬起文宗向北疾驰,李训没有拦住。官员与宦官互有打斗,乱作一团。京兆府逻卒赶到,追杀了十余个宦官。宦官见势不妙,架着文宗逃入宣政门内,大门也随之关上,随后便组织禁军进行反扑。文武百官皆震惊不已,不知发生了什么事,四下逃散。李训知道计谋已失败,也乘乱逃出京城。

宰相王涯、贾𫗧等,本未参与此谋,见殿中变端叠起,不知何故,与许多官员聚于中书省,等听消息。忽有吏人来报,"宦官们率禁兵千余人,声言讨贼,逢人便杀,已快到了。"官员们争门出逃。须臾大军杀到,六百多人被刈草般杀死。仇士良又命关闭宫门、城门,搜索捕杀。一时长安城中尸横满街、鲜血涂地,无辜死者又千余。仇士良还派骑兵千余分道出城,追捕逃亡者。禁兵借口捕人,到处抄家劫财,大臣百官尽数被捕。宰相王涯年已七十,受刑不过,只得自诬与李训等谋行大逆。李训在逃往凤翔的路上被捕,知绝无好下场,求押送官取其首级。于是李训被砍下首级送到京师。

仇士良得李训首级后,命左神策军三百人,右神策军三百人,押王涯、贾𫗧、舒元舆、王璠等宰执大臣,徇于市曹,腰斩后,枭首悬于兴安门外。其亲属不问亲疏,悉数处死,孩童也不例外,妻女有少数免死者没为官奴。郑注在凤翔被监军所杀,并灭全家。其他节度副使、节度判官、掌书记等官员与家属,也一并处决,死者又达千余人。经过这次大规模屠杀,四位宰相与半数公卿遭害,朝列几乎为之一空,而朝政就更为宦官所把持。文宗再也不敢与宦官对抗,整天郁郁寡欢,终于在开成五年(840年)病逝,年仅三十二岁。

宦官集团与官僚集团的内斗,居然让如此众多的无辜臣民陪葬,说到底还是君主专制体制下的一种不治之症。

第三节　五代十国要案

907年至960年,中原相继出现了梁、唐、晋、汉、周五代,周围相继出现了前蜀、后蜀、吴、南唐、吴越、闽、楚、南汉、南平(即荆南)和北汉十国。这五十多年中,不但王朝更替频繁,割据势力凶悍,大小战乱不断,经济屡遭破坏,且军阀统治黑暗,政治腐败不堪。法治崩坏达到无以言表的程度,统治者视人命如草芥,滥杀乱刑之事,随处可见,乃至株连族灭,全村抄斩,造成的冤狱无法统计。

一、朱温擅杀滥戮建后梁

朱温出身流氓,早年投奔黄巢起义军,转战南北,立有战功,升为大将,后率部投降朝廷,被任命为河中行营招讨副使,赐名"全忠",随即领兵镇压起义军,招降纳叛,扩充实力。同时,朱温又开始征讨周围各类军阀,以扩大地盘。

光启二年(886年),朱温大破秦宗汉部,斩首两万余。景福二年(893年),朱温击败朱瑄部,俘虏士兵三千余。恰遇狂风骤起,飞沙弥漫,朱温说:"此乃杀人未足耳。"下令将三千俘虏全部杀光。朱温又进兵夺博昌城,久攻不下,"乃下俘民众十余万,各领负木石、牵牛驴,于城南为土山。既至,合人畜木石排而筑之,冤枉之声,闻数十里。俄而城陷,尽屠其邑人,清河为之不流"(《旧五代史》卷十二)。真可谓惨绝人寰。朱温就是在这样惨绝人寰的肆意屠戮中,用人民和将士的生命构筑攻城工程,扩展着自己的势力范围。

此时,李唐朝廷已屡经军阀劫难,唐昭宗形同玩偶。宰相崔胤勾结朱温,把持朝政,作威中外,先潜杀另一名宰相王搏,又诛戮任枢密使的宦官宋道弼、景务修等人。宦官集团见状,连忙联络凤翔军阀李茂贞派兵进驻长安。崔胤暗中召朱温发兵救驾。天复元年(901年),朱温率军攻下河中,紧逼长安。宦官挟持昭宗,焚掠长安,逃往凤翔。朱温入长安,再进兵,包围凤翔。凤翔成为孤城,粮食等物资紧缺,饥饿的人们甚至以人肉为食,加上天寒,城中出现一片片冻饿而死的尸体。李茂贞抵挡不住,愿意讲和,礼送昭宗回长安。

唐昭宗回到长安,已成彻头彻尾的孤家寡人,朝臣大批遭到诛逐。903年,朱温又与崔胤合谋,并征得昭宗的同意,用诏书名义,将朝中数百名宦官几乎全部杀光,只留下二十余名职位低且幼弱者以备洒扫,接着,又颁诏诸镇,要各地尽杀所在监军宦官。这样,唐中叶以来历时百余年的宦官专政局面遭到致命打击。

朱温留下侄子朱友伦留长安典率禁军,严密控制皇室。不久,朱友伦打马球时坠马身亡。朱温怀疑是崔胤等人所害,遂杀宰相崔胤、京兆尹郑元规等大臣及一同打马球之人。天祐元年(904年),朱温担心军阀再次劫持皇帝,遂决定强迫昭宗及后妃、百官与城中百姓迁往自己的势力范围:洛阳。长安宫室与百官衙署全部拆毁,乃至拆毁民居,号哭之声不绝于耳,月余不息,长安遂成废墟。东迁途中,朱温又缢坑昭宗左右小侍臣两百余人。

到洛阳不久,朱温密旨朱友恭等,率禁军入宫杀死了唐昭宗及其所有儿孙,只留下第九子十三岁的李柷为帝,史称昭宣帝,又称哀帝。事后,朱温为了灭口嫁祸,又将养子朱友恭、大将氏叔琮等人以其他罪名赐死或斩首。

天祐二年(905年),朝臣仍结党相争,朱温厌恶宰相裴枢等人,便罢其相位。宰相柳璨便乘机将素所忌恨的朝臣开出名单,向朱温献媚进谄,怂恿杀掉这些大臣。谋士李振,出身寒微,屡试进士不第,因而忌恨世族与科举出身的朝官,也劝说朱温将众臣贬逐、杀了事。朱温信之不疑,于是朝臣"贬逐无虚日,缙绅为之一空"。一个月后,朱温在滑州白马驿杀裴枢等三十余名大臣。李振意犹未尽,向朱温建议:"此辈常自谓清流,宜投之黄河,使为浊流。"朱温听了大笑,立刻命人将这三十余具尸体投入黄河。

同年,朱温急不可待地想篡唐。枢密使蒋玄晖和宰相柳璨献策说,历代易号换帝的惯例,都应先受"九锡",后行"禅让"。朱温根本听不懂这些,以为蒋玄晖与柳璨心怀异志，借此为名，拖延时日，便暴跳如雷，下令将蒋玄晖、柳璨处斩。柳璨临刑叫喊："负国贼柳璨，死其宜矣！"此时，魏博六镇军乱，节度使罗绍威恶牙兵乱权，请朱温镇压。朱温派军奇袭，"遂合营歼之，凡八千家，婴孺无遗"。

朱温出身乡间儒经塾师家庭，一个教书匠的儿子为什么会如此残忍？主要是跟其老领导黄巢学的。黄巢农民起义军所过之地，往往纵兵杀掠，只见百姓净尽，赤地千里，就是攻占长安后，他依然杀人无数。当官军反扑长安时，百姓完全站在官军的方面，黄巢大怒，又再次"纵兵屠杀，流血成川，谓之洗城"。有俗语谓："黄巢杀人八百万——劫数难逃。"更不可思议的是，黄巢往东退却时，围攻陈州百余天，由于发生大饥荒，其军粮居然主要靠人肉。他们制造了几百个大磨盘，疯狂地将大批乡民、俘虏，无论男女老幼，悉数送进数百巨碓中磨成肉糜，充作军粮，其人肉作坊美其名曰"舂磨寨"。据说每天都要杀吃数千人，百余天下来就是数十万，几乎将陈州四周百姓吃光。

天祐四年（907 年），朱温让哀帝举行"禅位"大礼，登上皇帝宝座，国号为"梁"。废黜的唐哀帝被幽禁，次年被杀，李唐覆灭。朱温虽称帝，但这片大地上还有十几个割据势力，所以后梁也就是一个大"藩镇"而已。

朱温做皇帝后，对一起出生入死的部属将佐，也常因猜忌而将其滥杀。如朱温听信诬陷，杀雍州节度使王重师，夷灭其族。检校司空邓季筠，威震中原。朱温忌其功高有能，在阅兵时怒其马瘦，借题发挥，将邓季筠与魏博军校何令稠、陈令勋，当即斩首……朱温忌才妒能，猜疑部属，借故冤杀，逐步导致上下离心，众叛亲离，最终死在自己的亲生儿子刀下，也算报应。

后梁建国血泪纵横，冤滥层出。我们从中可以看到五代统治者的残忍面目和法制崩坏之概貌。

二、后唐郭崇韬、朱友谦被害

早在后唐建立之前，郭崇韬就跟从李克用兄弟转战南北，削群雄，灭后梁，为建立后唐功勋卓著，以才干见称，及李克用之子李存勖即帝位（是为唐庄宗），被任命为兵部尚书、枢密使,并赐予铁券丹书,可免死罪十次。他才识出众,忠直果敢,善以谋议相佐,每于危难之际,总能出谋制胜,尽管权倾朝野,但仍尽忠王事,奖掖人才,受到内外的一致称道。

然而,灭梁之后,唐庄宗却把那些忠心耿耿的谋臣武将的汗马功劳完全抹杀,转而任用宦官,宠信伶人。庄宗将宫内宦官增至千人之数,分别委以事任,用为心腹,浸干政事,并派宦官复任诸道监军。另外,庄宗自幼爱好音律,喜欢伶人,做了皇帝后仍然涂脂抹粉,与伶人共同表演。伶人仗着皇帝的恩宠,出入宫廷,侮弄朝官,群臣敢怒不敢言。有个叫景进的伶人,尤为蠹政害民。由于他擅长打听宫外鄙细琐事,庄宗用为耳目,常屏退左右让他独自密奏。景进便乘机进献谗言,干预朝政,陷害贤能,连大臣们都有几分怕他。

同光三年(925 年),庄宗意欲伐蜀。郭崇韬想趁机建立大功,以制群小,便力赞其计,并主张由皇长子魏王李继岌为帅,以成威名。李继岌是个黄口孺子,当然不能主持军政,郭崇韬此议,不过自荐为帅而已。庄宗心领神会,也认为此役非郭莫属,遂任李继岌为西川四面行营都统,而任郭崇韬为东北面行营都招制置使等职,主持军务。郭崇韬率军出征,由于前蜀主庸将儒,不堪一击,郭军如入无人之境,未经激战,就灭亡了前蜀。从出兵到入成都,仅用了七十天,计俘获兵士三万,其他兵器、钱粮、金银无数,后唐取得大胜。

郭崇韬素来痛恨宦官,西征途中,告诫李继岌说:“蜀平之后,王必为太子,待千秋万岁,神器在手,宜尽去宦官,优礼士族。”此话被随军宦官听到,恨之入骨。入成都后,郭崇韬幕府繁闹,将吏聚集,前蜀投降者争先馈赠财物,随军出征的两个儿子,也骄纵不法,贪得无厌,并乘机大捞了一把,运回洛阳府第。而李继岌都统府却只有少数大将省谒,宦官们既显不了威风,又捞不到油水,妒恨交加。此时,前蜀降将们竞相推誉郭崇韬,联名请李继岌荐郭崇韬为西川节度使。宦官李从袭见此情状,便在李继岌面前诬告郭崇韬聚敛珠宝,图谋不轨。李继岌年轻无知,听信谗言,对郭崇韬大为猜疑。

庄宗得破蜀捷报,派宦官向延嗣赴蜀慰劳,而郭崇韬对向的到来,鄙屑视之,不出郊迎,相见时也相当怠慢。向延嗣愤恨不已,就与李继岌共同谋划,捏造事实来陷害郭崇韬。向延嗣回到京城就向庄宗诬告郭崇韬在蜀聚敛珠宝,网

罗党羽,权势炙人,意欲据蜀谋反,请庄宗杀郭崇韬。此前,庄宗就听说蜀将荐
郭崇韬为西川节度使之事,已经心怀不满,听了向延嗣的奏报后,更加疑虑。他
马上命令宦官马彦珪赶往成都,察看郭崇韬的动向,若奉诏班师则已,若有抗旨
拖延之状,则与李继岌共谋除之。马彦珪领命后还去拜见刘皇后,说皇子继岌
年轻,受郭崇韬钳制,若郭崇韬一旦谋反,皇子怕性命不保。刘皇后便写下密令,
让儿子以谋反罪诛杀郭崇韬。

　　马彦珪到成都后,向李继岌传达刘皇后密令。李继岌先不赞同,认为无皇
上诏令,不能妄杀。宦官李从袭在旁竟泣道:"如不杀郭崇韬,一旦被他得知,我
辈祸患就免不了。"并生造出许多利害关系来恐吓李继岌,令其不得不从。次
日,李从袭便以都统之命召郭崇韬商议事项。郭崇韬不知有诈,进入都统府后
即被伏兵杀害。随后,李继岌宣示刘皇后教令,将随军在蜀的郭崇韬之子郭廷
信、郭廷海一并杀害。郭崇韬另外三子郭廷说、郭廷让、郭廷议,也分别被戮于
洛阳、魏州、太原。

　　郭崇韬被诛杀后,伶宦的气焰更加嚣张。他们又造谣说:"郭崇韬敢在蜀中
图谋不轨,是因为有李继麟在河内呼应。"李继麟原名朱友谦,是梁太祖朱温的
养子,官拜中书令,封冀王,因不满朱友珪弑父自立,遂叛梁归唐。李存勖即位
后,褒奖朱友谦的协助之功,拜为太师、尚书令,并恩赐姓李,名继麟。后庄宗又
颁赐铁券丹书,任其子令德为遂州节度使,令锡为许州节度使,其他几个儿子也
位居刺史、将校之列,恩宠之盛,冠于列藩。

　　李继麟对宦官、伶人在朝中的所为十分反感,尽管大小官员争先恐后贿赂
伶宦,但李继麟始终冷眼以对,对伶宦们的公开索贿不予理睬,招致伶宦的忌
恨。当初,郭崇韬率军伐罚之际,李继麟曾阅兵,派其子令德领兵助战。这时,景
进与宦官向庄宗谗言道:"李继麟以为是讨伐自己,所以阅兵自卫。如不及时除
掉他,日后必为祸害。"庄宗听了半信半疑。此时,伶宦又造谣说李继麟要呼应
郭崇韬在蜀中谋反。李继麟听说后非常恐慌,准备入朝向庄宗剖明心迹。然而
谣言不止,甚至说李继麟伙同郭崇韬的女婿保大节度使李存乂秘密谋反,宦官
们也劝说庄宗要趁早除掉李继麟。庄宗遂贬李继麟为滑州节度使,晚上又命军
队包围其宅第,将李继麟绑至刑场处斩,随后下诏,恢复其原名:朱友谦。

　　接着,庄宗诏令李继岌于遂州杀朱令德,郑州刺史王思同于许州杀朱令锡,河阳节度使夏鲁奇往河中府诛灭朱友谦全族,计二百余口人头落地。朱友谦旧将史武等七人,也坐罪被斩,且族诛。

　　郭、朱二将无辜被杀,数族遭灭,天下震惊,一片冤声。于是功臣宿将人人自危,最终激起兵变。唐庄宗重用宦官,很快重蹈唐末弊政覆辙。

三、楚国官员高郁被冤杀

　　楚国是位于长江中游两湖地区的一个小国。楚国建立者马殷,本是唐朝湖南的马步军都指挥使,后因湖南的藩镇节度使在兵变中被杀,被推为湖南的主帅,逐步统一湖南全境。他任用足智多谋的都军判官高郁为谋主,采取了一系列保护和发展自己势力的措施。为了抵御邻国吴国的威胁,马殷向梁进贡称臣,求封爵,后梁封他为“楚王”。马殷重视农业生产,与民休息,改善赋税法,鼓励商旅往来,大大增强了境内的经济实力。随着楚国力量的增强,高郁的声望与日俱增,危机也同时向他袭来。

　　当初,马殷遣其子马希范到洛阳向唐庄宗进贡。庄宗早就耳闻高郁的显赫谋绩,害怕楚国的强大将对自己构成威胁。为了离间马氏与高郁的关系,庄宗故意当面夸奖马希范说:“传闻都说马氏的江山肯定会被高郁夺走,现在看到马殷的儿子如此干练,高郁哪里还能夺走它呢。”马希范年少无知,竟听信了庄宗的挑拨离间,对高郁产生猜忌。

　　马殷晚年多行内宠,嫡庶无别,诸子骄奢,钩心斗角。长子马希振为了避祸,弃官出家当了道士。马殷年事已高,就令次子武安节度副使马希声知政事,总管内外诸军事。从此国事都先奏报马希声,然后方转给马殷。

　　荆南的割据者高季昌一直对高郁心怀嫉恨,曾多次向马殷散布流言蜚语,中伤高郁。但马殷不信谗言,对高郁依然十分宠信。当高季昌得知马希声执掌朝政后,就派使者送信给马希声,盛赞高郁的功绩,表示愿意与高郁结为兄弟。使者还对马希声说:“高季昌听说楚国任用高郁很高兴,认为马氏一定会被高郁所灭。”愚笨的马希声早就嫉妒高郁,闻言就更是怒不可遏。

马希声的妻族行军司马杨昭遂，为了取代高郁的地位，也经常在马希声面前谗毁高郁。马希声便向马殷诬陷高郁奢侈逾制，交通邻藩，请求诛杀高郁以绝后患。马殷却回答说："我建立大业，全靠高郁的鼎力相助，你千万不可再说这样的话。"马希声不肯罢休，坚决请求罢免高郁的兵权。在马希声的胁迫下，马殷不得已左迁高郁为行军司马。高郁愤愤不平地对左右说："我侍奉君主很长时间了，正打算归老西山，以享天年。想不到犬子渐大，竟能咬人了。"马希声听说后，愈加恼怒，遂决意要杀高郁。

不久，马希声矫传马殷之令，杀高郁于府舍，然后榜谕中外，诬称高郁谋叛，将高郁全族和党羽全被诛杀。当马殷听到高郁的死讯时，痛心疾首，拍胸大哭说："是我老糊涂了，政非己出，居然连勋旧都不能保护，使高郁遭此冤酷！大概我也不久于人世了。"第二年，马殷在抑郁中死去。

第四节　冤狱类述

一、皇亲宗室，残忍争杀

自古以来，皇亲宗室间为夺取或巩固皇位的互相残杀，一直没有间断过。隋唐五代时期，这一争斗尤为激烈和残酷，上演了一幕幕骨肉相残、手足互戕的悲剧。

杨广加害兄弟　杨广用卑劣手段陷害兄长杨勇，夺得皇太子宝座之后，又将其他同胞兄弟一一加害。当时三弟秦王杨俊因奢侈好色，被王妃毒害而病故，四弟蜀王杨秀遂成为杨广的心腹之患。

杨秀是文帝第四子。他胆气过人，武艺超群，被封为益州总管，镇守西南。对于杨广阴谋篡位的行径，杨秀愤懑不平，形之于色。杨广为了除掉这一隐患，便暗中指使权奸杨素收集罪状，伺机进行谗害。

　　不久，杨素就将杨秀私结党羽，奢侈逾制，车马被服僭于天子的情况报告文帝。文帝大怒，认为杨秀破坏礼制，心存异志，便征召杨秀回京。文帝在严厉斥责了杨秀之后，将杨秀下狱治罪。为了进一步陷害杨秀，杨广用古代盛行的巫术诅咒法，私下制作了两个木偶，刻上文帝杨坚与汉王杨琼的姓名，"缚手钉心，令人埋于华山下"，再令杨素手下挖出作为罪证。同时，杨广又伪造具有反叛意图的檄文，放置于杨秀的文集之中，令杨素一并奏明文帝。文帝暴怒，下诏废杨秀为庶人，禁锢终身，诛杀其属下数百人。杨广即位，杨秀禁锢如旧。后宇文化及谋逆，杨秀与诸子均被杀。

　　汉王杨琼，特为文帝宠爱，任并州总管。大哥杨勇被废后，杨琼缮治甲兵，阴有异图。杨广即位，征杨琼回京，杨琼便扯旗造反。但杨琼无谋略胆识，很快被杨素击败，押回京师，被杨广"除名为民，绝其属籍"，幽禁而死，其子及杨广父子与杨俊二子，也都在宇文化及谋逆时遇害。这样，文帝五子及诸孙，无一人善终。这与秦始皇的子孙结局有一拼，在这点上，秦与隋亦极为相似。

　　李世民逼父弑兄　唐太宗李世民是在杀了兄弟李建成、李元吉，并逼父兄李渊让位的情况下，才得以登上皇位的。现在一般将玄武门之变的动因归罪于李建成、李元吉，其实内中总是有些冤枉的。不管怎么说，李建成是太子，既定接班人。据有关史料分析，李建成为人还算宽仁，如此被杀总是有些冤枉的。李元吉较为凶狠，几次谋算李世民。事变后，李建成的四个儿子、李元吉的五个儿子与许多男性亲属都被处死，两门死绝，女眷则收入宫中。李世民尚未即帝位，就以谋反罪杀诸侄，其罪名是不成立的，何况一些侄子尚年幼，所以此举只能是篡夺皇位。然而，由于历史是胜利者谱写的，加上唐太宗的贞观之治，这篡位行为后人就不怎么追究了，而李建成、李元吉之冤就更没有多少人去理会了。

　　齐王李祐谋反　齐王李祐为太宗第五子，为阴妃所生。李祐招募武士，又昵近小人，骄奢淫逸，行为出轨。齐州长史权万纪常犯颜直谏，李祐不听。太宗得知后，几次写信谴责。李祐以为权万纪出卖自己，愤恨不已，加上权万纪管教益严，致使李祐与心腹商议要诛杀权万纪。贞观十七年（643年），预谋泄露，权万纪逮捕齐王亲党，并上奏太宗。太宗命李祐与权万纪入京。权万纪先行，李祐派兵在途中追杀了权万纪。接着，李祐在群小的劝说下起兵反叛，很快被镇压。李祐被押送长安,余党被斩杀。太宗下诏废李祐为庶人,赐死于内侍省。

太子李承乾谋反　李承乾为太宗的嫡长子,为长孙皇后所生。太宗的日益不满,弟弟魏王的争位及其自身的顽劣脾性,使李承乾走上谋反之绝路。贞观十七年(643 年),太子与汉王李元昌、大将侯君集、开化公赵节(母为唐高祖女)、驸马杜荷(名相杜如晦子,娶太宗女)、左屯卫中郎将李安严等在东宫,密谋逼太宗退位,自立为帝。被人告发后,全部收捕入狱。太宗下诏废太子为庶人,七弟汉王李元昌被赐死家中,侯君集、李安严、赵节、杜荷皆被处死。李承乾被废为庶人后,徙居黔州(今四川彭水县),两年后死于徙所。

高阳公主谋反案　高阳公主是唐太宗第十七女,下嫁宰相房玄龄次子房遗爱。由于不满此桩包办婚姻,高阳公主与高僧辩机私通。被发现后,辩机被处死,高阳肆意报复。房玄龄去世后,其子闹分家。公主为了争遗产,告长子房遗直对她非礼,房遗直则告公主夫妇谋反。在长孙无忌的审理下,一场笨拙的谋反闹剧浮出水面。永徽三年(652 年),高阳公主、房遗爱、薛万彻(高祖第十五女丹阳公主之驸马)和柴令武(太宗第七女巴陵公主之驸马)打算政变废掉高宗,拥立荆王李元景(高祖第七子)为帝,于是一干人都被逮捕。长孙无忌乘机把吴王李恪也牵连进来,李元景、李恪、房遗爱、高阳公主、薛万彻、柴令武、巴陵公主等全部被杀。

其中吴王李恪最冤。他是太宗第三子,其母杨妃是隋炀帝的女儿,这个具有两代帝王血统的王子,有英武才,深得太宗的喜爱。李恪曾任潭州都督、安州都督。在皇位继承人的争斗中,太宗一度想立吴王李恪,在长孙无忌的极力劝说下,才选择了第九子李治为太子。长孙无忌清楚李恪是最有可能对自己外甥李治继位造成威胁之人。房遗爱在长孙无忌的引导下,写下了李恪也参与谋反的证词。653 年,李恪在长安被高宗赐死,年三十四岁,其罪名是与妹妹高阳公主"过从甚密"。可见,长孙无忌既是冤狱的受害者,也是冤狱的制造者。

蒋王李恽自杀　太宗第七子蒋王李恽,生活奢侈,好聚敛。上元元年,有人赴长安诬告李恽谋反。高宗派官员前往查处。李恽惶恐不安,遂自杀。

武则天害皇后杀子孙之事迹前已有述,这里就不重复记述了。

705 年,张柬之等五人发动政变,唐中宗复位。在其统治期间也发生了一些皇亲宗室残忍争斗的冤狱。

李重俊政变　武三思勾结韦皇后、安乐公主,在贬杀五王后,掌控朝政。神龙二年(706年),卫王李重俊立为皇太子。重俊是中宗第三子,后宫宫女所生。韦皇后由于李重俊不是自己亲生的,且出生卑微,就对他百般侮辱。安乐公主恃宠骄恣,亦仗势欺人,与驸马武崇训常呼太子为"奴"。景龙元年(707年)七月,太子李重俊不甘心忍受屈辱,并试图摆脱被废黜的危险,与左羽林大将军李多祚、右羽林将军李思冲等人发动军事政变,杀武三思、武崇训父子及其党羽十余人。唐中宗在韦后、安乐公主、上官婉儿的胁迫下,命令羽林军反击,杀死李多祚等将领。李重俊逃往终南山,后又逃至鄂西(今西安户县),为左右所杀。

韦皇后政变　李重俊政变失败后,韦后等进一步操控朝政,朝政日益腐败。韦后与安乐公主卖官鬻爵,奢侈淫乐。中宗亦不理朝政,只好击球。平民韦月上书揭发韦后与武三思私通之事,中宗命斩之。后在黄门侍郎宋璟力谏下,改为杖刑,流放岭南。韦月到岭南后,还是被杀了。景龙四年(710年)六月,韦后担心淫乐之事总会露馅,欲效法武则天当女皇,便与安乐公主合谋,将唐中宗毒死,立温王李重茂为帝。李重茂时年十六岁,史称少帝。韦后临朝听制,并用诸韦子侄统率禁军,以便控制局势。

李隆基政变　韦后、安乐公主的倒行逆施,毒死老公、父亲的行为,引起朝臣们的强烈不满。相王李旦的第三子李隆基抓住这一时机,带头发难。李隆基时年二十六岁,初封楚王,后改临淄郡王。他在动荡的政局中,暗自培植自己的势力,与诸将帅结为死党,掌握了部分禁军。韦后临朝称制后,又想杀少帝,嫁祸于相王李旦,然后一并铲除异己。李隆基获得消息,与姑母太平公主联合,策动禁军攻入玄武门,杀死韦后、安乐公主、上官婉儿及其党羽后,又遣将派兵"诛诸韦于杜陵","襁褓几无免者",将韦氏灭族。接着太平公主出面,令侄子少帝退位,复立叔父相王李旦为帝,是为唐睿宗。

少帝李重茂被拉下龙椅后,降封温王,又改封楚王。不久,李重茂的哥哥谯王李重福,不服睿宗的统治,拥兵占据洛阳,自行称帝,并封李重茂为皇太弟。但很快,兵变被镇压。李重福被杀,李重茂也不知所踪。

太平公主政变　李隆基因功晋封为平王，即立为太子。唐睿宗生性懦弱，善于用恭俭退让来避免灾祸。他看到太平公主与太子两派的势力都很强，便两边都依靠。他对妹妹太平公主特别关照，"公主所欲，上无不听"，致使太平公主的权势发展很快，"宰相七人，五出其门。文武大臣，大半附之"。太平公主势力的膨胀，势必与太子李隆基发生冲突。

先天元年七月，睿宗退位，李隆基即位，史称唐玄宗。李隆基不肯听任太平公主的摆布。太平公主的权势受到威胁，便暗中准备发动政变。先天二年七月三日，太平公主与尚书左仆射窦怀贞、侍中岑羲、中书令萧至忠、左羽林大将军常元楷、右羽林将军李慈等合谋，计划次日以羽林军发动政变，拥立自己为女皇。大臣魏知古探知，密报玄宗。在大臣张说、崔日用、郭元振、王毛仲、李令问及宦官高力士等的策划下，率诸臣家丁两百余人，出其不意地杀了羽林军将领常元楷、李慈等人，控制住羽林军，又活捉宰相萧至忠、岑羲等人，随即斩首。太平公主闻讯，只得逃入圣善寺。因忍不住饥困，太平公主数日后又返回长安。玄宗令"赐死于家"。于是骄纵几朝的太平公主被迫自缢而死，其子薛崇行、薛崇敏及党羽数十人被杀，家财全部被抄没。至此，动荡了八年的政局才逐步稳定下来，开始了走向开元盛世。

唐肃宗赐死李俶　建宁郡王李俶是唐肃宗第三子，英毅果敢，且有才略，性格忠直。安史之乱爆发，李俶率军血战，初建功业。时张良娣（后为皇后）有宠，并恃宠自恣。李俶数次对肃宗言及张良娣勾结宦官李辅国，欲倾动皇嗣。张良娣与李辅国对李俶恨之入骨，乘机诬奏李俶恨不得兵权，怀有异志，欲谋害其兄。肃宗竟然不辨真伪，下诏将李俶赐死。肃宗后知道李俶被冤，追悔莫及。

永王李璘被杀和诗人李白冤案　永王李璘是唐玄宗第十六子，安史之乱时领江陵大都督，招兵买马，招募将士，囤积粮草，统军保卫长江流域。李白就在此时被请入永王李璘的幕府，满怀豪情准备报国。然而，这引起了肃宗的猜忌，认为是对他帝位的一个威胁。由是，安史之乱还没平息，兄弟之间又开始内战。永王李璘先攻占了丹阳，肃宗以永王图谋割据，反叛朝廷的罪名加以镇压。至德二年（757年）李璘兵败被杀，李白也被投入狱中，被判长流夜郎。李白在五十八岁的暮年，踏上流放之路，两年后到达四川奉节时遇赦，经历了十五个月的流放生活,有幸重获自由。

唐中叶以后,宦官专权,皇帝的废立,常凭其好恶而定。在自身性命和地位都堪忧的状况下,皇亲宗室间的争斗才稍显平静。

后梁皇室相残　912 年,朱温病重,因长子早亡,欲传位给次子朱友文,出三子朱友珪为莱州刺史。朱友珪率兵入宫,杀了父亲,然后以谋逆的罪名,赐死哥哥朱友文,并令四弟朱友贞监杀。朱友珪继位。八个月后,弟弟朱友贞联合禁军进攻皇宫。朱友珪自度不免,只得令属下将自己与妻儿杀死。朱友贞即帝位。十年后,后唐军队攻入京城。朱友贞也只得令属下杀了自己,其死法与朱友珪相似。后梁灭亡。

后唐皇室相残　后唐庄宗宠信伶宦,杀害功臣郭崇韬、朱友谦,激起魏州兵变,自己被乱兵杀死,登基才三年。军队推李克用养子李嗣源即位,是为唐明宗。唐明宗在位七年一直没有解决立嗣问题,结果,次子趁他病重之际发动兵变,想用武力夺取皇位,遭到镇压被杀。不久,唐明宗病危,长子害怕自己不得即位,误以为父皇已死,便带兵冲进宫中,被视为行逆,当即被将士诛杀。得知此讯,老皇帝惊骇交瘁,一命呜呼。这样第五子李从厚成为继承人,为唐闵帝。这位二十岁的皇帝在位才四个月,就被李嗣源的养子李从珂给颠覆了。唐闵帝逃亡途中被姐夫石敬瑭俘获,交给新主子。闵帝、皇后及其四子都被李从珂鸩死。三年后,李嗣源的女婿石敬瑭以契丹主为父、割让燕云十六州为条件,引契丹兵包围洛阳。唐末帝李从珂自焚而死,后唐灭亡。

十国中同室操戈的情况同样惊心动魄　南汉开国皇帝刘陟,残酷暴虐,穷奢极欲。死后,其三子刘弘度即位,是为殇帝。弟弟刘弘熙为谋夺位,次年就派心腹杀了哥哥,自立为帝,改名晟,是为中宗。刘晟弑兄篡位,又杀诸弟,其后数年之中,把十几个弟弟全部送上黄泉路,几近疯狂,"尽杀其男,纳其女充后宫"。

刘晟病死长子刘继兴即位,是为后主。在宦官陈延寿的教唆下,同样杀戮诸弟。

闽国嗣王王延翰,其妻崔氏凶悍歹毒,鸩死公公闽开国主王审知,使丈夫得以继位。接着其兄弟王延禀、王延钧勾结,出兵杀了王延翰。王延钧遂称帝,是为惠宗,改名王鏻。不久,王延禀起兵被杀。后惠帝子王昶,趁其父病重之时,率兵入宫,杀父及陈后,自立为帝,是为康宗。继位后,康宗又杀弟弑叔。他以酒醉失礼罪名,杀堂弟王继隆,又以所谓"谋叛"罪,杀叔父建州刺史王延武、户部尚书王延望及其五个儿子。三年后,王昶在兵变中被杀,其叔王延曦被立为帝,是为景宗。弟弟王延政不服,出兵相攻。后景宗也死于兵变,王延政即位,终为南唐所灭。

楚国文昭王马希范即位后,便把胞弟马希旺囚禁,把异母弟马希杲鸩死。马希范病死后,弟弟马希广即位。其兄马希萼不服,起兵争位,抢占地盘,同室操戈,战无宁日。三年后,马希萼夺得王位,缢杀马希广,朝政由弟弟马希崇主持。次年,马希崇废马希萼自立。后,马希萼又被人拥为衡山王,兄弟相争不已。南唐乘机灭楚。

皇帝的权位把人异化到连野兽都不如的境地,其中父子、兄弟血亲之间的互相残杀,当然谈不上是什么冤狱。然而在这些残杀背后受牵连的无辜皇室亲属、大臣官员又不知有多少,许多臣民在这类斗争中,有意无意地被卷进去而备受冤祸。

二、酷吏猖獗,残害臣民

隋文帝统治手段严酷,往往小罪重罚,在朝廷上杖杀官员。他还公开允许诸司属官,对触犯刑法的罪犯,可以在法律外斟酌用刑。"于是上下相驱,迭行棰楚,以残暴为能干,以守法为懦弱。"这样,一批酷吏由是产生。

隋朝酷吏　田式任襄州总管时,专以立威为务,以致官属股栗,无敢仰视。田式有个爱奴,因为在田式面前挥袖拂去衣襟上的小虫,田式认为他轻慢自己,就立即用棍棒打死。田式对于犯有过失的属官,不问情节轻重,一律关进阴湿污秽的地牢,折磨半死才放出来。每当赦书到达,田式总是先招来狱卒,诛杀重囚后才宣示圣旨。

燕荣生性残酷,在任幽州总管任时,经常鞭笞左右,动至千数,流血盈前,饮吃自若。在燕荣手下任幽州长史的元弘嗣,因为不堪忍受燕荣的凌辱,怨恨之情溢于言表。燕荣便将他拘捕入狱,不供应食物。元弘嗣饥饿难熬,只得抽出衣絮果腹。元妻诣阙鸣冤。文帝查实燕荣虐毒属吏,贪暴放纵等罪行,将其征还京师赐死。

燕荣死后,元弘嗣为政,其残酷又超过燕荣。他每次审讯囚徒,大多以醋灌鼻,犯人不堪其苦,遂诬认罪状。炀帝大业初年,准备发兵攻打高丽,派元弘嗣到东海口监造船只。诸州役丁遭其捶楚,苦不堪言。督役的官员慑于元弘嗣的淫威,强迫工人昼夜立于水中,致使他们自腰以下,溃烂生蛆,死者达十之三四。元弘嗣却升了官。

炀帝时有名的酷吏王文同,在巡视河北诸郡时,召集诸郡官吏,稍有迟违者,就覆面朝地箠打至死。王文同见僧徒斋戒菜食,以为妖妄,皆收捕入狱。长老、僧徒相聚论道,共为佛会者有数百人,王文同也看作是聚众闹事,将其全部斩杀。王文同还聚集僧尼,令他们脱光衣服进行检查。当他认定其中有非童男童女时,就要恣行杀戮。郡中人号哭于路,诉其酷行。炀帝闻讯震怒,立遣使者斩杀王文同。

武则天与酷吏　武则天执政时期,是唐朝酷吏最为猖獗的年代。由于武则天政治野心勃勃,屡次废黜皇帝,自己临朝称制,独掌国政,这一切引起宗室大臣乃至许多人的反感。684 年,徐敬业在扬州起兵讨武。此次反抗虽很快被镇压,却给武则天敲响了警钟。武则天觉得宗室大臣及士大夫们都靠不住,便开始采用告密制度,然后利用酷吏,进行打击迫害,大兴冤狱,以此恐怖手段来稳固自己的统治。

武则天为了及时掌握李唐宗室大臣乃至所有士大夫的行为动向,防止他们密谋起事,下令在朝堂设置一个特别大的铜匦,专门用来收集各类臣民告密奏章和申冤诉状,派心腹大臣随时取送。无论贫富贵贱之人,都可前往朝堂投递密奏。一旦密奏确凿,马上加官晋爵,即使是诬告不实之词,也不追究问罪。武则天铜匦的设置,名义上有招谏、申冤、了解民情,匡正时政得失,实际上成为奸佞小人诬陷好人,制造冤狱的工具,一时四方告密者蜂拥而至。其结果便是造成人人怀疑,互相告发,人人自危的恐怖气氛。

据史载,武周朝酷吏计有约二十七人,这些人的出身都不高,显然是想依靠滥施刑法以进行政治投机。而武则天由于从专业的司法官员中找不到愿意做酷吏的人选,便只好从文化水准不高的社会下层中去挑选酷吏。第一个以酷吏起家的索元礼,本为胡人,在徐敬业扬州兵变时以告密起家,被武则天召见后立刻擢用为五品的游击将军。他首创用违法的酷刑在洛州牧院治狱,推审一人,必定诱使案犯牵连出数十上百人,杀掉无辜者数千人。武则天却认为他忠诚能干而屡加赏赐。索元礼以害人而获利,立刻煽动起急于获得政治前途的下层阶级的热情,周兴、来俊臣、侯思止、王弘义、来子珣、万国俊等人纷起效尤。

出身小吏的周兴累官至秋官侍郎,来俊臣累迁至御史中丞。他们蓄养着几百名无赖之徒,专干告密罗织的勾当,想要陷害谁,就令这些人四处诬告,辞状相同,便立即将被告者拘捕审讯,严刑拷打,逼令诬服。来俊臣等还编撰了洋洋数千言的《罗织经》,密授网罗无辜、锻炼成狱的诸种方法,作为酷吏的行动准则。这样一来,酷吏政治就以武则天自己也想不到的规模迅速扩张起来。

酷吏使用的刑具都是特别制造。索元礼就做了十种让犯人带的枷,分别起名为定百脉、喘不得、突地吼、著即承、失魂胆、实同反、反是实、死猪愁、求即死、求破家。来俊臣审案,"多以醋灌鼻,禁地牢中,或盛之瓮中,以火圜围绕炙之,并绝其粮饷,至有抽衣絮以唊之者。又令寝处粪秽,备诸苦毒",还有悬石击首、铁圈梏头,外加木楔,殴致脑裂髓出……种种酷刑,不胜枚举。犯人看到这些面目狰狞的刑具,往往吓得魂飞魄散,不待上刑,就随口诬供,以求速死。

武则天还置狱于丽景门内,由来俊臣负责审案。"自非身死,终不得出。每有赦令,俊臣必先遣狱卒尽杀重囚,然后宣示。""朝士多因入朝,默遭掩袭,以至于族,与其家无复音息。故每入朝晋,必与其家诀曰:不知重相见不?"因而丽景门被称为"例竟门",即入此门,例毙其命。当时,朝野人人自危,道路相见不敢交谈,只得以目示意,深恐被酷吏耳目抓住什么把柄,从而被拘捕诛杀。"中外畏此数人,甚于虎狼。"可以说酷吏的胡作非为,是武则天授权的结果,是武则天施政方略的体现。

酷吏王弘义残杀过两百余无辜之人。武则天令他审理胜州都督王安仁谋反案。王安仁拒不服罪,王弘义就抽刀将王安仁首级割下。他又拘捕王安仁的儿子,同样割下人头,将其父子首级装进木箱,带回洛阳邀功请赏。途中司马毛公设宴款待,只因话不投机,王弘义就将其斩杀,并用枪挑着毛公的首级进入洛阳城,见者无不震悚。

691年,御史刘行感兄弟,被酷吏来子珣诬陷谋反,双双遭到诛杀。

八月,来俊臣审理大将军张虔勖一案。张虔勖不服,向侍御史徐有功申诉。来俊臣闻讯大怒,令卫士将张虔勖乱刀砍死,枭首于洛阳市区示众。

不久,来俊臣审理岐州刺史云弘嗣一案。在尚未得到口供的情况下,来俊臣就先斩其首,然后伪造供词上奏武则天。其后,来俊臣又捏造谋反的罪名,杀了鸾台侍郎乐思晦和右卫将军李安静。由于深得武则天的赏识,来俊臣日益肆无忌惮。长寿元年,来俊臣向左卫大将军泉献诚索取黄金未果,就给泉献诚扣上谋反的罪名,将其下狱害死。

长寿二年(693年)有人上告,声称流放岭南的李氏宗室成员及受他们牵连而获罪的人有不满情绪,密谋造反。武则天立刻派司法评事万国俊的身份前往往岭南查处,并公开授权:"若得反状,便许斩决。"万国俊知道武则天镇压反叛绝不手软,而且杀人越多越好,所以到岭南后,便伪造圣旨要流放犯人立即自尽。流人们自觉罪不至死,便号哭抗命。万国俊命令手下将三百多犯人全部赶到河边,一一杀死。然后,万国俊又编造一份流人谋反的供词还奏武则天。武则天听完报奏,深以为然,提升万国俊为朝散大夫、肃政台侍御史,这就进一步煽动起酷吏争先恐后杀人升官的热情。

武则天又派出刘光业、王德寿、鲍思恭、王处贞、屈贞筠等人,各以本官兼摄监察御史的身份,分别去剑南、黔中、安南、岭南等地检查流放犯人的表现。这些酷吏纷纷效法万国俊,用大量杀人的办法讨好武则天。刘光业一下子杀了七百余人,王德寿杀了五百余人,其他最少的也不低于百人。武则天竟无半点怀疑。可见这种草菅人命的做法,完全是武则天的旨意,酷吏们不过是按武则天的要求办事罢了。

箕州刺史刘思礼勾结洛阳录事参军綦连耀谋反。武则天让河内王武懿宗负责审理。武懿宗生性残忍,擅长诬陷构罪,时人比之为周兴、来俊臣之亚。武懿宗受命审案后,就以免去死刑诱骗刘思礼,让他广泛牵连朝臣名士。于是宰相李元素等三十六位海内名士,都被锻炼成狱,惨遭灭族,亲党连坐流窜者达千余人。不久,刘思礼依然被杀。

武则天任用酷吏,先诛李唐宗室贵戚数百人,次及宰相大臣数百家,刺史、郎将以下不可胜数。一些酷吏杀人都在数千之上,造成冤狱泛滥,臣民怨愤不平。691 年,御史中丞李嗣真上表指出,过分使用酷吏政治,会使得国家法律体系崩溃,破坏统治权力的稳定,此问题不可不慎重对待。武则天也感到大局已定,可以杀几个过于残暴的酷吏,安抚一下人心,平复一些怨愤,便在几个月之内,连杀丘神勣、周兴、索元礼、傅游艺四个酷吏。可见,酷吏完全是武则天登基做皇帝的工具,一旦江山就坐稳了,就可以拿几个酷吏开刀了。

697 年,坐酷吏中头牌交椅的来俊臣也终被斩首。原因是来俊臣为进一步扩大权势,意欲将皇嗣李旦、庐陵王李显、诸武及太平公主统统罗织成谋反罪一网打尽。如内常侍范云仙因私自拜见皇嗣李旦而被腰斩,从此公卿以下皆不得见皇嗣。又有人告皇嗣有异谋,来俊臣审讯皇嗣左右人,酷刑逼供,"左右不胜楚毒,皆欲自诬"。有人自剖其心,以明皇嗣不反,"五脏皆出,流血被地"。女皇闻听,命来俊臣停止审讯,李旦才幸免一死。后,来俊臣又欲诬李旦、李显与南北衙共同谋反。诸武及太平公主得知后十分恐惧,便共同揭发来俊臣的罪行,才使其下狱。有司判处来俊臣极刑,女皇欲赦免,奏上三日没有回文。由于宰相与心腹一再告之,"俊臣诬构良善,脏贿如山,冤魂塞路,国之贼也。"女皇这才准其奏,下诏将来俊臣弃市。于是来俊臣与被他诬陷谋反的凤阁侍郎李昭德同日被处死。

然而民众的反应是武则天没有想到的,"时人无不痛昭德而快俊臣"。来俊臣被杀后,仇家一拥而上,争着剐肉剥皮,挖眼掏心,以发泄久已积蓄的怨恨。一会儿其尸体已被人剐光,内脏被践踏成泥。一个深受武则天信任且倚靠多年,还差一点又要得到赦免的大臣,竟然受到人们如此激烈的痛恨。

来俊臣之死,标志着武周酷吏政治的结束。其实从内心而言,武则天并不愿意放弃酷吏政治。因为她能登上皇位,酷吏们功不可没,且其强硬的专制统治也需要几个酷吏。实在是因为酷吏做得太过分,尤其与皇族之间的矛盾激化,武则天才不得不下决心杀了来俊臣。

唐代其他酷吏　中宗朝,权奸武三思豢养酷吏姚绍之、周利贞,造成了王同皎和五王之冤狱。

玄宗开元二年(714 年),光禄少卿卢崇道从岭外贬所逃归,躲藏于洛阳,被仇家告发。左台侍御史王旭奉诏鞫狱。为树立自己的淫威,王旭逮捕卢崇道亲党数十人,施用酷刑逼令诬服,致使卢崇道及三子并被杖死,门生亲友皆决杖流贬。当时的受害者大都是知名人士,天下为之称冤。

天宝年间,李林甫勾结杨国忠,以酷吏吉温和罗希奭为帮凶,制造了韦坚等一系列冤案。

肃宗时,酷吏毛若虚、敬羽把持御史台,五六年间台中囚系不绝,又有裴升、毕曜同为御史,皆酷毒残忍。当时有毛、敬、裴、毕之称。他们使用的刑罚极其残酷。或卧囚于地,以门开关辗其腹,号为"肉馎饦";或掘地为坑,实以棘刺,以败席覆其上,然后领囚临坑讯之,犯人坠入其中,即刻万刺扎身,鲜血淋漓。胡商唐谦被诬交通史朝义,经过两天审讯,竟然鬓发皆秃,膝弯脚碎,面目全非,视之如鬼。酷刑的摧残,于此可见一斑。

代宗时期,宦官鱼朝恩恃权骄纵,横行不法。其亲信党羽亦助纣为虐,残害百姓。神策都虞侯刘希暹,由于善于揣摩鱼朝恩的意图而得宠信。他知道鱼朝恩贪图钱财,就建议在北军设置监狱,召集市坊无赖少年,罗织城中富人的罪状,将他们拘捕入狱,酷刑逼供,使他们诬服致死,然后籍没其家产。此后,不仅富人惨遭毒手,且进京赶考者,只要随身携带财货多者,也会被莫名抓走,以致身死财亡,京城人称之为"入地牢"。宦官与狱吏们靠大兴冤狱,大发横财,比强盗还要无耻。

德宗时,浙西观察使李锜经常向宫中进奉财物,大得德宗宠信。李锜也恃宠骄恣,在当地无恶不作,百姓恨之入骨。浙西百姓崔善真到长安上书,控告李锜的罪恶,而德宗竟把他作为罪犯押回浙西,交李锜处置。李锜连崔善真身上的刑具都没卸下,便将其活埋。可见唐朝后期酷吏在昏君的纵容下,已经肆无忌惮到什么程度。

五代十国时酷吏　五代时后汉高祖刘知远性极残酷,所用大臣如苏逢吉、史弘肇等也极凶恶。苏逢吉为人贪诈无行,喜为杀戮。高祖曾因生日派苏逢吉疏理狱囚以祈福,谓之"静狱"。苏逢吉入狱中,将囚犯无论轻重曲直全部诛杀,回来禀报说:"狱静矣。"苏逢吉为了霸占前宰相李崧的房宅,引诱李崧家的仆人诬告主人谋反,将李崧兄弟下狱,并在其自诬供词上,将二十人改为五十人。

李崧一族因此被杀绝。

当时,天下多盗,朝廷患之,下令凡盗贼皆处死。苏逢吉却自草诏书下州县,规定凡贼盗所居本家及邻保皆族诛。在其他官员据理力争下,苏逢吉才去掉"族诛"两字。但是,郓州捕贼使者张令柔还是执行"族诛"令,杀平阴县十七村,村民数百人。

卫州刺史叶仁鲁领兵捕盗。当时有村民十余人共入山中捕盗,盗惊恐而逃逸。叶仁鲁晚到,便抓捕盗的村民为盗,酷刑逼供。村民宛转号呼,累日而死。闻者皆称其冤,而苏逢吉却以为叶仁鲁捕盗有功。于是天下因盗杀人泛滥。

史弘肇出兵警巡,务行杀戮,罪无大小皆死。某天太白星座昼见,有人抬头仰视,即被腰斩于市。市中有醉酒人违忤一个军卒,诬其讹言,坐弃市。凡民抵罪,属吏请示史弘肇,他常伸出三个指头示意,属吏就腰斩之。商人何福进因僮仆隐瞒了卖珠宝的钱,鞭打了他,那僮仆就诬告主人。史弘肇逮捕并杀了何福进,抄没家财及其妻子儿女。酒坊官曲温与军官争执,三司判处曲温有理,军官向史弘肇诬告。史弘肇竟以不先向他报告为由,杀曲温,并牵连数十人冤死。史弘肇还常用断舌、决口、断筋、折足等酷刑,虐杀无辜百姓。可谓杀人如麻,血流成河。

南汉国主刘䶮酷暴异常,以苛刑虐人为乐,"故有汤镬、铁床之狱,又有投汤镬之后,更加日曝,沃以盐醋,肌体腐烂,尚能行立,久之乃死。其余则锤锯互作,血肉交飞,腥秽之气,冤痛之声,充沸庭庑",还使用灌鼻、割舌、肢解、剐剔、炮烙、烹蒸等令人毛骨悚然的酷刑,甚至把人推入养满毒蛇的水牢里,或者把人投入热水沸腾的大铁锅中,真是惨绝人寰。他每每杀人,都会高兴得眉飞色舞,口水直流,被时人认为是怪物投胎,而南汉民众如置于炉火之上。

其他再如闽国王鏻统治期间,国计使薛文杰聚敛民财,"阴求富民之罪,籍没其财,被榜捶者胸背分受,仍以铜斗火熨之。"(《资治通鉴》卷二百七十八)楚国周行逢,果于杀戮,任意用酷刑对待部属和百姓,"民过无大小皆死"。淮南节度使高骈"募险狯者百余人,纵横闾巷间,谓之'察之'民间呵妻骂子,靡不知之;用之欲夺人货财,掠人妇女,辄诬以叛逆,榜掠取服,杀其人而取之,所破者数百家,道路以目,将吏士民虽家居,皆重足屏气"(《资治通鉴》卷一百五十四)。《旧五代史·刑法志》载各地官吏恣行残虐,"或以长钉贯簪人手足,或以短刀脔割人肌肤,乃至累朝半生半死"。后蜀盐铁判官李匡远,"一日不断刑则惨然不乐",听到刑具和惨号声,便眉飞色舞:"此一部肉鼓吹!"(《十国春秋》)五代酷吏制造的冤滥触目皆是。人民就生活在这群野兽的统治之下,如何不水深火热!

三、奸臣当道,打击异己

隋唐五代官场倾轧也相当激烈,主要是由于奸臣层出不穷,嫉贤妒能,打击异己,用心险恶,手段毒辣。而君主往往宠信奸佞,于是许多正直官员、有功之臣反遭不白之冤。

隋代奸臣杨素　隋文帝时,佞臣杨素骄横专权,对于功高望重的功臣宿将,百般陷害,必欲置之死地而后快。左卫大将军史万岁,雄略过人,治军有方,平时体恤将士,战时身先士卒,威震北方各族,为统一江南立有大功。开皇二十年(600 年),突厥来犯,文帝令杨素与史万岁分兵两路共同御敌。史万岁与敌相遇,突厥引兵退却。史万岁追了百余里,斩敌千余,凯旋而归。杨素无功而返,出于嫉妒,便向文帝谗言:"突厥本来无意进犯中原,只是想来塞上畜牧而已。史万岁贪功心切,大开杀戒,虚报战功。"文帝信以为真,便不再对史万岁所部论功行赏。史万岁不服,多次上表申述。文帝不予理睬,反而产生猜忌。

当时,隋文帝正准备废黜太子杨勇,并穷治太子党羽。文帝查问史万岁的行踪,当时他正在朝堂,杨素却诡称他去东宫拜谒太子,意在激怒文帝。隋文帝果然中计,召史万岁入殿问罪。史万岁不知其中奥秘,一心要为将士们讨个公道,见帝便说:"将士有功,为朝廷所压抑。"隋文帝听了勃然大怒,令左右杖杀史万岁于内宫。天下士庶听说史万岁无辜被杀,无不感到冤枉和痛惜。

杨素对于不曲附于己的朝臣,也极尽诬陷谗言之能事。侍御史柳彧为人正直,不畏权贵。一次杨素因小过被送御史台处治。他自恃身居相位,进门便据案而坐。柳彧却秉公执法,令杨素立于公堂之上,审讯其过失。杨素怀恨在心,伺机报复。

柳彧曾应蜀王杨秀要求送去《治道集》一书,杨秀回赠十个奴婢,以示酬谢。杨秀获罪后,杨素就诬奏柳彧交通诸王。文帝听信谗言,将柳彧除名为民,并配戍怀远镇(今四川崇庆县)。后来,柳彧行至晋阳(今山西太原)。正值汉王杨谅准备起兵,召柳彧为谋主。柳彧不知实情,将入城时,才发现杨谅反形,就谎称有病,遭到杨谅囚禁。杨谅失败后,杨素诬陷柳彧心怀两端,存有逆意,遂被流放敦煌,致使老死沙州,沉冤莫雪。

文帝晚年猜忌心日重,许多开国功臣相继被贬黜。功勋卓著的王世积时任凉州总管,旧部中的一名亲信官员皇甫孝谐,因为犯法而逃到凉州,请求王世积庇护,王世积不愿承担隐藏犯人的罪名而予以拒绝。皇甫孝谐被抓获后,发配戍边,受到上司的种种刁难。皇甫孝谐将自己遭到的厄运归罪于王世积,遂上奏诬告王世积心怀异志,图谋不轨,以泄私愤。文帝居然听信一个犯人的诬告,令有司审理。结果王世积被处死,左御卫大将军元旻、右御卫大将军元胄、左仆射高颎等人,也被视为王世积党羽而被罢官。挟私诬告的皇甫孝谐,却因功免罪拜官。

武则天身边的佞臣　武则天临朝称制时,侄子武承嗣、武三思在朝中横行霸道、恃势欺人。左司郎中乔知之有美婢窈娘,被武承嗣看中,占为己有。窈娘悲愤投井而死,尸体捞起,在她的裙带上发现有乔知之写的传情诗篇。武承嗣大怒,使酷吏诬陷乔知之,将他害死于狱中。诗人陈子昂历任右拾遗、秘书监正字诸职,曾多次上书谏言,被贬官,后因父亲在家乡受官员欺辱而辞官回乡。武三思暗中指使县令段简加以折辱。陈子昂回乡被关进监狱,在狱中忧愤而死。武承嗣还诬告平定徐敬业反叛的功臣镇军大将军李孝逸,称其"名中有兔,兔月中物,当有天分",存有异志,意欲谋反。武则天居然相信这一荒谬的罪名分析,但念李孝逸有功,减死除名,流放海南,忧愤而卒。宰相韦方质患病在家,武承嗣、武三思等前往探视。韦方质不肯起床相迎而得罪二人,被酷吏诬陷,流放海南,籍没其家。

武则天称帝后期,张易之、张昌宗兄弟以男宠身份受到重用。二人在武则天的纵容包庇之下,大肆排斥异己。宰相魏元忠为人正直,曾当庭指斥二张为奸佞小人。二张对他恨之入骨,就向武则天诬奏魏元忠曾说:"皇上老了,不如挟太子以为长久之计。"武则天听后震怒,下令将魏元忠关入监狱,准备与朝臣商议后再作处置。

　　张昌宗以高官引诱凤阁舍人张说作伪证。张说假意答应。来到朝堂,武则天让张说发表意见,张说沉默不语。张昌宗在旁边胁迫催促他快作伪证。张说从容地说:"陛下请看,在您面前尚且这样逼迫我,何况在外面呢! 我向陛下保证从未听魏元忠说过这种大逆不道的话。"二张未料张说会反戈一击,气急败坏地连呼:"张说与魏元忠一起谋反! 张说称魏元忠是伊尹和周公,伊尹篡位自立,周公摄理国政,这难道还不算谋反吗?"张说答:"伊尹和周公都是忠臣的典范,宰相不学他们,那么学谁呢? 我不能为了谋取高官而诬陷忠臣。"武则天虽明白了事实真相,但为庇护二男宠,还是贬魏元忠为高要(广东高安县)县尉,流放张说于岭南。

　　唐中宗即位后,魏元忠复任宰相。太子重俊起兵诛杀武三思后被左右所杀,朝廷加以谋反罪名。中宗反为武三思举哀,赠封官爵,昏聩之极。魏元忠出来为太子鸣冤叫屈,结果反被朝臣宗楚客诬为"与太子通谋",再次贬为县尉,上任途中病卒。

　　唐玄宗时的李林甫和杨国忠　玄宗执政后期,奸相李林甫骗取宠信,把持朝政,制造了一系列冤案。李林甫推荐朔方节度使牛仙客为相,以排挤宰相张九龄。监察御史周子谅不服,私下议论说牛仙客是滥登相位,有谶纬书为证。玄宗闻知,将周子谅一顿毒杖后,流放边郡,途中病死。李林甫又乘机说周子谅是张九龄推荐,于是张九龄被贬为荆州长史,不久也得病而亡。

　　李林甫与杨国忠互相勾结,狼狈为奸,大兴冤狱。不久,二人又互视对方为敌,开始交恶而斗。这场角逐中,杨国忠因堂妹杨贵妃的关系,渐占上风。李林甫的亲信陆续遭贬被杀,自己也忧郁而亡,死后遭杨诬构。详情前已有述。

　　奸相元载、卢杞　代宗、德宗时期,接连出了元载、卢杞两位奸相,许多正直的官员遭受迫害。元载提出百官论事先要向宰相请示,得到批准后方可进谏。刑部尚书颜真卿认为这样做必定使君主掩塞耳目,劝代宗早觉悟。元载从此怀恨在心,后来在一次祭祀中,颜真卿对祭器不齐提出意见,元载就以"诽谤"罪名将颜贬为峡州别驾。卢杞为相后,颜真卿依然不肯屈从其淫威,卢杞就诱使德宗派颜真卿出使李希烈的叛军劝降,致使颜真卿被叛军杀害。卢杞借刀杀人,手腕之狠毒可见一斑。

殿中侍御史郑詹与忠正有才的宰相张镒关系不错。上朝议事时,两人每每有所叙谈。卢杞见郑詹疏远自己而亲近张镒,心中嫉恨。不久,节度使军阀朱滔、朱泚兄弟发生矛盾,朱滔告朱泚的判官蔡廷玉离间其兄弟,奏请朝廷诛杀蔡廷玉。德宗令郑詹审理,贬蔡为柳州司户参军。郑詹派人监送,不料蔡于途中投河而死。德宗闻讯大惊,知道军阀们不好惹。卢杞便乘机上奏:"朱泚肯定怀疑是陛下诏旨所杀,请拘捕审讯郑詹。"竟使郑詹抵罪入狱,终处死刑。张镒也被排挤出朝,为凤翔尹、陇右节度使,结果被叛军朱泚的部将所杀。

御史大夫严郢,在助卢杞除去杨炎后,逐渐与卢杞意见不合。卢杞借郑詹案牵连追究严郢,将严郢流放边郡。前宰相李揆有雅望,人多以为能被复用。卢杞恐成事实,就派遣他为吐蕃会盟特使,遂使有病在身的李揆在途中病殁。

为了对付藩镇割据,德宗不断用兵。战争得靠巨大的财力支撑,但是当时财政拮据。卢杞党羽提出商贾财富过千万者,要上交军费。卢杞上奏后,得到批准,予以施行。地方上为完成有关指标,时用搜查、刑罚诸暴力手段,强制商贾上交,致使商贾们卖田地、住宅、奴婢,有冤无处申,有的只能自杀。长安店铺也纷纷倒闭,市面极为萧条,居民生活都受到很大影响。由于民怨沸腾,朝廷才下诏停止执行。卢杞又另想办法,征收间架税和除陌税。前者为房屋税,按拥有房屋的质量、数量收税;后者为交易税,从千分之二十,增加到七十,若有隐瞒,都有重罚。此法推行后,官吏营私舞弊,中饱私囊,怨愤之声更是遍布天下。

由于卢杞的擅权误国,导致泾师兵变。朱泚之所以能率叛军直攻长安,有部分原因是得到了商人、市民的支持。德宗君臣丢失京城狂奔奉天(今陕西乾县)。宰相崔宁愤然指出:"皇上但为卢杞所迷惑,才落到今天这种地步。"卢杞闻言大怒,遂诬崔宁勾结叛军,图谋不轨。德宗不辨忠奸,令人缢杀崔宁,朝野震惊。

卢杞的奸诈凶恶,激起极大的公愤,德宗迫于形势,将卢杞贬为新州司马。此后,宰相陆贽上书,分析卢杞奸邪致乱,要求德宗吸取教训,重整大业。德宗览奏不悦。户部侍郎裴延龄是卢杞党羽,也为德宗宠信。陆贽屡次当廷指斥其奸佞。裴延龄恼羞成怒,日加潜毁,陆贽被罢去宰相之职。逾年,旱灾严重,军粮供应困难,陆贽如实上奏,却被裴延龄诬为动摇军心。德宗大怒,欲诛陆贽等人,幸亏谏议大夫阳城等人据实力争,才贬陆贽为忠州(今四川忠县)别驾。陆贽在忠州十年,卒于贬所,时年五十二岁。史论以陆贽比汉之宽宜,高迈刚正,有经国之才,却被群小所攻,放逐西南一隅,英年才华,白白埋没。

太尉杜让能之死　唐末昭宗时,凤翔节度使李茂贞恃功骄纵,要挟朝廷。昭宗受不了这种欺凌,决意兴兵讨伐。太尉杜让能分析形势,一再劝谏,但昭宗执意用兵。奸臣崔昭纬因忌恨杜让能权重位高,便与李茂贞暗中勾结,并故意散布说是杜让能主张讨伐,以激起李茂贞对杜让能的仇恨。结果如杜让能所言,朝廷军队不堪一击,李茂贞兵临城下。这时唐昭宗只能以泪洗面。杜让能挺身而出,担当替罪羊,被贬为雷州司户。但李茂贞不依不饶,定要杀死杜让能才罢兵。昭宗只得赐死杜让能,时年五十三岁。

后唐奸臣安重诲　后唐明宗朝,宰相任圜和枢密使安重诲共同掌握朝政大权。安重诲恃宠骄横,才疏学浅,任圜治政有方,颇有建树,但刚愎自用,二人明争暗斗,互相攻击。后来,任圜渐失势,被免去相位,不得已请求致仕,退居磁州(今河北磁县)。安重诲为了进一步打击任圜,声称任圜与叛将朱守殷通谋,并密遣供奉官赴磁州,假传诏令,赐他在家中自尽。安重诲蓄意谋杀任圜后,才向明宗奏报。昏庸的唐明宗也不调查核实,就下诏宣布任圜谋反的罪状。

闽国奸臣薛文杰　闽国惠宗王延钧好鬼神,宠信妖巫盛韬等人。佞臣国计使薛文杰奏称:"陛下左右多奸臣,只有鬼神能够明察,请陛下让盛韬视鬼于宫中,查明忠奸。"惠宗从之。薛文杰恶枢密使吴勖,吴勖患病,薛文杰假意去看望,并居心叵测地说:"皇上因为你久病在身,准备罢免你的官职,我以你小病头痛加以劝谏。如果皇上遣使来问,慎勿以其他病状相告。"吴勖不知是计,满怀感激之情,点头应允。

第二天,薛文杰唆使盛韬对惠宗谎称:"刚才看见北庙崇顺王审问吴勖谋反之状,以金槌击其首。"惠宗把此事告诉薛文杰,薛故意说:"未可全信,请陛下遣使问之。"惠宗派人看望吴勖,吴果然以头痛回答。惠宗大怒,令收捕吴勖,又让薛文杰审理。吴勖不堪拷刑,遂自诬服,与其妻儿同时被诛。吴勖曾经主管闽军,深得将士之心,将士们听说吴勖冤死,皆痛恨薛文杰的奸诈狠毒。不久,薛文杰就被愤怒的将士斩杀。

南唐"五鬼"　南唐所谓"五鬼",即以冯延巳为首的五个奸臣,专权乱政。户部员外郎范仲敏鼓动天威军都虞侯王建封上书抨击"五鬼",劝南唐中主屏绝奸佞,进用忠正。结果范仲敏被弃市,王建封流放池州,途中又被赐死。文理院学士李德明出使后周,回来称述周兵威盛,世宗英武,讽谏中主认清形势,却被"五鬼"诬谤为卖国图利,竟处斩首。知制诰潘佑连上七封奏章,痛陈时弊。"五鬼"乘机说潘佑坏话,诬潘佑与户部侍郎李平互相勾结,坏法殃民。后主李煜将李平关进监狱,李自缢身亡,家属流放。李煜又派人收捕潘佑,潘也自刎而死,家人流放。次年,南唐被大宋灭亡。

上述多为朝廷倾轧要案,而地方官场上大鱼吃小鱼的冤狱更不计其数。唐朝后期还出现了长达四十余年的"牛李党争"。朝中官员分成两大集团,互抱成见,勾结宦官,明争暗斗,常把对方贬出朝廷、逐出京城,不但制造了许多冤案,更加深了朝政的混乱。官场倾轧、打击异己是君主专制体制不可治愈的痼疾,许多出类拔萃的人才被扼杀了。

四、宦官专权,陷害忠良

隋朝时,宦官较少涉足朝政,《隋书》中也没有专为宦官列传。唐初宦官作为宫内侍从,最高官阶仅为四品。中宗时宦官担任品官者渐增,但高官尚寡。唐朝宦官得势起自玄宗,玄宗在位日久,崇重宫禁,宦官稍称旨意,即授三品左右监门将军。其时,杨思勖以武功护卫著称,高力士以忠心效力得宠。尤其是杨思勖曾领军出讨南蛮,开宦官统军出征之始。但只是临时派遣的权宜之计,他们的权力仍有一定限制。自安史之乱开始,宦官逐渐执掌禁军大权,干涉朝政,又监统军镇,为害日盛。

唐朝中期的边令诚、李辅国、程元振　天宝十四年(755 年),安禄山在河北发动叛乱。玄宗令高仙芝、封常清率兵出击,又派边令诚为监军。由于唐军仓促应战,新募士兵都未经过训练,东都洛阳很快陷落。唐军只得退守潼关,以阻止叛军入侵京城。边令诚因为高、封二将不愿听从他的盲目指挥,就向玄宗诬奏封常清夸大敌情,动摇人心,高仙芝放弃陕北,克扣军饷。玄宗大怒,将出师不捷归罪于高、封二将,命边令诚在军中斩杀二将,将士皆大呼冤枉。

玄宗又命哥舒翰为帅,出关攻取洛阳,致使潼关失守。玄宗仓皇逃出京城,宦官李辅国跟随护卫太子李亨。在战乱中,李辅国力劝李亨分兵北上以图兴复。李亨带领部分军队到达灵武,李辅国又奉劝李亨称帝以系人心。李亨于灵武即位,史称肃宗。李辅国因劝驾有功而受到重用,被任命为太子家令、判元帅府行军司马,开创了唐朝宦官掌握禁军的局面。唐军收复长安后,肃宗回京。李辅国以功拜殿中监等职,寻加开府仪同三司,封郕国公。

李辅国得势后,擅权作威,宰相和百官要和皇帝商讨国事,都得事先经过他的同意,甚至"口为制敕,另付外施行,事毕闻奏"。御史台和大理寺无权办理的重大案件,也由李辅国随意轻重处罚。李辅国每次外出,都有数百名武士卫从,其他宦官不敢直呼其名,皆尊称他为"五郎"。前述唐肃宗赐死建宁王李倓冤案,李辅国就为主谋之一。

玄宗回到长安后,被尊称为太上皇,居住在兴庆宫。高力士等追随多年的老宫人仍然侍候左右,玄宗的妹妹玉真公主也时常往来宫中。李辅国出身微贱,高力士等素来看不起他。李辅国意识到玄宗的存在对自己始终是一个隐患,便在肃宗面前挑拨离间,诬陷太上皇手下欲拥立其再取皇位,奉劝肃宗将太上皇迁入禁中以绝后患,肃宗犹豫不决。与此同时,李辅国派人私下对玄宗进行监视。不久,剑南奏事官经过兴庆宫时拜见玄宗,玄宗让玉真公主以主人身份设宴款待。李辅国得到情报,诬奏"南内有异谋",并矫诏移玄宗于西内,送玉真公主于道观,高力士等被流放边远地区。从此,玄宗形同软禁,很快就抑郁而死。

李辅国骄恣日甚,公然提出要当宰相。肃宗不愿他权高震主,便以"未允朝望"相推托。李辅国便要求宰相裴冕等联名上书推荐。宰相萧华和裴冕一向鄙视李辅国,当然不会推荐他当宰相。李辅国没有达到目的,便迁怒于萧、裴二相,罗织罪名将他们贬出京城。

不久,肃宗病重。张皇后欲谋立越王,并试图诛杀李辅国等专权宦官。李辅国勾结宦官程元振,发动宫廷政变,诛杀张皇后和越王系、兖王僴,弥留之际的肃宗受惊而死。李、程二人拥立太子李豫即位,是为代宗。李辅国逼代宗封己为宰相，代宗不得已加封司空、中书令。程元振非常嫉妒李辅国的权势，力劝代宗削夺他的权力。代宗对李辅国的专横跋扈也深感不满，当即欣然表示同意。于是，代宗很快罢免了李辅国的官职。李辅国回家数日，就被代宗派人刺杀。

李辅国死后，程元振被提拔为骠骑大将军，封邠国公，专掌禁军。当时程元振的权势，甚至超过了当年的李辅国，军中呼为"十郎"。程元振在专权不满一年的时间里，陷害大将名臣，扰乱朝政，"诸将有大功者，元振皆忌疾欲害之"，以致"人畏之甚于李辅国"。

名将来瑱在担任襄阳节度使时，程元振曾经有所请托，遭到来瑱的拒绝。程元振心怀愤恨，伺机报复。他大权在握后，便向代宗诬告兵部尚书来瑱与安史叛军合谋，致使淮西节度使王仲升（元振党羽）被叛军虏获。代宗大怒，诏令削去来瑱官爵，流放播州（今贵州遵义），并赐死于半路，籍没其家。不久，同华节度使李怀让也为程元振所诬陷，李怀让恐惧而自杀。宰相裴冕为人刚直，因为议事时与程元振观点不合，就遭到程元振陷害而罢相，贬为施州刺史。

广德元年（763年），吐蕃进兵犯长安，代宗下诏调集军队勤王解围，但诸将痛恨程元振弄权，害怕遭其陷害，因而无人应诏，代宗只得弃城而逃。在国难当头的紧急时刻，有识之士纷纷要求诛杀程元振。代宗下诏削去程元振官爵，放归田里。其后程元振又潜回京城图谋不轨，结果死于流放途中。

晚唐宦官仇士良、鱼弘志、田令孜　甘露之变后，仇士良、鱼弘志等宦官几乎独揽朝政，宰相只是行文书而已。"宦官气益盛，迫胁天子，下视宰相，陵暴朝士如草芥。"宰相李石不满宦官的肆意妄为，想振举朝纲，整顿秩序，为仇士良所恶。仇士良暗派刺客袭击李石。李石虽幸免于难，但迫于仇士良的淫威，只得主动辞去相位。

文宗去世后，仇士良、鱼弘志假传诏令，废黜太子李成美，改立文宗之弟李瀍，即唐武宗。随后，又唆使武宗下令文宗之杨贤妃、安王李溶、废太子李成美自杀。仇、鱼二人仗着武宗是由他们拥立的，更加专权自恣。知枢密使刘弘逸、薛季棱及宰相杨嗣复、李钰曾对武宗即位提出异议。仇士良便进谗于武宗，使刘弘逸、薛季棱被赐死，杨嗣复、李钰被免官贬出京城。由于宰相李德裕的力谏，杨、李二人才免于一死，流放广南。

仇士良历经顺、宪、穆、敬、文、武六朝，侍君四十余年，专权二十多载，陷害忠良,残杀异己,可谓恶贯满盈。武宗厌恶仇士良专权干政,对他日益疏远。仇士良为避免杀身之祸,被迫提出告老还乡。武宗允其所请,恶人居然得善终。

僖宗时,宦官田令孜倚仗皇帝的宠信,逼迫一些高官致仕,自己升任枢密使、神策中尉,总掌朝政,公开买卖官爵,大发横财。田令孜还教僖宗夺取市场商人的宝货,凡敢反对者,一律交京兆尹杖杀。左拾遗侯昌业上疏极谏,被赐自尽。黄巢起义军占领长安后,僖宗在宦官田令孜等人的簇拥下逃往成都,根本不管京城民众、朝臣的死活。左拾遗孟昭图上疏责问,指斥宦官专权,不把朝臣当回事。第二天,田令孜假传诏令,把孟昭图贬为嘉州司户,路上又派人把他投入江中淹死。

五代十国宦官　五代后唐庄宗承袭中晚唐宠信宦官之弊政,宫内各执事及诸镇监军全由宦官担任,前述功臣郭崇韬、朱友谦冤案即由宦官谗害而致。

十国中的南汉后主刘继兴是个十足的昏君。他认为朝臣自有家室子孙,不能尽忠于君,唯有宦官亲近君主可以信任,遂委政于宦官龚澄枢、陈延寿等人。他相信宦官竟到了荒唐的地步,如要起用某人,必先阉割后再使用,甚至对新科状元也如此。陈延寿又引荐女巫樊胡子,自称玉皇大帝降监于樊胡子身上。樊胡子还告诉后主:"诸宦官是上天派来辅佐皇帝的,有罪也不可过问。"刘继兴深信不疑,国事都取决于女巫樊胡子,把朝政搞得乌烟瘴气。

尚书左丞钟允章对此深恶痛绝,屡次请求诛杀宦官,宦官都忌恨他。不久,刘继兴要祀天南郊。前三日,钟允章与礼官登祭坛,四顾指麾,布置事务。宦官许彦真看到后,就高喊:"谋反了!"拔剑冲上祭坛,钟允章迎面斥退了许彦真,许彦真狼狈逃走,遂诬告钟允章谋反。刘继兴下令拘捕钟允章入狱,派礼部尚书薛用丕审理。钟与薛有旧交,便含泪相告:"我无罪过,自诬伏法,我二子皆幼,不知我蒙受的冤屈,待他们长大成人后,请你告之真相。"许彦真闻知后,大骂:"反贼竟想让儿子报仇!"入宫报知刘继兴。结果钟允章父子及全族人都遭诛杀。

当时,宦官不但在朝中作恶、贪赃枉法,而且恃仗特权,祸害百姓。如唐敬宗时,五坊宦官在雩县殴打百姓,勒索钱财,县令崔发忍无可忍,派人将宦官拘捕,捆在县衙责骂一顿。宦官回宫后向皇上诬告,龙颜大怒,立即下诏逮捕崔发,押往大牢。一伙宦官乘机手执棍棒,将崔发从囚犯中拉出毒打,直打到崔发昏死过去,才将他拖回牢房。宦官对县令如此横暴,当然更不把百姓放在眼里。玄宗时,宦官杨思勖率兵镇压暴动民众,活捉六万多人,全部活埋。宦官甚至私设监狱,滥用酷刑,到处横行不法。

唐朝开国时,是一片兴盛、进取的景象,人才辈出,国力强大。在如此一个龙腾虎跃、高蹈进取的岁月,为什么会让宦官势力一步步发展,直到搅乱朝纲,灭亡国家呢?原因当然还在君主专制制度本身。在这一政治制度下,不可能保持长久的清明昌盛,必然日益走向黑暗腐败。宦官专权乱政,只是其黑暗腐败的一种方式。

五、法律制度与帝王司法

隋代法律与司法　隋初编成《开皇律》,此律除去苛惨之刑罚,比前代诸刑略显宽平。文帝前期,法明令简,统治还算平稳。然而隋文帝性格猜忌,手段凶狠,往往杀人以立威,左右略有小过,辄加以重罪。他疑患官员贪赃,就叫人把布帛故意放在过道上,谁偷拿立斩,并常常在殿廷上杖人,一天之中,或至四五人,还曾怒责挥杖行刑之人不力,即命斩首。开皇十年,都督田元告之:"殿廷上刑杖宽大,捶楚人三十下,比常杖数百,故多致人死。"文帝听了,虽然很不高兴,但总算把廷杖撤去。不久,楚州行参军李君才上疏,认为文帝过于宠信高颎。文帝大怒,命加刑杖,而殿内无杖,遂以马鞭笞杀李君才。随后,殿内又置刑杖,仍常常一怒而杀人。

开皇十六年,官司奏合川仓粮栗缺少七千石,命有司审理,疑是主管官员自盗。文帝即命斩首,没其家属为奴,于是颁法:"盗窃边粮一升以上者皆处死,家口没官。"可谓苛酷。同时,该法还允许诸司对犯罪官员,听于律外用刑。于是上下滥刑,以残暴为能干。

当时社会上盗贼公行,很不安定。文帝下诏,有能纠告者,没贼家产以赏纠告之人。不料此法一出,一些无赖之徒,故意遗物于道,候富家子弟出门,如偶拾取者,则擒以送官,自己便能得其家产,一时因此破产丧家者甚众。文帝知道后,又改法为盗一钱以上者皆弃市。这样,盗贼畏惧而暂告太平。文帝见酷法有效,便接二连三地制定出诸多苛律:偷取官署一钱以上,闻见者不告发,也要连坐死罪。三人共窃一只瓜,事发便可即时处决。这类刑法不但奇酷,前所未闻,且造成极坏社会效果。许多人上诉喊冤,认为自古以来,历朝立法,未有盗一钱就致处死的。迫于舆论压力,文帝才不得不取消了盗一钱弃市之法。

文帝晚年用法益峻,杀人更凶。有人告御史监师于元正日没有劾奏衣剑不齐的武官,文帝就命杀之。谏议大夫毛思祖劝阻,又被杀。当时,左领军府长吏因考校不平,将作寺丞因谏麦捐迟晚,武库令因署庭荒芜,独孤师因受番客鹦鹉,都被斩首,文帝还亲临刑场监斩。佞臣杨素与鸿胪少卿陈延不和,一天经过蕃客馆,见庭中有马屎,官毡上有脏物,便报告朝廷。文帝又发怒,将馆内庶仆拖至西市棒杀,陈延也被棒捶毒打,差点致死。此时,隋文帝完全以自己的喜怒心情用刑,而根本不考虑什么法律。

大理寺丞杨远、刘子通诸人,也善于承顺帝旨,随机奏狱,文帝很是宠信,每有诏狱,必命他们负责审理。二人深文刻酷,往往候文帝心情不好之时奏报案子,致使许多没有什么大罪之人被处死刑。杨远还依附佞臣杨素,每次将囚犯姓名告之,让杨素根据自己的喜恶来衡量定刑。当时,许多临终赴刑场者,莫不在途中喊冤。

隋文帝后期法制混乱,杀人随便,虽开皇十五年规定:"死罪者三奏而后决"(《隋书·刑法志》),但实形同空文。此种情状下,许多酷吏应运而生,冤狱之滥就不言而喻了。

隋炀帝即位伊始,为迎合"百姓久厌严刻,喜于刑宽"的心理,宣称《开皇律》犹刑重,又命人修成《大业律》,五刑中降从轻典者两百余条。但隋炀帝对外穷兵黩武,对内横征暴敛,以满足自己的嗜欲。有司临时乱征赋丁,苛求济事,宪章遐弃,贿赂公行。御史大夫裴蕴在朝中办案审狱,也唯皇上意志是从,"若欲罪者,则曲法顺情,锻成其罪。所欲宥者,则附从轻典,因而释之"《隋书·裴蕴传》,深得炀帝宠信,大小狱案都交给他审办,而刑部、大理寺莫敢于争。同时,各地方郡县官吏也各专威福,生杀任情。所以《大业律》根本未能执行,就已弄得民不聊生,怨声载道,诉告无门,相聚造反。

炀帝一看形势要乱,更加施以严刑,诏敕天下窃盗以上,罪无轻重,不待奏闻皆斩，又令为盗者籍没其家。如此滥刑，更激起百姓的强烈反抗。大业六年（610 年），数十名弥勒佛徒闯宫被杀，在洛阳城中连坐千余家。后有一件盗贼案，抓获嫌疑犯两千余人，炀帝下令全部斩杀。大理丞张元济复审中发现只有五人是盗贼，但不敢如实回奏，怕祸及自身，就把两千余无辜之人全部杀害。镇压杨玄感反叛后，又滥杀三千余人，流放六千多人，且将早已废除的诛九族、车裂、枭首、磔射等酷刑重新起用。如此残酷镇压，也不起多少作用，起义烽火已燃遍全国各地。

可以说，隋炀帝统治时期，毫无法治可言，《大业律》只是摆设而已，终于"百姓怨嗟，天下大溃"。

唐律的制定与特点　唐初君臣都亲身经历了隋由盛转衰最后败亡的全过程，注意总结其历史教训，尤其对隋末酷刑益肆的司法状况，刻骨铭心，所以特别重视完善立法，并将"宽仁治天下"作为立法思想。从《武德律》《贞观律》到《永徽律》，此后又对该律进行疏释，历数十年之辛苦，完成《永徽律疏》，史称《唐律疏义》，成为中国古代法律的楷本。自此唐律内容基本稳定，不但终唐行用，且对行世立法、周围诸国都产生重大影响。

唐律虽是中国古代最为宽平的法律，但今天看来依旧相当专制与严酷。它全面维护了君主专制体制，确认了皇帝至高无上的统治地位，对侵犯皇室的犯罪行为制订了极其严酷的刑罚。所谓谋反、谋大逆罪，不分首从皆斩，并实行广泛的连坐，父子年十六以上男子皆绞，男十五以下及妇女没为官奴，叔伯兄弟流了三千里。对所谓谋大逆未行者，也要处绞。知道谋反而不告密者，也要处绞。"口称欲反之言，心无真实之计，而无状可寻者"，也要流三千里。直至误犯皇帝名讳、宗庙名讳，也要受不同刑处……总之，任何触犯皇帝权利及"侵犯"其神圣权威的言行都要处以重刑。这种法律逐步养成国民对皇权卑躬屈膝的奴才性格。

唐律还有一个特点，就是民刑不分，即在刑事犯罪与民事违法之间没有什么严格界限。这与君主专制体制根本不承认民众有任何权利的传统文化密切相关，在这个专制体制之下也不可能有产生民法思想的土壤。这样，法律中对民众在经济财产、婚姻家庭中的一般违法行为，也全部处以刑罚。如脱漏户口，徒刑三年;同姓婚姻,徒刑两年;立嫡违法,徒刑一年;占田过限、度量不平、买卖未订契约、垄断市场等都处笞、杖刑。这种民刑不分的现象,进一步加深了法律即是刑罚的专制法制传统,将任何民权思想或行为都给予扼杀。由是中国人从来没有认识到法律应是契约,更是权利的制约,且能促进社会进步。

唐律的尊卑等级更十分突出,不平等性相当严重。如斗殴方面,奴婢过失杀主人,处绞刑;而部曲、奴婢有错,被主人惩罚至死,勿论;故意杀奴,也只徒一年。丈夫过失杀伤妾无罪,而妻妾殴伤丈夫则要加等处罚。子孙詈殴父母、祖父母,属十恶罪,非绞即斩;如子孙违反教令,父母杀之者,只徒一年半。在诉讼方面,卑幼不能控告尊长,卑贱不能控告尊贵。贞观二年诏:"自今奴告主者,斩之。"子女告发父母,要被处死,而父母诬告子女也无罪。奴婢非因谋反罪控主,一律处死。贱人在法律上不具有独立人格,被公开宣布为"律比畜产"。如此不平等之法律,在社会生活中不知要造成多少冤滥,且无处申诉。

《唐律·杂律》中有一条这样的规定:"诸不应得为而为之者,笞四十;事理重者,杖八十。"这一模糊律文,便于统治者任意解释、援用,就是说凡是统治者认为不应做的事,做了就是违法犯罪。如此荒谬的法制逻辑,就是中国古代法律的楷模。

唐律规定,为了取得口供,动用刑讯是合法的,这就将拷刑进一步制度化了。譬如允许法官拷囚三度,总数不超过两百,如在此限内拷囚致死者,不论;超过此限而拷囚致死,法官最多徒刑两年。事实上也经常赦而无罪,何况有谁去告发法官拷囚超过两百之数呢? 所以酷刑逼供在唐代也是家常便饭。由此而含冤者,屡见不鲜。且中唐之后,朝政日非,社会动荡加剧,各类矛盾激化,法律也往往成为一纸空文。

唐高祖杀戮诸冤　唐高祖李渊对投降的农民军首领和隋末建立过割据政权的领袖,不论功劳大小,一律杀戮。瓦岗寨首领李密投降后,虽然得到封赏,但官位低,且常受羞辱,日子不好过,只得请求到山东收集旧部。走到半途,李渊又复召回。李密得知若还,无复生理,便只得孤注一掷,反唐出关,兵败被杀。李渊如此杀李密,目的是不引起瓦岗军旧将的怀疑,可说是计谋算尽。

隋将王世充曾建政权,国号为"郑",兵败降唐。因李世民担保其不死,李渊只好把他发配到蜀。然而,王世充在接旨准备上路时,被仇人趁其接"旨"之际杀害。可以想见,其幕后指使者应该就是李渊。

江淮间农民军政权首领杜伏威,降唐后任淮南安抚大使,封吴王。他留居长安,拜为太子太保,兼行台尚书令,封赏官位都不小。两年后,他便在长安被毒死。其他如江陵政权首领萧铣,兵败降唐,被杀;河北农民军首领窦建德,兵败被俘而遭杀。

开国功臣刘文静从举义旗到大唐王朝的建立,功绩显著,拜为宰相,然而胸襟较窄。他认为自己的才干与功劳都在裴寂之上,而地位却在裴寂之下,心中不满。在朝廷议事时,刘文静往往与裴寂闹得不可开交。他还不顾朝廷禁令,唤来巫师作法,以克妖怪,后被人报告朝廷,收捕入狱。定罪时,众大臣都认为刘文静无谋反迹象,李世民也极力为他开脱。然高祖一直忌畏刘文静才干与心气,加上裴寂说:"刘文静才略高,而性情暴烈、阴暗,谋逆之状已显,不除必有后患。"高祖遂判刘文静、刘文起兄弟斩首,抄没其家。临刑前,刘文静抚胸长叹:"高鸟逝,良弓藏,此话不虚!"

唐太宗杀戮诸冤　唐初的贞观之治有口皆碑,也存在一些尚法慎刑的佳话,但唐太宗毕竟不是圣人,滥刑冤杀之案件也不少。贞观二年,瀛州刺史卢祖尚以"旧疾"拒受唐太宗转任交州都督的任命。在太宗派出官员劝导,卢依然"固辞"的情况下,太宗便下令将卢斩首。数日后,太宗悔之。

贞观五年,河内人李好德患精神病,有人告他出言妖妄。大理寺丞张蕴古审理后,上奏认为李好德癫病明显,法不当坐罪。侍御史权万纪劾张蕴古是相州人,而李好德之兄李厚德为相州刺史,所以包庇其弟,奏事不实。太宗闻奏,大怒道:"这小子竟敢乱我大唐法典!"就下令将张蕴古斩于东市。事后,唐太宗才认识到错杀了人,乃下诏:凡判决死刑者,主管部门要五次上报批复。其实"五复奏"之制,也谈不上是多大的进步。

宰相刘洎被诛更冤。贞观十九年(645年),太宗征伐辽东返京,身体不适。刘洎与御史马周进宫问候,出来遇见宰相褚遂良。刘洎伤心地说:"皇上患病,实在使人担心。"刘洎与褚遂良不和。褚遂良进宫见太宗,诬告刘洎对他说:"皇上患病不必担忧,现在正可以辅佐太子,实行伊尹、霍光主政的先例。朝中如有大臣不同意,就把他杀了。"太宗病痊愈,责问刘洎。刘洎让马周出来作证,马周也证明刘洎没有说过此话。但褚遂良坚持原告，继续诬害刘洎。太宗一气之下，诏令刘洎自尽。

唐太宗经过调查，已经证明刘洎是被褚遂良诬陷，那为什么还要杀刘洎呢？刘洎为人耿直刚强，是一个连太宗都敢顶撞的官员，却又粗疏而不严谨。太宗想到太子懦弱，自己一旦去世，太子年少即位，将受权臣钳制，若真如褚遂良所言，刘洎可能会走上伊、霍专权的道路，这是他内心深处最为担心之事，所以不如将错就错，乘机杀了刘洎，以绝后患。此案还告诉我们，并非只有奸臣搞陷害，有一些颇有政声的官员，为了某种目的，也会诬谗他官，制造冤狱。前述高宗时，长孙无忌冤害吴王李恪一案，也是如此。

贞观二十年，刑部尚书张亮好收义子，曾收认了五百人之多，又与术士公孙常、程公颖友善，被人告发。太宗认为他图谋不轨，下狱追究其罪。张亮不服，太宗命群臣讨论此案。大多数人随声附和，唯有将作少匠李道裕认为定张亮谋反罪证据不足，张亮罪不当死。但太宗刚愎自用，根本听不进去正确意见，坚持将张亮等三人处死，抄没家产。事后，太宗又后悔，遂将李道裕升为刑部侍郎。

贞观二十二年，大将李君羡为开国功臣，任左武卫将军，封武安郡公，只因小名与不祥天象暗合，遂遭太宗嫌恶。正好御史劾奏李君羡与"妖人交通，图谋不轨"，太宗便下诏诛杀。可见，唐太宗时也不依什么法律，任情专杀。贞观后期，刑罚更是日渐深刻。

永徽年间，唐高宗自己承认："狱讼繁多，皆由刑罚枉滥。"武则天之后，酷吏、奸臣轮出，冤滥更多，前已有叙。肃宗平定安史之乱时，滥杀受胁迫曾投降叛军的数官员十名。到晚唐懿宗、僖宗之时，国势颓靡，灾荒连年，起义遍地，已不可收拾。

唐懿宗滥杀无辜　懿宗依然寻欢作乐，荒奢佞佛。尤其可恶的是，咸通十一年（870 年），公主病死，懿宗不但举行盛大的国葬仪式，令宫女殉葬，且将为公主治病的二十多名医官处死，并把他们的家属三百多人投入大牢治罪。宰相刘瞻、京兆尹温璋上疏批评行法太过，要求释放无辜。懿宗大怒，立即罢去刘瞻相位，贬出京城。温璋被贬为振州司马，随即被赐死。此案牵连大小三十多个官员遭贬、流放，甚或处死。

吃人魔王朱粲、秦宗权　朱粲是隋末军阀，聚众攻荆、沔、山南等地，自称楚帝。他对手下军士说："世上最美的食物，还能有超过人肉的吗？只要国中有人，我就不用担心没有军粮。"部队每攻下一城，就把弱小的男女杀了，分给各部吃。隋著作佐郎陆从典、颜愍楚（颜子推之子）谪官在南阳。朱粲初都引为宾客，其后无食，就将他们二人全家全部杀掉当作食物。后朱粲要投降大唐，李渊派散骑常侍段确去受降。段确斥责朱粲吃人的事。朱粲大怒，将段确及其从者数十人杀死，分给左右吃，再投奔王世充。唐攻下东都洛阳，杀朱粲于洛水之上。

秦宗权是唐末军阀中最具恐怖色彩的军人。他初为许州牙将，后乘机驱逐蔡州刺史而占据蔡州，因镇压黄巢起义军而授奉国军节度使，后为起义军所败而投降。黄巢战死，他据蔡州称帝，建立起小朝廷，为人极其残酷。当军粮成问题时，他派出兵将，四出掳掠，捕杀百姓，把杀死的人用盐腌起来，作为军粮。在其率军作战的河南、河北、山东、江淮诸地，所克州县百姓都惨遭其毒手屠戮。这种接近三光的抄掠屠杀，使许多地区人烟断绝，荆榛蔽野。最后，秦宗权被朱全忠击败，送京城斩首。

安史之乱时，唐官员许远、张巡镇守睢阳，被叛军围困，坚守十个月，粮绝食尽。"巡出爱妾，杀以食士，远亦杀其奴，然后括城中妇人食之，既尽，继以男子老弱。人知必死，莫有叛者，所余才四百人。"为了守一座城，最后居然吃尽城中二三万居民，可谓中国古代吃人吃得最悲壮的一次。其中的文化内涵让人痛心：官员只知为皇帝镇守城市或疆域，哪怕把居民吃光也在所不惜，后人或还标榜其为爱国。

五代十国修订法律　五代十国的统治者也曾多次修订法律，作为其巩固统治的手段。如后梁有《大梁新定格式律令》，后唐有《同光刑律统类》，后周有《大周刑统》，南唐有《升元删定条》等，都比唐律严苛。唐末以来，法律紊乱，刑罚滥酷，至后晋、后汉而极。"窃盗一钱以上皆死，又罪非反逆，往往族诛、籍没"，甚至触犯盐法、酒法、矾法等一般经济违法，都可处以死刑，用刑之酷，令人发指。贪官污吏还往往因此敲诈勒索，以至有犯禁无钱贿赂而被族灭者。尤其是五代时出现的"凌迟"死刑，执行时罪犯"肌肉已尽，而气息未绝；肝心联络，而视听犹存"，其状惨不忍睹。

2

五代时诸君王乱杀臣属　燕王刘守光将称帝，部将孙鹤反对，被寸斩而死，刘守光还令军士剐他的肉吃。董昌据越州称帝，节度副使黄碣反对，当即被斩，头颅抛入厕所，家属十八口被杀。会稽令吴镣也反对，又遭族灭。御史张逊认为称帝会被天下人嗤笑，也被杀头。校书郎陈光逸上疏列举闽主王曦的错误，被鞭打一百，后用绳子吊在树上折磨而死。王曦爱酗酒，宰相以下因拒饮而被杀的官员不少。楚主马希范见"有商人妻美绝，辄杀其夫夺之，妻誓不辱，自缢死"。

最冤的是太原少尹李骧。乾祐三年（950 年），后汉隐帝被杀，大将郭威欲代汉自立。当时后汉高祖的弟弟河东节度使刘旻在太原拥有重兵，其子刘赟为武宁节度使驻军徐州，还有忠武节度使刘信在许州。郭威担心三镇联兵反抗，就假意立刘赟为帝，并派宰相冯道前往徐州迎立。刘旻果然中计罢兵。副手李骧洞察到郭威的用心，劝谏刘旻说："郭威举兵造反，他一定不会做汉臣，也一定不会立刘氏为帝。"并建议刘旻出兵，占据军事要塞，以观事变。刘旻听了大骂道："你这个腐儒，想离间我们父子关系不成！"下令将副手李骧推出斩首。李骧夫妇被戮于市。不久，刘赟被杀，刘信自杀，郭威代汉自立为周。刘旻后悔没听李骧之言，只得自立为帝，为后周所灭。

地方司法就更为混乱　后唐天成三年（928 年），洛阳市内两幼童以竹竿为战斗之戏，巡检使浑公儿说这两幼童造反，诏石敬瑭审理。石敬瑭不问原委，竟将两幼童处死。如此草菅人命，实属罕见。

义胜军节度使董昌在浙东，"恣为淫虐，凡按罪人，无轻重枉直，必命骰子使之对掷，胜者宥之，否则杀之，而案牍不复参决，一概诛戮"（《吴赵备史》卷一），真荒唐至极。其杀人的刑场白楼门前，土地因之尽赤。

南唐掌管刑狱的大理卿李德柔，昏暴残忍，人呼为"李猫儿"，审理案件，还不等问明原委曲直，就"悉以芦席裹囚，倒置之，死者甚众"（《十国春秋》卷三十）。

还有，各地官吏对案件故意稽延，借以敲诈勒索，致使诉讼者荒废生产，耗尽家业。在押者遭受虐待，在牢狱中往往染病而亡。此类种种，给百姓带来巨大灾难。

五代时，后周算最有法制。史家对后周太祖、世宗评价都颇高。然而司马光却说世宗"用法太严，群臣职事小有不举，往往置之极刑，虽素有才干声名，无所开宥"（《资治通鉴》卷二九四）。

不过，当时文字之禁较为宽松，文字狱较少。贞观十三年（639 年），道士秦世英指斥僧人法琳著《辩正论》毁谤皇家宗室，太宗收法琳下狱。其实本书只是僧道互相攻击的产物，由于唐初统治者崇道，所以佛教僧人受压。法琳在狱中讨饶，太宗把他流放蜀地，结果死在路上。这可谓是唐代第一件文字狱。

其后是韩愈的《论佛骨表》，反对宪宗崇佛，引起宪宗愤怒，要杀韩愈。幸亏大臣劝谏，才贬韩愈出朝。韩愈为潮州刺史后，感激涕零地写了一篇谢表，向宪宗告哀乞怜，表忠输诚，宪宗才又起用这位善于见风使舵的文人。此次文祸不大。

最严重的一桩文字狱，是德宗时一个伶人成辅瑞的诗案。当时关中大旱，而朝廷仍横征暴敛，成辅瑞写了数十首通俗诗，反映民间疾苦，讽刺暴政。作品问世后，酷吏李实以"诽谤国政"罪名逮捕了成辅瑞，德宗马上下令杖杀。

其实唐代最惨烈的一桩文字狱，却是农民起义军制造的。880 年，黄巢攻下长安称帝，国号大齐。次年三月，有人在大齐尚书省门上题诗嘲讽黄巢君臣。太尉尚让大怒，把当时在尚书省门前的警卫官员、卫士全部处死，尸体剜目悬挂示众。同时搜捕城中的所有会写诗的人，达三千余人，全部杀死。此案反映出农民起义军建立的政权，同样专制残暴。

第五章　宋朝冤狱

960 年,赵匡胤建立宋朝,1279 年,元灭南宋,有三百余年。中因金国入侵,宋室南迁,与金国南北对峙,故分北宋、南宋。北宋建都汴京(今河南开封),历九帝,凡一百六十八年;南宋都临安(今浙江杭州),也历九帝,凡一百五十三年。

有宋一代,无论南宋、北宋,都面临外族的侵扰。辽、金、西夏等少数民族政权,先后对中原产生了巨大压力。朝中抗战与议和两大派别存在着激烈的斗争,由此制造出不少冤狱,民族英雄岳飞被害就是一个典型案例。宋代冤狱的另一大起因是朋党斗争激烈,一波未平,一波又起,连绵不断,直至灭亡。外族的压力与朋党斗争交织在一起,官员间互相倾轧,陷以罪名。于是,奸臣辈出,冤狱不断。

宋代立法"颇用重典",严惩"盗贼",宋仁宗专门划出"重法地",宋神宗又订立《盗贼重法》,其中最残酷的典刑的是凌迟处死。此刑法始于五代,至宋中期逐渐盛行,官府草菅人命普遍存在。不过,宋代皇室内部矛盾不太紧张,宦官专权情况也大为改观,尤其是酷吏比前代明显减少。因此相对而言,宋代的统治还算平恕。

第一节　北宋要案

北宋建国,宋太祖曾对子孙秘密誓约:"不杀士大夫,及上书言事者。"(《避暑漫抄》)所以北宋君主滥杀大臣之事较少。但是,北宋朝廷却有空前激烈的党争,从寇准与丁谓之争拉序幕,经王安石变法,至"元祐党人案",产生了许多政治冤案。许多大臣被流放岭南烟瘴之地,有的就因此谪死他乡,情状也十分悲戚。

一、赵廷美、卢多逊谋篡案

宋代皇室内部矛盾,主要是在宋初太祖与太宗的兄终弟及时有所反映。期间,小弟赵廷美趟枪,演绎出一幕冤案。

早在宋太祖建国之初,其母昭宪太后病势日重,自知不起,便把儿子太祖匡胤和大臣赵普召至榻前。太后先问匡胤:"你登上皇位已一年有余,可清楚之所以得天下的原因?"太祖呜咽抽泣着不能言对,太后坚持要儿子回答。匡胤随口答道:"这完全是依赖祖上和母后的积德余庆。"太后摇摇头,认真地说:"不对,实在是周世宗使幼儿做皇帝,主宰天下。倘若周朝有年长之君,天下哪里会到你的手中。"太祖知道,母后是指陈桥兵变,强迫周幼主禅位之事,便点头称是。太后语重心长地嘱咐道:"你百岁之后,当传位给弟弟光义,国有年长之君乃社稷之福,你当牢记。"太祖泣不成声地回答:"一定听从母后的教诲。"接着,太后要赵普当面记下此遗嘱,今后儿孙不可违约。赵普便于榻前挥笔写下誓书,再收藏于金匮之中,命有关宫人谨密掌管。按太后和太祖的本意,太宗光义也须将皇位传给弟弟廷美,再由廷美传给太祖之子:赵德昭、赵德芳。如此一直保持年长之君在位,赵家江山才能得以永固。

太平兴国四年(979 年),宋军荡平北汉再北上攻辽,却被辽军打得大败。溃逃中,军中一时不见太宗。大臣疑太宗已蒙难,谋立德昭为帝。未成事实,太宗安然返回,闻知经过,心中愤懑异常。归朝后,德昭请太宗论功行赏。太宗不待侄儿语毕,居然怒目斥责道:"战败回来论什么功? 行什么赏? 待你为帝时,再行赏未晚。"德昭郁郁退回宫中,越想越恼,越恼越悲,一时想不通,竟然拔剑自刎而亡。过了一年多,其弟德芳也病殁。兄弟双双辞世,都年仅二十有余。秦王廷美见此情景,心里很不是滋味,便常对人说:"太宗有负兄恩。"此话传入太宗耳中,一班小人再添油加醋,谓秦王骄恣跋扈,将有篡位阴谋,不得不防。太宗本有疑心,如此一来,兄弟间的猜忌日渐加深。

卢多逊,博学多谋,太祖时颇得信任,屡迁官爵,至拜参知政事(副相)。多逊与宰相赵普不和。赵普随太祖南征北战,立过汗马功劳,如今位极人臣,常常利用权势展建宅居,干些营利的勾当,还庇护违法谋利的下属官吏。卢多逊在朝中每每揭其短,赵普自然相当忌恨。多逊老父亲也曾在官场沉浮,深知其中三昧,时已退休在家,听说儿子与宰相赵普为仇,不禁长叹道:"赵普是开国元勋,小子无知,轻诋先辈,将来恐不能免祸。"

不久,有人上告赵普属下不法之事。太祖甚怒,欲拟旨严办。在太子太师王溥的力救下,赵普方得解脱,但也被贬官,出守河阳,其属下官吏下御史台治罪。

太宗即位之初,卢多逊拜相执政。赵普也上表自诉忠节,得准回京,改授太子太保这一虚衔。卢多逊仍多方阻毁。赵普居京数年,郁郁不得志。妹夫侯仁宝也被卢多逊奏调边陲,权知邕州(今广西边境)。不久,仁宝战殁边事。赵普更是恨得咬牙切齿。儿子赵承宗官知潭州(今湖南长沙),因娶京城官员之女,来开封完婚。未满月,多逊又奏遣承宗归任。赵普敢怒不敢言。二人至此积怨成仇,彼此恨之入骨,不共戴天。

一天,太宗忽然想起召见赵普,以皇位传承之事探问。赵普深解其意,奏对道:"自夏禹至今,只有传子的公例,太祖已误,陛下岂容再误?"一语正中太宗下怀,心中遂下决断。不几天,赵普再度拜相,并进封梁国公。先前,秦王廷美的官爵班位在宰相之上。此时,赵普以旧勋大臣,再登元辅,廷美也只得屈居其下。赵普仰仗太宗的信赖与依托,权势一时更胜太祖当年。赵屡次讽言卢多逊引退。多逊虽觉不安,终不肯就范。赵普便只有伺机行事了。

太平兴国七年(982年)三月的一天,风和日丽,宫中金明池、水心殿落成,太宗准备泛舟往游。突然,有官员告发:秦王廷美欲于此时行刺皇上;若不得手,再诈称病于府第,候太宗车驾临省,再行作乱篡位。太宗听罢,大怒道:"朕尚强壮,秦王何性急乃尔!"遂下诏罢去廷美的开封府尹官职,出为西京(今河南洛阳)留守。为掩人耳目,太宗还赐给御弟裘衣、犀带、银钱、绢彩诸物品,差枢密使曹彬代皇上给廷美饯行,同时贬降一批属于廷美心腹的官员。把可能要继承皇位的弟弟打发到洛阳去之后,太宗的这块心病才得以舒缓。

此事一发,赵普知道正是报复卢多逊的大好时机,因为平时多逊与秦王的关系不错。赵普派人暗中访得一些事情后,便上奏报说,卢多逊曾遣属官交通秦王府,常以中书机要密告,且令属下传言"愿宫车(指太宗)晏驾,尽心事大王(指秦王)",廷美也回告:"卿言正会我意。"并私赠多逊弓箭等物。太宗览奏章后,立即下诏将卢多逊以及有关属官、秦王府小吏数人逮捕入狱,命翰林学士承旨李昉等官员组成特别法庭,严加审办。案犯很快招供服罪,多逊也有口难辩。法官们结案具状奏上,太宗再召文武百官集议朝堂。太子太师王溥等七十四位大臣联名奏议,要求严惩不贷。最后,朝廷下诏:削夺卢多逊官爵,并同亲属一起流放崖州(今海南岛);有关属官、秦王府小吏数人即斩于都门外,籍没家产,亲属也流配海岛;其他凡与廷美、多逊有关系的皇亲国戚、下属官员,大都受到贬黜。

赵普已除卢多逊,见秦王廷美仍在洛阳,觉得应一不做二不休,再度加罪谪之,以防死灰复燃。他唆使知开封府李符上言,谓廷美虽已谪居西京,但仍不思悔过,怨恨不已,应徙流远郡,以防他变。太宗见奏,正求之不得,遂降诏贬廷美为涪陵县公,流放房州。房州位于今湖北房县,已远离京师开封,然而太宗仍命地方官日夜监视。廷美行动不得自由,忧悸成疾而亡,时年三十八岁。次年,卢多逊也病卒于海南岛,终年五十二岁。

宋太祖之死已有烛影斧声的传说,即太宗有弑兄夺位之嫌疑。太宗即位后,太祖长子德昭因遭疑忌而被迫自杀,次子德芳虽说病殁,其实也死得不明不白,加上此案中廷美被贬死房州。太宗长子楚王元佐与廷美关系不错,受此事刺激而发狂,竟纵火烧宫殿。这一连串事件,大约不是孤立的。再从整个案子的发展过程中的种种迹象来看,与其说是廷美如此性急,而干出阴谋行刺太宗以抢夺帝位的傻事,还不如说是太宗急于要除掉这位将继统大业的皇弟,以便能使帝位让子孙一脉单传,而亲自导演了这桩诬害亲弟的冤狱。而丞相赵普作为这桩冤狱的协助者之一,又乘机除掉了一个政敌,收获也不小。

然而,史书上记载的却是宋太宗胞弟赵廷美抢班夺位,自取灭亡。此事几乎没有留下什么冤狱的痕迹,宋太宗的手段不可谓不高明。而史官们作为其御用工具,也出色地完成了有关使命。可见中国史书的可靠性,是要大打折扣的。

二、宰相寇准贬死岭南

　　寇准乃北宋名相,为人豪放而洒脱不拘,为官刚直,气度不俗,敢于犯颜直谏,不畏强权,为时人敬仰。

　　太宗朝,寇准已拜参知政事(副相)。一天,寇准上朝奏事,所言与太宗之意不合。太宗一怒而起,准备退朝回宫。寇准却上前牵住御衣,要皇帝复坐议事。过后,太宗细细回味,不觉大加赞许:"朕得寇准,犹李世民(唐太宗)之得魏征也。"

　　真宗即位,寇准很快拜相执政,适逢北方辽国二十万大军侵边,来势汹汹,举朝惊恐,主守主战,纷纷不决。寇准力排众议,坚决主战。某天早朝,参知政事王钦若等人居然提出请皇上驾幸金陵(今南京)暂避一时。真宗回顾左右,不见寇准,便问群臣。群臣答曰:尚在家中贪杯。真宗哭笑不得:他还有这般闲情? 马上宣寇准入朝议事。寇准既至,真宗便问以退幸金陵之策。寇准厉色大声回道:"何人为陛下画此策? 臣请先斩此人祭旗,然后挥师北伐。"王钦若在一边吓得面红耳赤,低下头不敢作声,心中却记下这笔账。

　　在寇准的坚持下,真宗同意御驾亲征,率军直抵澶州(今河南濮阳)。皇帝亲临前线,士气大振。加上号令严明,将士用命,略挫辽军锐气。但在真宗厌兵盼和的懦弱态度促使下,终与辽军订立澶渊之盟,以三十万岁币,换来北方边境的暂时平静。

　　正当真宗为北方边境的安然无事而敬重寇准之时,王钦若经过深思熟虑,开始挑拨离间。一天,伺寇准不在,王钦若向真宗跪奏道:"陛下如此敬重寇准,是否认为其对社稷有功呢? "真宗点头称是。钦若又道:"澶州一役,陛下不以为耻,反以寇准为功臣,臣实不解。"真宗愕然良久,顿问何故。王钦若解释说:"陛下贵为天子,却与外夷作城下之盟,此《春秋》所耻。寇准逼陛下亲征,犹如赌博,输钱将尽,孤注一掷,陛下乃寇准之孤注。逼陛下为如此危险之事,寇准何功之有! "几句话就把真宗说得面颊发青,闷郁不快。

自此，真宗待寇准日渐疏远，不久便罢去寇准相位，出知陕州。而王钦若却靠这种手段爬上丞相之位。此人貌状短小，颈项有瘤，时人称"瘿相"。

寇准镇守永光军时，其军巡检（治安军官司）朱能伙同朝中宦官周怀政，伪造天书，想通过寇准上呈，以得皇上恩宠。寇准喜其附己，不辨真伪，便忘乎所以地上奏，称有天书降乾祐山中。许多大臣都以为此乃奸臣妄诞，以蛊惑天聪。然而真宗却信以为真，令寇准马上回京奉上天书。

临行前，好友劝寇准说：你若称病，推托不去，实为上策；若入京见驾，便揭发说，天书乃奸人伪妄之作，尚可保全平生正直的名声，其为中策；若由此再入中书拜相，自堕志节，恐怕最为下策。寇准听了仍不以为然，依旧我行我素，入京奉上天书。真宗大喜，正遇王钦若坐事免相，便再次授寇准相位。

寇准二度入相，居然荐丁谓为参知政事，可谓有眼无珠。丁谓虽博学多才，且机敏有智谋，善于揣摩奉迎人意，然狡诈过人，实在奸邪。某夕，中书会餐，寇准饮羹污须，丁谓殷勤至极，居然起身代拂，哪料寇准并不领情，略带酒意地向丁谓戏语道："参政系国家大臣，乃是替长官拂须的么？"一句话将丁谓说得无地自容，面颊青一阵红一阵，心中好不懊恼，由是暗怀敌意，想伺机报复。

天禧四年（1020年），真宗忽患风疾，不能上朝视政，事多决诸刘皇后。寇准很是担忧，一日入宫请安，便向真宗说："皇太子不负众望，愿陛下传以神器。"真宗点头称是。寇准既得皇上允准，便密令翰林学士杨亿草表，请太子监国。此时寇准已知丁谓之奸，有意让杨亿代丁谓之职。然而，寇准一时心满意骄，酒后漏言，传入丁谓耳中。丁谓当即入诉刘皇后："皇上稍有不适，即当痊愈，奈何令太子监国？寇准要立太子，将有异图。"

在此之前，已发生刘氏宗人横行蜀地诸不法事，真宗以皇后亲属之故，欲赦其罪，而寇准却偏要依法处罚，所以刘皇后早已怀恨在心。此时听丁谓告讦，刘皇后也巴不得马上整一下这个寇老儿，便向真宗诬告说寇准将有异图。真宗由于病体晕晕，也不记得自己允准过寇准的建议，便下诏，罢去寇准的相位，升丁谓代之。

宦官周怀政因前时伪造天书，恩宠有加，此时在内廷已颇有权势，而恃宠横行。此次寇准欲命太子监国，怀政亦预谋其事。事泄，寇准被罢相，怀政亦遭斥责,并被日渐疏离。怀政在忧恐略定之后,想挽回败局,便阴谋杀丁谓,废皇后,奉真宗为太上皇,立刻传位太子,并恢复寇准的相位。怀政与其弟怀信,潜召大臣杨崇勋、杨怀古等人密谋,约以某日共同举事。不料,杨崇勋等人诣丁谓府告发。丁谓清晨入奏宫中,即传令逮捕周怀政诸犯,并组成众大臣审理法庭。周很快便招供服罪,被斩首示众。此案被牵连的有关官吏、亲属有数十人,都被流放发配边远。寇准也因此被远贬,外知相州。

朝廷接着派使者去永兴军捉拿朱能等人。朱能自度不能免罪,竟然杀死使者,率军造反。在数路大军的围剿下,很快溃败,朱能自缢而亡。寇准又坐朱能反叛之事,再贬道州司马。

不久,真宗驾崩,仁宗即位,年才十二岁,由太后垂帘听政。丁谓一党更是肆无忌惮,飞扬跋扈。太后和丁谓再次将寇准贬为雷州司户参军。雷州半岛为广南最边远之地,与海南岛遥遥相望,自然环境相当恶劣,生活条件更是艰苦,将寇准这位花甲老人贬放此地,无疑是要将其置于死地。越年,寇准便病殁于雷州,享年六十三岁。

寇准与丁谓之争斗,也使朝中官员分为两派,或可视为北宋党争之始。

三、民告官,李逢、赵世居被杀

熙宁八年(1075 年),沂州(今山东临沂)平民朱唐控告前余姚县主簿李逢谋反。平民告官,似乎是鸡蛋碰石头,然而这次告的是官员谋反,事关统治者地位的安危,必然引起上级官府和朝廷的高度重视。

案子由该路提点刑狱王庭筠审理,王提刑为人宽厚平直。审理结果,认为李逢谋反没有根据。李逢只是话语中有些怨言,最多也就是诽谤,另外个别言词中涉及皇上,并对国家大事妄加评说,应属于言论罪。王庭筠如实向朝廷奏报,并认为可判李逢流放,编配某地,以示惩治戒。

神宗看了奏报,一见是谋反罪,且有些言论还涉及自己,总有些疑虑而不放心,便派了御史台推直官蹇周辅再去地方上复审。蹇周辅审毕,也向朝廷作了详细奏报。中书对比了两份审理档案,认为王庭筠所奏不当,有包庇谋反罪犯的嫌疑,并对王提出弹劾。王庭筠知道后,十分不安,一时想不通竟然自缢而死。

李逢供词中牵连到皇亲宗室、秀州团练使赵世居、医官刘育、河中府观察推官徐革等人。朝廷下诏,将有关人犯都逮捕送御史台监狱,命御史中丞邓绾、同知谏院范百禄及御史徐禧共同审理。朝廷还下诏,令御史台差官吏连同宦官一起去赵世居、刘育等人家中查抄,索取图谶、书简等罪证。

审理完毕,邓绾向神宗上奏说:"李逢、赵世居等人有谋反之意,全是看了这些图谶和妖书,互相蛊惑的结果。他们谶书谈论军事,观察天文异象,等待国家的灾祸降临。无论官场进退,朋友交结,这帮人已有许多年专注于此了。而朝廷管理宗室事务的官员却没有觉察,负责教育劝诲的官员也没有尽到职责,这些罪行过失都要惩治。同时,宗室官邸的大门出入有较严格的规定,而李逢等人却出入自由,宫门侍卫也没有任何记录可查,有关监门使臣的罪责也要查处。"又说:"从赵世居家中查出一部《攻守图术》的军事书籍,肯定得之于宦官。张宗礼曾经勾当三馆之职,盗印官藏底本而送给世居。现在张虽遇大赦而罢官在家,也望特令在此案中重新定罪。"朝廷表示同意。

最后判决:赵世居赐死,李逢、刘育、徐革凌迟处死,将作监主簿张靖、武进士郝士宣腰斩,司天监学生秦彪、布衣百姓李士宁杖脊后送湖南编管,其余有关官吏也都被罢官贬谪。赵世居的子孙虽免去死罪,但都削去宗室名籍和官任。就连原来地方上协助王庭筠审讯查办此案的官吏,也都不同程度地受到贬降的惩处。

其中布衣百姓李士宁,只不过是个江湖术士,自称有道法而出入贵族宗室之家。他常谒见世居的母亲康氏,将抄写好的仁宗皇帝的诗句献给康氏,还答应要送世居一口宝刀。世居及其好友都很崇拜李士宁,认为他道法高超,飘然似仙,对其所送诗句更是喜欢异常,以为蕴意吉祥。同时,李士宁与宰相王安石的关系也不错。此案一发,查到这些情况后,便将李逮捕入狱。

审理结束,范百禄认为:由于李士宁的妖术蛊惑,致使赵世居他们企图谋逆不轨,所以李士宁应判处死刑。然而李士宁就是不肯认罪。而徐禧上奏认为:"李士宁所赠诗句,乃仁宗皇帝御制,现在要将此作为该案谋反的重要证据,实在不敢苟同。"范百禄见徐禧如此袒护李士宁,便上奏反驳说:"徐禧故意要减轻李士宁的罪责,是为了讨好宰相王安石。"朝廷见主审官意见不一致,只得另调几位大臣再作审处。结果判定:范百禄意见不对,奏报不实,被贬降官职。案子就此结束。

整个案件的审理过程反映,看不出有什么谋反的迹象。只不过是几个读书人和个别江湖术士,在一起谈天说地,妄论国家大事,加上家中收藏有几本禁书、图谶之类,说话谈论中含有许多迷信色彩,充其量最多是所谓"思想言论罪"而已。然而此种"思想言论"也触犯了统治者的大忌。为了严厉压制任何一丁点离经叛道的思想苗子,统治者不惜用最残酷的刑罚来进行镇压。可见,宋代在思想文化方面的控制已经达到相当普遍程度,就连小民百姓也居然会挺身而出,控告官员的思想谋反罪,这着实让人惊讶不已。

四、王安石变法引出的冤狱

王安石变法是北宋后期一场牵涉面甚广的社会变革。由于对变法的看法不同,朝中很快形成意见尖锐对立的两派,即以王安石为首的变法派,或称新党;以司马光为首的保守派,或称旧党、反对派。两派政见分歧严重,进行激烈辩论、斗争的同时,更互相攻击、迫害,制造出一系列惨痛的冤案。

祖无择被诬贪赃案　起先,祖无择与王安石一起担任知制诰的官职,由于意见不合,便产生隔阂。王安石升任参知政事(副相),开始执政变法,就暗示监察官员搜罗祖无择的过失、罪状。正好御史王子韶弹劾明州知州苗振的贪污罪行,为了迎合王安石的意思,便又揭发了祖无择在杭州知州任内的一些事,并说与苗振的贪污案有关。于是宋神宗下诏,派内侍逮捕了祖无择,从京城兼程押往秀州监狱,准备与苗振案一并审理。

祖无择在仁宗、英宗、神宗朝历任知制诰诸官职,可谓三朝近侍。然一旦被告,骤系囹圄。一些大臣请求免其关押,只就审问,朝廷不许。然而,审讯查验的结果,并没有找到祖无择贪污的真凭实据,只有借贷官钱和乘船违反规格等几件琐事。最后,朝廷仍把祖无择贬降为忠正军节度副使,处以闲职,不用了事。该案审理了半年多,牵连大小官员有十余人,同样被长期关押,最后都被贬降、停职。

此案开创了北宋后期用"诏狱"形式打击不同政见官员的先例,"自是诏狱屡兴"。

孙棐伪造书信案　王安石变法初期,司马光写信给王安石表示反对,都城中士人都争相传阅,王安石对此很不安,便对凡传抄其书信者,往往暗中予以惩处。这时,民间又伪造出一封司马光的书信,其中把王安石骂得够呛,用词也很拙劣。宋神宗看过后,对左右大臣说:"此信绝非司马光所写。"王安石十分气愤,回答说:"这是因为司马光喜欢将私人书信传出以博取名声,所以民间流俗才仿效之,目的是阻挠新法的施行。"接着将此书信交给开封府,追查是何人伪造。

最后查出是皇城使沈惟恭的门客孙棐所为。沈惟恭常将朝廷中发生的事告诉孙杞,有时话语中对皇上也有些不恭,此次戏令孙棐伪造这封书信,不过想开个不大不小的玩笑而已。不料案子审理完毕,沈惟恭被流放海岛,孙杞被判死刑。一个政治玩笑,却带来流放、杀身之祸。

从此,朝廷常派出一些密探散布于百姓之中,时刻监督老百姓的一举一动,以控制民间舆论,并用严刑酷法禁止民间谈论朝廷政事。

郑侠《流民图》案　王安石进行变法,以图改变国家"积贫积弱"的局面。然而新法在具体实施过程中,暴露出许多弊端,尤其在一帮凶狠贪婪的官吏执行下,客观上反而加重了对农民的剥削与压榨,给百姓又平添了一层苦难,从而在某种程度上更加深了社会危机。可以说反对变法的一些意见有其合理的内涵,但王安石刚愎自用,一意孤行,在皇帝的支持下,排斥异己,打击政敌,剥夺许多较为正直的反对派大臣的实权,贬降出朝或予以闲散之职。而一批善于阿谀奉承的小人,乘机以支持变法为名,依附王安石,得以升迁,渐渐爬上要职与高位。其中包括吕惠卿、蔡确、蔡卞、章惇、邓绾、李定……还有臭名昭著的蔡京等人。

在这种情况下,监门官郑侠上《流民图》,把新法执行后农民逃荒、饥寒交迫的情景上奏朝廷。王安石被迫辞去相位,郑侠也因上图、擅发马递而被处以杖刑和记过。吕惠卿执政,新法的弊端更是日甚一日,官吏益奸,国事更糟。郑侠在愤怒之余,又作《正直君子社稷之臣图》和《邪曲小人容悦之臣图》,再次上奏,望朝廷能惩治奸臣,扶正国事。然而被吕惠卿一伙以谤讪朝政的罪名,收狱审讯,还牵连了有关官员与好友多人,有的被酷刑逼供。吕惠卿想斩草除根,上奏议郑侠罪当大辟(死刑)。神宗看后说:"郑侠所言,非为自身,忠诚可嘉,就不深罪了。"这才被判流放英州(今广东英德)编管。

乌台诗案　这是变法派奸臣迫害诗人苏东坡的一场著名冤狱。元丰二年(1079 年),苏轼在知湖州任上被捕。正直不羁的苏轼确有几首讥讽新法的诗作,然其中道出了新法实行后的一些弊端和人民的苦难,实乃忧国忧民之感慨。苏轼在调任湖州所上谢表中,也的确嘲弄了"新进们"(奸臣)几句。御史李定、舒亶诸人抓住把柄,大做文章,上纲上线,指责为"愚弄朝廷、怨望漫骂、妄自尊大",甚至从其他诗作中无中生有地乱加罪名,说苏轼的诗句有"讪上之意",要苏轼招认"叛逆"的罪名。最后在惨无人道的重刑折磨下,苏轼身心受到极大的伤害,不得已而违心认罪。

好在神宗并不想杀苏东坡,他在过了近半年的牢狱生活后,被判贬为"黄州团练副使,于本州安置"。其他亲属、好友约二十余名官员也受到牵连而被处分。

神宗死后,十岁的哲宗皇帝即位,由宣仁太后垂帘听政。太后早就不满新法,所以很快起用反对派旧臣,以司马光、吕公著执政,开始迅速废除新法,沿用旧例,改年号为"元祐"。反对派大臣掌权,也开始贬黜变法官员,把吕惠卿、蔡确等人逐出朝廷,贬降地方,又利用车盖亭诗案,将前宰相蔡确流放岭南。后来,蔡确死于贬所。两党之怨恨越结越深。

元祐党人案　太后去世,哲宗亲政。这位十九岁的皇帝对祖母无甚好感,且自以为是。个别见风使舵的官员便向哲宗推荐变法派新党。哲宗先后起用章惇、蔡卞为相,罢免了太后信任的大臣,并以继承父志为名,开始全面恢复新法,改年号为"绍圣"。变法派诸人再次入朝掌权后,便开始向反对派大臣大肆报复。一场大规模陷害元祐党人(反对派旧党)的冤案,拉开了历史的帷幕。

章惇貌似豪俊,也博学善文,然内心奸险,喜为所欲为。青年时曾同苏轼共游南山仙游潭,见潭边一悬崖绝壁十分壮观,便请苏轼挥笔书字于绝壁。东坡毕竟文弱,有些害怕而不敢下崖。章惇却垂索挽树,沿崖而下,以漆墨濡笔,书毕登绳而上,神采不移。苏轼见状,不禁脱口而出:"君他日必能杀人"。章惇听了大笑。

　　蔡卞为大奸臣蔡京之弟,由于做了王安石的女婿,所以发迹比兄略早,熙丰变法时已略显身手。此时又以王安石日记尽改国史馆所修实录,想以歪曲的历史来蒙骗后人。章惇做事轻率豪侠,略欠深思,而蔡卞却城府很深,阴沉寡言。朝廷议事,常常由章惇冲在前,毅然主持,蔡卞站在旁,玩弄心术。二人配合默契,开始不择手段地迫害元祐诸臣。

　　首先,章惇、蔡卞新党对早已过世的司马光、吕公著也不放过,斥责其忤逆神宗,妄改成制,请掘二人墓冢。幸有谏臣认为"掘墓非盛德事",哲宗乃止。朝廷还是诏令追夺二人的赠谥、爵位,并籍没家产,取消其子孙的俸禄官位。

　　同时,开始把在朝中的元祐诸臣夺官赋闲或贬降偏远之地。才华横溢,又屡遭横祸的诗人苏轼是遭贬岭南的第一人。绍圣元年(1094 年),他被以拟《吕惠卿贬官告词》中有"指斥先帝"之语的罪名,贬知英州(今广东英德),于是踏上了岭南之行。当时苏轼已五十九岁,"苍颜素发,谁怜衰暮之年",实在是无限伤感。岂料走到半途,苏轼又遭御史上疏攻击,再贬授"宁远军节度副使,惠州安置"(今广东惠阳)。惠阳有罗浮山、西湖诸风景,有荔枝、黄柑等物产,更有民众的同情。苏轼在惠阳三年的流放生活,还算安宜,时有诸如"日啖荔枝三百颗,不辞长作岭南人"之嘲慰。

　　绍圣四年,苏轼再贬琼州别驾,昌化军安置(今海南岛儋县),同时其弟苏辙也被流放雷州(今广东海康)。苏轼先至广西等候久别的弟弟。两人相遇后,同行到雷州。六日后,苏轼别弟南渡,踏上了更为荒凉清苦的海南岛。一住又是三年有余,期间新党仍派人来监视、刁难。"九死南荒吾不恨,兹游奇绝冠平生",老诗人在艰苦的环境中煎熬磨炼,也与当地黎族人民结下了深厚友情。直到元符三年(1100 年),徽宗即位,向太后一度听政,才给苏轼赦罪北还。次年七月,苏轼回到常州,但"瘴暑相寻,医不能痊",很快仙逝,享年六十五岁。

　　元祐旧臣中,曾任宰执大臣的吕大防、刘挚、梁焘于绍圣四年被贬放岭南。吕大防为人朴实敦厚,元祐时任相八年,正直勤勉,颇有声誉,绍圣初即被谪放,再贬谪循州(今广东龙川),时年已七十一岁。吕大防走不及过岭,便病死于信州(今江西信丰)。

　　刘挚生性峭直,嗜书不倦,熙丰时反对新法,曾被谪放边地,甚有骨气。元祐时回朝,他劾蔡确、论章惇,奏事有力,同僚敬畏,时人以比包拯。此次贬放新州(今广东新兴),数日后暴病而死,享年六十八岁。

梁焘也是条刚正不阿的汉子。元丰时,他上书论新法之弊,甚为激烈。元祐中,梁焘又劾蔡确作谤诗,论蔡京之不可用,有理有据,铿锵有力。此次贬居化州(今广东化州),也是不到一年便暴病而死,享年六十四岁。

刘、梁之死相距仅七天,且同样死因不明,众皆疑为新党派人所害。死后还不许归葬,甚至又将其家属也强迁岭南,到岭南后又病死十余人。手段之残忍,令人发指。

历史学家范祖禹,神宗时,协助司马光编修《资治通鉴》,在洛阳十五年,书成,荐为秘书省正字。元祐时期,范祖禹为翰林学士,先后奏两百余疏,评论政事,修撰《实录》,胸怀坦荡。绍圣初,他反对起用章惇等人。章上台后,恨之入骨。次年,章即以诋毁先朝新政的罪名,将范流放永州(今湖南零陵),又连贬贺州(今广东贺县)、宾州(今广东宾阳)、化州(今广东化州),几乎是一年换一个地方,章惇之流就是用迁徙劳累之苦来折磨他。果然到化州后不久,范祖禹便病故了,时年五十八岁。

谏官刘安世,刚直敢言,一条铮铮铁骨的汉子。元祐时,他在朝中面折廷争,尽言不避,有"殿上虎"之誉。安世知道,谏官常要触犯上颜,祸出旦夕,曾想为老母而辞官,以免不测。不料其母劝诲道:"你若果能补报朝廷,即使得罪流放,不管何处,我都随你去。"安世遂更勤奋,曾前后十余次劾奏章惇在苏州强买民田之事,与章惇结下深仇。绍圣三年,被谪放英州(今广东英德),四年移高州(今广东茂名)。元符元年,再迁梅州(今广东梅县)……安世时五十有余,老母已七十开外,伴随儿子流放岭南,来往七州之地,所受折磨令人心碎。据说,章惇还特地派人往岭南行刺。刺客至岭南未及行刺却先病亡,安世得侥幸免难。徽宗时,仍屡被黜放。直到宣和七年,金军入侵,北宋将亡,这位饱受苦难的七十八岁老人才饮恨而殁。

范纯仁为名臣范仲淹之子,为人正直宽和,廉俭无私。神宗时,范纯仁为谏官,因反对新法,外补地方官;元祐时,拜相执政,能公正处事,既保护正人君子,也不同意重典惩处蔡确、邓绾等政敌。哲宗亲政,范纯仁为救苏辙,曾犯颜直谏,后章惇为相,坚乞退位。既而,元祐诸臣被害。范纯仁又冒死上疏,替吕大防等人辩解,被贬置永州(今湖南零陵县),时年七十二岁,双目失明,闻命仍怡然上路。在家人的陪伴下,在永州居住三年,其间家中有十余人因贫病而死。徽宗即位,遇赦北归,卒于途中。

还有苏门四学士:秦观、黄庭坚、晁补之、张耒,都先后被贬黜。黄庭坚在所著《神宗实录》中,有批评王安石之语,被贬为涪州别驾,流放黔州(今四川彭水县)安置,三年后,再贬放戎州(今四川宜宾)。秦观被劾影附苏轼,增损《实录》,迭遭贬谪,后编管雷州(今广东海康),死时才五十一岁。此类有关冤狱,不胜枚举。

章惇、蔡卞之流还专门设立了"编类臣僚章疏局",把元祐间属于元祐党人的所有章疏都分类编辑起来,以便随时加罪,共成一百四十三帙,并设置"审查元祐诉状局",重新审核元祐间有关案件。士大夫因此重新获罪者达八百三十余家,有数千人之多。罪犯往往从千里之外拘捕来,处以钉足、剥皮、斩颈、拔舌等酷刑,实在凶残毒辣,骇人听闻。

崇宁元年,蔡京登台拜相,蔡卞任枢密院事(最高军事长官)。兄弟二人同掌大权,狼狈为奸。为进一步打击元祐诸臣,立元祐党人碑于端礼门,共一百二十六人,将其按等级数落罪状,称为奸党,并由皇帝御书后刻石立碑,以示惩戒。

蔡京又扩大打击面,把凡上书批评过新法的人及变法派中由于种种原因而被罢黜之人,都作为元祐奸党,共三百零九人,合为一籍,由蔡京亲写其名籍,印发各地,要求募刻上石。今天我们在桂林龙隐岩上看到的《元祐党籍碑》,就是南宋庆元四年,梁焘的曾孙梁律,依据当时的历史,重新复制的,以作为这场特大冤狱的一个历史见证。

朋党之争是两宋政治史上一个非常突出的现象,其性质之错综复杂,时间之持续漫长,党祸之悲凉惨烈,都是中国历史上所罕见的。这里所叙述的元祐党人案,只是其中最有代表性,迫害面最广,手段最为凶残的一场特大政治冤狱。

五、孟皇后被诬案

哲宗十岁即位,政事、家事都由宣仁高太后操劳,选皇后之事自然也是太后们做主。孟氏出身名门,操行端淑,秉质文娴。太后十分喜欢,并教以宫中礼仪。元祐七年,哲宗十七岁,孟氏十六岁,太后为他们隆重地举行了婚礼,并要哲宗亲临文德殿,册封孟氏为皇后。太后还特语重心长地关照哲宗:"得到了贤内助,可不要轻看她。"

其实,哲宗对太后并不以为然,况孟后姿色既不妖媚动人,又不会曲意逢迎。太后一死,哲宗亲政,更对孟后不怎么在意。不久,轻佻色艳的嫔妃刘婕妤得宠,开始在宫中与皇后争风吃醋,甚至目中无后,阴图夺位。

恰好,朝廷中章惇、蔡卞兄弟得道,他们早已对宣仁太后支持旧党不满,造出太后原本不愿立哲宗的种种传闻,进一步离间哲宗与太后之间的感情,并想找机会除掉孟后,以报复太后。宫中太监郝随、刘友端诸人也投向章、蔡一党。这样宫内外勾结,开始酝酿起一场诬后的冤狱。

一天,皇后的女儿福庆公主得病,皇后的姐姐颇懂医术,曾经为皇后看过重病,出入宫中也无所避忌,这次又叫她来诊治,但公主服药后不见好转,她便觅道家治病符水来为公主治疗。皇后知道了,吃惊地对她说:"姐姐难道不知宫中禁忌,与外间不同么?"遂令左右将符水藏好,等到哲宗前来,就一五一十地将事情讲出。哲宗听罢,只是轻描淡写地说了句:"此也是人之常情嘛。"皇后仍郑重其事地取出原符,当面焚毁。事情虽已过去,但宫中却早已谣言四起,说是皇后在搞什么鬼魅巫术。

过了些日子,皇后的养母听宣夫人燕氏和尼姑法端、供奉官王坚等人特来为皇后祷词祈福,又引起一场风波。太监郝随等向哲宗报告说,皇后的几个亲信又在装神弄鬼了,搞得中宫妖魅重重。刘婕妤也在边上火上浇油地说:"陛下若不即刻严拿治罪,祸作一团,事情就难办了。"哲宗于是不察真伪就下诏,令入内押班梁从政、管当御药院苏珪,即皇城司鞫之,逮捕了后宫有关太监、宫女三十余人。梁、苏诸人内受郝随嘱托,外得章惇指使,竟滥用酷刑,拷讯逼供,在问不出什么口供的情况下,甚至开始摧残犯人的肢体。几个义愤填胸、反唇相讥的宫女,竟被割断舌头。最后全由狱吏编造口供,结案入奏。

哲宗再命侍御史董敦逸去复审录问。犯人被提审过庭时,一个个都已气息奄奄,几乎讲不出什么话来。董敦逸见此情景,心中迟疑,秉笔难下。太监郝随等人在旁用话恫吓威胁。敦逸怕祸及己身，不得不按原来审讯所得"供词"奏上。

罪案上宣布听宣夫人燕氏的罪状有：当皇上经过皇后宫门时，燕氏将写有"欢喜"二字的纸符烧了取灰，放在茶水中进献皇上，因为当时皇上不想喝茶而没有得逞，随后又用此水洒在皇上经过的道上，希望皇上常来。燕氏又令供奉官王坚绘制了刘婕好的画像，用大钉钉其心，并将五月中生痨病死亡的宫人尸体烧成灰，将灰撒放于刘婕好的寝宫内，以盼刘婕好也生同样的痨病而死。还用七家针各一枚和符咒一起焚烧后，放置在刘婕好宫中等等，各项罪名都写得似乎确有其事。

哲宗看罢案卷，勃然大怒，下诏废去孟皇后，出居瑶华宫，削发为尼，赐号"华阳教主"、"玉清妙静仙师"，法名"冲真"，又贬降皇后父亲的官职。燕氏、法端、王坚诸人被处死刑。后宫凡有牵连之人，都定罪处罚。

此案乃宠妃与太监、外臣勾结，陷害皇后及其亲属，也几乎在耍弄年轻幼稚的哲宗皇帝，且用相当残忍的酷刑来迫害有关宫女、内侍，在宋宫廷中实属罕见。

有宋一代，宫廷内部还算安静，少有宫中冤狱，唯见南宋光宗的李皇后颇为残暴。《宋史》载，一次有个宫女侍候光宗洗手，光宗见该宫女手白如玉，便拿起她的白手细看，加以赞美。过两天，李皇后派人给光宗送去一个盒子。光宗打开一看，竟然是那个宫女的一双断手。光宗还比较宠爱黄贵妃，李皇后居然乘光宗郊祭之时，杀了黄贵妃，并诈称贵妃因病猝死。

在此案与孟皇后一案相比又有本质的不同。孟皇后一案是在当时新旧党争的背景下，两党殊死斗争反映到宫廷中，而善良、娴静的孟皇后及数十名有关人员，被当作替罪羊。

另外，刘婕好的后事也颇值一叙。刘因生下龙子，哲宗册封刘为皇后。右正言邹浩上疏反对，被章惇奏劾。邹浩被削职除名，为邹浩鸣不平的官员也被贬谪。而刘皇后的龙子才两月余便夭折，哲宗也随之而去。徽宗即位，刘太后欲干政。在徽宗、蔡京、郝随等人的共同激迫、难堪之下，刘太后得知要废她名号的传闻后，便上吊自尽了。

第二节　南宋要案

　　金军入侵，宋室南渡。风雨飘摇之中，南宋小朝廷竟然还维持了一百五十余年。南宋朝臣围绕抗战与求和问题，一直斗争激烈，而卖国求荣之徒却往往执掌朝政，且奸臣辈出。昏君奸臣当道，必定陷害正直人士，尤其是主张抗敌救国之士，因而制造了许多冤案，岳飞被害就是一个典型案例。另外，南宋一代重文轻武，对臣民的思想文化控制有所加强，因此也产生了不少冤案，如伪学逆党诸案。加上司法方面的种种弊端，平民百姓的冤案更是层出不穷。

一、民族英雄岳飞之死

　　北宋末年，北方野蛮的女真贵族入侵中原，给经济、文化发展到相当高度的宋代社会带来了极大的破坏。在这民族危难的历史时刻，岳飞不屈不挠地投身到正义的民族战场上，出生入死，英勇机智地杀敌立功，从一般士卒晋升为大将，率领岳家军驰骋疆场，收复了部分国土，给金兵以沉重打击。然而，这样一位在战场上叱咤风云，对祖国忠心耿耿的民族英雄，最后却在投降派的迫害下，含冤九泉。绍兴十一年（1141 年）岁末，当岳飞被害的消息传开之后，临安（今杭州）市民莫不哀痛悲悼，不少人泣不成声，"天下闻之，无不垂泣"，连一些幼稚儿童也唾骂秦桧不已。

　　过去的一些史书和许多文艺作品，都把这桩千古冤狱描述成完全由奸臣秦桧一手制造，而宋高宗赵构开始并未与闻。最后秦桧听了其妻王氏的阴险提示，写了一张纸条送进大理寺狱中，岳飞随即被毒死，就是所谓"秦桧矫诏暗害岳飞"。这里，赵构只是一个听秦桧摆布的糊涂皇帝而已。其实，赵构绝非无能的傀儡之辈，秦桧在当时也绝没有那么大的权势。在宋代，要谋害岳飞这样一个武功赫赫、威名远震且官至高品的勋臣绝不是这样简单的。

赵构是宋徽宗第九子，文能博学强记，读书"日诵千余言"，武能"挽弓至一石五斗"，即能拉开一百六十多斤重的劲弓，其能力在当时可算上乘。在经历了南宋初期这段艰难险恶的日子之后，至绍兴十一年，赵构已当了十五年的皇帝，由一个深宫的花花太岁而成长为深通机谋权术、极其狡猾阴险的最高统治者。这年的十月，即岳飞被杀的一个多月前，赵构还警诫众臣说："人主之权，在乎独断！"

秦桧作为与金国声气相通的佞臣，在绍兴初年即为赵构看中而拜相当政，但由于秦桧急于植党专权，很快就被罢免。赵构还亲自写其罪状，榜告朝野，以示不能容忍之意。绍兴八年，赵构迫不及待地想与金求和，才再次任命秦桧为相。这时秦桧不得不吸取前次的教训，唯高宗马首是瞻，小心翼翼做事，以求稳步发展权势。就在这年冬天，秦桧为全面开展与金议和活动，但又心存当年罢相的余悸，害怕高宗反复，便单独对高宗说："若陛下决欲讲和，乞陛下英断，独与臣议其事，不许群臣干与，则其事乃可成。不然，无益也。"高宗首肯后，他要皇帝"精加思虑三日"。三天后，他还要高宗"更思虑三日"。又过三天，秦桧"知上意坚确不移"时，才奏上和议方案，可见其一副看主子眼色行事的奴才嘴脸。由于秦桧善于洞察高宗复杂的内心世界，在力主和议与排斥抗金将领方面深得高宗的宠信。

绍兴九年，高宗、秦桧正大力对金进行屈膝求和活动，遭到抗战派臣民的强烈反对。枢密院编修胡铨上疏，要高宗"觉悟"，体恤民情，不忘国耻，并痛斥秦桧的辱国求和的汉奸伎俩，坚决主张斩秦桧等奸臣以谢天下。这篇声讨投降主义的雄文，很快在民间刊印出来，广为流传。街市上出现了醒目的榜贴："秦相公是细作！"军民愤愤不平，南宋都城临安沸腾了。秦桧心惊胆战，被迫上表"待罪"。高宗自然心里清楚，下诏将胡铨"送昭州（今广西平乐县）编管"，以算了事。秦桧遭此唾骂，自然不会甘心，对胡铨恨之入骨，必杀欲之而后快。然而，在以后的许多年中，秦桧却始终对这位职位低卑的编修官无法动用屠刀，最远只是将其流放海南岛。绍兴议和后，在金人的支持下，秦桧才日益骄横跋扈，有所谓"挟敌势以要君"之说，然这已是后话了。

那么，岳飞是如何被害的呢？

　　绍兴十年,岳飞统率岳家军挺进中原。经过艰苦卓绝的鏖战,岳家军大败
猖狂南侵的金兀术大军,连获郾城、颍昌大捷,收复北宋东京(今河南开封)已指
日可待,战局发展鼓舞人心。岳飞兴奋地对将士们说:"直抵黄龙府,与诸君痛
饮尔!"然而,这时宋高宗连下十二道金牌,逼岳飞班师回朝。眼看恢复中原的
绝好时机白白丧失,岳飞不禁仰首长叹,扼腕而泣:"十年之功,废于一旦!"

　　绍兴十一年三月,岳飞回到临安,朝廷即发表张俊、韩世忠为枢密使(武将
的最高官职),岳飞为枢密副使。宋高宗在又一次的"杯酒释兵权"中,对三大将
明升暗降,剥夺了军权。秦桧为陷害岳飞,先唆使右谏议大夫万俟卨等人上本
弹劾岳飞,捏造了淮西之役逗留不进,坐观胜负和公开主张放弃楚州(今江苏
淮安)等罪名。高宗也说岳飞确实倡言:"楚州不可守",意在"附下以要誉"。岳
飞明白朝廷的用心,自己也绝非留恋官位权势之人,便再三请求解职退闲。八
月,高宗便乘机解除了岳飞的官职,并在罢官制词中说,岳飞的行为"有骇予闻,
良乖众望"。皇帝宽大为怀,"记功掩过","所以保功臣之终"。宋高宗声色俱厉,
言语间已暗伏了杀机。

　　紧接着,更大的迫害阴谋开始实施。为了罗织陷岳飞于死地的罪状,先由
枢密使张俊对岳家军都统制王贵进行威胁利诱。然后,秦桧党羽林大声到鄂州
(今湖北武汉,岳家军大本营)就任总领,以监视岳家军,并物色了大将张宪军中
的副统制王俊,绰号"王雕儿"(因其专门坑害无辜,犹如恶雕捕食鸟类而得名)。
王俊正式向王贵投呈诬告状,说张宪得知岳飞被罢官赋闲,愤恨不平,欲擅统大
军去襄阳,以威胁朝廷还军权于岳飞。状词中捏造的谎言十分拙劣,任何稍有
头脑者都能一眼看出其中的破绽。然而,当诬告状到了张俊手中,张俊便立即
逮捕了张宪,并进行非法的酷刑逼供。张宪宁死不做伪供,但张俊仍然上报:称
张宪供出,为收岳飞处文字后谋反。秦桧马上奏请将张宪、岳云押送至大理寺,
并召岳飞至大理寺一同审讯。高宗当即诏准:"就大理寺置司根勘"。

　　一开始,负责审讯的官员是御史中丞何铸和大理卿周三畏。岳飞被带到大
理寺,见张宪、岳云已身戴枷锁,浑身是血渍,惨不忍睹,还是抑制住满腔愤怒,
义正词严地辩白冤屈。最后,岳飞解开衣服,袒露出背部深嵌肌肤的四个大字
"尽忠报国",何铸也不由肃然起敬。在此之前弹劾岳飞的大臣中,何铸也为其

中之一,现在再也不忍心干伤天害理的勾当,便去见秦桧,转而力辩岳飞无辜。何铸原为秦桧亲信,秦虽十分不悦,也无所提防,沉下脸来说:"此上意也。"一句话泄露天机,但何铸依然据理力争。秦桧理屈词穷之后,便奏请高宗,马上遣何铸出使金国和谈,改命万俟卨为御史中丞,继续审理此案。岳飞遇害后,身为执政大臣的何铸当即遭到弹劾,而被罢官贬斥。

万俟卨是个心狠手辣的家伙。他主审此案后,完全秉承高宗、秦桧的旨意,残酷炼狱,并再次捏造罪名,说岳云曾写信给王贵、张宪,意图谋反;岳飞还有"指斥乘舆(皇帝)"的弥天大罪,如说"国家了不得也,官家(指高宗)又不修德"等等,并拉了王贵等三四个软骨头将佐来作伪证,便算定案。经过两个多月罗织罪名的"审理",万俟卨结案上报尚书省,再由尚书省呈报高宗"合取裁断"。

御史台上报的定案判岳飞"合依斩刑",张宪"合于绞刑",二人是重刑。岳云等七名将佐是轻刑,"徒三年"之类。高宗看到案卷后当即批复:"岳飞特赐死,张宪、岳云并依军法施行,令杨沂中监斩,仍多差将兵防护。"(《建炎以来朝野杂记》乙集卷二)其他六名将佐也由徒刑升格为流刑,且"永不叙用"。万俟卨和秦桧没有判岳云死刑,只判了三年徒刑,但尚不能使高宗满意。既然要杀岳飞,就必须斩草除根,赵构内心之恶毒昭然若揭。

随即,岳飞在狱中被拉胁而死,张宪、岳云被绑赴闹市问斩。临刑时,临安府各城门都重兵把守,戒备森严,以防百姓闹事。岳飞死时三十九岁,岳云才二十三岁。此案诛戮之惨,株连之广,冤屈之深,宋代少见。

宋太祖赵匡胤曾特别传下秘密誓约:"不杀士大夫及上书言事官"。北宋历朝皇帝都谨守此约,只是到北宋末年的钦宗,在非常时期开了杀戒。而徽宗认为钦宗杀了童贯等奸臣"不祥",并通过大臣转告高宗引以为训。岳飞先后任宣抚使、枢密副使等执政级大臣,其生命照理应受太祖誓约保护,然而所发生的这一切,说明这是一场反常规、肆意加害的虐杀。其元凶应是宋高宗,而秦桧、张俊、万俟卨则为无耻帮凶。

那么,宋高宗为什么要杀岳飞? 许多人认为,是因为岳飞北伐要迎回"二圣"。"而徽钦既返",高宗便保不住帝位了。这是后人想当然的猜测,不太可信。一则,高宗在即位诏书乃至之后和金人的谈判中,都提到"迎还二圣"之事,绍兴八年的求和活动口实之一,便是迎还钦宗(当时徽宗已死),且差点成功。高宗还下诏:"渊圣皇帝(即钦宗)宫殿令临安府计度修建",准备让钦宗回来优养天年。高宗心里清楚,经过如此惨痛的俘虏生涯,钦宗早已心力交瘁,回来也不会威胁自己的宝座。后因金兀术变卦,不放钦宗,以为人质,高宗自然也不力争。再则,岳飞虽时有"奉迎二圣"之词,但此乃当时抗金人士的普遍说法,无足多怪。绍兴七年,岳飞在《乞出师札子》中就已不提钦宗,只说"奉邀天眷归国",而出师的主要目的是使高宗"高枕无北顾之忧"。可见,高宗无须在"迎还二圣"问题上深忌岳飞。

赵构对岳飞产生间隙,继而到后来"始有诛飞意",冰冻三尺,非一日之寒。此间有一个发展积累的过程,其中与岳飞的个人脾性也大有关系。

绍兴七年春,凭着岳家军辉煌的战绩,岳飞的官品和声誉也与日俱上,已"官至太尉,品秩比三公",成为宋高宗最器重的武将之一。高宗在一时感情冲动之下,慷慨允诺岳飞指挥和节制除张俊、韩世忠部外的各路军队,这大约包括了全国七分之五的兵力,以大举北伐,并授以亲笔手诏,委以中兴大业,这在宋朝是没有先例的。此也正合岳飞平素之大志,欣喜若狂之余,自然十分感激高宗的信任和倚重。既而,宰臣张俊和秦桧提醒高宗,莫忘祖宗家训,让岳飞掌握的军权太大,一旦功盖天下,威震人主,就后悔莫及了。高宗如梦方醒,立即取消成命。岳飞不料事情突然变卦,愤慨至极,一怒之下,上奏请求解职,并不经皇帝批准,便擅离职守,上庐山给亡母守孝去了。岳飞此举也使高宗大为震怒,指斥岳飞骄横跋扈,但权衡利害得失,也只得命官员去请岳飞出山。岳飞清楚,再倔强固执下去也无裨益,只得受诏出山,并至建康(今南京)向高宗请罪。高宗给予一席形似宽慰,实则儆戒之语,其中有太祖谓"犯吾法者,唯有剑耳"等等,已隐隐含有杀机。岳飞转眼成为高宗最为猜忌的武将。

最使高宗恼火的,莫过于岳飞坚决抗金的态度及其一系列行动。宋高宗对金国入侵中原的基本国策是屈辱求和,这在赵构还没有当皇帝之前已成心理定式。北宋末年,赵构为康王时,就已参与了对金国的投降求和活动,对女真贵族所提的割地、纳款、人质等等苛刻条件,均表赞同。当上皇帝之后,在金兵的不断攻势面前更是软蛋一个,只想与金妥协而苟安江南,所以接二连三地派遣使者至金国卑辞厚礼，屈膝求和。

　　岳飞在南宋众将领中是反对议和最坚决的一个。绍兴九年，宋金讲和初定。岳飞出于深重的负疚感，沉痛提出辞呈。翌年，金兀术毁约大举南侵。岳飞领兵出击，鏖战初胜之际，却被迫班师，"十年之功，废于一旦"，又愤而辞职。解除岳飞军权，高宗求之不得，但是迫于当时形势，又不敢冒此风险，毕竟岳家军之实力和威名是防止金人毁约的最好保障。高宗虽对岳飞的屡递辞呈均照例不准，但对岳飞刚直不阿行为的忌恨不断加深。根据秦桧党羽所撰笔记《王次翁叙记》透露，约在绍兴十一年的二三月间，"上始有诛飞意"。应是在宫廷密议中，高宗将此旨意秘密传下。

　　把毕生献给抗金事业，且正义凛然，性格倔强的岳飞，哪里会想到这些。岳飞不顾一切禁忌，执着抗金的种种行为，一次次触怒着高宗，致使高宗在收缴三大将兵权之后，仍不想放过岳飞。随着宋金绍兴议和的告成，杀害大将岳飞便成定局。

　　岳飞入狱的消息传开，朝野震惊。尽管许多富有正义感的官员，乃至一般百姓，不顾专制淫威，纷纷出面营救，但都毫无用处。韩世忠罢闲在家，听说岳飞遭冤，也鼓起勇气去质问秦桧。秦桧只冷冰冰地回答："其事体莫须有。"韩世忠气愤不过地说："'莫须有'三字，何以服天下！""莫须有"的意思是"或许有"、"大概有"，秦桧这一若无其事的回答，也充公说明朝廷已决意要杀岳飞。至于用什么罪名，这些罪名是否属实，已无关紧要。

　　宋代司法审判原有一定的程序和制度，如大理寺治狱，由哪一级官员审理、详断、判刑、评议、审查、定判等，都有详细规定，包括所谓"鞫谳分司"，就是审讯和量刑不能为同一个法官。并且大理寺所详断的案件，都须经门下省复核，如门下省认为审理不当，可依法驳斥或给予纠正。必要时中书省还得评议，或由皇帝交付大臣共同评议。法律还规定，已宣判而未执行的死刑案件，犯人或家属都可诉冤，一旦翻供上诉，便须遣派原审官以外的法官重新审理，这叫"翻异别勘"。这些法律程序和制度，在岳飞狱案中都完全置之不顾了，不仅不准受害人申诉，也不准任何人评议，连经办的其他官员提出疑问都要受罚。可见在皇权至高无上的专制统治之下，所谓的程序和制度只是摆设。

宋代法律体系虽照抄或模仿唐律,但其中恶性膨胀着皇帝"以敕代律"的法制特权。中国封建专制由来已久,而皇帝的个人意志可以凌驾于法律之上的明文规定,却是在北宋开的先河。元丰二年,宋神宗决定实行"以敕代律",这样,皇帝的命令、批示、断例等便可明目张胆地代替法律,成为司法的主要依据。宋高宗更是滥用此特权,任意践踏法律。总之,在君主专制体制之下,法律其实只是皇帝的奴仆,随其意志的好恶而左右。所以宋代出现像岳飞冤狱那样的"莫须有"司法逻辑,是一点也不奇怪的。

二、宰相赵鼎父子蒙难记

南宋初年,赵鼎也可算得一位名臣,指论朝政,每有建树;整治军纪,诸将肃然;举荐岳飞,克复襄汉。绍兴四年,赵鼎拜相执政,时金军大举南侵,朝野震恐,一些软骨头官员又想南逃。赵鼎力主抵抗,推举抗战派大臣张浚主持军务。在诸军奋力抗击下,连败金军,金人不久只得遁归。宋高宗也对赵鼎很是敬重,曾说:"赵鼎真宰相,天使佐朕中兴,可谓宗社之幸也。"

翌年,张浚也拜相,与赵鼎共同执政。面对纷乱复杂的战争形势,赵、张的一些政见渐有分歧。张浚主张全面备战,乘胜北上,并罢免了几个骄惰不战的将领,以激励士气,颇有政绩。赵鼎略显保守,认为敌强我弱,还是以稳守为上。在这样的矛盾中,赵鼎自愧不如,提出辞呈,出任绍兴知府去了。

赵鼎走后,张浚看错秦桧,居然荐其主持枢密院。绍兴七年八月,张浚罢黜个别将领的做法,引出一起兵变,淮西四万多军队在叛将率领下,出奔投降了伪齐政权。张浚不得不引咎辞职。

一天,高宗问张浚:"卿去后,秦桧可否继任?"张浚回答:"臣前日尝以桧为才,近与共事,方知桧实暗昧。"高宗道:"既然如此,不若再任赵鼎。"张浚叩首道:"陛下明鉴,可谓得人。"这样,赵鼎再度拜相。秦桧知晓后,十分恼怒,便千方百计唆使言官弹劾张浚的过失。高宗见疏章,便要流放张浚至岭南。赵鼎为张浚辩白说:"浚罪不过失策,所谓'智者千虑,必有一失'。若人一有失,就置之死地,今后还有谁肯为朝廷出力,况浚勤王抗金有功,不宜深罪。"高宗听了,方改任张浚以闲散职名,出居永州(今湖南零陵县)。秦桧见赵鼎如此袒护张浚,表面上不作声,实耿耿于怀。

谈到秦桧,赵鼎以前曾对张浚说:"此人若得志,吾辈便无立足之地也。"然而,赵鼎再度拜相后,在秦桧恭维顺从外表的迷惑下,对前事荡然淡忘。没多久,赵鼎居然荐举秦桧拜相,与自己共同执政。秦桧一经为相,与赵鼎平起平坐,便很快改变态度,加上其投降派的策略深得高宗的赏识,便开始在朝中专横跋扈起来。赵鼎由于反对秦桧那种屈辱议和的投降路线,日渐成为秦桧的眼中钉。

高宗在扬州的一场兵变中受惊吓而丧失生育能力,原有的一个儿子也在那场兵变中夭亡。此后,迫于群臣的压力,高宗选了伯琮、伯玖两个宗子养在宫中,但总还是不想就这样把皇位让给旁子别支,仍对生皇子抱有希望。赵鼎等大臣没有摸透赵构这一心理,好心劝高宗早日确定伯琮的皇储身份,对国家有利。唯有秦桧能揣摩到主子的心思,乘机上奏诬陷道:"赵鼎欲早立皇太子,是认为陛下不会再有儿子了,其用心险恶,不可照准。宜等陛下亲子降生,再立皇太子不迟。"此言正中高宗下怀。秦桧又唆使言官上书,也说赵鼎有阴谋诡计,深不可测,要皇上留意。高宗便逐渐以为赵鼎心怀异志,不可信任。加上平时议事,赵鼎总是坦然直言,一些事常忤违高宗之意,甚至指责宫中的一些措置。总之,高宗越来越讨厌这位较为正直坦率的辅弼大臣。

绍兴八年,秦桧唆使言官参劾与赵鼎政见一致的一些大臣,且诬告说大臣间互相攻击诸事,实出于赵鼎的授意等等。赵鼎知道,秦桧等人的目的在于要自己退位,好让他独揽大权,且皇帝对自己也已有成见,便顺水推舟,上章称病求免。高宗倒也爽快,立刻改任赵鼎为绍兴知府。秦桧遂假心假意地来给赵鼎饯行。赵鼎这时算看透了这个两面三刀的伪君子,不齿与之同杯饮别,便一揖而去,把秦桧置于十分尴尬的境地。秦桧恼羞成怒,心中更加愤恨。

不久,秦桧就授意言官上章弹劾赵鼎之罪,说什么赵鼎曾受过张邦昌的伪命,并贪污军款十七万贯之巨,需严加惩办。其实,金兵攻陷开封,立张邦昌为帝。张所封任,时赵鼎与张浚等官员都逃在太学中,并没予理睬。而所谓贪污之事,更纯系捏造。高宗见状,不问青红皂白,断然下诏罢去赵鼎官职,流放岭南。赵鼎先被安置在兴化军(今福建莆田县),再徙福建漳州,在此地恰与张浚相遇。

二人抱头痛哭,言及秦桧,都不由悔恨交加。

秦桧仍害怕赵鼎再度复出,后患无穷,所以必欲置之死地而后已,便指使言官不断上章弹劾赵鼎,竭尽诬陷之能事。赵鼎又被迁往广东潮州,一住就是五年。不料,秦桧党羽竟然诬告赵鼎在广东有受贿嫌疑。朝廷再次下诏,将赵鼎贬谪吉阳军,即今海南岛最南端的崖县。此处生活条件更是艰苦,地理环境十分恶劣。赵鼎在吉阳三年,深居简出,不敢有任何多余的举动。然而,秦桧依然不肯放过。一方面由朝廷下诏,宣布若遇大赦,赵鼎也永不叙用;一方面要地方官吏监视赵鼎的起居生活,一举一动都得向朝廷报告。

赵鼎这时才明白,自己只有一死,没有其他生路了,便遗书给儿子赵汾说:"秦桧必欲杀我,我死后,你们或可免灾。否则,恐祸及全家。"遂绝食而亡,时年六十三岁。

赵鼎虽死,秦桧并没有就此罢手,仍不断加害其亲属及朋友。绍兴二十五年,潭州地方官密报,泉州知州赵令衿在看秦桧的《家庙记》时,口诵不恭之词,曰:"君子之泽,五世而斩"。秦桧知道后,勃然大怒,令以诽谤大臣罪名,贬谪赵令衿汀州安置(今福建长汀县)。其后又有密报,说赵鼎之子赵汾与赵令衿关系甚密,此次饯行,互相饮别、赠礼。秦桧闻报,口中喃喃念道:"此次在我手中了。"便暗中嘱咐御史徐嚞奏劾赵令衿与赵汾饮别,必有奸谋。朝廷也居然就此下诏,将赵汾、赵令衿逮捕送大理寺审理。

此时,张浚贬官在永州(今湖南零陵),尚没有去世。秦桧一面令其党羽监视张浚的一言一行;一面又唆使狱吏让赵汾等自诬与张浚、李光、胡寅等人谋图大逆。赵汾等受尽酷刑,被屈打成招。此案共牵连朝野贤士五十三人。狱吏也不管什么审判程序,完全编造了一份犯人口供及所谓审讯结果,上报给秦桧。

秦桧得此案卷,想到自己所痛恨的朝野人士将被一网打尽,不由心花怒放,兴奋异常,欲提笔添加批语,报送朝廷后即可动刑。哪料,激动过度,眼前一阵昏眩,大叫一声"不好",毛笔落地,身子后倾,连椅子一起倒地,顿时不省人事。老贼此次中风,数日后便一命呜呼。亏得秦桧及时死去,否则赵汾等五十三人又要蒙冤黄泉。

其后,朝中几个正直大臣弹劾秦桧卖国欺君,党同伐异,残害忠良。高宗迫于舆论压力,平反了几个冤狱,赵汾诸人才得以无罪释放。

三、名士陈亮屡遭冤狱

陈亮,字同甫,婺州永康(今浙江永康县)人,生于绍兴十三年,正值南宋战乱动荡的年代。陈亮年轻时饱读史书兵法,目睹国势日衰,慨然有救国之志,但无报国之门。《宋史》谓他"为人才气超迈,喜谈兵,议论风生,下笔数千言立就"。

隆兴宋金议和,割地进贡,丧权辱国,天下忻然以为可得苏息。身为太学生的陈亮却不以为然,屡次上书朝廷,坚决反对苟安于钱塘一隅,痛斥已故奸相秦桧之所为,并嗤笑朝中一些怯懦庸才,要求积财养兵,待时以战,收复中原,以雪国耻。宋孝宗见疏,颇为震撼,也很赞赏,欲破格擢用。而陈亮以为,自己上书论事,乃欲为社稷开百年之基业,非为谋一官半职,不久渡江回归故乡。

淳熙五年(1178年)后,陈亮闲居乡间,以教书论学为生,却不断遭遇冤狱。

某天黄昏,陈亮与邑中一狂生对酌,喝到似醉非醉时分,又喊来歌妓萧氏陪饮。狂生兴起竟称萧氏为妃。某士在旁听见,便过来对话:"既册封为妃,谁为相?"狂生随口答:"陈亮为相。"某士又问:"那么封我什么官呢?"狂生说:"你也为相,我有左、右两相,大事必成。"某士遂请狂生就坐高位,"两相"左右拜奏国事,"萧妃"还歌上一曲《降黄龙》为贺。最后"两相"与"妃"皆三呼"万岁",玩笑才告结束。

某士是个十足的两面派,表面上对陈亮诸人还算友好,骨子里却相当忌恨,总想借机中伤、诬害陈亮,便将这次纯粹戏闹之事,加油添醋地向刑部告发。刑部侍郎何澹曾任太学考官,对陈亮作文时常常借题发挥,锋芒毕露很是不满。借口陈亮的文章不合科举规格而勒令其退学。陈亮无辜被黜,自然很有怨气,曾对一些朋友半开玩笑地说:"吾老矣,反被小子所辱。"此话竟传到何澹耳中,又引起嫌恶。此次接到举报,何澹一看正是出气的机会,便马上立案上报。

此案由大理寺审理,陈亮诸人抓来后,被重刑逼供。陈亮被打得体无完肤、血肉模糊,几次昏死过去。一介书生哪里经得住如此酷刑,最后只得诬认图谋不轨之罪。

案子也惊动了朝廷,孝宗得知是陈亮下狱,暗中派左右去探听缘由。等到大理寺审结,以图谋不轨罪名上报,等待皇上批复之时,孝宗气愤地说:"此乃秀才醉后妄言,何罪之有!"拿案卷往地上一扔,拂袖进宫去了。大理寺见皇上如此态度,很是惶恐,只得将陈亮等无罪开释了。

陈亮回家养伤了一段时间,又被牵入一杀人案中。原来,陈亮家一僮仆杀了人,而被害者又偏偏侮辱过陈亮的父亲陈次尹,被害者家属怀疑此案是陈亮或其父亲指使的,便向官府告了状。官府先将其家僮毒刑拷讯,但逼不出口供,便又将陈次尹下到州狱中审讯。有些官员认为陈亮也有嫌疑,且案情严重,又将陈亮下到狱中。此案整整闹腾了年余,幸亏丞相叶衡、王淮营救,加上官府也没找到什么证据,陈亮父子才得以出狱。

陈亮虽二度遭难下狱,然报国之心不已,不但仍励志读书,关心国事,还亲自到江淮边境上察看形势,再次上疏论战。而孝宗此时已厌于政事,一心只想禅位于光宗,所以也不加理会。只有一些守旧迂腐大臣,将陈亮视为"狂怪"。

过了几年,又逢春节,乡人宴会。陈亮的羹肉中被撒了许多胡椒粉,此是乡中敬待名士、宾客的风俗,宴会就在这般欢闹的气氛中进行着。不料,与陈亮同桌的卢某一回到家就暴卒,死者家属怀疑有人在其饮食中下毒。陈亮居然又被诬告"置药杀人"而下狱,自然查无实据。陈亮又经友人辛弃疾、罗点等官员的大力营救,很快得以出狱。

然而没过几年,陈亮再次被莫明其妙地牵入一杀人案中。村民吕兴、何念四殴打吕天济,几致死,因为吕兴、何念四都曾在陈亮家做过帮工,所以吕天济在重伤临死时,恨恨地留下遗言,说:"是陈亮指使杀我。"这事又偏偏由县令王恬亲自证实,问题着实有些严重。御史台的官员下令地方刑狱司选酷吏审讯,这样陈亮又受重刑折磨。尽管酷吏狠毒用刑,但也问不出个所以然来,在地方官衙审了一年多后,又将陈亮押送进大理寺监狱。许多人都认为陈亮这次进大理寺凶多吉少,可能是必死无疑了。

恰逢大理少卿郑汝谐正以少有的闲情逸致在欣赏时人的诗词,当读到陈亮那一首首神工鬼斧,又感人肺腑的作品时,不由得拍案叫绝:"此天下奇才,若无罪被杀,定上侵天理,下伤国脉,乃国家之不幸。"便认真审理陈亮一案,感到确实有冤,又力言于光宗,为陈亮辩解。同时,友人陈傅良、叶适等官员也奔走援助。陈亮在入狱两年后,终于得救出狱。

才过一年,也就是绍熙三年,陈亮应试礼部,在光宗的殿试策问中,被取为第一名。当光宗得知自己选拔出来的状元就是陈亮时,也大喜道:"朕亲自策问,果然不谬。"孝宗在宫中得知此消息也十分欣喜。朝廷即授以建康府判官厅公事之职。遗憾的是,由于屡次下狱,备受摧残,内伤难愈,第二年,陈亮还未上任,就病死家中,时年五十二岁。

陈亮是当时的一个平民知识分子,未官先殁,其坎坷遭遇,生动形象地揭露了当时司法制度之黑暗。

四、台州名妓严蕊被诬案

南宋孝宗淳熙九年,发生了一桩轰动朝野的弹劾公案。两浙东路提点刑狱朱熹连上六次奏状,按劾台州知州唐仲友,措辞激烈,举证繁杂。唐仲友不甘示弱,也驰奏辩白,并反过来指责朱熹弄虚作假、执法违法。朝野上下顿时舆论哗然,士大夫们议论纷纷,莫衷一是。宋孝宗对于这场争吵,一时也难以判别是非。最后并没有加罪于唐仲友,只是撤销了对唐的江南西路提点刑狱的任命而已。然而在这件公案中,台州军营中的名妓严蕊却被系狱数月,饱经重刑,深受其害。

严蕊,字幼芳,浙江天台人(一说黄岩人),大约生于南宋高宗末年,因为出身贫寒,自幼被卖入妓院,后成为台州营妓。她聪颖过人,刻苦好学,长成后不仅容貌出众,且多才多艺,能诗善赋,颇通古今,时人称她"善琴弈、歌舞、丝竹、书画,色艺冠一时"。

淳熙六年,唐仲友出任台州知州。仲友,字与政,号说斋先生,浙江金华人。唐才华横溢,擅长诗词,精通经史,在理学方面也堪称一家。作为地方官,他理财安民,兴办学校,开仓济贫,也略有政绩。

唐仲友到台州上任后,十分赏识严蕊的才貌,同情她的身世,每遇官府招待宴会,常把严蕊请来陪饮、歌舞,时还相与赋诗作曲,唱和助兴。一次,仲友独自把严蕊请到府厅设酒对饮。时值初春，厅前桃花盛开，春意盎然。仲友请她以一树红白桃花为题填词，严蕊当即写成《如梦令》一首，词云：

　　　道是梨花不是，道是杏花不是。白白与红红，别是东风情味。曾记，曾记，人在武陵微醉！

用词构思新颖，想象奇妙，把桃花比作误入武陵仙境的渔郎，以暗喻这位风韵潇洒的知州，同时透露出她的爱慕钟情。仲友看罢大为赞许，对严蕊也倍加怜爱。从此，严蕊时常出入唐宅府第，二人遂为知己。

朱、唐的矛盾，其实是由二人学术见解的分歧而引起的。在理学方面，唐的许多观点与朱熹相左，有的还针锋相对，这本来属正常现象。唐平时恃才轻视朱，朱也对唐心存嫌恨。最后两人发展到在政治上互相攻击，乃至你死我活的尖锐程度，据说导火线是那位才气不凡、遭遇坎坷的文人——陈亮的挑唆。

淳熙年间，陈亮曾两度入狱，出狱后，休养散心游历至台州，看中一名台州官妓，就嘱唐仲友为其脱籍，以便自己能与之相好。仲友却直言不讳地将陈的境况告诉那官妓，该妓便不肯从陈。于是陈亮以为被唐所卖，心中愤恨。陈亮与朱熹也有些交情，适值朱熹出任浙江提点刑狱，便去见朱熹。朱熹问及唐仲友近况，陈亮乘机挑唆道："唐谓公尚不识字，如何作监司（提点刑狱的简称）？"陈亮虽以政论气势纵横、词作才气豪迈著称，但也难免时有偏狭小家之举。朱熹听了，心中不快，一时新恨旧账一起涌上，借口部内有冤狱，马上巡按台州，有意伺机报复。

朱熹到达台州，唐仲友偏偏又出迎怠慢，朱益以陈言为信，于是搜集唐在台州时的种种越轨或不法行为，接连上章弹劾，其中一条罪名便是指控唐欢悦营妓严蕊，常有不轨行为。朱熹下令把严蕊捕进大牢，用严刑逼供。严蕊在狱中的表现，许多南宋文人在笔记中把她描绘为一个坚贞不屈、骨气刚强的奇女子。如周密的《齐东野语》描述道："严蕊被系狱审讯，虽备受酷刑，而一语不及唐。狱吏用好言劝诱说：'你何不早认了，亦不过杖罪，何必要受如此之苦呢？'严蕊倔强地答道：'我虽为贱妓，纵是与太守有不正当行为，亦不至死罪。然是非真伪，岂可妄言以污士大夫！妾虽死不诬言他人！'"两月之间，一再受刑，遍体鳞伤，加上身体本来就单薄，几乎病死过去，但严蕊始终坚贞不屈。

其实，这些描写都是后人出于对此弱女子的同情而不断进行加工渲染的结果。据朱熹在对唐的弹劾中的叙述，严蕊是招供的，承认了与唐仲友之间多次不正当关系。一个弱女子在严刑逼供下，不管是屈招，还是承认，都情有可原，无伤大节。宋代官府在庆祝良辰佳节或招待宾客时，可以征召官妓陪酒欢饮和表演歌舞，但不允许她们私侍寝席。然而，即便是私侍寝席，也谈不上有多大罪过的。宋代士大夫们哪个不狎妓昵娼呢？就连这位为人正派的理学家朱熹也不例外。所以，当孝宗接到朱熹的弹劾状，看了这些在当时士大夫中司空见惯的"不法行为"后，并不感到惊讶。宰相王淮也只轻描淡写地评论道，"此秀才争闲气耳"。孝宗便笑着宽免了唐的过错。

不久，朱熹被调职，由岳霖继任提点刑狱。岳霖颇为同情严蕊的遭遇，便把她从狱中放了出来。严蕊心情沉重地写了一首《卜算子》呈上：

> 不是爱风尘，似被前缘误。花落花开自有时，总赖东君主。去也终
> 须去，住也如何住？若得山花插满头，莫问奴归处。

词中隐约含露了被作为"替罪羊"而无辜遭难的怨恨，也明白表述了离开官妓生活，去做"山花插满头"的良家农业妇的愿望。岳霖当即判令落去妓籍，从良改嫁。严蕊终于跳出了这个火坑，后为某富豪纳为小妾，以终其身。

官僚间互相倾轧，却叫无辜官妓入狱遭刑。在封建社会中像严蕊那样的风尘女子，低卑无援，只能任人宰割，不但被官绅随意糟蹋，还要受法律的任意蹂躏。

五、赵汝愚贬死与伪学逆党案

南宋光宗之世，皇后李氏专擅政事，骄奢淫逸，任人唯亲，朝政日趋腐败荒废。绍熙五年，宋孝宗过世。光宗借口有病，不肯主持父丧，以至连老皇帝的葬礼都无法进行，朝廷内外议论汹汹。丞相留正见国势如此败坏，怕身陷政治旋涡，便称病退位。知枢密院赵汝愚根据众大臣要求立太子的奏章，及光宗自己也有"历事岁久，念欲退闲"的御批，便主张光宗马上退闲，禅位给太子。在有关官员的建议下，赵汝愚请知阁门事韩侂胄助一臂之力。

韩为太后妹妹之子,又与太后的近侍太监甚熟,便通过太监向太后转达了赵汝愚诸大臣的建议。经过劝说,太后终于同意禅让之事,韩即通知赵。赵汝愚经周密布置,在太后的主持下,传旨禅位给太子赵扩,是为宋宁宗。越年,改年号"庆元"。

宁宗立,皇后韩氏又是韩侂胄的侄孙女。韩一身兼两重国戚,更持有定国策立新君之功,渐渐在朝中专横起来。宁宗年轻幼稚,对这位国丈爷也很迁就。

一天,韩与赵汝愚谈及论功请封之事,自以为起码能得个节度使之类封疆大臣的职位。不料,赵汝愚说:"我是宗臣(皇帝宗室),汝是外戚,不应论功求赏。"韩侂胄甚是失望,大为不悦,又不好争辩,只得暂时忍了。

好几个稍有远见的官员都劝赵汝愚:"韩侂胄求节度使之职,可使如愿以偿,免得心怀怨恨,日后定为祸患。"赵汝愚就是不听。

宁宗欲拜赵汝愚为相。汝愚也不受,请仍召回留正复职。韩侂胄怏怏不快之际,总喜欢窥探朝政内情,常去丞相办公处都堂走走。不想留正也十分看不惯这位外戚,竟毫不留情地告诫道:"此间朝廷重地,与知阁门事无关,不必常来常往。"说得韩侂胄恼羞成怒。韩遂在宁宗面前进谗言,罢去了留正的相位,出知建康府(今南京)。随后以赵汝愚为相。

赵汝愚闻留正罢相事出韩侂胄,很是不快。忽门卫来报,韩侂胄来府上谒见。赵汝愚气呼呼地回道:"不见。"侂胄碰了一鼻子灰,如何不恨。后来佐官提醒汝愚,"无须得罪此人"。汝愚才复与相见、搭讪。然两人貌合神离,话不投机,互相敷衍而已,自此怨仇越结越深。

韩侂胄由于是宁宗的宠信,官位也时有升迁,开始在朝中培植党羽,尤其是御史、言官之类,大多安插上自己的爪牙,以图控制朝政。理学大儒朱熹为赵汝愚好友,在赵的推荐下,由地方官入朝任宁宗侍讲,专门给皇上讲经史、治学之道。尽管朱熹讲学十分卖力,想用儒学来感悟皇上,但宁宗却并不以为然。此时,朱熹见韩侂胄结党营私,把持朝政,许多正直官员遭到排斥,便直言上疏,认为韩侂胄任意进退大臣,使皇帝权威下移,必将乱政。韩侂胄知后大怒,遂把朱熹看作眼中钉。

一天,宁宗召倡优们进宫演戏娱乐。韩侂胄特别安排,让戏子峨冠阔袖,扮成朱熹讲学模样,并把朱熹倡导的性理之学擅改为诙谐迂阔的空谈,让宁宗感到轻浮好笑。韩便乘机向宁宗说:"朱熹所讲道学实为伪学,毫无用处,此人不可再用。"宁宗听罢便下手诏,解除朱熹的侍讲官职。最后,朱熹只得带着提举宫观的闲职,回福建老家召徒讲学去了,从此被逐出政坛。许多官员上章挽留朱熹,却因此被免官降黜。

这时,韩侂胄的权势已很嚣张,党羽遍布朝廷,官居要职,而正直之士日益减少,接下来便要拿丞相赵汝愚开刀了。

参知政事京镗曾遭赵汝愚斥责,投靠韩侂胄后,官运亨通,心中非常感激。一天,到韩府议事,向韩献计道:"赵汝愚系皇帝宗室,太宗嫡传后代,若诬他觊觎皇位,谋危社稷,定能叫他吃不了兜着走。"韩侂胄一听,连声说好。京镗接着说:"汝愚尝自言梦见孝宗,授以汤鼎,又负白龙升天,是辅翼皇上的预兆。我们何妨把它指斥为自欲乘龙,假梦惑众,暴露野心。"韩侂胄听到此处,顿时眉开眼笑,鼓掌不迭,称赞道:"君真是我的智多星。"接着便指使谏官李沐照此劾奏。

李沐不负韩望,再加油添醋具疏入奏。宁宗览章,果然将信将疑,马上下旨罢去赵的相位,出知福州。一些官员见状,马上奏言汝愚之忠,罢相不当,但俱遭批驳和降黜。太府丞吕祖俭上章,极言韩侂胄之奸,反被韩党诬加多种罪名,流放韶州(今广东韶关),两年后,惨死于贬所。其从弟布衣吕祖泰从婺州上书请诛韩侂胄及其党羽,被杖一百,发配钦州牢城(今广西钦州县)。

太学生杨宏中等六人,连名伏阙上书,指斥谏官李沐枉害大臣,并极力称誉赵丞相,言语激烈,感情真挚。宁宗看罢,居然援笔批道:"杨宏中等罔乱上书,煽摇国是,甚属可恨,悉送至五百里外编管。"将六位太学生流放。时人对杨等甚为钦佩,誉宏中等为"六君子"。

此时,韩侂胄一不做二不休,再令党羽们连章劾奏赵汝愚结党营私、谣言惑众、谋为不轨。宁宗也早已不知好歹,再谪放赵汝愚永州(今湖南零陵)。赵汝愚闻命,从容就道,安详地嘱咐儿子们道:"侂胄必欲杀我,我死后,汝辈可免祸哩。"说罢挥泪而别。庆元二年,赵汝愚被押解到衡州(今湖南衡阳)。地方官受韩密谕,对赵百端侮辱。汝愚气得饮食不进,成疾而暴卒,时年五十六岁。

朱熹在家讲学,听说赵汝愚无辜被害,怒火中烧,手草数万言,准备舍命上疏。诸弟子赶忙劝阻,朱熹不听。高足蔡元定急中生智,请卜易以决进退,后卜不祥,这才焚稿免灾。最后,朱熹还是上章力辞虚闲职名,以表愤慨。奸党们见此辞章,又乘机加害,劾奏朱熹所谓十大罪状。学生蔡元定等也被指责佐熹为妖。朝廷下诏削去朱熹职名,并流放蔡元定道州(今湖南道县)。元定博览群书,为熹讲友,时已六十二岁。官司催逼上路,元定与小儿子蔡沈徒步就道,行三千里,足为流血,但心志毫不动摇,还贻书告诫学友和诸子道:勿因我得罪而松懈你等的学志,翌年,病殁流所。

经过这段时间的残酷清洗,朝政已完全被韩党所控制。韩侂胄早已高官显爵,连拜太傅、太师,封王秉政,不可一世,生活上也是穷奢极欲、腐朽不堪。然而追随赵汝愚,为之喊冤鸣屈的正直之士仍然不少,尤其是朱熹。朱为当时著名学者,子弟布满南方各地,社会影响依然很大。韩党为彻底打压这些反对派,把朝野正直之士一网打尽,遂定出一个"伪学逆党"的罪名。

庆元三年,韩党搜罗朝野,将赵汝愚、留正、朱熹为首的一大批官员、名士,统统列入伪学逆党的名籍中,共五十九人,一并坐罪,或贬黜,或流放,进行大肆迫害。

朱熹作为"伪学之首",被横加指责和攻击,所有著述被查封。其门徒有的躲进山中隐居,不敢露面;有的易衣冠,狎游市肆,以示与"伪学"划清界限。庆元六年,朱熹在寂寞惨淡的境遇中病卒,享年七十一岁。官府的严密监视,欲加其罪,使门生学众都不敢前来奔丧,葬礼十分凄凉。这位一生为封建统治呕心沥血的思想家,结果却被统治者列为"伪学之首"而含恨离开人世,真是一个极大的讽刺。

朱熹死后,伪学逆党之禁才渐渐弛解。

宋代党争又分出许多学派,如王安石之学、苏(轼)黄(庭坚)之学、程颐之学、朱熹之学……各党在朝政治斗争之余,还互相攻击对方的学说。这些学术之争发端于北宋后期,到蔡京禁"元祐之学"(包括元祐诸臣的各类作品)进入高潮。南宋初,赵鼎提倡程颐之学,秦桧上台禁止程学而倡王安石之学,到韩侂胄制造"伪学逆党"案,又是几个反复。当时学术争论几乎完全被权力斗争所利用,如韩侂胄所谓禁"伪学",不过是个借口,目的在于迫害异己分子,以便自己大权独揽,为所欲为。在封建社会中,学术永远无法摆脱政治斗争的束缚,这也是知识分子被当权者任意卷进各种冤狱的根源之一。

第三节　冤狱类述

一、宋代党争与官场倾轧

总观宋代有记载的冤狱,大多是官场倾轧的结果,其中尤以激烈党争背景下的冤狱最为集中和惨痛。

小题大做:曹利用被贬致死　官场倾轧有各种手段,一般来说就是抓住对方一点小把柄,或无中生有,或小题大做,诬以成罪,最后借以开刀。北宋前期宰臣曹利用被贬谪致死便是典型案例。

曹利用乃北宋名臣,曾奉命与辽军议澶渊之盟。大中祥符七年,曹利用官拜枢密使,同中书门下平章事。真宗驾崩,仁宗年小,章献太后临朝视事,宦官与贵戚欲乘机干预朝政,为自己谋私利,而曹利用常常予以抵制,遂与宦官贵戚们结怨。加上曹利用居宰辅之位既久,有些居功自傲,不拘小节,被宦官在太后面前挑拨离间,太后对曹利用也时有不满。

正好有人来告曹利用侄子赵州兵马监押曹讷有违法之事。其实是曹讷侍婢与妻争宠而被嫁出,曹讷有些依依不舍,常去看她,被其夫撞见,便诬曹讷所穿黄袄为黄袍,如此而已。朝廷郑重其事地派龙图阁待制王博文、监察御史崔暨、内侍罗崇勋一起前往审理。罗崇勋前日犯错,刚遭曹利用一顿责骂,怀恨在心,此次正好报复出气,将案子穷追恶审。最后定案为:曹讷酒后穿黄袍,令一些军民呼喊“万岁”。在封建社会,这一罪名就如谋反罪,乃十恶之首。罗崇勋还威逼曹讷承认:此事为曹利用所教唆。荒唐的是,太后居然也信以为真。幸亏有几位大臣不信会有此等大谬之事,上言为辩。太后这才怒气少息,轻判曹利用贬官出朝。曹讷自然被处死刑,有关亲属、部下也都被判流放等徒刑。

如此结局,宦官贵戚们并不满意而欲置曹利用于死地。不久,大理寺又查出曹利用借贷公家钱不还等罪名,将曹利用削去官籍,没收家产,流放房州(今湖北房县)。其亲戚、好友又有数十人被牵连而遭贬黜或判刑。

在流放押解途中,监押宦官又常以恶语相辱,甚至讽以投江自尽,曹利用素来刚直不阿,哪里肯受如此欺侮,在襄阳驿站,便毅然自缢身亡,而朝廷得报:曹利用暴病而死。原一品宰辅大臣,就这样被倾轧而死。《宋史》云曹:"死非其罪,天下冤之"。

风闻弹劾:欧阳修屡遭诽谤　　台谏弹劾也是最常见的倾轧方式。台谏即御史台与谏院的合称。宋之前,台谏各有分工,各行其责,御史纠察百官,谏官规谏皇帝。至宋则合而为一,二者都以弹劾官员为重要职责。同时,朝廷允许"风闻奏事",就是对道听途说,没有证据的传闻也可奏报朝廷,即使查出所报不实,也不受责罚。这一制度一方面加强了对百官的严密监视,另一方面也使台谏滥用职权,乃至诬罔倾轧。大文学家欧阳修就曾二度被台谏诬劾而蒙冤。

庆历新政之际,作为谏官的欧阳修,站在新政大臣一边,遂坠入党争旋涡。他疏论新政大臣韩琦等人不应被罢职的一系列奏章,便引起政敌的忌恨。此时,恰好有位亲戚张夫人在其女婿家与奴仆通奸,被告到开封府。知府杨日严在前益州任上,曾被欧阳修弹劾贪赃枉法之事,心中怀恨,此次接到案状,正好伺机报复,便暗下指使狱吏编造一些情节,将案子牵连到欧阳修。言官钱明逸得此消息,便马上向朝廷奏劾,说欧阳修与张夫人之间有不正当关系,且贪图其财产,因为欧阳修曾做媒要将张夫人的女儿许配给自己的侄子。张夫人在刑讯逼供下,也只得诬认,称未嫁时曾与欧阳修有过私情。朝廷下诏,派户部判官苏安世等人审理此案,后查明此事纯系捏造。但因此审理结果得罪了当时朝廷中掌权的反对派大臣,他们仍以欧阳修用张氏女儿嫁妆中的财产购置土地的所谓罪名,将欧阳修贬出朝廷。查明欧阳修遭诬陷的苏安世等官员也被莫名其妙地贬降地方。

皇祐元年正月,宋仁宗了解到"风闻弹奏"的弊端不少,便下诏加以限制,"自今言事者非朝廷得失,民间利病,毋得以风闻弹奏"。然而,台谏如此弹奏已成习惯,此诏看来不起多少作用。熙宁初年,欧阳修又遭恶毒诽谤,并差点为此送掉性命。

英宗在位时的"濮议",即濮王追尊之争,以宰相韩琦和参知政事欧阳修一派的意见被采纳而告终。反对派官员心存芥蒂,气愤异常,都想找点什么把柄,把欧阳修诸人贬谪出朝廷,但苦于一时没有什么缘由。这时,有一位欧阳修妻室的远房亲戚叫薛良孺,因荐举他人为官不当而遭弹劾。欧阳修上奏表明态度,认为不能因为自己的缘故而使其侥幸免罪。薛良孺终被免去官职,对欧阳修恨得咬牙切齿,便开始在外面散布谣言,说欧阳修与自己的儿媳有乱伦之事。集贤校理刘瑾与欧阳修有仇,乘机对此谣言再加油添醋,传得满城风雨。御史中丞彭思永和御史蒋之奇听到后,认为正好可以乘机打击欧阳修,便上殿奏劾,要求将欧阳修处死刑,暴尸市朝。

宋神宗刚听到此事也十分愤怒,准备把欧阳修问斩,静下来一想,便用手诏将此事密问天章阁待制孙思恭。孙上言极力为欧阳修辩白,神宗才略有醒悟。这时,欧阳修知道了此事,立即上奏章抗辩道:"蒋之奇他们诬告我的罪名,乃是连禽兽都不做的丑行,天地也不能相容的罪恶,臣如果犯有此事,就是犯下了天下最丑恶的罪行;如果没有,就是身负天下最大的冤屈。犯如此罪恶而不杀,负如此冤屈而不昭雪,就会牵累圣政。要求选公正大臣审办此案,为我辨明公理。从追问此事自何处听得,此事又是如何败露、外传的诸处着手,追根穷底,一定会把事情真相搞清楚。"

神宗便把两位御史和欧阳修的奏章一起交付中书审理,并特令二御史交代这件传闻得之何人,有何证据,一一上报朝廷。这样一来,两位御史顿时无言以对,只是重申朝廷允许言官风闻弹劾。经中书认真仔细的审理,御史们终于认罪,受到降黜的处分。

能如此肆无忌惮地恶毒诽谤一个执政大臣,可见宋代党争之残酷与无耻及有关制度的荒唐与弊害。欧阳修虽有惊无险,但也已被搞得相当疲惫与难堪。

互相纠举:蔡确枉断相州狱　　官司互相纠举,原为防止失职,而在实际应用中,有时会得到相反的效果。一些官员利用纠举,故意制造冤狱,以打击异己。

当时有立法规定,凡是能指出诸审判机关(审刑院、大理寺、刑部等)判案有错，或有违法之处，并确有证据者，就能升官一级。中书刑房的堂后官周清便抓住相州所判三人抢劫杀人案应分主犯、从犯的问题吹毛求疵，上奏认为相州地方官把三人都判死刑有误，刑部也没有纠正。

朝廷将此事交大理寺裁决，大理寺详断官窦苹、周孝恭认为相州判决是正确的，三强盗无主从之分。周清知道后，仍坚持原来意见，并再次提出辩驳。朝廷只得将此案交给刑部再次复审，而刑部官员却又认为周清有理。

就在三方争论不休之时，相州原审判官陈安民、潘开知道此事后心中十分不安。陈安民想找一些亲朋好友帮忙，自己的外甥大理评事文及甫是宰相吴充的女婿。潘开甚至变卖了家产，带了三千贯钱来京城想疏通关节，却不料被中书几名胥吏假借帮忙名义而私吞了。这时，皇城司（京城探事机关）得到消息，上奏说相州判官潘开带钱来京城贿赂大理寺法官。朝廷便将此案交由开封府审理，结果并没有查到向大理寺法官行贿的事实。

知谏院蔡确知道陈安民与宰相吴充沾亲带故，就私下对皇帝说："这事牵连到朝廷大臣，不是开封府所能解决的。"于是朝廷又将此案移交御史台审理。

蔡确受命与御史台一同审理此案，先逮捕了大理寺详断官窦苹、周孝恭等人，将他们戴上枷锁，绑在太阳底下，暴晒了五十余天，硬逼他们承认受贿。窦、周咬咬牙，硬挺着就是不承认，结果又被毒刑拷打。蔡确接着提审陈安民，把刑具放在陈面前。陈一看就害怕了，便诬认曾经找过外甥文及甫，文又去请求过岳父丞相吴充。蔡确得到这一供词，心中大喜，想马上向皇帝汇报，但被御史中丞邓润甫制止了。

第二天，邓润甫向神宗奏报道："相州的案子本来小事一桩，大理寺的法官也并没有受贿，而蔡确却要究根问底，大肆株连。许多官员都被打得体无完肤，血肉模糊，最后屈打成招。希望朝廷能快点了结此案。"神宗马上又派知谏院黄履、勾当御药院李舜举前去复审查实。囚犯由于经多次审讯，一有翻供即遭刑罚，所以此次复查也同样不敢翻供。审理结果仍按蔡确屈打成招的案情具结，所有株连官员都给以降黜、停职等处罚，唯有周清升官一级。

蔡确是在王安石变法中投机升浮起来的小人，此案中充分暴露出其奸佞歹毒的面目。接下来，蔡确又弹劾邓润甫等人包庇有罪官员，由是邓被罢职，而蔡确得以接任御史中丞之职。

上司诬罪下属：裴士尧、邵博、章拱之三案　　上司利用职权，诬罪下属，在宋代也时有发生。

熙宁间，明州(今浙江宁波)知州苗振诬罪属官裴士尧案很是出名。裴士尧为明州奉化县知县，因抵制苗振的不法之事，对其命令拒不执行，马上被逮捕入狱。苗振罗织罪名诬裴士尧贪赃。

案卷上报，朝廷信以为真，将裴革职为民，后也不得叙用。裴到京城击登闻鼓向朝廷诉冤。经认真审理，裴方得昭雪，但仍以带卖官务耗酒等"罪"，被判徒刑一年，笞二十。苗振后因犯他罪，而被一并处罚。

绍兴二十二年，眉州(今四川眉山县)知州邵博被诬陷案，也是因为官正直而遭上司迫害。当初，直徽猷阁程敦厚罢职还乡后，操纵地方官吏，以为人拉关系行贿为业，从中牟利。邵博出任眉州知州后，表面上与他以礼相待，实际上对他打招呼要求办理之事并不予以理睬。程敦厚便怀恨在心，伺机报复。此时，成都府路转副使吴坰从襄阳来上任，随从亲信不少。吴坰要求所属州、县安排这些人的职位，并支付薪俸，唯邵博不予照办。程敦厚得知吴坰对此事十分恼怒，便写了匿名信揭发邵博的所谓过错和隐私，其中大多为诬陷。吴坰得信后，立即向朝廷举劾，并下令将邵博逮捕下狱。

朝廷罢免了邵博的官职，并责成地方负责审理此案。吴坰嫌成都府司理参军韩汴过于懦弱，不能按他的意思办理此案，就另指派酷吏杨筠主持审讯。杨筠先对邵博手下主管财务的兵马都监邓安民重刑逼供，没几天就将邓拷打致死。邵博知道后，非常害怕，便在审讯时什么都承认了。

成都府提点刑狱公事周绾知道后，赶忙到监狱，以清理案件为名，将邵博带出。经认真审理，只有以酒馈赠游客及使用官府纸札过多等几件不足道的小事，其他指控都是查无实据的诬陷。案件查清上奏后，朝廷还是将邵博降黜三级。

《宋史·文苑五·章望之传》记载了大书法家蔡襄有一段鲜为人知的以脏罪诬人的史实。

章望之的兄长章拱之，任晋江知县，由于顶撞了福州太守蔡襄，便被蔡襄诬以贪赃罪而遭贬谪。章望之了解事实后，数次向朝廷上诉，要求重新审理。当时蔡襄在朝中正得宠贵,所以朝廷不予理会。数年中,章望之坚持不懈,奏章上了十余篇,朝廷才不得不同意重新核查。最后,总算辨清了章拱之的冤情,恢复了原来的官职。

蔡襄为官还算清正,且政绩斐然,然而也知法犯法,迫害耿直的下属,作为其生平的一个补注,倒也耐人寻味。可见,诬害下属者,并非全是些表面上心术不正的小人,像蔡襄那样的清官时也会滥用权力,这其中的关键在于权力没有得到遏制。

附会诗文:曲端冤死　　还有利用诗文,陷对方于冤狱者。如南宋初年,大将曲端,只因题了句诗云:"不向关中兴事业,却来江上泛渔舟。"就被同僚告发为讽喻宋高宗,被金兵追杀,漂泊于海上,且无恢复中原之志。最后被毒刑折磨致死,年仅四十一岁。《宋史》谓:"曲端刚愎自用,轻视其上,劳效未著,动违节制,张浚杀之虽冤,盖亦自取焉尔。"曲端虽恃才凌物,轻视他人,终罪不至死,况且当时金军南侵,战事激烈,正当用人之际。然而大敌当前,宋军将领之间,还如此钩心斗角,互相残害。

二、奸臣辈出,陷害忠良

宋代奸臣辈出,陷害忠良之冤案层出不穷。

王钦若诬洪湛受贿案　　王钦若为宋真宗所宠信的佞臣,前寇准案中已略述及。此人虽相貌矮小,然智数过人。

咸平中期,王钦若任贡举考官。河阴考生任懿来京科举,住在僧人仁雅的居舍内,而仁雅熟悉的僧人惠秦与王钦若很有交情。任懿便和惠秦商定,拿三百五十两银子贿赂王钦若。然而王钦若作为考官已住进贡院,不得随便出入接见朋友。惠秦只有再托熟人,写好字条去见王钦若的妻室李氏。李氏见字条后,便一口答应,并派家奴祁睿带一些饮食日用之类物品进到贡院,向王钦若告之此事。老于世故的王钦若命祁睿要尽快将银子拿到手。

考毕发榜,任懿果然榜上有名,便高高兴兴地回家去了,连答应的银子也没有交付。后来,只得由仁雅写信到河阴催促,任懿才把约定的银子交来,而书信恰恰给河阴百姓常德方看到,便向御史中丞赵昌言揭发此事,昌言再上报朝廷。御史台接到案子,很快把已任临津县尉的任懿和家奴祁睿等要犯逮捕下狱。

祁睿本来是亳州一名小吏,虽跟随王钦若有段时间了,但名籍仍隶属于亳州,所以王钦若狡辩道:"当初我知贡举之时,祁睿还没有来家中做事,僧人惠秦也没有来过我家。"宋真宗对王钦若正相当宠信,自然不疑,便令诸臣在太常寺另设法庭审理此案。

审讯中,任懿说自己妻子的兄长张驾认识的是另一位考官洪湛,并且自己与张驾曾一起去拜谒过洪大人,还说开始时,只是拿银子交给二位僧人,并不知道该银子要交给哪位知贡举官员。口供显然是有人教唆而编造的,这时张驾已去世,虽死无对证,但只要仔细审,这种口供还是会漏洞百出的。祁睿一口咬定并不知情,王钦若家中奴仆也都说不认识惠秦。这样,王钦若受贿的证据好像一样也不存在了。而洪湛当时并不在京城,等他出使陕西赶回来时,案子已草草审毕上报朝廷了。

最后判决洪湛削去官籍,流放海南岛,而王钦若竟然无罪。官府派人去洪湛家中搜查罪赃,一无所获,只得拿了洪湛家几件银器送入官库。其实就连这几件银器还是洪湛前些天从别处借来用的。

洪湛被莫名其妙地诬有赃罪,且流放海南,自然悲愤异常,抑郁成疾,很快病殁于流放地。许多人都知道洪湛是冤枉的,但王钦若有权有势,人们都不敢说什么,就连主审法官也不敢揭根究底,而听任奸臣颠倒乾坤,嫁祸于人。

范正平诸人被控案　范正平乃北宋名臣范仲淹之孙,大臣范纯仁之子。哲宗绍圣年间,曾任开封县尉,因抵制蔡京随意掠夺平民的产业,而与蔡京结怨。后蔡京任相执政,便诬控范正平随便篡改其父范纯仁的遗书,又告李之仪所写《纯仁行状》中虚构妄载宦官蔡志明传皇帝与皇太后对范纯仁有器重赏识之旨意。朝廷便令范正平、李之仪、蔡志明到御史台立案受审。经刑讯逼供,范、李二人都受不了重刑,违心认罪。唯独蔡志明不肯认罪,他指出当时圣旨的底本俱在,可以查实。后来,使者从宫中确实查到了有关圣旨,而范纯仁的遗书也被找来,证明此案系蔡京诬告,不能成立。然而,朝廷仍判范正平流放象州(今广西象州县),李之仪流放太平州(今安徽当涂县)。在此案审理过程中,范家还被官府逼死十余人。如此冤情大白的狱案，朝廷不追究诬告者的罪责，反而仍判被冤者徒刑。可见奸臣当道，哪有什么天理、国法。

蔡京大兴苏州钱狱 章綖乃已故大臣章楶之子，兄弟七人均为地方官，为官都还清正，而蔡京却因与章楶有隙而想陷害其子。一次，据传章綖在苏州得到他人私铸的铜钱几大罂。蔡京得到这一消息，便叫人诬告章綖和苏州百姓郁宝等人私铸钱币。朝廷派开封府尹李孝寿、御史张茂直审理此案，株连逮捕了上千人，强迫他们承认犯了私铸钱币罪。审讯中虽用重刑拷死了许多人，但几个月下来也没结果。蔡京嫌结案太慢，又派御史沈畸与萧服去重审此案。沈畸到苏州后，当天就进行审讯，结果将查无实据的七百多人无罪释放，并上奏朝廷，要求为此案彻底平反。蔡京知道后大怒，降了沈畸三级，贬为信州酒税监官。另派御史孙杰去审理，孙杰根据蔡京的意思，罗织罪名。最后判章綖削去官职，籍没家产，刺配沙门岛，接着又对其兄弟、侄子十余人判处降黜、流放诸刑。章氏一门尽被蔡京陷害。

此案审理中，奸臣可随意调任法官，法官可随意刑讯杀人，又随意结案判决，这与其说是在审理案件，不如说是奸臣在玩弄"法律"。

宋徽宗用蔡京为相，在朝中迫害大臣，又用朱勔等人以"花石纲"为差，在民间巧取豪夺。凡寻常士庶之家，其有一木一石稍堪玩赏，便率兵入内，用黄封表识，指为贡品，令该家老小仔细护视，静待搬运，期间稍有不谨慎，贡品有损，便加以大不敬之罪名。到了发运的时候，若贡品体积很大，必拆房毁墙，辟一大道，恭迎而出。士庶略有怨言，就鞭笞交下，惨无天日。因此民家若有一物，都以为不祥，唯恐毁之不速。若不幸走漏风声，为官府侦悉，便硬指藏宝不献，勒令交出，还要加以罪名。官府还往往进行摊派，使中产之家破败，贫民之家卖儿鬻女，若再无法提供所需，便至入狱。苏、杭民间罹此大难，且冤无可诉，苦不胜言。

欧阳澈、陈东被杀 南宋初，朝廷又出两位投降派奸臣黄潜善、汪伯彦，专门排斥忠良，打击爱国志士。抚州布衣欧阳澈，为人慷慨耿直，满怀报国激情。北宋末年，欧阳澈曾三次上书，陈划保国战策，甚至想出使金营，解救康王赵构（即宋高宗）。建炎元年（1127 年），当高宗罢免抗战派大臣李纲，而任用奸臣黄、汪之际，欧阳澈又来京上书，论李纲之不可罢免，及黄、汪之不可用，并请高宗率军出征,击败金军,以雪国耻。

陈东,镇江丹阳人,由贡举入太学,为人豪迈正直,敢于当众指斥蔡京六贼,无所畏惧,遂成为学生领袖。宣和七年,陈东率太学生伏阙上书,痛斥蔡京六贼,要求朝廷严惩。次年,他又领太学生伏阙上书,痛斥李邦彦、张邦昌等人的卖国行径。建炎元年,陈东又上书褒忠斥奸,有关内容与欧阳澈不谋而合,当然大大激怒了黄、汪之流。

一天,高宗正在为欧阳澈上书中提到的宫廷之事不高兴,黄潜善乘机进谗言,认为应当将欧阳澈斩首示众,并说:"最好连陈东也一起杀,保不定什么时候他又要煽动风潮。"高宗表示同意。八月二十五日,两名爱国志士被同时绑赴市井问斩。市民闻听,无不流泪。

如此滥杀、迫害忠义爱国之士,高宗朝可谓之最。如士人张伯麟在太学题壁:"夫差,尔忘越王之杀而父乎!"讥讽宋高宗向杀父仇敌称臣,于是被判杖脊,刺配海南岛。编修官胡铨贬谪时,官员陈刚中、王廷珪和张元幹分别以诗词相赠,其中有称赞胡铨为大丈夫等激昂语句,结果三人都遭迫害,陈刚中死于流放地。文士吴师古因为刊印胡铨的上书,被流放编管,死于罪籍。李柔中上书历数秦桧罪状,企图营救胡铨,被送大理寺,死于狱中。

李纲屡遭贬黜　李纲是两宋之交时的名臣,曾指挥东京保卫战,勇却金兵,却遭奸臣构陷,屡遭贬黜,壮志未酬,忧郁而死。

李纲,福建邵武人,字伯纪,政和二年中进士,走入仕途。李纲在任监察御史时,上疏言事触犯上司,被贬为起居郎。李纲依然上书论事,又被蔡京指责"所论不当",贬为南剑州沙县监税。但李纲的勇气得到许多人的肯定,迁太常少卿。钦宗即位,任李纲为兵部侍郎、亲征行营使,指挥东京保卫战。靖康元年二月,金兵刚退,投降派又加诬陷。李纲被调充河北、河东宣抚使,离开京师。八月,又以"专主战议,丧师费财"的罪名,李纲被充军至建昌军(今江西南城),悲愤南下。十一月,北宋灭亡。

建炎元年(1127年)六月,高宗即位,李纲被任命为宰相,然只有七十五天,一系列抗战措施还未取得多少成效,便在投降派的攻击下被罢免。此次罢免引发各界强烈反应,尤其是太学生们的请愿运动。虽然很快被镇压,但这也加剧了黄潜善等奸臣对李纲的进一步陷害。李纲先谪往杭州,再次贬往鄂州,次年又被贬至澧州(今湖南澧县),最后贬放到海南岛万安县。李纲度过了多年的贬谪流放的生活,空有报国之志。绍兴二年(1132年),李纲被召回任湖广宣抚使,年底再遭猜忌罢官。绍兴五年,李纲再任江西安抚制置使。然秦桧当权,李纲无所作为。五年后,李纲在忧郁中病逝。

秦桧是宋朝最著名的奸臣,为相十九年,干绝丧尽天良之事。除上述岳飞、赵鼎、胡铨诸案外,还制造了无数的冤狱,下面再举几个重要案例。

李光之狱　李光于绍兴八年拜参知政事,起初并不反对秦桧议和。后来秦桧削夺诸将兵权、撤回淮南防线,并在朝中结党营私,败坏朝纲。李光遂起反对,直至在高宗面前痛斥其"资弄权柄,怀奸误国"。秦桧知道后大怒,开始对李光恨之入骨。秦桧在家中楼阁上,悬榜书醒目地写上他最仇恨的三人名字:赵鼎、胡铨、李光,必欲置之死地而后快。不久,李光在秦桧党羽的参劾下,被不断贬谪,最后流放琼州(今海南岛)。儿子、亲属也都被秦桧罗织罪名,开除官籍,入狱刑拷,判罪流放,直搞到家破人亡。

李光之狱还株连了官员胡寅、吴元美、宗泽子宗颖等人。胡寅上书批评高宗失政,讥刺投降派,并与李光通书信,讥讪朝政等罪名,被流放新州(今广东新兴)。吴元美也以讥毁大臣、悖逆不道等罪名被除名,送容州(今广西容县),死于贬所。

王庶之狱　建炎初,王庶知延安府,累立战功,迁兵部尚书、枢密副使,因反对议和,言辞激烈,触犯秦桧而被贬出朝廷,接着又被秦桧党羽弹劾而罢官回乡。绍兴十三年,御史胡汝明又迎合秦桧之意,诬告王庶诽谤朝廷。王庶被贬往道州(今湖南道县)安置,不久便死于贬所。数年后,二子右承务郎王之奇、王之荀也被秦桧党羽弹劾心怀怨恨、诋毁朝政,分送梅州(今广东梅县)、容州(今广西容县)编管。

郑刚中之狱　郑刚中任川陕宣谕使时,与金交涉地界。金欲尽取陕西六州,他力争不从。郑刚中后迁四川宣抚副使,治蜀颇有政绩,因不赞成秦桧的某些主张,触怒了秦桧,被罢官贬谪。其后郑刚中又被罗织罪名,如贪污巨款之类,被流放封州(今广东封开县)。封州知州赵成之为迎合秦桧之意,对郑刚中百般刁难。郑刚中很快被折磨致死,其儿子、家人、门客也被秦桧关进监狱,拷打刑讯,直至家破人亡。

洪皓之狱 洪皓出使金国,被扣留十五年,饱受苦难,节义凛然,名闻天下。绍兴十二年,他回到南宋,任徽猷阁直学士,议政得罪秦桧,且泄露出秦桧在金营做俘虏时的一些秘密,被秦桧爪牙弹劾,罢去官职。不久,洪皓又被诬告在《松漠纪闻》等作品中有"欺世飞语",再被责授濠州团练副使,英州(今广东英德县)安置,被流放到广东最南端的荒蛮之地,在那里煎熬了九年,最后在徙居袁州的路上,死于南雄州。《宋史》谓皓"惟为(秦)桧所嫉,不死于敌国,乃死于谗慝"。

南宋中后期的奸臣有韩侂胄、史弥远、丁大全、贾似道诸人,个个阴险毒辣,作恶多端。赵汝愚贬死及伪学逆党案之后,冤狱仍连绵不断。

华岳之死 华岳是一名武学生,因上书指斥韩侂胄专权渎政、贿赂公行、豢养心腹、窥视社稷,被逮捕下狱,直到韩侂胄被处死,才得以出狱,重返武学。后考试及第,华岳任殿前司军官。

宋宁宗时,由于皇位继承人赵竑对史弥远的胡作非为深恶痛绝,必欲贬谪之。史弥远便勾结后宫皇太后别立宗室子赵昀(即宋理宗),而将本该嗣位的赵竑改封济王,最后逼济王自缢而死。此时,华岳见史弥远擅权胡为、排斥忠良,便计划除去史弥远。不料事情泄露,华岳又被捕入狱,以乱议大臣的罪名被杖死于临安东市。

上疏诸案与贾似道害国 许多官员因上疏为济王鸣冤而得罪,被落职流放。如大理评事胡梦昱被发配象州(今广东象州县)羁管,到象州后不久便病死。

宝祐六年(1258年),太学生陈宗、刘黻、黄镛、曾唯、陈宜中、林则祖等六人,伏阙上书,指斥奸臣丁大全专横跋扈,遂被送崖州(今海南岛)诸地编管。

开庆元年(1259年),风流太师贾似道拜相执政。左丞相吴潜曾上书论丁大全等误国,与宋理宗产生矛盾。贾似道利用这一矛盾,将吴贬谪循州(今广东龙川县)。吴潜至循州两年而病亡。贾似道又尽逐其左右官员,随即大权独揽,开始为所欲为,搞乱朝政。

为应付财政危机,贾似道滥发"关子"、"会子"(纸币),并限定占田面积,多余一律强买入官。百姓深被其害,有不从者,即陷以狱。如"包恢知平江,督买田。至以肉刑从事。"(《宋史·贾似道传》)。太学生叶亦愚、萧规、叶李等上书,痛斥贾似道害民误国之罪行,均被发配漳州诸地。而许多官员"小忤意辄斥,重则屏弃之,终身不录。一时正人端士,为似道破坏殆尽"。

宋理宗、贾似道君臣在国家危弱的状况下,竞相以奢恣享乐为事。贾似道日与美妾、门客寻欢作乐,且酷嗜宝玩,"人有物,求不予,辄得罪。"把整个朝廷搞得乌烟瘴气,官吏争相纳贿,贪风大行。士大夫黄震指出,当时不但民穷、兵弱、财匮,且士大夫无耻。宋代奸臣之所以会层出不穷,且如此肆无忌惮地迫害忠良,关键还在于有真宗、徽宗、高宗、宁宗、理宗之类的昏君、暴君在为其撑腰,或者说两者狼狈为奸。"今天下大势如江河之决,日趋日下而不可挽。"南宋就在这样腐朽没落中,走向灭亡。

三、司法弊端与草菅人命

宋代司法弊端,表现在案件审理过程中的各个环节上。

一是滥捕无辜　宋代滥捕十分严重,稍有嫌疑,没有任何证据,官府就可以派人将其逮捕关押,而当时的司法制度中又没有任何监督检察机制予以约束,"甚至户婚词讼,亦皆收禁"。

仁宗时,在吉州发生一案,"有道士与商人夜饮,商人暴死,道士惧而遁,为逻者所获,捕系百余人。转运使命(张)尧佐覆治,尽得其冤而释之"。巡逻士卒捕捉嫌疑犯可谓随心所欲。

对案件的知证人,只需牒文传讯而已,但官府也常常差弓兵前去拘捕,有的甚至使其全家惨遭飞来横祸。《名公书判清明集》卷十一,胡石壁指出:"幸有一人当追,则恨不得率众以往,席卷其家,以为己有,理之是非,一切不顾。此罗闰之家所以遭此横逆也。"而"罗闰不过知证人耳"。

朝廷对缉捕机关官吏的考核,往往以看其捕获多少人犯,而不管其捕得对错与否。几乎是捕获越多,赏赐越厚,升迁也越快,反之,就要受罚、罚俸、降黜,甚至被处刑罚。这样便造成官吏经常滥捕无辜,凑足人数,迁就狱情,以求赏赐与升迁。郑克一针见血地指出："巡捕之吏，或纵盗而捕系平民以应命，或失盗而捕系平民以逃责，或求盗而捕系平民以希赏。若狱吏与之为市，则冤滥岂可胜言！"（《折狱龟鉴》卷二）

更严重的问题，还在逮捕过程中擅杀旁人和牵连亲属及乡里邻居，往往一个案件而使周围许多无辜之人遭难。如"南安军上犹县僧法端、守肱，忿渔人索鱼直，诬以行劫，赂县胥，集耆保，掩捕其家，四人遭杀，三人被伤，以杀获劫贼告于官"（《折狱龟鉴》卷三）。据《名公书判清明集》卷一《细故不应牒官差人，承牒官不应便亲自出》载，一件"不过杖以下"的小案，根本无须牒巡检去执行逮捕，但事实上巡检带兵亲出，"遂致一家之四人无辜而被执，一乡之内，四邻望风而潜遁"。百姓看到执行拘捕的弓兵，就像见到阎罗王一样害怕，可见滥捕侵扰之害的严重程度。

当时一些品质恶劣的官吏，为谋图钱财，或为抓人交差、隐瞒罪责，还时会诬告迫害无辜的百姓。《宋史·唐介传》载，某胥吏因向富民李氏敲诈勒索不成而诬告其杀人祭鬼。岳州官衙居然马上就逮捕了李氏全家，不管老小，均施以酷刑。由于李氏始终不认罪，最后在朝廷派来的官员专审的情况下，依然找不到任何证据，才得以平反释放。

《折狱龟鉴》卷三记载，某命案官府一时抓不到凶手，县尉便胡乱抓一平民，指认他为凶手。衡州知州苏涣在仔细审讯中看出破绽，讯问县尉，才知是他弄虚作假，抓一无辜平民来顶替交差。

《宋史·徐谊传》记载一案更让人气愤。乾道八年，徐谊出知徽州。歙县上报一件妻子杀害丈夫的案子，说其妻一掌将丈夫打死，有五岁女孩为证，其妻被关押于县城监狱。徐谊看了案卷十分怀疑：该妇人如此大力，能一掌置人于死地？便把案卷暂时搁置一旁，不予批复。后把死者的父母、兄弟传到州衙重新审问，才真相大白。原来是死者拖欠租税而被长期关押，由于饥饿大叫，狱吏过来劈头盖脸一顿毒打，并把人推入水中溺死。县衙不但隐瞒打死人的真相，且又捏造罪名，陷害其妻。如此官府，真让人寒心。

二是刑讯逼供　宋代证据制度具有中国古代社会的共同弊端，就是重口供主义。在断案过程中将被告人的口供作为第一证据，这样必然造成广泛的刑讯逼供。在一般刑具笞杖不能逼出口供的情况下，还常常法外用刑。如宋太宗朝开封府审王元吉案，"系缚搒治，谓之'鼠弹筝'，极其惨毒。帝令以其法缚狱卒，宛转号叫求速死。及解缚，两手良久不能动"。理宗朝狱吏"擅置狱具，非法残民，或断薪为杖，掊击手足，名曰'掉柴'；或木索并施，夹两胫，名曰'夹帮'；或缠绳于首，加以木楔，名曰'脑箍'；或反缚跪地，短竖坚木，交辫两股，令狱卒跳跃于上，谓之'超棍'，痛深骨髓，几于殒命"（《宋史·刑法志二》）。

如此滥用酷刑的结果有二，一是将犯人活活拷打死，二是犯人屈打成招。只有很小的概率是真凶被逼出口供，所以大都造成冤案。《宋史·刑法志》载，陇安县有人诬告平民五人为盗，县衙不辨真伪全部逮捕。重刑审讯中，一人被拷打致死，其余四人很快屈打成招。其家属到州府申诉，州官不予理睬，并按县审结上报罪名，全部处以死刑。没多久，泰州地方捕得真盗，才知陇安县屈死的五人纯系冤枉。

《折狱龟鉴》卷二载，眉州青神县发生了强盗案，当地耆保向官府报告，说雷延赋二兄弟当晚没在家过夜，县尉马上就把二人逮捕入狱。在毒刑拷打下，二雷兄弟都病死狱中。过些天，眉州官府抓住了真盗，才知二雷兄弟之冤。

审案过程中，官员通常也只会使用所谓"五听"手法来判断犯人供词的真伪。所谓"五听"就是辞听（审其言语）、色听（观其表情）、气听（听其呼吸）、耳听（注意其听力）、目听（分析其眼神）。这些虽然在犯罪心理学方面有一些道理，但总的来说依然是凭官员的主观臆测，而不懂得实行法定证据制度。主观臆断，草率结案的结果也同样造成冤滥。

如《折狱龟鉴》卷二载太平州小郎一案。说一妇人与小叔子同行于古庙避雨，小叔子因刚刚贪杯醉酒而在庙中嗜睡，醒来时见嫂嫂被杀。抓到官府，却被一口咬定是小叔子强奸嫂嫂，因不从而奸杀。小叔子在毒刑拷打下，只得诬认，最后被判处死刑。几年后，其哥在戏院中认出妻子，搞清了事情的原委。原来是这伙戏子杀了人，来到古庙，将其妻掠去，而替死人换了衣服。由于官员的主观臆断，以至枉杀了小郎性命。

宋代县级司法是最薄弱的环节。虽然县衙只能判处杖刑以下案件，徒刑以上案件都要逐级上报、送审，然俗话说："狱贵初审"，案件一般都在县衙初审，得出结论，再具案上送。知县虽是主管司法的长官，但由于政务繁忙，或其他缘故，常将案子交由胥吏审理。宋代诸县胥吏皆为职役，从乡户充派，大多不谙法律，从而滥行鞫狱，不但非法拷讯，主观臆断，更有"不问理之曲直，惟视钱之多寡，富者重费而得胜，贫者衔冤而被罚。以故冤抑之事类皆吞声饮气"（《宋会要·刑法》）。基层司法由胥吏受贿维持，真乃司法制度之绝大讽刺，而冤狱之丛生就很自然了。

鉴于县级司法弊端问题的严重，某臣僚感叹道："今大辟之囚，必先由本县勘鞫圆备，然后解州。州狱一成，奏案遂上，刑寺拟案，制之于法，则死者不可复生矣。窃见外郡大辟翻异，邻州邻路差官别勘，多致七八次，远致八九年，未尝不因县狱初勘失实。"（《宋会要·刑法》）这句话说的是许多死刑案子，由于犯人喊冤而重新派官审理（翻异与别勘），多的要重审七八次，时间则拖了八九年。

宋代对法官"失入人死罪"，也有一些处罚。如误决三人，法官"刺配千里外牢城"；误决二人，法官"押远恶处编管"；误决一人，法官"送千里外编管"，还规定"狱官有失入人死罪者，终身不复进用"。但这些规定在一个没有监督的专制司法制度内，往往形同虚设，其作用是相当有限的。

如一些酷吏，就根本不把有关法令当回事，审讯手段更是歹毒。《宋史·吴越钱氏世家》载，钱惟济任地方知州时，审讯重犯，或断其手足，或割其肝脏，借以威众，肆无忌惮。在定州知州任上，有告一妇人刻薄虐待前妻之女，曾用烧红的铜钱灼伤其臂。案子告到州衙，钱惟济不问详情，也不作通常的笞、杖处罚，却令取该妇人亲生的婴儿放到雪地中，并将妇人押往雪地，让她目睹自己的亲生骨肉被活活冻死的惨状。处理民事案件的手段常常类此，更不用说刑事案件了。

《宋史·包恢传》记载了隆兴知府包恢审处案件的残酷手段。有一寡妇与僧人通奸，由于不高兴儿子的劝阻，便来官府告儿子不孝。包恢了解案情后，又得知其母入寺作佛事，用木笼装载僧人回家通奸，便派人在半途中将木笼劫来，锁进官府仓库中。十多天后，笼中尸体的臭味冒出来，便命将木笼沉入江底。

还有一案说，婆婆死了，借了儿媳妇的钱买棺木葬敛。婆婆家贫，一直还不上这笔钱，媳妇就向官府告状索债。包恢听了十分生气，假意买了一口棺木还她，骗这媳妇躺进去试试，接着就令把棺盖掩实钉好，命差役抬出去葬了。如此将人饿死、冻死、活埋的诸种审案做法，实在叫人毛骨悚然。而官员审案能如此肆无忌惮，也着实令人惊骇！

三是随意羁押　滥禁乱押的情况也十分普遍。有的官员甚至到了随心所欲的地步，"每有私忿，怒辄置人囹圄"（《昼帘绪论·治狱篇》）。

有时将人监禁的原因简直莫名其妙。如太宗时，开封妇李氏尝击登闻鼓，诉说自己无子女，更无婿媳，且身有病，一旦去世，家业无人托付。太宗下诏，令开封府随李氏的要求进行安排处置。李氏没有其他亲人，独有一老迈父亲，开封府便将其老父收监。李氏只得又去击登闻鼓诉冤。太宗知道后惊骇道："此事岂当禁系！辇毂之下，尚或如此。天下至广，安得无枉滥乎？"

宋代监禁罪犯，主要目的是羁押犯人等待审判。把罪犯长期关押以作为一种刑罚，在宋代尚未正式成立。然而羁押之制，宋代又几乎没有什么严格的法律规定。所以官府在审案时，往往将那些轻微的牵连者，甚至无罪的证人，都一律收禁，导致许多无辜平民身陷囹圄，枉遭刑禁。

包拯在《请令提刑亲按罪人》的奏章中谈道："邻近春州禁勘罪人，追捕甚众，缧系二百余日。"周林在《奏推司不得与法司议事札子》中说："且以一夫犯刑，干证之人多或数十，少或三四，一概被毒，无得免者。"有的无辜平民甚至被拖延羁押数年之久。有宋一代，不断有人呼吁，但始终收效甚微。"州县残忍，拘锁者竟无限日，不支口食，淹滞囚系，死而后已。"

同时，监禁的条件一般都相当恶劣。真德秀描述道："或囚粮减削，衣被单少，饥冻至于交迫；或枷具过重，不与汤刷，颈项为之溃烂；或屋瓦疏漏不修，有风雨之侵；或牢床打并，不时有虮虱之苦；或坑厕在近，无所蔽障，有臭秽之薰；或因病不早医治，致其瘐死；或以轻罪与大辟同牢：若此者不可胜数。"

还有狱卒非法杀囚之事。一旦财力不能满足狱卒的勒索，则可能被虐待或凌辱至死。《宋史·刑法志》说："有饮食不充，饥饿而死者；有无力请求，吏卒凌虐而死者；有为两词赂遗，苦楚而死者。"而狱卒"惧其发觉，先以病申，名曰'监医'，实则已死；名曰'病死'，实则杀之"。

这样，被无辜羁押的民众，即使不被冤枉判罪，也常常在牢中被折磨至死。

清官真德秀大声激呼道："狱者,生民大命,苟非当坐刑名者,自不应收系。为知县者每每必须躬亲,庶免枉滥。"

纵观中国古代司法发展历程,可以说有宋一代是最讲究一些规则、程序的时代,比如"鞫谳分司"、"翻异别勘"之类,在其他朝代都是看不到的。然而宋代司法制度依然是弊端重重、草菅人命。其实这也是中国整个古代社会司法的通病,或者说其他朝代的司法弊病比宋代还要厉害,原因主要就在于中国传统文化中基本不存在"权利"基因。这一文化特质对中国有关社会制度的影响是巨大的,需要国人认真反省。

四、皇帝断案与平反冤狱

皇帝的最高司法权几乎不受任何制约,也可说是中国古代司法制度的重要弊端之一,宋代也是如此。所有民间疑狱和命官、宗室的有关案子都要奏裁,由皇帝决断。前述岳飞冤狱就是由高宗开始授意官司,并最后审批定案的。宋代有些皇帝如太祖、太宗、孝宗还亲自审理一些民间案件,不免干涉正常的司法程序。

宋徽宗时盛行的"御笔断罪",或称"特旨处分",就更是以皇帝个人的喜恶或意志来断案,而根本不依什么法律。同时作为最高的终审判决,被判者再不准陈述冤抑。一些奸臣如蔡京之类,便常常借此"变乱旧章",造成立法、司法制度的混乱。

不过,皇帝亲自断案,或与大臣一起评议疑狱,有时也能平反一些民间冤狱。

王元吉案　此案发生在京城开封,曾惊动朝野,时间是太宗雍熙元年。王元吉继母刘氏很早守寡,与他人通奸,被王氏家族中一些人得知。刘氏忧悸成疾,怕王元吉到官府告发,便先发制人,派婢女到开封府告王元吉毒害继母。开封府将案子交右军巡院审问,没有审理清楚,又移交给左军巡院。该院官吏得到刘氏贿赂,对王元吉进行严刑逼供。王元吉受不了折磨,只得屈打成招,被判死刑。

没多久,刘氏病亡。开封府派员去狱中复查案子。王元吉马上翻供,诉说冤情。此案又移交开封府司录司重审,审理中,了解到当时逼供的情况,便向朝廷刑部做了报告。刑部派官员勘查后,觉得毒死继母的罪名并没有确凿的证据,便下令免去死刑,改判徒刑。

然而王元吉仍大呼冤枉,其妻张氏去击登闻鼓喊冤,此案惊动了皇帝。宋太宗亲自审问,终于掌握了全部实情,马上命令将此案的原审官吏逮捕送御史台惩治,最后将接受贿赂而严刑逼供的官员流放海岛,其他有关官吏也分别给以罚俸、降黜等处罚。一件普通的民间案子,虽经好几个官衙审理,但都没有审清,有的还故意重刑逼供。最后,在皇帝亲自审理下才水落石出,正如宋太宗所感叹的:"京邑之内,乃复冤酷如此,况四方乎!"

安崇绪讼继母案　发案时间为端拱元年(988年),此案也是在宋太宗的亲自过问下,才得以较公正改判的冤狱。广安军百姓安崇绪诉告继母冯氏已与父亲安知逸离婚,现在却还霸占全部家产给其亲生女儿,致使自己母子俩流离失所,无法维持生活,要求归还自己应得的那份田产。

照理讲,如所告属实,官府就应公平断案,但当时法律是不允许子女控告父母辈的,否则,即便子女有理,也要被处绞刑。所以当大理寺接到此案后,不问青红皂白,便以安崇绪控告母亲论,处安死刑。案子上报后,宋太宗觉得有些疑问,便交大臣杂议。

右散骑常侍徐铉是位大学问家,他也认为:主要是判明其母冯氏是否离婚,如果离婚,即家产应归安崇绪,否则安崇绪应处死刑。而案卷中查明不曾离婚,所以安为不孝,宜依大理寺所断。右仆射李昉等四十三人则认为:大理寺判决不当。因为安崇绪也在为自己的生母申诉,虽然安的生母为妾,身份较低贱,但亲母衣食无着,儿子才向官府诉告。如就此被判死刑,那么安知逸何辜绝嗣,其生母又靠谁生活呢?所以主张判田产归安崇绪,冯氏也回来由安崇绪侍奉供养。最后太宗觉得李昉等的意见合理,便依此判定。大理寺官员与徐铉都被处以罚俸。

如果从当时的法律角度讲,大理寺所判,徐铉所议,事实清楚,适用法律恰当,将安判死刑并不错。而李昉等人的主张,则离开了单纯的法律条文,从情理和效果方面着眼,得出更合理的结论,从而反映出当时伦理性法律的局限与荒诞。可以想见,在这种父母告子女,不管有无理由,子女都要被处刑罚,而子女告父母,都要被处死的封建法律面前,已不知产生了多少冤魂。而安崇绪一案只因惊动了最高当局复审,才得到了较为合理的判决。它只是一个特例,一个承蒙皇帝眷顾的特例而已。

官员平反诸案 当时一般官员为民间冤狱平反的记载也不少。如钱若水断失踪婢女案,为判死刑的某富户拣回一条命(《折狱龟鉴》卷三);向敏中巧勘游僧案,采用微服查访的办法,抓到真凶,救了游僧(《涑水纪闻》卷七);朱寿昌说动为豪门卖命顶罪的平民,严惩了杀人真凶(《宋史·朱寿昌传》);胡少卿从盗案中分析出被胁迫从犯,救了两人性命(《折狱龟鉴》卷八)等等。其中有两案颇值一叙。

南宋孝宗隆兴元年(1163年),李祥为钱塘县主簿。当时姚宪任临安知府,便要李祥来代理临安府的录事参军一职。一次,某巡捕诬告某武臣之子诽谤朝政,把他关进监狱。李祥主审此案,认为所告罪名没有事实根据,不能成立。接着便把案子详情告之知府姚宪,姚宪却吃惊地说:"此案朝廷已知道了,且有旨意要严加惩处,难道皇帝旨意会有错吗?"李祥镇静回答:"如果因此被朝廷贬斥,李某愿受罚。"姚宪便将李祥审问此案的结果如实上报朝廷,宋孝宗听了也惊骇道:"此案朕几乎弄错,李祥真是我的诤臣啊!"事后,姚、李都得升迁奖励。李祥能违反皇帝旨意,为被诬陷诽谤朝廷之人平反,其胆略为人钦佩。也正好碰到宋孝宗,还算清明之君,否则其后果不堪设想。

嘉定十四年(1221年),董槐任广德军录事参军。有人诬告富民李桷私铸兵器,广结豪杰,准备叛乱。郡衙将李桷逮捕入狱。审讯中,董槐觉察到此案实是冤狱,便将情况如实向郡守汇报。郡守却说:"为造反叛乱之人解脱罪名,是有灭族之灾的。"董槐义正词严地回答:"难道明知案情有冤,却偏要把人置之死地。不管犯人冤枉与否,都随便处以死刑,这就对吗?"可郡守就是不听。

不久,恰好郡守因父母有丧而辞官回家守孝,由董槐代理通判州事。董槐想到,该案此时不平反,恐怕李桷就没有活路了,便重新整理案卷,把案子判词翻了过来,上报朝廷,为李桷解脱了叛乱的罪名。

此案能平反可说是实在侥幸,如果郡守不去官守孝,那么董槐就是再使多大的劲,恐怕也无济于事的,所谓"官大一级压死人"吧。反映出办案官员的素质参差不齐,判案正确与否有时存在极大的偶然性。

宋代包公(包拯)平反冤狱的一些案子,在民间流传甚广,可惜这些都并非历史真实,而是元、明、清诸朝后人杜撰的文艺作品而已。查遍宋代所有可靠的史料,包拯立朝确峭直刚毅,然有关断案文字极少,也没有平反过什么大冤狱。

岳飞冤狱昭雪过程　　朝廷官员的冤狱,在奸臣完蛋或前任皇帝去世后,一般也能平反昭雪。此种情况,翻开史书,几乎触目皆是,不必赘述。其中岳飞冤狱的平反昭雪过程,却让人有反省思考的余地。

绍兴三十二年(1162年),高宗传位给孝宗。宋孝宗赵昚倾向抗金,为人坦正,即位伊始,便宣布为岳飞平反昭雪,追复原官,以礼改葬于栖霞岭下。然而奇怪的是,在办理复议岳飞谥号等问题时,却几无功绩可查。

原来,秦桧在当政时,"岳飞每有捷奏,桧辄欲没其实",不作什么记载。岳飞被害后,秦桧又安排儿子秦喜任秘书少监,主持国史的撰修事务,主编国家编年史《高宗日记》,更是竭尽篡改之能事,把不利于自己的史料全部毁灭,抹杀岳家军的辉煌战绩,却为自己歌功颂德。同时南宋统治者严禁撰写私史,致使在为岳飞平反昭雪时,面对的是一些是非混淆、真伪难辨的"史书"记载。朝廷只好采取访问故将遗卒的办法做些补救,然已很难恢复原来的面目。

现存《宋史》等有关岳飞事迹的记载,都不同程度地承受了秦桧父子篡改历史的恶果。如把岳家军在取得郾城、颍昌大捷后,被高宗十二道金牌强迫退师之事,改写成岳家军溃败而归,"旗靡辙乱",一派狼狈逃窜之景象。奸臣有如此无耻的篡改历史之伎俩,史书还有多少真实可言! 真需要我们好好考证。

经岳飞之子岳霖、孙岳珂的搜集整理,先后编成《金陀粹编》与《续编》共五十八卷,部分恢复了历史的本来面目。但岳飞毕竟还是在赵宋政权下恢复名誉、平反昭雪,自然只能竭力回避赵构与岳飞之间的矛盾,而客观上为高宗开脱罪责,以至不得不歪曲某些历史真相。尤其是岳珂明明看见过高宗批复大理寺的上状,即下令处死岳飞三人的圣旨,却宁肯用野史荒谬不经的描写,说是秦桧写纸条交付狱官,就这样轻易地杀死了岳飞。其中的苦衷,自然可悯,但这样苦心掩饰的结果，却为后世的小说、戏剧塑造岳飞"愚忠"形象准备了条件。

　　清代钱彩的《说岳全传》影响最大，它把岳飞塑造成听任皇帝宰割而绝无怨尤，极其愚忠的一个艺术形象。如死刑临头依然对皇帝感恩戴德，并亲自捆缚了企图造反的张宪和岳云，然后引颈受戮。这类情节完全符合专制统治者的需要而树立的道德楷模，许多人还把它误读为信史，以至崇拜、模仿，对后世影响极大，危害甚深。其实，岳飞绝非如此愚忠之辈。岳飞入狱后的表现有两事可考：一是绝食抗议，二是始终不自诬。有史书记载，岳飞"久不伏，因不食求死"，虽经酷刑折磨，但仍进行着绝食反抗。临刑前，坚贞不屈的岳飞在狱案上挥笔写下了八个大字："天日昭昭，天日昭昭"。

　　岳飞对祖国耿耿忠心，对正义事业更有铮铮铁骨。南宋理学家朱熹指出："若论数将之才，则岳飞为胜，然飞亦横"，且"恃才不自晦"，即是说岳飞锋芒毕露，却不搞韬晦之计，不知明哲保身。其实这恰恰是岳飞个性上的优点，也正是这些优点，却为专制统治者所不容。岳飞之死不单是个人的悲剧，更是时代的悲剧，民族的悲剧。

　　岳飞冤狱平反昭雪后，根据"为尊者讳"的文化传统，明知罪魁是宋高宗，却不敢如实地揭露历史真相，反而把罪责一股脑儿都加在遗臭万年的秦桧身上。由于封建统治阶级的需要，又逐渐把岳飞塑造成一个极其愚忠的艺术形象，自觉不自觉地麻痹着自己，毒害着人民，这其中更包含着耐人寻味而极其深刻的文化悲剧。

　　最后想提一下的事件是：元军灭亡南宋之崖山战役。战败后，宁死不屈的丞相陆秀夫抱着小皇帝投海，随之蹈海殉国者不计其数。"七天后，浮尸漂出海面者有十多万人。"真惨烈啊！其惨烈的景象背后，又告诉我们些什么呢？

第六章　辽金元冤狱

　　辽、金、元都是少数民族先后建立的政权,特别是元朝,是第一个少数民族建立的全国性政权。

　　这些少数民族由于社会发展原先处于较为落后的原始状态,文明程度远不如中原汉族,一旦建立自己的统治王朝,尽管模仿中原的国家制度,但不免夹杂着他们本民族的一些落后、野蛮的习俗;加上占统治地位的少数民族与汉族的矛盾,贵族淫乐腐朽且不学无术,政事放纵而略无控制,法制简陋多沿用旧例,奸吏乘机揽握司法大权……这些种种致使这些少数民族政权统治期间,法制紊乱,镇压活动更为残酷,冤滥极为普遍。

第一节　辽朝诸案

　　辽朝于公元907年耶律阿宝机开国,至1125年为金国所灭,共历九帝,凡二百一十年,版图辽阔,几乎是北宋疆域的两倍。辽有五京:上京临潢府(今内蒙古巴林左旗南),东京辽阳府(今辽宁辽阳),中京大定府(今内蒙古宁城西大名城),西京大同府(今山西大同),南京析津府(今北京)。

　　辽是以契丹族为首的少数民族政权,采用"因俗而治"的统治制度,文化相对滞后,遗留下来的有关史稿不多。元朝人编写的《辽史》也相当简略,其篇幅只有《宋史》的十分之一,《金史》的二分之一,所以我们对其社会的司法狱案情况也知之甚少。这里所讲辽代冤狱,主要是几件悲惨的宫廷冤案。

一、齐天皇后姐弟被害案

辽朝中期,辽圣宗的皇后萧氏,名菩萨哥,貌美才慧,十二岁就被选进宫中。统和十九年(1001年),菩萨哥被册封为齐天皇后,曾生过两个皇子,都不幸夭折早亡。后来宫人萧耨斤生下兴宗,齐天皇后便收养为子,视如亲生。兴宗也待皇后十分孝顺,却引起萧耨斤的不悦。萧耨斤虽因此被封为顺圣元妃,但仍十分嫉妒皇后,在圣宗面前百般谗毁,甚至说齐天皇后与琵琶工私通,用匿名信投圣宗寝帐中。圣宗看后说:"此必元妃所为。"命焚毁之,始终不信,却也不作任何处分。

太平十年(1030年),圣宗驾崩,兴宗即位。圣宗临死,留下遗命:"以齐天为皇太后,顺圣为太妃。"然而,菩萨哥性情温和文弱。萧耨斤便毁匿遗命,自立为法天皇太后,还破口大骂齐天皇后:"老东西,你也会有末日吗?"由于兴宗尚年少,萧耨斤开始摄政专权,将自家亲属个个封王拜官,国家几乎完全由其兄弟萧孝先诸人掌管。

萧耨斤为人"残忍阴毒",此时非但不让菩萨哥做皇太后,且准备加罪陷害。不久,宫廷护卫冯家奴、喜孙诸人在萧耨斤的指使下,上状诬告齐天皇后的弟弟北府宰相萧浞卜、殿前都点检国舅萧匹敌,图谋废去兴宗,由齐天皇后摄政,再别立皇帝。

萧匹敌乃将军之子,父母早亡,在宫廷中抚养长大,圣宗视他为皇子,齐天皇后也特别喜欢他,娶韩国公主为妻。他自任大将以来,曾平定渤海内乱,战功卓著,受封兰陵郡王,也为萧耨斤忌恨,所以此时一并加以诬害。

公主听到消息,劝萧匹敌不如投奔女真,以保全性命。萧匹敌认为朝廷岂能以没有根据的诬告就杀害大臣,宁死也不愿投奔他国。

很快,朝廷下诏,将有关人员逮捕治罪。萧孝先诸人便安排心腹担任鞫审官员,一切都按预先谋划的程序进行,根本不听萧浞卜和萧匹敌的申辩,把所有造谣中伤之词,都作为事实定案上奏。案卷中牵连到齐天皇后。兴宗时已十六岁,有些懂事,便对母亲说:"齐天后侍奉先帝四十年,还抚养我成长,本当为太后。现在不做太后,反而还要加罪,怎么可以呢?"萧耨斤板起脸,恶狠狠地说:"此人若在,恐为后患。"兴宗仍愣头愣脑地回答:"齐天后又无子,又已经老了,不会有事的。"而萧耨斤就是不听。

最后,萧浞卜、萧匹敌等十余名官员都判处死刑,受此案牵连的亲属四十余人也被处死,并籍没家产。齐天皇后从中京(今蒙古巴林左旗南)被赶出,用小车载送上京(今内蒙古宁城西大明城)囚禁。

重熙元年(1032年)春,兴宗出朝巡猎。萧耨斤担心兴宗还会怀念齐天皇后的养育之情,便一不做二不休,派人赶到上京,去加害菩萨哥。使者见到菩萨哥,说明来意,请她自裁。齐天皇后悲哀地说:"我实在是无辜的,天下人都知道。今天到了这个地步,仍容不得我,还有什么好说的呢!你等我沐浴更衣,然后再死,可以吧!"使者点头退了出去。菩萨哥很快就自缢身亡,年纪才五十岁。接着,萧耨斤又命害死其左右宫女、侍从百余人,手段歹毒。

法天皇太后萧耨斤在以后的三四年中,"专制其国,多杀功臣",其兄弟执掌朝政,也是个个弄权腐政,连其奴婢都"出入宫掖,诋慢朝臣,卖官鬻爵,残毒番汉",致使朝廷"淫虐肆行,刑政驰紊"。《辽史·刑法志》说:"盖自兴宗时,遽起大狱,仁德皇后(即齐天皇后)戕于幽所,辽政始衰。"

二、宣懿皇后与皇太子冤狱

耶律濬是辽道宗的独子,六岁封为梁王,八岁册立为太子,从小读书好学。道宗曾云:"此子聪明伶俐,乃天赐我也。"宠爱非常。母亲宣懿皇后萧观音是位绝色美人,精通诗词书画、琵琶音律,可谓女中才子。如此一对矫贵母子,居然都被奸臣陷害致死。

道宗初即帝位,原想有所作为,但随着统治阶级内部不断发生的激烈斗争,尤其是奸臣耶律乙辛诸人的专权营私,政治便越来越腐败。耶律乙辛,出身贫苦,然自幼狡黠异常,长大后,虽仪表堂堂,但钻营为文班小吏,善弄权术,官运亨通,后因平定重元夺位叛乱有功,官拜北院枢密使,加封太师,势震朝野,门下馈赂不绝,遂与张孝杰、萧十三、耶律燕哥诸奸臣结为奸党,控制军政大权,排斥忠良,将朝廷搞得乌烟瘴气。

大康元年(1075年)六月,十八岁的皇太子耶律濬兼领北南枢密院事,"始预朝政,法度修明",使诸奸臣感到处处不顺心。为了对付太子,他们首先制造出宣懿皇后的诬案。

宣懿皇后喜好音乐,曾作《回心院》一曲,诸伶官中唯有赵惟一能奏此曲而受宠爱。宫婢单登亦善筝与琵琶,每与惟一争能。皇后召单登对弹,认为明显不及惟一。单登深感羞愧。后道宗要听弹唱,召单登表演。皇后却谏道:"此家婢不知谦让,怎能常轻近皇帝。"因遣派到别院,单登心中对皇后深衔恨之。单登有妹嫁教坊朱顶鹤为妻,而朱顶鹤正被耶律乙辛宠信。单登向朱诬言,说皇后与赵惟一有奸情。耶律乙辛知道后,便想乘机诬害皇后,但又觉证据不足,便命他人作《十香词》交给单登,阴嘱使皇后手书一遍。

皇后善书法,也喜为人书帖。单登便拿此词,欺骗皇后说:"此词是宋国忒里蹇所作,更得皇后御书,便称二绝。"皇后读后也觉写得不错,便手书一遍,且在词尾又添写自己即兴所作《怀古》绝句:

> 宫中只数赵家妆,败雨残云误汉王。
>
> 惟有知情一片月,曾窥飞燕入昭阳。

耶律乙辛得此手书,心中大喜,即令单登与朱顶鹤到北院诬告皇后与赵惟一私通,并以此手迹为证。

耶律乙辛又密告道宗说:"据单登、朱顶鹤陈告,赵惟一是笼络了本坊内值官高长命,才得以召入宫的。"道宗听了大怒,命耶律乙辛、张孝杰主审此案。赵、高经不住酷刑逼供,只得诬服。耶律乙辛按赵、高二人的供词结案上奏。道宗很快下诏,将皇后赐死。皇后作《绝命词》一首,悬梁自尽,年仅三十六岁,尸体被送回娘家。赵惟一、高长命都处死刑,其家属全部没入官府为奴。

宣懿皇后被诬害后,朝廷内外对耶律乙辛等极为不满。北面林牙萧岩寿就向道宗密奏:"乙辛自皇太子预政,内怀疑惧,又与宰相张孝杰相附会。恐有异图、不可使居要地。"耶律乙辛知晓后,将萧岩寿流放边地,终身劳作。两年后,乙辛又诬岩寿参与谋废立事,干脆诛杀。此类遭耶律乙辛毒手的忠良之臣,为数不少。

太子耶律濬见母后被害,更是愤愤不平,咬牙切齿地说:"杀我母者,耶律乙辛也,他日不门诛此贼,不为人子!"而萧十三也提醒耶律乙辛道:"今太子为臣民所重,对你有杀母之仇,若太子立,你哪里还有置身之地?"

太康三年(1077年)正月,耶律乙辛便召奸党们商议,最后指令右护卫太保耶律查剌去诬告行宫都部署耶律撒剌与知北院枢密使萧速撒及护卫军官萧忽古诸人同谋废皇帝立太子。道宗派人审理,却查不出什么证据,案子无法成立。道宗便把耶律撒剌出为始平军节度使,萧速撒出为上京留守,并将其余有关将领流放边远,一并逐出京城了事。

六月,耶律乙辛一计不成,又生一计,指使牌印郎君萧讹都斡和耶律挞不也去向道宗自首。萧讹都斡和耶律挞不也上奏说:"耶律查剌告耶律撒剌等事皆实,臣亦与其谋。本欲杀乙辛等立太子。臣等若不信,恐事白连坐。"道宗一听,果然相信,勃然大怒,又命耶律乙辛、张孝杰、萧十三等人共同审理。太子耶律濬不服。

道宗又遣任夷离毕(掌刑狱长官)的耶律燕哥单独审问。太子对燕哥说:"皇帝只有我一个儿子,今天已为太子,再有什么可求呢!难道会去做那种事吗?你如念我无辜,望向皇帝如实汇报。"萧十三知道后,对燕哥说:"如照实奏报,则大事去矣,应当假造其认罪品供上报才是。"燕哥本来就是耶律乙辛同党,便假造了一份太子的口供奏上,谎称太子已认罪。道宗看完案卷,即下令诛杀耶律撒剌、萧速撒等三四十名将官,家属沦为奴隶,家产没官。太子耶律濬废为庶民,即刻押解至上京监禁。

十一月,耶律乙辛顾虑太子不死,道宗或许会有一天产生追悔的念头。为斩草除根,免去后患,他派近侍萧达鲁右等人去上京诛杀太子,时太子才二十岁。上京留守萧挞得也是耶律乙辛同党,向道宗谎称,太子得暴病死了。

道宗得报,有些哀伤,想召见太子妃萧氏。岂料,萧氏也早已被耶律乙辛派人杀死。耶律乙辛为了灭口,甚至将同党,假自首的萧讹都斡也杀了。萧讹都斡临死向人坦白:"前诬告耶律撒剌谋废立之事,皆耶律乙辛教我做的,恐事情败露,所以杀我灭口。"

数年后,耶律乙辛的奸情败露被诛。道宗才知道太子之冤,追悔莫及,追谥"昭怀太子"。此冤狱的造成,奸臣固然手段毒辣,然道宗皇帝之昏庸也难辞其咎。

三、皇子敖卢斡母子被害

寿隆七年(1101 年)正月,辽朝最后一位君主天祚帝即位。此时辽朝国用不治,危机四伏,而官僚贵族穷奢极欲,腐败不堪,且东北女真族兴起,威胁辽国,但统治阶级内部争权夺利的斗争照样激烈,而天祚帝依然畋猎淫酗而怠于政事。

保大元年(1121 年)正月,金军压境,辽朝危在旦夕,然而辽统治集团内部仍在为皇位继承问题明争暗斗。

天祚帝有六个儿子,老二晋王敖卢斡最为厚道,有同情心,且骑射文章样样拿得起,文武兼备,是诸皇子中最有德行才干的一位,在辽国也颇有人望。母亲文妃萧氏,也是一位贤淑才女,擅作诗歌,当她看到国家危难皇帝依然荒政拒谏,沉醉于游猎,便作诗歌讽谏,歌词曰:

> 勿嗟塞上兮暗红尘,勿伤多难兮畏夷人;不如塞奸邪之路兮,选取贤臣。直须卧薪尝胆兮,激壮士之捐身;可以朝清漠北兮,夕枕燕云。

该词直抒衷肠,忧吐忠言,希望天祚帝能拒奸选贤,卧薪尝胆,以挽救危局。这一片忧国忧民的赤诚之心,满腔慷慨激昂的爱国之情,不但不能感动那位麻木不仁的天祚帝,反而引起他的忌恨。

另一位元妃萧氏,有儿子秦王定。其兄萧奉先是天祚帝面前的宠臣,官任枢密使,掌握着辽国的军权。在与金军屡战屡败,辽朝京城岌岌可危之际,萧奉先为了使其外甥秦王定继统皇位,便派人诬告文妃的姐夫耶律挞葛里和妹夫耶律余睹勾结驸马萧昱,欲谋立其外甥敖卢斡,尊天祚帝为太上皇。天祚帝信以为真,不经任何调查,立刻把萧昱与耶律挞葛里等人及其妻室诛杀,并认为文妃也参与其事,而被赐死。幸亏诬告者没有论及敖卢斡,敖卢斡得以免罪。耶律余睹正在军中,得知消息,马上引千余兵马反出辽军大寨,投降金国去了。

保大二年(1122 年)正月,金军以耶律余睹为先锋,攻下了辽的中京大定府。这时,刚从中京逃到燕京(今北京)的天祚帝惊魂未定,束手无策。萧奉先又向天祚帝献计道:"余睹不过欲立其甥晋王耳。若为社稷计,不惜一子,明其罪诛之,可不战而退。"天祚帝犹豫之间,又有人来诬告,说大臣耶律撒八等人准备劫晋王敖卢斡为帝。天祚帝一听,马上派人抓了耶律撒八处死,并尽杀其好友、亲属。天祚帝知道,晋王敖卢斡确得人望,认为不杀此子,自己帝位不保,遂下令赐死晋王敖卢斡。

有人事先得到消息,劝敖卢斡逃跑。敖卢斡痛苦地回答:"安忍为蕞尔之躯,而失臣子之节。"遂自杀。当时辽国军民闻其死,无不流涕,人心也由是益散。三年后,天祚帝被金军俘虏,被囚禁一年后病死狱中,辽国便为金朝所灭。

《辽史·刑法志》说:"天祚知其父(昭怀太子)之冤,而己亦几殆,至是又自杀其子敖卢斡。……辽二百余年,骨肉屡相残矣。天祚荒暴尤甚,遂至于亡。"

四、辽朝国主生性残忍

天显元年(926 年)七月,辽太祖耶律阿保机去世,由述律皇后当国,总摄军国大事。《新五代史·四夷附录》载:"述律为人多智而忍。阿保机死,悉召从行大将军等妻,谓曰:'我今为寡妇矣,汝等岂宜有夫。'乃杀其大将百余人,曰:'可往从先帝。'左右有过者,多送木叶山,杀于阿保机墓队中,曰:'为我见先帝于地下。'"此近于野蛮人的暴行,使数百名辽国大将、官吏及其亲属冤死于其屠刀之下。

辽、金、元三朝皆为北方游牧少数民族贵族建立的政权。由于这些游牧民族在建立政权之前,尚处于较为原始、野蛮的历史阶段,一旦用武力建立政权,其初期不但法制疏陋,且沿用的习惯法中保留有相当残酷、非人的内容。其中辽朝统治者尤为生性残忍,如太祖长子耶律倍,"性刻急好杀,婢妾微过,常加剖灼",所谓"剖灼",就是刀割、火烙之类的刑罚;其弟耶律李胡,"少勇悍多力,而性残酷,小怒辄黥人面,或投水火中"。

辽太祖有三子,述律皇后偏袒次子耶律德光,为不让长子耶律倍继位,杀了一些反对的大臣。辽太宗耶律德光在位二十一年,征途中病死。述律皇后又想让三子李胡即位,但李胡的残忍遭到许多大臣的反对,尤其是那些拥护耶律倍而被杀的大臣的儿子们。他们联合起来拥立耶律倍的儿子耶律阮称帝,并与李胡决战。李胡战败,述律皇后也被幽禁至死。

辽世宗耶律阮在位五年,被逆臣刺杀,又引起一场皇族厮杀。部分大臣拥立太宗耶律德光的长子耶律璟为帝,是为辽穆宗,一些反对的大臣因谋逆被诛杀。李胡之子卫王耶律宛与诸人谋反,牵连到太宗次子,即穆宗的弟弟等人,被逮捕处死或死于狱中。数年后,李胡之子赵王耶律喜隐谋反,牵连到李胡。李胡被捕,死于狱中。

辽穆宗耶律璟在位十九年,遇弑。世宗次子耶律贤乘机夺位,是为辽景宗。权臣争斗激烈,宰相高勋与都部署女里合谋杀害宰相兼枢密使萧思温(景帝的岳父)。阴谋暴露,高勋、女里被杀。李胡之子耶律喜隐又谋反,被囚禁于祖州。景宗病死,其长子耶律隆绪即位,是为辽圣宗。辽圣宗在位四十九年,是辽朝全盛时期。

圣宗病死,长子耶律宗真即位,是为辽兴宗。其母法天太后弄权,不仅害死齐天皇后,还看不惯兴宗而欲谋立次子重元。重元向兄长告密。兴宗派兵包围太后寝宫,把母亲流放庆州居住,然后将太后的家族成员与党羽,处死或流放。重元因告密而获信任,封为"皇太弟",更加骄纵不法。兴宗病故,长子耶律洪基即位,是为辽道宗,封重元为"皇太叔",重元之子涅鲁古知南院枢密院事。数年后,重元父子谋反,很快被平定。重元逃亡入大漠,走投无路,自杀身亡。而辽道宗和天祚帝,这辽朝最后的两位皇帝都参与害死了自己的皇后、爱妃及亲生儿子,前已详述。

辽朝诸帝中,以辽穆宗最为暴戾酷虐。《辽史·刑法志》载,辽穆宗嗜酒与狩猎,不理政事,动辄要残害周围的近侍、厨师、掌酒人、养兽人、手工作坊工人等。如所养野兽飞禽有走失或伤亡,那饲养员就会遭殃。一次饲鹿圈出了点事,六十五名养鹿人全被囚禁,斩杀四十四人,余悉痛杖之。如近侍私自回家,或超假未回,有召不及时到来,或问话时回答稍不如意,或饮食饭菜不对胃口,马上就会加以炮烙、铁梳之类刑罚。他有时甚至拿起刀剑就刺,或拿起弓箭就射,断人手足、折人腰颈、划人头脸、碎人品齿、燎人肩股,直至肢解身体,弃尸于野。辽穆宗还听信女巫之言,取人胆合延年之药,杀人又无数。《辽史·穆宗纪》载,他几乎月月要滥杀人,被害死之人,不计其数。

辽朝最后一个皇帝天祚帝,在危机四伏,义军纷起,叛逃接踵的情况下,救亡无策,就愈加残暴,"由是投崖、炮掷、钉割、脔杀之刑复兴焉。或有分尸五京,甚者至取其心以献祖庙"。其冤死之人,又不知多少。

辽朝任意诛杀直谏大臣也时有发生。如天显元年(926年)十一月,辽太祖死,述律皇后欲立次子耶律德光。南院夷离堇耶律迭里上谏,认为帝位宜先嫡长,且太祖长子耶律倍已赴朝,当立。述律皇后素不喜欢大儿子,由是忤太后意,诏逮捕耶律迭里下狱,在审讯过程中,加以炮烙等酷刑,要其承认与东丹王联谋,图夺帝位。耶律迭里就是不认罪,最后被杀,并籍没家产、人口。耶律迭里自幼跟随太祖,南征北战,讨伐党项、渤海诸地,屡有战功,仅因上谏立嗣之事,即遭屠戮。

辽道宗清宁七年(1061年),东京留守萧阿剌赴朝廷参加民族古礼——瑟瑟礼。礼后,道宗虚伪地征询大臣对时局的看法。萧阿剌便直爽地指出朝廷各项政策的利弊,认为所行措施并未收到实际效果,百姓大受其扰,总之是弊多利少。言辞虽有些激烈,但实出于一片忠诚。道宗听了心中不快。奸臣萧革看有机可乘,便向道宗谗言道:"阿剌恃宠,有慢上心,非臣子礼。"道宗听了,果然大怒,马上令护卫将士把萧阿剌拖下殿阶,立即绞死。萧阿剌乃宰臣之子,幼年在宫中长大,辽兴宗甚为喜欢,娶公主为妻,拜驸马都尉,为人忠勇果敢。道宗即位,他还曾任北院枢密使,进封陈王,执掌朝政,后因看不惯萧革之佞,二人矛盾加深,被出为东京留守。此次因谏忠言,竟被当庭绞死。

辽初,实行蕃汉分治制度,"以国制治契丹,以汉制待汉人",对契丹及诸部胡人适用习惯法,并且采用民族歧视政策,如契丹人与汉人相殴致死,用法轻重悬殊。至辽中期,圣宗初年,睿智皇后摄政,才蕃汉一等科罪。统和十二年,下诏,契丹人犯十恶大罪,亦以汉律断之,然民间用刑仍十分蛮酷。"五院部民有自坏铠甲者,其长佛奴杖杀之",自坏铠甲,大约是不愿打仗之故,即被杖杀。

统和二十四年(1006年),朝廷下诏:"若奴婢犯罪至死,听送有司,其主无得擅杀。"说明此前,主人可任意杀害奴婢,不过此时总算法律上规定不准擅杀。

直到辽兴宗重熙五年（1036 年），统治者才对习惯法进行整理，参以"古制"，即唐朝的法制，编定《新定条制》五百四十七条，史称《重熙条制》。辽道宗时增删重修，史称《咸雍条制》，对契丹、汉人一体适用。

第二节　金朝诸案

金朝自完颜阿骨打建国（1115 年），至哀宗完颜守绪被元朝灭亡（1234 年），共历九帝，计一百二十年。金朝先建都会宁府（今黑龙江阿城南白城镇），再迁中都燕京（今北京），最后迁都汴京（今河南开封，原北宋都城），长期与南宋对峙，也是中国历史上一个不容忽视的少数民族北方政权。

金代的有关史稿不多，除《金史》外，只有零星几部野史别集。其中主要记载了女真族统治阶级内部残酷斗争中发生的一连串杀戮无辜的冤狱。

一、皇弟完颜常胜被冤杀

皇统七年（1147 年）四月，金熙宗的公主出嫁，熙宗在便殿上大宴群臣。酣饮中，熙宗已略有醉意，起身斟酒赐二弟胙王完颜常胜。常胜不胜酒力，自觉不能再喝，便一再推辞。熙宗顿生怒意，仗着酒性，拿剑逼常胜喝。常胜见此情景，托词上后面方便一下，便拔腿逃了出去。熙宗见二弟一去不返，便命中书左丞宗宪去召还常胜。哪知宗宪也走无踪影。熙宗一怒之下，便将气发在边上的户部尚书宗礼身上，大声叱令他跪下，并一剑杀了宗礼。大臣无辜被杀，血溅金殿，群臣恐惧而散。熙宗仍不在意，扔下沾满血迹的宝剑，甩手入后宫去了。

天会十三年（1135 年）正月，金太宗死，熙宗以太祖嫡孙的身份继位。熙宗自幼受教于汉儒，谙熟汉文化，即位后用汉制改革女真旧制，颇有成效，然晚年"屡杀宗室，捶辱大臣"，为自己树立了许多政敌。

　　左丞相海陵王完颜亮,是太祖长子宗干的第二子,因为是妾所生,与熙宗有嫡庶之分。熙宗即位之初,完颜亮就心怀不满,以为自己是太祖长房之子,不堪居人之下,而有觊觎皇位之意。皇统八年(1148 年),完颜亮生日。熙宗遣近侍大兴国赐以礼物,皇后见了也附赐生日礼物。熙宗此时正为皇后干扰朝政而内心不平,常纵酒酗怒,手刃杀人,此时见大兴国将皇后的礼物与自己的礼物合在一起准备送海陵王府,又怒气冲天,下诏杖打大兴国一百,夺回所有礼物。完颜亮知此事后,心中疑虑更甚,积极准备夺位。

　　中书平章政事完颜秉德也由于挨过熙宗的板子,心中怨恨而与尚书左丞唐括辩、大理卿完颜乌带诸人图谋废立。乌带一向党附完颜亮,便将诸人谋废立事告之。完颜亮一听十分高兴,马上与秉德、唐括辩等人商议。完颜亮先问道:"如果要行废立大事,宗室中有谁可立为君呢?"当时,秉德与唐括辩都没有立海陵王的意思,倒觉得熙宗弟弟完颜常胜是合适人选。于是唐括辩说:"无非是胙王常胜吧。"完颜亮一听,心中好一阵发醋,然只得压下不愉快,进一步问道:"其次又可立谁为君呢?"唐括辩回答:"阿斞之子阿楞也不错。"完颜亮马上说:"阿楞是太祖曾孙,辈分低,再怎么也轮不上他呀!"唐括辩有意问:"公难道有意于此吗?"完颜亮很自信地回答:"到不得已的时候,除了我能担此重任,还有谁呢?"于是,他们加紧密谋,经常聚会在一起。而完颜亮也由此知道胙王常胜和上将军阿楞为众望所属,心中充满了忌恨,决意要除掉常胜和阿楞,以便自己顺利登上皇位。

　　这些人的经常聚会,引起护卫将军特思的怀疑,便向皇后密告说:"唐括辩与完颜亮等人常常聚在一起,窃窃私语,不知在商议什么秘密之事。"皇后又告诉熙宗。熙宗听了大怒,把唐括辩招来一顿斥责:"你与完颜亮他们成天在一起偷偷商议什么?看你们能把我怎样!"接着就叱令卫士把唐括辩拖下殿去,杖责数十。唐括辩受此杖辱,心中愈加不平,而图谋废立之事,也更加隐蔽积极。

　　皇统九年(1149 年),河南府兵士孙进谋反,自称"皇弟按察大王"。消息传到京城,熙宗听到"皇弟"二字,怀疑是二弟常胜,命特思审查这件案子。河南府抓住孙进,押送进京。经过拷问,孙进招供,冒充皇族主要是为了提高号召力,与胙王常胜无丝毫瓜葛。特思便据实奏闻。熙宗听了,仍疑虑孙进为什么要称

"皇弟"而不称别的什么皇亲,令特思不要急于定案,仍要多方侦查。

此时,完颜亮得知熙宗怀疑孙进谋反与常胜有牵连,觉得正是除掉常胜的好机会,便向熙宗说:"孙进谋反肯定是有人支持的,否则一个军士能如此大胆吗？他打出旗号,不称其他什么,偏称'皇弟按察大王',陛下有常胜和查剌两个亲弟弟,其中肯定有关系。特思欺蒙陛下,审案不实,是为了讨好胙王,故意帮常胜隐瞒罪责。"熙宗一听,认为说得对,便命令唐括辩与萧肄共同审问特思。在严刑逼供之下,特思受刑不过,只得屈打成招,供认有意开脱常胜的罪行,并在供状上画押定案。

狱案上报后,熙宗下令将自己的两个弟弟常胜与安武军节度使查剌一起问斩,同时又杀了特思。完颜亮见熙宗完全相信他的话,便又乘机诬告阿楞与常胜来往密切,知情不报,亦当惩处。熙宗一听,又马上派人去杀阿楞。对阿楞的弟弟挞楞,熙宗本无杀意,而完颜亮又向熙宗说:"其哥哥已伏诛,哪里还能让弟弟活着呢！"熙宗一听也对,又派人去杀了挞楞。海陵王为篡夺皇位,终于扫除了前面的障碍。

中国历史上兄弟为争夺王位而互相残害之事,已层出不穷,女真少数民族贵族自然也不会手软。可悲的是,一些并无意于此权力斗争的无辜骨肉,却在这一无法逃脱的历史竞技场中,被莫名其妙地送上了断头台。

二、国主完颜亮滥杀无辜

皇统九年(1149 年)十二月,海陵王完颜亮联合了大臣完颜秉德、唐括辩、完颜乌带、萧裕、李老僧等人,由宫廷护卫长仆散忽士、徒单阿里出虎、内侍大兴国等做内应,悄悄潜入宫中,杀死熙宗,随即立海陵王完颜亮为帝,改年号为"天德"。

当天早晨,当事未外泄之际,海陵王就以熙宗议立皇后的名义,召集众大臣,安排军士先后杀了对熙宗颇为忠诚且正直刚勇的曹国王宗敏、左丞相宗贤。这两位有一定威望的大臣遭害,其他人便不敢再说什么反对的话了。

金太祖与太宗是两兄弟,兄终弟及,所以太祖一脉的子孙与太宗子孙此时在朝中形成两大血亲系统。海陵王杀了熙宗,前又诬害了常胜、查刺、阿楞、挞楞,刚又杀了太祖之子宗敏。太祖一脉子孙在朝中的势力已得初步控制,而以太傅宗本为首的太宗子孙的力量,仍十分强大。曾在熙宗时,完颜亮就认为太宗子孙一派的势力过大,皇上优待太甚。此时,自己做了皇帝,便首先要解决这个心头之患。

天德二年(1150年)四月,完颜亮召来心腹秘书监萧裕商量对策。第二天,便假意召宗本来打球,暗中伏下将士,将宗本杀害。此时,萧裕正在亲自找尚书省令史萧玉,因萧玉与宗本十分亲密,出入宗本家犹如其亲属,若有此人告发宗本犯罪,不由他人不信。萧裕将萧玉用车载到弟弟萧祚的家中,两旁站着凶神恶煞的刀斧手。萧玉见此情景,早已吓得魂飞魄散,不知自己犯了什么大罪,便大声哭道:"我从来没有犯什么罪,望可怜我家中还有七十岁的老母亲,放我一条生路。"萧裕这时走过来,贴近他的耳朵说:"皇上因宗本不能忠心为朝廷出力而杀了他,要你告发他有谋反的罪名。现在告发的具体文书已经写好,只要你看完后签字,今后不再改口,那你的前程就无须担忧。否则,就恐怕你一家要大祸临头了。"萧玉见事已至此,只得签名。

接着,萧裕便引萧玉去见海陵王。萧玉完全按萧裕所教的话,揭发道:"宗本与完颜秉德诸人已商议好谋反的事,准备京城内外响应,并推宗本做皇上。唐括辩也说宗本的容貌有皇帝之相。他们常在宗本家喝酒密谈,指责朝廷。而北京留守完颜卞等人,也要宗本抓紧时机,不要拖延。最后,他们定在皇帝出外狩猎时下手。"

海陵王就这样向全国发布了宗本等人的谋反罪状。由于萧玉与宗本的深厚交情,所以萧玉出来揭发。随后,海陵王又派人杀害了东京留守宗懿、北京留守完颜卞、中京留守宗雅、毕王宗哲等人,并将其家属不管男女老幼,一律处死,这样前后一共杀了太宗子孙七十余人。

完颜秉德和唐括辩是海陵王篡位的同谋与功臣,但因为当初他们并不赞成立海陵王为帝,而要立常胜以及后来的一些言行,使海陵王产生疑忌,所以此时一并将他们牵连进本案,处以死刑。秉德乃开国功臣宗翰子孙,海陵王乘机又大开杀戒,杀了秉德的两个弟弟及宗翰的子孙三十余人。这一案,海陵王将太宗子孙与宗翰子孙全部杀绝,扫除干净,并牵连诛杀其他宗族贵族五十余人。

太祖弟完颜斜也为开国勋臣,在太宗朝曾与宗干一起执掌国政。这时斜也的子孙在朝中为官拜将的人数不少,势力颇强,为海陵王所忌疑。正好左副元帅撒离喝与海陵王妃的父亲挞不野有矛盾,海陵王暗使挞不野算计撒离喝。这事被都元帅府令史遥设知晓。史遥设为迎合海陵王的旨意,便伪造了一封撒离喝给儿子宗安的信,称:宗安将信遗失,被他拾得,见信中内容有谋反之意,便上奏朝廷。只见信中撒离喝告诉儿子说,上次议事之事,正与平章政事宗义(斜也之子)、工部尚书谋里野商议,准备搞个计划。儿子上次说的与谋里野的意见都很对,只要杀了挞不野,南路便无忧虑了……最后落有撒离喝的手署与王印。

海陵王便借此诬案,杀宗义、谋里野、撒离喝、宗安诸臣,并灭其族。这样,杀太宗子孙案还不到半年,海陵王又杀斜也子孙百余人,谋里野子孙二十余人。因此案牵连,海陵王还杀了太祖妃萧氏及其子任王偎喝、魏王斡带之孙活里甲。通过这样大规模的杀戮,朝中宗室勋臣之子孙,几乎被海陵王斩除干净。

大将完颜亨性情爽直,勇力过人。海陵王想拉拢他,曾赐以好弓。然完颜亨却不领情,推辞说:"此弓软弱,不堪使用。"弄得海陵王好不尴尬。一次,家奴梁遵诬告完颜亨图谋造反。经审理,查无实据,梁遵反坐处死。但海陵王就此怀疑完颜亨,改任他为广宁尹(今辽宁北镇县),并派李老僧同知广宁,以监视他的行动。

过了段时间,完颜亨的管家六斤,与小妾通奸。完颜亨知道后,发怒道:"定要杀了这个奴才。"六斤听到这话便害怕起来。在李老僧的纵容下,六斤出来诬告完颜亨对朝廷不满,准备谋刺皇上。李老僧便将完颜亨关押起来,并向海陵王奏告。朝廷派出工部尚书耶律安礼、大理正忒思来广宁审理。六斤告发说,有人告诉完颜亨,助皇上夺位的功臣徒单阿里出虎因向人占卜吉凶,自以为有继统皇位的天命,而被处死刑。完颜亨却认为,他有皇上赐的免罪丹书铁券,怎么可以杀他呢? 那人回答,朝廷要杀人,丹书铁券有什么用。完颜亨听到哀叹道,既然如此,那就要轮到我了。完颜亨承认有这回事,但绝没有谋反行刺之事。审问完毕,耶律安礼等人返回朝廷汇报。海陵王听了很生气,仍派他们回去与李老僧共同审判,暗中下达了要杀害完颜亨的命令。完颜亨被严刑拷打,遍体是伤,但就是不承认有罪。李老僧见审问不起多大作用,就派人到狱中对完颜亨拳打脚踢,往死里打,最后猛踢完其下阴部。完颜亨不胜楚痛,惨叫至死。海陵王听说完颜亨已死,便派人告诉他母亲说,你儿子所犯罪行,应当进一步审理,想不到他喝水呛死了。

海陵王为完颜宗干的侧室大氏所生,而完颜宗干的正室徒单氏应算是海陵王的嫡母。海陵王懂事后就一直为嫡母徒单氏与生母大氏之间的妻妾之分而耿耿于怀,总想出出这口气。

海陵王杀熙宗,夺位成功。徒单氏非但不向海陵王祝贺,反而说:"作为人臣,怎么可以做这样的事。"海陵王知道后就更加怨恨。然而,徒单氏毕竟是太后,海陵王一时不便发作,表面上仍极为恭敬孝顺,暗底下却派人监视徒单太后的一举一动。当海陵王准备出兵攻打南宋时,又遭到徒单太后的直言规劝。海陵王心中越发恼火,每次见完徒单太后,回宫必定要发顿脾气。此时,太医使祁宰入宫为元妃治病,也面奏海陵王:"宋人无罪,师出无名。"激切反对侵宋。海陵王大怒,立即诛杀祁宰,并籍没其家产。

有一次,徒单太后与将要出征的枢密使讲了好长一番话,其中无非是些忧国忧民、反对侵宋战争之类的话。海陵王却怀疑徒单太后有异图,便招来护卫将士四十余人,指令他们到寿康宫中去见太后,说有皇上诏书,等太后跪地接诏,就地扑杀。这样,徒单太后及其胞妹、郡主、奶妈、侍女、护卫等数十人全部被杀害。海陵王并令将太后的尸体在宫中焚化,将骨灰抛撒水中。

海陵王是个极其残忍,生活荒淫的君主,被他无辜杀害的臣民、亲属,远不止上述这些。他连为自己篡夺皇位立下汗马功劳的一些"元勋"也不放过,一个个加以罪名,诛杀籍家。他统治残暴,不断发动侵宋战争,导致国势颓弱,民不聊生。最后,自己也在战乱中为部下乱箭射死。

三、昭德皇后不堪受辱而死

金世宗完颜雍是太祖阿骨打之孙,父亲完颜宗辅官任左副元帅,母后李氏为辽阳渤海大族。金熙宗时,完颜雍封葛王,官兵部尚书。海陵王时,完颜雍任大宗正司、燕京留守诸职。其妻昭德皇后乌林苔氏,四五岁时就与完颜雍订婚,夫妻共同生活了十余年,然而在完颜雍还没有即帝位时就被海陵王所逼,不堪受辱而自杀了。作为当时历史条件下的一个少数民族贵族妇女,死得相当节烈。

乌林荅氏的祖先居住在海罗伊河畔,世代为部落酋长,后率部落归附完颜部,居住在上京,与皇族完颜氏世代通婚。父亲石土黑,骑射绝伦,随太祖伐辽,官行军猛安。石土黑虽为武官,行军打仗,但不嗜杀人,并以战功授世袭谋克,迁东京留守。

乌林荅氏天资聪颖,容貌端庄,仪表整肃。在父母家时,宗族的人都敬重她。嫁给完颜雍后,她侍奉公婆孝谨恭顺,持家井井有条。

乌林荅氏的政治嗅觉很敏锐。完颜雍的父亲完颜宗辅率军伐宋,得到一条宋朝皇帝佩戴的白玉带。宗辅去世后,完颜雍把白玉带当宝物珍藏起来。乌林荅氏说:"这不是王府应有的东西,应当献给皇上。"完颜雍认为有理,就把白玉带献给了熙宗。熙宗皇后裴满氏大喜。熙宗晚年经常酗酒发怒,滥杀大臣与宗室,但对完颜雍没有多少影响,这应归功于乌林荅氏劝告丈夫谨守臣道。

海陵王完颜亮篡位自立,深忌宗室,大开杀戒。乌林荅氏为保完颜雍,劝丈夫多献奇珍异宝以取悦皇上。完颜雍便献上"辽骨睹犀佩刀"、"吐鹘良玉茶盏"之类奇宝。海陵王遂认为完颜雍恭敬顺从,畏惧自己,由是对他的猜忌怀疑有所缓解。

乌林荅氏性情平和,从不妒忌,还主动帮丈夫选婢妾,以便多生子嗣,即便自己的儿子完颜允恭降生后,这样的做法也没有改变。乌林荅氏生病时,完颜雍数日不离。她便劝丈夫无须如此,以避专宠之嫌。这样夫妻感情益深。

完颜雍任济南尹时,海陵王淫乱无度,竟征召乌林荅氏前往中都,其不可告人的目的不言而喻。乌林荅氏感到只能以死抵抗,但若在济南自杀,定会连累丈夫,只有接受诏命,离开济南后再见机行事,这样丈夫才能免罪。临行时,她对丈夫说:"我一定会见机行事,不会拖累大王的。"接着,招来王府臣仆张仅言,对他说:"你是大王的心腹之人,可以替我到东岳泰山祈祷,我绝不会辜负大王,希望皇天后土明白我的苦心。"又召家中仆人,告诉说:"我从年轻时嫁给大王到现在,从未见大王做过违道离德之事。现在宗室大臣中很多人受到皇帝的猜疑,往往是家中的奴仆不是善良之辈,傲恨其主,而加以诬陷的缘故。你们都是先王在世时的旧人,应当怀念先王旧时的恩德,千万不要肆意妄图。如果有谁不听我的话,在阴间我将会看到他的下场。"大家听了都点头答应,悲痛不已。

乌林苔氏离开济南后,从行的人得知她决意自杀,遂多加提防保护。当行至良乡,离中都还有七十里地时,从行者稍有放松,乌林苔氏便伺机自尽了。海陵王得到消息,怀疑是完颜雍教她这样做的,但毕竟找不到什么证据,且此事也不宜张扬,只得作罢。

乌林苔氏死后,完颜雍悲痛欲绝。他改任西京留守时,经过良乡,使鲁国公主将乌林苔氏葬于宛平县土鲁原。完颜雍在十年后起兵,推翻了海陵王的统治,即位第二年(1162 年),就追册乌林苔氏为昭德皇后,单独立庙,追赠三代,让皇太子允恭前去祭奠,且之后也没有再册立过其他皇后。

大定八年(1168 年),太子允恭的儿子,后来的金章宗完颜璟降生。金世宗喜悦地对太子说:"有了社稷嫡传继承人,真太高兴了,这都是皇后为你积的阴德啊。"大定十一年(1171 年),皇太子生日。世宗宴于东宫,酒酣,命豫国公主起舞。世宗边看边流泪,对大家说:"此女之母昭德皇后,尽妻子之道没有谁比她更完美的了,我之所以不再立中宫皇后,就是每每念及皇后的德行,现在无人可比啊。"

金世宗在位二十八年,能虚心纳谏、任人唯贤、励精图治,社会矛盾得到缓和,经济得到一定发展,使金国出现了一片盛世的景象,这些应该与乌林苔氏皇后身前的努力分不开的。同时,作为一位生活在较为原始、野蛮的社会背景下的少数民族贵族妇女,为了不受侮辱而视死如归的品格,也令人不由肃然起敬。

四、金宣宗妄杀仆散安贞

金宣宗在位期间,已值金朝后期。当时蒙古军大举南侵,金军节节败退,宣宗吓得赶紧将都城迁至汴梁(今河南开封,原北宋都城)。一年后,中都(今北京)失陷。蒙古军队已控制金国的整个北方地区,可以说金朝统治已危在旦夕。然而,生性猜忌的金宣宗,在国家存亡的紧急关头,不是团结力量一致抗战,居然还因疑心杀害了最得力的大将仆散安贞。

仆散安贞,本名阿海。祖父仆散忠义,父亲仆散揆,都是金国名将,立过赫赫战功。仆散安贞娶邢国长公主,为驸马都尉,朝廷委以重任,执掌兵权。他也确实英勇善战,屡获成功。在担任山东路统军安抚使时,打败杨安儿,俘杀刘二姐,镇压红袄起义军数十万之众。兴定二年,安贞任左副元帅兼枢密副使,统兵进攻南宋。

兴定五年(1221年)二月,安贞再度伐宋。经激烈战斗,四月攻下黄州(今湖北黄冈),进克蕲州(今湖北蕲春),并俘获宋宗室男女七十余人。仆散安贞俘获宋军将士,一般不予加害,大多安抚释放,以收买人心。此次俘获宋宗室人员,也不加害而押献朝廷。

金宣宗对仆散安贞宽待俘虏的做法心存疑忌。一天,宣宗对执政大臣阴阳怪气地说:"阿海的将才谋略固然不错,但就地释放宋军俘虏,难道他们不想回归宋朝吗? 南京城(即汴京开封)离宋朝边境不远,俘虏既然不可都斩杀,那把他们安置在哪里呢? 朕准备把他们一齐送到边境上, 从那里发遣他们回宋地去,你们看如何? "大臣们听皇帝如此说,又不明白宣宗的用意,一个个面面相觑,不敢回答。

六月初,尚书省揣摩宣宗的旨意,奏告说,仆散安贞不杀宋俘,又不发遣,是留待自用,有谋反企图。宣宗看了奏文觉得事关重大,虽符合自己内心的猜测,但毕竟证据不足,便招来平章政事完颜守纯,说:"朕看了奏本,只觉得都是空饰之词,而缺少真凭实据,你还需对此事认真勘查,补充材料。"话中示意守纯要找证据,以铸成此案。

当初,宣宗怀疑仆散安贞不杀俘虏,而准备亲自送俘虏回宋的讲话,传到安贞的耳朵里。仆散安贞开始有点坐卧不安,终日担心别人会因此弹劾他,或在皇帝面前说他坏话, 便将战利品中的一些金帛玉带之类财宝偷偷赠送给宫中的亲宠宦官。这无非想托他们在皇帝面前美言几句,以开释皇帝的疑心。不料事情露馅,给尚书省官员侦查到,这一举动反而成了仆散安贞犯罪的证据。

经过严厉且早已定调的审讯,仆散安贞谋叛罪成立,被判死刑,两个儿子也被一并处死。朝廷考虑到他祖父、父亲的战功,才免除了其他兄弟诸亲属的连坐之罪。

　　宣宗在诏书中这样布告仆散安贞的罪状："驸马都尉仆散安贞,深受朝廷恩泽,却不思报答,图谋不轨。他筹措军粮,催督主管财粮的官府,横征暴敛,损耗民力。他调用兵力,也是一意孤行,造成国家边防的疏失。当罪行暴露之际,又用金帛玉带贿赂内侍,企图阻止朝廷查实。并联络近侍之臣,以伺探朝廷的旨意动向。他掌握兵权,想谋叛以危害朝廷,如事情不能成功,就计划逃向国外。以前捕获战俘,都是随时杀戮的,独独他非但不杀宋军战俘,还保护宋宗室皇族的俘虏。这些事都表明他已经完全投向了敌人,甚至希望被宋国收纳任用……"

　　如此妄加罪名,真可谓"欲加之罪,何患无辞"。在仆散安贞被杀的十三年后,金国就被元军灭亡了。

五、金国朝野滥行杀戮

　　金初习惯法　《金史·刑志》载:"金国旧俗,轻罪笞以柳篝,杀人及盗劫者,击其脑杀之,没其家赀。"金灭辽、北宋后,兼用辽、宋之法,习惯刑罚仍有击脑、割耳、割鼻、刺字之类。"州县立威,甚者置刃于杖,虐于肉刑……由是以深文傅致为能吏,以惨酷办事为长才。"(《金史·刑志》)至金熙宗天眷元年,朝廷要求地方"罢狱卒酷毒刑具,以从宽恕"。皇统五年,金国以本朝旧制,兼采隋、唐、辽、宋之法,制定《皇统新制》。金世宗时,又尽行汉法,颁布《大定重修条例》。金章宗时,仿效唐宋律疏并行体制,制定《泰和律义》三十卷,五百六十三条。尽管如此,法律的约束力极为有限。总观金国朝野,滥行杀戮相当严重。

　　地方州县衙门刑具酷毒,直到章宗承安四年,依然如此。朝廷知道地方滥刑,致人死命,遂定刑具分寸,铸铜为杖式,颁行天下。然而第二年,刑部员外郎马复上奏:"外官尚苛刻者不遵铜杖式,辄用大杖,多致人死。"

　　金国的法律到熙宗改制后,还允许主人对奴婢使用私刑,只是在决杖时需按国家行刑标准而已。"杖罪至百,则臀、背分决",可见其国奴婢的悲惨境遇。

　　熙宗朝滥杀大臣　金国杀戮大臣最厉害的要数熙宗与海陵王二朝。熙宗时,宗翰为太保,宗磐为太师,宗干为太傅。当时群臣对朝政中一些汉制改革的看法与态度不同,以三公为首,在朝中形成若干派势力。熙宗就利用这些派别之间的斗争,不时杀戮大臣,以稳固自己的统治。

宗翰在太宗时期已有相当权势。熙宗即位,宗翰一派在朝中的权势为熙宗所忌疑,而宗磐与宗翰一派有矛盾。为打击宗翰,熙宗先拿尚书左丞高庆裔开刀,告其贪赃,致其下狱。宗翰要求将自己免官,以为高庆裔赎罪。熙宗不允,下诏处死高庆裔。受此案牵连,转运使刘思被诛杀,防御史李兴麟被罢官。宗翰遭此打击,不久便愤郁而病死。

宗翰一死,左丞相宗隽升为太保。宗隽很快投靠宗磐,使宗磐一派的权势日盛。熙宗又想利用宗干一派铲除宗磐、宗隽,便任完颜希尹为左丞相兼侍中。这样,让宗干与希尹、右副元帅宗弼联合起来,谋划对付宗磐。天眷二年(1139年),宗弼先向熙宗密奏,说宗磐与宋有勾结。六月,郎君吴十谋反被处死,案子牵涉宗磐一党。七月,熙宗召宗磐、宗隽入朝。宗干、希尹已伏下将士,当即把他们逮捕、处死。同时,皇叔虞王宗英、滕王宗伟、殿前左副点检浑睹、会宁少尹胡实剌、郎君石家奴、千户述孛离古楚等人,都因党附宗磐,而被一一捕获处死。

宗干一派大获全胜,宗干升任太师,宗弼升任都元帅,而完颜希尹原属宗翰一派。尽管希尹父亲在太祖军中屡立战功,希尹本人也可谓朝廷栋梁,但熙宗一向"畏其智数,深忌之",想杀希尹,蓄意已久。天眷三年,宗弼自军中回朝,向熙宗密奏:希尹平时喜欢窃议皇位继承问题,"奸状已萌,心在无君"。熙宗随即下诏杀希尹及其二子,并杀希尹密友同修国史把荅、符宝郎漫带及右丞萧庆。

天眷四年(1141年),宗干病死,宗弼开始独掌大权。皇统六年,右丞相韩企先病逝。宗弼开始打击排斥韩企先一派的汉臣,首先借故杀宇文虚中。宇文虚中乃宋使臣,后留金为臣,因才艺清高而为金人所忌。此时宗弼派人找来宇文虚中的一些文字,断章取义,指为谤讪朝政,以谋反罪处死。宇文虚中家属百余口人,一起被焚烧而死,悲惨酷烈之极。翰林学士高士谈也因牵连而被杀。

接着又杀田毂诸人。田毂是韩企先提拔的吏部侍郎,韩临死时向熙宗推荐为相。此时宗弼一派党羽诬告田毂结党营私,先将其排挤出朝,后又以诏狱名义审理,最后判田毂、奚毅、邢具瞻、王植、高凤庭、王倣、赵益兴、龚夷鉴等汉臣死刑,家属及其好友孟浩等三十四人被判流放,徙海上服苦役。

皇统九年(1149年)五月,熙宗命翰林学士张钧草拟赦诏。张钧援用古代帝王在遇自然灾害时起罪己诏中常用的一些谦辞,却被参知政事萧肄牵强附会地指责为诽谤皇上。熙宗一听大怒,立时令卫士将张钧拖下大殿,重打几百,最后竟亲自执剑,将张钧劈为几段。

十月,熙宗杀弟弟完颜常胜与查刺及有关大臣。十一月,因皇后裴满氏干政,熙宗又杀皇后及嫔妃多人,并迎纳弟弟常胜的王妃继位皇后。熙宗的大肆诛杀,使朝中贵族大臣人人自危,陷于一片恐怖之中。最后,海陵王完颜亮发动政变,杀熙宗夺得帝位。而海陵王即位后,同样屠戮不绝,手段惨毒,前已有叙。

贵族间互相陷害　金国贵族间互相陷害而遭极刑的冤狱也时有发生。如海陵王时,太祖的女儿兀鲁为大臣徒单斜也之妻,这使徒单斜也的小老婆忽挞特别嫉妒。忽挞又得宠于海陵王的徒单皇后。一天,她进见皇后,诬告说:"兀鲁去完颜亨家祝他母亲寿辰时,心怀怨恨,指责皇上,还说完颜亨终当大贵。"海陵王本来就对兀鲁与完颜亨不满,便派萧裕审理此案。证人都不敢说真话。最后判兀鲁死刑,并罢免了徒单斜也的官职。

金章宗临死,完颜匡与李元妃同受遗命,立卫绍王为帝。卫绍王即位后,李元妃干政,为群臣所忿。后完颜匡欲专定策顾命之功,便使人诬告李元妃,说李元妃指使后宫贾氏假装怀有身孕,想届时到李家抱一小儿充数,以继承皇位。但由于章宗突然病故,谋不及行,事情败露。最后,李元妃与贾氏被赐死,母亲及后宫有关太监处极刑,兄弟亲属也都被流放。

地方酷吏多,杀人肆无忌惮　世宗时,"广宁尹高桢为政尚猛,虽小过,有杖而杀之者"。《归潜志》说:"宣宗喜刑法,政尚威严。故南渡之在位者,多苛刻。徒单右丞思忠,好用麻椎击人,号麻椎相公。李运使特立友之号半截剑,冯内翰壁叔献号马刘子。后雷希颜为御史,至蔡州,缚奸豪,杖杀五百人,又号雷半千。又有完颜麻斤出、蒲察咬住,皆以酷闻。而蒲察合住、王阿里、李涣之徒,胥吏中尤狡刻者也。"又载有数案如:"金朝士大夫以政事最着名者曰王翛然,尝同知咸平府,摄政事……会郡民负一世袭猛安者(部落酋长)钱,贫不能偿,猛安者大怒,率家僮辈强入其家,牵其牛以去,民因讼于官。公得其情……以强盗论,杖杀于市,一路悚然。"其实,该猛安者之罪何至于死。"后知大兴府,素察僧徒多游贵戚家作过,乃下令,午后僧不得出寺,街中不得见一僧。有一长老犯禁,公械之……立召僧,杖一百,死。"僧人偶尔犯禁上街,也被打死。金士大夫中以政事著称者都如此滥杀乱戮,不把法律当回事,何况其他无名之辈。

洪皓的《松漠纪闻》也记载了两则金国官员滥杀枉法之事。一是官员蒲路虎,说其人爱民如子,免租薄征,甚有政绩,但时有酗酒犯过。皇帝敕令他戒酒。某年任东京留守,赴任路上遇一僧人以高级木料雕琢为盂碗来献,谓此碗可饮酒。蒲路虎说:"临行皇帝要我戒酒,而你反而劝我饮。"竟命左右击脑杀之。僧人实是好意,竟遭此横祸,如此凶残的官员居然被称为"爱民如子"。

另一则记载说汉地蕃官如何舞弊招贿,二三年便可致富。有一女真族将军留守燕京,民有十数家欠一富僧钱六七万缗,不肯偿还,富僧扬言要告到官府。欠钱者害怕,便向该留守贿赂,希望能帮忙通融一下。那留守说:"你们欠人家钱,虽可暂缓几天,但终是要还的。若能重重谢我,我为你们把富僧搞死,如何?"众人一听,自然喜出望外,拿重金以谢。等到那富僧来告,翻译按早已编好的话说:"该富僧是因天旱不雨,欲焚身祭天,以苏救百姓。"留守点头应允,便把那富僧推向早已堆好的柴垛,举火焚烧。僧在火中称冤,但终被烧死。

该案例中,我们还可看到话语翻译者在其中的决定性作用。由于女真与汉族语言不通,所以审理中需要翻译,而翻译常常能起到左右案情,影响官员断案的关键作用。翰林修撰杨庭秀说:"州县官往往以权势自居,喜怒自任,听讼之际,鲜克加审,但使译人往来传词,罪之轻重,成于其口,货赂公行,冤者至有三二十年不能正者。"

严酷控制民间言论　大定四年,"大兴民男子李十、妇人杨仙哥并以乱言当斩。上曰:'愚民不识典法,有司亦未尝丁宁诰戒,岂可遽加极刑。'以减死论。"不久又有一案,"大兴府民赵无事带酒乱言,父千捕告,法当死。上曰:'为父不恤其子而告捕之,其正如此,人所甚难。可特减死一等。'"不知连法典都不识的愚民,会说出什么犯死罪的乱言?而父亲居然会告儿子酒后乱言,且法当死。民愚昧至此,真不可救药。上述两案,都因皇帝开恩,才得减死论罪。而不得"皇恩浩荡"的如此言论罪案多不胜数,民间又不知有多少人被无辜杀戮。

就是京城的官衙也同样不把民众当人。大定七年,有盗杀左藏库都监,偷去许多金银珠宝。朝廷命点检司审理此案,先后抓来八个嫌疑犯。审讯中,拷死三人,五人屈打成招。后查到真盗,处以死刑。世宗闻听,也不禁感叹道:"棰楚之下,何求不得?"问题是一案中就拷打致死无辜者三人。如此滥刑杀人之后,朝廷并不追究官府办错案的责任。

第三节　元朝诸案

　　1206 年,铁木真建立蒙古国。1271 年,忽必烈正式建国,国号为"元",次年建都于大都(今北京),另有上都开平府(今内蒙古正蓝旗东),与大都并称"两都"。1276 年,蒙古骑兵灭亡了南宋,结束了自唐中叶以来五百多年的分裂局面。自成吉思汗建国算起,凡十五帝,计一百六十三年;自忽必烈定国号算起,历十一帝,凡九十八年。元朝成为历史上第一个由北方游牧民族统治者建立的大一统帝国,版图空前广阔。

　　蒙古贵族以生疏的汉法治理汉地,同时又杂以许多蒙古旧制,其中不乏原始、野蛮成分。统治者虽吸收了其他民族的上层分子进行联合统治,但仍具有强烈的民族压迫色彩。终元一代,阶级矛盾和民族矛盾交织在一起,异常尖锐。统治阶级的残暴杀戮、倾轧纷争,奸臣陷害及地方官府欺压民众、滥施酷刑所造成的冤狱层出不穷。历史进入了一个法治相当薄弱,而统治异常残酷的时期。

一、皇弟拖雷暴死案

　　铁木真有四个嫡子:长子术赤,次子察合台,三子窝阔台,四子拖雷。长子术赤早逝,所以铁木真就在三个儿子中选择皇嗣。次子察合台虽刚毅勇猛,但胸襟狭窄,与哥哥术赤曾为皇嗣之位闹得很凶,令成吉思汗很不高兴。三子窝阔台热情豪放，处世灵活，且很有城府，似乎找不到什么缺点。四子拖雷虽精明过人，也讨铁木真的喜欢，但年纪还轻，难以服众。所以只有老三窝阔台是比较合适的人选。

1227年七月，铁木真临终前把三个儿子叫到跟前，嘱咐道：大汗之位由窝阔台继承，让察合台和拖雷一定要帮助窝阔台治国天下，不许有二心。铁木真还交代，必须召开诸王及各部酋长参加的"库里尔泰会"，经过推选、议定等程序，窝阔台才可继承汗位。铁木真还向窝阔台推荐了一位智囊人物：耶律楚材，此人在蒙古国后来的发展中发挥了相当重要的作用。

由于诸子之间及有关贵族间存在着种种矛盾，"库里尔泰会"一时间还无法召开。成吉思汗死后，由四子拖雷临时监国，代行大汗的权力。拖雷尚武勇敢，随父亲南征北战，立下很多战功，铁木真非常喜欢他。铁木真死后，按照蒙古惯例，拖雷获得了父亲的所有领地及大部分军队，所以其实力最强。

1229年秋，拖雷监国已两年，按照大汗遗命，汗位应该传给窝阔台。在各方面的努力下，"库里尔泰会"终于在克鲁伦河畔召开了。会议上，拖雷迟迟不肯交权。大会开了近四十天仍没有结果，窝阔台已经憋了一肚子的气。耶律楚材见状，便警告拖雷："据天象观察，明日为立新汗的最后吉期，错过明天，国家将大乱。"拖雷明白其中的意思，便生气地回答："我从不曾亏待过你，为什么不和我一条心呢？"耶律楚材说："窝阔台是大汗生前指定的，大汗有大恩于我们，必须肝脑涂地予以报答。"接着动之以情，晓之以理，并分析了有关的形势，一番苦口婆心地劝说后，终于打动了拖雷。耶律楚材又去做了察合台的工作。

第二天，拖雷继续主持"库里尔泰会"，很快就表态要遵照父亲的遗命，拥立窝阔台继承汗位。察合台先表赞同，其他诸王也自然响应。窝阔台终于登上了大汗的宝座，其中耶律楚材发挥了重要作用，是第一功臣。

窝阔台即汗位后，把察合台打发回他的封地。察合台在封地建立了察合台汗国，与蒙古国保持良好关系。窝阔台把拖雷留在身边，按照父亲临终部署，准备全力伐金。次年七月，窝阔台率拖雷南下，渡黄河进攻金国，相继攻克韩城、蒲城、凤翔，进兵洛阳、济南。拖雷率右路军又进入宋境，顺汉水东下，从后面包抄金军。1232年正月，拖雷大军在三峰山与金军激战，全歼金军主力。二月，两路大军会合,攻占河南十几个州,获巨大胜利。

五月,窝阔台得病,六月,病情加重,求助于巫师。巫师说:"大汗常年征战,杀人过多,天神愤怒。得有一个亲王代替大汗去向天神请罪,才可免灾。"窝阔台便告诉拖雷,拖雷表示义不容辞。窝阔台便请出巫师,安排拖雷向天神请罪。最后,巫师拿出"咒水",让拖雷喝下。拖雷一饮而尽。拖雷回到自己的寝帐后,没几天就死了。

拖雷之死好像是个谜,然而被窝阔台害死的可能极大。

首先,窝阔台存在杀弟动机。拖雷监国两年,迟迟不肯把权移交给自己,最后在耶律楚材的斡旋下,才让位交权,所以窝阔台因不满而生恨。尤其是拖雷掌握着蒙古国最大的领地和大部分军队,对窝阔台的汗位构成威胁,这是窝阔台最担心的。所以拖雷一死,窝阔台与诸王不经商议,就以大汗的名义,夺取拖雷的军队速勒都思等三千户,并授予自己的儿子阔端。有关大臣、将领诉之于拖雷之妻,请她向窝阔台提出质问,因拖雷之妻不敢与大汗计较而作罢。夺军一事,充分反映出兄弟之间的矛盾已经很难调和。

其次,从过程看,应是窝阔台设计害死弟弟拖雷。为了不让天下人责骂自己,也为了不留下什么把柄,所以就精心设计了一场装病、请巫师驱魔的骗局,最后让拖雷喝下毒咒水。而从拖雷前后一系列的表现看,他已经真心真意地拥戴哥哥。在两年多的战争中,他积极配合,出生入死为大汗打天下,不存在任何反心,对大汗也没有任何的防备。他非常爽快地被引入骗局,还十分诚恳地愿意替兄得病,甚至去死,磊落的胸怀令人起敬。

不过,十余年后,窝阔台的汗位只传了一代。贵由死后由拖雷的长子蒙哥接位,蒙古帝国的汗位便从窝阔台系转移到拖雷系,最终由拖雷的次子忽必烈成为元朝的第一位皇帝,这一历史演绎多少可让冤死地下的拖雷有所安慰了。

二、马医张杰被诬为盗案

张杰是宋朝末年池州(今安徽贵池县)驻军的一名马医。一天半夜,忽然有名骑兵钱胜来哀求张杰,说自己误杀战马,要张杰帮他掩盖罪责,以马得暴病死亡上报。张杰素来胆小怕事，不敢隐瞒，如实地向上司汇报了情况。钱胜因此受到处分，心怀怨恨。

第二年，池州归顺了元朝。钱胜自称是宋朝官员，因降元而得管军把总的军职，多次想陷害张杰，未能得逞。不久，钱胜又兼任了捕盗的职务。当时张杰与许多士兵一起在池州西山上调集石头与木材。一天，钱胜突然骑马带兵来到西山，逮捕了张杰及其同伴二十四人，给他们戴上刑具，带回衙门，严刑拷打。钱胜追逼张杰道："前些天晚上，在江岸抢劫商船的，就是你吧。赶快承认，否则就打死你。"又告诉其他同伴说："张杰是我的仇人，这件事与你们无关，只要你们指认他是强盗，就可以把你们给放了。你们可不要自找苦吃。"同伴都是正直之人，不愿冤枉老实的张杰，就说："我们与张杰一起在西山办事，半步也没有离开过，实在没有做强盗这回事。"话音未落，粗大的棍棒就打了下来，当场就有两人被活活打死。

次日，钱胜将犯人押送到州里。姓刘的州将素来信任钱胜，狱吏张友仁也是钱胜的老相识。几人臭味相投，便只把钱胜的话当真，哪管犯人的申诉。张杰等人在州里又受棍棒拷打，炭火烧灼，被折磨得伤痕累累，体无完肤，最后只得被迫含冤认罪。州里要他们交代赃物，他们只得信口乱指，奇怪的是竟然也搜出"赃物"，从而被初判死刑。

几天后，张友仁拿来几张案卷，对张杰他们说："朝廷赦令已到州里，你们的案卷上还没有签字画押，恐怕不能赦免，只要画了押就可以释放了。"张杰等不知张友仁葫芦里究竟卖的是什么药，一听此话就画押签字了。尔后，张友仁宣布道："根据诏令，死刑减为远地流放，你们是强盗，应改流刑。"当即就把他们戴上刑具，押解到行省。

到了行省大狱，张杰等人几次大声喊冤，说钱胜诬告他们作强盗的那天晚上，都在西山上祭神喝酒，有某某巫祝及许多士兵可以作证，但官吏们哪里肯听。张杰及其同伴又被关了一年多，由于饱受酷刑，身体病弱，监狱条件又差，二十二人中又死去一半。

直到至元十五年（1278 年）夏天，监察御史李德甫等人来到江淮行省监狱审查囚犯，张杰等人才得把冤情申诉。李德甫等官员在复审中，证明张杰所说符合实情,属于冤案,上报行御史台,才总算得以平反昭雪,然而其中已有一大半人死于非命。

　　元初发生的这一冤狱,反映出当时官吏队伍的混乱,司法程序漏洞百出。一些奸吏乘机公报私仇,草菅人命,而其他官员往往听之任之。此案最后能得以平反,实属侥幸。

三、奸臣阿合马制造的冤案

　　元世祖忽必烈夺取政权后,灭亡南宋,镇压叛乱,还好大喜功,发动对周边各国的战争。由于长期战争消耗着巨额的军费开支,加上每年需对蒙古王公贵族勋戚们进行赏赐,造成财政的巨大负担。为迎合忽必烈的敛财需要,而采用各种搜刮手段进行"理财"的奸臣阿合马登上政治舞台。

　　阿合马是西域回人,早先投靠忽必烈皇后察必的父亲,而得以出入帝后的宫帐。他为人处世圆滑,善于见风使舵,逐渐博得忽必烈的宠信。中统三年(1262年),阿合马领中书左右部,并诸路都转运使,开始掌统财赋之任。至元元年(1264年),忽必烈拜他为中书平章政事,属宰执大员之列。阿合马兴铁冶、铸农器,以易粟输官;又增盐课、榷茶运,理算钱谷,滥发纸钞等手段,大肆搜刮,弥补了财政亏空,充实了空虚的国库。忽必烈日益赏识,称阿合马是"才任宰相",几乎言听计从,信任有加。

　　阿合马在朝中开始独断专行,飞扬跋扈,首先任人唯亲,其家族成员充斥朝廷,占据要职,子侄们都成为显宦达贵,同时广收党羽,培植爪牙,益肆贪横。不少商贾都向他行贿而谋一官半职。民有附郭美田,辄取为己有。在朝政上"屡变汉法",许多汉化派重臣被他逐出朝廷,甚至诬杀异己,手段残酷。《元史》中称他"内通货贿,外示威刑,廷中相视,无敢论列"。阿合马植党专权,把持朝政,达二十余年。

　　崔斌诸案　崔斌,字仲文,马邑(今山西朔县)人,性格警敏,智慧多谋,身材魁伟,既善骑射,且长文学。他早年投身忽必烈帐下效命,率军临阵,或敷陈时政,俱有才略,尤其敢于在忽必烈面前直言谏斥,危言谠论,无有所讳。至元初年,崔斌随军南征,出守地方,屡有军功、政绩,至元十五年被召入觐。正值阿合马擅权日甚,廷臣又几乎无人敢言之时。在阿合马开始理财之初,崔斌见他一味搜刮聚敛,曾数次在忽必烈面前斥其奸诈,不可大用。帝问及江南地方情况时,崔斌又毫不留情地揭发道:"江南地方官员冗滥,委任非人。尤其是阿合马欺君罔上,任人唯亲。如杭州重地居然以其不肖子抹速忽担任达鲁花赤,佩虎符,霸一方。如今其子侄或为参政,或为尚书,或领将作监、会同馆,家族一门悉处政府要津,实在有亏公道。"忽必烈听了,虽下旨罢黜了阿合马几个不称职的亲属,但终不以阿合马为有罪。阿合马知道此事后,心中愤恨,伺机报复。

至元十七年(1280年),崔斌官任江淮行省左丞。崔斌到任后,便革去阿合马的亲党,对贪官污吏给予狠狠打击。阿合马便乘机奏理江淮行省钱款,奏遣同党不鲁合答儿、刘思愈等前往检查,结果查出所谓擅支官粮四十七万石,擅易命官八百余员及私铸铜印等违法事。朝廷命都事刘正等前往立案审理,却查不出什么证据。阿合马不甘心,再次派参政张澍前往审办,并将犯罪事实报告朝廷。

忽必烈知道后,问道:"阿里伯(江淮行省平章)等如何解释?"阿合马回答:"他们只狡辩说行省以前也铸过印。我告诉说,过去江南未定,所以可以根据形势便宜行事,如今与过去不同了。而擅支四十七万石粮食等罪俱是事实。"最后,阿合马竟讨得旨意将江淮行省平章阿里伯、右丞燕帖木儿、左丞崔斌,全部处死。

皇太子真金崇信儒学,对阿合马的所作所为极为不满。一天,吃饭之时,听说阿合马要杀崔斌诸人,赶紧放下筷子,遣使去制止,但为时已晚。崔斌被杀害时五十六岁。

秦长卿诸案　秦长卿,洛阳人,魁梧高大,一表人才,性格倜傥。忽必烈即帝位后,闻其名而召征来京,任宿卫军官。长卿看到阿合马专权跋扈,便向忽必烈上奏道:"阿合马奸诈异常,诬杀异己,廷臣畏怕他而不敢言。这样下去,对国家恐怕危害益深。我看他的所作所为,禁绝异议,杜塞忠言,就像秦朝的赵高;而贪暴积财,谋位专权,又像汉朝的董卓。希望朝廷能认清这个奸臣,使其阴谋还没得逞便得诛杀之,以绝后患。"奏书下到中书,阿合马竭力为自己辩护,终于摆脱难堪的境地,而心中对秦长卿恨之入骨。

没多久,阿合马以朝廷的名义,改任秦长卿为冶铁方面的监官。摆好圈套后,阿合马就诬告长卿贪污有关课额数万缗,逮捕长卿下狱,并将其家属籍没为奴。最后,他指使狱吏暗害长卿。狱吏将长卿捆绑结实后,用糯纸塞住其口、鼻,长卿遂窒息身亡。与秦长卿一同遭到陷害的还有官员刘仲泽、亦麻都丁。

阿合马在敛财的同时,生活荒淫至极,酷爱女色。在后来清算其罪孽时,妻妾数竟达四百余人,其中大多是用权势抢来的良家妇女,或花钱买来的穷苦人家的女儿,还有的是一些无耻男人为了官位献上的妻妾。那么其中所包含的强占民女、夺人妻妾之冤案,也定不在少数。

阿合马能够如此肆无忌惮地作恶、杀人,如果没有忽必烈的宠信,断难成就,且崔斌一案,还是取旨杀人,所以奸臣罪恶之得逞,往往是皇帝包庇纵容所致。至元十九年三月,益都千户王著与僧人高和尚密谋,用计锤杀了这个恶贯满盈的奸臣。忽必烈依然没有觉悟,将王著等人处以极刑。王著临死,毫无惧色,大呼:"我是为天下除害,死而无憾!"从容就刑,才二十九岁。在全国臣民对阿合马被杀称快不已,官员们也纷纷揭露其罪行劣迹之后,忽必烈这才转而肯定了王著的侠义行为,同时下令清算阿合马的罪恶。最后开棺戮尸,家财充公,斩除党羽。

四、奸臣铁木迭儿陷害忠良

元朝中期,奸臣铁木迭儿依仗着太后的庇护,横行不法,一些忠良之臣都死于他的陷害之下。

早在武宗至大年间,铁木迭儿任云南行省左丞相时,因擅离职守,遭朝廷问罪,结果太后出面,改处"贷罪还职"。武宗去世,仁宗尚未即位之际,太后就从宫中下旨,召铁木迭儿为中书右丞相,掌朝廷大权。仁宗即位后,对母后的旨意也只得照办。铁木迭儿在任中"恃势贪虐,凶秽愈甚,中外切齿"。平章政事萧拜住对他的肆意妄为时有牵制,御史中丞杨朵儿只更以弹劾铁木迭儿的罪行为己任。

延祐四年(1317年),上都(今内蒙古正蓝旗东北)富豪张弼杀死债户,被关进监狱,其亲属向铁木迭儿行贿。铁木迭儿就派家奴威胁上都留守贺胜,叫他放了罪犯。贺胜坚决不从,并把情况向杨朵儿只讲明。杨朵儿只又告之萧拜住。最后,三人联名向朝廷奏劾。此事又引发内外监察御史四十余人共同弹劾铁木迭儿,揭发出的罪行有:强取晋王田地千余亩及夺得其他园地三十亩,卫兵牧地二十余亩,贪污郊庙供祀的马匹等物资,受诸王、贵族的贿赂数十万贯,受杀人罪犯钞钱五万贯,受杭州永兴寺僧赂金一百五十两……同时,诸子无功于国,却尽居显贵要职,纵家奴凌虐官府,为害百端。总之,狡黠奸贪,蒙上欺下,阴险歹毒,蠹政害民,其误国枉法之罪,比奸臣阿合马、桑哥有过之无不及。御史们最后说,"朝野四方对此都已愤慨痛心之极,希望将其车裂斩首,以快人心。"奏疏报到皇帝那里,仁宗看了大为震怒,下诏将铁木迭儿逮捕下狱,立案审理。铁木迭儿得到消息,怕得要命,立刻逃躲进皇太后的宫中,而官府无法入宫捕人。

杨朵儿只对此事紧追不舍,希望皇上能坚持抓人。皇上却被太后召进宫斥责了一顿。仁宗闷郁不乐了几天,始终想不出什么好办法,最后怕伤了母后的心,只得答应母后的条件,仅夺其印绶,罢其相位而已。

两年后,铁木迭儿居然又以太子太师的官职重新登台亮相,举朝惊骇,于是又引起御史中丞赵世延等众御史们的愤怒。四十多人先后上书,列举了铁木迭儿的数十条罪状,劾奏他"逞私蠹政,难居师保之任",但结果仍因太后之故,而不能明正其罪,任其逍遥法外。

延祐七年(1320年)正月,仁宗去世。铁木迭儿又以皇太后的旨意,复入中书为右丞相,重新执掌朝政。二月,英宗尚未登基,铁木迭儿就迫不及待地以太后的诏旨,传萧拜住、杨朵儿只徽政院受审。铁木迭儿伙同徽政院使失里门、御史大夫秃忒哈,在胡乱审讯之后,便对萧、杨两人定下违背太后旨意的罪名。杨朵儿只正色抗辩道:"我以御史中丞之职,恨不得斩你首级以谢天下,如果是违背太后旨意的话,你哪里还会有今天!"铁木迭儿又找来两位软骨头御史作证。杨朵儿只大声唾骂道:"你们作为风宪之臣,却做这猪狗都不如的事。"当时在座的人都感到脸红耳赤,低头不敢正视萧、杨。

铁木迭儿就将此所谓审毕案卷上奏。不久,朝旨传诏,萧、杨被推出宫门斩首,家也被抄没。史书上说,萧、杨二人被杀之时,天色晦暗,风沙四起,京城中人愤愤不平,但又敢怒不敢言。杨朵儿只死时才四十二岁。

铁木迭儿趁新皇帝即位前后,政事生疏之时,日思报复,诛害仇怨者不已。五月,他又想起贺胜告发张弼案,便诬劾贺胜乘赐车便服迎诏书,对皇帝不敬,居然也处以死刑,抄没家产。贺胜被处死之日,上都百姓争持纸钱,哭祭于旁。

赵世延这时已任四川行省平章政事。铁木迭儿又遣人将他从四川逮捕至京问罪,关入监狱。铁木迭儿要法司以违诏不敬等罪名穷治,判以极刑,其党羽还诱骗世延的堂弟对兄诬告,但英宗却不认为赵世延有什么大罪。过了几个月,铁木迭儿又奏赵世延罪当处死,英宗就是不允。一些佞臣根据铁木迭儿的意图,要赵世延在狱中自裁,但赵世延终不屈服,才得免于一死。

《元史》云:"铁木迭儿,恃其权宠,乘间肆毒,睚眦之私,无有不报。"奸臣依仗太后的庇护,居然能如此滥杀忠良大臣,让人唏嘘不已。英宗即位后,答己还下令全国,不准随便议论铁木迭儿。可见后宫的权势,在皇权专制统治中有时能起到极其恶劣的作用。

五、丞相脱脱被害案

脱脱,字大用,蒙古蔑儿乞部人,自幼养于伯父伯颜家,稍长,师从汉儒学文,同时也练骑射武艺。十五岁,脱脱充任皇太子怯薛军官,仪表雄壮,膂力过人,能挽一石之弓,元顺帝即位后,官拜御史中丞。伯父伯颜,因拥立有功,官拜知枢密院、太傅,元顺帝即位后,又迁中书右丞相,进封秦王,执掌朝政。在铲除了对立势力之后,伯颜更是专权自恣,毫无所忌。史书上说他:"擅爵人,赦死罪,任邪佞,杀无辜,诸卫精兵收为己用,府库钱帛听其出纳。"势焰熏灼,天下之人唯知有伯颜而已,这必然引起元顺帝的极度不满。脱脱出于自家利害的考虑,恐怕伯父一旦败亡,便要遭灭族之祸,于是暗中取得父亲马札儿台的同意,又取得元顺帝的信任,与顺帝另几位心腹密谋,于至元六年(1340年)二月,乘伯颜出猎之机,将伯颜逐出朝廷,贬黜其为河南行省左丞相,催逼上路。不久,伯颜便病死于驿舍。

十月,脱脱出任中书右丞相,执掌朝政。他马上废除伯颜旧政,恢复科举,提倡儒学,编修《宋史》《辽史》《金史》,同时,开马禁,减盐额,平反冤狱,免除百姓的部分负担……"中外翕然称为贤相"。

至正四年(1344年),脱脱因病辞去相位,进封郑王。七年,左丞相别尔怯不花,与马札儿台有宿怨。在顺帝面前,别尔怯不花诬以罪名,致使马札儿台被判流放西宁安置。脱脱知父年迈,而路途遥远艰难,便力请与父同行,以便一路照顾。

左丞相别尔怯不花与大臣太平、韩嘉纳、秃满迭儿等十余人,友好情密,结为兄弟,所以在朝中甚有势力。脱脱父子离京西行之后,别尔怯不花等人仍不肯放过,诬陷弹劾不断。朝廷再次下诏,将马札儿台改判流放更远的西域撒思。

只有御史大夫亦怜真班和同知枢密院事哈麻,在顺帝面前为脱脱父子辩护,认为其父子并无大过,将他们流放如此偏僻荒凉之地,是太过分了。这样,顺帝才同意将其召回甘肃。然而马札儿台经不起这样长途颠簸,来回折腾,终于病死在路上,享年六十三岁。脱脱与右丞相别尔怯不花诸人便结下杀父之仇。

同知枢密院事哈麻在这件事情上帮脱脱父子讲话,是因为与别尔怯不花诸人有矛盾。哈麻也是蒙古贵族出身,早年与弟弟同为朝廷宿卫军官。他口才伶俐,善于逢迎拍马,深得顺帝眷宠,加上其贿赂拉拢藩王贵戚,经常出入皇后宫闱,与后宫关系也非同一般,所以在朝中官运亨通,且声势日上,这就引起别尔怯不花诸大臣的反感。他们看不惯哈麻的所为,双方矛盾日益尖锐。在监察御史斡勒海寿和御史大夫韩嘉纳的一再弹劾下,哈麻也被罢官,遣回草地居住。

后来,脱忽思皇后出来哭诉,认为诸御史弹劾哈麻,是冲自己而来,要求顺帝惩治办御史。顺帝一怒之下,将斡勒海寿罢官归田。不久,别尔怯不花也被罢去左丞相之职。

至正九年(1349年)七月,顺帝复任脱脱为中书右丞相。脱脱重新执政,便开始报恩复仇,以出出这口冤气。脱脱招用汝中柏诸人为幕僚,大小事悉与之商量,并委以心腹机密,许多事朝中大臣反而不知。汝中柏诸人也乘机投靠,在对政敌的打击中,出谋划策,十分卖力,很快得到脱脱的重用,被任为左司郎中。

至正十二年(1352年),脱脱之弟也先帖木儿率军镇压刘福通起义,大败而归。许多御史纷纷上表弹劾其"丧师辱国"之罪。脱脱见表大怒,汝中柏诸人便在旁添油加醋,要脱脱加害诸御史。好几个御史由此被贬放出朝,致使朝廷中没人再敢直言。后又陆续将别尔怯不花流放般阳(今山东淄川),谪左丞相太平出居陕西;加韩嘉纳以赃罪,杖流奴尔干(今黑龙江游特林),不久死于贬所。中书右丞秃满迭儿被贬为四川右丞,且诬以罪,而派军士追至中途杀之。

在对上述仇人报复的同时,脱脱以哈麻曾为自己说话而遭贬放,遂马上将哈麻召回,很快再任中书右丞。哈麻回朝后,引见西域僧人给顺帝,以运气练术为名,实教授房中术。于是,顺帝日习其法,广取妇女,唯淫戏为乐。群僧出入禁中,也无禁止。宫中男女裸处,相与亵狎,其丑声秽行,很快传到宫外。当时,农民起义军四起,朝政又危机四伏,而统治者仍如此荒淫放荡,不修政治,可见元朝的气数已尽。

至正十三年(1353年),汝中柏由左司郎中参议中书省事。由于脱脱的信任,凡汝中柏议事,朝中诸臣唯唯诺诺不敢违拗。唯有哈麻生性刚倔,加上自觉对脱脱有恩,所以也不甘示弱,每次议事都要与汝中柏争论,数有不合。而哈麻在宫中所为,也为众人所不齿。汝中柏数次要求脱脱惩办哈麻之罪。八月,脱脱便将哈麻贬降为宣政院使,位在汝中柏之下。由此,哈麻对脱脱也开始忌恨。

十四年(1354年),脱脱率军讨伐高邮的起义军张士诚,临走将汝中柏又迁为治书侍御史,在朝中辅佐其弟御史大夫也先帖木儿。而哈麻此时却乘机重入中书,任平章政事。汝中柏数次向也先帖木儿建言,说哈麻必当黜斥,否则必为后患,但也先帖木儿不同意。

哈麻知道,这样下去自己终是被动,须先下手为强。于是,他开始准备陷害脱脱兄弟的阴谋。首先,哈麻对皇后和太子谗言,脱脱曾拖延立嗣,恐有异图,皇后颇为相信。接着,他又唆使监察御史袁赛因不花等人上章弹劾脱脱兄弟,说脱脱出师三月,略无寸功,而倾国家财政为己用,朝中一半以上官员皆为其党羽;弟弟也先帖木儿,更是愚蠢庸才,前次大败而归,现仍占据御史大夫之职,不修政纪,唯贪淫为用。弹劾之章三上。元顺帝此时已为男女房中淫事所累,根本无心理政,见章便信以为真,下诏指责脱脱劳师费财,坐视草寇猖獗而不能制之,削去官爵,流放淮南安置,也先帖木儿流放宁夏安置。

其实,脱脱此时所率元军号称百万,在对起义军的作战中已取得初步胜利。围城三日,张士诚部已经支持不下去了,正打算如何投降事宜。突然,元顺帝诏书到达,削去脱脱官爵,由朝廷另派他将代理。诏书宣读完毕,有的将军劝脱脱:"将在外,君命有所不受。"但脱脱认为:"天子诏我而我不从,是与天下抗也,君臣之义何在?"便交代好事情,将精甲名马分赐诸将后,自己骑马向北方而去,军中由是没有统帅。起义军得到消息,一鼓作气冲出城池。百万大军顿时溃散,元军至此一蹶不振。

十五年(1355年),脱脱被流放淮安。但哈麻仍觉不安,欲置之死地,便要诸言臣上章,说脱脱军败,流放淮安处分太轻。朝廷又下诏,将脱脱改判流放云南的镇西(今云南盈江县东北),弟弟也先帖木儿流放四川碉门(今四川天全县),长子哈剌章流放肃州(今甘肃酒泉县),次子三宝奴流放兰州(今甘肃兰州),并籍没家产。

十二月,哈麻矫诏,派使者到云南,赐脱脱鸩酒。脱脱饮尽而亡,年四十二岁。

脱脱可谓元朝后期之名相,史书赞其:"功施社稷而不伐,位极人臣而不骄,轻货财,远声色,好贤礼士,皆出于天性。"然而,"惟其惑于群小,急复私仇,君子讥焉"。在元朝后期统治集团内部的斗争中,脱脱也摆脱不了当时历史的局限,在报私仇之余,自己也终遭奸小的暗算。脱脱死后不久,元朝便被声势浩大的农民起义军所推翻。

六、野蛮、无理的残暴统治

残酷屠戮　蒙古骑兵进入中原,按其军法,"凡城邑以兵得者,悉阬之"(《牧庵集》卷四)。只要是进行过抵抗,城破之日,除工匠外,不问男女老少,贫富贵贱,一律杀尽,名曰屠城。如卫州(今河南汲县)、保州(今河北保定)、蠡州(今河北蠡县)诸城被攻破后,蒙古兵大肆屠杀,尸积数十万具,其残酷程度为历史上所罕见,令人毛骨悚然。路遇、滕泽之《中国人口通史》经考证估计:"在蒙古灭金的过程中,耗损人口约三千万;在蒙元灭南宋的过程中,再耗损人口两千多万。"其中,蒙古灭西夏之役,竟然能将党项族消灭,屠戮起码达数百万之巨。

除屠杀外,还把大批投降的民众迁往漠北。路上因冻饿致死无数,到漠北后又大量饿死。中原地区往昔繁庶之地,当时往往百里无人烟。1233年,速不台攻下金都汴京(今河南开封),按惯例也要屠城。由于中书令耶律楚材的再三劝说,窝阔台决定只向金朝皇族问罪,其余宽免,这才使一百五十万民众保存下来。蒙古贵族从剥削租税中获利,逐渐懂得"取人家园,在得其土、人民耳"的道理,但这是许多无辜的民众用生命换来的。

铁木真死时,诸将负其枢归蒙古,秘其丧。一路所遇之人尽杀之,据说其数在两万以上,最后还杀四十名贵族妇女及大汗之骏马为之殉葬。

元蒙皇族互相残杀　在建国初期与元末都有好戏。首先是窝阔台之子贵由死后,汗位的争夺激烈。术赤家族拥立拖雷长子蒙哥,用武力胁迫亲贵们召开"库里尔泰会",推选蒙哥为大汗。1251年,蒙哥继承汗位后,察合台与窝阔台两系亲王不服,双方进行了战争,死人无数。最后,察合台与窝阔台两系亲王及其亲信或被杀、或被幽禁,拖雷系获胜。蒙哥死后,二弟忽必烈与小弟阿里不哥又进行了四年的战争。忽必烈好不容易打败弟弟后,又开始平定诸王的叛乱,堂兄弟与叔侄间进行了断断续续近三十年的战争。可以说,忽必烈在位三十多年,与自己的亲兄弟、堂兄弟及叔侄们战争不断。

元武宗是元世祖忽必烈的曾孙,1307年即位后,与弟弟相约兄终弟及。1311年,弟弟仁宗即位。仁宗违反相约,把武宗长子贬到西部边境。1320年,仁宗去世后由儿子英宗即位。1323年,英宗被刺,叔父泰定帝篡位。1328年,泰定帝病死。大臣燕铁木儿为武宗抱不平,认为应该由武宗之子即位,便发动政变,大杀政敌。由于武宗长子在漠北,燕铁木儿便决定先立武宗次子元文宗,等哥哥回来后再让出皇位。1329年,哥哥元明宗即位才八个月,就被弟弟和燕铁木儿合谋毒死,年仅三十岁,然后是文宗的复位。文宗皇后又弄死了嫂嫂明宗皇后,不料自己的皇太子却很快病死,次子也重病难医。文宗以为是报应,在惊悚中归天,临死遗诏:皇位传给哥哥明宗之子。明宗长子元顺帝即位,又把婶婶与侄儿贬放至死。

法律制度　元灭金后,曾一度奉行金的《泰和律义》,后嫌其严刻而废止,陆续又汇编了一些条格与案例总集,如《至元新格》《大元通制》《至正条格》之类,但始终没有制定出一部形式完备的刑事法典。这些松散的法律条格表现出几个特点。首先是民族歧视与压迫。元律将民族分四个等级：蒙古人、色目人、汉人、南人，其差别表现在社会政治生活的各个方面，如服式、官制、军务、刑法等，尤其是刑法上，这些不平等的条格是制造冤狱的有力帮手。如规定蒙古人因酒醉殴死汉人，只判罚出征，并交一些烧埋银就可了事。蒙古人故意杀汉人，只需打五十七杖，征烧埋银也就抵罪，而汉人如殴死蒙古人，则要抵命处死，并没付家产。蒙古人殴打汉人，汉人不能还手，只能陈述，否则也要严惩。同时，西域色目人犯法也比汉人高一等定夺。

　　由于蒙古人享有特权，因此发生在地方上的蒙古人重大案件，一般地方司法机关无权受理，要送中央大宗正府审判。蒙古人只有犯死罪才允监禁，但亦不得拷打。法官如误将蒙古人刺面，就要罚杖七十七，革去官职。所以蒙古贵族如犯轻罪则逍遥法外，如犯重罪也往往勾结官府玩法脱罪，皇帝也会不时下赦令而使其获免。在某种程度上，法律对蒙古贵族几乎没有什么约束力。而这对一般民众来说，无疑是增添了苦难。

　　同时，法律维护僧侣的特权。元朝宗教门派很多，其中佛教最受尊崇。元成帝曾诏令："凡民殴西僧者，截其手；詈之者，断其舌。"僧侣犯罪也不受一般司法机关管辖，而由宣政院审判，宣政院主管官员与僧侣共同主审。只有僧侣犯了重罪，才交付地方司法机关审判，但也必须申报宣政院。最荒唐的是，佛教国师可以干预司法。他们借"修佛事"为名，随意要求释放在押的重犯。据不完全统计，单元贞元年到至顺二年的三十六年间，国师奏请释放的在押犯就有五百六十一名，其中死刑犯一百八十一名。这些国师常常为图奸利，随意"释重囚"。当时"杀人及妻妾杀夫者，皆指名释之"，而使"死者含冤"，造成元朝司法制度的混乱。

　　再就是阶级压迫也得到法律的公开庇护。如规定地主打死佃农，仅杖一百七十，征烧埋银五十两。主人故杀奴婢，也只杖几十下，酒醉而杀还可减等，而诸奴辱骂主人，主人再殴伤或打死奴婢者无罪。良人（平民）因戏谑或打骂杀死他人奴婢，罚杖七十七，赔烧埋银五十两也便了事，但奴婢无论在什么情况下杀伤主人，甚至控告主人，都要处死，即使是误杀伤也不例外。主人还有权对奴婢任意施行刺面、铁枷、钉头、割鼻等残酷私刑，可随意奸淫女奴、奴妻，而不受任何处罚，反之，则必处死刑。甚或奴婢偶然责骂主人，也要受杖刑、罚苦役。总之,在此法律下,奴婢的人格完全被漠视,生命也无任何保障。可以想见,广大奴婢时刻都在遭受着非人的冤狱生涯。

　　元律还利用高压手段,从各方面严密钳制民众的活动,如禁止民间私藏兵器,禁止汉人聚众围猎,私藏弓箭至十副者,处死刑。自世宗至顺宗的九十年间,没收入官的民间养马约达七十余万匹,严重侵害民众的财产权。同时,乱言犯上者处死刑,并籍没家产。凡妄撰词、曲,诽谤朝政者,也处死刑。妄制词、曲,以议论他人者,处流刑。妄谈禁书,处徒刑。僧道伪造经文犯上惑众,为首者斩,从者各按情节治罪。其他如练习武艺、集众祠祷、赛神赛社、信奉邪教、节日等等,一律严刑禁止。

　　奸臣当道,陷害忠良　此类冤案不但中央朝廷如此,地方上也时有发生。如忽必烈时期的刘宣屈死案。刘宣是江浙行省行台御史中丞,只因检查军船装载货物有疑问而得罪了行省丞相忙古台,就遭迫害。先是儿子被无辜关进监狱,随后自己被诬以罪名,与其他六名御史一起被逮捕审查。在忙古台凶暴蛮横的威迫、侮辱下,刘宣不堪忍受而自刭,最后还被诬以畏罪自杀。御史台作为监察机关,其职责就是检查各级官吏有无违法行为,而刘宣等行使职权反遭迫害,暴露出元代这些监察机关形同虚设,组织机构职能紊乱,主要还是按权势原则操作运行。

　　由此,官吏的专横暴虐便无所约束,致使官吏对民间的贪婪搜刮也达到空前残酷的水平。如阿哈玛特的儿子呼逊任江浙行省平章政事,仅被发现的赃钞就达八十一万锭。元世祖以后,政事越发不可收拾,江南富庶地区人民受害最重,经常被迫嫁妻卖女去完纳贡税,无妻女可卖而窘迫自杀者动辄有千百人。元成宗大德七年,一次便揭出赃官一万八千四百七十三人,赃钞四万五千八百六十五万锭,冤狱五千一百七十六件,而这数字还仅限于地方下级小官,有权势的高官并没有计算在内。总之,元朝官吏的贪暴所造成的冤狱无法估算。它不是一个孤立的现象,是当时法治黑暗的具体表现,而全国民众便在这黑暗的深渊中挣扎。

　　民间冤狱的具体状况　下面从元代司法的各个环节上,再对民间冤狱进行一些考察。

　　大德九年(1305年),吏部主事贾廷瑞说:“近年以来,府州司县官失其人,奉法不虔,受成文吏,舞弄出入,以资渔猎。愚民冒法,小有词诉,根连株逮,动至什佰……罪无轻重，即监入禁……百端扰害，不可胜言。"(《元典章》卷四十)据《元史》记载，有的巡捕官吏自己杀死商人，抢夺钱财，到官府报谓"捕获走私商，该商畏罪自杀"(《贡师泰传》)。有的官吏贪赃枉法，怕别人举报，就杀人灭口，甚至父母妻儿都惨遭毒手。有的官吏因受贿而释放主犯，将从犯和无辜者充数抵罪。有的官吏盗窃民户钱财，反诬民户通敌，直到屈打成招。

官府审讯中，法外用刑相当普遍且残酷。《元典章》载："近年以来，一等酷吏，昼则饱食亟安寝，夜则鞫狱而问囚。意谓暮夜之间，人必昏困而难禁，灯烛之下，自可肆情而妄作"。这些酷吏"专尚苛刻。每于鞫狱问事之际，不察有无赃验，不审可信情节，或惧不获正贼之责，或贪昭察之名，或私偏徇，或挟宿怨，不问轻重，辄加拷掠严行，法外凌虐，囚人不胜苦楚，锻炼之词，何求而不得！致令枉死无辜，幸不致命者亦为残疾。"

"自阿合马擅权以来，专用酷吏为刑部官"。如刑部侍郎王仪，独号惨刻，创用绳索法，能以一绳缚囚，令其遍身痛楚，捆绑稍重者，四肢断裂，人称"王侍郎绳索"，"非理苦虐，莫此为甚"。其他毒刑还有：令犯人跪于瓷芒、碎瓦之上，跪于寒水烈日之中，脱衣鞭背，击打耳颊，将铜钱用火烧红，放于犯人腿上烧烙……这些刑罚轻则致残，重则丧命，场面惨不忍睹。

《元典章》还记载了许多实例，如福州判官杨守信，拷问盗窃嫌疑犯，未获赃物，就用油纸放在犯人两脚上燃烧，烧到指节掉落，两脚不能行走；乐亭县簿尉郭愈，将涉嫌女犯的两膝跪于碎瓦乱石之上，又于背脊颈项上驮带重物，跪押数天后，重伤身死；贵池县尹黄璋将犯人胡广等十二人，各骑刺马游街，号令拷打，最后因伤致死八人。此类案例不胜枚举。

陶宗仪《南村辍耕录》卷二十三记载了一个案例。部民某甲与某乙斗殴，甲母来劝解，牵其子之袖，一脱手仰跌仆地，脑磕石地而昏厥。邻里用剪刀撬开其唇灌药，不瘥而死。官府验伤，见脑骨、唇齿都有重伤，便认为是某乙打死。还没有用刑，某乙就乖乖认罪。狱经二载，幸遇赦释放，某乙才向人道出真相。人问何以不打屈招，乙言唯恐捶楚，只想招承偿命算了。可见，毒刑拷打要比诬服偿命更可怕。时人高伯厚感叹道："今之鞫狱者，不欲研穷磨究，务在广陈刑具，以张施厥威。或有以衷曲告诉者，辄便呵喝震怒，略不之恤。从而吏隶辈奉承上

意,拷掠锻炼,靡所不至。其不置人于冤枉者鲜矣。"(《南村辍耕录》卷二十三)

即使有人提出疑点,上报御史台等中央机关复查审核,也是草率从事,不究明白。《元史·自当传》载,大兴县有某人见一骆驼死于道旁,便把它背回家,煮熟后分放于数个瓮中贮藏。碰巧当地官府的骆驼被盗,到处搜捕,得到消息,便把此人抓来审讯,在刑讯逼供中,屈打成招。后监察御史自当来大兴县复查案子,认为此案有疑似冤,便向御史台报告。台臣认为此案赃、供俱在,有何冤情,最后仍处以死刑。不久,在辽阳行省抓到真贼,官府才知所杀之人冤枉。

京城小木工被害一案,官府更是胡审乱判,草菅人命。小木工的老婆与奸夫谋杀了小木工,嫁祸给与小木工有矛盾的工长,告到官府。官府严刑逼供,工长只得诬认,说杀人后抛尸河中。两件作到河中捞尸,根本找不到。为了不挨鞭笞,两件作将骑驴老汉挤下水淹死,等尸体腐烂,打捞报官。小木工老婆居然认尸号哭。结案判工长死刑,秋后执行。而骑驴老汉的家属抓到得驴之人,扭送官府,同样屈打成招,在狱中含冤病死。

众木工认为工长冤死,便凑钱悬赏知道真相者。有个惯偷在小木工家作案,找到还塞在家中土坑中的小木工尸体,便告之众木工以领赏。众木工闯进其家,扒开坑砖,抬出尸体,再扭送淫妇到官府。此案的工长才得昭雪,但人死已不可复生。淫妇与奸夫被判碟刑处死,两件作也被斩首,判工长死刑的官吏都被革了职,然而得驴之人的冤屈始终没得到平反。

官府对许多案件还拖延不决,使犯人或无辜牵连之人长押监狱,饱受苦难,直至病亡,甚至"有淹禁十年以上不行结案者"(《元典章》卷四十)。至元二十九年,兰溪县尉捉拿某案嫌疑犯三十九名,"逼勒虚招做贼,朦胧解县,转行解府",其中"二十一名枉禁身死"。后获真贼,朝廷知道后也只将有关官吏责杖数十了事。(《元典章》卷五十四)许多犯人在狱中遭虐待致死,有些人犯干脆自缢身亡。

元朝地方各级政权由蒙古贵族担任达鲁花赤(长官),多为不学无术、昏庸腐朽之辈,不懂法律,也不理诉讼,司法之权大都委之于下级官吏。而以例断案的司法制度又给奸吏以可乘之机,加剧了法律的紊乱。任意拷掠,随地置狱,不论律例,不问虚实,株连蔓引,备极残酷。近百年的元朝法治几乎在无控制的情况下运作,是中国历史上极为野蛮、残暴,且无理性的黑暗时代。

第七章　明朝冤狱

　　1368 年,朱元璋在元末农民战争中扫平群雄,建立大明王朝,建都南京。明至 1644 年被李自成农民起义军灭亡,共历十六帝,凡二百七十六年。

　　朱元璋出身贫苦,历经磨难,是一位颇具传奇色彩的农民军首领。然而当上皇帝后,其统治充满刀光剑影。他竭力从加强君主专制统治的方针出发,刻毒暴戾,一开朝就蓄意制造出数起血肉横飞、骇人听闻的大冤狱,将开国勋臣几乎斩尽杀绝。其附会定罪的大量文字狱,更是思路歪邪、意念蛮横,杀人不眨眼达到丧心病狂的地步。以后历朝皇帝也是杀戮不止,冤狱频仍,加上厂卫特务机构的狂捕滥刑、太监专权后陷害忠良、官员贵族间的互相倾轧、官府用重典对民间镇压……明朝冤狱的种种惨绝人寰的场景,令人不寒而栗,就连京官上朝也有危在旦夕之感,有所谓"伴君如伴虎"之说。可以说明朝臣民生活在残暴非人的恐怖统治之中,相对唐、宋诸朝而言,其专制统治达到了登峰造极的程度,实在是历史的倒退。

第一节　大案要案

　　明朝冤狱大案波澜起伏、连绵不断。建国之初,朱元璋为了巩固自己的专制统治,大杀功臣、官吏,唯见满目疮痍。为了绝对控制臣民的思想言论,他又实行残酷恐怖的特务统治,制造出许多惨痛的冤案。而明成祖、世宗、神宗……又一个比一个心胸狭窄,嗜杀成性。许多奸臣宦官,也是揽权施虐,穷凶极恶。明朝统治者内心之刻毒,人性之泯灭及所造成的冤滥之普遍,杀戮之酷烈,在中国古代史上堪称首屈一指。

一、丞相胡惟庸、李善长谋反案

李善长在朱元璋还是郭子兴部将之时,就与朱在军中共事。作为朱元璋的首席参谋,李善长是个极有智谋、任事果断的人,朱元璋对李确也倚信至殷,两人相交甚厚。那时,李善长既谋划策略,指挥军队,又组织后勤供应,可谓功勋卓著。建国之初,作为丞相的李善长又亲率大臣,对一切有关制度、法规,一一加以制定。明代开国,论起功来,李善长肯定名列前茅。朱元璋在对李善长加封韩国公的制词中,把他与西汉的萧何相比,确也并不为过。

但朱元璋一登上皇帝宝座,两人的关系就开始发生变化,原因在于李善长敢于任事,当机立断,乃至专恣自用的处事性格,逐渐为太祖所不能容忍。洪武四年(1371 年),李善长患病在家,自觉多日不能上朝治事,心中不安,便上疏恳请致仕(退休)。他这样做,一则想表示一下自己患病怠慢公务的心情,二则也想试探一下皇帝对自己的态度。李善长以为,朱元璋定会温谕慰留。不料,朱元璋却立准奏请。这对李善长来说,无异于当头一棒。

朱元璋也知道,这一做法显得过于寡情,补救的办法就是多加些恩赐,并将临安公主下嫁给李善长的长子李祺为妻。李善长又成为皇亲国戚,表面上仍恩遇有加。

经多方权衡,朱元璋选择了小心谨慎,又精明仔细的汪广洋为相。汪也是个追随朱元璋多年的旧幕僚,他沉稳耐心的性格虽为太祖所看重,但事无巨细都必请示,又显得办事乏力。李善长掌握了朱元璋对汪广洋颇为失望的情绪之后,便乘机将自己的亲信胡惟庸推荐进中书省。洪武六年,胡与汪共同为相,执掌国事。

胡惟庸也早在朱元璋进军和州(今安徽和县)时,就已投奔麾下。胡的聪慧精明,很得朱元璋的赏识,升迁很快。同时,胡又和李善长很合得来,成为其心腹。胡惟庸任相后,在原李善长旧属僚们的支持下,公务办得井井有条,政绩不错。二人一比较,朱元璋便以"无所建白"为由,将汪广洋贬为广东参政。

胡惟庸一人独占相位后,很快就自恃大权在手,逐渐擅作威福,一意孤行起来。由于掌握着百官的生杀予夺、升迁谪罚诸大权,胡府骤然门庭若市,贿赂公行。同时,胡惟庸又将侄女嫁给李善长的侄子,两家成为亲戚。这样,胡惟庸在朝内外更是声势显赫,许多官员如御史大夫陈宁、御史中丞涂节等人都唯胡命是从,结党营私、沆瀣一气。

太祖皇帝是个猜忌心很重的人,时不时就查访臣下的行为。他渐渐发现胡惟庸恃权专断,遇事隐瞒,与李善长相差不多,而其贪婪好利,更有过之,便开始对胡日渐不满而加紧监视。

汪广洋被贬,当然心中不平。洪武九年,他就向皇上参劾了胡惟庸的后台李善长一本,认为李善长狎宠自恣,有大不敬的行为,应予惩处。这一奏疏倒正合太祖之意,便又将汪广洋调回朝廷,以便监视李、胡一派。第二年,太祖升胡为右丞相,同时任汪为左丞相。但此时汪并不懂得皇上的用意,任左相后,非但不能起到监视干扰的作用,反而对胡等敬而远之,虚与委蛇,以自保为计。胡惟庸见汪广洋比以前更为怯诺,就根本不把他放在眼里,办事益加肆无忌惮。

朱元璋见自己处心积虑的安排实不起什么作用,只能亲自下诏,对中书省的权限做出裁抑。洪武十一年,朝廷"命奏事毋关白中书省",显然是对胡惟庸时常"不上闻"所采取的对策。这一要求众臣奏疏直接上交皇帝的诏旨,表明对中书擅权的强烈不满。

洪武十二年(1379年)九月,占城国(今越南中部)入贡。中书省依然故我,擅自将贡品扣压而不上奏,并阻拦贡使入朝。太监得知此事,马上禀报皇上。朱元璋大怒,指责宰臣有欺君之罪。胡惟庸、汪广洋见势不妙,立即顿首谢罪,乞求宽恕。朱元璋此时已暗下决心,定要找机会,将擅权的诸臣一网打尽。

十二月,御史中丞涂节看出一些事情的苗头,为了摆脱自己的干系,开始揭发宰臣的罪行。他首先奏告,前几年大臣刘基病故,是被胡惟庸毒死的,且汪广洋也应该知情。朱元璋便把汪广洋找来问话,哪知汪广洋一问三不知。朱元璋一怒之下,将汪广洋贬黜广南。事过之后,朱元璋仍越想越气,觉得汪广洋玩忽职守,背情忘恩,罪不容诛,便再派使者,追上南下之船,加上几桩其他罪名,将汪广洋就地赐死。

洪武十三年(1380年)正月,涂节又奏告:丞相胡惟庸与御史大夫陈宁企图谋反。朱元璋下诏,将其逮捕审讯,并亲临法庭鞫问。大臣们也一个个开始奏劾胡惟庸等人的罪状。几天之后,朱元璋诏赐胡惟庸、陈宁死。群臣揭发涂节也是胡惟庸一党,因见事不成,始出告变,也被朱元璋处死。最后,受此案牵连被杀的亲属和党羽达一万五千余人。

此案从正月甲午(二日)告发,到戊戌(六日)赐死,短短五天时间里,就将如此一个涉及朝廷众宰臣的谋反大案草草审结判处,足见朱元璋杀人之心早存,只不过让所谓的司法审判走一过场而已。

在当时各方面的严酷禁锢之下,一般士人迫于权势,而御用文人为迎合上意,对该案的记载进行了各种隐讳修饰,所以在《实录》《正史》诸记载中反映出来的早已不是真实的历史,而只是经统治者首肯的伪造赝制。现在要想恢复该案的历史本来面目已很是困难,不过我们从有关记载来分析,即可见其中多为诬陷、杜撰之类的东西。

首先看毒死刘基案。刘基,字伯温,浙江青田人。他博古通今,才智过人,早年投奔朱元璋。建国初,官至御史中丞兼太史令。然个性耿直傲岸,与朝中大臣都不相睦,与李善长、胡惟庸更是有矛盾,甚至互相攻击、倾轧。洪武四年,刘基就愤而辞官,辞官后一直抑郁寡欢,后又得病卧床不起。对如此一个重病、辞官之人,胡惟庸根本无须多去理会。《明史·胡惟庸》说:"基病,帝遣惟庸挟医视。"这是朱元璋要胡惟庸代表朝廷去探视刘基的病。有什么理由说,胡惟庸会乘此机会对一个下野数年而没用的病人下毒?且刘伯温亦非等闲之辈,会一点也没有觉察?可以说毒死刘基,是不合情理的诬陷。

其次,胡惟庸利诱吉安侯陆仲亨、平凉侯费聚,令其在外收集军马;自己与陈宁坐省中,阅天下军马图籍,企图集亡命之徒谋反。陆仲亨、费聚直等到十年之后,李善长案发,才与李一起被诛杀,可见此时,绝没有陆、费诸事。另则,难道靠纠集一些地痞流氓、亡命之徒就能起兵造反?胡惟庸绝不至于如此幼稚。

在没有任何其他有关人证、物证的情况下,这类控告大多又是信口雌黄。

再者,《明史·胡惟庸传》载:"会惟庸子驰马于市,坠死车下,惟庸杀挽车者。帝怒,命偿其死。惟庸请以金帛给其家,不许。惟庸惧。"遂与人谋起事的说法更是谣传妄言。胡惟庸杀一个撞死自己儿子的车夫,这绝非一件值得大惊小怪之事,而说更为残暴的皇帝竟会要当朝宰相去给一个车夫偿命,岂不滑天下之大稽。

还说,胡宅井中生石笋,祖坟上夜有光烛天,都为瑞应、祥兆之类的迷信也纯属无稽之谈。最有趣的是"云奇告变"一事,说胡惟庸诡称府第井中出醴泉,邀帝临幸品尝,朱元璋同意。当车驾出西华门之际,内使云奇冲出道旁,勒马欲言,但气急话语不能达意。皇帝怒其不敬,命左右鞭杖打开。云奇被打得右臂将折,临死还用手指着胡府。朱元璋一时顿悟,便下车登城眺望,见胡府内刀枪林立,杀气冲天,便马上发羽林军掩杀到胡府,逮捕拷讯,认罪后处死。这段故事中,云奇为何许人,史无可考。学者后考出,该传奇故事出自嘉靖年间太监们的宫中谈资,先传说是大将蓝玉所为,后又附会胡案,实在是胡编乱造,属政治需要而已。

说汪广洋有妾为获罪没官之妇女,此事乃胡惟庸诸人擅为之罪名,虽有亦不足道。只有说胡惟庸生杀黜陟或不奏径行,及私受金帛贿赂之类才是其主要罪名。臣下擅权结党、骄纵贪贿,是朱元璋不能容忍的,他绝不愿做一个被架空的傀儡皇帝。然这些罪名与谋反罪性质相去甚远,并且就因此而屠杀有牵连的官员、亲属一万五千余人,手段之残忍,令人发指。

朱元璋也知用这些罪名杀人,不能服众,便一直在寻找新的罪名。六年之后,居然还会有人揭发:"胡惟庸暗差庐州人充中书宣使李旺者私往日本取回,就借日本国兵,假作进贡来朝,意在作乱。"甚至有传言称:"胡惟庸通倭,倭人遣僧如瑶率兵四百余人,诈称入贡,且献巨烛,藏火药刀剑其中,欲掩执朱元璋。"似乎用倭兵四百人就能捕杀朱元璋,推翻大明王朝。用如此荒唐、可笑的编造作罪证,并把它用法律形式写入《御制大诰》,公之于世,其实只能进一步暴露出朱元璋诬罪杀人、做贼心虚的心理。

八年之后,即洪武二十一年(1388年),居然又揭发出胡惟庸勾结北方蒙古草原上的元军残部,企图声援谋反的罪行。据说左将军蓝玉率十五万大军,在沙漠中围剿元军残部时,意外捉到一个汉人俘虏,名叫封绩。此人自称是八年前胡惟庸派往元军求援的使者,由于胡案发而留在元军营。不过这次揭发出的罪名,主要不在胡惟庸案本身,而是瞄准胡的后台李善长。揭发者说,蓝玉将这个消息传回,先报之李善长。"善长匿不以闻",并对蓝玉施加影响而放了封绩。

洪武二十三年(1390年),朝臣纷纷以此事上章弹劾李善长欺罔皇上,擅作威福。封绩再次被捕入狱,甚至连李府中仆人也起来告发李、胡当年密谋、通贿诸事。结果一代开国丞相、勋臣李善长以十恶大罪伏诛(一说赐死自缢),连同一家老小七十余口,满门抄斩。

同时蔓引连坐,又杀一万五千余人,其中包括延庆侯唐胜宗、南雄侯赵庸、吉安侯陆仲亨、平凉侯费聚、荥阳侯郑遇春、宜春侯黄彬、河南侯陆聚等大小功臣,就连已故荥阳侯杨琼、济宁侯顾时等人也被追坐而诛其亲属。再如泰安知州王蒙曾去拜谒胡惟庸,在胡家看过画,就被按同党处死。这样,此案前后共杀戮三四万人。

至于封绩通敌一事,当时各种说法多有抵牾,实不足信,更何况是在胡案判决后八年才制造出来的罪名,所以朝中众臣对李善长被诛多有微词。如次年,虞部郎中王国用就上书为李善长诉冤,认为他拜相封公,已人臣之极,说他想佐助胡惟庸叛逆,实在是大谬不然的事。同时他与皇帝是儿女亲家,而与胡则是侄儿女亲家,中间又隔了一层。所以李善长何必冒如此大危险去谋反呢?出人意料的是,朱元璋览章竟也不怪罪。其实,朱元璋心中也清楚,只不过是想借此案铲除身边众权臣,以便自己独揽大权,实行专制统治而已。

经过此案后,朱元璋下诏规定:"以后嗣君并不许立丞相,臣下敢奏请设立者,文武群臣即时劾奏,处以重刑。"(《明太祖实录》卷二百三十九)显然,朱元璋杀开国三位丞相的目的即在于此。君权与相权的矛盾,在明初发展到高潮,而朱元璋终于用屠杀的手段与不许立丞相的诏令来解决这一问题。

二、空印案与郭桓贪污案

所谓空印,是指在空白的账页中盖上地方衙门的官印,有些类似今天的空白支票和空白介绍信,在需要的时候填上数字或内容即可生效使用。

　　明朝初年,按规定各地布政使司和府、州、县都要派会计部门的官吏到户部去报账,地方财政的各项收支,包括钱、粮、布帛、军需款项等都要详细做账上报,然后在户部汇总,户部核准数字后,这账才算完成。然而,由于账目繁多且琐碎,只要有一笔数字写错,或与总账不合,户部就要把账册驳回重做,这就苦了地方官员。因为各地至京城,往返少说个把月,多则数月,而户部汇总账目又是有限期的。于是为了求方便,各地派往户部做账的计吏往往带上一些备用的空白账页,并预先盖上地方官衙的大印,一旦发现有差错,就可用现成的空白账页重新填上正确的数字,以免往返奔波。一般来说,县报州、府,州、府报布政使司,再到京城上报户部,各级官府会计部门都采用这个办法,逐渐形成了一种习惯。

　　洪武九年(1376 年),在一次检查户部钱谷账册的例行公事中,这个办法不知怎么被朱元璋发现了。这位整天端坐宫廷而通过耳目,掌握且左右天下之事的皇帝,认为这种使用空印账页的做法是为了作弊,不是想贪污,就是搞虚报。于是,一怒之下,命令将各地掌印官员,以及在空白文书上署名的官员全部逮捕,关入御史台监狱审讯。一时有数百上千名官员被关入监狱。朝中丞相、御史诸大臣都没有一个敢上谏劝阻的。

　　宁海(今浙江)布衣郑士利,有位兄长郑士元,官任湖广按察使佥事,也因空印案而被关入监狱。郑士利清楚空印账页是怎么回事,便写了数千言的奏疏,想用道理来劝说皇帝。郑士利写道:"陛下要重办使用空印账页人的罪,是恐怕奸吏用空印账页作为正式公文来干坏事。然而正式公文一般使用骑逢章,且加盖好几枚印章才能生效,并非一张纸上一个印就能代替的,这种空印账页就是外人得到了,也不能派多大用处的。而户部钱谷之数烦琐,一有差错,去省府来回拿取账页,近则三四千里,远则上万里,往返数月,甚至期年才可,哪里来得及。所以用空印账页之事,由来已久,且成习惯,不应加罪。"

　　郑士利还用法理对此案进行了有力的辩解:"国家之法,必先明示天下而后才对犯法者判罪。而立国至今,从未有空印之律,那么今天怎么可以对此案判罪呢?如一旦诛杀官吏,将如何服人?且诸位地方官大都是通达廉明之士、国家栋梁之材,如今陛下都要以没有法律根据的罪名去加以毁损,我实在为陛下感到惋惜!"郑士利最后感叹道:"如杀我而能救数百人,我也没什么遗憾了。"遂向朝廷递上奏书。

朱元璋看罢此说理透彻的奏书,非但没有一点醒悟,反而勃然大怒,下令逮捕郑士利,并令丞相、御史组成特别法庭审问,查究幕后指使人。审讯中,郑士利苦笑着回答:"但看我的话有没有道理罢了。我只是为了国家而上书,自料必死,会有谁指使我呢?"审理完毕,郑士利兄弟被押解到江浦(江苏)服劳役。而空印案的最后判决是:凡地方主印官全判死刑,佐吏以下杖一百,然后充军戍边。这位不讲理的皇帝就这样屠杀、刑罚了成千上万名无辜官员。不少多次受过朝廷表彰的清官,也因为牵连到空印案而送了命。如济宁知府方克勤是有名的清官,一件布袍穿了十年也没有换新的,因为牵连到此案中,被朱元璋毫不留情地杀了。

洪武十八年(1385年),御史余敏、丁廷举告发户部侍郎郭桓勾结北平承宣布政使司李彧、按察使司赵全德等人盗卖库粮、贪污钱钞。作为户部主管的郭桓不但盗卖全国各地的国库粮食,还勾结其他一些官员冒领、偷盗国库金银、钱钞,收受贿赂,贪污总额折合成粮食要达二千四百余万石,是明初一桩特大贪污案。

案发后,朱元璋震怒,下令三法司(刑部、大理寺、都察院)联合组成法庭审讯。三法司为邀功,以严刑逼供来"扩大战果"。郭桓等承受不了刑罚的拷打,便胡乱指攀。于是,从六部左右侍郎至地方各布政使司官员都遭牵连,人数竟逾数万之巨。最后,上万名官员被处死刑,数万人被打入大牢。如户部尚书滕德懋被人举报有贪污,朱元璋迅即把他处死。之后朱元璋又下令剖开滕的肚子,想看看这个贪官肚子里都有些什么。孰料剖开之后,看到里面全部是粗粮草菜,只好悻悻地长叹了一声:"原来是个大清官啊。"

同时,郭桓又供出所贪粮米等物还寄存民间。三法司又派人深入乡村,搜查赃物,所到之处,中产之家往往被扫荡一空。一时搞得百姓人心惶惶,怨声载道。御史余敏、丁廷举见此情景,深感不安,便上书劾奏三法司滥用职权,严刑逼供,致使牵连诬指,冤狱无数。朱元璋为平民忿,最后又将右审刑官员吴庸等人处以死刑。

朱元璋生性苛细,用规刻薄。在他眼里,多用一张信纸都算是贪污。翻开《大诰》三编,你会看到皇帝亲自惩办的贪污案里,有这样一些赃物,"收受衣服一件,靴二双";"圆领衣服一件";"书四本,网巾一个,袜一双"……开始,他规定凡贪污六十两银子的,就剥皮揎草,摆在衙门前示众,这一规定已经残酷至极。不想他后来公布的政策更为极端:"今后犯赃的,不分轻重都杀!"

对贪污官员,朱元璋宁可错杀一千,也绝不放过一个,所以一件贪污大案到后来竟演化出无数冤狱。在本案中受害的数万人,可以说大多数都是被冤枉的,尤其是众多的百姓被莫名其妙地扫荡家产,甚至诛杀。如此"扩大化"地审理狱案,诛杀人犯,实为罕见。有人估计,空印案与郭桓贪污案,两案共诛杀连坐之人有七八万之巨,真让人叹为观止。洪武十九年,朱元璋自己都说:"自开国以来,两浙、江西、两广和福建所有官司,未尝任满一人。"因为在任期未满时,就已经被贬黜,甚至杀头。

在历代帝王中,朱元璋对贪污腐败是最深恶痛绝的。作为一个有过底层生活痛苦经历的贫民,再经过自己的苦斗而成为拥有巨大财富的帝王,朱元璋尤其懂得如何珍惜和保护自己的庞大家业,生怕这些硕鼠吞咬了自己辛苦攒下的家业,所以他采取了中国历史上最严厉的手段来惩贪。为此目的而滥杀一些官员,对朱元璋而言是完全值得的。而从"民中人之家大抵皆破"的情况来看,这分明是朱元璋敛财的一种手段。用此残忍的办法来敛财,可谓无耻之极,而造成贪污腐败的根本原因是这个专制体制。只用杀戮手段而不解决有关的制度问题,就想让官员不贪,那几乎就如用"饿犬护肉"一样不现实。所以尽管朱元璋严厉惩贪,大杀官员,而有明一代的贪污腐败还是愈演愈烈,终以中国历史上最腐败的王朝之一被列入史册。

三、大将蓝玉谋逆案

蓝玉,安徽定远人,早年投靠朱元璋,最初在常遇春帐下,勇敢善战,所向皆捷。建国初,率军伐蜀地,克锦州;北征出雁门,大败元军;讨西番,又虏获其国公,屡立功勋。洪武二十一年(1388年),蓝玉又率十五万大军,风餐露宿,进入沙漠,追击元军残部,最后大获全胜,俘得元主次子、公主诸贵族百余人,元军将士官属三千余人,百姓七万七千余人,金银驼马不计其数。捷报传到京师,朱元璋大喜,对蓝玉褒奖有加,比之古代名将卫青、李靖,进封凉国公。蓝玉出生入死,身经百战,为明王朝的建立和巩固立下了汗马功劳。

洪武二十五年(1392年)十一月,朱元璋命令蓝玉固守西蕃边地,谨防土酋扰乱。然而刚愎自用的蓝玉擅自挥师西进,劳师动众,无功而返。朱元璋一贯看重军队指挥权,即使是心腹大将徐达、常遇春调兵遣将,也不敢越太祖雷池一步,而今蓝玉却不听号令,率军妄动,还擅自黜陟将校。朱元璋对此大发雷霆,蓝玉却对此一无所知,依然我行我素。当蓝玉再次上请征发民丁,移师讨伐西南诸夷时,朱元璋二话不说,勒令他班师回朝。

第二年二月,蓝玉回到京师,朱元璋任命蓝玉兼任太子太傅。蓝玉却嫌官位不显,自以为功勋盖世,理当升太师之职,便当着朝臣的面,捋起衣袖,大声说:"我难道不可以做太师吗?"此后,蓝玉几次上奏论事,皇帝都不予理会,蓝玉心中更是怏怏不快,对同僚们说:"上疑我矣。"自知已失去皇上的宠信。

蓝玉是个高个子,红脸膛,不但作战勇猛,且富于谋略,确是个大将之才。尤其在中山王徐达、开平王常遇春过世之后,蓝玉就是朝廷中数一数二功勋累累的大将了。同时,他是常遇春的内弟,而常遇春的女儿又是懿文皇太子(朱标)的元妃。在这种种关系之下,蓝玉自然相当傲慢,甚至有些骄恣放纵,横行不法,有时侵占民田,盘剥百姓,藐视官吏,冲毁城关,然而作为一朝擎天之梁柱,这些不过小节耳。

蓝玉作为皇太子舅家的亲戚,与太子的关系也不错。一次,蓝玉自北方班师回京,暗自对太子说:"我看燕王(太子弟,朱棣,驻师北京)有不臣之心。风水先生也说,燕地有天子气,殿下要小心提防才是。"太子却不以为然地回答:"燕王对我十分恭谨,我看不出什么来。"蓝玉说:"殿下待臣不薄,所以我将心里话告诉你。"

真是没有不透风的墙,这话居然传到了燕王的耳朵里。燕王开始对蓝玉恨之入骨。不久,太子病死。燕王被召回京城,皇上问他:"近来民间有什么传言,对朝廷看法如何？"燕王若有所思地回答："一些公侯贵戚纵恣无度,手中又握有兵权,如不除掉,将来后患无穷。"这话内有所指,朱元璋也心领神会。

很快,锦衣卫指挥蒋瓛告蓝玉谋反。第二天,二月八日,蓝玉上朝,被当廷逮捕入狱。二月九日,他在锦衣卫被审讯。蓝玉作为一员猛将,体魄魁梧,声音洪亮,面对锦衣卫官员,反复辩解,虽受毒刑拷打,声嘶力竭,也不肯诬服。法官只得杂取其家属在严刑逼供下的"口供"作为证据,结案上报。其狱词说,"蓝玉与鹤庆侯张翼、普定侯陈桓、景川侯曹震、舳舻侯朱寿、东莞伯何荣、都督黄辂、吏部尚书詹徽、户部侍郎傅友文等商谋叛逆,将伺帝出朝视察农田之时起事"等等。

二月十日,蓝玉被诛杀,并抄灭三族。此案蔓引牵连而被诛杀的又有一万五千至两万余人,其中封侯、伯者十余人,军队中骁勇善战的将佐几乎被杀了个干净。有的人已死,便以子孙株连抵罪。一些与蓝玉略有交往的文人墨客也难逃厄运。比如顺德文士、苏州经历孙蕡,只因替蓝玉的画题过诗,即被处死;文人王行曾去蓝玉家做过客,也以同党论处死。

此案从逮捕到判刑、诛杀,一共才三天,比胡案更为麻利迅速。朱元璋当时已六十六岁,而懿文太子病故,皇太孙更显孱弱。此案目的在于巩固朱家皇位,使皇太孙在继承帝业时万无一失。不料,实际上这却为以后燕王朱棣的靖难夺位创造了条件。

史家习惯上将此案与胡惟庸案合称"胡蓝之狱",两案共诛杀五六万功臣宿将及其亲属。在历代王朝开国之初,如此大肆杀戮功臣的冤狱极为少见。如赵翼所言,朱元璋"借诸功臣以取天下,及天下既定,即尽举取天下之人而尽杀之,其残忍实千古所未有"(《廿二史札记》卷三十二)。

四、朱元璋制造的文字狱

朱元璋出身于安徽凤阳一贫苦农家,家人大都病饿而死。十七岁他为了活命出家当和尚,二十五岁投身农民起义军。经过艰苦鏖战,灭元建明,四十一岁称帝。朱元璋做皇帝后却无法摆脱自己那段做过僧人、"盗贼"的贫贱历史,自卑感的压抑使他总想向有优越感的士大夫报复。明初之际,士人们偏偏对这位"暴发户"并不敬服,不承认他是得天命的君主,所以许多士人不愿出仕。当时朝廷征辟士人如捕罪犯,常常由地方官监押上路。征而不至者,往往就被杀害;至而入仕者,也时表现出不合作的态度。这就造成明太祖与士大夫官员间一时难以弥合的裂痕,成为明初文祸繁兴的背景条件。

有人还向朱元璋挑拨说:"陛下不可过分相信文人,文人是很会讥讪他人和诽谤朝廷的。如张九四一向厚待文儒,而当他要文人帮他起一个官名时,这帮儒士竟给他起名'士诚'。《孟子》谓:'士,诚小人也。'可破读为'士诚,小人也'。张士诚被别人骂了一辈子'小人',自己还蒙在鼓里。"本来就因自己出身的卑微,而仇视文化、仇视文人的朱元璋一听,深以为然,对文官的表笺、诗文开始用异样猜忌的眼光,随意攀比,妄作附会,接连兴起一场场残酷的文字狱。

表笺之祸　据《廿二史劄记》诸书载,当时每遇各类节庆佳日、皇室嘉日及皇帝恩赐等,官府、大臣们必须上贺表谢笺。其中一批文臣正正经经的颂扬文字,结果都被朱元璋认为含讥带诮而加罪处死。

如杭州教授徐一夔的贺表称:"光天之下,天生圣人,为世作则。"朱元璋认为:"'光'字讥和尚秃头,'圣'通'僧','则'通'贼'。"于是被处死。

怀庆府学训导吕睿为本府作《谢钦赐马匹表》,谢表中有"遥瞻帝扉"之句,因"帝扉"音同"帝非"、"帝匪",于是被杀。

陈州府学训导周冕为本州作《万寿贺表》,表中有"寿域千秋"之句,"寿"通"兽","域"近"或",即祸,于是被杀。

德安府学训导吴宪为本府作《贺立太孙表》,表中有"天下有道"、"望拜青门"等句,"道"附会"盗","青门"附会寺庙,于是被杀。

常州府学训导蒋镇为本府作《正旦贺表》,表中有"睿性生知"之句,因"生知"音近"僧智",于是被杀。

祥符县学教谕贾翥为本县作《正旦贺表》,表中有"取法象魏"之句,"取法"音同"去发",讥和尚光头,于是被诛。

亳州府学训导林云为本州作《谢东宫赐宴笺》,其中有"式君父以班爵禄"之句,"式君父"被附会为"弑君父"。朱元璋当年曾杀故主韩林儿,心虚而杀林云。

尉氏县学教谕许元为本县作《万寿贺表》，表中有"体乾法坤，藻饰太平"之句，"法坤"音同"发髡"，"藻饰太平"间近"早失太平"，于是被杀。

其他类似诗文得祸而被杀的还有：浙江府教授林元亮、福州府学训导林伯璟、桂林府学训导蒋质、澧州府学正孟清、北平府学训导赵伯宁……正史上除处州府学教授苏伯衡被杀有记载外，其余事件都只见之于野史笔记，其漏记者不知还有多少。朱元璋几乎是随心所欲，穿凿附会，其实质是借题发挥，借故杀人，杀得文人们胆战心惊，唯唯诺诺，不知所措。

只有蒲州学正张某，在朱元璋问罪时，道出贺表所用词句"天下有道"、"万寿无疆"的经典出处，才免一死。而左右大臣顿谓："数年以来，才见容此一人而已。"遭受这类莫明其妙文字狱而丧命的文人墨客如此繁多，使臣僚们大为恐惧。朱元璋大概杀人也杀腻了，于是命翰林学士刘三吾等人制定了一篇《庆贺谢恩表笺成式》，洪武二十九年颁行天下。从此，贺表有了固定的模式，只要照抄此成式便可。

诗文之祸　朱元璋在孜孜不倦地搜求文官们在表笺中的文字之"罪"时，也不忘在其诗文中细细搜求，同样穿凿附会，随意杀人。

监察御史张尚礼写了一首《宫怨》诗：

> 庭院沉沉昼漏清，闭门春草共愁生。

> 梦中正得君王宠，却被黄鹂叫一声。

朱元璋读后大发雷霆，下令将张尚礼投入蚕室（受宫刑的地方），将他活活折磨至死，原因是认为张在诗中暴露了宫闱秘事。然而，这首诗只是描摹了宫女们的心事，根本谈不上什么宫闱秘事，何况也没注明写的是何朝何宫。张尚礼就这样不明不白地丢了性命。

佥事陈养浩感于战乱，作诗吊时，中有"城南有嫠妇，夜夜哭征夫"之句。朱元璋看后，"以其伤时"，感觉不快，便下令将陈养浩拘捕，后投湖水中淹死。

僧人来复，江西丰城人。洪武初应召入京建法会，一次赐膳，来复呈诗谢恩：

> 金盘苏合来殊域，玉碗醍醐出上方。

> 稠叠滥承天上赐，自惭无德颂陶唐。

朱元璋将"殊"字拆读为"歹朱"，以为在咒骂朱家天下；"无德"明明是作者

"自惭",朱元璋却认为在讽刺自己,虽想以唐尧颂我而不能也。于是朱元璋杀了来复。

僧人守仁,法名一初,有诗名而应召入京,作《翡翠》诗:

见说炎州进翠衣,网罗一日遍东西。

羽毛亦足为身累,那得秋林静处栖。

朱元璋认为"网罗"是指法网严密,后两句是表达不愿入京当官,发出连做和尚也不自由的牢骚。朱元璋责问道:"你不愿做官,是因为我法网严密吗?"便以谤讪罪处死。

僧人德祥,法名止庵,也以诗名应召入京,作《夏日西园》诗:

新筑西园小草堂,热时无处可乘凉。

池塘六月由来浅,林木三年未得长。

欲净身心频扫地,爱开窗户不烧香。

晚风只有溪南柳,又畏蝉声闹夕阳。

朱元璋看后,责问道:"你说热时无处乘凉,是讽刺我刑法严酷吗?说池塘水浅,林木不长,是讽刺我立国规模浅而不能兴礼乐吗?所谓'频扫地'、'不烧香',分明是讽刺我恐怕人们非议而滥杀无辜,不肯为善。"于是杀德祥。

一次,朱元璋微服私游一寺庙,见庙壁上有人题布袋佛诗云:

大千世界浩茫茫,收拾都将一袋装。

毕竟有收还有散,放宽些子又何妨?

朱元璋看了大为恼怒,认为"收拾都将一袋藏",是说他动辄一网打尽,斩尽杀绝。"放宽些子又何妨",是在规劝他要行仁政。总之,诗意讽刺他刑法严酷,杀人太滥。于是,朱元璋下令把全寺僧人全部杀光。可见,朱元璋虽然也做过和尚,但当了统治者后,根本不顾念同类。

太学生赵麟在国子监的墙上揭贴,指责校规严苛。官府将赵抓捕,判杖一百,充军云南。朱元璋得知后,认为判处太轻,必须严惩,下令将赵麟枭首示众,并将其首节挂国子监门口,还编了《赵麟诽谤册》,警告学子不得闹学潮。史学家陈子经写了本《通鉴续编》,因其中有几处文字"犯忌",就被朱元璋抓来杀了。

兖州知州卢熊因官印上篆体的"兖"字有点类似"衮",便上表请求改正。不料朱元璋看后大怒,说:"秀才无理,便道我'滚'哩!"因卢熊是著名文士,不便轻易下手,后来借他事把卢熊杀了。中书舍人、书法家詹希原奉命书写太学集贤门匾额,其中"门"字右边的一竖收笔稍重,朝内勾起。朱元璋说:"我要开门招贤,詹希原却想堵门,阻塞我进贤之路。"居然把詹希原处死。

徐祯卿的《翦胜野闻》载,某年元宵,朱元璋微服逛街,见有人用画出一灯谜,画上一妇人怀抱西瓜坐在马上,马蹄特大。太祖即命将作者杖死,众人不解,刑部奏请开恩赦宥。太祖发怒说:"此人侮辱皇后,大不敬,岂能宽宥!"众人才恍然大悟,原来朱元璋认为此画讽刺马皇后脚大,怀抱西瓜是暗示太祖和马皇后为淮西人。此案不知真假,但令人啼笑皆非。

朱元璋尽管有时也满口仁义道德,但对一切有碍于专制统治的思想文化,都视为洪水猛兽而加以禁绝,连《孟子》一书都被删削多达八十五条,几乎削去三分之一,并严令取缔妖书妖言、左道异端,严格控制学校教育与科举考试。

嗜杀成性的朱元璋由于多疑,滥杀文人学士,几乎到了精神失常的地步。对文人学士的无好感、不信任,半通不通的学识、文理,由自卑感而产生的猜疑、忌讳,由低微出身而产生的强烈报复心理……朱元璋身上这种种阴暗、刻毒的基因交互作用,最终涂抹成文祸史上最荒唐、最恶劣、最惨无人道的一页。

五、洪武丁丑科场冤案

洪武三十年(1397年)三月初五,是大明开国以来第九次科举会试放榜之日,南京贡院门前人潮涌动。每三年一次的科举会试,放榜之日是最激动人心的,举子们苦读多少年,就盼着这么一天能金榜题名。当黄榜被高悬于辕门之前时,鞭炮齐鸣,人们一拥而上,千百双眼睛在黄榜上寻找着有关的人名。这次会试从全国数百名举人中选取了五十二名贡士,黄纸红字,一目了然。得中者欣喜若狂,落选者垂头丧气。

天近中午,人们在慢慢离去。忽然,有位落选举子似乎发现了什么,高声喊道:"奇怪,这五十二名贡士从第一名宋琮到最后一名刘子信都是南方人,难道北方士人没一个合格？"这一喊引起了注意,人们再仔细诵读名单,确实都是南方人。这时又有人喊："主考官刘三吾、副主考白信蹈及各房考官也都是南方人,他们用乡里之情,压制北方才子,天理难容！"这一喊致使人群大哗。落选的北方考生跺脚开骂,并用泥石掷向黄榜,把黄榜打得七零八落。而接下来的殿试,福建闽县的陈䢿又被取为状元,这使北方举子愈发不满。

北方的考生们越闹越欢,组织了颇有声势的示威游行,簇拥着来到礼部衙门,要面见主考官。不到两个时辰,南京城里为这事已经闹翻,大街小巷中还贴满了有关的字帖,锦衣卫也镇压不了。礼部官员接到控诉刘三吾等人在批卷、选取中袒护同乡,有意压制北方才子的奏报后,见事闹大,只得上奏朝廷。

朱元璋读完奏折,龙颜大怒,认为科场显然有弊,批示礼部官员将试卷阅后再来报。主考官刘三吾是首席侍讲翰林学士,虽已八十五岁高龄,但依然精神矍铄,很快也知道了此事。他认为自己办事磊落,拒收名门显贵的礼、条,试罢阅卷尽心尽力,最后开列的黄榜名单问心无愧,所以始终泰然处之。朱元璋召见询问,刘三吾便将实情陈述。朱元璋说："一榜之中全系南人,未免奇巧。"刘三吾答："这并不奇怪,北方在元虏统治下,民不聊生,文人也备受压抑,加上连年受战争的摧残,所以其文化根基本来就不如南方。这样,北方举子不如南方举子便很自然了,这是不争的事实。"

朱元璋本来就对南方文人雅士有些看法,加上国家需要加强北方边境的防守与社会的安定,北方正是用人之际,所以对这一科选出的进士都是南方人,很不满意。朱元璋要求选几名北方才子,以安定人心,平息众怒。但刘三吾坚持以文章优劣为标准,不能以南人、北人来区分,认为不能更换。朱元璋见刘三吾敢顶撞自己,便下令停了刘三吾翰林学士之职,等待发落,又命翰林院侍讲张信主持复阅全部试卷,如发现有营私舞弊的情况,及时禀报。

张信接令,立即召集参加复审的十一名官员开会,要求对北方试卷复阅时格外仔细,不能把好文章漏掉,并宣布阅卷官员一律不准回家,以免走漏风声。从三月中旬一直复阅到四月十二日,经过二十多天的紧张复查,张信及其有关官员辛辛苦苦总算把皇帝交代的任务完成了。四月十三日,朱元璋与众朝臣,以及此次会试的原考官们,都在奉天殿听取张信复阅后的结果。张信平静地汇报说："臣等复阅试卷后,发现南北考生成绩确实相差悬殊。原所取五十二名贡士其才学文章远远高出于北方举子,就连最后一名的刘子信也比北方举子中的佼佼者高出许多,所以原取名单不变。北方举子的试卷最高只能列为第五十三名,因此无法更动。"

张信的这个结论,好像一颗重磅炸弹,一下子把朱元璋和百官都炸愣了。朱元璋怎么也料不到,张信会替已罢黜的考官说话,并在百官面前要自己好看。朱元璋恼羞成怒,硬说张信与刘三吾串通作弊。张信理直气壮地进行了辩解,说自己完全是秉着公正的态度在复阅试卷,并且复阅期间没有和外界发生任何联系。张信诚挚的态度与话语,令百官不由得肃然起敬。然而朱元璋却宣布:将张信、刘三吾、白信蹈等二十余名考官一齐投进监狱,严加审讯。

考官们入狱,自然少不了刑讯逼供。几位大臣虽受尽酷刑,却没有一个胡说乱咬的,甚至将其家属几百口人全部抓进大牢,也没有得到什么舞弊的线索。案子审了十几天,还是没有一点口供。刑部想给他们定个"同通受贿,私买贡生"的罪名就难以落实,便以刘三吾、白信蹈曾与大将军蓝玉有交往,指控为"蓝党";张信等考官与蓝玉没有瓜葛,便扣上"欲为逆臣胡惟庸鸣冤叫屈"的罪名,上报朝廷。朱元璋看完案卷后,明知是冤狱,却仍如此批复:张信、白信蹈等二十余名考官全部处死。刘三吾因担任过东宫侍讲,与太子有师生之谊,且年事已高,免去一死,发往边塞充军。前榜所取贡士全部作废,状元陈䢖,有行贿嫌疑,也拟斩首,与考官们同日执行。

四月底,张信、白信蹈等二十余名考官与状元陈䢖,就这样稀里糊涂地赴刑场被处死了,张、白两位还是被凌迟处死的。其他还有涉案官员、家属被贬,流放者数十人。五月,朱元璋诏命科举复试,并亲自阅卷,从中取了任伯安等六十一名北方才子为贡士。六月廷试,以安徽黄安为第一名,河北韩克忠为第二名,南方举子无一人入选。黄榜公布后,北方举子欢呼雀跃,南方举子却敢怒不敢言,一个个悻悻离去。这场大案史学家称"南北榜"。朱元璋不但乱点鸳鸯谱,更杀害了许多无辜的文人才子,在明初文坛上留下很坏的印象,并给明朝近三百年科举考试造成极其不良的影响。尤其值得深思的是,知识分子在这样的皇帝与专制体制统治之下,除了堕落之外,还会有其他出路吗?

六、明成祖滥杀建文众臣

洪武三十一年(1398 年),朱元璋病死,皇太孙朱允炆即帝位,年号"建文",史称建文帝。

当时藩王强盛,且重兵在握。尤其是燕王朱棣,兵精粮足,雄心勃勃。建文帝听取了兵部尚书齐泰、太常寺卿黄子澄的计谋,就迫不及待地开始"削藩"。在不到一年的时间里,他先后削除了周、湘、齐、代、岷五个藩王爵位,废他们为庶人。朱棣当然不甘束手就擒,于是打起"清君侧"的旗号,起兵"靖难"。

经过四年战争,在一片熊熊大火中,建文帝不知所终。朱棣率军攻入南京,杀进皇宫,用武力推翻了侄子的统治,于是自己黄袍加身,登上皇帝宝座,史称明成祖。随即朱棣把那些曾为建文帝出谋划策、领兵作战的亲近之臣,共五十多人颁榜于朝堂,指为奸臣,分别悬赏捉拿,开始了惨绝人寰的大屠杀。

株连最广的是方孝孺案。方孝孺,浙江宁海人。父方克勤,明初科举及第,历任济宁知府,主事三年,一郡饶足,很有政绩,却受空印案牵连,被朝廷冤杀。

孝孺从大儒宋濂学,颇有文名,太祖时曾任汉中教授。建成文帝即位,召为翰林侍讲。朝廷召讨燕王的檄文,皆出其手。建文三年(1401 年),朝廷军队屡遭败绩,只好按朱棣的要求,把齐泰、黄子澄诸臣贬谪出朝。这样,方孝孺的地位日益重要,成为建文帝的国事顾问。

起初,燕王领兵南下时,谋士姚广孝很看重方孝孺,请燕王勿杀,朱棣点头答应。燕王攻入南京那天,方孝孺披麻戴孝,闯入燕王官署,伏地大哭,因此被押入监狱。朱棣即位之日,特地把他从狱中放出,要他起草即位诏书。而方孝孺照旧披挂孝服,号啕大哭,悲恸欲绝。

朱棣从御榻上下来安慰道:"先生不要自找苦吃了,我是效法古代周公辅助成王啊!"方马上问道:"成王在哪里?"朱说:"他自焚了。"方又反问:"为何不立成王的儿子?"朱答:"国家仰赖长君。"方则说:"那可立成王之弟。"朱不耐烦地答道:"这是我们朱家的家事。"便示意左右递上纸笔,接着说:"今天颁发即位诏书,有劳先生起草。"然而方孝孺拿起笔愤然写下"燕贼篡位"四个大字,就掷笔于地,边哭边道:"要杀就杀,诏书绝不起草。"朱棣气极,大声吼道:"即使你不怕死,难道株连九族也不顾了吗?"方孝孺针锋相对:"即使十族,我也不怕。"朱棣怒不可遏,喝令左右用刀割裂方孝孺的嘴,同时下诏:诛灭方的十族,即九族加上朋友、门人也算一族,共八百七十三人被无辜屠杀。其妻与两子上吊自杀,两女投秦淮河而死,同时还有数千亲属因方孝孺案而被流放谪戍。直到仁宗即位,释免方案谪戍者,犹有一千三百余人。

接着,很快将在外地的"削藩"主谋齐泰、黄子澄捕回京城。朱棣亲自审问,二人都抗辩不屈,被处磔刑(碎剔分尸)。族人不管老幼全部诛杀,姻亲被流放戍边。

御史大夫练子宁,也是建文帝的心腹谋臣。朱棣即位后,将练子宁下狱审问。子宁出言不逊,即被处磔刑而死。家族被诛戮,弃市者一百五十余人,姻亲戍边。其弟嘉定知县练大亨,闻变,与妻沉河而死。

副都御史茅大芳,泰兴人。燕王起兵,大芳写诗鼓励淮南守将抵抗,辞意激昂,闻者壮志。燕王得胜见诗,便将大芳及其儿子全部诛杀,两孙死于狱中。

户部侍郎卓敬,字惟恭。建文初,他密疏上奏,要求徙封燕王至南昌,这样便于控制,以防万一。朱棣即位,责以徙燕建议。卓敬厉声叹道:"可惜先帝不用敬言。"谋士姚广孝挑拨道:"如敬言得用,皇上哪有今日。"成祖发怒,遂杀卓敬,并灭其三族。

礼部尚书陈迪,字景道,办事干练,政绩频频。燕王起兵,曾向建文帝面陈大计,并督运军储。燕王即位,召迪责问,迪抗声不屈。朱棣下令将陈迪与其子等六人磔于市,亲属被杖刑而流放者一百八十余人。

御史大夫景清,在燕王即位后,假装归顺,被任原官职。一日早朝,景清身藏尖刀,准备行刺,不料被朱棣觉察。朱棣令士卫搜身,得所藏利刃。景清见计划败露,只得奋起大喊:"要为故主报仇。"被敲去牙齿。最后磔死,陈尸街市。此案不但宗族诛灭,祖坟被掘,且籍其乡,就是将家乡邻居父老家产全部抄没。乡人被迫流落外地,整个村子成为一片废墟,时称"瓜蔓抄"。

大理寺少卿胡闰,字松友,鄱阳人,被朱棣召见,不肯归顺,且大骂不止。朱棣令凿去他的牙齿,连同其子一同缢杀,尸体剥皮,缝为人形悬挂在武功坊。幼子流放戍边,幼女没官为奴,家族有两百一十七人被杀。同时,亲戚被籍没家产者有数百家,冤号声响彻云霄。

监察御史高翔,穿丧服见朱棣,口出不逊,也遭族诛。亲戚戍边,并被刨毁祖坟。

御史董镛,常与诸同僚一起商议战事,誓死报国。前方将领如有观望不力战者,他便上章弹劾。然终回天乏力,战败城破,董镛即被燕王所杀。家属亲戚被流放戍边,而死于边塞者就达两百三十余人。

死得最惨的是兵部尚书铁铉。战争中,铁铉率军曾用计打败燕兵,燕王中计愤恨不已。最后铁铉虽战败被俘,但一直抵抗得十分顽强。燕王即位后,铁铉被执之殿上,依然背向朱棣,直立不跪,漫骂不已。朱棣恨得咬牙切齿,下令将铁铉磔尸而死,然后投进油锅中烹熬,手段异常残忍。铁铉父母已八十有余,也被流放海南。

许多愚忠之臣,在朱棣攻克南京之际,相继自杀以殉建文帝,如御史魏冕、大理丞邹瑾、太常少卿廖昇、右侍中黄观、浙江按察使王良、礼部侍郎陈性善……而奸臣陈瑛向朱棣上奏,说诸臣不顺天命,与叛逆无异。这样,这些自杀者仍不免破家灭族之祸。其中单邹瑾一案,牵连家族亲属被杀者就达四百四十余人。

朱棣就连太祖的驸马、自己的妹夫也不放过。驸马都尉梅殷也曾辅佐建文帝,抗击过燕王。所以朱棣即位后,对驸马也怀恨在心,指派太监去驸马府中探视。太监回报说:"梅殷的脸色言辞都经常表示出愤慨不满之意。"个别大臣提出弹劾,朱棣阴险地说道:"我自会有办法处治他。"

一天,乘梅殷上朝过桥之际,前军都督金事谭深和锦衣卫指挥赵曦把梅殷猛然推下桥淹死了,然后向朝廷谎报说:"梅殷跳水自杀。"正好都督同知许成亲眼看见此事经过,向朝廷揭发。谭深、赵曦被逮捕问罪,而谭、赵却说:"此事是皇上命令干的。"成祖知道后大怒,立即命令用金瓜击顶打死二人,然后又假惺惺地为梅殷办理丧事。

在大清洗中,建文帝宫中的宫人、女官、太监被杀戮几尽,还有许多御史、侍郎、给事中等大臣被诛杀,被灭族者也不少。总之,这场大屠杀遇害的总人数已无法统计,至少在数万人之上,而大量被发配流放、充军戍边而折磨至死者则不计其数,并将罪家女眷悉数发配教坊做官妓和军妓。朱棣还特别指示,要众多军人轮奸这些女眷,弄死了拉出去喂狗。

朱棣篡位后,毕竟做贼心虚,害怕臣民议论,于是又接连发起一场场查禁"诽谤"的运动。他把洪武末年一度废置的锦衣卫又重新装备起来,并增设东厂,与锦衣卫配合,到处派特务查办"诽谤"案,有人胆敢议论朝政是非,必严惩不贷。终成祖一朝,因告讦言论出格而被惩治之案不断。

明成祖朱棣继承父亲朱元璋残忍、雄悍之性格,任情屠戮,暴如桀纣,简直就是一个杀人不眨眼的魔王。不过从另一个角度来看,建文诸臣也迂腐得可以,他们叔侄间争夺帝位,哪里犯得着去为其殉葬,而且还要搭上亲属好友数百条性命? 问题就在于中国儒家的传统思维方式,把对皇帝的愚忠放在万事之首位,以当效忠主子的奴才为人生之鹄的,而根本不懂得"人"的真正价值。

七、大学士解缙被害案

朱棣夺得帝位,改元永乐伊始,立嗣建储问题便一直困扰着他。朱棣共有四子,按朱元璋《皇明祖训》"立嗣以嫡不以长,立嫡以长不以贤"的规定,长子朱高炽理所当然应立为皇太子。然而高炽身体肥胖,行动迟钝,不为朱棣所喜,却得祖父朱元璋的钟爱,故在洪武间已立为燕世子。

朱棣比较喜欢次子朱高煦。高煦长于骑射,驰骋沙场,多次救朱棣于危难之中,且巧舌如簧,行事无赖,颇像其父。在一次激烈战事中,由于高煦的出色战绩,朱棣也曾亲口对其许诺:"将来得天下,必立你为太子。"这使高煦更加骄恣无恐,也使争夺太子之位的斗争白热化。

高炽素以仁厚闻名,赢得一批文臣儒士的拥戴。而高煦勇猛善战,身边也拥有一批在靖难之役中立过战功的武将。最初,威毅果决的朱棣一时也拿不定主意,但深知此事关系重大,一旦措置不当,将使其家族的皇权统治发生根本性动摇。

永乐二年(1404 年)二月,朱棣终于下决心颁诏:"以世子为皇太子。"(即封高煦为汉王)促成这一决断的关键因素是因为高炽有个酷爱读书,又果毅机敏、智识过人的长子,即后来为明宣宗的朱瞻基,而积极拥戴高炽并提醒朱棣这能使国家长久安定的就是大学士解缙。据史载,一次朱棣私下问解缙立嗣之事,解缙回答:"皇长子仁孝,天下归心。"朱棣默然不语。过了一会儿,解缙又叩首道:"陛下有一个好圣孙。"朱棣听了点头赞同,于是决定立高炽为太子,以便把皇位传给这位"好圣孙"。

然而,朱高炽被册立为太子,非但不意味着储位争夺的结束,反而使这一斗争更加激烈,更加表面化。朱高煦对父亲没有兑现自己的诺言而愤愤不平,也忌恨拥戴太子的那班文臣,尤其憎恨大学士解缙,总想找机会进行陷害。

《永乐大典》的编撰者之一且才华出众的解缙,深得朱棣的宠信,入阁不足一年,便脱颖而出,跃居首辅(相当于宰相)。但在高煦及其党羽的谗言攻击下,他渐失朱棣欢心。而解缙看到成祖依然宠爱高煦,却对太子很不满意的态度,还时常耿直地提醒皇上:"这样做恐怕又会引起争端。"朱棣认为解缙在有意离间他们父子之间的关系。

永乐五年,高煦在成祖面前诬告解缙泄露宫中机密。个别大臣为排挤解缙,也奏劾解缙在廷试取士中有不公正行为,解缙就此被贬降为广西布政司参议。刚踏上南去的路程,礼部郎中李至刚又落井下石,奏言解缙有怨望之心,不服被贬。成祖一听,又生气地将解缙贬黜至交趾(今越南北方),命于化州(今广东)督军饷这一苦差。首辅大臣仅因他人诬以莫须有的小罪名,就遭此等贬黜,仕途可谓坎坷危迤。

永乐八年(1410年),解缙入京奏事,恰逢成祖北征,便谒见太子而还。高煦见机,又诬蔑解缙是伺皇上出征,私觐太子又不告而别,无人臣之礼。成祖听了大怒,下旨逮捕解缙下锦衣卫狱(又称"诏狱")。个别大臣又乘机诬告解缙在朝中结党营私。解缙被严刑逼供,牵连到的有大理丞汤宗、宗人府经历高得旸、中允李贯、赞善王汝玉、编修朱纮、检讨蒋骥、潘畿、萧引高及御史李至刚等大臣,全部被逮捕入狱。由于重刑逼供和长期牢狱折磨,王汝玉、李贯、朱纮、萧引高、高得旸诸人都先后死于狱中,只有解缙居然挺了过来。

永乐十三年(1415年),成祖审查狱中案犯名单,锦衣卫指挥纪纲送上囚籍名录。成祖见名册上居然还有解缙的名字，似乎有点不相信，顺口说了句："难道解缙还活着吗？"纪纲是个出了名的佞臣，善于揣摩皇上的旨意，以手段毒辣而受成祖宠信。他回来之后，琢磨了一会儿，便把解缙请到房中，用酒灌醉，然后命人拖出去，埋进雪堆中。纪纲知道，这样做，如果成祖意在除去解缙，那他定可得奖赏；如果成祖并没有要处死解缙的意思，那解缙也是自己醉卧雪地受寒而亡。同时，解缙的家产被籍没，妻子、宗族被流放辽东。

　　一代才子解缙，成为明成祖诸子争夺太子之位的牺牲品，死时才四十七岁。当时，很多人都为他的怀才受屈、中年早逝而深感悲痛和惋惜。

八、兵部尚书于谦之死

　　明英宗正统年间，宦官王振开始专权。王振陪伴英宗的少年时代，暗中对小皇帝施加影响，且为人狡黠，善于趋承奉迎，深得英宗的欢心和倚重。待垂帘听政的太皇太后一去世，辅弼大臣也死的死，老的老，王振便开始操纵年轻的皇帝于掌股之上。他毁掉了朱元璋立的禁止宦官干政的铁牌，大权独揽，广植党羽，稍不如意就乱用刑罚，顺之者昌，逆之者亡。

　　此时，北方蒙古瓦剌部逐渐强大，其首领也先多次率军对明朝进行骚扰。正统十四年，也先部两千余人入贡。王振视同儿戏，随意压低马价。也先闻讯大怒，借口起兵南下，大举入侵。

　　前线败绩不断传来，王振怂恿英宗亲征。七月，英宗和王振率五十万大军，浩浩荡荡从北京出发。王振又在军中滥施淫威，不得人心。八月，王振强令大军北进，招致蒙古骑兵围袭。最后在土木堡被蒙古大军包围，英宗被俘，公侯大臣五十余人遇难，王振也在乱军中被部下所杀。

　　北京朝廷得此消息，惊恐万状。太后孙氏命群臣商议大计，翰林侍讲徐珵提出南迁，兵部侍郎于谦厉声喝道："言南迁者可斩，难道不见宋室南渡后事乎！"主张重整军备，坚守北京，最后博得大家的赞同。于是孙太后懿旨，令英宗弟弟、郕王朱祁钰监国，于谦为兵部尚书，调集各路兵马，准备抵抗。

　　此后，蒙古也先部几次挟持英宗来骚扰边关。于谦主持军务，明令边将"社稷为重,君为轻",不准轻易开关迎纳英宗,且指挥调度得当,使也先部没能在英宗身上捞到多少好处而大失所望。

在整肃朝政的过程中,监国朱祁钰权力加强,渐有取帝位自居之意。在于谦等官员的要求下,朱祁钰又下令诛锄王振余党,以稳定人心,提高威信。同时,一国无君主,政令确多有不便。九月初一,群臣请孙太后立朱祁钰为帝。孙氏虽不十分愿意,出于无奈,也只得同意群臣的要求。而朱祁钰却假意推辞不受,想试探一下群臣的决心,担心哥哥一旦回来,问题就复杂了。这时,于谦出来代表群臣恳切劝说,为国家考虑,应登帝位。九月初六,朱祁钰登上皇帝宝座,史称景帝,尊英宗为太上皇。

此后,也先部又屡次为明军所败。也先发动战争,边界贸易中断,使蒙古各部生活受到很大影响。蒙古内部厌战情绪增长,各部统治者之间产生矛盾,终于使也先不得不转而求和,并主动提出送还英宗。

这一局面又使景帝深感为难,向群臣表示,当初是你们把我推上皇位的,现在又怎么办呢? 于谦毫不犹豫地站出来说:"皇位已定,谁敢他议!"景帝见群臣不会更动他的皇位,这才放下心来。

景泰元年(1450 年)八月,小臣杨善出使蒙古,终于迎回了英宗。简单的仪式一完,景帝便把这位太上皇送入南宫软禁。

景泰八年(1457 年)正月,景帝病重。武清侯石亨,在北京保卫战中有一定功劳,也掌握了部分兵权,但野心很大,总觉得在于谦之下,不免有些郁郁不得志。他见景帝病重,不觉动了谋取大功的念头。他找来亲信杨善、太监曹吉祥及副都御史徐有贞(就是先前主张南迁的徐珵,因遭士林不齿而改名)商议。最后在徐有贞的策划下,征得孙太后的同意后,十六日晚,从南宫中救出英宗。十七日黎明,早朝群臣,众臣见英宗出现,虽面面相觑,竟也无一人敢反对,终于一齐跪下,三呼"万岁"。

这样,当了七年半太上皇的英宗,终于重登大位。复辟后,他首先要办的事便是褒奖帮助自己夺位的有功之臣,及惩治景帝倚信的大臣。

英宗在登基大典正式举行之前,就已迫不及待地下令将兵部尚书于谦和大学士王文拿下。因为于谦在英宗被俘后首先提出"社稷为重,君为轻"的主张,后又是他带头拥立朱祁钰为帝,并且在英宗将要从蒙古复归之时,又表示景帝之位不能变动,王文也是景帝重臣,他甚至反对迎还英宗,所以同于谦一起下狱。

于谦,字廷益,浙江钱塘人,宣德初年,官任御史,才干出众,出巡江西,为数百囚犯雪冤,又为河南、山西巡抚,兴革事宜,很为朝廷所重。尤其在英宗被俘后,他主持军务,部署各地兵马及指挥北京保卫战,调度得当,身先士卒,才得以保全大明江山。如此一位功臣,如今却身陷囹圄。

于谦下狱后,又受石亨等人诬告,说于谦与黄纮等人谋议更立东宫太子,又与太监王诚等人谋立襄王之子为帝。都御史萧维桢主审此案,居然助纣为虐,以诬定罪,判于谦等以谋逆大罪而处死。王文不肯认罪,还试图声辩。于谦苦笑道:“是石亨等人的用意,再辩也没有用处的。”其实石亨等人还不是仗着皇帝的权势。古人总不敢将矛头直指皇帝及其制度,便以为都是奸臣惹的祸,这是中国文化的悲哀啊!

案卷奏上,英宗尚有些犹豫,似乎天良还没有完全泯灭,说了一句:“于谦确实有功呀!”徐有贞在旁马上插嘴道:“不杀于谦,今日之事无名。”英宗遂批复。

在英宗复位的第六天,谕令将于谦、王文午门斩首,并籍没家产,家属流放戍边。抄于谦家时,“家无余资,萧然仅书籍耳”。于谦死时五十九岁,国家一品大员,主持朝政数年,家中仍如此清贫,实在难得。

同时,石、徐等人又大搜所谓于谦党羽,把于谦平时举荐、重用的一些官员、将领加以杀害、谪戍、罢官,如左副总兵范广也被诬以谋逆罪而遭处死。

于谦是一位忠于国家和民族且正气凛然的英雄,正如他生前诗作所表述的那样:“粉骨碎身全不惜,要留清白在人间。”后人把他的灵柩运回故乡杭州,与南宋民族英雄岳飞的祠墓同在风景秀丽的西子湖畔。“赖有岳于双少保,人间始觉重西湖。”可见人民对他的悼念与称颂,然而从中又引出多少值得思考的问题? 似乎人们很少谈及。

九、明宪宗万贵妃祸乱后宫

明宪宗的万贵妃是个十分奇特的女人。首先,她因为得宠而大肆祸乱后宫,制造了皇后、妃嫔、太子、皇子一直到宫女、太监们的许多惨祸。心地之残忍,害人之冤酷,在中国后宫史中也可算厉害的了。她以凶悍狠毒而著称,却始终得到皇帝的百般庇护,不要说有关的惩处,甚至连一声严厉的斥责都没有。其次,她比宪宗大十九岁,出身只是宪宗为太子时的侍女,用今天的话来说就是个保姆,而且长得高大威武,"貌雄声巨,类男子"。一个谈不上美貌的女汉子,却由于"机警,善迎帝意",数十年中几乎始终获得皇帝的专宠。直到成化二十三年(1487 年),六十岁的万氏死去,四十一岁的明宪宗也因失去一生的依恋而跟着走了。下面我们就来说说,这其中的奥秘及相关的惨祸。

万氏,小字贞儿,山东诸城人,父亲只是个小吏。她四岁入宫,成为太后宫中的小宫女。土木之变时,万氏二十出头,受命照料在太后宫中生活的三岁皇太子朱见深,她与宪宗之间的传奇故事即从此时开始。六岁时,太子被废黜。后来英宗虽被放了回来,却被软禁于南宫,母亲周氏也不能经常见面。朱见深的生活艰难而孤独,周边还充满着恶意与危险,只有万氏对他悉心照料,以至如果没有万氏的安抚,他就不能入睡。万贞儿的陪伴帮他度过了充满悲伤和坎坷的童年时代。

夺门之变后,英宗复辟。朱见深再次被立为太子,重入东宫,时年十岁,但并不见宠于英宗。有人就乘机离间他们父子,以至英宗在病重期间对由谁继承皇位的问题一度颇为动摇。在错综复杂的宫廷政治斗争中,朱见深时常面临危险,心灵一次次受到创伤,只有万氏给他宽慰,给他安全感。万氏是保姆,更像母亲,是朋友,也像姐姐。见深患有口吃病,寡于言辞,性格孤僻,心中的喜怒哀乐大多向最为亲近的万氏倾诉,万氏成为无人能取代的红颜知己。当朱见深青春萌动时,万氏已有三十好几,但二人很快坠入爱河,成为恋人。这段跨越年龄而持续了一生的爱恋,由于这段特殊经历,人们还是能有所理解的。

天顺八年(1464 年)正月,明英宗病逝。十八岁的太子朱见深即位,为明宪宗。宪宗尊母周氏为太后,百日后大婚,并于七月将吴氏立为皇后。万氏虽无妃嫔身份,但以六宫之主自居而恃宠骄肆,不把吴皇后放在眼里。吴皇后不满万氏的僭越无礼,忍无可忍,令人搜集万氏的过失,用棍子狠狠教训了她一顿。宪宗听说万氏被打,大为恼怒,下诏称"吴氏举动轻佻,礼度率略,德不称位",当年八月就下令将吴皇后废黜。可怜吴氏当皇后才一个月，就被万氏打败，迁居别宫，就连她的父亲也被下狱戍边。

由于太后绝不同意立万氏为后，十月，宪宗只得改立王妃为皇后。王皇后受封后，鉴于吴皇后的教训，对于万氏"宠冠后宫"的地位，淡然处之。对于万氏的失礼、僭越统统视而不见，不敢得罪。万氏成为事实上的后宫之主，"王皇后备位而已"。且王皇后难得和宪宗相聚一次，"终其生不十幸"，悲悲戚戚地在寂寞中苦熬时光。

成化二年（1466 年），万氏为宪宗生下长子，宪宗大为欣喜，随即封万氏为贵妃。万贵妃满以为她生的皇子日后可继承皇位，她也可为天下之国母。不料皇长子出生不久即夭折，一命呜呼了，这对于年近四十的万贵妃来说，无疑是一个沉重的打击。万氏由于此后不再有身孕，性情也变得更加偏激残暴。万贵妃由痛而妒，不仅与后妃争宠，且极力扼制后妃生子。她把宪宗看守得严严的，以维护其"专宠"地位，致使众后妃难得有寝侍皇帝的机会。万贵妃不希望别的后妃生皇子，如果有皇子诞生，就想方设法加以残害。她与掌权太监汪直狼狈为奸，由汪直派人暗中打探，发现后宫谁怀孕，就向她报告，再千方百计地逼迫其堕胎，甚至有妃嫔因为堕胎而身亡者。

由于万贵妃的非凡手段，致使"数年储嗣未兆，中外以为忧"。朝臣纷纷上奏，劝皇上以"皇嗣为重"，甚至暗示万贵妃人老珠黄，已无生育能力，望皇帝"恩爱均施，雨露广被"。成化五年，柏贤妃侥幸生下皇二子朱祐极。朱祐极三岁时，宪宗将他立为太子。时隔两个月，太子朱祐极就因出痘而殇。许多人认为其实是被万贵妃害死的。

成化六年某日，宪宗偶然去内藏（后宫文秘机构），遇见女史纪氏。宪宗喜欢纪氏，床第之欢后，纪氏怀孕。万贵妃听说后不能容忍，令侍女设法把纪氏的胎儿打掉。侍女同情纪氏，谎称纪氏乃广西蛮女，不服北方水土，得了腹胀病，不是怀孕。万贵妃听侍女如此说，便放松警惕，只令将纪氏移居安乐堂，就是宫女养病、待罪之所。

数月后，纪氏生下皇子朱祐樘，因为担心万贵妃迫害，想把皇子溺死。在场的太监张敏坚决不同意，说："上未有子，奈何弃之！"万贵妃获悉后，极为忌恨，派张敏去将朱祐樘害死。张敏随即把朱祐樘藏到一个别人发现不了的地方,回报没有见到皇子。吴废后知道纪氏有难处,也出手相救,暗中哺育朱祐樘,却不敢告诉明宪宗。

成化十一年(1475年)某天,宪宗召张敏为他梳头,想到久久没有皇子降生,便对着镜子感叹道:"我都快老了,却还没有儿子。"听到此话,张敏感到应该向皇上说实话了,便跪地奏告说:"臣罪该万死,皇上已经有皇子了。"宪宗大为吃惊,忙问皇子在哪里。张敏回答:"奴才说了死不足惜,但皇上要为皇子做主!"一旁的太监怀恩奏告说:"纪氏将皇子秘密抚养在西宫内,今年已经六岁了,由于担心他的安全,所以一直不敢让皇上知道。"宪宗听后极为高兴,当即派人传令西宫,说皇上要去看望儿子。

纪氏接旨后,反而忐忑不安,知道此事若传出,儿子和自己恐命不保,抱着朱祐樘哭道:"儿一旦离去,娘恐怕也活不成了。"宪宗到后,见朱祐樘头发披身,拖在地上,便问缘由。原来纪氏与吴废后始终没敢让朱祐樘露面见他人,所以六岁了都没剪去胎发。宪宗把儿子抱在膝上,反复抚摸,悲喜交加,不禁泪流满面,连声说:"是我儿子,长得像我!"第二天即颁诏天下,把纪氏移居永寿宫,封为淑妃。

万贵妃听说纪氏等人一直瞒着她将皇子养到六岁,气得跳脚,在宪宗面前日夜哭闹,称众小人一起欺骗她。没过几个月,纪氏猝然死去。人们议论纷纷,都认为是万贵妃将她害死的。不久,太监张敏也怕万贵妃加害,就吞金自杀了。而宪宗居然都不追究。

十一月,宪宗立朱祐樘为皇太子。周太后了解情况后曾质问儿子:"彼有何美,而承恩多?"宪宗回答:"彼抚摩,吾安之,不在貌也。"周太后为了防备不测,将太子接入仁寿宫,亲自保护孙子。一天,万贵妃召太子去她那儿。周太后令人领太子前往,并特别关照太子:"千万不能吃那里的东西!"太子到了万贵妃那里,贵妃拿出精美糕点,太子回答说:"我肚子已吃饱。"贵妃又令人端来汤羹,太子指着说:"我怀疑这里面有毒!"万贵妃大为愤恨地说:"这孩子才几岁就如此精明,将来他长大了,还有我的好日子吗?!"

由于有祖母的保护,谋害太子不成,万贵妃就改变策略,由限制宪宗接近后妃,转而纵容宪宗贪恋女色,目的是让后妃多生皇子以削弱太子的地位。这样在短短的几年内,邵妃等人接连为宪宗生下十一个儿子。于是,万贵妃和太监梁芳等人编造理由,极力劝说宪宗改立太子。宪宗询问了几个近臣与太监,有点思绪不定。不久,泰山发生地震,内灵台官员上奏说:"泰山地震,应在东宫,必得喜事才能逢凶化吉。"宪宗览奏后说:"此乃天意也。"于是下诏为太子选妃办喜事,太子地位就此稳固下来。

成化二十三年春,年老体胖的万贵妃脾气依然很大,动辄对身边的宫女大发淫威。这天正是因为用拂子抽打宫人,动怒太过,导致痰火上涌,窒息而死了。宪宗得报,极为悲痛,似乎遭受沉重打击,常常神情恍惚,喃喃自语:"万使长去,吾亦安能久矣。"秋天,宪宗也走了。太子朱祐樘总算得以继位,即为明孝宗。弘治初,人们在回顾成化朝政时,对万贵妃的所作所为仍追恨不已,有人甚至提出毁坟籍产的主张。明孝宗认为,人已去了,就不必追究吧。万贵妃墓终得保全,然其兄弟的罪状得到惩处。

此案中万贵妃手段之不凡,经历之特别,都可算看点。而明宪宗之昏庸与窝囊也实在超乎想象,如此专宠一个祸害后宫皇族的女人,尽管因其特殊经历造成,却也实在有些变态。同时他还宠信专权太监汪直,把朝政搞得乌烟瘴气。如此昏庸与窝囊的皇帝能统治中国数十年,他给国家与人民带来的灾祸,比他的后宫更悲惨!

十、明世宗大礼之议与冤狱

正德十六年(1521 年)三月,明武宗病死。武宗无子嗣,由太后与阁臣杨廷和等人商议,决定立兴献王朱祐杬的长子朱厚熜为帝,史称明世宗。

世宗即位后,面对着一个颇为难堪的问题,就是如何崇祀自己的亲生父母,即应如何称呼自己的亲生父母。阁臣杨廷和等人依据正统礼制和比照历史上的类似情况,议定世宗应尊武宗之父孝宗为皇考(兴献王与孝宗是兄弟,世宗与武宗是堂兄弟),而尊兴献王为皇叔,祭告上笺称侄。世宗不以为然,对杨廷和等说:"朕要尊父为兴献皇帝,母为兴献皇后。"阁臣不同意,坚持再三,最后让步到称"兴献帝"、"兴献后",就是不接受兴献王称皇帝。世宗仍下御札,令礼部称兴献皇帝。杨廷和数次封还御札,婉言拒绝。世宗心中由不快上升到愤恨,矛盾开始发酵。

嘉靖二年(1523年),世宗只想尊奉自己的母亲为太后,而不看重武宗的母亲昭圣皇太后,有意免去皇太后的生日朝贺,遂先引出一场风波。御史朱淛、马明衡进言反对,认为世宗不孝。世宗大怒,立即把两人逮捕下狱,严刑拷打。随后,御史萧一中、陈逅、侍郎何孟春、员外郎林应骢等人进谏相救。世宗更加恼怒,把他们一并打入诏狱,后贬谪到边远地区。世宗认为,朱淛、马明衡指责皇上不孝,论罪应当处死刑。最后,在其他官员的磕头哀求下,才改杖八十,削职为民。第一回合,群臣就遭如此重的惩罚,而大礼之议的僵局才刚刚开始,好戏还在后头。

嘉靖三年(1524年)正月,杨廷和终于被迫辞职。与此同时,一些企图以此求得高升的中、下级官员,开始迎合世宗的心理,提出再议大礼。进士张璁与南京吏部主事桂萼合谋上疏,认为应"称孝宗曰皇伯考,兴献皇帝曰皇考"。世宗见章深以为然,下令群臣集议,然而大多数朝官仍坚持杨廷和的主张。世宗一气之下,又将五十多名官员扣上"朋言乱政"的罪名罚夺俸禄,少数态度激烈的官员还被先后下狱审治。最后,世宗下诏,加称其父母为"本生皇考恭穆献皇帝"、"本生母章圣皇太后",并把张璁、桂萼调入京城为官,以增加自己方面的力量。

七月,张、桂二人进一步提出去掉"本生"二字的主张,并建议世宗追究"礼官欺罔之罪"。世宗召朝臣至左顺门,下诏去掉"本生"二字。顿时又激起一场轩然大波,朝臣纷纷具疏反对。

七月十五日,两百二十九名朝臣跪于左顺门请求收回成命,高呼"高皇帝、孝皇帝",想用太祖和孝宗的威名来压抑世宗的狂为。一时群臣号啕痛哭,声震阙廷,从辰时一直跪到午时就是不散。世宗两次下令众臣散去,但毫无效果。世宗面对这一挑战,也不甘示弱。中午,他令锦衣卫逮捕一百三十四人下诏狱,另外八十六人听候处置。二天后,不经任何司法审判,世宗下诏将为首的八人拷讯后发配充军,其余四品以上官员俱夺俸,回家待罪,五品以下官员处以杖刑,先后杖官员一百八十余人。因杖致死者十七人,其余人杖后或谪戍边疆,或削籍为民。

通过这次惨案,反对派被镇压下去。世宗正式定称孝宗为皇伯考,称生父为皇考,九月诏告天下。

嘉靖七年,世宗颁发《明伦大典》,肯定其议大礼的成果。六月,他又颁发《议定大礼行罚敕》,对议大礼中的反对派首要人物进行清算,历数大学士杨廷和、尚书毛澄及有关大臣的罪状,一一予以贬黜处罚。

今天看来,可能大多数人都不会理解,这么个称呼有什么好争的? 这批迂腐的官员们何苦自找罪受。要知道,在我国古代,封建皇权正统观念的毒素早已深入一般民众的心灵,尤其是知识分子们的骨髓,所谓"名不正,则言不顺"。士大夫对自己的生死可以毫不顾惜,但对皇权正统下的礼制名称却虔诚至极,以为"国家养士百五十年,仗节死义,正在今日";而皇帝为了个人意志,又可不顾任何法律和司法程序,随意用残酷手段对不顺从自己的朝臣进行制裁,乃至血腥迫害,以致造成这种毫无意义的可笑悲剧。

此后,这场大礼之争还引出许多荒诞不经的冤狱。

李福达之狱 李福达是山西崞县人,与叔父李越倡白莲教,聚众数千,劫掠数州。后明军围捕,李越被杀,李福达逃匿。李福达改名张寅,贿赂县中大姓以为同宗。嘉靖初,携巨资来京城,混入匠籍,又捐了个山西太原卫指挥使,并结交了权贵武定侯郭勋,往来频繁。

嘉靖五年(1526年)七月,李福达被仇人薛良告发,两个儿子被捕,自己也只好到官府投案。巡按山西御史马录审理此案,调来乡中父老辨认,证据清楚,案情明白,李福达也供认不讳,以谋反罪判李死刑,都察院复奏:"李福达逆迹昭灼,律应磔死。"世宗从之。至此,按法律规定,实已结案,犯人在狱等待处决而已。

然而,此案才刚刚开始。起初,武定侯郭勋知道后,曾写信向马录求情。马录不听,反以书信为证,向世宗弹劾郭勋与反贼李福达一党。朝中许多大臣也起而攻击郭勋,定要郭勋认罪连坐。而在议大礼之时,郭勋支持张璁、桂萼的观点,站在世宗一边,所以此时便向世宗诉苦:因议大礼触怒了众臣,现在要将自已置于死地。张、桂也来助郭,诬众臣私下勾结,搞朋党报复。世宗对大礼之议仍心有余恨,见此情景,决定将案子推翻重审,下诏将李福达诸人押送至京城复审。

十一月,九卿大臣会审于朝堂。在原告与证人的一致指控下,李福达只得认罪,复审结果依然判李福达磔刑,刑部尚书颜颐寿据实复奏。世宗却表示怀疑,而予以否决。刑部主事唐枢上疏列举理由,指出此案事实清楚,证据确凿,无可置疑,并点出世宗"谓臣下立党倾郭勋"是执意要将此案改为疑狱的主要原因。世宗见章恼羞成怒,立即将唐枢罢官为民。颜颐寿等官员看出个中端倪,只得违心地称此案为疑案。

嘉靖六年(1527年)四月,世宗一不做二不休,派锦衣卫将马录等山西原审官员逮捕入京,关入镇抚司狱中。刑部诸官员为马录等人辩冤,又遭世宗指斥。颜颐寿复请会审,让马录与李福达对质。而此时李福达也无翻供,颜颐寿又将此结果报告世宗。

世宗眼看三法司官员屡次不理会自己的旨意,遂下令逮捕所有会审的三法司高官。八月,世宗彻底改组三法司,令吏部侍郎桂萼代理掌管刑部、兵部侍郎张璁代理掌管都察院、少詹事方献夫代理掌管大理寺,重新会审此案。

审讯中,桂萼等人将马录等原审官员毒刑拷打。马录受刑不住,只得诬认:"挟私情故意判李福达死罪"。桂萼等人又抄录大学士贾泳等人给马录的书信,作为朋党交结的证据,并对原三法司官员严刑审治,大打出手。颜颐寿等不胜刑楚,只有伏地叩首求饶。时京城有"十可笑"民谣,其一曰:"某可笑,侍郎捗得尚书叫",便指此反常的司法审讯现象。

审理结果,竟然将李福达无罪释放,官复原职,郭勋就更没罪了,而原告薛良被处死刑,马录充军广西南丹卫,其他凡弹劾过郭勋,或与张、桂、方三人有宿嫌的官员,全部被牵连入狱,共四十余名官员,其中十余人被刑讯拷死,其余的或充军戍边,或革职削籍。张璁自以为平反此案有功,还编写了《钦明大狱录》,以作歪曲记载。

世宗为了进一步达到"痛折廷臣"的目的,权衡得失,宁可宽纵一个证据确凿的谋反罪犯,也要惩罚百官,庇护郭勋,而其亲信更利用此案打击政敌,终于酿成这桩荒唐透顶的冤狱。

直到嘉靖四十五年(1566年)，四川白莲教组织首领事败被擒，又一次证明张寅即李福达，而此时世宗已死，案子才得以翻过来，案情才大白于天下。

陈洸之狱　给事中陈洸因被人揭发出许多卑劣的行径而被尚书乔宇等人排挤出朝廷，任湖广佥事。正好议大礼之事发生，陈洸便附和张璁、桂萼的主张，上奏要求将世宗父母称号前所加"本生"二字删掉，同时诋毁乔宇和文选郎夏良胜。世宗见奏，就把陈洸调回朝廷恢复官职，而夏良胜等人反被贬谪出京城。回京后，陈洸又肆无忌惮地弹劾许多反对派大臣。世宗见状大为欣赏，也利用陈洸来打击排挤异己。

这时，许多大臣纷纷上奏章弹劾陈洸，并将陈洸以前卑劣行径的记录呈献给皇上，世宗只能派郎中叶应骢和锦衣卫千户李经审理此案。结果审查出陈洸的罪名有一百七十二条之多，除去赦前不问和可罪可不罪之外，尚有具体的十三条罪名当论处，可谓罪大恶极。按律应判处陈洸斩刑，其儿子也应处绞刑。

陈洸得知后惊恐万状，向皇上自辩谓："因议大礼遭群臣侧目加害"。世宗接到案卷与申诉，有些左右为难。此时又有许多大臣接二连三地上章要求法办陈洸，皇上只得下令复核。张璁、桂萼又起而为陈洸辩护，说因为陈洸坚持世宗尊亲生父母为皇帝的主张，而被众大臣所攻击。世宗最后下令，仅将陈洸削职为民以结案。许多大臣不服，起而抗辩，世宗不予理睬。

嘉靖六年(1527年)九月，世宗因李福达之狱而改组三法司，由桂、张诸人掌握司法大权。此时，桂、张诸人且正将李福达案翻了过来，处于炙手可热之际。陈洸认为有机可乘，也想把自己的案子翻过来，便上书揭发叶应骢等人隐私，说自己"以议礼为奸党所诬"。桂萼接到申诉，为其侧应，说陈洸一案，"非尽逮诸臣从公鞫问不得其情"。世宗以为然，便派锦衣卫逮捕了此案的前审官员叶应骢等人。同时上章弹劾过陈洸的许多官员也受牵连，共达四百余人，而逮捕入狱者就有一百数十人。

嘉靖七年(1528年)五月，桂、张为首组织了九卿与锦衣卫会审，明显偏袒陈洸一方。叶应骢坦然陈词："我们只是根据国家法律审案罢了，如果你们一定要为陈洸翻案，也听凭诸位处断了。"有些官员心知陈洸罪重，又怕重演李福达案的惨祸,只得违心地附和桂、张诸人意思,判叶应骢有按事不实之罪。

　　最后,由世宗亲自定案,认为陈洸虽有过,但狱情起于议礼,"朋比成冤,姑从宽",而叶应骢"首酿冤狱,法当抵罪,其谪戍极边",居然判流放辽东,其他许多官员分别受到降职、谪黜的处罚。《明史·叶应骢传》谓"是狱也,始终八载,凡攻洸与治洸狱者,无不得罪。"

　　此案,世宗以人废法,放纵罪犯,反而冤谪正直的执法官员,理由还是一个,以议礼画线,定功过,别亲疏,而根本不把是非与法律当回事。

　　张福之狱　　明世宗故意制造冤情,草菅人命,更不把法律放在眼里。

　　嘉靖八年(1529 年)七月,京城百姓张福母亲被杀,张福指控是张柱所杀。东厂受理此案,随即将案情详细报告世宗。世宗令刑部定张柱之罪,刑部判处张柱死刑。张柱不服,同时张福的姐姐到官府哭诉,说家母乃张福自己杀死。张福的邻居也证明张母是张福所杀,并为张柱鸣冤。

　　刑部郎中魏应召奉命复审,事实与张福姐姐所说相符,因此改判张福死刑。东厂向世宗奏告说:"法司妄出入人罪。"世宗一听,十分震怒,将魏应召打入监狱,又命三法司及锦衣卫复查。右都御史熊浃复查之后,仍坚持魏应召的判决,认定张福死罪。世宗更为愤怒,将熊浃革职,并对魏应召、张柱等严刑拷打,逼迫他们认罪。刑部官员也个个惶恐不安,不敢多说话。

　　唯有给事中陆粲上疏直言,摆出充分事实,证明张福是真凶无疑,且杀害自己母亲,死有余辜,又委婉地指责世宗故意制造冤狱。接着,给事中刘希简也上疏支持陆粲的意见。但世宗不仅不采纳这些正确的建言,反而将陆粲、刘希简二人一起下到锦衣卫狱中拷讯。

　　最后,刑部侍郎许赞等只得迎合圣意,以张柱杀人抵死,魏应召及有关作证的邻居全部流放边地充军,连张福的姐姐也被处杖刑一百。

　　京城百姓都知道这是件冤案,那么,世宗为什么要这样做呢?原来,张柱是武宗皇后娘家的仆人,而世宗在议大礼时,抬高生父,贬低孝宗、武宗的地位,自然引起太后和皇后的不满,世宗与太后、皇后的矛盾日深。碍于先帝的名分,世宗不便直接发难,而现在正好利用此案来打击一下武宗后家的气势。至于杀几个无辜百姓,贬谪几个正直的官员,对世宗来说,根本不放在心上。

明世宗一意孤行,炮制出一个又一个冤案,以罕见的专制、凶狂的手段操纵着司法杠杆,变合法为非法,拿非法当合法,颠倒是非,混淆黑白。总之,以自己的意志为法律,拿司法的刑罚当儿戏,一切围绕着扩张皇权的政治需要运转,而朝廷中没有任何力量能对这种疯狂暴行加以制约,一些正义耿直的官员只有杀头、坐牢的下场。

十一、奸贼严嵩陷害诸臣案

奸臣严嵩,字惟中,江西分宜人。他善写诗文,原先只是翰林院里一个小官,凭着阿谀谄媚的本领,步步高升。在世宗议大礼之时,严嵩就迎合世宗的旨意,悉心筹划礼仪,而取得世宗的欢心。世宗崇奉道教,深居宫墙,专事斋醮祷祀之事。而严嵩写的祷祀青词,又十分合世宗的口味。嘉靖二十一年(1542 年),严嵩入阁掌权。两年后,他又升为首辅。到嘉靖四十一年(1562 年),严嵩被罢官时止,执掌权柄达二十年之久,中间仅有两年时间由夏言任首辅。由于世宗的昏愦,在宫内崇道荒淫,二十几年不上朝视事,所以大权尽归严嵩之手。

严嵩有个奸猾机灵的儿子严世藩,仗着父亲的权势,官至工部侍郎。在揣摩世宗手札,迎合圣上旨意方面,严世藩还能助老父一臂之力,所以严嵩大小事都与此儿商议,父子俩在朝中狼狈为奸。他们不但招财贪贿、结党营私,且陷害忠良,制造了许多冤狱。

嘉靖二十二年(1543 年),严嵩入阁第二年,就先拿御史叶经开刀。叶经过去曾上疏弹劾过严嵩大受贿赂之事,使严嵩怀恨在心。这年山东乡试,由御史叶经主持。在策问中有道关于边防的论题,世宗看了很不满意,以为语含讥讽。严嵩便马上叫人逮捕了主考官周铲等人,又向世宗密言:"这事实际上是御史叶经主使的。"世宗马上降旨,将叶经杖打八十,叶经受杖重伤而死,周铲等人也被贬谪。严嵩借题发挥,激怒皇上,以打击宿敌,此所谓"小试牛刀"。

严嵩为打击异己,甚至不惜谎议边事,陷害战将,手段毒辣。河套战略要地,对明边防十分重要。鉴于鞑靼部不时侵扰,总督三边军务兵部侍郎曾铣力主收复河套。内阁首辅夏言也支持曾铣的主张。嘉靖二十六年,曾铣率兵出塞袭击取得胜利，再次提出收复河套方略。

适逢鞑靼又来谋犯边界，严嵩曾受过夏言的压制，又企图夺得夏言首辅的地位，便乘机指责曾铣轻开边衅，虚报军情，而夏言附和支持，互相勾结，致边事告急，误国家大计。众党羽也群起而攻击，以期激怒世宗。

曾铣曾弹劾甘肃总兵仇鸾阻挠军事行动，仇鸾因此被逮问入狱。严嵩为了打击夏言、曾铣，便替仇鸾翻案，甚至代仇鸾写狱中草疏，诬告曾铣袭战掩败不奏，克扣军饷，且与夏言内外勾结，欺瞒朝廷。世宗对夏言已有些疑心，听此诬告，也不求证，便将夏言削夺官职，退休还乡，并下令逮捕曾铣，要法司拟定罪名。最后曾铣被赐死，妻儿被流放两千里。曾铣为将颇有胆略，长于用兵，时有军功，被如此错杀，天下闻而冤之。

严嵩知道，若不置夏言于死地，一旦夏言复出，必然会报复，因此仍不罢手，在世宗面前散布流言，说夏言被革职后愤怒不已，毫无悔罪的意思。于是，世宗派人把夏言从还乡途中追捕回京，斩于西市。夏言身为首辅，就这样被轻易处以极刑，这一特大冤狱震动全国。严嵩从此登上首辅大位，独掌朝政。

由于朝政的腐败，且自毁长城，削弱边防，让鞑靼有机可乘。嘉靖二十九年（1550年）六月，鞑靼可汗俺答率部大举进犯。负责大同防务的总兵仇鸾是个草包，官职是用钱向严嵩父子买来的，前遭曾铣弹劾，经严嵩翻案搭救，此时又官复原职，且驻守战略要地大同。面对俺答的进攻，仇鸾只会用重金去贿赂，乞求不进攻大同。俺答收了礼金，便引兵东去，攻下古北口。古北口一失，北京震动，兵部尚书丁汝夔急得手足无措，问计于严嵩。严嵩回答："俺答抢够了，就会自己离去，我们坚壁不战是上策。"丁汝夔听从严嵩的计议，传令诸将不许轻易出战。诸将也巴不得有这一道命令，便龟缩在城中毫无动作。

俺答兵直逼北京城下，在周围大掠村落居民，焚烧庐舍。百姓饱受劫难，一听说是丁汝夔下令不抵抗，咒骂声四起。俺答军队大肆抢掠数天后，押着大批男女俘虏、驴马牲畜、金帛财物，志满意得，引兵退去。历史上称此次事件为"庚戌之变"。事后，世宗得知真相，感到是一次奇耻大辱，为了泄愤，便把丁汝夔逮捕下狱。丁汝夔求救于严嵩。严嵩胸有成竹地打保票："有我在，不会让你死的。"过后，严嵩见世宗着实发怒，要处死丁汝夔，为保护自己竟一言不发。丁汝夔以为严嵩会救他,审讯时自然不说出是听命于严嵩的计谋。直到临死时,他才恍然大悟,大呼:"严嵩误我!"

当时最为天下人痛恨的是严嵩杀害沈炼、杨继盛两大冤狱。

沈炼官任锦衣卫经历,为人刚直,疾恶如仇。他了解了严嵩父子的贪鄙奸恶,残害忠良,导致鞑靼军长驱直入,京师被困,生灵涂炭等罪行之后,就上疏痛骂严嵩"贪婪之性,疾人膏肓;愚鄙之心,顽于铁石",历指严嵩揽权纳贿、擅宠害政的十大罪状,请世宗诛戮奸臣,以谢天下。但奏疏上呈后,世宗看了大怒,以诋毁大臣罪,将沈炼处以廷杖数十,削去官职,贬谪至保定为佃农。

沈炼到保定后,百姓知是因为骂严嵩而遭贬谪的,对他很是敬重,请他当老师,教习乡中子弟。沈炼捆了三个草人,比做李林甫、秦桧、严嵩,经常在教习之余以草人为靶,和弟子一起练习射箭。

严嵩知晓后,更是恨得咬牙切齿,便嘱托当地的党羽总督杨顺和巡按御史路楷,让他们设计陷害沈炼。适逢蔚州一带有人以白莲教为名,聚众起事,被官府抓获。杨顺知道情况后,便将犯人供词改动,把沈炼名字夹在中间,诬说沈炼是这伙白莲教的指挥,派人将沈炼逮捕后,押往闹市斩首。沈炼的两个儿子遭杖杀,一个儿子被流放,可谓冤深似海。

继沈炼之后,兵部员外郎杨继盛又于嘉靖三十二年上疏弹劾严嵩十大罪状。为证明自己所言不虚,杨在疏章最后说:"或可召问裕、景二王,或询诸阁臣。"世宗见奏又是大为震怒。严嵩乘机抓住"召问裕、景二王"这句话大做文章,使世宗怀疑,杨在交结诸王,捉弄朝廷。世宗下旨将杨继盛廷杖一百,下狱治罪。杨继盛受重刑昏死过去,醒来后毅然用碎碗片刮去伤口烂肉,露出筋骨,仍神色坚定。

杨继盛在狱中关了三年。适逢二御史坐罪论斩,世宗正在气头上,严嵩乘机又把杨继盛的名字附在二御史后一同申报。于是奉旨斩首,杨年仅四十岁。

刑部两官员在审理杨继盛案时,为杨说了句公道话,一个被贬,一个下牢。总督蓟辽右都御史王忬同情杨继盛,让其儿子经办杨的丧事,被严嵩知晓。严嵩便借口战事失利,鼓动世宗,将王忬杀害。可以说当时朝廷中凡是反对过严嵩的官员,没有一个不遭陷害,轻则贬黜,重则杀头。

严嵩为明代有名奸臣。然而,从当时官僚的整体素质来看,他的品质与同时代大多数官员相比并无多大差异。他无耻逢迎皇帝,无情打击异己,可以说是时代驱使的结果。当时整个官僚集团都已腐败透顶,严嵩只是其中的代表人物而已,所以是当时的社会制度造就了这类奸臣。尤其是明世宗这样的昏君,更是需要这样的奸臣,而奸臣不过是在助纣为虐罢了。

十二、万历矿监税使的暴行

明神宗是一位荒淫至极的昏君。他十岁即位,在位四十七年,竟有约三十年不上朝视事、面臣议事,而整天醉心于千方百计地搜刮钱财,勒索珍宝,是一个"以金钱珠玉为命脉"的十足财迷。为进一步聚敛天下财物,以供自己享乐,从万历二十四年(1596 年)开始,神宗派出大批亲信太监,至全国各地充当矿监税使。

这批亲信走狗几乎布满各地通衢大邑。他们手持皇帝的圣旨朱牌,身携御赐的特许税使关防印鉴,或监督开矿织造,或乱增税款税目,花样繁多,搜刮民脂民膏,并依仗权势,为非作歹,敲诈勒索,纵横骚扰。神宗对这帮鹰犬的疏请密告是"随奏随准,星火促行。不令阁部议拟,不许科道封驳"(《明神宗实录》卷三百三十一),致使太监们为所欲为,气焰嚣张。许多地方官稍有怠慢或有抵触情绪,就会刑罚加身,甚至被逮捕入狱。一些较为正直的地方官起而抵制、抗疏,更是遭到诬告陷害,被罢官贬谪,直至含冤毙命。

太监陈增在山东,巧立名目,乱增税款,擅作威福,为害酷烈。陈增手下爪牙,内阁中书程守训、中军官全治等人,更是飞扬跋扈,手段刻毒。他们要求当地富商巨贾主动奏报献纳,凡隐匿抗交者,便马上逮问拷讯。同时纠集了近百名无赖打手,盘踞于一条大船上,于船中设置水牢,几乎天天捕讯胁迫百姓。"今日械一人,曰:尔富违法。明日系一人,曰:尔家藏珍宝。凡稍殷实者,即罗织之。"不是非法刑讯,备极惨毒,就是投入牢狱,绝其饮食,或用粗大铁索锁项拉去游街示众。经此折磨,富商巨贾无不变卖家产,凑纳银钱。有时那些打手还直接上门挨家逐户捉人洗劫,轻者倾家荡产,重者家破人亡。有时他们又称奉密旨探寻金宝,募人告密。许多富商大贾被诬告藏有违禁物,逮捕入狱,家产没官,被如此谋财害命者不计其数。许多人只得逃离家园,远走他乡。程守训后被查出私吞违禁珍宝和赎银四十余万两。一名爪牙就能贪污如此之巨,可见搜刮之烈。陈增在山东肆行作恶达十年之久,乡民饱受其荼毒。

太监陈奉在湖广,同样横行霸道,肆意搜刮,并且鞭笞官吏,剽劫商旅。他到达荆州(今湖北江陵县)时,被愤怒的数千民众围攻,竞掷瓦石以击。陈奉抱头鼠窜,遂诬襄阳知府李商畊、黄州知州赵文炜、荆州推官华钰、荆州知州高则巽、黄州经历车任重等官员煽乱抗税。神宗下诏,逮捕华钰、车任重等入狱。他们被关押五年多,后被释放削职为民。

兴国州有奸民漆有光,诬告仇人徐鼎等掘唐朝奸相李林甫妻杨氏墓,得黄金巨万。朝廷得奏后,神宗命陈奉将此黄金全部搜没进内库。陈奉得令,便对徐鼎诸人毒刑拷打,责其偿所掘黄金。随后,陈奉自己也使唤喽啰遍掘境内诸墓。

由于陈奉的威胁敲诈、摊派滥索,加上党羽打手奸淫妇女,胡作非为,激起数地民变。武昌兵备佥事冯应京上疏劾奏陈奉十大罪状,反被陈奉诬告"故违明旨,阻挠税务"和凌辱朝廷使者等罪名,被追逮入狱。冯应京在当地素有好名声,民众号哭送行。陈奉又故意在街上榜写冯应京的"罪状",并令打手殴击送行群众,将李廷玉等三人当场活活打死,受伤者不计其数。民众忍无可忍,奋起反击,将其党羽十六人投入滚滚长江。陈奉见势不妙,赶忙逃跑。

枣阳知县王之翰因反对陈奉滥开矿,也被陈奉诬劾,与襄阳通判邸宅、推官何栋如等人一起被锦衣卫缇骑逮讯入狱。冯应京等官员被关押三四年才获释,王之翰病死狱中。

太监高淮在辽东,到处设立税店,捕杀平民,掠劫市场,恣行威虐,引起民变。高淮向朝廷诬奏罪名,逮捕数十名生员下狱。巡按杨宏科上疏相救,朝廷不予理睬。高淮忌恨辽东总兵马林不服从自己,便向朝廷劾奏,罢马林官职。给事中侯先春疏救,反而又受高淮打击。最后,马林被流放充军,侯先春遭贬职。

给事中田大益、孙善继、姚文蔚等一起奏报:高淮在辽东招纳亡命之徒,结党横行,滥行搜刮钱财数十万。巡抚赵楫劾奏高淮在辽东罪恶万端,无故打死指挥张汝立。神宗都不加理睬而予包庇,致使高淮在辽东招募党羽打手三百多名,整日有恃无恐,肇事生非,或出塞射猎,或干预地方财政军事,或至朝鲜勒索土产,山海关内外,俨然一霸。辽东巡抚李化龙在奏疏中写道:"先辽阳城有四十家,其家皆有数千之产,为淮搜索已尽,非死而徙,非徙而贫,无一家如故矣。"

万历三十六年,由于高淮克扣军粮,激起兵变。高淮害怕而逃进关内,反诬海防同知王邦才、参将李获阳追杀使臣,劫夺御用钱粮。两人因此都被逮捕入狱,李获阳被拷打致死,王邦才被关押十年,才获释放。吏部左侍郎杨时乔指出:"辽东一百三十七城堡,十余万军,数十万百姓,处处沸腾,人人疑惧。"(《明经世文编》卷四百六十二)

太监马堂在天津、山东诸地也招有亡命之徒数百人,白天公然闯家洗劫,反抗者辄以违禁罪名逮捕入狱,夜晚或则杀人放火,无恶不作,并纵容奴仆诬告主人,使中等之家大半破产,征收各种高得吓人的税款,远近市镇只得罢市。人民生活极为困苦,引起强烈民愤。山东临清民众和马堂理论,却被弓手射伤。群众气愤难忍,冲进衙门,放火烧了税署,烧死其党徒三十七人。这些党徒原来都是些被黥面刺臂有前科的罪犯。马堂逃出后向朝廷诬告,诏捕首恶,株连甚众。商贩王朝佐见多人蒙冤遭难,便慨然站出来承担责任,说:"为首者是我,不要滥捕无辜了。"临刑,神色不变。知府李士登抚恤其母亲家小,临清百姓为他立祠纪念。

太监梁永在陕西,所用亡命无赖都披挂甲胄,全副武装,畜养战马五百余匹。他们到处横冲直撞,大肆敲诈,贪得无厌,俨然一帮土匪。富平知县王正志,逮住这些不法党徒,并劾奏其党羽矿监赵钦,不料却被梁、赵倒打一耙,诏逮下狱。王正志被关押四年之久,最后病死牢房。

渭南知县徐斗牛,谨于职守,清廉正直。因徐斗牛交不出梁永摊派的贡赂,爪牙杭大贤等人闯入县衙,当面折辱,并将仓吏王兴国等三人活活殴死。徐斗牛盛怒不已,愤懑自缢而死。巡抚贾待问向朝廷奏报,梁反诬贾与诸官员结党营私。

梁永率党徒巡视诸地,尽发历代陵寝,搜掘金玉,旁行劫掠。他们所至县邑,凡有抵触者,非法刑拷,如用酷刑打死县丞郑思颜、指挥刘应聘、生员李洪远等人。党徒肆行淫掠,抢得良家妇女数十人,私养于官邸内。梁永还放纵属下在道路设卡为盗,劫掠路人,被咸宁知县满朝荐侦知捕获。咸阳知县宋时际抵制交纳高额摊派。后来,他们都被梁永诬告劫掠朝廷税银。由于朝中大臣尽劾梁永之罪恶,满、宋二人才得免罪。

御史余懋衡巡按陕西,梁永派人买通余家厨师下毒,余等险些被鸩死。事情败露,余讼于朝,而神宗也不加罪于梁。

有一次,满朝荐遇梁永党徒将抢劫来的财物诈称上供物,偷运出关,准备藏匿,便令巡逻兵追击,格杀了数人。余懋衡以捕盗杀伤向朝廷奏报,而梁永诬告满朝荐劫夺上供物品,杀死使者。神宗一听大怒,以为满朝荐在为余懋衡报仇,遂将满逮捕下狱,长期关押。

太监杨荣在云南,也是滥行搜刮,且随意诬陷地方官,他诬知府熊铎藏匿财物,熊铎因此被下法司审讯,又诬寻甸知府蔡如川、赵州知州甘学书、云南知府周铎等人下诏狱。指挥使樊高明由于交纳钱物来迟,就被残酷榜掠,拷断筋骨,且枷以示众。他又将指挥使贺瑞凤关押,且扬言要尽捕有关军官进行惩治。杨荣纠集党徒数百人,猖獗威虐,干尽坏事,单单因仗打而死的百姓就达数千人之多,可谓杀人如麻。终于激起民变,民众焚其府第,杀杨荣投火中,并杀其党徒两百余人。神宗得知,焦虑得几天吃不下东西。

太监高寀在福建,也是到处设卡征税,横征暴敛,以致公开掠夺。社会上一些无赖恶棍,趋炎附势,纷纷投靠,充当爪牙。他们在港口设官署,勒令商人交纳高额“税款”。另外,高寀还下令,凡船队回港,船民交完款项才能上岸,违者逮捕法办。船民由于出不起高额税款,便只能偷偷登岸回家,因而常常被捆绑入狱,累累于道。高还常派税吏上船搜查,稍不如意,船货一并没收。如此巧取豪夺,海商损失惨重,无不恨之入骨。

万历四十二年(1614 年),高寀将许多商贩借以糊口的本利钱全部敲诈夺去。几百名商贩忍无可忍,一起到税署要求讨还本钱。高寀反目相待,指使打手持刀行凶,当场杀害铁匠潘六、炭行周一章、谢廷祖多人,许多人被打成重伤。恶棍们还用箭火烧毁了几十间民房,激起极大民愤。一天清晨,数千群众包围了高寀的住所。高寀率甲士两百余人逃入巡抚袁一骥官署,用刀逼袁,令民众退去,后又挟持副使李思诚、金事吕纯如等人,并向朝廷诬告民变与诸官员煽动有关。袁一骥等人就此罢官。不过,民变也迫使朝廷召回了高寀。

从万历二十四年开始,直到神宗去世的二十余年间,朝廷派出的矿监税使遍及全国一百六十多个州县,到处播虐逞凶,制造冤狱。

据万历二十九年(1601年)全国各地矿税监所进银额粗略统计,其中除宝石、铜器、马匹、少数矿金外,全国共进银十万余两。而矿税之征"大略以十分为率,入于内帑者一,克于中使者二,瓜分于参随者三,指骗于土棍者四。而地方之供应,岁时之馈遗,驿递之骚扰,与夫不才官吏指以为市者不与焉"(《明通鉴》卷七十二)。以此统计,单单矿税,每年掠夺的总数就可达一千万两之巨。在如此狂毒的掠夺之下,人民在水深火热中煎熬,有所谓"百用乏绝,十室九空"。河南巡按姚思仁根据自己亲身巡历所见,用绘画手法形象地编绘了一部《开采图说》,共二十四幅,将河南洛阳一带人民在矿监税使勒索暴逼之下,许多人"溺河、缢树、刎颈、断指之状"及"鬻妻卖子,哀号痛苦",被绑入狱,惨遭毒刑等悲惨情景跃然纸上,并标注受害人的姓名、年龄、籍贯,加上标题,附以文字说明,以示内容绝对真实。各地的有关冤狱可谓罄竹难书,《明通鉴》卷七十一载,山东富民三日内被捕入狱者就达五百人之多,人民面临绝境,奋起反抗,又被残酷镇压。

苏州市民反抗税监孙隆的斗争故事最为人们所熟知。苏州丝织业发达,城里机工有几千户。万历二十九年(1601年),税监孙隆一到苏州,就在各处设立关卡,对过往绸缎布匹收税,还对机工收机户税。每台织机和每匹绸缎都要被收取重税,许多机户因此破产倒闭。市民被逼对税监孙隆进行英勇反抗。他们包围了县衙门,打死税卡上的税棍与小税监,还点火烧了孙隆十二个爪牙的家。最后,近万名织工包围税监司衙门,高喊"捉孙隆,罢私税"口号。孙隆翻墙逃走,知府被迫宣布撤销各项税收。然而,统治者不甘心失败,派出军兵镇压,乱捕市民。织工葛贤挺身而出,包揽罪名,从容入狱。知府怕激起更大民愤,没敢杀害葛贤。葛贤被关押了十二年后,遇赦出狱。

矿监税使的权力凌驾于各级地方官之上,手下恶棍爪牙咆哮公堂,伤害官吏之事时有发生。如陈奉爪牙王继贤,就白天持刀闯入谷城县堂,刑拷署印主簿。同时，他还任意向神宗告密诬陷，"参督抚，鸩按臣，视为恒事。至于守令以下，但云阻挠，即遣缇骑；但云贪肆，即行追赃，直奴隶视之而已"（《万历野获编》卷六），将地方官吏视如奴隶，要押、要刑，随其所欲。"片纸入朝，严命夕传，纵抱深冤，谁敢辩理？不但破此数族，又将延祸他人。但有株连，立见败灭。"（《明史》卷二百一十六）这样，地方司法程序与制度被破坏殆尽，实际上朝廷法司也形同虚设，而被胡乱追逮入狱，重刑拷讯，乃至迫害致死的官吏不计其数。

神宗长年不上朝，整日在宫中专嗜玩乐，成为一个十足的酒色之徒，"每夕必饮，每饮必醉，每醉和怒，左右一言稍违，辄毙杖下"。如此被杖死的宫女、宦官不少，因上谏被廷杖、下狱、贬黜的官员也不计其数。清代史家谷应泰慨叹："当斯时，瓦解土崩，民流政散，其不亡者幸耳。"（《明史纪事本末》卷六十五）神宗死后没几年，农民起义的烽火便在各地点燃。赵翼说："明之亡，不亡于崇祯，而亡于万历。"

十三、阉党迫害东林党人

万历二十二年（1594 年），吏部文选郎中顾宪成被神宗罢官回乡，在无锡城东的东林书院讲学，汇集了一批朝野志同道合之士，后在朝政党争中，被称为"东林党人"。一般来讲，东林党人较为正直，关心民情，看到朝政腐败，官风不正，要求改革的呼声较高，自然也有排挤政敌，党同伐异之举。

万历四十八年（1620 年），神宗与光宗在不到两个月时间内先后病亡，熹宗即位，改元"天启"。

熹宗幼年丧母，由奶娘客氏抚养长大。他即位后，即封客氏为"奉圣夫人"，同时提拔与客氏有暧昧关系的太监李进忠为司礼秉笔太监，并让他恢复魏姓，赐名忠贤。魏忠贤乃河北肃宁县人，本是个市井无赖，因赌博输了钱，被债主逼得走投无路，只好自施宫刑，混入后宫当差，后来与客氏搭上关系，结成"对食"假夫妻，开始获得熹宗的宠信。

客氏为人阴险毒辣，善于应变，以皇帝奶娘的身份，在后宫专横跋扈，不可一世。魏忠贤同样阴险狡猾，生性猜忌残忍，玩弄手段，厚颜无耻，与客氏正好天生一对,狼狈为奸。他们抓住熹宗贪图玩乐、懒于政事的弱点,尽量投其所好,纵其所欲,一方面献媚固宠,一方面从中操掌权柄。熹宗爱好木匠活。每当熹宗做木匠活时,魏忠贤便假装奏事,熹宗便不耐烦地训斥道:"我知道了,由你用心去处理便了。"就这样,魏忠贤开始在朝中擅政,并广泛拉拢党羽,勾结外廷官员,以增加自己的权势。

天启初年,熹宗曾起用一批东林党人。许多受东林党人排挤鄙视的官员纷纷投靠魏忠贤,朝中逐渐形成一股强大的邪恶势力,人们称它为"阉党"。魏忠贤在宫中有司礼监掌印太监王体乾等三十余人为左右拥护,在外廷有御史崔呈秀等五个出谋划策的文臣,号称"五虎",有锦衣卫都督田尔耕等五个负责捕杀、镇压的武臣,号"五彪",此外还有所谓"十狗"、"十孩儿"、"四十孙"等大小爪牙。总之,没几年,从朝廷内阁到六部、四方总督、巡抚,无不遍置魏的死党,阉党专政的局面形成。

早在天启元年(1621 年),东林党人、御史周宗健等人就首劾客氏,然而反被贬降。天启二年,周宗健等人又起而攻劾魏忠贤,但仍无结果。天启三年,魏忠贤暗使心腹对东林党官员妄加中伤。周宗健先后奋起两次上疏抗旨直攻魏忠贤,无情揭露其坏政误国之伎俩,矛盾进一步激化。但在熹宗的庇护下,阉党毫无损伤。

天启四年,阉党的胡作非为,引起更多正直官员的愤慨。左副都御史杨涟经过充分酝酿准备,上疏痛斥魏忠贤二十四条罪状。随后,给事中魏大中、御史袁化中、黄尊素、李应升等七十多人,共一百余疏奏,揭发魏忠贤阉党的罪行,掀起一股讨伐阉党的怒潮。斗争日趋白热化,形势变得十分严峻,而左佥都御史左光斗等人依然在草拟进一步攻劾阉党的奏本。

魏忠贤自然不甘心被攻劾,开始策划阴谋,决心对东林党人赶尽杀绝,以泄心头之恨。

六月,魏忠贤首先拿工部郎中万燝开刀。万燝督理皇陵工程事务,见国库空虚,而内宫监处却有数万件废旧铜器放着无用,便要求内宫监处发铜助工,但魏忠贤故意拖延不发。十六日,万燝再次上疏催促发铜,并指责魏忠贤狡诈贪婪、擅权专政,驱逐大臣,动用立枷毙死人命等罪状。疏奏上呈后,魏忠贤矫旨令锦衣卫将万燝痛杖一百,并将其革职为民。廷杖完毕,万燝已气息奄奄,又被一群宦官肆意拳打脚踢,四天后一命归天。此案拉开了阉党迫害东林党人的序幕。

七月,阉党又借故胁迫首辅、东林党人叶向高。叶为三朝元老重臣,无端被辱,气愤不过,便辞官告老还乡。接着,阉党顾秉谦升任首辅,控制内阁。叶向高被逼走,使正直的东林党官员失去依靠,朝中不再有能为官员主持公道的内阁,局势变得对东林党人更为不利。无端的陷害开始接踵而来。

从八月起,外廷所上疏奏,大都被阉党扣留不发,朝政各种制度形同虚设。十月开始,大批东林党官员被罢黜,如吏部尚书赵南星、右都御史高攀龙、杨涟、左光斗等,全都被削职为民。

首辅顾秉谦为讨好魏忠贤,将朝中东林党官员逐一排查,编定《缙绅便览》黑名单一册,密封好上呈魏忠贤。魏得名单,大为称赏,把它张挂在屏风上,随时查看,谋划各种陷害办法。

天启五年(1625年),阉党开始兴起大狱。

早在四年四月,阉党就诬以罪名,逮捕东林党人、内阁中书汪文言,下到锦衣卫镇抚司大牢。指挥使刘侨听从一些东林党官员的劝言,不愿酷刑逼供,诬害同僚,仅杖责一顿,就释放了汪文言。这使魏忠贤大为恼怒,马上将刘侨罢官削籍,而以生性残酷的心腹许显纯代之任锦衣卫指挥。

五年三月,阉党又矫旨重新逮捕汪文言入狱,由许显纯用毒刑逼供。汪文言在酷刑摧残下,坚不认罪,也不肯诬连他人。当许显纯要汪诬指杨涟、左光斗等人有受辽东大将熊廷弼贿赂时,汪怒不可遏地说:"用这种罪名来诬蔑清廉之士,真是卑鄙无耻,我死也不从。"并用力高呼:"如果你们妄书伪造供词,日后我会与你当面对质的!"

许显纯在审讯中得不到什么,便只得私下拟好虚假供状狱词上报。其中牵连到的东林党官员有杨涟、左光斗、魏大中、袁化中、周朝瑞、顾大章、赵南星、缪昌期等近二十人。同时,许显纯很快将汪文言在狱中秘密处死,不留活口,以死无对证。

魏忠贤得到诬案奏报后,立即下令逮捕杨、左、魏、袁、周、顾六人下到镇抚司监狱。六月二十八日,许显纯将六人成案拟就,不管承认与否,一律酷刑伺候。当天,每人各打四十棍,拶敲一百,夹扛五十。之后几乎数天就上一次重刑,把人打得体无完肤、血肉模糊。其中太仆寺少卿周朝瑞本来身体虚弱,面如菜色,袁化中体质更差,单薄消瘦,二人受刑后都病体加重,僵卧不起。其他人也同样痛楚难忍,坐以待毙。

在如此不断的非人摧残下,左光斗对五人说:"我们如坚不招承,很可能就死于锦衣卫的严刑毒棍之下,倒不如用缓兵之计,暂时招承,当我们被移送到法司复审,届时再翻供,就是按法处刑,也不至于死。"众人觉得在别无他法的情况下,也只能如此了,便一个个都按诬陷罪名含冤招认。这样,杨、左各受贿两万,周一万,顾四万,袁六千,魏三千。

一般来说,罪名既已成立,便应移法司复审、判刑。然而,当时厂卫、法司都已在阉党的控制之下。其实就算转移到法司,也不会有什么翻案的可能,何况阉党并无此雅兴,左光斗他们完全失算。许显纯一见众人招供承认,就又逼着他们退赃,并以五日为限,不退赃同样动用大刑。六人都两袖清风,家产微薄,哪里交得出如此赃款。其家属抱着一线生机,只得竭力奔走,变卖家产,以期凑足数目而使亲人免受毒刑。

陕西副使顾大章数目最大,家属被逼得将田土、房屋、杂物全部卖完,也不敷其数,而家人已无以为生。杨涟家全部财产不足千金,哪来两万。住宅变卖后,母亲妻儿无处安身,靠两个儿子沿街乞讨度日。知情人纷纷捐款,但仍无法凑齐。左光斗曾任屯田使,在河北兴修水利,农业增产,乡民受其惠。此时为救左光斗,乡民动员捐款,县官、秀才们也纷纷解囊相助,但仍填不满这个壑坑,而兄长、母亲都被逼死。总之,六人都被搞得家破人亡。

而限日输金不到,这"五日一比"的全刑,更为惨毒。所谓全刑,就是械、拶、镣、棍、夹棍等刑具齐备,轮换施用。人被打得血肉溃烂,痛苦难熬。旧伤未愈,新创复加,每个人都被折磨得气息奄奄,宛转以求速死。

八月,杨、左、魏、袁、周都先后被残害至死。杨涟死时,体无完肉,土囊压身,铁钉贯耳,惨不忍睹。人死后都被用芦席裹尸,虫咀腐体,数日后才被抬出,等到收敛时,仅得破碎血衣数片,残骨数根而已。九月,顾大章被转到刑部监狱,也自缢身亡。以上首罹阉党惨祸的六名东林官员,史称"东林前六君子"。

赵南星由地方巡按逮讯,也被诬受贿一万五千两而关入监狱。因家中清贫,他全靠亲朋好友资助,才算退清款项,被判流放代州(今山西代县)。儿子、外甥也被无辜逮捕入狱,重刑拷打,几至于死,后流放戍边。母亲哀伤过度而死,小儿子受惊吓而亡。最后,赵星南客死贬地,一家人惨遭毒手。

十二月,阉党又将《东林党人榜》三百零九人,刻于邸报,颁示全国。凡在榜上之人,一律削籍,禁锢不得为官。

天启六年(1626年)三月,魏忠贤又利用织造太监李实的奏折,令党羽诬告东林党人周起元、周宗健、缪昌期、李应升、周顺昌、黄尊素、高攀龙七人各有贪贿一定数量的款项,矫旨逮捕下狱。

文选员外郎周顺昌,为人刚直耿介,数次指斥魏阉及其党羽。三月十五日,当东厂旗尉在苏州准备逮捕周顺昌时,民众听到消息,个个义愤填膺,呼喊"冤枉"的人群把道路都给堵塞了,一时汇集有数万之众。几名儒生为代表,要求将民众的情绪转达给朝廷。然而旗尉狐假虎威,根本不把老百姓放在眼里,依然恫吓群众。不料激起更大民愤,人群蜂拥而上,势如山崩,将东厂爪牙痛打,打死一人,伤多人,旗尉们吓得翻墙逃窜。东厂自然不会就此罢手,回报朝廷后,追究暴乱之首,最后捕杀了五名百姓。明代文学家张溥在《五人墓碑记》中详细叙述了这一事件的经过。

御史黄尊素也一再疏劾阉党的种种劣迹,且在汪文言一案时,告诫刘侨"不可逼供,牵连无辜",致使阉党对黄十分忌恨。近又有流言说,黄尊素将仿效杨一清杀宦官刘瑾的办法,来干掉魏忠贤。魏阉担心之余,自然要急于除掉黄尊素。就在东厂于苏州城内逮捕周顺昌激起民愤的同时,逮捕黄尊素的船就停在苏州城外。当百姓知道这是锦衣卫来抓黄御史的船时,也把船团团围住,并用石头击沉。旗尉们见势不妙,一个个泅水而逃。消息传出,黄尊素怕连累更多的无辜民众,自己穿上囚服,到官府投案,被关入锦衣卫大牢。

左都御史高攀龙,是赵南星的学生。师生二人共同揭发阉党首恶崔呈秀的秽行,被削去官籍。此时高攀龙正在东林书院讲学,当听到周顺昌等人已被捕的消息时,知道自己也将被捕入狱,恐惨遭杀害,便从容安排后事,不屈而自沉于池水之中。

左赞善缪昌期，在东林同仁中有文名，所以有人说，杨涟攻劾魏阉的奏疏是缪昌期代草或润色的。魏忠贤早已深为忌恨，先革去缪的官职，被捕后诬以坐赃三千两。昌期慷慨辩驳，毫不屈服。阉党恨他草拟奏劾，先将他十个手指折断，后在五毒大刑的折磨下，四月初就死于狱中。

御史周宗健在天启初年就首劾魏忠贤"目不识丁"，却掌握着朝廷的"一切用人行政"，"其为隐祸，可胜言哉"，一针见血，痛快淋漓。魏阉也已恨之入骨，先夺俸削籍。此次入狱，魏国诬以纳贿一万三千两。在狱中饱受毒刑时，许显纯咆哮道："看你还敢骂魏公目不识丁乎！"命钉以铁钉，复用沸水浇身，顷刻皮肤卷烂，赤肉满体。周宗健宛转两日而死，年仅四十五岁。

御史李应升最为年轻，但在揭露魏阉的斗争中，奋勇无畏，不甘人后，要求罢撤魏忠贤主管东厂所用的酷毒刑具。杨涟上疏后，应升即继而奏疏，重申"阉人之祸"，要魏忠贤引退。此次被捕，杨涟被诬受赃三千两，很快被毒刑杀害，年仅三十四岁。

黄尊素也被诬受贿两千八百两，饱受毒刑。尊素家清贫，无钱赎"罪"，幸亏乡亲们的捐助，才勉强退完款项。然阉党仍不放过。六月初一，尊素受不了狱卒的故意刁难与虐待，自杀身亡，年仅四十三岁。

周顺昌被捕入狱，同样被诬受赃三千两。每次拷打完，周仍大骂不止。许显纯用铁椎打掉周的牙齿，恶狠狠地说："看你还能骂魏公吗？"周顿时将满口鲜血喷在许的脸上，骂得更厉害了。六月十七日，周顺昌被悄悄处死，年仅四十二岁。

右金都御史周起元因揭发织造太监李实的罪恶，并为苏州同知杨姜辩冤而忤魏忠贤，后数次参劾阉党爪牙，被削籍罢官。起元被捕时，周顺昌等人已死于狱中。起元被诬贪污库金十万，简直骇人听闻。许显纯同样酷刑拷打，并逼其家属退赃。最后，不但起元家破人亡，其许多亲戚朋友也被搞得倾家荡产。九月，赵元在狱中被害。东林党这七位斗士，史称"东林后七君子"。

魏忠贤迫害上述东林党骨干后，指名要逮捕严办的还有八十余东林党人。全国一时缇骑四出，侦探密布，弄得人情汹汹，气氛恐怖。许多东林党官员与其他一些正直人士，或被追逮致死，或受酷刑而亡，也有的服药、自缢而死。如御史夏之令生性耿直刚烈,看不惯阉党所为,曾亲手掴过太监耳光,就被诬以罪名,下狱至死。中书吴怀熙因称赞杨涟的疏劾,就被追逮下狱,拷掠而死,家产籍没。从天启四年十月起,到熹宗病故的仅两年多时间内,东林官员被害死于诏狱者达数十人之多,下狱而被遣戍充军者百余人,公开受通缉削籍夺官者有四百人左右,其他受牵连的官员、朋友、亲属被刑罚者估计在数千人。整个国家被阉党搞得冤狱遍地,横尸朝野。

　　魏忠贤及其党羽的罪行可谓罄竹难书,迫害东林党人的手段更异常残忍刻毒,然而当时朝廷中对魏忠贤却一片歌功颂德之声。延绥巡抚朱单蒙称誉魏"德茂格天,功高捧日",还有的赞魏"赤心中天","声溢华夷",甚至有将魏与孔子等同并论者。魏忠贤一年之内要受到朝廷几十次的加恩、封荫、褒奖,所得赏赐金银就有数千万两,亲属个个披荫得荣,鸡犬升天。全国各地还到处为魏滥建生祠……一个双手沾满正直之士鲜血,又几乎不识几个大字的太监、无赖,居然能达到如此"成就",实在让后人慨叹,其原因何在呢? 主要应归功于那个昏聩不堪的熹宗皇帝。

　　天启七年,熹宗突然身患重病,卧床不起。临终前,他在向将要继承帝位的弟弟朱由检(崇祯帝)嘱托后事时,还一再拜托说:"魏忠贤可任也。"(《崇祯长编》卷一)朱由检听了惊得浑身出汗,好久不敢应承。如果熹宗不是二十三岁就一命呜呼的话,魏阉的罪孽肯定还要进一步扩展。中国大地在备受欺压蹂躏、冤狱磨难之后,常常只有等待一个皇帝的死亡,才能得到部分的苏缓,实在可悲啊! 崇祯帝即位后,很快惩治了魏阉及其党羽,为东林党人平反昭雪。

十四、大将熊廷弼、袁崇焕被诛案

　　明熹宗天启五年(1625 年)八月,辽东经略熊廷弼被处斩,人头还被送往边界各要塞轮番示众。明思宗崇祯三年(1630 年)八月,兵部尚书兼右副都御史、督帅蓟辽、兼督登州、莱州、天津军务袁崇焕被处碟刑,家属被流放三千里。明朝在距离灭亡还有十余年的时间里,接连冤杀了两位极有胆略且守边有功的大将。

　　熊廷弼,字飞百,江夏(今武昌)人,万历二十六年(1598 年)进士。后擢御史,巡按辽东,建言军屯,整顿军纪。当时,明朝军队与后金政权在辽东已对峙多年。万历四十六年,努尔哈赤挥师南进,攻占抚顺。第二年,兵部侍郎杨镐率军十多万,与后金激战,即历史上著名的萨尔浒之战。明军大败,阵亡四万余人,举朝惊骇。这样,明军在辽东的战略不得不由进攻转为防守。

万历四十七年(1619年),熊廷弼受命于危难之际,任辽东经略。廷弼身长七尺,熟谙军务,有胆有谋。自巡按辽东时,熊廷弼就持防守为主的战略,如今重整军队,坚守要地,不轻易出战的主张就更坚定,然性刚气烈,常发怒而谩骂,开罪了一些朝臣。

万历四十八年(1620年),神宗、光宗接连去世,熹宗登基,朝中党派斗争激烈。有的朝官攻击熊廷弼出关多年,毫无进展。熊愤而辞职。朝廷以袁应泰接替其职,不料连失沈阳、辽阳二座重镇,袁自杀身亡。努尔哈赤迁都沈阳,改称盛京。明廷震撼,只得再次起用熊廷弼为辽东经略,又以王化贞为辽东巡抚。

熊、王二人性格不合,对形势的估计也不一致。王化贞不懂军事,又好大喜功,口出狂言,想"一举荡平"后金,便主动请战,迎合当时已执掌朝政的阉党的欢心。于是,朝廷让王独掌十四万大军,驻守广宁,而熊仅得五千人马驻守右屯。熊的战略无法实施,上疏批评兵部阉党爪牙,且刚愎气盛,有触必发,由此与阉党的矛盾进一步激化。

天启二年(1622年)正月,五万后金兵进攻西平,王化贞派将佐孙得功前往救援。不料孙投降后金,而溃军逃回广宁,声称金兵已至城下,全城哗然。王化贞在部将保护下仓皇而逃,在大陵河口遇到熊廷弼,向熊哭诉败绩。熊讥笑道:"你不是要一举荡平后金吗?现在又怎样?"王自觉羞愧,与熊商议分兵把守宁远与前屯。熊廷弼考虑了一下,然后说:"此为时已晚,只有保护溃散的民众退进山海关再计议了。"遂率五千兵马与王化贞掩护民众一起撤入关内。

辽东败绩报到朝廷,京城再次震动。二月,王化贞被逮捕,熊廷弼被罢职听候处理。四月,主管三法司的阉党爪牙不顾事实,认为王化贞、熊廷弼都有死罪,将熊也逮捕入狱。熊廷弼开始答应用银四万两贿赂内廷阉党,以期缓刑免"罪",既而因自己为官从不贪一文钱,实在拿不出这么多银钱而背约。魏忠贤见其背约,大怒,誓斩熊廷弼。接着,阉党便用此案诬陷东林党人受熊贿赂,为熊开脱罪名。杨涟等六君子很快被害。阉党为速斩熊，又诬陷熊廷弼私著《辽东传》一书，为自己树碑立传，开脱罪责。至五年八月，熊廷弼慷慨赴刑场，终被斩首。死后，阉党还诬熊侵吞军资十七万，籍没其家产追赃。长子熊兆珪也被逼自杀，许多亲戚都遭连累而破家。

袁崇焕，字元素，广东东莞人。万历四十七年（1619年）进士，好谈兵事，且有胆略，常以边关将才自许。天启二年，被破格擢为金事、监关外军。曾单骑侦察关外前线形势，又夜行荆棘虎豹出没之地，安抚百姓，招募兵马，显出超人的军事才干。与辽东经略孙承宗等官员协力同心，在山海关外筑起坚固防线。

天启五年（1625年），兵部尚书高第接任辽东经略，主张放弃关外诸地，尽撤诸城守具，将士全移关内。袁崇焕抗命不撤，坚守孤城宁远。天启六年（1626年），后金十万大军来进攻。袁坚壁清野，固守城池，并用西洋巨炮打退敌军，取得明朝对后金作战的第一次胜利。因此，袁官迁兵部右侍郎。努尔哈赤惨败而归，不久便忧愤而卒。第二年，皇太极又率军来攻打宁远、锦州。袁崇焕调兵遣将，一面固守城防，时而也轻兵袭击。后金死伤甚多，无功而返，明军又取得"宁、锦大捷"。袁崇焕两战获胜，却因未向魏阉献媚而遭排挤。其他官员加奖晋爵，连魏忠贤的孙子都无功封伯，却论袁崇焕救锦州不力，被排挤出朝，解职回乡。

不久，熹宗驾崩，崇祯帝即位。魏忠贤及其阉党被诛，袁崇焕复出。崇祯元年四月，袁崇焕以兵部尚书兼右副都御史的职衔，督帅辽东。赴辽之前，袁崇焕以前任熊廷弼、孙承宗等人受排挤，无法建功，反致获罪的教训，要求崇祯帝提防廷臣的谗言。崇祯帝慨然应允，且授以可擅自处置将士的尚方宝剑。

袁崇焕到辽东上任后，为严肃军纪，先诛杀了皮岛守将毛文龙。毛为原辽东巡抚王化贞的手下，驻守的海岛离辽东半岛尚近，可不时袭击后金政权的后方。然毛在岛上侵吞军需物资，杀人冒功，擅开商市，剽掠商船，强娶民女，专横不法。同时，毛又非常骄横，不愿受袁崇焕这个文臣节制。袁上任后，毛文龙来谒见。袁特待以宾客之礼，而文龙毫不客气，出言不逊。崇祯二年，袁以阅兵为名，数落其罪名，将毛处以军法。毛被诛后，皮岛军心涣散，诸将怕被株连而纷纷投降后金。没有安排好一个合适的人选指挥皮岛诸军，就匆忙杀毛，这应是袁的失策。

　　前段时间,袁见明军兵力不足,士气更不敌,曾派人与后金商议和谈之事。后金当时谋划长驱南下进攻朝鲜,所以也一度同意和谈。此次复出,袁仍想用和谈的办法,使后金略略后撤,以达到不战而屈人之兵的目的,所以又和后金重新联络,双方或有使者往来。

　　皇太极一面虚与周旋,一面积极备战,见其正面防线牢固,便率军十万绕道进关,兵临蓟州,惊动京城。袁崇焕见军情有变,忙率军回保勤王,在京郊与金兵展开了激烈战斗。袁崇焕身先士卒,率军取得广渠门和左安门两捷。此次皇太极得以入关,全因蓟辽总理刘策所守隘口疏忽所致。但诸臣突见金兵逼近,大为惶恐,纷纷归罪于袁,攻劾袁"拥兵纵敌",甚至有人说袁故意纵敌入关,以逼朝廷讲和。就在此时,皇太极也使用反间计。他在京城附近逮住两名太监,监禁在军营中,故意让部下在边上窃窃私语,说袁与后金有密约,几天后便可攻进北京城,再故意放两太监逃回。太监回京向崇祯一五一十地详细报告。崇祯帝本来就生性好疑,听到这些情况,又联想到当前金兵入关的形势,便信以为真。十二月,崇祯以商议军饷为名召见袁崇焕,三言两语就将其逮捕入狱。月底,皇太极见京城一时也难以攻下,而后金补给困难,遂撤兵返回沈阳。

　　后金兵一撤,朝廷诸臣便群起而攻劾袁崇焕"擅自议和,擅杀大将"两条罪状。袁崇焕初有遣使议和之念,是借努尔哈赤之死,派使者去吊丧,以窥探敌情虚实,朝廷确实不知。后即马上奏报,朝廷"优旨许之"。不过,朝廷后又"以为非计,频旨戒谕",而袁的和谈计划也没有任何实质性的进展。至于"擅杀大将"一罪,就更谈不上了。崇祯帝自己亲赐尚方宝剑,所以袁完全可以先斩后奏,何谓擅杀?

　　魏阉余党此时又想兴风作浪,策划兴大狱,株连正直大臣。大学士钱龙锡曾和袁崇焕谈论过杀毛文龙及和谈诸事,但钱龙锡并非赞成和谈,却也被株连。奸臣温体仁还收买了袁的部将谢尚文造了伪证,诬陷袁崇焕通敌。法司最后以"谋叛"罪定袁崇焕磔刑,钱龙锡死刑。八月十六日,能征善战的一代名将袁崇焕被残酷磔杀,刑场上的血腥景象,让人不寒而栗。崇祯帝自毁长城,边疆将士痛心疾首,对朝廷失望至极。其后,袁手下大将战死的战死,投降的投降,等待明朝的只能是覆灭的下场。

第二节　冤狱类述

一、大明皇帝滥行杀戮

明朝君主专制体制的加强，突出表现之一，就是皇帝的任意杀戮。皇帝几乎不受任何制度及法律的约束，因为在这个制度下，皇帝的旨意就是法律，最多在司法程序上搞几个审理、判决过程摆摆样子，走走过场。

皇帝杀人，有时连司法程序也显得多余，明朝的廷杖就是一例。所谓"廷杖"，就是在官员违忤旨意，惹得皇帝不高兴时，被皇上一声令下，便拖下鞭杖一顿地刑罚，没有任何法律规定或依据，完全看皇帝的心情。廷杖行刑的地点在午门前的御路东侧。监杖的司礼太监宣读完诏令后，旗校就用麻布兜将犯官肩脊以下部位套束起来，并用绳子绑住两脚，犯人俯卧，让大腿受杖，每打五杖就换一人行刑。如要置犯人于死地，监杖人喝令"着实打"，于是受杖人一般便无生还的可能。刑场上，旗校的喊喝如虎狼咆哮，而犯人的呼号更撕心裂肺。明代就这样被皇帝令处"廷杖"，被活活打死、致残的大臣不计其数。

朱元璋滥杀无辜　朱元璋做了皇帝便大开杀戒。

一是屠杀功臣勋将。前文所述明初几件大案中所杀的功臣勋将及有关官员已达十几万之巨。此外，朱元璋还常用各种手段拿功臣开刀。如大将军冯胜，战功赫赫，英名远播，只因冤家诬告家中藏有武器，欲图谋不轨，就被朱元璋请到宫中，在酒席上畅饮之后，回家当夜暴死。战功赫赫的开国元勋傅友德莫明其妙地被赐死，自刎前还先杀了自己的两个儿子，家属被流放辽东、云南。再如从小与朱元璋一起放牛，屡立战功的大臣周德兴，最后却因儿子犯罪，莫名其妙地受株连而死。朱文正是朱元璋亲侄，早年随从他打天下，积有大功，官至大都督，后以"亲近儒生，胸怀怨望"罪被鞭死。李文忠是朱元璋义子亲甥，屡立战功，封曹国公，"尝以客言，劝帝少诛戮，又谏帝征日本，及言宦者过盛"，也被朱元璋毒死。其他著名功臣，如廖永忠、胡美、李新、谢成等人，或被赐死，或被鞭死，或被砍头。大将徐达死，身边医徒也全数处斩。总之，朱元璋几乎把开国功臣斩尽杀绝，而能得善终者寥寥无几。

二是大杀不顺眼的文人儒士。朱元璋认为知识分子必须无条件地为自己服务，对一些不肯合作者采用严厉镇压的手段，"诛其身而没其家"。如广信府贵溪县（今江西贵溪）儒生夏伯启叔侄俩，不肯听从朱元璋的召用，自己斩断手指，立誓不做新朝官吏。朱元璋把他们抓到南京。在答话中，叔侄俩仍把红巾军称为"红寇"。朱元璋大怒，下令斩首示众，籍没家产。苏州文人姚润、王谟被召征推托不至，也同样被杀头籍产。诗坛著名的吴中四杰：高启、杨基、张羽、徐贲，高启被腰斩，杨基死于劳役，张羽投江而亡，徐贲下狱而死，无一人能免于毒手。浦江文士戴良应征入京后，仍不愿做官，被不明不白地害死。临海县文士陶凯想隐居不出，朱元璋便对使者说："陶凯如果不来，就把他九族之内亲属的脑袋全都割来。"残酷蛮横之极。当时文人没有隐居的自由，不为朝廷卖命，就只有死路一条。张孟兼颇有文才，出任山西副使，与布政使不和。朱元璋以为是与自己作对，将其逮至京城活活打死。退休大臣宋濂有病未能上朝觐见，朱元璋查其没病而欲杀之。太子朱标苦求不得，便投水自尽，幸被人救起。朱元璋才收回杀宋濂的成命，却又将脱衣下水救太子的人全部斩首，说什么等脱衣再下水救人，人早就死了。其制造的匪夷所思的残酷文字狱前已有述。

三是杀戮直谏之臣。朱元璋个性强悍，对敢于"批逆鳞"之人，常常要狠狠报复。山西遥县儒学训导叶伯巨上书批评朝政，被下狱至死；大理寺卿李仕鲁上谏劝朱元璋不要过于迷信佛教，竟被当场摔死在宫廷阶下；御史王朴遇事强谏，被处以磔刑；礼部侍郎张衡也因谏言得罪而被处死……在如此滥杀妄刑之下，洪武一朝谏风不盛，直谏之人寥寥。刑部主事茹太素刚直不阿，遇事敢谏，数被贬黜，又多次蒙宥。一日赐宴便殿，朱元璋亲自赐他一杯酒，同时冷酷地吟了两句诗："金杯同汝饮，白刃不相饶。"茹太素还是叩头谢恩，并韵和了两句："丹诚图报国，不避圣心焦。"茹太素不久被贬，坐罪而死，果然"白刃不相饶"。

在阴险毒辣的皇帝专制权术面前,臣下只有被无情宰割的命运。

四是残忍对待后宫妃嫔、宫女。《罪惟录》卷二载:"太祖郭宁妃与康王母李妃、伊王母葛丽妃,俱得罪死,盒盛大筐,瘗太平门外。……胡妃,凤阳人,定远卫都指挥胡泉之女,生楚王桢,有殊宠。偶有堕胎掷内河,内侍以为妃所为。上怒,杀妃,投尸城外,……楚王来朝,号哭求尸不得,得练带,迎葬于楚。"这些妃嫔被太祖杀害后,连尸体都不得盛棺入殓。连妃嫔都死无葬身之地,其对待宫女之凶残就不言而喻了。外甥曹国公李文忠谏"少杀戮",朱元璋认为是幕客教唆所致,下令尽杀其幕客。不久李文忠病悸,不治而死。朱元璋认为死得不明不白,下令将其身边的医生、侍婢共六十余人全族诛灭。

明初惨案迭兴,加上大批的株连,不时地杖杀,搞得大小官员人人自危。朱元璋几乎天天要杀人,主要看心情的好坏。当时的京官在每天早晨入朝之前,先要与妻儿诀别,交代后事,如赴刑场。及至傍晚如能平安归来,便合家庆幸,以为又多活了一天。做官做到这个份上,真让人有点啼笑皆非。总之,明初在加强专制统治的过程中,造成的各类冤狱达到前所未有的惨重程度,臣民生活在残暴非人的社会中。

明成祖朱棣诛杀数例　前朱棣滥杀建文众臣案,已显示出对于异己赶尽杀绝的残忍,一点也不输给自己的父亲。下面再看数例。

大理寺左丞王高、右丞刘端,仅因为在羁押方孝孺时,允许方在树荫下略做休息,就被告发而只能弃官而逃,到永乐十一年被捕获。成祖下令处以劓刑,二人犹不屈服。成祖一怒之下,以纵奸罪诛杀了两人。南昌知府叶惠仲与其兄叶夷仲直书靖难事,遭族诛。庶吉士章朴因家藏有方孝孺诗文,被人揭发,戮于市。

周新是广东南海(今广州)人,历任大理寺评事、监察御史、云南和浙江按察使,为人正直,政绩出众,且不畏权贵,有"冷面寒铁"的别号。永乐十年(1412年),一锦衣卫千户在浙江访察某案,到处索贿,作威作福,欺压百姓,凌辱官吏。周新下令逮捕该千户问罪。不料他从狱中逃脱,回京城向锦衣卫指挥纪纲哭诉。纪纲就向成祖诬陷周新妨碍锦衣卫执行公务。朱棣得知周新不把自己的鹰犬放在眼里,立即下令把周新押京审讯。

锦衣卫得旨,到浙江将周新逮捕,一路上百般拷打虐待。还未审讯,周新已饱受毒刑。到京后,明成祖亲自审问。周新理直气壮地回答:"我遵照法律惩治坏人,为何加罪于我?"拒不认罪。朱棣发怒,下令即刻将周新处死。周新临刑大喊:"活着是正直之臣,死了也做正直之鬼,我死而无憾。"堂堂的朝廷正三品大员,就这样被皇帝随意屠杀,周新应该是死而有憾的。

永乐十九年(1421年)四月,北京新建的三座大殿发生火灾,成祖依例下诏求直言。百官应诏上书,许多人对时政提出批评,成祖都当作"谤讪"朝廷,加以处罪。主事萧仪因为上书言辞激烈而被杀,其他多人被下狱或贬黜。

成祖还在宫中滥杀侍女,酿成多起惨案。永乐八年,成祖率大军出征,宠妃权氏随行。不料凯旋之日,权氏死于回军的路上。宫人贾吕与吕妃有仇,诬告吕妃勾结太监、银匠在权氏的茶里下毒。成祖听后大怒,不问情由,不管证否,对吕氏施加酷刑,用烙铁将其烙死,并诛杀有关宫女、太监、银匠数百人。

永乐末年,成祖爱妃王氏病故,成祖心情抑郁。这时,有人来告宫人贾吕与鱼氏私下与小宦官结好。其实宫女与宦官结好,宫中称"对食",并非什么稀奇之事,多半为生活上互相照顾的需要。成祖一时恼怒,要抓人审问,贾吕与鱼氏因恐惧而自缢身亡。成祖便亲自刑审与贾吕亲近的宫婢,结果竟诬告有一班宫女"欲行弑逆",要谋害皇帝。残忍嗜杀的朱棣盛怒之下,亲自对众宫女动用酷刑,株连惨杀宫女达两千八百余人,且都用凌迟磔刑。

明仁宗朱高炽时的上疏案　仁宗在位才十个月,史家称其"开明",然也有一上疏冤案。当时,翰林侍读李时勉上疏劝谏仁宗"守丧期间不该亲近妃嫔",竟被仁宗命武士用金爪狠打,打断三根筋骨,奄奄一息,被关进锦衣卫监狱。幸亏锦衣卫狱卒曾受过李的恩惠,偷着请郎中为其医治,否则早就命归黄泉。

明宣宗朱瞻基杀直臣　明宣宗嗜好游猎玩乐。兵部侍郎戴纶和翰林编修林长懋因谏猎被贬官,招致宣宗的怨恨。不久,两人被人诬告"怨望"而逮至京师。宣宗亲自下锦衣卫狱审讯。戴纶不服,连连抗辩,被宣宗下令当场鞭打致死,家产籍没,亲属受株连。林长懋被关狱中十年,英宗即位,才得释放。

江西巡抚陈祚也上疏劝宣宗减少玩猎,勤读经书。宣宗大怒,认为不可不杀,后因其他官员叩首求情,才把陈祚下到狱中。全家十六口人同时被下狱,隔离监禁,一关就是五年,父母、兄弟和侄儿先后死于狱中。

皇叔、汉王朱高煦起兵谋反，驻地乐安城被围。朱高煦只得投降、请罪。朱高煦父子被押回北京，同谋文武官员六百四十多人被处死，另有两千多亲友被处死或发配边疆。朱高煦被囚禁时仍耿耿于怀，宣宗来看他，被他用脚勾倒在地。宣宗大怒，命人用铜缸压住高煦，并在周围堆煤炭燃烧，将自己的叔叔活活烧死，几个堂兄弟也被处死。

明英宗朱祁镇时诸案　朱奠壏是太祖曾孙，宁献王朱奠培之弟，英宗的叔父辈。天顺五年，锦衣卫奏报说朱奠壏与母私通乱伦。英宗令朱奠培调查上报，结果朱奠培奏说没有这样的事，而审理的结果也没有什么实据。英宗很恼火，责问锦衣卫指挥使逯杲，逯杲仍坚持有其事。英宗便下令朱奠壏母子自尽，并焚弃其骨灰。而时人都不相信这对母子会有私通之事。

天顺四年（1460年），江西万安县民罗学渊进呈所作诗三百余首，名《大明易览》。书中有咏犬、咏蜜、咏蚕，嘲丑妇，及诶当道者，词多谬妄。英宗大怒，命将其下狱讯治，并集诸大臣廷鞫，以坐妖言律论斩。士人以诗寄情，送给皇帝，结果却走向死路。

明武宗朱厚照荒淫，众谏臣遭难　武宗是明代中叶著名昏君，一味恣意玩乐，耽于声色犬马。满宫嫔妃才女不够，他还兴建豹房，大选民女，供其淫乐。有时他觉得宫中、豹房有些腻味，甚至换便服到街市酒店抱娼狎妓，出巡时更是大量掠夺民女，闹得民怨鼎沸。

宦官刘瑾投其所好，尽力奉承而大受宠信。刘瑾又乘机窃弄权柄，排斥异己，陷害忠良。正德初年，大臣们就接二连三地上疏弹劾刘瑾一伙，结果都被夺俸、贬官、廷杖，甚至削籍流放。给事中许天锡写好疏稿，怀疏自缢，以作"尸谏"。大理评事罗桥抬着棺材上疏，幸亏他臣营救，才免死贬黜。御史蒋钦三次疏劾刘瑾，都被重处廷杖，关入狱中，伤重而死。

武宗还喜欢微行出游，方式愈来愈奇，一走就是数月，把国事抛在一边。正德十四年（1519年）二月，武宗北游才回，又传下谕旨，准备南巡。时值饥荒，流民遍地，国势颓靡。谏官们首先伏阙反对南巡，但遭训斥。于是，一些大臣提出各部、曹官员联名上疏，谏阻南巡，得到众多的响应。接着一批批官员相继集体联名疏谏，群情激愤，力陈南巡之不可，甚至历数武宗之过错。武宗被激怒，三月二十日,黄巩等六人被捕入狱,舒芬等一百零七人处以午门外罚跪五天。金吾卫指挥佥事张英一手持奏本,一手将戟刃对着自己的胸脯,跪着用戟刺入胸膛,血流不止。卫兵过来夺走戟戈,传送诏狱,打了八十杖后,张英死于非命。二十二日,武宗又下令将周叙等三十三人逮捕入狱,其中九人同时被罚跪五天。早晨出狱戴上枷锁,跪于午门,晚上仍押解入狱。二十五日,舒芬等一百零七人在午门外已跪满五天,再分别受廷杖三十后,贬黜地方。四月十五日,黄巩、周叙等三十九人从狱中放出,各杖四十或五十。许多人被打得血肉模糊,伤势严重致死的有十五人。

面对一个如此轻佻荒唐而不可救药的浪子皇帝,群臣却用生命去做无谓的诤谏,最后导致这一幕幕流血惨剧,真让人悲叹不已!

明世宗朱厚熜的荒唐与滥刑　世宗在位数十年,长期蛰居深宫,不理国事,还迷信崇道,一心追求长生不老之术。嘉靖十九年(1540 年),太仆卿杨最上谏,反对世宗求神仙、事方士、服丹药诸荒唐之事,激怒世宗,被下诏狱重杖,立时毙命。次年元旦,御史杨爵又上疏,陈述民间疾苦,批评皇帝佞道拒谏、设坛祝寿诸事。世宗命逮捕杨爵,施以重刑。杨爵被打得皮开肉绽,关进诏狱。接着,陕西巡按御史浦铉上疏申救,又被入狱,杖打一百,伤重而死。户部主事周天佐也上疏救杨爵,且谏朝政失误,被下诏狱重杖六十。天佐本来体虚有病,入狱三天而死,年才三十一岁。南京御史冯恩也因上疏言辞激烈,触怒皇帝而被判死罪,后因其儿乞求代刑,博得世宗怜悯,才改判流放雷州半岛。

吏部尚书李默因部试出题时,有用汉唐讥讽当朝之意。世宗便将其下锦衣卫镇抚司拷问,结果李默死于狱中。都御史胡缵宗写迎驾诗,因为其中“穆王八骏”被指诽谤,遭革职,杖四十。锦衣卫经历沈炼因作诗讥讽宣大总督杨顺,最后被斩首于宣府。

世宗居深宫求仙道,然性情还是暴虐异常,喜怒不定。嘉靖七年(1528 年)某天,世宗与怀有身孕的陈皇后一起闲坐。张顺妃和方妃上来献茶,世宗拿起张顺妃的玉手反复抚摸,仔细观看。陈皇后妒火中烧,当即掼茶杯要离开。世宗见此,勃然大怒,连加责辱。陈皇后大为惊恐,吓得摔倒在地,因此流产。由于血流不止,陈皇后没几天就身亡了。世宗继而改立张顺妃为皇后。六年后,因张皇后为太后兄弟的官司说情,而世宗一直由于大仪礼一事对太后不满,便对张皇后鞭挞侮辱,随即下诏废黜,幽禁别宫。两年后,张皇后在冷宫悲惨死去。世宗再将方妃立为皇后。

皇后尚且如此,妃嫔们的境遇可想而知,稍不如意就大加责罚。尤其是世宗对宫人更视如草芥,稍有微过,从不宽恕,痛加责打,因此被打死的宫女多达两百余人。同时,为求长生之道,世宗还强迫宫女服下催经下血的药物,采经血炼制丹药。摧残宫女的身心健康,重则失血过多而丧命。

面对世宗的百般摧残,有一群宫女不堪虐待,商议道:"咱们下手吧,强如死在他手里。"嘉靖二十一年(1542年)某夜,世宗宿于曹端妃宫房。宫女杨金英、张金莲等十六人潜入宫房,企图趁世宗熟睡时把他勒死。她们有的用绳子系脖子,有的用抹布堵嘴,有的骑在皇帝身上用力勒绳,世宗几乎被勒断气,然而因其绳索打了个死结,最终没把世宗勒死。方皇后及时赶来解救,此案未遂。世宗在惊吓后被救醒。接着,方皇后令太监张佐等人审讯。最后首谋王宁嫔被处死,宫女全部被凌迟处死,曹端妃也被牵连而冤杀,并诛杀其亲属十余人,给付功臣家为奴者二十人,财产没官。地位卑微的宫女会被逼到此种地步,以致发生此次"壬寅宫变",它从一个侧面反映出世宗皇帝在宫中的残忍面目。

嘉靖二十六年(1547年)冬,宫中大火。宦官们请救方皇后,世宗不应,致使方皇后烧成重伤,几天后死去。为什么世宗不愿意救皇后?人们猜测是因为"壬寅宫变"中,曹端妃无辜被杀,引发世宗对主办此案的方皇后的不满。因为世宗当时正宠爱曹端妃,所以认为方皇后是因妒忌而将罪名强加给曹端妃,曾说:"端妃我所爱,宜无此心。"所以趁此次宫火,世宗为曹端妃报仇了。可见世宗是个性情偏狭、刚愎乖戾、报复心很重的暴君。

嘉靖中因疏谏得祸的大臣,或遭贬、入狱、重杖、流放者不计其数,最有名者要算海瑞。世宗原本马上要杀海瑞,得知海瑞已备好棺木,准备一死,才把海瑞打入诏狱,听候处置。后来,世宗让三法司判海瑞死刑。幸亏明世宗很快一命呜呼,穆宗即位,才把海瑞释放。耐人寻味的是,海瑞在狱中得知世宗驾崩的消息时,竟然"即大恸,尽呕出所饮食,陨绝于地,终夜哭不绝声"(《明史·海瑞传》）。海瑞作为一个深得民心之清官、名臣，对一个如此昏庸残暴，且要杀害自己的豺狼般皇帝，却有如此深厚的"感情"，其中表露出来的文化内涵值得深思。

明神宗在宫中肆虐　明神宗近三十年不上朝，而在宫中杀人如麻，据统计，被他杖毙的无辜宫女有数百上千之多。大臣吕坤上疏谈道："陛下数年以来，疑深怒盛，广廷之中，狼藉血肉，宫禁之内，惨戚啼号。戾气冤魂，乃聚福祥之地。愿少霁威严，慎用鞭扑。"大理评事雒于仁也在《四箴》中写道："夫何今日杖宫女，明日杖宦官。彼诚有罪，置以法律，责之逐之可也，不必杖之累百，而不计其数，竟使毙于杖下。此辈密迩圣躬，使其死不当罪，恐激他变。"

一天，神宗前往慈宁宫向母后请安，见宫女王氏姿色秀丽，一时高兴，遂"私幸之"，使其怀孕，事后就当没发生过。在李太后等的提醒与母后的命令下，神宗被迫将此宫女封为恭妃，后产下一子，即明光宗朱常洛。但恭妃万万没有料到，之后她就被打入冷宫，被幽禁长达三十年，最后伤心得双目失明。万历三十九年，恭妃病重，光宗请旨得省。宫门犹闭，后砸坏铁锁才得进去。恭妃已瘦骨嶙峋，气息奄奄，得见儿后遂含恨而亡。由此可见明神宗的残忍与刻薄。

明思宗朱由检屡杀战将　明思宗崇祯帝虽有救亡之志，但乏回天之力。他一身皇帝的老毛病，刚愎自用，生性猜忌。在镇压起义败绩，边防战事失利的情况下，崇祯帝共杀边关总督七人，其中袁崇焕、杨一鹏、郑崇俭、赵光抃四人显属冤案。

崇祯八年（1635 年），因起义军攻陷安徽凤阳，此乃先帝陵寝之地，而杨一鹏领兵驻扎淮安，远不及救，就被崇祯帝处死。

崇祯十二年（1639 年），陕西三边总督郑崇俭在平定蜀中起义军作战中，多次获胜。郑以年老体衰，请求退休。崇祯先是不从，令其率军回关中。不料郑一走，蜀中义军又起，且将官军打得大败。有言这是由于郑崇俭军撤走过早所致。思宗一怒之下，便将郑崇俭削籍回乡。第二年，张献忠又攻克襄阳。思宗把气出在郑崇俭身上，令将郑逮捕下狱，以纵兵擅退之罪处斩。郑崇俭长年领兵征战，"未失一城，丧一旅，只因他人巧卸，遂服上刑"。

总督辽东诸镇军务赵光抃，虽为文士，然遇战事能身先士卒，颇有谋略。崇祯十五年,清兵攻克蓟州(今河北蓟县)。赵光抃率军援救不及时,即被处斩,"人咸以为冤"。

崇祯十二年,蜀中官军被义军所败。思宗又命杀将佐三十余人。

明朝诸帝的滥刑屠戮,确实达到了登峰造极的地步,其中大多数是官员直谏疏劾所致。大臣们只知道愚忠般地以死谏诤,而没有一个人想到过应改造这个残暴而不合理的专制统治模式。士大夫们的狭隘与愚忠,正是中国君主专制统治得以千年不衰的社会基础之一。

自汉代以后,绝大多数皇帝不再杀生殉葬,偶有为个别帝王殉葬者,规模也很小,然元明时期杀生殉葬又达到一个高潮。元朝主要是成吉思汗,前已有述;明朝人殉或成制度,规定很细,哪些妃嫔应该殉葬,哪些可以不殉葬。一般来讲,册封为贵妃以上,或生过儿子,或娘家有功勋者可以恩免,其余的皆殉葬。朱元璋有四十六名嫔妃、宫女陪葬,其中三十多人生殉;明成祖学样,逼殉宫妃三十多人;明仁宗有五个妃子殉葬;明宣宗的景陵约十名宫妃殉葬;明代宗史书上仅载"诸妃嫔唐氏等"殉葬,人数不明;明英宗临死时留有遗诏,罢宫妃殉葬,以后的皇帝死后,有些就用宫女和太监为之陪葬;还有朱元璋次子秦王死后,朱元璋命两名王妃殉葬。考古学家在山东益都苏埠屯一个普通小王的墓里竟发现了三十九具殉葬人骨。单就制度而言,明朝的残忍程度在中国古代社会可谓登峰造极。

杀人魔王"大西"国皇帝张献忠　明末农民起义在西南建立的"大西"政权,皇帝张献忠是一个杀人不眨眼的魔王。1636年,他率军久攻滁州不下,部队伤亡惨重。为了鼓舞士气,"掠妇女数百,裸而沓淫之",然后"尽断其头,环向堞,植其跗而倒埋之,露其下私,以厌诸炮",称"阴门阵"。后攻下重庆,杀官吏及其家属万余人。1645年秋,借口举行"特科"取士,令各府县将生员一律送成都,聚到青羊宫后全部杀光,杀各地赴试生员五千余人,光文人留下的笔墨就能堆成一座大坟丘。各地反抗其残暴统治,他便派出军队到各地不分良莠滥加屠戮,甚至发出"除城尽剿"的命令,分遣军队到所属州县搜杀百姓。后张献忠率军转移,焚毁、剿洗了京城成都,并下令除大西政权官员家属外,"城内居民一律杀绝",军队驱百姓到南门就刑。张献忠到来,百姓皆跪伏求饶。张献忠纵马跃入人群,任马乱跳乱蹦,更令军士急速动刑,百姓齐遭残杀。

张献忠是一个变态的嗜杀狂。有时他让狗到下属面前,看狗嗅闻谁,就杀谁。即使是年幼的儿子,一时不高兴也会轻易被他杀掉。他砍了大量妇女的脚,然后堆成一堆,当柴火烧。他还找借口杀自己的士兵,因不喜欢四川人,便大量杀害自己队伍中的四川籍士兵。他砍了数千降兵的手臂,以示威严……明末农民起义军产生了如此一位杀人魔王,百姓何辜!

二、朋党纷争,官场倾轧

明朝官场倾轧,与宦官专权、厂卫横行、奸臣当道紧密结合在一起最常用的手段就是诬陷。

府衙搬迁,魏观"造反"案　洪武七年(1374年),苏州知府魏观,仅因将低洼狭小的府衙,迁回到原张士诚王宫遗址内,就被同僚诬告有异心。似乎在旧王宫遗址上重修府衙,就意味着造反,要做张士诚第二,其逻辑显然十分荒谬。朱元璋令御史张度审理。张度为迎合皇帝的心理,居然判处魏观死刑。辞官不做且才高气傲的高启为该府衙新房的上梁庆典而撰写的《上梁文》中有"虎踞龙蟠"等套话,便被作为有异心的旁证,也坐罪腰斩,时才三十九岁。文士王彝因为给魏观写过一些应时文章,而受株连罹难。奸臣们利用皇帝忌讳的一些言行进行诬告,常常能够得逞,可说是诬告的一大诀窍。

御史互劾入狱案　正统十二年(1447年),南京副都御史周诠与十三道御史因互相弹劾攻击而被全部逮捕入狱,可谓一件典型的官场倾轧案。周诠在掌管南京粮食储运公务时,曾被一些御史奏劾有贪污暴虐诸罪,因此怀恨在心。等到执掌南京都察院大权时,他便对手下御史吹毛求疵,横加责罚。御史范霖、杨永、刘炜、卢祥、尚褆等人不堪忍受而联名上疏,攻击周诠的不法之行。周诠也上章反击,终被一起下狱。周诠在狱中心脏病突发而死,于是有关部门要追究其他御史的责任。范霖、杨永作为首犯被定死罪,其余或被贬降,或被流放。杨永因心中愤愤不平死于狱中。范霖最后虽得宽宥,但出狱不久也去世。御史有纠督百官之职,但他们却互相攻讦,以致造成如此惨狱。

"刘绵花"造谣诬陷案　弘治二年（1489年），内阁大学士刘吉因屡遭御史汤鼎、庶吉士邹智、中书舍人吉人、主事李文祥等言官的弹劾，心中愤恨，便唆使心腹党羽诬告诸言官交结朋党，自我标榜，诋毁朝廷。他还编造谣言称：寿州知州刘檠曾送白金给汤鼎，且写信说，梦见一个骑牛人几乎坠落，是汤鼎用手挽住，才没有倒下，汤还手持五色石引牛上路。人骑牛谓朱，乃国姓。内中的含义是，国家将倾覆，幸亏汤鼎用力扶持，才引皇帝走上正道。刘吉编造得有鼻子有眼，很像那么一回事。结案判刘檠问斩，后减死，流放海州（今江苏灌云县）；汤鼎流放肃州（今甘肃酒泉县）；吉人削籍为民；邹智、李文祥诸人都被远贬。

刘吉为人狡黠，善于经营，虽常为言官所攻，却能数兴大狱，将许多攻击自己的官员逮捕入狱判罪，致使一些官署为之一空。朝野恐惧，对其侧目。刘吉居内阁十八年，竟不为言官所动，人称"刘绵花"，以讽其"耐弹"。

徐经、唐寅科考案　徐经，字直夫，出身书香门第，是徐霞客的高祖，弘治八年（1495年）中举。唐寅，字伯虎，苏州秀才，书画大家，弘治十二年乡试一举夺魁，得为解元。二人此次入京会试，先拜见了此次主考官、礼部右侍郎程敏政。入试两场刚毕，流言蜚语已满京城，传富家子徐经向程敏政贿买试题。给事中华昶上奏朝廷。孝宗令程敏政停止阅卷，听候审查，并将已经初选的卷子由另一主考官李东阳等进行复核。程敏政、徐经、唐寅以科场舞弊的嫌犯被关进监狱，严刑拷问。

然而，经李东阳等复核完，程敏政初选取唐寅为第一，而徐经贿买试题一事，经几番拷审，并无确凿证据。最后，此案以各打五十大板草草结案。主考、礼部右侍郎程敏政被免官，诬告人给事中华昶降职，徐经、唐寅因拜见主考官而被革除举人资格，不准再参加科举考试。程敏政出狱后，因忧愤发病而死。

此案内幕到底如何？一说据《明史·程敏政传》载，是礼部左侍郎傅瀚欲夺主考之位，而令华昶诬奏，属于冤案。一说徐经确实贿买试题，考试作弊，牵连唐寅。总之，此案中唐寅最为无辜，被连带一同下狱受刑。最后，唐寅被剥夺会元资格，终身不得再考入仕，并罚到浙江为吏。唐寅拒绝为吏，只得放浪江湖，开始了他落魄而又传奇的后半生。

黄勋诬告刘士元案　　武宗是个浪荡好色的皇帝,一些佞臣便迎合其需要,乘机大肆敛财,还诬告正直官员。如指挥黄勋以进奉为名,大肆搜刮科敛。巡按御史刘士元对他进行弹劾。黄勋忌恨,便诬告刘士元在皇帝驾到前,令百姓把闺女都嫁出去,把妇人都藏起来。武宗一听大怒,派人把刘士元捆来,亲自讯问。当时正在野外,没有刑罚工具,就以柳树杆当杖打了四十下,刘士元差点被打死。杖后,武宗又用囚车载刘士元回北京,下到诏狱。一起下狱的还有知县曹俊等十余人,最后都遭贬谪。

《大明律》对诬告的处罚比前代加重,规定:"凡诬告人笞罪者,加所诬罪二等;流、徒、杖罪加所诬罪三等。各罪止杖一百,流三千里……交犯人财产一半,断付被诬之人。至死罪所诬之人已决者,反坐以死。"诬告反坐相当严厉。然而当时官场中各种诬告案仍层出不穷,尤其是奸臣的诬陷迫害手段,简直是肆无忌惮。如武宗时佞臣、左都督江彬,奉命前去镇压农民起义,过蓟州时,居然把一百姓家二十几口人杀了,诬作义军,以冒功请赏。典膳李恭见武宗荒嬉无度,就草疏规劝,并在疏中指斥江彬的罪行。江彬知道后,趁李恭还没有把奏疏送上,就将李逮捕下狱,诬害致死。

严嵩干儿赵文华陷害他人案　　严嵩有个干儿子赵文华,与其干爸狼狈为奸,是个陷害他人的老手。嘉靖三十四年(1555年),东南倭寇猖獗。总督张经招募兵马,率军御敌。由于张经一直看不起通政使赵文华的为人,因此赵就诬劾张经纵寇不击,坐失良机。哪知疏奏刚上,张经就在江浙一带打了个胜仗。赵文华不甘心,居然指鹿为马,冒功请赏,说此仗是自己与巡按胡宗宪指挥军队取得的战绩。朝廷信以为真,竟诬张经"作战不利",判处死刑。赵文华又诬劾浙江巡抚李天宠,推荐胡宗宪取而代之,而李天宠也随之被处死。赵文华就此取得督察军务的官印,然而很快由于指挥失误,军队溃败。赵又把战败的责任推给苏松巡抚曹邦辅,曹被判充军戍边。

第二年,因吏部尚书李默与严嵩在用人问题上意见相左,赵文华又开始罗织李默的罪状,最后找到李默在部试选人时以"汉武、唐宪……晚节用匪人而败"为题之事,指为谤讪当今皇上。疏劾奏上,世宗看了大怒,把奏章批给礼部和三法司议罪,随后嫌所议罪名不称自己的意,便直接将李默送入锦衣卫镇抚司拷问，并下诏以"臣骂君"罪，加等处斩。哪知李默经受不住毒刑折磨，已病死狱中。

赵王自杀，儿子中伤官府案　嘉靖四十年（1561 年），赵王朱厚煜上吊自杀。当初，赵王族人犯法，官府曾将其逮捕治罪，有人说赵王为此而怨恨至死。其实外界传得更沸沸扬扬的是，赵王之死与其儿子成皋王朱载坖和王妃张氏有关，应该说赵王的死因与后者有关更合情理。朱载坖相当恐慌，为摆脱自身的嫌疑，便马上向朝廷上疏说："是府县官衙威逼父亲致死。"皇帝下令法司审查，最后竟将彰德知府傅汝砺流放，通判田时雨处死。藩王自杀而拿地方官作替罪羊，时人都认为是桩冤案。

首辅张居正害人害己诸案　诬陷也不都是奸臣的专利，有些正襟危坐、道貌岸然之辈，为了自己的利益权威，也会用这些极不光彩的手段来对付政敌。万历四年，御史刘台上疏弹劾首辅大臣张居正，指出张居正自从驱逐了首辅高拱之后，擅权专令，作威作福，排斥异己。如给事中陈吾德因一句话冒犯就被贬往外地，郎中陈有年因一事与其有争议就被赶出朝廷。同时大用亲信，受贿纳馈，生活奢侈，住宅宏大……张居正见疏大怒，以不出理事和辞职要挟皇上。神宗只得将刘台逮捕，下到诏狱，并杖打一百，削籍为民，流放边地。张居正仍不解心头之恨，嘱咐属下诬告刘台巡按辽东时有贪赃行为。刘再被流戍广西充军，其父、兄等亲属也一并坐罪。刘台走至浔州（今广西桂平县），不久便暴死。

学者顾钧秉性刚直，讲学无所避忌，批评达官贵人，在给大学士徐阶、张居正的书信中"有所指斥"，引起张居正等人的不满。张令官府将顾钧逮捕入狱，诬以"私盗官舟"的罪名。顾钧在狱中三个多月，受尽折磨，学生帮他凑够"退还"的官舟钱，才得以出狱，流放福建邵武。十年后，顾钧学生何心隐，办"萃和堂"乌托邦团体，因抗税被捕，后充军贵州。出狱后，何心隐曾到京城拜访张居正，因言语不和，不欢而散。张居正大权在握时，下令禁毁天下名贤书院，禁止讲学。何心隐办宗族学校耗尽家财，致力乡村教育，并作《原学原讲》指责张居正，大力提倡讲学，为张居正所不容，张示意地方官府加以迫害。何心隐在湖北讲学时，遂被湖广巡抚王之垣投入大牢，诬以"妖党"罪名，在狱中被杖毙。

给事中余懋学上疏弹劾张居正被革职为民。御史傅应桢上疏论事为余懋学叫屈，被严刑拷打后发往定海充军。张居正为保住自己的权势地位，遇父丧而不辞官守孝，引发所谓的"夺情"案。翰林院编修吴中行、翰林院检讨赵用贤、刑部员外郎艾穆、刑部主事沈思孝、新科进士邹元标，分别奏疏弹劾。张居正不但不回避，反而依仗皇帝权势对五人实施残酷廷杖。五人被打得皮开肉绽、终身残疾，两人革职，三人充军。此事触犯众怒，又有一些官员，甚至布衣为其鸣冤，也往往被迫害致死，可谓斩尽杀绝。张居正死后，御史江东之评价张"才太高，性太拗，权太专，心太险"，可谓恰如其分。

张居正在政界精明老到，应付自如，讲究权谋，镇压反对派官员心狠手辣，堪称一流政客。在生活上，他妻妾成群，沉迷女色，奢侈豪华。道德上的瑕疵也可间接说明他不可能是腐败社会体制的改革者。在家乡建造太师豪华府第，耗资二十万两白银，朝廷拿出一笔内帑，还有官员出资纳贿。京师的官邸，壮丽不减王府。他出行的三十二人抬大轿，豪华之极，被人称为同斋阁的步辇。张居正家被抄时，抄出黄金七千余两，白银十余万两，还有玉器、宝石一批。这数字虽比不上严嵩、冯保，但张居正并非世家大族出身，明朝官俸又极薄，皇上所赐有限，他接受贿赂的事是不言自明的。张居正当权时，诸子皆登上第，因权势关系得之，遂使科场风纪大为窳坏，权贵子弟纷纷仿效，竞相猎取功名。

张居正专权超过了限度，成为凌驾于皇帝之上的权臣，犯了大忌。年幼的皇帝在一忍再忍下，终于发出猛烈的反击。权高振主，遭到皇帝的忌恨，往往成为宰相的悲剧，张居正也不例外。张居正暴病身亡后，反对派的发难得到皇帝的支持。他们纷纷落井下石，乘机报复，群起而攻之。张居正在万历初期当了十年首辅，执掌朝政，厉行图治，风光耀眼。然而病逝才数月，即遭弹劾，次年削官夺秩，家产籍没。长子受不了酷刑折磨而自杀，兄弟与次子流放，家人困饿而死十余人，悲惨至极。

思想家李贽被害案　李贽，福建泉州人，号卓吾。二十五岁乡试及第，历任南京国子监博士、礼部司务、南京刑部主事、云南姚安知府等职。四十三岁时弃官，从事著述二十余年，著有《初潭集》《焚书》《藏书》《续藏书》等。由于思想异端而激进，引起保守派官员和士人的仇视。户部尚书耿定向发动门徒，以"左道惑众"的罪名,对李贽进行驱逐和迫害。万历二十四年(1596年),又有人以"大伤风化"的罪名,想押解李贽回原籍。年届七十的李贽斗志愈老弥坚,丝毫不放在心上。万历三十年,七十六岁的李贽遭到礼部给事中张问达的弹劾。其无中生有的诬陷,使李贽下狱。神宗下诏:"李贽敢倡乱道,惑世诬民,便令厂卫五城严拿治罪。其书籍已刊未刊,令所在官司,尽行烧毁,不许存留。如有党徒曲庇私藏,该科及各有司访奏来,并治罪。"李贽无法忍受这种卑鄙、公然的陷害,以自杀作为最后的抗争,以身殉自己的学说。

温体仁诬人"逼父杖母"案　崇祯年间有个奸相温体仁,因当面被庶吉士郑鄤指责而怀恨在心,居然诬陷郑鄤借扶拍神仙的判词"逼父杖母"。事实是郑鄤父亲养有婢妾,母亲待之严苛,其父庇妾杖母,与郑鄤没有关系。由于没有证据,温便找来儒生许曦作伪证。岂知许才二十四岁,怎证二十五年前之事?虽情理荒唐,不足为凭,郑的叔父也上疏诉冤,众官员更认为无证而不足信,连锦衣卫法官也直言为郑申辩。然而崇祯帝还是相信奸相之言,以十恶不赦罪,处郑鄤磔刑。黄宗羲为此叹道:"从来缙绅受祸之惨,未有如公者也。"

利用京察,打击异己　明代官场,党派纷争严重,各党派往往利用"京察"的机会,作为排挤异己,打击政敌的手段。所谓"京察",就是政府每六年对官员进行考核的制度。凡在京察中被罢黜的官员,终身不复起用,因而各党派都恨不能置对方于罢官的境地。常常是哪一派主持京察,对立派官员就被大量斥逐,下次位置若颠倒过来,再进行大肆报复。在这种无情、混乱的倾轧中,被无辜贬逐、冤屈黜谪的官员为数不少。朝政发展到如此腐败的境地,冤狱也就司空见惯了。

三、宦官专权,残害百官

明太祖朱元璋鉴于历代宦官干政对国家造成的危害,尤其是对君权的威胁,自明建国,便制订了一系列限制宦官活动的措施,还特地在宫门立了一块铁牌,刻上"内臣不得干预政事,犯者斩"十一个大字,以期后世永远遵循。然而朱元璋自己都没有遵守这一规定,首创起用宦官搞特务活动,以监视朝臣、百姓。

尤为突出的是,明朝是懒皇帝最多的朝代。许多皇帝一味追逐享乐,索性将朝政委以亲信宦官,使得宦官之害达到历史巅峰。

明成祖"靖难之役"中得到宦官的帮助,于是永乐年间授予宦官一些权柄,对宦官的任用越来越多,出镇地方,典兵监军等政务,常由宦官担任。厂、卫特务政治进一步发展,由亲信太监掌管的东厂,爪牙就达千余人,分赴各官衙、地方,以监督侦察各方面的情况。

第一个专权太监王振　到明英宗正统年间,出现了明朝第一个太监专权的局面,就是太监王振。王振与英宗的关系非比寻常,从小陪伴英宗长大,可谓英宗的启蒙老师。英宗即位,王振得任司礼监太监、提督东厂,替皇帝掌管一切奏章和文件,代传皇帝谕旨,实际上就是皇帝的代言人。王振专权后,公然把太祖立的禁止宦官干政的铁牌毁掉,结党营私,打击异己,作威作福,搞得朝廷内外乌烟瘴气。

正统六年(1441年),翰林侍讲刘球上疏恳求停止征伐西南边陲的麓川国,已忤王振之意。八年,他又上书提十点意见,劝英宗"政由己出,则权不下移",矛头直指王振。王振将刘球下到诏狱,派锦衣卫指挥使马顺,夜入牢狱,杀害刘球。

薛瑄任大理寺少卿,虽是王振的用意,但薛瑄毫无巴结感恩之意,甚至还鄙视王振擅权,引起王振的不满。王振的侄子诬蔑告某个不肯为妾的寡妇毒杀丈夫。薛瑄辨察了她的冤屈,却被王振党徒诬加以接受贿赂、开脱罪名的指控。结果薛瑄被判死刑,拘押在监狱中待决。后王振的一个老家奴为薛瑄之事感到悲伤,其他官员也上疏相救,才算免去死刑。

正统十年,某宦官在霸州牧马时侵扰百姓。知州张需只是按法律鞭打了该宦官手下的校卒,宦官回去向王振诉苦。王振就下令逮捕张需,下到锦衣卫大牢,刑讯拷打,几乎被打死,后将其发配到边疆戍边。当初推荐张需任职的顺天府丞王铎也受株连,被削职为民。地方官依法办事,得罪了一个小宦官,就会有如此后果。

御史李铎遇见王振不跪,就被谪戍铁岭卫。驸马都尉石璟斥责自己家中的宦官,王振恶其贱己同类,便将石璟下狱治罪。户部尚书刘中敷、侍郎吴玺、陈瑞,因与王振不合,也被借故下狱,并被戴枷在长安门外示众十六日。翰林侍读李时勉不肯奉承附从王振,被枷在国子监门前,三日后国子监生千余人请愿代枷,呼声响彻殿庭,始予释放。总之,只要王振心中所恨,便可辄加罪谪。内侍张环、顾忠等人看不惯王振的所作所为,以匿名信的方式揭发王振的罪状,查出后被磔于市,而根本不向朝廷奏报。

《明史》说:"振擅权七年,籍其家,得金银六十余库,玉磐百,珊瑚高六七尺者二十余株,他珍玩无算。"如此庞大的财富,必然建立在大肆搜刮、涂炭民众的基础之上,其中又不知有多少家破人亡的冤狱。

第二个专权太监汪直　汪直年幼进宫,宪宗成化年间,充当昭德宫内使,服侍万贵妃。汪直生性狡诈,善于察言观色,假借贵妃名号,苛敛民财,倾竭府库。为讨好万贵妃,他奇计淫巧,靡费无数,深得万贵妃宠爱。他还为万贵妃侦探宫情,扫清后宫障碍出力不少,进而获得宪宗的宠信,升任御马监掌印太监。

成化十三年(1477年),宪宗成立西厂。由汪直统领,短短几个月,规模就超过东厂。汪直拼命构审大案、要案,办案数量之多,速度之快,牵连人员之众,比先前的锦衣卫、东厂都有过之而无不及。汪直的权势也一度膨胀至极,甚至拥有朝廷的军政大权。朝官对他巴结逢迎,跪伏一片,造成"天下只知汪太监,而不知有皇上"的奇特景象。有关汪直与西厂制造的系列冤狱,我们放在下节叙述。

第三个专权太监刘瑾　到武宗正德初年,又出来一个专权太监。当时京师有民谣:"一为坐皇帝,一为立皇帝。""坐皇帝"指武宗朱厚照,"立皇帝"便是刘瑾。刘瑾自幼入宫,得侍奉东宫太子。武宗即位,他被任为掌钟鼓司太监。他凭着凶狠狡诈的性格,又精于讨取皇帝欢心的手腕,终于登上太监的最高位:司礼监掌印太监。在武宗贪图玩乐,不理朝政的情况下,刘瑾逐渐掌握了生杀予夺的朝政大权,开始排除异己,制造了无数的冤狱。

刘瑾首先要报复的是一些曾经上疏弹劾、指责过他的大臣。正德二年三月,他假冒皇帝的名义,发布诏书,以刘健、谢迁、韩文等带头上疏的大臣为首,将五十多人定为奸党,揭榜朝堂,颁示天下,其中皆是海内号称的忠直之士。虽然有许多人已辞官,有的被革了职,但刘瑾还是不肯罢休。他先派官校将已经革职还乡的韩文逮捕进京，关入锦衣卫监狱，严刑拷打。关押了几个月，又罚米一千石，令韩文亲自监运到边塞交纳，才算解恨。自是凡不服从、不听话的官员，辄处以罚输米。一些家境清贫的官员，只好靠借贷来抵偿，而运输途中更是吃尽苦头。此法搞得数百名大臣家破人亡。

过段时间，刘瑾又找到辞官的刘健、谢迁在内阁任职时的"把柄"，即所谓在选拔人才时，任用同乡的罪名，将刘、谢削籍为民，并规定谢迁家乡浙江余姚之人不得为官。刘瑾还将凡地方推荐，刘、谢选拔之官员均流放边地，更是滥刑无辜。

御史涂祯奉命南下巡察盐务，刘瑾要他割送当年余盐银两。涂祯不从，并查获几起刘瑾派人私运粟米支取食盐牟利，及海上走私侵夺商人利益的案件，依法予以制裁。刘瑾得知后，怀恨在心。涂祯回京上朝，在朝门遇见刘瑾，只行长揖之礼，不肯屈膝跪拜。刘瑾更加愤恨，便下令把涂祯逮捕下狱，刑杖三十，发配肃州（今甘肃酒泉县）。涂祯因伤势过重，死于狱中。刘瑾还不肯收手，竟然抓来涂祯的儿子代替充军。

兵部尚书刘大夏，居官清正，敢惩不法。正德三年（1508年），刘瑾将其削职为民，原因是他曾举荐过南京户部尚书雍泰。雍泰德才兼备，因不肯附从刘瑾，故上任四天就被迫辞职，而牵连刘大夏。不久，刘大夏又遭奸臣刘宇攻讦。刘宇任大同巡抚时，贪赃枉法，贿赂权要，被大夏揭发，因此怀恨在心，此时向刘瑾建议道："刘大夏家中有几万金，可充十分之二军费开支。"刘瑾一听，便下令将刘大夏逮捕入狱，并抄没家产。此时正好南方一土司头目岑猛来贿赂刘瑾，要求翻旧案。当初刘大夏等官员因岑失职而将其降职迁居，现在刘瑾反诬刘大夏"激变土官"，罪行严重，蓄谋要处死大夏。后由于众官相救，加上抄家也一无所获，只得改判戍边，充军肃州（今甘肃酒泉县）。时大夏已七十三岁，从容上路。

刘瑾还厚颜无耻地公开向各级官员索贿，凡不能令他满意的，就要加以迫害，或降黜、贬谪，或削籍为民。有的被诬以各种罪名，冤死狱中，甚至一家得罪，邻里、亲戚都被株连。一些官员拿不出金银财宝，为免受迫害，只好自杀。如给事中周钥，便因此自尽。漕运总督平江伯陈熊，不肯贿赂刘瑾，被削去封爵，谪戍南海卫(今广东东莞县)。御史张彧、给事中安奎由于没交贿赂,刘瑾命将二人枷于东、西公生门外。当时正下着大暴雨,二人都不敢挪动一步,后革职为民。浙江盐运使杨奇,因没有办齐税课,更交不出贿赂。在刘瑾的催逼下,家中卖女鬻孙以偿,杨奇也被下狱致死。

刘瑾还利用权势鱼肉百姓,大肆敛财,侵夺土地有数十顷,毁掠房屋达数千间,甚至发掘坟墓两千余座。他以灾荒为名,派爪牙出理粮饷,反搜刮得白银数万两。刘瑾的罪行也引起太监中一些人的不满。正德二年(1507年)六月底的一天,正好午间退朝时分,只见一封匿名信遗落在御道上,书信中历数刘瑾的种种罪状。刘瑾一见大怒,假借皇帝的名义,罚朝官三百余人跪于奉天门下。时值盛夏,烈日当空,当场十几名官员中暑昏倒。太阳下山后,刘瑾又把五品以下官员全部逮入诏狱。直到第二天,侦察出匿名信乃内朝太监所为,与外朝百官无涉,刘瑾这才把官员从狱中放出。这时已有三名官员中暑死去,得病者无数。

刘瑾还创立酷刑,不论罪行轻重,都一律先处杖刑,然后贬黜或充军,并将犯官剥去衣服,赤身露体用刑,这样被无辜杖死者益多。南京御史李熙劾贪吏触怒刘瑾,杖三十,就差点毙命。刘瑾又将枷加重至一百五十斤,犯人戴上,用不了几天,就被折磨至死。凡刘瑾看不顺眼的官员,辄令戴上重枷,并站于府门外示众。如御史刘孟上任延迟,就被逮到京城,枷于吏部门外。御史王时中因曾疏劾过刘瑾,被诬以罪名,逮捕下狱,并戴重枷立于三法司牌楼下站罚三天,几次昏厥过去,差点被折磨致死。远近围观民众也为之流泪,大臣见此更是垂头丧气,不敢上前阻止。其他如给事中吉时,郎中刘绎、张纬,尚宝卿顾王睿,副使姚祥,参议吴廷举等人,皆因小过而被枷濒死,释而充军。《明武宗实录》云:"三四年来,枷号死者何止数千人。"《明史》曰:刘瑾"屡起大狱,冤号遍道路"。

第四个专权太监魏忠贤 熹宗天启年间的太监魏忠贤专权,其统治可谓穷凶极恶,所制造的冤狱更是骇人听闻。前述迫害东林党人及熊廷弼诸案,已见一斑。

魏忠贤与客氏连为一体后,为控制内廷,先在宫中开刀,剪除异己。内廷中权力最大的是司礼监,其掌印太监王安,相对来说还比较能持正,客氏对他最为忌恨。首先,魏忠贤矫旨斥逐了王安的助手魏朝,勒令他告病,赶出宫廷,并派人在途中拦截后,用绳索活活勒死。接着,在客氏的催促下,魏忠贤对王安下手。魏忠贤指使给事中霍维华疏劾王安,再矫旨将王安降黜为南海子净军,并派王安的仇人刘朝去监管王安。宦官刘朝为取得魏、客的欢心,罚王安做苦役,断绝其饮食,最后用绳子勒死。要知道王安与魏朝都曾经推荐或提拔过魏忠贤,而魏忠贤却恩将仇报。

王安死后,名下一批大小宦官上百人都受到打击迫害,或直接处死,或折磨病死,或斥退流放。宦官马鉴,被放逐到凤阳,魏又派人将他害死,入殓后马鉴苏醒过来,下葬时,连棺材的堵头木板都快被撞开,但终不理睬,还是被活埋了。后宫嫔妃,客、魏认为是异己者,也都想办法置之死地。如选侍赵氏,历来与客、魏不合,被矫旨赐死。裕妃张氏,生性刚直,鄙视客、魏,被偷偷幽闭于宫墙内,不给饮食,活活饿死。几年间,被客、魏害死的宫中之人就达上百,张皇后也因遭其暗算而流产。后妃们被谋害者不计其数,致使熹宗断子绝孙。

此外,魏忠贤嫌忌皇后贤明,而皇后为故司礼刘克敬所选,便迁怒于克敬,将其谪发凤阳,并缢杀。戚臣李承恩是宁安大长公主之子,家藏有公主赐器,魏忠贤诬以盗乘舆服御物,被处死。武将蒋应阳、御史吴裕中为熊廷弼诉冤,马上被诛杀和廷杖致死。御史门克新告吴人顾同宣、孙文豸对熊廷弼有追悼性诗文,二人即坐散布妖言罪而弃市。密探从一僧人处发现一柄题诗扇,扇面上有"阴霾国事非"之句,怀疑是扬州知府刘铎所题,便诬告刘铎交结僧人诅咒朝廷。刘铎马上被斩首。

魏忠贤利用厂、卫特务机构对民间的控制也极其严密。据载,北京曾发生过这样一案:五人共饮于旅寓,忽一个微醉,倡言魏忠贤作恶太多,不久必败。其余四人吓得不敢出声,或劝其当心一点。此人却大声道:"魏忠贤虽横,还能把我剥皮?"夜半熟睡间,忽有特务打开门,将五人全部抓去。那位骂魏忠贤者手足被钉在门板上。魏忠贤对其他人说:"此人谓我不能剥他皮,今天倒要试试。"即命取沥青浇其遍体,再用铁锤敲打,很快将其皮剥下,四人差点被吓死。(《幸存录》卷下)《明史》谓:"民间偶语,或触忠贤,辄被擒僇,甚至剥皮、刲舌,所杀不可胜数,道路以目。"

其他作恶宦官　宦官由于其接近皇上的特定身份,以致一些平常太监,也能诬害官员,制造冤狱。

成化十八年(1482年),太监郭文出使,乘船经过沛县,恨知县马时中没能及时供给、馈礼,居然抓来马时中的儿子拷打。其子不胜楚痛,溺水自尽。马时中赶来救儿子,大呼冤枉,竟被剥去官服,捆绑带走。县民知情,愤慨不已,绕船呼救。郭文又使仆人持刀杀了两人。马时中准备至朝中诉冤,而郭文先入为主。宪宗听信谗言,命锦衣卫将马时中押送京城。不久,马时中被贬放广西。

成化二十一年(1485年),御史陈选在议事时得罪太监韦眷,并用办法抵制韦眷营私纳贿的一些卑劣行径。韦眷就诬陷陈选贪贿财利。刑部员外郎李行等人按韦眷的意思判陈选有罪,贬谪边地。押送至南昌时,陈选发病,李行不让为其医治而病故。

在明代,太监如果与官吏发生诉讼,胜诉率远在官吏之上。太监不但证词的效力远高于官吏,甚或可在没有证据的情况下,用反诬原告的办法来解脱自己,使原告官员反转为被告而受惩处。

正德十年(1515年)十二月,宁波知府翟唐抵制市舶太监崔宝督办贡物、侵扰百姓,并将一个依附崔宝的奸民绳之以法,不料此人在狱中病死。崔宝就诬告翟唐阻挠督办贡品,打死催办之人。翟唐被逮入诏狱拷讯。浙江佥事韩祁奇上疏要求皇帝禁止太监侵扰民间,也被捕入狱。同时还有好几名官员,因抵制或揭发太监们的恶行,被下到狱中。许多官员上疏相救,而武宗根本不理。最后,翟唐、韩祁奇等官员或被谪外,或罢官为民。

嘉靖十八年(1539年),巡按直隶御史黄正色论劾太监鲍忠等人护送梓宫(皇帝、皇后或重臣的棺材)时索受馈遗。鲍忠反过来告讦黄正色于载有梓宫的船前骑马执扇而行。世宗一听,勃然大怒,令锦衣卫逮黄正色下狱,以大不敬罪名发配辽东充军,而对鲍忠却不作任何处罚。

嘉靖三十一年(1552年),光禄寺少卿马从谦上奏告发太监杜泰侵吞官银数以万计的贪污罪行,而杜泰反诬马从谦诽谤朝廷。世宗将二人一起下到锦衣卫狱中审讯。尽管杜泰的诬告没有任何证据,但由于世宗对马从谦没有好感,结果判杖刑八十,流戍边地充军。马从谦遂死杖下。一些支持马从谦告发杜泰的官员,竟然也被贬黜。

　　前述万历年间矿监税使的暴行,也都是太监所为。宦官在明朝作为统治集团中的一个特殊群体,有一个相当庞大的系统,设置了十二监、四司、八局共二十四个衙门,赫赫有十万之众。其中贵贱悬殊,等级森严,而上作威福,下受欺凌,能够干政、专权、制造冤狱的都是一些有一定品级的大太监。这些人得到皇帝的庇护与放纵,才能如此狂妄、专横,乃至猖獗。然一旦不如主子的意,无论其权势如何大,皇帝都可以让他顷刻成为阶下囚、刀下鬼。上述这些专权太监的下场莫不如此,因为他们毕竟只是皇帝的奴才。

四、恐怖的厂卫特务统治

　　明代君主专制制度加强的另一个明显特点,就是厂、卫特务统治体制的创建与发展。从开国皇帝朱元璋到末代皇帝朱由检,其间无不借助特务政治来维护自己的专制统治,且一代比一代变本加厉,将特务统治推上空前酷烈的地步,其所制造的各类冤狱实在罄竹难书。

　　锦衣卫　洪武初年,朱元璋设置检校和利用宦官进行特务活动,监察大小官员的行动。至洪武十五年(1382 年),朱元璋正式建立第一个特务司法机构:锦衣卫。其前身是皇帝的警卫机构拱卫司(又称仪鸾司),有一支专属部队,改为锦衣卫后,除拥有侍卫职权外,还有巡察、缉捕、审问,乃至刑讯、处决的大权,所以添设了专门的法庭与监狱。由内部的重要机构镇抚司掌管,长官为指挥使,由皇帝的亲信武将担任。皇帝直接控制和指挥这个特务机构,奉皇帝诏令抓人办案,人们一般称它为"诏狱"。朝廷内外文武百官都受其监视、探察,皇帝一般也将重大案件交给它审理,从而使皇帝能及时了解臣民的动向,也更直接地控制了国家的司法权。洪武二十年(1387 年),朱元璋发现锦衣卫官校恃仗特权,非法凌虐,制造了许多冤狱,便决定罢撤锦衣卫,下诏今后大小案件仍由三法司审理。

　　明成祖夺得帝位后,出于加强专制统治的需要,很快恢复了锦衣卫。此后代代相袭,一直维持到明朝的灭亡。人数从明初的数百人,到明中后期发展到十几万人之众。锦衣卫办案不必经过正常的司法机构及司法程序,为了在皇帝面前表功,往往捕风捉影,滥杀无辜,制造冤狱,逐渐形成一种靠构陷他人作为自己晋升跳板的官场风气。其肆意滥行,造成冤狱遍地,怨声载道,民情激愤。永乐年间,锦衣卫指挥使纪纲,便是一个恶贯满盈的家伙。前述,浙江按察使周新,就是在他的诬告下,而被成祖处死。大学士解缙也是遭他暗害。据载,纪纲利用职权勒索盐税四百余万,掠夺民间牛车四百余辆,并大肆收受贿赂,掠取吏民田宅,构陷商人大贾数十上百家罪名,尽夺其家产。都指挥哑失帖木仅因不避道,就被纪纲诬以冒功领赏的罪名而捶杀。纪纲欲买一女道士为妾,却被都督薛禄抢先。纪纲在宫中遇到薛禄,竟然伸手就击打其头部。薛禄被打得头开脑裂,差点丧命。纪纲在朝中都如此猖狂,对民间百姓就更是无所不用其极了。最后,纪纲因谋反被杀,罪状颁示天下,全国为之愉悦。

东厂 永乐十八年(1420 年),明成祖在东安门北,增置了一个由亲信太监统领的特务司法衙门——东厂,专门"缉访谋逆,妖言,大奸恶等"。由于东厂厂主身处大内,与皇帝关系密切,更容易得到皇帝的信任,所以权力更在锦衣卫之上。东厂除探查百官、民众的言行外,还可以监督锦衣卫的行动,锦衣卫指挥使见东厂厂主甚至要下跪叩头。厂主称"钦差总督东厂官校办事太监",又简称督主、宗主,下属有掌刑千户、理刑百户、役长等,并有侦察"番子"千余名,分散在各衙门、各地区。自是太监更加专横,东厂也与明朝相始终,危害极大。

英宗正统初,锦衣卫指挥使马顺与太监王振狼狈为奸,枷翰林侍讲李时勉,杀御史刘球。天顺年间,先后任指挥使的门达、逯杲二人,也是胡作非为,害人取利之徒。他们派遣校尉四出侦缉,并立定期限以捕捉人多有赏。文武百官、豪门富室多以妓乐、金帛进贿,以求无事,就连亲藩郡王也不例外。如果不进贿赂,就诬以罪名,逮捕入狱。"天下朝觐官大半被谴,逮一人,数大家立破。"如巡按宣府御史李蕃、巡按山西御史韩琪、巡按辽东御史杨瑄、陕西佥事李观、福建佥事包瑛等十二名官员"皆为校尉所发下狱",诬以妄作威福等罪名,任意罗织栽赃,肆意酷刑毒虐。最后,李蕃、韩琪被戴枷折磨至死,包瑛气愤不过,自缢而亡,其余多被流放充军。

就连锦衣卫内部时也互相倾轧、陷害。指挥同知袁彬自恃皇上蒙难时,自己护卫有功,而不甘居指挥使门达之下,被门达告以受贿,用国家木材营第、夺人子女为妾等罪名,下狱拷掠,用尽酷刑,并判处绞刑。后在英宗的直接干预下,他才得以赎罪调任。

西厂　成化十三年(1477 年),宪宗又另设一特务司法衙门——西厂,由亲信太监汪直掌领。西厂规模、权势都在锦衣卫、东厂之上。

西厂成立第二个月,就制造了一起冤狱。建宁卫指挥杨晔与父亲杨泰被仇家诬告,逃来京城一避,躲在亲戚礼部主事董序家。这件事为西厂特务侦知,报告汪直,并诬说他们是杀人畏罪潜逃,携有一车金银来京城贿赂众官。汪直一听,马上将杨晔父子抓来严刑逼供,并大搜董序之家,却一无所得。汪直便用残酷的"琶刑"拷打,使之"骨节皆寸解,绝而复苏"。杨晔求死不得,便乱说金银放在叔父、兵部主事杨士伟家中。汪直立刻派特务把杨士伟家抄了,并将杨士伟一家老小全部逮捕入狱,对其妻儿也刑讯逼供,企图找出并不存在的金银。最后,杨晔被活活折磨死,杨泰论斩,杨士伟、董序罢官谪放,还牵连了许多官员被无辜收审和贬黜。

西厂在各地罗布校尉,"民间斗詈鸡狗琐事,辄置重法,人情大忧",并通过捕捉所谓散布妖言惑众之人来求赏赐,制造了许多民间冤狱。"豫设逻卒于乡村,诱引愚民为蜚,寻以妖言发之,文致以法。"以至"西厂所执之人犯多皆无案",随便逮捕达到肆无忌惮的地步。兵部尚书项忠等人看不惯西厂的所为,联合九卿众官员弹劾汪直。结果被汪直联合东厂,诬项忠等人各种罪名,逮捕入狱,削职为民。一时九卿中被劾罢者达数十人,可见西厂气焰之嚣张。

兵部侍郎马文升,在辽东整顿军务。汪直想夺取功劳,派党羽至辽东也插一手。马文升鄙视汪直一伙,与其党羽不睦,为汪直所恨。汪直便诬马文升行事乖理,导致边人怨恨反叛。马文升被下狱而后发配重庆卫充军戍边。皇帝并下诏谴责给事中李俊、御史王瀇等五十六名官员,对马文升包庇容隐,各廷杖二十。由是"汪直威势倾天下",成为明代凶残专权的太监之一。

至成化十八年(1482 年),在群臣的纷纷弹劾下,宪宗对汪直也已不太信任,遂罢西厂。随即一切侦缉、审判权项又归东厂,东厂厂主尚铭便得势猖獗起来。他和汪直一样,罗织诬陷,残害无辜,并卖官鬻爵,中饱私囊。京城中哪家富有,他就给栽个罪名,直至勒索到重贿为止。尚铭失势后被充军抄家时,用车载运其家财产送内府，几天都没有装完，可见其得势时搜刮之苛酷。大臣商辂描绘当时东、西厂的熏灼气焰时道"皆自承言密旨，得颛刑杀，擅作威福，贼虐善良"，弄得"士大夫不安其职，商贾不安于途，庶民不安于业"。（《明史·商辂传》）

这一时期，不但东、西厂横行不法，同时锦衣卫也照样残害臣民，诬告希赏。锦衣卫捕到宁晋（今河北）人王凤等，诬以与瞽者传播妖书妄言，受署伪职等罪名，并诬知县薛方、通判曹鼎与通谋。锦衣卫发兵卒包围两家，逮捕刑拷。在重刑逼供之下，众人都屈打成招。后薛方、曹鼎家人来京申诉冤情，下法司查验，确系冤枉。锦衣卫官校诬告反坐，应当处斩。然而，宪宗只是告诫其不得残害无辜而已，根本不加任何处罚。皇帝如此纵容，冤狱自然丛生。

内行厂 武宗正德初年，太监刘瑾把持朝政。为镇压臣民，加强专制，武宗不仅恢复了西厂，又增设了另一个特务司法机关——内行厂，由刘瑾直接掌领。内行厂凌驾于朝廷一切机构之上，连东厂、西厂都在它的监视之下，加上锦衣卫，全国特务有十几万之众，编成了一张巨大的特务统治网络，套在全国人民的头上。谁反对刘瑾，立刻就会被罗织罪名，贬谪诛杀。"凡瑾所逮捕，一家犯，邻里皆坐，或瞰河居者，以河外居民坐之。"太监王岳、范亨、徐智，与外朝官员联合反对刘瑾专权，刘瑾就撺弄武宗把他们贬放南京。三人上路后，刘瑾马上派特务追杀。王岳与范亨在中途亡命，徐智被打断手臂。朝臣王伯安被贬为贵州驿丞，也是在半路上被特务强行抛入江中淹死。兵部主事王守仁触忤刘瑾，被廷杖五十，谪为贵州龙场驿丞。一路上，刘瑾派特务盯梢，准备下手。王守仁只得在夜里假装投江自尽，留下绝命书，骗过特务，才保住性命。

正德三年（1508 年），刘瑾党羽谷大用督西厂时，江西南康县百姓吴登显等人，按当地风俗在端午竞渡龙舟，被诬以"擅造龙舟"的罪名，逮捕杀头，家产籍没。正德五年，刘瑾被诛，籍没财产"金共一千二百五十万七千八百两，银共二万五千九百五十八万三千六百两"。其他宝石、玉带等财物无数，数目吓人。至此，内行厂、西厂才被罢撤。内行厂只存在五年，而非法处死臣民达数千人之多。

正德后期，太监张锐领东厂，与锦衣卫指挥钱宁，都专横跋扈，权势炽盛，中外合称"厂、卫"。尤其钱宁，恃仗武宗宠信，到处为非作歹，如庇护杀人犯、夺人姬妾财物，到处贪赃枉法，直至勾结宁王作乱事发，还嫁罪他人，杀人灭口。最后钱宁被揭发伏诛,抄没家产,"得玉带二千五百束、黄金十余万两、白金三千箱、胡椒数千石"。

世宗嘉靖年间,东厂督主芮景贤与掌刑千户陶淳诸人也尽干些诬陷之事。如给事中刘最被诬害,判谪广德州(今安徽广德),恰与颜如环同行。颜仅因用黄袄裹装,被芮景贤侦知。芮景贤便以服饰颜色僭越之罪,又将刘、颜一起逮捕下狱,判处充军。

当时的锦衣卫都督同知陆炳也权势显赫,曾捶杀朝廷的兵马指挥,为御史纠劾,但世宗却不问罪。陆还助严嵩为虐,害死夏言。他任地痞无赖为爪牙,悉侦民间之事。富人有小过,辄被收捕,籍没家产。积财数百万,营别宅十余所,庄园遍四方。

给事中安磐揭发锦衣卫百户王邦奇的惯技,"其捕奸盗也,或以一人而牵十余人,或以一家而连数十家,锻炼狱词,付之司寇,谓之'铸铜板'。其缉妖言也,或用番役四出搜愚民诡异之书,或购奸僧潜行诱愚民弥勒之教,然后从而掩之,无有解脱,谓之'种妖言'。数十年内,死者填狱,生者冤号"(《明史·安磐传》)。凡被厂卫旗校诬为"妖言"者,均凌迟处死,而后冒功求赏。有些旗校还无耻地直接向犯人索贿。如嘉靖六年三月,锦衣卫百户张春、校尉何显、翟宇奉诏去外地逮捕侍读叶桂章,押解途中向叶索贿。叶被逼得没有办法,夜里入厕用小刀自刺身亡。

天启年间,魏忠贤把持朝政,利用厂、卫残酷镇压异己,暴虐程度令人毛骨悚然。魏忠贤以秉笔太监自领东厂事,党羽田尔耕以左都督掌锦衣卫,许显纯以锦衣卫都指挥佥事掌镇抚司,都是一帮刻毒之徒。当时各地布满东厂的番子、锦衣卫的探子,为追逮政敌,还经常缇骑四出,道路汹汹。凡与东林党人有关系者,都被暗中盯梢,随时有被捕入狱的危险。如杨涟的亲家陈愚,其朋友中有怕被牵连而自杀者,可见当时恐怖到何等程度。

京城中有许多流氓、无赖,为诈取钱财或报私仇,也帮厂、卫侦察。探得秘密事,向东厂役长告密,能得相应报酬,叫"卖起数"。役长随后就率众番子前往所谓犯家,如狼似虎地搜查扫掠,如没发现什么违法证据,便敲诈一笔钱扬长而去。倘若犯家拿不出钱,或数目不能令人满意,便会被抓回东厂,重刑拷打。在审讯中,再想办法牵连几个有钱富户,直到富户出钱贿赂到满意为止。锦衣卫缉捕也是"冒滥无纪,所报百无一实,吏民重困"(《明史·刑法志》)。

被逮入东厂、锦衣卫者,大多九死一生,犹如进了阎罗地狱,因为厂、卫的刑罚残酷,十倍于一般官衙。前述阉党迫害东林党人案中,镇抚司的刑具五毒俱全。还有所谓"琵琶"刑,"其最酷者名曰琶,百骨尽脱,汗下如水,死而复生,如是者两三次,荼酷之下,何狱不成"(《明史·刑法志》)。甚至有什么"昼夜用刑","以木笼四周攒钉内向,令囚处其中,少一转侧,钉入其肤。囚之膺此刑者,十二时中但危坐如偶人"(《万历野获编》卷二十一)。魏忠贤还好用立枷。此枷重三百斤,犯人只能直挺挺站着,不旬日必绝命。此外还有剥皮、断脊、堕指、刺心……令人不寒而栗。

监狱也是十分简陋、阴潮、黑暗。犯人被戴上刑具,动弹不得。到了夜晚,饥饿硕大的老鼠钻出来咬人。犯人常常被咬得遍体流血,甚至手指、脚趾都被咬掉吞吃。酷刑后病死狱中的人数无法统计,狱卒每每要等尸体腐烂,蛆虫遍体时才把尸体抛出。亲属们不但不知其死期,就连尸体有时也已无法辨认。

万历后期,锦衣卫没一个法官,囚犯关在监狱中有长达二十年还没问过一句话的,他们在狱中用砖头砸自己,辗转在血泊中呼冤,却没人理睬。魏忠贤专政时期,厂卫使"大臣骈首就戮图圉,积至数千人"。朝廷官员被害死数千,一般平民百姓更不计其数了。

特务统治是专制制度发展到一定阶段的产物,是政治制度走向全面反动的一种标志。由于厂、卫在监视、镇压臣民中的特殊职能,使之成为明代极端专制独裁统治的重要支柱,也是当时大量的各类冤狱的制造者。

五、明朝法律制度与冤狱

重典治国　明初,朱元璋即以重典治国作为既定方针,认为"胡元以宽而失,朕收平中国,非猛不可",他吸取元朝灭亡教训,提出:"吾治乱世,刑不得不重。"实质即是用重典来竭力维护其极端的君主专制统治。《大明律》于洪武三十年定本,颁行天下,历时三十年。与前代诸律相比,《大明律》不但用刑加重,且严厉镇压侵犯皇权统治地位的诸种犯罪。

《大明律·刑律》规定：

> 凡谋反及大逆，但共谋者，不分首从，皆凌迟处死。祖父、父、子、孙、兄弟及同居之人，不分异姓，及叔伯父、兄弟之子，不限籍之司异，年十六以上，不论笃疾废疾，皆斩。其十五以下及母、女、妻、妾、姊、妹，若子之妻妾，给功臣之家为奴，财产入官。

明对谋反大逆罪，不仅处刑重于唐、宋，而且连坐处死的范围也广泛得多。唐律规定，谋反大逆罪，首犯斩，父、子年十六以上皆绞，其余亲属俱无死罪，而危害不大者，本人处斩，父母子女妻妾都可不死。明律则完全没有这些区别，只要是谋反罪，所谓"罪大恶极"者，便采用重罪加重原则，不分情节轻重，一律诛杀，包括异姓同居之人，往往一案株连三族、九族，乃至乡里为墟，杀人数百上千。

《大明律》虽有"老幼不拷讯"，"拷讯不得过三度"以及官司拷刑惩罚要如法等的规定。然而在洪武十八年至二十年间，朱元璋连续发布了四篇统称《大诰》的法律文告，"所列凌迟、枭示、族诛者，无虑千百，弃市以下万数"，目的在于警诫臣民，严惩奸顽，其中罗列了大量残酷的法外用刑。朱元璋还从《大诰》中选出一百四十七条，附于《大明律》之后，要求全体臣民将《大诰》看作法律教科书，一体遵行地讲读，致使刑拷逼供在当时各级司法机关的审判过程中，不但完全合法，且有许多酷刑样板可供参照。

其实，即使不用致人血肉模糊的酷刑，只用五刑中最轻的笞、杖刑，也常可置人于死命。弘治六年（1493年），太常少卿李东阳就说："五刑最轻者笞杖……今在外诸司，笞杖之罪往往致死……以极轻之刑，置之不可复生之地，多者数十，甚者数百，积骸满狱，流血涂地，可为伤心……请凡考讯轻罪即时致死，累二十或三十人以上，本律外，仍议行降调……"（《明史·刑法志》）孝宗弘治之世，乃明代最升平昌盛之时，各地法司用刑就如此触目惊心，更不用说其他诸朝了。另外，有人还提出拷讯轻罪致死二三十人以上，才"议行降调"。此类建议今天看来哪有什么"人味"，然而在当时已经很了不起了。呜呼哀哉！

同时，《大诰》定刑比《大明律》更为苛重。如夏粮违限不纳者，明律规定杖一百,《大诰》却要凌迟示众。官吏私自役使部民罪,《大明律》规定杖八十,《大诰》却定死刑。妄告亲属尊长者,《大明律》杖一百、徒三年,《大诰》则处枭令杀头。私开牙行,《大明律》杖六十,《大诰》则为死罪。官吏征收税粮不时,《大明律》只杖一百,《大诰》则为死罪……《大诰》中大量轻罪重判、小罪处死、肆意诛戮、法外用刑的案例,往往以君主个人好恶为量刑标准。许多案件不分轻重、不问首从,唯诛杀为威。有时案情相似,却处以不同刑罚。总之,法理不通,前后相左,带有极大的主观臆断性。朱元璋将如此的判案文告作为法律公布,其流弊严重地影响了大明一朝的法律制度。

皇帝的任意刑杀权　尽管在当时法律制度中没有规定皇帝对臣民有任意的刑杀权,然而在司法实践中却明显成立,最突出的例子就是廷杖。自洪武十四年,朱元璋将工部尚书薛祥毙于廷杖之后,便开始了皇帝在宫廷上肆意刑杀大臣的恶行。武宗谏南巡,世宗议大礼,两次都廷杖大臣数百人,当场杖死十余人。这样大规模处死大臣的案件,如此无视官员生命的事件,司法审判机关根本无权过问。

朱元璋亲自审理一些要案,"有大狱必面讯"。洪武十九年(1386年),丽水县有个小民到朝廷诬告某大族聚众谋反,朱元璋不做任何调查取证就派锦衣卫前去逮捕法办。幸亏知县倪孟贤了解真相后,及时写好辩白疏章上奏,并让四十位老人赴朝廷表明此案之诬妄。朱元璋才转向要法司追究诬告的罪责,避免了一起冤狱,否则后果不堪设想。

皇帝在亲审案件中,以个人的好恶为判断标准,造成冤滥的情况可以说比比皆是。正德、嘉靖、万历诸朝,更是层出不穷,无所顾忌。嘉靖六年,锦衣卫百户王邦奇诬告原首辅杨廷和交结朋党。世宗正为议大礼之事忌恨杨廷和,此告正中下怀,而给事中杨言却上疏为杨廷和等人辩白。世宗见疏大怒,将杨言逮捕"亲鞫于午门,备极五毒"(《明通鉴》)。明武宗在亲自审判的案狱中,也是用法外之刑镇压正直官员。到正德五年,已是"冤滥满狱"。

皇帝对全国所有的大案要案、死刑复核有最终判决权,地方官衙只能决定徒刑以下案件。刑部虽有权处理流刑案件,但须送大理寺复核,并受都察院监督,而三法司的最后判决,都要送皇帝批复拍板。如明初几大冤狱,都由朱元璋亲自判定,其他任何部门也没有这样的大权。嘉靖三十八年(1559年),北方骑寇入侵,总督蓟辽都御史王忬受敌声东击西之诱骗,没把敌寇挡于境外,这是有罪责,但不至于死。刑部拟处充军戍边,然而世宗在严嵩的谗煽下,手批案卷道:"诸将皆斩,主军令者顾得附轻典耶?改论斩。"明年冬,王忬被斩于西市。直到穆宗即位,其子王世贞讼冤,才得抚恤。

世宗还一不高兴就可将人发配充军。嘉靖十年,监察御史喻希礼上疏:"议礼、议狱得罪诸臣,远戍边徼,乞量移近地,或特赐赦免。"御史石金亦发表相同意见。应该说,所疏合情合理。然而,世宗却立即将二人下到诏狱,随后发配充军。另外,世宗善于"君主南面之术",用欲擒故纵的种种手段玩弄群臣。嘉靖十一年(1532年)十月,翰林院编修杨名应诏陈言,"语甚切直,上衔之,而答旨褒其纳忠,令尽言无隐"。于是,杨名颇受鼓舞,进一步大胆疏言,陷入世宗设的圈套中,结果被世宗送锦衣卫,打得死去活来。法司几次给杨名拟判罪名,"皆不当上指,特诏谪戍边卫"。所以,就算皇帝再无理、再荒诞,也有不容置疑的最高司法权。

皇帝凌驾于三法司之上,一不称心就可处罚有关审判官员。嘉靖二十九年(1550年),右副都御史胡缵宗被小人诬告,谓其诗作中有怨望、诽谤之意。法司查明尽是诬罔,真相弄清,便判诬告者以反坐论死,胡缵宗无罪,上奏请复。然而就因为世宗对胡缵宗有些成见,竟加判胡杖刑四十,革职为民,同时,法司正、副长官停半年俸,其他办案官员都被下诏狱论罪。简直是岂有此理!但皇帝的判决又有谁敢反抗呢?

嘉靖二十九年(1550年)八月,俺答率蒙古骑兵大举入寇,兵临北京城下,骚扰抢掠,史称"庚戌之变"。事后,世宗下令逮捕兵部尚书丁汝夔、侍郎杨守谦二人于午门外廷审。法司比照大明律有关规定,拟秋后处死。但世宗予以推翻,命令立即斩首,同时将三法司官员以议狱迟缓之罪,各处杖刑四十或五十,降俸五等,个别人还被削职为民。三法司根本没判错,却也成为皇权试剑的牺牲品。

在昏君的淫威之下,法司只得曲法断案。嘉靖三十四年(1555年),副都御史商大节经略京城内外,上疏要世宗吸取"庚戌之变"的教训,调配军队,重整防务。疏入,世宗大怒。法司只得迎合皇帝的意思,违背法律和自己的良知,"当大节失误军机论斩"。皇帝有时不满意三法司的审拟,就干脆将案子转交给锦衣卫镇抚司拷讯,以彻底贯彻皇帝的司法意志。

太监干预司法　由于皇帝少年登位,或不理朝政,孝宗以后,皇帝上朝者寥寥。武宗"每月御朝不过三五日,每朝进奏不过一二事",世宗"二十余年不视朝政",神宗"不视朝政已三十载"。这样便给皇帝身边的太监专权蠹政创造了前所未有的条件。得宠太监往往成为皇帝的代言人,掌握着实际权力,包括重要的司法权。

《明会典》规定,大理寺凡是裁决重犯,须请旨发落。而请旨上裁必经太监之手,批红划圈也常由太监代笔。尤其是几个专权太监,几乎垄断了为皇帝拟旨批红的权力。而东厂单独管辖的案件,由太监审理、定刑,再由提督太监定案上报皇帝,且东厂一审即为终审。

即使有些案件由皇帝亲自处理,太监在其左右,也常常对皇帝产生相当影响。嘉靖四十一年(1562年)五月,曾经倾轧严嵩的方士蓝道行失宠,严嵩想乘机报复,"乃密赂上左右各十万金……道行遂得罪"(《世宗实录》)。连首辅大臣也要买通有关太监才能处罪仇人,可见宦官对皇帝断案的影响力之大。太监如诬告官员军卒,常常是每诬必中。如宦官刚聪诬漕卒掠御服,罪坐两千余人;宦官黄锦诬劾高唐判官金坡等人,连坐五百余人。即使被告辩明,诬告的宦官一般也不会被治罪,更不必说加等反坐了。

同时,有关太监还名正言顺地有权参与国家的一些司法审判,如参与法司诸处会审大狱。正德元年,"凡三法司谳狱,必司礼监一人主之,后遂沿习为例"。监视锦衣卫镇抚司拷讯重囚叫"听记",到一般官衙访缉司法公务叫"坐记"。每五年,还要举行一次三法司会同宦官审录重囚的"大审",这是明朝特有的司法会审。凡大审录囚,要张黄盖于大理寺,建三尺坛,太监中坐,三法司官员坐于左右,御史、郎中以下捧牍而立。在审录过程中,"三法司视成案,有所出入轻重,俱视中官意,不敢忤也"。从此看出,就连司法"大审",也往往以太监的意志为左右。

史籍常记载一些太监所谓矫旨害人的故事,大多是官僚只敢反宦官,不敢揭皇帝的可怜曲笔罢了。事实上,主要是皇帝要利用宦官实行绝对专制,便赋予宦官极大的权力。宦官的活动一般都要得到皇帝的认可，否则，按明律规定："诈传诏旨者斩"，宦官有几个脑袋也不够砍。所谓宦官矫旨，大多是替皇帝行使最高司法权罢了。

明成祖为加强对地方的控制，常派宦官出镇，后遂有了镇守太监的头衔。各省、城镇通设镇守太监、守备太监，这些太监也开始参与地方司法，具有部分管辖权。弘治时，许多地区的镇守太监完全可以擅自逮捕人犯，甚至越过官吏，接受民间诉讼。如南京守备太监蒋琮"受民词不由通政"，干脆架空了地方衙门的司法权。正德年间，刘瑾专权，"命天下镇守太监悉如巡按、都御史之制，干预刑名政事"。综上所述，一些没有多少文化素养，更谈不上有法律知识的太监在某种程度上主掌了司法断案的大权。

另外，廷杖虽是以皇帝的意志为定夺，但指挥用刑的却是太监。如果想置犯官于死地，监杖太监就喝令"着实打"或"用心打"，受杖人便几无生还的可能。也有说，锦衣校尉行刑时，要看司礼太监两只靴尖的方向，如八字朝外，那就手下留情，如靴尖向内一收，犯人就别想活命。

太监干预司法，还主要凭借其掌握的厂系特务衙门。厂、卫逮捕人犯，起先要送刑部签发驾帖（公文），后来厂卫势力增大，往往只凭空白驾帖即可，无须刑部签发。嘉靖元年，刑科给事中刘济坚持恢复刑部签发驾帖，竟遭世宗训斥，而厂卫经常奉皇帝之命外出逮捕重犯。明朝既有政府下设的三法司审判机关，又有皇帝直接指挥的厂卫特务机关，实际上形成好几个司法审判系统，互相间发生的抵牾、矛盾。

一般来讲，三法司审理的重大案件必由厂卫或宦官主持复审，而厂卫审理的重大案件，基本上是定案后再移交刑部复核。刑部几乎是按照厂卫的拟断执行，仅是履行一下手续而已。给事中陆粲说："东厂、锦衣卫诏狱所寄，兼有访察之威，人多畏惮，一有所逮，法司常依案拟罪，心知其冤不敢辩理。"（《明世宗实录》卷一百零三）有时皇帝只让厂卫管辖重大案件，法司形同虚设。御史曹怀说："朝廷专任一镇抚，法司可以空曹，刑官为冗员矣。"所以从总体上看，厂卫凭借皇权，处于支配司法的地位。这样便于皇帝玩弄司法，也给锦衣卫军官与管厂太监在司法领域横行霸道创造了条件。

严控官员 《大明律》增设"奸党罪",规定"若在朝官员,交结朋党,紊乱朝政,皆斩,妻子为奴,财产入官"。为防止大臣私人引荐,结成集团,严格规定国家官职任用权专属皇帝,"若大臣专擅选用者,斩"。同时,禁止官员间互相吹捧,"上言大臣德政者,斩"。并严格控制思想文化领域,"凡造谶纬妖书妖言及传用惑人者,斩",也不许为犯官说情辩解,"若犯罪,律论处死,其大臣小官巧言谏免,暗邀人心者,亦斩"。在如此严厉苛酷的法律之下,大臣几乎动辄得罪。《明史·刑法志》载,都御史夏迪催粮常州,被诬以受贿。诸司惧得朋党之罪,竟然明知其冤,也不敢表白上言。夏迪后被罚苦役,充驿夫而愤愤至病死。

明代的御史制度与组织也相当完备与严密,且权限广泛。台谏弹劾论列,直接向皇帝负责,却也多任己意,往往"传闻飞误,遂相附和,假托民谣,以为佐证",甚至"但坐公馆,召诸生及庶人之役于官者询之,辄以为信"。这样"责人不究虚实,望风捕影,往往失真"。凭主观武断、偏听偏信去弹劾官员,也造成一些冤案。

正德年间,右都御史马中锡与惠安伯张伟统军镇压河北刘氏兄弟起义。马中锡因征战不利而入义军营帐劝降,却遭官员弹劾纵贼转移。马中锡被捕入狱,判成死罪,后死狱中。崇祯八年,黄河决口,侍郎刘荣嗣负责修新河道,以疏通河水。但新河道随河水流入,泥沙淤积,船只依然难行。刘荣嗣被弹劾以贪赃罪入狱,瘐死狱中。修筑工程段最长的郎中胡琏,甚至被判处死刑。

臆断逼供导致冤滥 官员在审判中常常凭感情进行主观臆断,导致冤滥,这是历朝的通病。穆宗隆庆末年,锦衣卫指挥周世臣被盗贼杀害。官府勘查现场后,认为是婢女荷花儿与仆人王奎通奸合谋杀主。立案后,刑部郎中潘志伊觉得有疑问,但刑部侍郎翁大立却对二仆杀主表示愤慨,要求从述判处。最后用刑讯逼供定案,处以极刑。过了几年,杀人盗贼终于落网,人们竞相替荷花儿与王奎申冤。

英宗天顺年间,杭州"沈鸟儿一鸟五命案"也相当典型。杭州有位姓沈的绅士养了一只珍贵的画眉。一天,沈提鸟笼在西湖边散步,突感腹痛,无法起身,便托一个熟识的箍桶匠到沈家报信。等家人赶到湖边,只有一具无头的尸体。家人察看伤口,以为是箍桶匠用刀所砍,告到官府。昏官一看状纸,见是箍桶匠谋财害命,便刑讯逼供。箍桶匠受刑不住,只得诬认杀人,说把沈之头扔到湖里,把画眉卖给了别人。官府与沈家高价悬赏,寻找沈的人头。过了几天,有两个渔人兄弟拿着一颗人头前来领赏。官府见有人头了,不管三七二十一,便结案上报。批复下来,到秋后,箍桶匠被处死刑。

几年后,沈家有个熟人在市场上见到沈的画眉与鸟笼,问起来历,觉得可疑便告到官府。官府把人抓来一审,案情大白。原来此人才是真凶,杀人盗鸟,并将沈的人头放进湖边的树洞。官府这才清楚,箍桶匠是冤枉的。但搞不懂的是,那渔人兄弟送来的人头是怎么回事呢?官府便又把渔人兄弟抓来拷讯。原来是老父亲去世,因为家里穷,便割下父亲的头,弄腐烂了来领赏。最后将真凶与兄弟俩都判处死刑。因一鸟使五人丧命,当时杭州人都以"沈鸟儿"为祸根,其实"沈鸟儿"也是受害者。草菅人命的官府,只会刑讯逼供,冤杀无辜,才是真正的祸根。

嘉靖六年(1527 年),明世宗在颁发的《宽恤诏》中说:"近年上司官员,多以访察拿人发与所属官员问罪,既无原告,又无指证,逼令犯人自行想象招供。中间固有得实者,而被诬者亦多,甚至有枉问死罪充军者。奸人乘机报复私仇,刁徒缘比肆行诓诈……豪猾者反以侥幸脱网,良善者仍以无辜受祸。"(《皇明诏令》卷二十)嘉靖三十七年,世宗又手谕说:"司牧者未尽得人,任情作威。湖广幼民吴一魁二命枉刑,母又就捕,情迫无控,万里叩阍。以此推之,冤抑者不知其几。"连昏君都知道地方官素质差,任情作威,冤狱广滥。

以礼(或理)杀人　当时因理学的普及又出现了新的社会现象。清官海瑞家就出了这么一档事:海瑞有一个五岁的女儿,非常活泼可爱。有一天,海瑞见女儿在吃着饼饵,就问这饼是谁给的,女儿回答说是家僮某人给的。海瑞一听就大怒道:"女子怎能随便接受家僮的食物?你不是我的女儿!你要能立即饿死,才配做我的女儿。"女儿立即哭着不肯吃喝,家里人千方百计劝她进食,她就是不吃,七日后便饿死了。一个五岁的女孩,从男性家僮手中接了饼来吃,就犯了"男女授受不亲"之大禁,是不贞之罪,而被父亲逼死,而且这个父亲是中国历史上地位很高的清官。可以想象,这样的官员在社会上推行理学的风化,又有多少小民百姓要死在他手上。

　　各司法机关判案常久拖不决,致使许多无辜之人被长期羁押而死。永乐九年,刑科曹润说:"今囚或淹一年以上,且一月间瘐死者九百三十余人,狱吏之毒所不忍言。"一个月在狱中病死者就近千人。

　　总之,明朝在加强专制统治的过程中,造成的各类冤狱达到前所未有的惨重程度,令人触目惊心!

第八章　清朝冤狱

1616 年，努尔哈赤建立金国政权，定都赫图阿拉，史称"后金"。1636 年，皇太极改国号为"清"，都盛京（今辽宁沈阳）。1644 年，清军入关南下，迁都北京，征服全国。至 1911 年辛亥革命推翻清王朝，共历十二帝，两百九十五年，如以入关后算，则历十帝，两百六十八年。

清朝虽经历了中国社会由古代被迫转入近代这一万分痛苦的动荡岁月，然总观清代法治，依然遵循着明代竭力加强君主专制统治的老路，用严刑峻法约束臣下，以野蛮残酷的手段镇压百姓。虽然宦官之祸、厂卫之害有所减轻，然而思想文化方面的高压政策造成的空前惨烈的文字狱，则将整个民族羁禁在愚昧窒息的牢笼中。法治领域依旧弥漫着黑暗和暴虐，民众咀嚼着司法专制的苦果，加上激烈的民族矛盾及贪婪的外国侵略者的蹂躏，清朝政权后期就一直在对内腥风血雨，对外丧权辱国的穷途末路上徘徊。洋务运动、戊戌变法、清末新政的失败，反映出一个古老民族怯于应付崭新世界的深刻变化。如果说中国近代的落后挨打有其深远的综合社会根源，那么明清极端专制统治所造成的恶果，当是重要因素之一。

第一节　大案要案

清朝是满洲贵族建立的全国性政权。满洲贵族登上皇位之后，把本民族一些落后、野蛮的习俗也带到全国,融进其统治手段之中,镇压手段也就特别严酷,具体反映在有关的司法狱案中。有清一代对汉族的镇压也从未放松,民族矛盾相当尖锐,"逃人法"惨案就是在这样的背景下演绎的。从汤若望的洋历法冤案,亦可见在西方思想、文化的传入过程中,中国守旧的夜郎自大思想与盲目排外的意识,成为对科学和进步的阻碍,当然主要还是权位斗争惹下的冤祸最为惨痛。

一、努尔哈赤大福晋"生殉"惨剧

1626 年 9 月 30 日(农历八月十一),清太祖努尔哈赤去世。十八个时辰之后,也就是第二天早上八九点钟,他最宠爱的大福晋阿巴亥被逼"生殉"。 阿巴亥换上礼服,戴满珠宝饰物。虽然照规定殉者不得哀伤,她还是哀求诸贝勒照顾好她的两个幼子,然后冠冕堂皇地说:"我自十二岁侍奉汗王,丰衣美食二十六年,汗王厚恩,我不忍离开他,所以相从于地下。"众人对之下拜。最后以弓弦扣颈勒毙,葬于汗王身旁,演绎了一场极为惨痛的人间悲剧。

此剧的导演是努尔哈赤的三子一侄:大贝勒代善、二贝勒阿敏(侄)、三贝勒莽古尔泰、四贝勒皇太极。他们申斥了大福晋的"罪过"后,逼迫她为夫生殉。理由是努尔哈赤生前早有遗嘱:大福晋年轻貌美,却心怀嫉妒,常使汗王不快,如果留下,将来恐怕会成为乱国的根源,所以必须"殉夫"。阿巴亥根本不相信努尔哈赤会有这样的遗嘱,试图据理力争。但是"四大贝勒"告诉她,这是汗王的命令,不能不从。阿巴亥知道如果不从,也会被众人扼死。为了三个孩子,她只能屈从,了断她正当丰茂的生命。

努尔哈赤有无此遗嘱,已无法考证。但按当时女真族人的习俗,妻殉夫必须具备两个条件:一是爱妻,二是没有年幼的儿子。阿巴亥虽然符合第一条,但却不符合第二条。阿巴亥十二岁就嫁给努尔哈赤,侍奉汗王二十六年,有三个儿子,分别为努尔哈赤的第十二子,二十一岁的阿济格;第十四子,十四岁的多尔衮;第十五子,十二岁的多铎。就是说她至少有两个幼子,需要她抚养,所以不应该殉葬。

同时,纵观清初历史,努尔哈赤有配偶十六人,其他诸妃俱为善终。孝慈皇后死,太祖命四婢殉之。皇太极有配偶十六人,其妃无一人相从于地下,而是二章京(军官)殉死。顺治帝有配偶十七人,虽有一名贞妃从殉,也不过是庶妃。从当时的文献记载看,贞妃从殉出乎皇室意料,显然是不愿苦熬清宫的寂寞岁月而自愿从死。多尔衮死,有一侍女殉死。……可见殉死者多为婢女、侍女,最高是庶妃。而大福晋阿巴亥地位是高贵的"国母",又有幼子尚未成年,所以"生殉"的背后必有政治阴谋。

早在几年前,努尔哈赤的庶妃就曾状告大福晋与大儿子通奸,说大福晋两次送佳肴给大贝勒代善,代善受而食之,大福晋还一日两三次派人到大贝勒家,自己也深夜出宫两三次。问题是拿贼要赃,捉奸见双,仅凭送两次佳肴就可按通奸的罪名。何况一个庶妃在没有确凿的证据下,竟敢告地位高贵的大福晋,告统领着一旗人马的大贝勒,而且是很有可能成为太子的大贝勒。这背后一定有某种政治背景,也就是其皇族权力斗争的一种表现。努尔哈赤虽心中不快,但也很冷静地处理此事,并未对此事予以深究,只是以财产问题将大福晋赶回娘家。

大概只有一年光景,太祖因患病又将大福晋召回。为什么要召回呢?是不是要她特地来殉葬,这是很难说得通的。太祖晚年,对过去幽弟杀子的举措已隐感痛心,当不致再有这样残酷的遗命。多尔衮是他心爱的儿子,他怎么会让十二岁的儿子再失去母亲?他对大福晋还是有感情的,大福晋和代善即使有暧昧关系,要杀早杀了,在患病时要她回来,自是商量身后之事。

当时的女真族分为八旗,汗王之下最有实权的就是这八旗旗主。旗主由努尔哈赤在发展势力的过程中逐步安排的。当时,皇太极掌握两黄旗,代善掌握正红旗,阿敏掌握镶蓝旗,莽古尔泰掌握正蓝旗,所余镶红、正白、镶白三旗旗主,分别由大福晋阿巴亥的三个儿子阿济格、多尔衮和多铎统领,兄弟三人与诸兄同样成为权势很大的旗主。诸兄完全依靠自己在战场上流血拼命、出生入死而成为旗主,而阿济格兄弟三人是恃母亲受宠爱而得汗王厚赐,这令四大贝勒极为不满。

尤其重要的是,大福晋阿巴亥三个儿子所掌握的军事力量:三旗兵力,已经超过四大贝勒中的任何一个。如果三人联合起来对付政敌,那么四大贝勒都不是其对手,这也是令四大贝勒最为恐惧的。另外,在努尔哈赤临终之时,只有大福晋一人守在身边,她向诸皇子传达老汗王的遗嘱是"多尔衮嗣位,代善摄政"。倘若如此,阿巴亥再以"国母"之尊将三旗联为一体,那么其他几旗谁敢不服从!所以当阿巴亥传达遗嘱时,立刻遭到四大贝勒的断然否定。尤其是手握两旗、声望日隆的皇太极,他是绝不肯将汗位让给还不懂事的弟弟的。作为大贝勒的代善此时也不敢与皇太极相争,而是听从其子的劝告,力主由皇太极继承汗位。

这样事情就清楚了,为了不让年幼的多尔衮继位,不让大福晋权倾朝野,不让军国落入阿巴亥及其三个儿子的手中,本来就与大福晋有宿怨的皇太极、莽古尔泰主张让阿巴亥"殉夫"。阿敏不反对,代善也不敢与之作对。由是,大福晋没有别的选择,她必须去死,而"殉夫"是最好的方式。

由此可见,大福晋"生殉"悲剧的发生,不太可能是努尔哈赤的生前遗嘱,而是四大贝勒在权力争夺中,做出的一致决定,或者可以说主要是皇太极为了保证自己汗位的继承与统治的稳固,便用这个残忍的方式,将庶母送到阴间。

二、摄政王多尔衮谋篡案

清军入关前的 1643 年,清太宗皇太极暴病而亡。为了争夺皇位继承权,郑亲王济尔哈朗和睿亲王多尔衮两派的斗争几乎达到剑拔弩张的地步。最后,多尔衮提出折中方案:由皇太极第九子、六岁的顺治皇帝即位,两位叔叔济尔哈朗和多尔衮共同辅政。两派达成妥协,这才缓和了一场激烈的争斗。拥有两白旗雄厚实力的多尔衮,十七岁随兄长皇太极征战疆场,聪慧多智,谋略过人,且功勋卓著。此时多尔衮三十一岁,走上辅政之位,实掌清国大权。

顺治元年(1644 年),李自成攻占北京,明朝灭亡。多尔衮认为夺取中原的时机成熟,亲率八旗劲旅南征,收降山海关守将吴三桂,得以长驱直入,攻进皇城,宣布定都燕京。他采纳汉臣范文程、洪承畴的建议,提出"灭流寇以安天下"的口号,并宣布"有抢汉人一物者,即行处斩",迎降者官仍其职,民复其业,首倡内应者,破城后升官。他还下令为崇祯帝服丧三天,派人保护明陵,亲自到孔庙行礼。所有这些措施,争取到了民心,对清的统一大业起到很大的作用。

九月,多尔衮率诸王到通州迎驾。十月,顺治在金銮殿行"定鼎登基"仪式。多尔衮被受赐册宝,封为"叔父摄政王"。不几日,多尔衮又被封为"皇父摄政王"。

多尔衮摄政期间,审时度势,一方面用武力统一中国,一方面处理繁杂国事井然有序。他在政治上打击太监的势力,还使汉族官员与满族官员表面上做到平起平坐,网罗明朝降官和汉族士大夫;在经济上取消加派,减免一些赋税徭役,以休养生息以帮助汉人恢复家业;并于顺治二年开科取士,进一步笼络了汉族文人士大夫。随着威望的提高,郑亲王济尔哈朗被罢职,又降为郡王,排挤出朝。多尔衮独掌朝政,俨然为一代皇帝。

多尔衮摄政期间,也执行过骇人听闻的民族压迫政策,其中以圈地、投充、剃发三项为最。入关后以安置满族贵族、勋臣、兵丁为由,多尔衮三次下令圈地,逼迫被圈汉民"投充"旗下,强制实行落后的农奴制。农奴若逃亡,即行重治窝主的"逃人法",为此而丧身亡家者不知几千万人。接着又以"剃发易服"命令,拉开征服中原的战争。"留头不留发,留发不留头",遭到汉民的强烈反抗,江阴、昆山因此被屠城,嘉定还被三次屠城。

多尔衮生活放纵,见肃亲王豪格的福晋漂亮,便诬陷豪格言词悖妄、图谋不轨,幽禁豪格至死而夺其福晋,并公然册立为自己的福晋。豪格的心腹大臣也被杀。多尔衮还随意挪移府库财帛,私役内府工匠,大修府第,规模逾制,且广征美女,甚至向朝鲜求公主,得到后嫌公主不漂亮而丢弃。多尔衮还命史官按帝王之制为他撰写起居注。诸臣多次提出给顺治皇帝延师典学,多尔衮却置之不理,有意让福临荒于教育,致使福临十四岁亲政时还不识汉字,对诸臣奏章茫然不解。所以朝政调度,罚赏黜陟,一出己意,全国只知有摄政王一人。

随着顺治帝的渐渐长大,便与多尔衮发生冲突,乃至水火不容。深谙帝王之术和善于谋略的孝庄太后为了保住福临的帝位,只得以柔克刚,委曲求全。她不断给多尔衮戴高帽,加封号,甚至建碑记功,并让他与皇帝一起接受文武百官跪拜,允许他到皇宫内院走动……最大限度地满足了多尔衮觊觎皇位的野心,从而化解了孝庄母子的危机。

顺治七年(1650年)十一月,多尔衮出猎古北口外,围猎时坠马跌伤,不久病逝,时年三十九岁。顺治帝停朝哀悼,追尊为"懋德修道广业定功安民应政诚敬义皇帝",尊徽谥号的字数与太祖、太宗相同,照帝制丧葬,庙号"成宗"。顺治帝还守了七七四十九天的丧期,表现得格外恭敬悲戚,然而心里却在盘算着"秋后大算账"。

多尔衮兄长英亲王阿济格赴丧,以兵威胁,强令多尔衮部属归从他。多尔衮部属不愿服从阿济格,并将之擒获,到朝廷告发阿济格"欲为乱"。顺治帝暗喜,将此案交给济尔哈朗处理。济尔哈朗受多尔衮排挤,早已对这三兄弟恨之入骨。为报答顺治帝的信任,他揭发英王早有叛逆之心,如今图谋不轨,罪不容赦。加上其他官员的揭发响应,最后判幽禁阿济格,夺其牛录,籍没家产人口。

多尔衮死后两个月,议政大臣苏克萨哈和詹岱首先揭发,说多尔衮生前私备御用服饰,并打算将两白旗移驻永平府,妄图谋篡夺位,且死时又以滚黄明袍殓丧,犯下了僭越大逆之罪。接着,以郑亲王济尔哈朗为首的诸王大臣也纷纷上奏,揭发多尔衮独擅威权,挟制皇帝,朝廷自居,妄自尊大,排斥异己,逼死豪格,纳其福晋等一系列罪行,最后定为谋篡夺位罪。而顺治帝也终于把怒火喷射出来,开始用一切手段来发泄已久的积郁。

顺治下令:将多尔衮的罪状昭告天下,削夺多尔衮的亲王爵位、皇帝尊号,拆去庙享,籍没家产,府宅入官。母亲、妻子的封典全部追夺,养子多尔博不但不得承袭爵位,且与多尔衮的女儿一并赐给信王多尼为奴。开棺鞭尸,砍掉脑袋,曝尸示众后焚骨扬灰,多尔衮的宏大坟墓也化为一片瓦砾。已被幽禁的胞兄阿济格夺爵赐死,儿子废为庶民。已在顺治六年病亡的胞弟多铎,爵位降为郡王。亲信官员非斩即贬,两白旗的势力从此大衰。

那么多尔衮究竟有没有犯谋篡夺位罪呢?多尔衮确实以功高自居,恣意肆为,轻视诸王,甚至生杀任情。有时也不把皇帝放在眼里,一切政令皆出于他一人之手。可以说,大权在握的多尔衮要夺帝位并不困难,但至死他也没有迈出这一步。或者说,在有关史实中,并没有找到多尔衮公开或蓄意谋篡的言行,所以此案应为政治报复。

史书上对多尔衮在摄政后慎行谨言的记载也不少。顺治二年(1645年),朝臣向摄政王跪拜。多尔衮责问大学士:"岂有竟受之理。"还说:"皇上面前不肯违背臣礼。"同年十月,顺治帝诏谕,摄政王除大典外,平时可免去朝见礼。多尔衮奏言:"皇上年纪尚幼,臣不敢违背礼仪。等皇上成年,皇上再赐恩宠,自是不敢辞命。"十二月,多尔衮特传话王公大臣:"今观诸王贝勒、大臣等但知谄媚于予,未见有尊崇皇上者,予岂能容此!"告诫众人:"自今以后,有尽忠皇上者,予用之爱之,其不尽忠,不敬上者,虽媚予,予不尔宥也。"此后,多尔衮也一再申明:"太宗所贻之业,予必力图保护,俟皇上春秋鼎盛,即行归政。"

百余年后,此案引起了乾隆帝的注意。在认真翻阅了有关案卷与实录记载后,乾隆看到多尔衮"皆有大功而无叛逆之迹",便决定为之昭雪。乾隆四十三年(1778年),多尔衮案获得公开平反。乾隆帝分析道:多尔衮如果真有"异志",那么他兵权在握的时候为什么不反?当时他要窃取名号可谓轻而易举,何必偏要等到死的时候才殓用黄袍?还让人将它作为篡权夺位的罪证?所以此案是"宵小奸谋,构成冤狱"。鉴于多尔衮的丰功伟业,赐还睿亲王封号,追封谥为"忠",并配享太庙,封爵世袭。

多尔衮既是冤狱的受害者,也是多起冤狱的制造者。我们从中看到的,只是专制君主制度下人心的险恶与鄙劣。

三、疏议"逃人法"得罪诸案

逃人法中的"逃人",指满洲旗人奴役的汉族奴隶。清太祖努尔哈赤建国后,即与明朝战事频繁,且每每胜多败少,便按满族习惯,把战场上的俘虏及抢来的汉民作为奴隶分配给将领。这些奴隶承担着家内外最艰辛的劳动:耕种土地、牧马采参,甚至出征作战。他们毫无人身自由,且时时受到打骂或凌辱等残酷虐待。为了挣脱政治上、经济上以及人身自由上的种种禁锢,这些奴隶们就不得不以逃亡的方式进行反抗。满族贵族为了维护自身的利益,便假以法律,进行镇压。努尔哈赤于天命十一年开始制定"逃人法",规定初次逃亡者鞭一百,脸上刺字,多次逃亡者处以死刑。该法施行后曾多次修改,却愈改愈重,甚至还规定窝藏逃人者,也要处以死刑,且妻儿家产全部籍没。

皇太极入塞前后,满洲贵族对明朝边境的骚扰更为频繁,屡屡破关而入,大肆抢夺掳掠,因而占有奴隶的数量急速上升。至清军入关,顺治皇帝定鼎登基之后,多尔衮又进行大规模的圈占土地,把圈的地分配给入关的旗人,致使大批汉人丧失家园,被迫无奈的汉人只得自愿"投充"旗下充当奴隶。于是,奴隶的数量再次膨胀,以致旗人几乎家家使用奴隶,官阶高的家里有数十成百的奴隶,一般旗民也总有几个奴隶。可以说,旗人就是靠奴隶的生产以维持生计的。

然而,奴隶的地位一如往常,没有丝毫的改善,逃人的数量也随之急剧上升。有的奴隶一逃再逃,有的合家一齐逃,有的更是几家一起逃,出逃后"遇贼投贼","遇兵投兵",数量有时多至百余人。奴隶们的逃走往往使一些旗人家庭无以为生,逃人问题成了顺治年间一个十分严重的社会问题和政治问题。这就引起了统治者对"逃人法"如何立法的进一步重视。

当时,有部分汉人官员对"逃人法"中有关律条产生分歧意见,主要是认为其中对窝藏隐匿逃人的处罪过于严厉,与其他法律相比,显失公平。为此,专事缉捕逃人的兵部督捕右侍郎魏琯,于顺治十一年(1654年)正月上奏了一道《谏籍没逃窝疏》,提出修改"窝逃之法"的建议,得到朝廷的认可和批准,对窝逃罪主的处理"改斩为流,免籍没"。

同年六月,魏琯再次上疏,反映窝逃罪主的情况说:按有关法律规定,凡窝逃罪审实认定,罪主应该羁押在监,等候家人解至,一同发配遣送边地。可是眼下正值炎夏暑热,瘟疫盛行,致使窝逃罪主在狱中不断病亡。魏琯认为窝主的罪行本来只判流刑,并不至于死罪,但窝主一旦病死,窝主遗下的寡妇孤儿在遣送途中就无人照顾,解送边地后,又无人扶养,其后果是"恐死于饥饿者不知其几也!"为此,他请皇帝格外开恩,让那些"窝主已故"的妻儿老小免予流放,田室也免于报送到部,从而使皇恩浩荡,"泽及枯骨"。

然而,顺治帝认为这些奴隶都是"先朝将士血战所得",应该保护满洲贵族利益,并强调"窝逃之禁"必须甚严,"逃亡日众"全是因为"奸民窝隐","法不严则窝者无忌,逃者愈多",从而对魏琯提出对窝主一宽再宽的建议很不以为然。顺治责罪魏琯,明知近期已对窝逃罪主从宽减刑,只处流徙,为什么还要上奏请求宽减!认为魏琯这样做的目的完全是为了"偏私市恩",不顾旗人的生计,因此"殊为可恨",下令议政王大臣对魏琯"从重议处"。

不久，郑亲王济尔哈朗等依照圣上谕旨，责罪魏琯统管缉捕逃人没有成效，一年之中，逃人数有好几万，抓到的却不到几千，在这种情况下，"不思严加追获，仅行疏请"。更指斥魏琯"巧宽逃禁"，完全是出于"奸诡之谋"，是为了让"满洲家人（奴隶）尽数逃散"。最后，议政王大臣拟判魏琯死罪绞刑。顺治下谕旨说："本当重处，姑从宽宥"，命"降三级调用"。这样，魏琯以疏议逃人法而得罪。

两个月后，山东德州一名生员吕煌窝藏逃人事被发觉。吕煌又托旗员千总吕献忠向逃人原先主人行贿，被原主人揭发，因而被判处流放。吕献忠被下兵部议处，部议认为吕献忠应予宽免。顺治帝下旨说贪官受赃不能赦免，并因此认为兵部官员有受贿情弊，命各位王臣议论处理。于是此案一下牵连了兵部十几名官员。

魏琯因曾经上疏过宽宥窝逃罪主的奏本也被莫名其妙地牵连进来。几个议政王说他"条奏窝逃罪主减等"，实际上是"为吕煌而发"，又说魏琯在会审吕煌时曾强行阻止满官判处德州知县佟昌年失察窝逃罪。就这样，魏琯受到严重惩处，被夺职流放，发戍辽阳宁古塔（今黑龙江宁安县），不久便在辽阳戍地病郁而死。他儿子魏子京陪伴着到戍地侍候。魏琯死后，因贫困无着，儿子只得"号痛乞棺"。有个好心的棺材铺主主动把棺材减价出售，才得以就地埋葬。

给事中李裀也与魏琯同样因疏议"逃人法"而获罪。李裀是当时少数几个敢于直谏犯颜的官员之一。魏琯因对"逃人法"有异议获罪时，他也在兵部任给事中。对魏琯致冤的原因，他不会不清楚。当时对汉官而言，"逃人法"一如雷池，无人再敢迈越一步，但李裀无所畏惧。当看到"逃人法"越改越严酷时，他仍忍不住站出来向皇上直谏。顺治十一年末，济尔哈朗为首的王大臣提议，要将隐匿逃人的窝主发配给逃人本主充当奴隶，窝主的左右邻居罚处流徙。奴隶如果在押送途中逃脱，那么押送的差役也得罚处流徙。这样苛严的律条，连顺治皇帝也觉得过分，故而下令重新再议。但王大臣们却坚持己见，仍依原议上报。李裀清醒看到了逃人法的种种弊端，一无顾忌地上疏指出其"七可痛"之弊病，这就是他于顺治十二年正月上奏的，震动朝廷的《谏逃奴疏》。李裀在疏文中直截了当地指出"逃人法"是当今之时"害民最深"之律法，指斥逃人法"可为痛心者"有七：其一是"立法过重，株连太多"，使海内"贫富良贱"都"惴惴莫必旦夕之命"，气氛恐怖；其二是奸诈之徒借逃人以讹诈他人，使"殷实破家"，社会不安；其三是对窝主处罚之严，几乎等同于大逆不道之罪，造成家破人亡，"市镇为空"，不利国家发展；其四是逃奴出现的根本原因在于其艰难卑下的处境，而本主不用恩义去维系，只知一味加重奴役，致使逃人愈多；其五是追查逃人，从逮捕到审讯，瓜蔓相牵，沿途一路骚扰，闹得鸡犬不宁，死难惨重；其六是地方官为缉捕逃人，对饥民也"闭关不纳"，百姓怕事也都门户紧锁，饥民无人赈济，"迫而使毙"；其七是牵连广泛，人们迫于无奈，逼上梁山为盗，社会动荡。李裀最后请求皇上应以民心为国本，建议修改逃人法"务从宽大"。

　　李裀满怀着忧虑和激情的进言，目的在于巩固和完善清朝初建的政权，然而其激烈的言辞还是触犯了天颜。顺治十二年（1655 年）三月的诏谕强词夺理地说，汉人理应为满族的奴隶，而满人可"不农、不工、不商"，坐享其成，靠汉人来奉养。基于此，对逃人及窝主处罚严厉是应该的。对"逃人法"挑刺的汉官，是"外博爱民之名，中为无国之实"。重申："凡章奏再有干涉逃人者，定置重罪，决不轻恕！"顺治帝严厉指斥李裀，"但知汉人之累，不知满人之苦"；"有意偏护汉人，是欲令满洲困苦"；"谋国不忠，莫此为甚"。济尔哈朗等王大臣看到皇帝发怒，便对李裀定罪判刑，但对照大清律条又没有刑律依据，只得上奏说："虽于律无据，然'七可痛'情由可恶，当施死。"顺治帝看后，也觉得于律法相去太远，又命复议。于是大臣复议，改为杖刑四十，流徙宁古塔（今黑龙江宁安县）。最后，由于皇上开恩，免于杖责，流徙尚阳堡（今辽宁开原县东），一年后，李裀在戍地贫病困顿而死。

　　因疏议"逃人法"而遭贬黜的汉官还有好几人，当然结果没有上述两位这么惨。然而最惨的，其实还是因为严苛的"逃人法"而招致家破人亡的汉奴和每年都有数万名的逃奴。

四、顺治丁酉乡试案中的冤滥

　　顺治十四年（1657 年）乡试，即生员或贡生考举人的科举考试，分南、北两个考场。南考场于江南的江宁（今南京）贡院，简称南闱；北考场于顺天（今北京）

贡院,简称北闱。七月,清廷任命翰林院侍讲方猷为江南乡试主考官,翰林院检讨钱开宗为副考官,同时还任命了十八位同考官,奔赴江宁贡院。八月,清廷任命詹事府左春坊左庶子曹本荣为顺天乡试主考官,右春坊中允宋之绳为副考官,同时任命李振邺、张我朴、郭浚、蔡元禧、陆贻吉等十四人为同考官,直接进入顺天贡院。任命时,顺治皇帝还曾当面训谕,要求秉公选举,如有作弊,决不轻恕。

顺天乡试九月五日放榜,五千七百余人应试,中举者两百零六人。六日,一份揭露考官隐私和作弊的揭帖不胫而走,炮制者是落第生员蒋文卓和蒋廷彦。蒋文卓与同考官、大理寺评事张我朴素有嫌隙。蒋廷彦通过关系疏通同考官、行人司行人郭浚。郭浚在阅卷时,找出一份可能是蒋廷彦的考卷,拟向主考官推荐。张我朴在得知该卷考生姓蒋时,以为是蒋文卓,遂横加阻拦。放榜后,郭浚便对蒋廷彦说:"兄卷已中,张我朴故不许,即张汉卷亦已中,李振邺故检而毁去也。"于是,蒋廷彦与蒋文卓把落第的原因归之于张我朴从中作梗,遂草拟揭帖,刻印散发。

生员张汉与同考官大理寺评事李振邺是邻居。李振邺在京城先私纳一妾,后其妻将至,颇有些惧内的李振邺便将爱妾转让给张汉为妻。一方面,李振邺为了与爱妾暗中继续来往,当然不能让张汉中举得官;另一方面,李振邺为从乡试中捞取好处,又找张汉共同作弊。李振邺对张汉说,一个生员六千两,你可得两成,若找到三人,你就可得三千六百两。但张汉嫌少,要对半分,李振邺很不高兴。事发后,李振邺又误以为张汉走漏风声,对张大打出手,两人由是反目。当张汉听说自己不中是李振邺故意作梗后,火冒三丈,将揭帖投送科道衙门,至此顺天乡试舞弊一事便闹得满城风雨。

杭州生员张绣虎并未参加乡试,此人长于敲诈勒索,看到揭帖便觉得有机可乘,遂手持揭帖挨门要挟。李振邺、张我朴心中有鬼,只得忍痛以数千两银子相赠免灾。当张绣虎敲诈同考官吏科给事中陆贻吉时,陆勃然大怒,将张绣虎逐出家门。陆贻吉为官清白,从不收贿赂,自然咽不下这口气,便与同僚刑科给事中任克溥谈及此事,并告之中试举人陆其贤与自己是同族,为此他曾嘱托李振邺、张我朴等考官予以关照,但没收过一两银子,至于陆其贤送给其他考官多少礼金,他就不得而知了。

　　任克溥因未能谋得同考官的位置,本来心中有恨,又从茶楼酒肆中听到种种传闻,加上陆贻吉的表白,便向朝廷具疏参奏。说中试举人陆其贤用三千两银子,通过族人考官陆贻吉,送考官李振邺、张我朴,贿买得中,且北闱之弊,不止一事,请朝廷查讯,使"奸弊出而国法伸"。顺治帝一看赫然大怒,令吏部、都察院逮讯,陆其贤闻讯吓得在客栈中悬梁自尽。接着,办案人员又查出中试举人田耜、贺鸣郊、邬作霖通过进士项绍芳引荐考官李振邺、张我朴、蔡元禧(国子监博士),及其受贿的细节。

　　十月二十五日,顺治帝根据审理结果,下令判决李振邺、张我朴、蔡元禧、陆贻吉、项绍芳,举人田耜、贺鸣郊、邬作霖俱立斩,家产籍没,父母兄弟妻子俱流徙尚阳堡。这一判决,一是科场行贿案竟然比附谋反大逆案,判罪相当严厉。二是陆贻吉、项绍芳两人并没有收贿,只能算知情人,也以同罪处斩。另一位知情人郭浚因死在狱中,未被籍没家产,家人得免流徙。其他案犯的一百零六名家属,十二月被押流尚阳堡。

　　此案至此似乎可以了结了,但主审官、大学士王永吉却不肯罢休。他通过瓜蔓寻索,从李振邺的侍从、家仆手中,找到李振邺亲笔写的一张需要关照的二十五人名单。其实这并非只是行贿的考生名单,而是李振邺根据考生的家庭背景、社会关系及文坛名声,加上行贿考生而罗列的名单。但此时李振邺已死,死无对证,致使所有载在名单上的人,不管已中、未中,也不管是否行贿,无一幸免,都受到严厉惩处。

　　首先是主考官王永吉本人,他万万想不到侄子王树德竟然在榜上名列第二。王永吉清楚,凭王树德的文章,凭王家的声望,侄子根本不用行贿,也不可能行贿。结果是,王树德在御审的当天晚上就毙于狱,可能是贵公子受不了那四十大板。而王永吉本人也被顺治帝斥责为"负朕简任之恩",被降五级调用。

　　其次是名单有名士陆庆曾、孙旸、张天植等人。年过半百的陆庆曾早已在国子监挂名,文名满天下,且擅长医道,曾为李振邺医好了痼疾,所以被写上名单之首。才子孙旸、张天植,蜚声文坛也已多年,李振邺慕其名欲罗致门下,所以列在其中。至于王树德,仅凭其大学士之侄的身份,也早已被考官们另眼相看。总之,其中有一些根本不用行贿之人,也有一些家境贫寒无法行贿之人。

顺治十五年(1658 年)四月,皇帝在太和殿亲自审问了此名单上的二十余人,且刑部已经奉命将这些人都绑赴刑场问斩。不料在审理中,由恩荫已入学国子监的张天植顶撞天子,他慷慨辩解道:"臣已蒙荫,富贵自有,不必中试。况吾能文,可以面试。"而顺治帝却加以酷刑夹棍,张天植受刑时拼着全力喊道:"上恩赐死无敢辞,若欲要我屈招行贿通关节,则必不承受!"张天植宁死不招,顺治也颇受震撼,深感其中或有冤枉。三天后,判二十余人"从宽免死,各责四十板,流徙尚阳堡(今辽宁开原县东)"。

顺天乡试原录取两百零六人,准许参加复试者两百人,经顺治帝亲自考核录取一百九十二人,革去举人称号的八人,可见绝大多数中试举人,并非行贿得来。然此案使十人丧命,百余人流徙尚阳堡。

而更惨的是江南乡试案。发榜后,因取中者中颇多富贵子弟,落第士子不服,向主考官的北归船只投掷砖瓦。同时,落第名士尤侗等人写诗词讽刺,还编了两部传奇故事:《万金记》《钧天乐》,揭露考官纳贿的情状。顺治十四年十一月,工科给事中阴应节参劾:江南主考方猷等弊窦多端,榜发后士子忿其不公,哭文庙,殴考官,物议沸腾。其彰著者,如取中之方章钺系少詹事方拱乾第五子,与方猷联宗。请皇上严讯,以正国典。

顺治帝听到传闻,据说还看了《钧天乐》的本子,在阅完相关奏疏后立即降旨:江南乡试考官全部革职,逮中试举人方章钺来京,严行详审,令两江总督郎廷佐速行查明闱中一切弊窦,将人犯押解刑部。方拱乾在十一天后上奏朝廷:"臣籍江南,与主考方猷从未同宗,故臣子方章钺不在回避之列。"并举出自己长子、次子、三子中进士时的族谱可证。所以说方章钺与主考官同宗没有根据,捕风捉影而已。

顺治十五年二月,御史上官铉疏劾:江南同考官、舒城县知县龚勋出闱后,被诸生所辱,事涉可疑,又有中试举人程度渊,传情弊昭著,应详加磨勘。皇上又下旨,逮人审讯。然而,程度渊在押往京城途中深夜潜逃。这一逃,使当权者感到案件的严重性。但此案经过近一年的审讯,对中试举人程度渊是否行贿考官,究竟是哪一位考官受贿,以及同考官龚勋为何被诸生所辱,都没有查清,最终只能是一笔糊涂账。

二月二十九日,清廷谕令江南乡试中试举人到京复试,有个别地方甚至给复试者披戴枷锁。士人都感到凶多吉少,气氛相当紧张。三月十三日,顺治在瀛台复试举人,考场气氛更令人寒噤不已。下午交卷时,江南文豪、著名诗人吴兆骞居然交了白卷。其实,自从被逮上路,吴兆骞的心绪就极坏,再加上路上风餐露宿,时受风寒,又一病不起,到京城后是拖着重病之躯步入考场。由于虚弱,他手握不住笔,就连脑子里也是一片空白,这样自然就交了白卷。结果,吴兆骞被逮入狱。然而,他并未交结考官,也没有作弊之嫌。

复试结果黜落十四名,罚停会试两科二十四名。在复试的气氛如此不正常的情况下,新中举人统统被押解进京,就像在提审犯人,又时值隆冬,考生在冰雪中写作,每人由两名护军持刀监视,又限时交卷。料想,类似吴兆骞遭遇的举人,肯定不止一个。还有因为如此受辱,而不愿好好作文者……有关情形不一而足。更要命的是,此案在刑部审理了大半年,却始终理不清头绪,搞不清案情,没有查到行贿纳赂的确凿证据,刑部只能拖延。

十一月,朝廷指责刑部故意耽延,以求脱罪,勒令拟罪具奏。刑部只能比照顺天乡试案量刑,拟判主考方猷拟斩,副主考钱开宗拟绞,同考官叶楚槐等责遣尚阳堡,举人方章钺等俱革去举人。不料,顺治帝看后大怒,认为刑部有意重罪轻判,遂做出所有二十名考官全部处死,妻子家产籍没入官的重判。同时,方章钺、吴兆骞等八名举人责四十板,革去举人,与家属并流徙宁古塔(今黑龙江宁安县)。罪名只有所谓"显有情弊",其实只是种种街谈巷议,无法取实,而吴兆骞的罪名仅是复试交白卷。审理此案的刑部官员也因"谳狱疏忽",分别受到了处分。二十多年后,被流放而有幸还存活的举人们才回到北京。

如果说顺天案杀几位贪贿的考官和行贿的举人还有点道理,那么江南案将二十位考官全部杀害和有关举人流放就毫无道理。案子只是疑案,在审不清楚的情况下,就如此重判,这实在有点草菅人命了!就连有关人员的流放地点都要比顺天案远上几千里,司法专制的残酷性昭然若揭。然而这是皇帝武断的结果,与皇帝是无道理可讲的。最好笑的是,当时中试举人程度渊还在逃。顺治帝责令两江总督郎廷佐缉拿,"如不缉获,伊等受贿作弊是实"。自设科举取士制度以来,官员们均以出任考官为荣,但残酷的丁酉乡试案之后,在如此恐怖的现实面前,官场上便视典试主考为畏途了。

五、文学奇人金圣叹哭庙案

金圣叹是明末清初时苏州的著名文学奇人,与当时的许多士人一样,他为民族的沉沦而忧愤异常。随着清王朝统治的日趋巩固,他也不得不审时度势,采取一种逐步适应的态度,除了仍旧绝意仕途外,开始足不出户,闭门评书,将全部精力投入到对《水浒传》《西厢记》《离骚》《庄子》《史记》及《杜诗》等书的评注中。在这些评注中,尤以评《水浒传》和《西厢记》轰动一时,堪称中国文学评论的鼻祖。

顺治十七年(1660年)正月,金圣叹的一位好友从京城回到苏州家乡,转告他一则消息:顺治皇帝读了他评注的书后,曾在一次御前召对时,当着朝臣,颂扬他是"古文高手",对词臣说:"莫以时文眼看他。"金圣叹虽无仕进之念,却也激动得"感而泣下,因向北叩首"。后来他写了《春感八首》,诗中有"忽承帝里来知己,传道臣名达圣人";"何人窗下无佳作,几个曾经御笔评!"以纪念皇帝对他的知遇之恩。

这一年的腊月初,苏州县衙来了一位新任县令任维初,这是个贪婪酷狠的官吏。他一上任就以严刑催征钱粮,然而监守自盗,将官仓中三千余石粮食拿出来以高价卖给百姓,中饱私囊,贿赂上司。为了弥补亏空,又向各户摊派,不能按期交纳者,均施以酷刑。真相暴露后,民怨沸腾,注目世事的秀才们再也按捺不住慷慨激昂的书生意气,决意要在公开场合揭露、控告任维初的罪恶行径。

顺治十八年(1661年)二月初一,顺治病逝的哀诏抵达江苏,巡抚朱国治接诏,立即率同官员到文庙举行哀悼仪式,哭祭三天。至初四清晨,倪用宾等集聚一群苏州生员奔赴文庙哭祭,沿途相随而至的有数千人。身着缟素的生员们到了文庙先哭祭先帝,然后鸣钟击鼓,撰文控诉县令任维初的暴行。事后又列队前往巡抚衙门进吾揭贴。一时间群情激愤,人人声言要责打并驱使贪官酷史。事件演变为一场名副其实的示威游行。

　　朱国治以哭祭先帝为借口,拒不接受揭帖。诸生便长跪不起,形成僵持局面。不料,巡抚竟命衙役把闹事的人全部擒获归案。众人见官府当真捉人,便纷纷夺路而逃,但倪用宾等十六人已被兵丁逮击。

　　案子先交道台王纪审理。审讯过程中,王纪曾追问任维初,为什么要在征收钱粮时粜仓粮。任维初居然毫不隐讳地回答说,是抚台大人催要馈赠太急。朱国治怕暴露自己与任维初之间的肮脏关系,赶紧给任维初补发了一张令牌,牌令中不外乎写了些“兵饷甚急,多征粮米,以备不虚”等内容,强调催征钱粮的急迫需要,并将发令时间改在闹事之前,以矢口否认盗取仓米兑银一事。这样一来统一了口径,既为任维初开脱了罪责,又很巧妙地掩护了自己。

　　然后,朱国治炮制了一份颠倒黑白、隐瞒真相的疏奏,奏论苏州生员在此事中三大不可宽宥之罪状:

　　　　当哀诏初临之日,正群臣子哀痛欲绝之时,乃千百成群,肆行无忌,震惊先帝之灵,罪大恶极,其不可逭者一也。县令虽微,乃系命官,敢于声言扛打,目中尚有朝廷乎? 其不可逭者二也。匿名揭帖,律令甚严,身系青衿,敢于自蹈,其不可逭者三也。

　　三月十一日,奏疏到达京城。当时康熙年幼,由鳌拜等辅政大臣执政,降旨:严讯哭庙一案,并派刑部右侍郎尼满负责审理此案。满大臣担心在苏州审案会激起民愤,再度闹出事来,因而将有关人犯全部押往江宁(今南京)。会审在四月份共进行了三次,第一次提审倪用宾等十一人,严刑拷打下,十一人全部昏倒在堂上,便草草收场。第二次提审顾予咸、薛尔张等九人,为找出事件的幕后操纵者,又动用重刑,顾、薛都挺了过来。

　　最后,满官便把注意力集中到府学教授程邑的身上,平时文庙钥匙由他掌管,所以便被看作此案的关键人物。他胆小、恐惧,本来就想把哭庙生员全部开列出来。有人劝诫说,你即使开列几十个名单,也不可能开列千百人数,多开了何必徒然害人! 他听了觉得有理,在重刑之下,他便交代了两个最熟悉的名字:一是向他领取文庙钥匙的丁子伟,另一个便是撰写哭庙文的金圣叹。这样,丁子伟与金圣叹便被押解到江宁。

　　四月二十七日,第三次会审开庭,一开始就对丁、金二人用刑,各打三十大板。金圣叹疼痛难熬,不禁口呼先帝。不料惹得四位满员大臣发起怒来,他们严厉责问金圣叹:"今上即位,何得更呼先帝,以诅圣躬耶?"说金圣叹是在变着法儿诅咒当今皇上,又因此被掌嘴二十。此审当然也问不出什么,只能把人犯关进监狱。朱国治还想将此案扩大,多牵连一些人进来,然而两江总督郎廷佐认为此案应到此为止了,不得更有攀缘。此案的审理就这样结束了,以"大不敬"和"动摇人心倡乱"的罪名判处倪用宾、金圣叹等十八人"不分首从,立决处斩",妻儿远戍边塞,家产抄没入官。

七月十三日,哭庙案的十八位秀才,与百余名其他案犯一同被杀。金圣叹临难而作《绝命词》,无一字提到生死。据《清稗类钞》载,金圣叹在处斩当日,作家书一封托狱卒转交妻子,书中只有一句话:"字付大儿看,盐菜与黄豆同吃,大有胡桃滋味,此法一传,吾无憾矣。"可见其赴死之际的从容不迫与冷眼幽默,亦可见知识分子面对专制统治的残酷迫害,显得极其无奈与愚昧。

秀才们借哭祭先帝之名,联合控告贪官污吏,却被当局残酷镇压。金圣叹一生与世无争,拒绝出仕,只将兴趣投入在对文学巨著的评论上,最多也就是写了篇哭庙文,就落得此下场。专制统治者对他们妄加"倡乱"的罪名,其实恰恰相反。秀才们反贪官污吏实是为了维护清明的统治,尤其是他们对皇帝还充满了幻想,然而专制统治者却始终不能领悟,反而用屠刀来对付这些一心想为帝王所用的秀才们。此类以悼念亡人的方式控诉活人罪孽的规模性反抗活动,被血腥镇压而造成的冤案,直到近现代还在不断重演!

六、"玛法"汤若望"洋历法"案

汤若望1592年出身德国贵族,1619年作为基督教传教士来到中国澳门。他学有所长,尤其在天文学方面有很高的造诣。明天启二年(1622年)进入广东,经江西北上,次年来到北京,住进当年万历皇帝赏赐利玛窦的住宅。崇祯二年(1629年)加入朝廷开设的历局,主持"西洋新法局"工作,翻译了一大批西方天文学著作,将天文望远镜安装于紫禁城中,并进行改革历法的尝试。在此期间,汤若望为崇祯帝修好了一架钢琴,还为明廷督造了二十门新式大炮,很为崇祯帝赏识。崇祯十四年,新的历书在汤若望手中诞生,送呈明廷,然而明朝很快灭亡。

　　清军占领北京且定都后,投降官员都得留用。顺治元年,汤若望被任命为钦天监监正(正五品),成为第一位获取这一职务的西洋人。次年,新历(时宪历)颁行全国,而且没有误差,他出色完成了钦天监的工作。顺治三年(1646年),加封太常寺少卿(正四品)。次年,主持修建宣武门教堂(南堂)。顺治八年,封通议大夫、太仆寺卿、太常寺卿(正三品)。顺治十年,赐"通玄教师",加俸一倍,以表彰汤若望的工作成绩。顺治十四年(1657年),在南堂立碑,表彰汤的功绩。顺治十五年(1658年),赐光禄大夫(正一品)。

　　十余年间,每遇"天象示警",汤若望都抓住机会向朝廷建言,要求朝廷省刑薄罚,赈恤群黎,加固边防,节制游猎,摒除奢淫等,并上疏进谏三百余奏。对于这些谏言,顺治帝认为闻者足戒,十分钦佩汤若望的学识与人品,向他学习天文物理知识,与他讨论道德、宗教和政务,特许他自由出入宫禁。汤若望是朝廷中唯一可以向皇帝直言进谏而不受到惩罚的官员,因为在顺治心目中,他已是位德高望重的良师益友。汤若望还为皇后治过病,由是顺治称他为"玛法"(满语"父亲""老爷爷")。一位来自西方的传教士,在一个东方帝制的古国中,受到如此破格的礼遇,这的确是一个奇迹。

　　不过,仇视汤若望及其西洋文化、历法的人也不少。顺治十四年,被革职的钦天监回回科秋官吴明炫上疏,妄称汤若望推测当年二月、八月不见水星,而依回法推测,二月底能从东方见到水星,八月下旬夜又能重见水星,并诬告汤若望颠倒了星宿等三大谬误。至八月,顺治帝便命有关大臣登上观察台测定,结果还是如汤若望所测:不见水星。吴明炫搬起石头砸了自己的脚,即以"奏事诈不以实"的罪名,依律应判处绞刑,后来因获得赦免,才侥幸捡回一条性命。

　　顺治十七年(1660年)底,一个叫杨光先的安徽歙县官生因思想保守,对当时日益流行的天主教以及声名日著的汤若望深怀不满,便上书具呈礼部,说汤若望编撰的《时宪历书》封面,不应当题写"依西洋新法"五字,举劾汤若望阴行邪教,"暗窃正朔之权以予西洋"。当时顺治尚在其位,礼部也对之置之不理。

　　然而,随着顺治帝的去世,这一事件发生逆转。康熙即位时年幼,由四位辅政大臣执政,其中专权的鳌拜,对保守势力十分支持。杨光先看准了时机,于康熙三年(1664年)七月又向礼部呈奏《请诛邪教疏》,再次状告汤若望等人编的时宪书上写"依西洋新法"是叫中国人奉西洋正朔。说汤若望是"借历法以藏身,窥伺朝廷机密";以传教为名,邪说惑众,图谋不轨;以澳门为基地,内外勾结,危及社稷。归纳起来的主要罪状是传播邪教、历法舛误、谋反大逆等。此次控告的对象还包括钦天监诸官员,还有传教士利类思、安文思、翰林许之渐、太监许坤、汤若望的仆人潘尽孝、南怀仁等。

鳌拜等辅政大臣见疏,便下令将有关人犯全部逮捕,押到礼部受审。七十三岁的汤若望在四个月前突然中风,半身不遂,口舌结塞,南怀仁便成为汤若望的代言人。经过七个多月的审理,议政王大臣会审就有十二次,其中还进行了一次日食推测与实测的较量。尽管西洋天算学又取得胜利,但议政王大臣们还是认为此案罪情重大,主要有二条:一是汤若望所进历书年限只有二百年,然而"天祐皇上,历祚无疆"。二是汤若望对某亲王安葬日期选择有误。至康熙四年三月,朝廷据此,判汤若望、李祖白(监副兼历科)、杜如预(刻漏科)、宋可成(春官正)、宋发(秋官正)、朱光显(冬官正)、刘有泰(中官正)、杨弘量(五官挈壶正)等八人凌迟处死,传教士们杖一百,驱逐出国,罢西洋新历,复用大统旧历。只待皇帝朱批"依议"后执行。

不料判决做出之际,京城接连几天发生强烈地震,接着又发生火灾,皇宫内被烧四十多间房屋,火势还蔓及至太皇太后、皇帝的寝宫。太皇太后悲愤地说:"上天示警了",并在看到案卷奏本后说:"汤若望向为先帝信任,礼待极隆,尔等岂俱望却,而欲置之死地耶!"便下旨:汤若望效力多年,又复衰老,杜如预、杨弘量等有功,应免死,并令复议。这样的"天象示警",使辅政大臣们也惊慌不已,加上太皇太后的旨意,只得减刑改判,汤若望流徙,其他人犯依照原判不变。太皇太后又下旨,汤若望免流徙,李祖白等四人斩首,其他传教士们释放。第二日,重病的汤若望虽被抬出刑部大狱,但当时中国最杰出的天算学家李祖白,及其四位下属:宋可成、宋发、朱光显、刘有泰,被绑赴菜市口刑场问斩。

汤若望虽免一死,也免流徙,但迫害继续。十多天后,礼部卫道士们闯入南堂,捣毁圣像,砸毁石雕。三个月后,传教士被驱逐。此后,汤若望又被勒令从南堂迁出,被抬到东堂。第二年的七月,汤若望在东堂逝世,终年七十四岁。

此后,杨光先当上钦天监监正,还找来吴明炫当他的监副,两个酒囊饭袋狼狈为奸,后天文推算屡屡出错,终被革职议罪。这位卫道士曾声嘶力竭、泣血涕陈:"宁可使中国无好历法,不可使中国有西洋人。无好历法,不过如汉家不知合朔之法,日食多在晦日,而犹享四百年之国祚;有西洋人,吾惧春挥金以收拾我天下之人心,如抢火于积薪之下,而偶发之无日也。"像杨、吴之类迂腐守旧的士大夫,在当时中国政坛与社会中随处可见。他们盲目排外,夜郎自大,反对科学……逐步成为一种时髦的社会思潮。它不仅导致了几起冤狱,更悲哀的是,这一思潮严重阻碍中国的现代化进程。

七、辅政大臣鳌拜专权诸案

顺治帝驾崩,遗命以第三子玄烨嗣位,即康熙帝,时年八岁。朝中由索尼、遏必隆、苏克萨哈、鳌拜四大臣辅政,其中鳌拜最为专横跋扈。鳌拜姓瓜尔佳氏,镶黄旗人,开国五大臣之一费英东之侄。他自幼膂力过人,娴于弓马,初为护军校,驰骋疆场,屡立战功,官爵升迁很快。在拥立皇太极之子为帝的斗争中,他以死相拼,出力不小。顺治初年,镇压农民起义军,他又立大功。顺治九年,授领侍卫内大臣。顺治十三年,加少保、少傅。康熙初年,他任辅政大臣,开始培置党羽,任意恣为,直到一日间竟连杀数位大臣。如借口内大臣费扬古看守皇陵有不满情绪,他便将费扬古及其为官的六个儿子一并判处了绞刑。

在四大臣中,遏必隆出身开国功臣之家,遭多尔衮排挤,在顺治亲政才得扬眉吐气,并依附于鳌拜。索尼是四朝元勋,功劳卓著,但他年老体衰且相当糊涂。只有苏克萨哈还可以与鳌拜较量一下,其父苏纳是努尔哈赤的女婿,多尔衮是他的舅舅。多尔衮死后,苏克萨哈作为议政大臣首先揭发了舅舅殡服违制等事,掀起了对多尔衮挞伐治罪的浪涛,迎合了顺治亲政后的政治需要,由是赢得顺治帝的青睐。因此鳌拜把苏克萨哈作为对手,想方设法予以排挤。

鳌拜是镶黄旗人,苏克萨哈则属正白旗。顺治年间,多尔衮曾利用权势把镶黄旗的好地拨给正白旗,另外将次地拨还给镶黄旗,当时曾引起过一场不小的风波,但事隔二十年后,旧日的不满早已成历史,两旗也早已相安无事。然而这时的鳌拜却为了打击苏克萨哈又想挑起镶黄旗与正白旗的争端,提出将镶黄旗地与正白旗地互换。与此同时,鳌拜还乘机圈占大量民地,闹得怨声载道。兼任户部尚书的大学士苏纳海提出异议,认为两旗人久已安居乐业,况且后来圣旨规定也不许再圈占民地,因而建议停止换地圈地。鳌拜见到户部批文后,勃然大怒,并不把苏纳海放在眼里,反而借称圣旨命贝子温齐等人去踏勘土地,且以镶黄旗的土地贫瘠不堪耕种为由,上疏奏报,户部只得提出圈地换地方案。鳌拜即命苏纳海会同直隶三省总督朱昌祚、保定巡抚王登联负责换地事宜。

康熙五年(1666 年),苏纳海、朱昌祚和王登联奉鳌拜之命前往蓟州、遵化等地勘测丈量,历时一个多月。他们看到换地圈地严重骚扰百姓,四万多户镶黄旗的家庭拒绝接受正白旗留下的土地,而迁出等待安置的两万多户正白旗家庭更无从安顿。此事关系到数十万旗民的生计,因而双双奏疏朝廷,报告各地所见所闻的情况,请求停止换地圈地,户部也以屯地难以丈量为由,对换地之事搁置不行。

鳌拜已经习惯了一呼百应,专断独行,一见三位官员如此抗命,更是火冒三丈,随即降旨逮捕三位大臣。十二月,三人被逮入京,均被革职,交刑部议处。刑部做出各鞭一百的处罚。鳌拜极不满意,硬要将三人置于死地,说三人犯了藐视上命罪。二十日,对三人判处死刑的决议送抵御前,康熙"特召辅臣等赐坐询问"。鳌拜、索尼、遏必隆坚请对三大臣"置重典",只有苏克萨哈一语不发,以沉默表示反对。康熙尽管受到三位辅政大臣的轮番陈请,却并不为之所动,而"终未允所奏"。

但权倾内外的鳌拜,最后还是假借皇帝的诏令将"苏纳海、朱昌祚、王登联俱着即处绞",苏纳海的罪名是"既奉差拔地,种种奸巧,不愿迁移,迟延藐旨",朱昌祚、王登联的罪名是"拔地事,不照所委料理,妄行具奏。又将奏疏与苏纳海看,且疏内不止言民间困苦,将旗下不愿迁移之处一并具题,情罪俱属重大",还籍没了他们三家的财产。接下来更悲惨的是:强行圈换土地的执行,骚扰近京十个州县。两黄旗圈占了三十一万余垧耕地,置换了顺义、密云、怀柔、平谷四县之地,造成了继顺治初年三次大规模圈地后的又一次大规模圈换活动,数十万人流离失所,无以为生。

自受任辅政,苏克萨哈就一直处于一种极端孤立的境地,尽管他与其他三位辅臣并无个人恩怨可言,可鳌拜却还觉得恨犹未解,试图将苏克萨哈也一同连根拔去。苏克萨哈自知不是鳌拜的对手,便不再公开与之抗争。康熙六年(1667年),康熙帝开始亲政,而鳌拜"仍行佐理",其心腹布满朝廷要职。苏克萨哈别无选择,只得向皇帝提出要求告退,乞求去看守先帝陵寝,以保全余生。不料鳌拜却诬告苏克萨哈对朝廷不满,借皇帝的名义追问苏克萨哈,朝廷对他有什么逼迫之处,为什么在朝中不能生存,而去守陵却可以保全余生,同时命议政王对苏克萨哈议罪。两天后,苏克萨哈满门被捕入狱。鳌拜的同党们对苏克萨哈罗织了二十四条罪状,极尽诬陷之能事,遏必隆也随声附和,助纣为虐。在鳌拜的主持下,议政王大臣举行会议,并做出将苏克萨哈及其儿子"凌迟处死",其亲属、官员十三人"斩立决",另外侍卫等三十八人革职的判决。

仅仅因为苏克萨哈奏请退休守陵,议政王大臣会议竟会做出两人凌迟处死、十三人斩立决、三十八人革职的议案,这真让人不可思议。鳌拜的淫威,真让人不可思议,可见一斑。康熙同情苏克萨哈,不允许鳌拜奏请议罪。可鳌拜极顶张狂,一连几天强行奏投,在金殿上挥臂上前,非要小皇帝批准他的奏请不可。对于鳌拜的专横跋扈,目无君主的种种不轨,满朝文武竟无一人敢出面纠劾。康熙帝只得退让,其唯一的成果只是将苏克萨哈的凌迟处死改为绞刑。

鳌拜终于达到目的,判处苏克萨哈长子内大臣查克旦凌迟处死。另两个儿子达器、德器,孙子侉克礼以及侄子海兰等,无论成年或尚未成年的,全都被处以立斩,家产籍没,妻子女儿一并入官为奴。

苏克萨哈当年曾是陷害多尔衮的祸首,这一回却受鳌拜的倾陷,使全家族都落了个凄惨的结局,联想到后来鳌拜被康熙智擒所杀的下场,真不知这是对倾陷者的报复,还是对倾陷者的嘲弄!

八、雍正篡位相关诸冤

康熙病死与雍正即位,至今仍为清史一大疑案。

据各种史料综合分析,许多人认为:雍正是通过玩弄手段篡夺皇位的。首先,雍正刚刚登上龙座,就迫不及待地发布了一个使全国震惊的命令:将康熙晚年的近侍赵昌处以死刑,抄没家产,子女为奴。雍正为什么要这样做呢? 若是赵昌谋害康熙,雍正必在命令中加以声讨,且定要诛灭九族,而事实不是这样。唯一合理的解释就是赵昌知道得太多了,且不肯附和雍正,只有把他尽快杀掉,才能免除后患。

接着,雍正就把矛头指向愤愤不平的众兄弟。他的第一个目标便是手中握有兵权且最有可能继承皇位的皇十四子允禵。当初,允禵深得康熙的喜爱,超授王爵,并受命为抚远大将军,代父出征西陲边疆,得到诸皇子从未有过的荣宠与重权。然而,直到康熙突然病情恶化,允禵还远在边陲,消息全无。等到雍正即位,召令他回京奔丧,才如梦初醒,皇位已为四阿哥所夺,心中自是怨恨不满。回京即与雍正发生矛盾,雍正传旨训诫,允禵不服。雍正便解去允禵大将军之职,降封为郡王,并命往景陵守墓,一边还谕令副将李如监视允禵的行动,实际上对允禵进行幽禁。允禵的家人稚图、护卫孙泰、常明、苏伯等人因替主子辩白了几句,就被判刑永远枷号,家属连坐。

雍正第二个目标是皇八子允禩。允禩才望为诸王之冠,有一定的号召力,是诸王中的首领。雍正始登位时龙椅尚未坐稳,不敢轻举妄动,生怕打击面过大,便先笼络八弟,任命允禩为总理事务大臣,封为亲王。然而允禩心中明白,曾对朝中大臣说:"皇上今日加恩,焉知未伏明日诛戮之意? "还说:"目下施恩,皆不可信。"果然不出所料,到次年七月,雍正发布御制《朋党论》,即向允禩诸人发起进攻。八月,雍正召见诸王谴责允禩、允禵、允禟等人"结为朋党,欲成大事",十一月又指斥允禩"要结人心,欲以恶名加之朕躬",还公然警告众人:"叵有归附允禩为朋党者,即为叛国之人,必加重罪,决不姑贷,亦断不姑容也! "四年正月初五,雍正帝撕下假面具,发出上谕,历数允禩罪行,宣布其"狂悖已极,罪情重大",被削籍离宗,革去黄带子。允禩妻被革去福晋,休回娘家。二月,雍正命将允禩幽禁。

九弟允禟是个贪财好色,且无才无识、糊涂不堪的庸人,因参与允禩之党,也被发往青海西宁。三年二月召谕王大臣谴责允禟罪行,并召至保定幽禁。幽禁条件相当恶劣,房小墙高,时值酷暑,戴着手铐脚镣的允禟常常晕死过去。至四年八月,允禵病死,随后允禩也在幽禁中不明不白地死去。其亲信或被杀戮,或被流放。

雍正对其他兄弟也不手软。大哥允褆与二哥允礽(废太子)早就被康熙囚禁,雍正时继续幽禁。允褆被囚禁了二十六年,雍正十二年死于囚所。废太子允礽被流放到山西祁县郑家庄的一个兵营中,雍正二年就不堪折磨而死。三哥允祉本不热心政治,喜欢文学且文名,颇受康熙喜欢,被雍正以"与太子素亲睦"为由,命守景陵。至雍正八年,雍正又以"与阿其那、塞思黑、允禵交相党附,其子弘晟凶顽狂纵,助父为恶"的罪名,将其革爵禁锢,不久身死。"阿其那"满语为"狗",是称允禩;"塞思黑"满语为"猪",是称允禟。五弟允祺也被削去爵位,于雍正十年死去。十弟允䄉被以不服差遣为由被革去世爵,查抄家产,发往张家口永远拘禁。

康熙有三十五子,十一人夭折,其他二十四人,除雍正继位,及十三、十六和十七阿哥三人因依附雍正而得善终处,其余二十人均受到雍正的迫害,革爵、囚禁、流放,乃至杀害。兄弟之间为夺皇权而互相残害,竟用猪、狗相称,雍正刻薄寡恩、凶残暴戾的本性暴露无遗。

此外,与诸王亲近的大臣,获罪的也不知有多少。诸如内大臣勒什亨、德宁,贝勒苏努,尚书七十、阿尔松阿,贝子鲁宾满都护,公爵鄂伦岱、永谦,编修陈梦雷及裕亲王保泰、简亲王雅尔江阿等都先后被诛杀、流放或革职。

等到诸皇子兄弟及其亲信、家属逐步解决,一一论罪后,雍正又将刀锋转向自己的宠臣,帮助自己登上皇帝宝座出力不少的年羹尧与隆科多。

年羹尧,字亮工,是汉军镶黄旗人,进士出身,颇有将才,并多年担任川陕总督,替西征大军办理后勤。年羹尧早年已为皇四子允禛(即雍正)集团成员,还将妹妹送给允禛当侧福晋,以表对主子的亲近与忠心。隆科多是孝懿仁皇后的弟弟,既任步军统领,又是国舅之亲。康熙十分器重,后来成为康熙病中唯一的顾命大臣。且隆科多在关键时刻倒向雍正一边,为允禛夺取皇位,起到举足轻重的作用。

雍正与二人交结,自有其深刻用心。康熙末年,由于太子允礽被废,诸皇子见机,都加紧忙于争夺嗣位的斗争。允禛暗地里自然也着力较劲,他清楚,除了用精明务实的办事能力博取父皇的信任外,必须集结党羽,依靠握有兵权的朝中重臣,所以极力拉拢隆科多和年羹尧。隆科多统辖八旗步军五营两万多名官兵,掌管京城九门进出,可以控制整个京城局势。而年羹尧辖地正是十四弟允禵驻兵之所,处在可以牵制和监视允禵的有利地位上。西安又是西北前线与内地交通的咽喉所在,可谓全国的战略要地。所以后来一些史家也认为:"世宗之立,内得力于隆科多,外得力于年羹尧。"

雍正即位之初,隆科多和年羹尧便成为新政权的核心人物,恩宠有加。当允禵被召回,年羹尧即被受命与掌抚远大将军印的延信共掌军务。未及半年,雍正帝又命将西北军事"俱降旨交年羹尧办理",并夸奖年羹尧"于军旅事务边地情形甚为熟谙,且其才情实属出人头地",又批谕四川提督岳钟琪:"西边事务,总交年羹尧料理调度。"雍正元年十月,青海厄鲁特罗卜藏丹津发生暴乱,雍正任命年羹尧为抚远大将军。年羹尧也不负圣恩,率军赴西宁征讨,成功平定暴乱,威震西南。雍正帝诏受年羹尧一等公爵。

雍正不但对年羹尧加官晋爵,增以权力,还关心其家人,笼络备至,甚至把年羹尧视作"恩人",非但他自己"朕心倚眷喜奖",且要求"朕世世子孙及天下臣民",当对年羹尧"共倾心感悦,若稍有负心,便非朕之子孙,稍有异心,便非我朝臣民也"。又口口声声对年羹尧说:"从来君臣之遇合,私意相得者有之,但未得如我二人之耳!""总之,我二人做个千古君臣知遇榜样,令天下后世钦慕流涎就是矣。"这类对臣下的甜言蜜语,出自一个皇帝之口,实在罕见。

雍正就这样以其过分宠爱的姿态、极其肉麻的言语哄蒙、迷混着年羹尧。年羹尧却被蒙在鼓里,真以为皇帝老子拿他作知己,他也就以皇帝老子为后台,居功恃傲,骄肆恣横起来。年羹尧凯旋还京,军威甚壮,黄缰紫骝,盛气凌人。雍正亲自在郊外迎接,百官皆伏地谒拜,年羹尧却不为动,与雍正并辔而行。这时雍正心中不怿,见年羹尧如此不恭,始有嫌恶之意。

雍正三年(1725年)四月,皇上仅以年羹尧奏表中字迹潦草和成语倒装,就下诏免去其大将军之职,调补杭州将军,以解除兵权。而臣僚们见年羹尧失宠,便纷纷上奏,检举揭发年的种种违法罪行。此时雍正又听说年羹尧在西北之时,曾与允禵、允禟有所交往,密谋废立等谣传,生性猜忌的雍正便决意要杀年羹尧。最后议政大臣等罗列了年羹尧共九十二条罪状,拟判死刑,家属连坐。雍正以年羹尧有平青海诸功,令其自裁。其父以年老免死,子年富立斩,其余十五岁以上男子俱发往广西、云南极边烟瘴之地充军。族人全部革职,有亲近年家子孙之人,也以党附叛逆罪论处。

隆科多的命运与年羹尧如出一辙。在雍正即位之初,备极宠信,雍正对年羹尧说:"舅舅隆科多……此人真圣祖皇考忠臣,朕之功臣,国家良臣,真正当代第一超群拔类之稀世大臣也。"并让他与怡亲王允祥等同理朝政,授吏部尚书,加太保、赏世爵。隆科多亦恃恩骄恣,多为不法。年羹尧狱起,隆科多起而庇护,却激起龙颜大怒,被削去太保衔、诏夺世爵,命往阿兰善等地修城垦地。四年初,以隆科多家仆牛伦挟势索财之事斩牛伦,罢隆科多尚书衔,罚往新疆阿尔泰料理事务。雍正五年十月,又以家中抄出私藏玉牒等四十一款罪名,诏调回革职拿问。接着,众臣又拟罪名百余款,雍正谕旨,隆科多下狱,永远禁锢。次年六月,即死狱中。其妻子家属流放或为奴。

一些学者认为,年、隆之狱,乃恃功横行,恣意不法所致,两人不知韬晦敛迹,以保善终,实咎由自取,这不能说没有道理。然雍正口蜜腹剑、笑里藏刀,猜忌之心日重,尤其是隆科多作为康熙病重时唯一的顾命大臣,以改遗诏,拥立雍正,年羹尧又为其监视牵制允禵诸皇子,平定边乱。二人在雍正篡位事件上掌握的秘密太多,所以雍正为灭口而杀人的可能性极大。

表面上看,好像年、隆二人被处罪的司法程序完全符合当时的法律制度,然实际上这所谓的司法程序也完全由皇上所控制,百官只是在看皇上的眼色行事,两案的制造与杀戮完全出自雍正本人的意图,这是无可怀疑的。

最后,还有雍正的第三子弘时。在雍正初年,弘时与叔叔允禩等人过从甚密,引起雍正极大的不满,便将他公开排除于未来的继承者之外,并将他过继给允禩。到雍正四年,雍正在进一步收拾允禩之际,也进一步惩处了弘时,将他从皇族中除名,断绝父子关系。后来,乾隆在谕旨中也谈到,三阿哥由于年少无知,性情放纵,行事不谨,受到雍正严惩。《清皇室宗谱》记载,弘时是雍正五年"削宗籍死"。那么,弘时是不是被雍正处死,还难以断定。不过,儿子既然已经加入政敌集团,雍正想将他迫害致死,是无疑的。

雍正做了这么多想掩盖自己篡夺皇位之事,心里也明白其实后人还是会找到他得帝位不正之蛛丝马迹,于是借曾静文字狱一案编纂了《大义觉迷录》一书,颁行天下,对自己篡夺皇位的种种传说进行了辩解。然而终是事与愿违,这种此地无银三百两的做法,显示出雍正的心虚,尤其是其中一些自相矛盾的说法,更给后世留下许多的猜想。

九、名伶杨月楼婚恋惨案

杨月楼,名久昌,派名久先,被誉为"同光十三绝"之一的京剧名角。清咸丰间,他随父到北京天桥卖艺,被徽剧名角张二奎收为弟子,使习武生。杨月楼靠一身短打的功夫、文武兼长的风采,将唱做念打色色俱全的《安天会》《泗州城》等猴戏,演得名遍京华,红极一时。他饰演的孙悟空一角,动作灵活如猴,备受观众喜爱,有"杨猴子"之称。由于演技扮相俱佳而名噪一时,时誉赞其玉立亭亭、艺兼文武。

同治十一年,杨月楼应上海金桂戏院老板之邀,辞别恩师张二奎,由北京匆匆南下,期望在十里洋场实现自己的淘金梦想。那时上海开埠已有三十年,租界经济畸形发展,到处都是舞榭歌台,灯红酒绿,娱乐业成为最兴旺的行业之一,上至达官贵人、富商巨绅,下至贩夫走卒、平头百姓,无不涉足其中。当时正值京剧的黄金时代,上海租界的戏馆每逢上演京剧,经常爆满。杨月楼初来乍到,凭借出色的表演技巧,在金桂戏院一炮打响,迅速风靡申城。当红的台柱武生杨月楼极受观众的欢迎,是京剧杨派表演艺术的开山鼻祖,但他终未能登上戏剧艺术的巅峰,在他二十九岁最能出成就的岁月,一桩意想不到的哀婉悲惨的爱情冤剧,葬送了他那美好的武生戏艺前程。

同治十二年初春,杨月楼领着戏班在上海演出《梵王宫》。那英俊潇洒的扮相、豪放悠扬、唱腔、出神入化的武艺,倾倒了许多观众,其中有一位广东香山籍富商的千金韦阿宝。她年方十七,长相漂亮,知书达理,从小爱看《红楼梦》《西厢记》,爱听才子佳人的故事。她原本对京戏兴趣不浓,可没有想到,杨月楼一出场,却立刻被吸引住了。在其情窦初开的年华,她便痴迷地恋上了比他大十二岁的杨月楼。她随母亲在戏馆连看了三天杨月楼的表演后,就情不自禁地私下修书,细述思慕之情。她派自己贴身的奶娘王氏给杨月楼送上书信与记有自己生辰八字要求缔结婚约的庚帖,约其相会,表示下嫁的决心。

杨月楼看了书信,开始相当吃惊,有点不相信自己的眼睛,后也敬佩少女的勇气,被她的纯真所打动。但当时社会轻贱伶人的风俗还相当厉害,雍正年间虽将伶人归入民籍,但社会仍将戏子视为贱民,在这个等级森严的社会中,良贱相恋或结婚往往没有好的结果。前不久还发生过一件类似的事件,浙江一位盐商的女儿爱上一位伶人,受到家族的阻挠,不能结合,相思之苦使少女病重濒死,母亲无奈恳求族长,最后被逐出族门,永远不得归宗。在这样的社会文化背景下,杨月楼不得不顾虑重重,深知良贱结姻的严重后果,所以就没有回信,似在婉言拒绝以就此斩断痴情少女的情丝。

但阿宝不肯罢手,接连给月楼写信,抒发心中的情愫。由于得不到回答,阿宝相思成疾,一病不起。父亲在外经商根本不管此事(后有消息说此女并非他亲生),母亲爱女心切,不得已顺从了女儿的心意,急忙派奶娘把杨月楼招来。听说韦姑娘因自己而生病,杨月楼大为感动。见了阿宝后,月楼也相当满意,歉疚地对韦母说:"是我害了小姐,想不到她会如此痴情。"韦母告诉杨月楼,他可以请媒妁以求婚,希望通过合法的明媒正娶,以减少社会的阻力,婚事韦家会尽力帮其完成。这对母女的真情打动了杨月楼,三思后决定同意其母的请求,不顾社会的歧视与自己的安危,请媒妁,具婚书,一步步筹备迎娶阿宝。而阿宝在称心如意的情况下,身体逐渐恢复,两人进入热恋中。

正当婚事进行得颇为顺利之时,这事被阿宝的叔父得知,大为震怒,扬言"惟退婚方不辱门户"。阿宝的母亲得知族人要干预此事,便认为事不宜迟,要求月楼与阿宝赶快拜天地成婚,把生米煮成熟饭。哪料韦家叔父在广东商界是个颇有影响的人物,且为人专横跋扈,哪肯就此罢手,遂联合当地族亲,以乡党的名义,到上海县衙状告杨月楼拐盗族女阿宝。不但起诉公堂,他还利用关系使衙门派出差役,就在月楼与阿宝举行婚礼的当日,拘捕了新郎与新娘,且起获七大箱的陪嫁财物,其衣物首饰据传有四千金,作为拐骗婚姻的物证,在将"犯人与赃物"押上小车解往公堂的路上,沿途随从观者如云。

审理此案的知县叶廷眷,就是个封建卫道士,对优伶素有偏见。同时他也是广东香山人,受到同乡的嘱托,不问青红皂白就开始严刑逼供,不但重打杨月楼胫骨一百五十下,还将其拇指吊悬一夜,致使膀肩两骨扭坏,再用狭架困之,几至不能呼吸……用这样的酷刑对付一个风华正茂而需要唱做念打的武生艺人,这无疑是要使其致残,断送其戏艺之前程。面对这样残暴的迫害,杨月楼仍义正词严,审辩自己这桩婚姻的合法性,但狗官根本听不进去。阿宝被掌嘴二百,打得昏天黑地,依然顽强抗辩,坦言自己主动求婚,杨月楼绝非拐盗骗婚,陪嫁财物是韦家自愿奉上,与拐盗之罪名完全不符,且愿意承担这桩婚姻的一切责任,还声言非杨不嫁,愿同生死。但官府认为韦女不守闺阁之教,主动求婚则为“淫奔”,事发后不思悔改,百般狡辩,也必加惩处。

　　杨月楼是当时家喻户晓的京剧名角,此案一出,立刻在社会上引起轰动。《申报》用大量篇幅进行报道,开始以传闻为主,虚虚实实,什么说法都有。后舆论分为针锋相对的两派,一派以地方绅士为代表,他们言激词厉,以“端风化”为由,要求严惩当事人,并进一步主张“正本清源,谢禁妇女看戏”;另一派则是呼吸了海上新风气的市井文客,他们持论宽松安闲得多,在同情韦、杨的调子里,更多流露的是对前者的不以为意。随着案件真相的披露,尤其是严刑逼供被曝光,引起舆论大哗。对官府如此徇情枉法,《申报》主笔拍案而起,发表了一系列抨击官府的评论,责问县官凭什么对犯人施以如此重刑?! 批评广东乡党“代人为父”,仗势欺凌弱小。此案在国内外都产生影响,连一些在华的外国人都嘲笑“华人喜为非分之事,华官好用非法之刑”。

　　这样一桩本是家长同意且明媒正娶,完全合法的婚姻案件,又发生在一个颇有名气的艺人身上,且得到社会舆论主要是《申报》的讨论与指责,因而在国内和国际都造成一定的影响。只要官方还有一点理性和良知,就不会无视本案基本合法的事实。但数千年的专制统治,加上等级森严的传统文化影响,再加上权贵们贪赃枉法与营私舞弊的习惯,使官府有关司法极度昏聩腐朽。所以,此案终以官府的权力压倒社会舆论而结束,其判决是:杨月楼按诱拐条律判处充军,韦阿宝由家主领回。因据说其父与阿宝无血缘关系而不愿领回,便改判送阿宝至普善堂(收容孤残、盲流的社会组织)强制择配重新嫁人。而为二人牵线搭桥并助其完婚的奶娘王氏则被鞭二百,还要在县衙前枷号示众十日。《申报》也被迫停止了有关报道。这个等级森严的社会制度及其风俗,数千年来不知有多少类似的冤魂!

轰动一时的"杨月楼案"就此画上句号,两位有情人熬过了多少社会偏见与严刑拷打,却依然被旧势力拆散,从此天各一方。阿宝的命运更为凄惨,《申报》报道:阿宝发交普善堂择配,有一孙姓老人,年已七旬有余,至普善堂申言,无妻室,有资产,欲娶阿宝已久。于是在官方主持下,一个花样年华的少女便嫁给一个七十多岁的老头,这就是传统社会里所谓的"官媒择配"。"族党"和官方的虚荣心大概就此得到了满足,韦阿宝之母也因羞愤而病故。杨月楼以诱拐罪名结案,被判远徙,所幸不久光绪登位,清廷实行大赦,才得释放。杨月楼被开释后,自然还是操旧业以维生计,虽仍在北京演出,但由于此案的伤情不能再演武戏,而改老生,后接掌云庆班近十年之久。最令人扼腕叹息的是一代名伶杨月楼只活到四十五岁就病逝了,其早逝肯定与这场牢狱之灾有关。

十、杨乃武与小白菜冤案

同治、光绪之交,这桩经县、府、省和钦差大臣历审,轰动朝野的民间大冤案,至今家喻户晓。官府在此案审判中草率勘验、酷刑逼供、伪证作弊、任意枉民的做法,反映出清朝官府司法各部门草菅人命的过程。此案后几经亲属上诉京控,数十位官员、同乡联名书奏,纷繁曲折,逾时三年零四个月,终于平反昭雪。这奇而益奇的过程,对于认识清朝司法制度的全程运作,很具典型意义。

案子发生在同治十二年(1873年)十月十一日,在浙江省的余杭县,民妇葛喻氏向县衙状告媳妇毕秀姑毒死丈夫葛品连,请求官府验尸。知县刘锡彤接案,恰闻秀才孙竹山闲谈:葛家曾租举人杨乃武家的一间房屋,居住了一年左右时间,杨与毕来往密切,教其识字,关系暧昧,因传出流言蜚语,而葛与毕夫妻不和,吵闹不断,以及有关捕风捉影的私情谣传。因此,刘锡认为葛品连之死乃杨乃武与毕秀姑的奸谋毒害所致。同时,他想到杨乃武曾帮余杭县的粮户写状子,控告粮吏浮收舞弊,还曾在县衙照壁上贴对子讽刺父母官,便决定要坐实这位敢与官府作对的举人的罪名。

　　葛品连刚去世时,葛喻氏并未觉得儿子是非正常死亡。直到第二天晚上,由于天热,尸体开始腐变,口鼻出血,这才报官。县衙门仵作沈祥验尸,草率从事,认为是中了鸦片烟毒。门丁长随沈彩泉早为谣传所惑,坚持是砒霜中毒。争执半天,二人也不认真勘验,而含混报了个"服毒身死"就算了事。

　　刘锡彤一听"中毒",遂审问毕秀姑:"葛品连为什么中毒?是不是你下的毒?"毕秀姑吓得哆哆嗦嗦,呜呜咽咽地回答:"我不知道。"刘锡彤认定她淫妇狡诈,喝令用刑。在酷刑和诱供之下,这么个柔弱女子早已忍受不了,只得含糊招下口供,说与杨乃武久有私情,未曾间断,杨于十月初五拿来砒霜,叫她下的毒。

　　杨乃武木然无知,无缘缘故地被传讯到堂。当知县口口声声要他交代谋杀罪行时,他才恍然明白,原来自己已平白无故被人诬陷,不禁怒火中烧,痛斥知县昏庸无能,陷害无辜。刘锡彤便将毕秀姑口供给他看。杨乃武看后,依然一口否认。刘锡彤见他态度强硬,只得退堂。因为对举人不得用刑,所以刘锡彤便先写报告给知府,请求革去杨乃武的举人功名。

　　杨乃武堂弟杨恭治和妻弟詹善政得知情况,分别写了申诉呈状,证明杨乃武十月初五那天正在南乡詹家做客,不可能到仓前街当面向毕秀姑送砒霜。可刘锡彤不加查证,只让杨乃武与毕秀姑对质。毕秀姑惧怕受刑,咬定原供属实。杨乃武虽然功名被革,身受重刑,仍是力陈真相,不甘承担诬告罪名。刘锡彤便将验尸报告与审讯实录报于上司。

　　十月二十日,杨、毕被解杭州府再审。知府陈鲁与刘锡彤私交甚好,认同刘锡彤的初审结果,所以不待杨乃武置辩,马上就大刑伺候,用杖责、夹棍、火钳、踏杠、跪链、天平架等毒刑逼供。所谓"天平架"就是将犯人的头发和两手大拇指用绳吊起,高悬空中,时间一久,犯人头皮被拈脱,拇指痛不可忍,惨毒至极。杨乃武几次死而复苏,终因不堪皮肉之苦,不得不含冤诬服。知府陈鲁追问毒物来源,杨只得胡乱编造,说是路过仓前镇时,在一家爱仁堂药铺花四十文钱买了一包红砒,推说毒老鼠用的,店主名叫钱宝生。

　　杭州知府陈鲁得到这一线索,立刻命刘锡彤取证。刘锡彤派人找来爱仁堂店主,但店主再三声明自己叫钱坦,不叫钱宝生,爱仁堂是小药铺,从来不卖红砒。钱坦弟弟钱垲见哥哥被卷入命案,忙着设法去打听营救,寻条解脱之路。他听着陈竹山与官府熟悉,就找陈竹山帮忙。陈竹山设法借阅了案卷,对钱垲说:"杨乃武供称买红砒只为毒老鼠,你兄长承认了没多大关系,否则追查下去,反倒受累。"钱垲听了,深以为然,赶紧转告了哥哥。另一方面,刘锡彤也对钱坦反复开导,并誓言他不会受牵连,钱坦才答应具结证人证言。

知府陈鲁得到"证明材料",认为案情已经查实,可以结案,便拟定罪名判决,处葛毕氏凌迟处死,杨乃武斩决。同时,陈鲁还修补了案卷中自认为有漏洞的地方,如把口供中"口鼻流血",一律改成"七窍流血"之类,然后向省按察使衙门一报了事。

十一月,按察使蒯贺荪只过了两堂,便草草审核后,上报浙江巡抚衙门。巡抚杨昌浚亲自审了一遍。毕秀姑和杨乃武都已屈打成招,哪里还敢翻供,只好依旧画供。杨昌浚为郑重起见,复派候补知县郑锡滜去余杭县里秘密查访。郑锡滜只应付应付,会同刘锡彤,禀复说:"无冤无滥。"年底,杨昌浚便按原拟罪名上报刑部。

等到刑部批复下来,杨、毕就会被押赴刑场行刑。在刑部复核期间,杨乃武在狱中写了一份申诉状,陈述了因葛毕氏诬陷而被屈打成招的事实。为了翻案,针对毕秀姑信口乱供,说杨乃武曾来房内调笑,被丈夫撞见痛打一事,杨乃武也捏造了两个情节予以反击:一说是衙役何春芳曾与毕氏在葛家调笑,被发现挨打;二说县令刘锡彤之子刘子翰向自己勒索不成,才串通其父恃权谋害。杨乃武妻子詹彩凤、胞姐杨菊贞拿着这份申诉状亲赴浙江省巡抚、臬司、布政司诸衙门申诉,但无结果。

同治十三年(1874年)四月,杨菊贞带着这份申诉状赴京申冤,也叫京控。按规定,妇女不能作为申诉人,所以由随行的舅父姚贤瑞作为申诉人,向都察院递交了申诉状。都察院再将状子转回浙江省,巡抚杨昌浚指令原办官员复审。杭州知府陈鲁接到申诉状,虽另外传讯了几个证人,但证人不愿招惹是非,害怕官司牵连,都仍隐瞒真相。陈鲁也从未怀疑原审有何差错,仍然依原审判决结案,再次上报。

六七月间,杨菊贞准备再次京控。杨乃武告诉姐姐,先在杭州找他的三个朋友。一位是自己的同榜举人叫汪树屏,他哥哥汪树棠在都察院当御史,世交甚广;另一位也是同年举人的吴以同,是红顶商人胡雪岩的西席;还有一位是武举人夏缙川,他堂兄夏同善是翰林院编修。杨菊贞找到三人,他们都很热心,汪树屏给哥哥写了信,吴以同带杨菊贞见了胡雪岩,胡雪岩资助了她进京的用度。最巧的是翰林编修夏同善在杭州正要回京,胡雪岩为他钱行,作陪的吴以同趁机向他讲述了杨乃武的冤情,夏同善答应相机进言。夏缙川也写了信,让杨菊贞进京先找夏同善。

同治十三年九月,杨菊贞和詹彩凤偕报告人姚贤瑞第二次上京告状。他们先拜见了夏同善,在夏的引见下,又遍叩浙籍在京官员三十余人,然后拿着杨乃武再次写就的申诉状,到京城步军统领衙门、刑部、都察院控告。此篇申诉状提出八个"不可解"问题,环环相扣,一气呵成,论证严密。十二月七日在《申报》上得到刊登,引起民众的关注,也引起朝廷的重视。尤其是夏同善,多次与大臣翁同龢谈到此案。翁同龢深表同情,相机将案情面陈两宫太后。慈禧太后降旨,令浙江巡抚杨昌浚会同臬司亲讯复查。

杨昌浚奉旨并未亲审,而是委托湖州知府许瑶光、绍兴知府龚嘉俊、富阳知县许嘉德、黄岩知县陈宝善共同审理。许瑶光审了几次没有动刑,杨、毕均称冤枉,双双翻供。但由于案情已错综复杂,节外生枝处不少。许瑶光审了两个多月,竟不知如何结案,只是一拖再拖,悬而未决。

拖到光绪元年四月,给事中王书瑞上疏,指斥浙江省官员复查此案居心不公,草率马虎,拖延至今,奏请另派大员前往复查。慈禧太后见奏降旨:"此案情节极重,既经葛毕氏等供出实情,自应彻底根究,以雪冤诬而成信谳。"命令浙江学政胡瑞澜重新审理。

杨昌浚得悉后,向胡瑞澜威逼利诱,说此案反复审问了多次,无偏无枉,不宜轻率变动,并向胡推荐宁波知府边葆诚(杨昌浚同乡、刘锡彤姻亲)、嘉兴知县罗子森、候补知县颜德恒、龚世潼等随同审讯查证,而此时,证人钱坦已死狱中。

复审中,杨乃武虽剖诉冤情,但仍坚持上述捏造的情节。胡瑞澜审出其中的虚假,便把所有翻供统统视作谎言,并且仍以原检验报告为据,不究仵作,未加复验,对人犯昼夜熬审,酷刑滥加。杨、毕受刑不住,再度诬服,虽屡经质对,仍多迁就成供,胡瑞澜以原判所拟罪行结案上报。

十月,给事中边宝泉上一劾奏,认为胡瑞澜与杨昌浚关系密切,复审时外示严厉,中存偏袒,关键情节不加详究,并说上诉京控发回重审能得平反昭雪的案件,百不得一,相沿成习,实因官官相护的积弊所致,致使纵有冤滥,势难纠正,奏请此案提交刑部审讯。慈禧以没有前例为由不予批准,只谕令刑部推研,并饬胡瑞澜再审。

至此,杨乃武案遂成全国瞩目的大案,毕秀姑也因"上着白衣,下着绿裙"而得绰号"小白菜",它比起原名,知名度更高。由于案中破绽百出,疑窦丛生,所以民间议论纷纷。凡熟悉此案的人,皆为之鸣冤不平,还不时投书报社。当此案在余杭县初审时,《申报》就有报道,经常对此案发表有关评论,对案件的审理情况进行严密跟踪,并全文刊登过杨乃武的申诉状。

十二月,汪树屏、吴以同等十八位浙江籍京官司、士绅联名书写禀帖送到都察院,陈述了此案的冤情,认为众官复审此案,互相袒护,请求由刑部重新审办,仔细核查。大臣翁同龢此时正代理刑部右侍郎,也对本案提出"驳议"。朝廷上诸臣为此案展开争论,并形成对立的两派。翁同龢、夏同善等人还亲见两宫太后,奏请将案件提交刑部审讯。慈禧太后慑于舆论压力,不得不再次传下谕旨,令刑部亲自查审,秉公论断。帝国最后的洗冤机制终于被撬动了,九死一生的杨乃武总算迎来了翻案机会。

光绪二年(1876年)五月,刑部举行三法司会审,由刑部尚书桑春荣主审,都察院、大理寺参与会审。第一天,朝廷各部院的御史、侍郎以及夏同善、边保泉、汪树屏、吴以同等人都参加了陪审或观审。杨乃武将案情经过,从头到尾详细述辩,毕秀姑也口呼冤枉,陈述了实情。第二、三天审问尸亲及证人,最后一天提全案犯人及人证当堂对质,质讯的结果是葛品连之死与杨乃武无关,毕秀姑也没有下毒。最后三司审议决定:重新验尸,了结此案。

同年十二月九日,经朝廷批准,从余杭运到的葛品连尸棺已停在朝阳门外的海会寺前。桑春荣率领堂官、司官、仵作、差役,带同全部人犯人证,将尸棺当众打开,由刑部指定的老练仵作重新复验。复验结果是:尸骨颜色黄白,毫无中毒症状,结论是:葛品连实系因病而亡,并非中砒毒而死。再经调查质问,案情真相终于大白于天下。

　　但维持原判一派的官员并不甘心。如四川总督丁宝桢在听到验尸结果后，到刑部大发雷霆，认为："葛品连死已逾三年，毒消骨白，此不足定虚实也。"当听说刑部要参革杨昌浚及有关官员时，他便威胁说如果这个铁案要翻，将来没人敢做地方官了。另一名满籍的刑部尚书皂保，因为受了杨昌浚的厚贿，也不主张翻案。大学士宝鋆是刘锡彤的乡榜同年，也欲回护杨昌浚与刘锡彤。另一派以翁同龢为首，主张平反冤狱，严惩冤狱制造者。由于两派相持不下，刑部的结案奏疏，拖了两个多月，迟迟不上，依然关在监狱中的杨乃武度日如年。

　　事情发展到这一步，御史王昕在翁同龢的授意下，上了关键一疏，指出太平天国运动以降，国家内忧外患，中央权威下移，官员朋比为奸，尤其是地方官司员，如此欺罔荒唐，上欺朝廷，下屈无辜，若不严惩，只怕朝廷不无孤立之忧。这才引起慈禧太后的震怒，她终于站在了以翁同龢为首的翻案派的一边，想借着平反此案的名义，对藐法欺君的地方大员略施惩戒，以儆效尤，为朝廷立威。到次年的二月十日，刑部向两宫奏上此案的会审结果：推翻原审判决，惩处错判的官员。

　　本案有如此众多的复审官员参与，竟然都没能审出真相，最后都草菅人命，实在令人寒心。刑部追查承审官有无徇私舞弊、故入人罪的行为，经反复查问核实，刑部把案件过程归纳为：葛喻氏怀疑请验，沈仵作误验中毒，刘锡彤刑讯逼供，葛毕氏受刑屈招，杨乃武被刑伪供，钱坦被逼伪证，杭州府草率定案，浙江省依报照结，胡瑞澜回护同僚……

　　向朝廷呈报批得后，涉案的三百多名官员有三十多人被革职、充军或查办，一百多人被革除顶戴花翎，永不任用，有关的具体判决如下：

　　浙江巡抚杨昌浚、学政胡瑞澜即行革职。余杭知县刘锡彤革职，"从重发往黑龙江效力赎罪"，年逾七十不准则赎。仵作沈详杖八十，徒刑两年。衙役沈彩泉杖一百，流放两千里。杭州知府陈鲁、宁波知府边葆诚、嘉兴知县罗子森、候补知县顾德恒、龚世潼、郑锡滜均革职。按察使蒯贺苏已病故，生员陈竹山已死狱中，钱坦也已病故，其他伪证之人各处杖、徒诸刑。葛喻氏杖一百，徒四年。小白菜葛毕氏与杨乃武虽无通奸，但做邻居时不避嫌疑，招致物议，究属不守妇道，杖八十。杨乃武与葛毕氏同室教经，同桌而食，不知避嫌，且诬何春芳等人，杖一百，业已革去举人功名，不予恢复。

　　在清廷如此腐败的吏治之下，杨乃武及其家人能撬动帝国的洗冤机制，将这一冤案翻过来，着实不易。杨乃武出狱后，以养蚕为业，事业有成。小白菜回余杭后，出家为尼，法号慧定。

十一、光绪年间抢劫犯顶罪冤案

　　河南南阳府镇平县县衙有个捕快，名叫胡体安。当时有所谓警匪一家之说，一些捕快本身就是当地盗贼的瓢把子（首领），而这胡体安实际上就是当地的贼头。光绪五年（1879 年）五月，胡体安到百里之外的光山县洗劫了一家豪门，席卷财宝而去，豪门告到官府，但案久未破。这家被洗劫了的豪门是退休京官尹文法的家，尹文法虽然退休了，但官场的许多关系还在，且都来头不小。尹家被如此洗劫后当然不会善罢甘休，便动用了所有有用的关系探查，查清了这案子是镇平县捕快胡体安所做。尹家便一个状子告到河南巡抚涂宗瀛那里，涂宗瀛责成有关部门下令镇平县衙抓胡体安归案。

　　胡体安得知后，一边准备潜逃，一边安排顶包之人。顶包指的是，如遇上面指定要破的案，是自己人所为，就买通几个贫民出面顶包。如果是犯了死罪，就想办法在处决之前用其他囚犯把他们替换出来，或者干脆花大价钱买命，让顶包之人顶到死。在这一过程中，即使有官员看出来，但为了能早日破案，对上面有个交代，也往往装不知道。因为只要破了案，很少会再查犯人的真假。胡体安便安排自己的童仆王树汶出来顶罪。王树汶开始不肯，胡体安的喽啰们连吓唬带私刑进行威胁，说顶了罪，保你不死，还可得一大笔钱，如果不答应，马上就杀了你。王树汶没办法，想了想只好答应。

　　当时镇平县的县令是马翥，接到上头指令后，便把假的胡体安抓了来。山东进士出身的马翥是个十足的书呆子，自己县里的捕快，他居然不认识，当然衙役众多也是一个原因。马翥见此捕快当堂认罪，以为案子就这么破了，心中狂喜而不辨真假，草草结案，定王树汶死刑。案子到了南阳府，知府任恺在审理中感觉有点问题，但一想何必这么认真，也认账上报了。之后，案子报到河南按察使吴直那里，吴直本来对这类小案就没兴趣，也不深究而上报刑部。刑部也就过道手续,而定谳了。由于盗窃的财产数额巨大,案情相当严重,最后给首犯定了死刑,这样王树汶的小命到秋天就得归西了。

到了执行死刑这天,王树汶才知道受骗了,不是明明说好不死的吗?怎么还要问斩?于是大呼冤枉,对监刑官说我是王树汶,不是胡体安。监刑官看王树汶又瘦又小,年纪也不过十几岁,手臂伸出来也没什么力量,怎么看都不像一个贼头,感觉他不会是这件大案的首犯。好在清朝法律规定,如果监刑官发现有冤情,可以停刑,这样王树汶的死刑就没有执行。监刑官马上报告巡抚涂宗瀛,涂宗瀛大吃一惊,下令臬司衙门重新审理。

重审此案的关键,就在查清犯人到底是不是胡体安。王树汶便把顶包之事全盘托出,说自己是邓州人,父亲王季福还在邓州种田。涂宗瀛便发函给邓州,要知州朱光第把王季福找到,好来公堂对证。就在此时,巡抚涂宗瀛升任湖广总督,接任的是原河道总督李鹤年。南阳知府任恺也升任许昌道台,知道一旦案子翻过来,当年糊涂断案的官员就会有罪责,所以任恺发函给朱光第,请求他别管,就说找不到王季福这个人。然而朱光第偏偏不买这个账,认为人命关天,案子曲直应当搞清楚,不能官官相护,害无辜之民。任恺又托了人去说情,朱光第就是不为所动,把王季福给找到了。二人一对证,王树汶不是胡体安,案子真相逐渐浮出水面。

此案案情在邸报上一披露,就引起御史们的注意,因为这正是弹劾地方官的好机会,尤其是河南籍的御史,似乎有切肤之痛,于是弹章交加,声色俱厉。按道理说,巡抚李鹤年可以不管此事,因为这不是在他任上办的案,但他出身军人,性情粗犷,受了任恺的蛊惑,又被御史的弹章所牵连。于是,他站出来反对涂宗瀛的重审前议,说王树汶本来就是胡体安的童仆,也就是胡体安的党徒,在律强盗不分首从皆立斩,王树汶论罪也该死,所以原案所判没错。在巡抚李鹤年的指示下,重审法司给王树汶安上把风接赃的罪名,依然定为此案正凶而判死刑,对前官府之误捕,主犯胡体安之在逃,悉置之不管。

如此判决又激起舆论大哗,另一派官员则坚持王树汶是无辜的,此是大冤案。言官们也纷纷上谏弹劾李鹤年为庇护任恺诸官员而枉法。由是围绕此案,朝野分成两派,互相攻讦,吵成一片,朝廷只得派河道总督梅启照复审。一般来

说,钦差治狱,都由属官审理,大臣只审阅一下结果便是,而河道官衙,十有八九
都是李鹤年原属下,自然秉承李鹤年的意思,依然判王树汶为盗从,依律当斩。
狱成,另一派官员的反对之声更是激烈,言官们弹劾的奏章也愈益加码。

这样,便只有看秋审司中八名官员的立场了。秋审司由刑部尚书潘文勤负
责,他提议革去县令马翥的职,将其逮捕入京,并将犯人提部复讯。赵舒翘以刑
部郎中总办秋审,潘文勤便令赵舒翘主审此案。赵舒翘感到压力很大,但在调
集所有卷宗,研究了案情之后,赵舒翘力主此案就是冤案,并准备好上奏案卷。
李鹤年又动用他的关系,找到潘文勤的原部下去游说。潘文勤被说动,遂改变
态度,几毁奏稿,想依原审结论上奏。但赵舒翘不同意,声明:"舒翘一日不去秋
审,此案一日不可动也!"无论谁来说情,他都给顶了回去。正当矛盾难分难解
之际,潘文勤因遇丧去官守孝,由张文达继任刑部尚书。

潘文勤在守孝期间,忽然顿悟,感到自己为原部下所误,便写信给张文达,
支持赵舒翘的立场。最后在诸大臣的首肯下,赵舒翘的案卷得到朝廷批准,冤
案才得以昭雪。最终王树汶得无罪释放,而审理此案的县令马翥和道台任恺都
被发配戍边,李鹤年、梅启照及其部下审案官员皆降革有差。此时离案发已有
五年,"豫人谈斯案者,犹曰微朱公,树汶无生理也。""此朱公"即对此冤案审理
有功的邓州知州朱光第,然而此时却早已因他事被罢官,据说这是任恺唆使李
鹤年所为。而此案最重要的主犯胡体安还逍遥法外,一直没被抓到,甚至有人
说,他换个地方,换个名字,还在做捕快。

十二、西太后弄权诸案

西太后即慈禧,是个家喻户晓的近代人物。这个清朝后期的太后,前后三
次"垂帘听政",独揽朝纲,统治中国长达四十七年之久,直可以与武则天比肩。
她在统治期间诛杀异己,残害忠良,乃至囚禁皇帝,荼毒后宫,手段异常凶狠暴
戾。西太后首次夺权,残戮大臣,要从咸丰后期朝内外的形势说起。

咸丰十年(1860年)九月,英法联军攻打北京,咸丰皇帝仓皇逃往热河承德
行宫。自此,清王朝政治势力明显地分为两派。一派是以协办大学士肃顺、怡亲王

载垣、郑亲王端华为首的实权派,他们是咸丰帝的亲信要员,又一起随同皇帝驻在热河,牢牢掌握着国家大权,肃顺更是其中举足轻重的核心人物。另一派是留守北京的恭亲王奕䜣。奕䜣是咸丰帝的异母弟弟,虽然并不得皇帝的欢心,却在北京衙门任总署大臣,不但直接执掌了外交大权,而且还得到外国侵略势力的支持。

咸丰十一年(1861年)七月,整日花天酒地的咸丰帝死了,肃顺、端华、载垣三人受帝遗命,立皇长子载淳为太子,与军机大臣景寿、穆荫、匡源、杜翰、焦祐瀛等八人为辅政大臣。及至同治皇帝载淳即位,肃顺便以"赞襄政务王大臣"自居,总管国家政务,一切皇帝谕诏命令,都出自肃顺的意旨,并不把两位皇太后及恭亲王奕䜣放在眼里。

同治皇帝的生母慈禧是个颇有野心的女人,在咸丰帝患病期间常代咸丰批阅奏章,对最高统治权力觊觎已久,当然不能忍受肃顺等人的大权独揽。早在咸丰在位期间,肃顺隐察皇上有忌恨慈禧专横之意,便以汉武帝对付钩弋夫人的故事为例,煽动咸丰铲除慈禧。咸丰有所不忍,也以为慈禧不敢违背祖制而没有下手。后咸丰醉中恼怒漏言,为慈禧闻知。慈禧遂与肃顺结下不解之怨,恨得刺骨。

咸丰帝去世后,慈禧私下派人与北京的奕䜣取得秘密联系,要奕䜣以奔丧为名来此共商大事。肃顺等则几次三番玩弄手段,重重加设障碍予以阻止。不久,恭亲王奕䜣赶到热河。皇太后想要召见奕䜣,肃顺一伙又以叔嫂不可通问的礼法,以及"居丧尤宜远嫌"的规矩竭力阻止他们的会面。但奕䜣将了肃顺一军,说请端华一同觐见,这样肃顺也不好再阻拦。慈禧和奕䜣便乘机秘密商定了诛杀肃顺、端华、载垣三人的计划。奕䜣指出,要完成此计划非还京不可,并且还要保证外国人不会干涉此事。慈禧便令奕䜣先还京,然后下诏皇帝回銮,还召命鸿胪少卿曹毓英,秘密草拟好逮捕并降罪肃顺等人的谕旨,准备到北京公开宣布。

这时,御史董元醇上疏,以皇帝年纪幼小,国运艰难坎坷为由,上疏奏请两宫皇太后垂帘听政,奏疏上还提议选派一二位皇族中的近支亲王(实指恭亲王王奕䜣)一起辅政,以此维系臣民之心。肃顺见奏,怒不可遏,立即以皇帝的名义发谕旨,指出清王朝"向无皇太后垂帘听政之礼",批驳了董元醇的奏章,并公开扬言:"八大辅臣是受先帝遗诏辅助当今皇上,不能听从皇太后的命令。"慈禧得知此事,还与八大臣大吵了一场,但并没占上风。

其时,大臣胜保、大学士贾桢、周祖培、尚书沈兆霖等又一起上疏,指责辅政大臣行政不力,要求两宫皇太后垂帘听政。在这样的气氛中,慈禧乘机解除了载垣的銮仪卫、端华的步军统领、肃顺的理藩院职务。而后,慈禧又下诏皇帝回銮。肃顺依然极力阻止,说皇上还小,北京也无准备,"臣等不敢奉诏"。太后说:"要有什么意外,一切都与你无关。"肃顺技穷,只得奉命于九月二十三日出发护送咸丰皇帝棺柩回京。载垣、端华等同时奉命随从皇帝车马,先从小道出发。这样就把最难对付的政敌肃顺抛在后面,并令妹夫醇亲王奕𫍽同路监视,随时准备逮捕肃顺。

九月二十九日,太后回到北京,第二天就下令通报肃顺、载垣、端华等人的罪状,罪名是"不能尽心和议",以致失信各国,极力阻止"回銮"以及抗旨反对垂帘等,并说八大臣"辅政"是肃顺等人伪造的诏书,并非咸丰"钦命"。次日,宣布将八大臣革职逮捕问罪。旋即,载垣、端华二人被关押进宗人府,肃顺也从密云押送到京城。不久,皇帝诏书下达,赐载垣、端华自尽;肃顺斩首,暴尸街头,其他辅政大臣全部革职;穆荫还被判发边地军台效力赎罪,其他党羽也一并受到惩处。而奕诉则被授命为议政王,并任军机处行走,其他凡拥戴垂帘听政的人都按功行赏,加官晋爵。

这就是有名的"北京政变",也称"祺祥政变"("祺祥"是先前新更的年号)。肃顺虽一贯骄横自大,但也算是忠臣能吏,没有触犯什么刑律,且还有赞襄军事、削平寇乱等功劳,只因阻止太后垂帘听政便被杀害,其他大臣更属冤滥。这一政变已开始显露出慈禧太后的凶残政治手腕。

接着,慈安和慈禧二皇太后开清代之先例,实行两宫一起"垂帘听政",改年号为"同治",即两宫同治之意。慈安虽为正宫,然为人懦弱无为,遇事一般都由慈禧作决断;或者慈禧玩弄手段,从背后摆布慈安。因此,可以说是慈禧掌握了国家的最高统治权。

同治十二年(1873年),皇帝已十八岁,慈禧只得同意皇帝亲政,但仍通过太监监视皇帝的言行,间接控制朝政,甚至不准皇后阿鲁特氏与皇帝多接触,致使同治帝在太监的暗导下,逛起妓院来,很快染上恶疾。同治帝亲政才一年多时间,便因恶疾过世。不满百日,慈禧逼皇后阿鲁特氏吞金而死。这样,慈禧选了四岁的侄子:光绪即位,再次"垂帘听政"。

光绪七年(1881 年),慈禧一不做二不休,将东太后慈安毒死。据说,慈安收有咸丰帝留下的随时可以裁处慈禧的遗诏。慈安为了表示姐妹间亲近无疑,当着慈禧的面把诏书焚毁,这反而使慈禧感到难堪。慈禧虽在表面上对慈安更加恭敬小心,但心中已把慈安看作赘疣,非割去不可。一天早朝,慈安精神还好,毫无病色。下午,慈禧送去一盒点心。慈安才尝了一二块,顿觉不适,即传太医,医生未及入宫就突然去世,终年四十五岁。从此,慈禧便一手遮天。

光绪十三年(1887 年),皇上十七岁。慈禧不得已宣布归政于君,自己只是训政而已,但实际上,朝野大事,都还得这位"老佛爷"说了算。光绪二十年,太监寇连才上疏太后,请还政光绪,勿制帝肘诸事,被太后以太监干政的罪名,立处死刑。其实,慈禧自己宠信的太监安德海、李莲英,哪个不是帮太后干政的老手?

光绪二十一年,清朝在甲午战争中惨败。在康有为、梁启超诸士人的呼吁下,二十四年六月,光绪决定变法图强,有名的百日维新开始,然而仍事事受后党的阻挠、掣肘。九月,帝、后两党矛盾白热化。慈禧发动政变,囚禁光绪帝,捕杀变法骨干。康有为、梁启超在外国人的掩护下逃往日本,而谭嗣同、刘光第、杨锐、林旭、杨秀深、康广仁六人被捕,且根本不经审讯,直接绑赴市曹处斩,史称"戊戌六君子"。其他赞成变法的大臣也有数人充军新疆,或监禁牢狱,数十人遭谪革,株连家属被查拿者不可胜计。

光绪二十六年(1900 年),八国联军进犯北京,慈禧只得带光绪西逃。出逃前,将她最不喜欢且已囚禁的珍妃放出,逼她自尽。珍妃从容地说:"我死无妨,皇上应该留在北京,不能抛下百姓不管。"光绪也苦苦哀求留珍妃一命。慈禧哪听这些,命太监将珍妃推入宁寿宫外的大井中,并推下三四块大石头。珍妃被害才二十四岁。

慈禧在宫中一贯滥施淫威。早在咸丰年间,慈禧因生皇子而升贵妃,为她梳头、捶背的小太监或宫女,略有不慎,或感觉稍有不适,轻则大骂罚跪,重则挨打致命。光绪六年,太监违禁携带物品外出,为护军拦阻殴辱。此原为数百年来宫廷的门禁法规,无可非议,然此次太监带的是慈禧要赠送娘家的礼品。西太后得知太监被阻拦,勃然大怒,立即谕旨,将当值护军士兵斩首,军官革职。

自戊戌政变之后,宫廷中就回荡着一股加害或废除光绪的潜流。慈禧以光绪重病为借口,不让光绪执政,引起各国的不满。驻华公使派法国医生为光绪诊病,结果只是肝虚火旺,消化不良,谋害光绪的阴谋破产。慈禧又另立大阿哥,以图篡位,也遭各国公使的反对。无奈之下,慈禧只得长期幽禁光绪,并在精神上和生活上对其进行折磨。一次,李莲英告发光绪帝骂老佛爷。慈禧大怒,遂痛打光绪。后有个小太监替光绪找来太医诊治,被李莲英得知。李莲英将事告之慈禧,慈禧又命人将此小太监杖责而死。此类冤魂不计其数。

光绪三十四年(1908 年)十月,慈禧病重,李莲英又说光绪帝闻太后病重有喜色。太后阴险道:"我不能比他早死。"三天后,光绪帝就死于囚所,才三十九岁。次日中午,慈禧也一命呜呼,两人相继死去,相隔不到二十个小时。耐人寻味的是,光绪去世前一天,慈禧就以光绪的名义,把三岁的溥仪接到宫中,封其父载沣为摄政王。第二天下午,光绪刚去世,就传出太后懿旨,立溥仪为皇帝,摄政王监国。难道慈禧已经算出第二天光绪就会死?所以,光绪被慈禧毒死的可能性是很大的。

慈禧曾直言不讳地说过:"今日令吾不欢者,吾必令彼终身不欢!"其狂傲残忍的性格与人生观一目了然。此座右铭陪伴她一生,也让落后和耻辱陪伴国家和民族数十年。

十三、庐江寡妇魏谢氏遗产案

光绪十七年(1891 年),安徽庐江县发生了一件极其平常的民事遗产纠纷案,然而结局却凄凉惨厉、满目疮痍,其中酷吏杨霈霖的凶残手段,实在骇人听闻。

三月,寡妇魏谢氏病殁,没有子嗣。生前从不承担侍奉赡养义务的侄子谢安东却来索要遗产,与寡妇一起相依生活的外甥张新业在勒逼之下,交出了所有的遗产单据。谢安东见总共才值二三百元,便声称肯定还有隐匿,若不全部交出,绝不罢休。张新业反复解释再无余资,谢安东就是不信。在场的同族张咸义打抱不平,为张新业辩解。谢安东见半路杀出个程咬金,便一口咬定张咸义为主谋,教唆张新业吞没家产。谢安东于四月二十三日,书写状词,告到县衙。

　　庐江知县杨霈霖贪酷暴虐，原籍江西。谢安东也是江西人，便找到江西会馆的首领王安邦，求他在知县面前帮自己说话。杨霈霖见是同乡所托，满口应承，致使案子一开始就有偏袒之见。

　　四月二十九日，张新业、张咸义被拘传到县衙。杨霈霖劈头盖脸地喝令被告供认吞没家产的内情。二张矢口否认，坚不招承。杨霈霖大施淫威，令衙役打张咸义手心两百下，竹板子六百下。张咸义被打得死去活来，鲜血淋漓。杨又命上挺棍，并用竹鞭抽背。张咸义虽伤痛难忍，但牙关紧咬，一语不发。

　　杨霈霖对张咸义无可奈何，便改严刑拷打张新业。张新业受刑不过，只得胡乱供称有钱藏在家中。次日，衙役到张家翻箱倒柜，四处搜寻，结果一无所获。杨霈霖恼羞成怒，于夜里提审张咸义，发泄怒气，从痛打嘴巴，到上光棍架、跪铁链，最后在原腿伤处再打五百竹板。行刑过后，张咸义已气息奄奄，不能动弹。

　　五月初二，杨霈霖见张咸义受刑过重，命在旦夕，便把家丁高发叫来叮嘱一番，然后借口会勘水利，离开庐江，去往舒城县。下午，张咸义两眼不睁，气息微弱，水米不进，眼看不行了。看守急忙告知家丁高发。高发心中有数，先把剃头匠张有道找来，逼令给张咸义挑痧，然后又把差役夏安等人找来，让他们充当保人，把张咸义保出就医。夏安等人不肯，高发骂道："你们这些奴才，难道敢违抗县太爷的指令？"并自己替夏安写好保状，令将张咸义抬上竹床，推出监狱。

　　夏安等人将张咸义抬出走不多久，张咸义呻吟几声，一命归天，地保赶紧到衙门报告。次日，典吏毛祥焘赶到，证实张咸义确已身亡，便按常规写具文书，请府中派人共同验尸。

　　张咸义死讯传来，其母张黄氏悲痛欲绝，与大儿子张咸得立即启程，上安庆府衙申诉，走了三里多路，天色已晚，便在一座庙中休息。

　　张母欲上告府衙的消息传到县里。杨霈霖大惊失色，亲自带差役沿途搜捕，三更时分来到庙外。张咸得急忙钻入佛龛下面躲藏，张黄氏躲避不及，被捉回县衙。

　　杨霈霖坐堂，威逼张黄氏承认张咸义因病亡故，尸体免于勘验。张黄氏不从，杨霈霖便令写好结状，派公差将张黄氏手按住，强行捺手印在结状上，然后赶出公堂。张黄氏回家定下惊魂，决意赴省城上控。张咸得从佛龛下出来，也径直奔省按察使衙门告状。

这时，县里已都在传，说知县杨霈霖受谢安东贿赂一千元，帮他搜罗有关遗产，从而将张咸义拷打致死等等。杨霈霖得知后，又心生毒计。六月十四日上午，杨霈霖派丁勇将轿夫谢老窝传讯到堂，一顿痛打后，要他招供是张咸义族亲张志典等人串通同义米行掌柜孙贵贤，许以金钱，唆使谢老窝到处传播谣言。谢老窝不肯作伪供，杨霈霖又喝令痛打。重刑之下，谢老窝无可奈何，只得在伪供上具结画押。

供状在手，杨霈霖下令抓来米行孙贵贤。孙的家属手足无措，到处求人说情，最后交上三百大洋，才将孙贵贤保释回家。杨霈霖疑心张黄氏上控是族人唆使，所以带兵丁又去捉张咸义的族人，将张志典等捕获。族人们对张咸义的死正愤愤不平，见知县又来捉人，怕张志典等也会被害死，便乘兵丁不备，将张志典等救出，然后一村百姓悉数逃遁。杨霈霖见状，暴跳如雷，竟然命兵丁纵火烧村子，顿时烈焰冲天，整村农舍烧为废墟。

六月二十二日，远避在外的张氏族人张墨林回村打探，一露面就被兵勇抓获，五花大绑押赴县衙。杨霈霖故伎重演，动用非刑，逼迫张墨林供认：张氏族人聚众滋事，劫夺人犯，违抗官府。张墨林受刑不过，只好诬服。于是，杨霈霖不知羞耻在书写禀帖道："张咸义主唆吞没遗产，取保病故；其母张黄氏当堂具结，声请免验尸身；讼棍张志典唆使张黄氏无理上控，诬本县拷打致死，并收买痞棍无赖造放谣言；张志典归案后又被其族人纠众劫持"等等，连带张黄氏结状，谢老窝和张墨林的供词附后，申府报省。

兵丁们肆意抓人，并焚烧劫掠，弄得张氏一族惨遭荼毒，且全县人心惶惶，怨声载道。于是，以张兰芬为首的一群德高望重之父老，联名具折，上书安徽按察使司，将事件始末详述一遍，强调杨霈霖的凶残害民手段，百姓已无法求生，要求严惩无道官员，出榜安民。按察使嵩昆原已受理张咸得母子的双重申诉，现又接到这群父老的联名上书，便催促安庆府速查上报。安庆府复文说，庐江县在张咸义死后，"既不禀请委验，又不跟同尸亲复验，实属咎无可辞"。嵩昆见复大怒，点发文书，令速将一干人证押解到省衙，亲自复审。

杨霈霖接到臬司指令，左思右想，横下一条心，决意与嵩昆较量一番。八月六日，杨霈霖逮捕县中刑书张甫，拿出一份写好的供词，内称"张甫与张志典托臬司衙门刑书胡家隆关照此案,许洋二百四十元,胡家隆答应包打官司。"逼迫张甫照抄一份,画上花押,然后又抓来书办陈谟,逼他承认是贿赂胡家隆的经手人。陈谟拒不承认,杨霈霖将他装入钻笼,亲笔书写封条:"断绝水米,站死示众"。陈谟的儿子见父亲如此受刑,便向知县求饶,说服父亲,伪造了胡家隆索要贿款的假信,这才算了事。

这样,杨霈霖便回复嵩昆说,臬司衙门书办受贿舞弊。嵩昆询问胡家隆,胡反复声明,绝无此事。嵩昆半信半疑,也只好将胡家隆看押起来,另一面仍坚持亲审此案,要庐江县将人犯从速押来。

杨霈霖一不做二不休,进一步扩大事端。九月初一,他跑到县衙大堂,见四下无人,点起一把火,旋即大叫大嚷:"歹徒纵火烧衙!"接着,便贼喊捉贼地大肆追查。九月初四,他把地保罗明拘传到县,逼他供认是张志典与张氏族人张长元等焚烧县衙,并号召群众谋反。罗明不肯诬供,被装入站笼。等他站得困倦,朦胧欲睡之时,杨霈霖令衙役拉出他的手指,在伪供上捺印,然后以此为据,上报臬司。

九月初九,衙役许荣、孙小下乡抓捕张长元。张长元听到风声,已逃之夭夭。许荣怕知县怪罪,便把张长元之子张盛祥拘拿回县。张盛祥妻子即将分娩,见丈夫被抓,气急交加,一时想不开投河自尽,虽然众人救起,但第二天就流产身亡了。

许荣与孙小押人回县,取水路上船。半夜,张盛祥磨断绳索,泅水逃逸。杨霈霖听说人犯逃跑,咬定是许荣得贿放纵,命把许荣装入站笼,严惩示众。许荣一连站了三十多天,全靠朋友暗送水饭,才得以苟延残喘。许荣又狂喊冤枉,杨霈霖便将他与站笼挪押后院马棚,派亲信看守,不许暗送饭水。至十月二十三日,许荣死于笼中。杨霈霖见许荣死了,便勒令衙役胡明等八人捏具许荣"病故"的保状。胡明等不愿具保,杨霈霖命将八人统统关押。胡明等怕也被关押至死,只得勉强在伪证上具保,将许荣验理。杨霈霖怕留下遗患,又用严刑逼迫孙小供指许荣收受贿赂,放纵人犯。孙小也只得依样画押。

嵩昆屡次催促将全案人犯解送省中复审,杨霈霖总以张志典等人未能归案为由,推脱搪塞。嵩昆再催,杨霈霖干脆要求省中派人前来缉查。同时,杨霈霖亲自到省,求见嵩昆,指责按察使纵容幕友,刑书受贿舞弊。嵩昆强压怒火,见杨某人把他和幕友、刑书牵入案中，便想不如暂时忍耐，静观其变。于是，嵩昆前去拜见巡抚沈秉成，以案件牵连左右，例应回避为由，请巡抚另派他人承办。

沈秉成委任安庐滁和道李寿蓉复查此案，并派候补知县吕耀轸赴庐江县提解人证。杨霈霖以主犯未抓获为由，让吕耀轸在县里等了半个多月，等把案卷逐件抽改得天衣无缝后，才把书办张甫、陈谟及衙役、地保等人叫到面前，软硬兼施，统一口供，并亲带这些有关"人证"上省投审。

到省后，李寿蓉主审此案。由于杨霈霖仍居知县一职，"人证"怕日后报复，谁也不敢说实话。此时，张咸得托人呈控，指出这些"人证"全非本案重要人物，与原案关系不大。嵩昆也写了一道禀文，说重要人证没有到场，显然是敷衍搪塞，且审案官畏惧塞责。李寿蓉本来就不大愿意审此案，见如此情形，也顺水推舟，要求回避。

巡抚沈秉成只得向朝廷奏上一本，称庐江县知县杨霈霖徇情枉法，滥用酷刑，致死人命，请朝廷定夺。亲政不久的光绪帝览奏勃然大怒，发下谕旨："此案枝节太多，频兴谣诼。着刘坤一行提人证卷宗，解赴江宁，遴派司道大员撤底讯明，秉公议结。"

两江总督刘坤一接到"上谕"，不敢怠慢，急忙委派江苏按察使陈湜、江宁布政使瑞璋等人审讯。二人详阅卷宗后，发现原卷伪造篡改，漏洞百出，二十多名证人则慑于县官的威势，不敢吐实。为了查清真相，刘坤一奏请先将杨霈霖革职归案。光绪帝当即照准。

杨霈霖被摘掉乌纱，证人顾虑消除，才将事实真相和盘托出。案情迅速明朗，杨霈霖罪行昭然若揭。但这个凶恶刁奸的酷吏不甘心服罪，仍狡猾抵赖，无理取闹，但在事实面前，最终理屈词穷。

最后，刘坤一等依靠大量证据，搞清了案情，奏报朝廷。杨罪行累累，死有余辜。但是，当时法律采用"数罪并罚，从一重处"的原则，规定："其有将干连人犯，不应拷讯任意叠夹致毙者，照非法殴打致死律，杖一百，徒三年。"官吏"怀挟私仇，故勘平人致死者，斩监候"。清廷认为，杨霈霖与张咸义并无私仇，应属前罪，而刑毙许荣，也不是"私仇故勘"，只能算做"怀疑挟忿"，同样是判处杖一百，流三千里。这样一个血债累累的残暴酷吏，只被杖一百，"发往新疆当差"，就算了结。

杨霈霖虽只是个七品芝麻官,却握有几乎不受制衡的基层司法权,控制了从调查取证到审讯判决的整个司法过程。他熟悉当时的法律,于是利用手中的权力,滥用酷刑,拷死无辜;又制造伪证,诬害百姓和属下,甚至诬陷他的上司,真是猖狂至极。其罪行比嗜杀成性的江洋大盗都有过之,然而法律却只判他"发往新疆当差"。我们看到,当时一般平民百姓,稍有片言只字之过,或因无辜牵连,就会被砍头,甚至灭族。而官员穷凶极恶到草菅人命的程度,却依然能逍遥法内。如此不公平的法律,如此不受制约的司法权力,如此残害民众的专制"法治",居然在这块土地上延续了数千年。

第二节 冤狱类述

一、皇帝诛戮贬谪冤狱

太祖努尔哈赤 胞弟舒尔哈齐,与兄努尔哈赤一起奠定了大清三百年江山的基石,可以说是仅次于其兄的大清帝国的缔造者。1583 年,努尔哈赤的祖父被明军误杀,时年努尔哈赤二十五岁,舒尔哈齐二十岁。努尔哈赤继承了建州左卫都指挥使的职位,开始了艰苦的建国历程。没几年的时间,经过兄弟俩的经营,建州异军突起,努尔哈赤称汗,舒尔哈齐晋封贝勒。明朝政府对兄弟二人采取羁縻政策,都授予都督崇阶,努尔哈赤为"大都督",舒尔哈齐被称"二都督"。凡军机大事,均由兄弟俩密议,然后雷厉风行地去干。到 1611 年,兄弟俩不仅统一了建州女真各部,且灭了海西女真二部,并拥有精兵数万,虎视辽东,窥探中原。

然而就在此时,舒尔哈齐突然去世。《清实录》仅记:八月十九日,舒尔哈齐"薨,年四十八岁",至于何以致死,丧仪如何,全不作交代。尤其是帝国开创的头三十年,明明是兄弟俩共同打的天下,可是在日后清代的官修史书中,舒尔哈齐默默无闻,不说其丰功伟绩无从追寻,就是其人也似乎没存在过,致使今人闲话清史,述及帝业肇起,也唯知太祖努尔哈赤而已。为什么清宫档案要回避有关历史?其中应有不可告人的真相。

而查看明朝方面的记载,如《三朝辽事实录》《皇明从信录》诸书所记,就是努尔哈赤杀其弟,并其兵;或努尔哈赤忌其弟兵强,计杀之。明人黄道周在《博物典汇》中更是绘声绘色地描述了这场骨肉相残的悲剧。另外,在《满文老档》及《清太祖实录》中,也还能找到一些蛛丝马迹。如在乌碣岩战役中,兄弟俩产生矛盾,努尔哈赤对舒尔哈齐加以斥责。1609 年,舒尔哈齐企图率部出奔他居,被努尔哈赤发现并拘留,不但财产、奴隶被没收,舒尔哈齐的一子及一僚属也被努尔哈赤处死。可见努尔哈赤杀其弟,并其兵的说法,并非诬传。

努尔哈赤杀长子褚英。据《满文老档》记载,褚英性格孤傲、专横,心胸狭隘,虽骁勇善战,功绩累累,但恶性不改。努尔哈赤为了服众,只得削其权势。褚英更是不满,于是结交党羽,敌视父王,进行报复活动。努尔哈赤震怒之下,将长子关进牢狱。褚英被囚禁后,仍未有悔改之意,且诅咒之声不断,最终被处死。归根究底,还是权力之争。

太宗皇太极　1626 年,皇太极刚即位时,只是名义上的首脑。在一切朝会上都要与三大贝勒代善、阿敏、莽古尔泰并排而坐,就像一字排开的四大金刚,这同努尔哈赤时期四大贝勒共同辅政并没有太大的区别。凡国务大事,皇太极都要与三位兄长共议。遇到年节,皇太极还要向三大贝勒行三跪九叩之礼。为了提高大汗的权力,皇太极必须有所动作。

1630 年,负责驻守关内四城的二贝勒阿敏,遭到明军袭击,放弃四城仓皇出逃,临行前还大开杀戒。皇太极抓住机会,剥夺了阿敏的二贝勒名号及所统领的镶蓝旗,还将其终身幽禁。1631 年大凌河城之战,莽古尔泰的正蓝旗奉命从南线进攻,然伤亡惨重。莽古尔泰请求支援,遭到皇太极的拒绝,情绪失控抽出佩刀,被弟弟德格类推出大营。皇太极追究其刺驾之罪,革其大贝勒名号,罚银一万两及马匹若干。

这样,由四大金刚变成三尊菩萨,再变成哼哈二将。这时,颇为知趣的大贝勒代善,主动提出不再与大汗并坐。由是,皇太极面南独坐,获得至高无上的皇权地位。

　　然而事情并没有就这样结束。莽古尔泰在受处置一年多后去世,据说暴病而亡,弟弟德格类成为正蓝旗旗主。德格类比哥哥莽古尔泰小八岁,比姐姐莽古济小六岁,比哥哥皇太极小四岁。他为人平和,从不感情用事,恪守臣子之礼,从未对皇兄的权威构成任何威胁,但成为正蓝旗旗主之后,与皇兄的关系开始紧张,甚至动辄得咎。1635 年,皇太极因与姐姐莽古济发生冲突而迁怒于德格类,对其罚银五百两。八天后,德格类竟同莽古尔泰一样"中暴疾,不能言而死"。兄弟两个同样的非正常死法,伴随着其统领的正蓝旗归皇太极所有的史实,其幕后的手段不言而喻。

　　姐姐莽古济的丈夫死后,在弟弟皇太极强逼下,又嫁给敖汉部首领琐诺木杜棱,夫妻关系不好,由是姐弟俩的关系也很紧张。偏偏莽古济的女儿嫁给皇太极的长子豪格,又成了儿女亲家,皇太极却又批准豪格再娶,引发姐弟关系的进一步恶化。天聪九年(1635 年),莽古济的家奴冷僧机告发:莽古尔泰、德格类在生前与莽古济等人结党谋逆。琐诺木杜棱也出来做旁证,称曾与莽古济一同向莽古尔泰宣誓效忠。后在莽古尔泰家中果然搜出十几块刻有"金国皇帝之印"的木牌。几天后,莽古济被处死,她的女儿也被豪格所杀。莽古尔泰与德格类的儿子从宗室中除名,两人的坟墓也被铲平,而家奴冷僧机成了皇太极的亲信大臣。

　　皇太极就这样除掉了自己的哥哥、弟弟、姐姐及其相关的亲属,手段还很隐蔽。

　　1642 年,礼部承政祝世昌上奏疏请禁止军士掳掠良家妇女卖往妓院。皇太极降谕斥责祝世昌无事生非,沽名钓誉,下令逮讯。众臣拟判祝世昌死刑,其弟祝世荫知情不报,启心郎孙应时为草疏奏稿,都判死刑,其他赞同的官员也一一革职查办。皇太极命处孙应时死刑,祝世昌兄弟流放。清廷谏祸始于此。

　　世祖顺治皇帝　首先对明室宗藩后裔给予不遗余力的打击。顺治元年十二月,有个据称崇祯太子的人进京,与内监杨玉有联系,又至明代周皇后的父亲周奎家联系,寄居其家。周奎害怕牵连,上奏朝廷。朝廷马上立案审理,并使人辨识。最后,此人交代姓刘,为假冒太子。于是假太子、杨玉及辨识中作肯定回答的十五人被斩首。其实,此人为真太子,是崇祯的皇长子朱慈烺。清廷明知是真太子,然而为了欺骗社会,便以"假太子"结案而杀之,同时杀了十五个敢说真话的证人。

顺治八年,有人打着"朱三太子"的旗号起义,被镇压。顺治十二年(1655年),扬州捕获朱周琪,自称是"朱三太子",被处斩。次年,直隶又抓获朱慈焞,也称是崇祯之子,同样被处决。顺治十六年(1659年),浙江人张缙又冒称崇祯四子朱慈英,四处招摇撞骗,被扭送河南官府,也很快被斩首弃市。

顺治初年,摄政王多尔衮权倾天下,都统谭泰倚仗多尔衮的信任,排斥异己。梅勒额真巴布海只说了几句戏言,就被谭泰诬告而夺爵。随后,巴布海写信告发谭泰,反被判处死刑,妻儿老小也一并连坐处死,家产归谭泰。

多尔衮案发生时,大臣间互相弹劾攻击,也时有冤滥。如顺治八年(1651年)五月,御史张煊弹劾吏部尚书陈名夏,说陈攀附权贵讨好多尔衮,谋求升迁等罪名。由于谭泰的祖护,张煊反被处死。八月,谭泰获罪处决,皇上才下诏为张煊昭雪,改葬。

顺治十二年(1655年),乾清宫落成。太监往江南采购陈设之物,民间讹传要征选宫女。兵科右给事中季开生误信谣传,上疏极谏,由此触犯皇上尊严,结果被流放尚阳堡(今辽宁开原县东),客死他乡。

顺治十六年(1659年),郑成功从海上发兵,一度攻陷镇江,进兵江宁(今南京)。金坛县令任体坤派百姓代表与郑军讲和,不成后逃窜。郑军南退后,江南按察使姚延著审理此案,拟只判罪任体坤一人,其余减免。总管喀喀木对姚延著有宿怨,劾姚宽纵其他罪犯。最后,姚因此被处绞刑。就刑这天,江宁市为此罢市,老百姓哭着涌向刑场,并为姚祭奠立祠。

顺治可谓清开国第一朝(太祖、太宗仅关外地方政权),顺治性格火烈急暴,不时鞭扑左右,不过对士大夫还算宽容。

圣祖康熙皇帝　康熙朝事业鼎盛,史书赞不绝口。除继续镇压明室宗藩后裔外,康熙的皇储问题处理得很不顺心,期间时显这位圣祖偏颇凶狠的一面。

康熙五年(1666年),明末封在河南的安昌王之子改名徐二官,潜藏于泗泾(今上海)一带,结识了一些当地氓流,结成团伙,盗船劫舍。事情败露,招供出原明宗藩后裔的身份,被定为谋逆罪,株连整个家族,被凌迟处死有二十七人,斩首七十余人,其妻女亲属发配满洲服役。

康熙十二年(1673年)秋天,京城有个叫杨起隆的人也冒称"朱三太子",准备响应吴三桂的叛乱,被迅速镇压。杨起隆逃出京城,不知去向。此后,全国经常发生"朱三太子"案。统治者风声鹤唳,到处镇压无辜的百姓。康熙十八年(1679年),将军阿巴泰也称捉到崇祯长子及其党羽数人,后押送京城斩杀。秋天,大将军图海在汉中又抓到朱慈满。此人谎称明皇室之后,也被押到京城,磔于市。翌年,四川又报捉到冒充朱三太子的杨起隆。审讯对质后,又是假冒者,杀之。

据核查,康熙年间有两次抓住了真的明朝崇祯皇太子。其一是康熙十八年,安亲王岳乐奏报捕获崇祯太子朱慈灿,其所供述与真的朱三太子的情况极为相似,与前自称"朱三太子"的诸人大不相同,所以极有可能就是崇祯的第三子。然而,康熙得报后只说了句:"彼时朱慈灿年甚小,必不能逃出,今安得尚存,大约是假。"于是便被斩杀。其二是康熙四十七年(1708年),清廷在山东捉获真的"明皇太子":崇祯第四子朱慈焕。老人此时已七十六岁,长年隐姓埋名,流浪各地,为一前朝王姓官员收养,以余姚王士元为名,靠教书糊口,成家立业,无任何不法行为,但康熙还是下令将老人凌迟处死,全家一妻二子三女一媳均遭杀害。康熙下此毒手,就连一个古稀之年的老人也不放过,反映出清廷镇压前朝皇族斩草除根之残忍。

除了残忍杀害明朝宗藩后裔外,康熙帝对朝廷诸臣也时有冤杀滥黜的情况。康熙二十六年(1687年),侍讲官徐元梦因不会射击,遭皇上责备。元梦上疏辩白,触怒皇上。康熙令扑打元梦,并抄没家产,将其父母发往边地。次日,康熙气消,令太医为徐治病,照常侍讲。徐求释父母,因父母已被押解上路,皇上才令追回。冬天,掌院学士库勒纳奏劾德格勒私自涂改《起居注》,并与徐元梦互相标榜。皇上又命将徐削去官职,投下大牢。翌年春,判德格勒立斩,徐元梦绞刑。其实互相标榜算什么罪名?康熙上想,又下令免徐元梦一死,但重刑不免,元梦被鞭一百,枷示三月,入内务府服劳役。五年后,康熙又想到徐,觉得其人忠诚便令徐回上书房侍讲。在康熙喜怒好恶的心情变化中,臣下就是被如此捉弄,结果还要说"皇恩浩荡"。

康熙一生功成名就,唯有一事不顺心,就是选择皇储问题,康熙十四年

（1675年），册立皇二子允礽为太子。可允礽骄愎狂横，"暴戾淫乱，恣动乖戾"，只想早日继位，等不耐烦之时，对康熙也常有不礼之举。康熙不能忍耐，于四十七年下诏废黜太子，并任情治罪，滥杀有关大臣。如侍卫内大臣索额图因是太子党羽而被加上"结党妄行，议论国事"的罪名，幽禁致死，两个儿子也被处死。与索额图交好的大臣，如麻尔图、额库礼、温代、邵甘、佟宝等全遭禁拘治罪。大臣江满只因存有索额图的私信，就交刑部处死。

康熙在立太子问题上又出尔反尔。四十八年（1709年）三月，复立允礽为太子，至五十一年（1712年）九月，再次宣布废黜太子，并把允礽幽禁在咸安宫，称"太子狂暴之疾未除，秉性凶残，与恶劣小人结党。"

而做惯了奴才的大臣们，都唯恐将来没有了主子，惶惶不可终日，上疏请立太子之事时有发生，而由此而遭罪者不少。左副都御史劳之辨就为此挨了四十大板，逐回原籍。五十七年（1718年）二月，翰林检讨朱天保上疏请立允礽为太子。康熙为之震怒，亲自在行宫审讯朱天保，骂他为"不忠不孝之人"。朱天保在供词中牵涉到其父原兵部侍郎朱都纳，及都统衔齐世、副都统戴保和内阁学士金宝等人。最后，朱天保、戴保竟被处死刑，朱时才十九岁。齐世交宗人府幽禁，其余官员交步军统领戴枷示众。

康熙六十年（1721年），大学士王掞两次上疏请立太子，释放允礽，同时御史陶彝等十二人也联名上疏请立太子。康熙勃然大怒，降旨严斥王掞结党求荣。七十余岁的王掞趴在宫中石阶上，用唾液研墨拟稿认罪。康熙读后有所怜悯，才命王掞等人俱发配西北充军，因王掞年老，又命其子王奕清代行。

康熙无缘与西欧新兴的资本主义社会相接触，不可能意识到中国早已落后于世界。他只能按照中国旧有的文化模式生活，所采取的政策和措施在本质上与前代统治者并无差别。他所营造的所谓盛世，只能是中国特定环境中的自娱自乐，一种根本没有前途可言的"繁荣"，必然走向无可奈何的衰弱。换句话说，在中国传统文化环境之中，根本不可能产生能将中国社会引向进步的"圣君"，这才是问题的关键所在。

世宗雍正皇帝　雍正一向倚重办实事的干吏，不喜欢徒呈笔舌的文士。他有一个心腹干吏田文镜，官河南巡抚，政令严苛，嫌一些文官办事懦缓，接连劾罢三四名州县官,其中有信阳知州黄振国,系左都御史蔡珽所荐。雍正四年,直隶总督李绂指责田文镜,不该有意蹂躏读书人。于是田文镜上密奏参劾李绂与黄振国等人私结朋党。不久,李绂也向雍正奏述田文镜贪虐及黄振国等人的冤情。雍正不以为然,还是相信田文镜的话。

同年冬天,浙江道监察御史谢济世也上疏参劾田文镜十大罪状。雍正不悦,把奏疏退还,而谢坚持要上。雍正一怒之下把谢济世革职逮捕,认为谢、李、黄、蔡在搞朋党,将谢济世发配新疆阿尔泰充军。雍正七年(1729年),驻阿尔泰将军锡保上奏,说谢济世不痛改前非,反而私注《大学》,毁谤程朱。雍正令锡保就地严审,谢济世屈打成招,诬供他参劾田文镜是受李绂、蔡珽所指使。雍正一听,马上命斩黄振国,并把李绂、蔡珽投入监狱,判斩监候。二人直到乾隆即位,才获释放。谢济世判在当地服苦差以赎罪,九年后才得回朝。

与谢济世一同充军的还有工部主事陆生楠。因雍正见他应对滞纳,似傲慢不恭,就心中不快,又想他与谢济世同乡,认为也是同党,故把陆也充军。雍正七年,王锡保又疏劾陆生楠著有《通鉴论》,文中"抗愤不平之语甚多,其论封建之利,言辞更属狂悖,显系排议时政"。雍正见奏,对《通鉴论》中的议论逐条批驳,最后令刑部定罪。年底,陆生楠在阿尔泰军中被处死刑。清代因论古史而得死罪,陆生楠为第一人。

雍正帝崇信佛、道二教,但又对道士、僧人防范很严。道士贾士芳经常入宫为雍正驱邪治病,据说一次仅因咒语中说:"天地听我主持,鬼神为我驱使",就被雍正处死。

高宗乾隆皇帝　在位六十年,功过互见,是非并存,他最拿手的是文字冤狱,其他任意诛戮也时有发生。

乾隆二十二年(1757年),皇上南巡路过徐州,意外搜到一份传抄的吴三桂讨清檄文,檄文持有人段昌绪解京斩首。乾隆因此招来江西布政使彭家屏,问及是否藏有檄文或别的什么禁书。彭家屏老实回答说家中有几种明季野史,皇上便派人到彭家搜查,而其子彭传笏已把野史烧毁,于是也被抓进监狱。刑部拟判彭家父子斩首,乾隆命改斩监候,秋后处决。接着,又有人奏劾彭家屏所编族谱《大彭统记》文字"悖逆"。乾隆见其族谱名称有帝王派头,其中又不避自己御名,于是大怒,赐彭家屏自尽。

　　三十一年(1766年),孝贤皇后丧期。御史李玉鸣对丧仪提出疑问,便被乾隆认为"居心诈悖"而流放伊犁充军。四十三年(1778年),锦县生员金从善上疏请求建储立后,纳谏施德,被指斥为"妄肆诋斥"而处斩。

　　四十一年(1776年),任满的都察院九品吏员严增写了道奏折,要求朝廷镇压贪官污吏,还妄议立正宫之事,被逮捕下狱,后又查出书稿《瓦石集》一部与写给皇四子的信一封。严刑拷讯后,刑部判其凌迟处死。乾隆改斩首示众。

　　五十二年(1787年),提督柴大纪守卫嘉义城有功,受朝廷嘉奖。后,柴大纪仅因迎接上司将军福康安礼数不周,遭其诬陷有放纵军队、贪图战功等不实罪名。乾隆明知柴大纪军功可嘉,仍在复审后将柴处死,并将其儿子发配伊犁充军。

　　乾隆后期出了一个奸相和坤。五十七年(1792年),浙江巡抚福崧因触犯奸相和坤,竟被诬控贪赃十数万贿银。一般认为,福崧在地方治事明快,遵行法度,诬罪乃和坤指使爪牙所为。乾隆偏听偏信,不作认真调查和审理,便下令将福崧在押解途中处以死刑。

　　《续新齐谐》记载乾隆帝亲判的一件民间狱案也显得十分荒唐。陕西山阳城民赵友谅妻被公公赵成强奸,夫妻俩只能忍辱远避他乡的亲戚家,不料赵成追踪而来,杀死亲戚一家五人,并嫁祸给儿子。赵友谅囿于礼教而不忍揭发父亲的罪恶,自己诬服杀人。后案情大白,按察使将案卷上呈。乾隆看后谕批:"赵友谅情似可悯,然赵成凶恶之极,此等凶犯岂可使之有后。赵成凌迟处死,其子友谅可加宫刑,百日满后,充发黑龙江。"赵友谅完全无辜,只因是凶手之子,便被处宫刑、充军。"岂可使之有后"也能作为判案根据,实在荒唐。

　　仁宗嘉庆皇帝　嘉庆四年(1799年),翰林编修洪亮吉不满现状,忧国忧民,上书军机大臣转呈嘉庆帝,揭露时弊,抨击时政,言辞激烈。嘉庆帝读后不快,送刑部定罪,拟判立斩。嘉庆加恩,改判遣戍伊犁,次年,又放洪亮吉回原籍。

　　嘉庆七年,两广总督罗吉庆镇压农民军有功,后被嘉庆以不称职为由,削官审查,又遭到同僚的诬陷倾轧,愤而自杀身亡。当时官场中互相倾轧陷害之案时有发生。如工部主事藩恭辰因清廉严正,反遭同僚诬告贪污而下狱;江南盐巡道朱尔赓额治理水害有功,反被诬劾虚报钱粮而流放伊犁;福建布政使李赓芸因下属亏空盐税,反遭贪贿诬陷,免职审讯,结果含冤自杀。

宣宗道光皇帝 1838 年,道光命林则徐为钦差大臣赴广州禁烟。1839 年,林则徐会同两广总督邓廷桢等严厉禁烟,颇有成果。英国商务监督义律多次蓄意挑起事端,还袭击中国水师。林则徐一面严惩来犯者,一面奏报朝廷。1840 年初,林则徐遵道光帝"不许片帆入口,一贼登岸"的旨意,断绝了中英贸易。五月,英国派兵船四十余艘,挑起第一次鸦片战争。

英军先挑起九龙炮战与穿鼻海战,因没占到便宜,就北犯福建,更进浙江,攻陷定海,又移师北进,直至天津白河口。直隶总督琦善上奏,称英夷船坚炮利,天津等海口不能守。朝臣也纷纷议论是林则徐肇祸,以穆彰阿为首的投降派官员传播中伤林则徐的谣言。随着北方战事的失利,道光帝改变态度,一面下旨让琦善与英人交涉,一面指责林则徐"反生出许多波澜",甚至加罪林则徐"贪功启畔,误国病民,糜饷劳师"。英军在琦善答应"秉公查办"、恢复通商后南撤。道光令琦善为钦差大臣赴广州交涉,将林则徐、邓廷桢等革职查办。

尽管琦善在广州的交涉中一意媚外求和,但英军的条件更为苛刻,又发兵攻占大角、沙角炮台。道光下令将琦善革职,锁拿进京,另派奕山、杨芳等将军率师抗敌。1841 年,英军攻陷虎门,奕山被困广州而投降,签订了屈辱的《广州条约》。奕山对朝廷却谎报战绩,企图瞒天过海。道光毫无觉察,转怒为喜,颁旨"准令通商",同时将罪过推到林则徐、邓廷桢的身上,一道谕旨,将林、邓流放伊犁,遣戍赎"罪"。林则徐就这样被黜,中途遇黄河决堤,奉命协同治河。次年工程竣工,仍前往伊犁,在新疆三年才召还。

清朝嘉庆之后走下坡路,内忧外患不断,步入多事之秋。诸帝大多昏庸无能,却并不残暴,任意贬黜诛杀冤案不多。

慈禧垂帘听政,诛黜渐为频繁,有关要案前已有述,有其他一些贬降罢官之类,就不赘述了。

总之,清廷诛戮贬黜冤狱,比之明朝,明显减少。《清史稿·刑法志》开头就说,"综其终始,列朝刑政,虽不尽清明,然如明代之厂卫、廷杖,专意戮辱士大夫,无有也。"然而,清代文字狱却陡然骤增,且惨案甚多。

二、空前惨烈的文字冤祸

清朝政权由关外少数民族入主中原,对汉族士大夫的反清思想文字,始终怀有戒心,从清初就开始残暴镇压,疯狂扑杀。清朝皇帝很清楚,单靠武力征服不了一个有着深厚文化底蕴的民族,必须对其文化精神进行强有力的毁灭性打击,才能有效巩固自己的专制统治,从而造成有清一朝空前惨烈的文字冤祸。

《再变记》等诗文案　顺治初年,僧人函可在江宁(今南京)目睹了弘光王朝的覆灭,写了一部《再变记》载录死难烈士的事迹与清军暴行,出城时被军士搜出,当即被捕入狱,后流放辽东,病死于戍地,拉开了清代文字罹祸的序幕。

贡生黄毓祺目睹清军江阴屠城的惨局,写了一些表达反清复明思想的诗词。顺治五年(1648 年),在通州(今江苏南通)被捕,从行李中又查出明王朝颁发的印信,入狱瘐死,依律戮尸。士人冯舒也因收集亡友遗诗,被常熟县令瞿四达以编"逆诗"罪名,下狱害死。降臣张缙彦曾捐资印小说集《无声戏》,其中有关明朝灭亡时煽惑人心的描写,被籍产流放,后死于流放地。

庄氏史案　此案是清初牵连最广、杀戮最惨的。顺治十八年(1661 年),浙江乌程县(今吴兴县)南浔镇庄允诚、庄延鑨父子以朱国祯的《皇明列朝诸臣传》为底本,又聘请了十余位文人名士加以润色、补充、作序、校阅,辑成一部《明史辑略》刻印发行。因为书中以明朝遗民的习惯,存有许多"违碍"的称呼和"毁谤"词组,被小人告发。康熙二年,竟有七十余人被处死,一说处死二百三十余人,牵连入狱、发配边疆者达三千余人,其中先死戮尸的有四人,凌迟处死的有二十余人,家产籍没,亲属十六岁以上男子斩首,其余流放。凡与该书稍有关联,如被署名参订而其实并未参与之人,就连刻字、印刷、书商、买书人都难逃厄运。同时一些受过贿赂或办案不力的官员也分别受到处罚,甚至斩首。直到乾隆三十七年(1772 年),河南罗山县革职的在籍知县查世柱也因藏匿此书,被告发论斩。

黄培诗案与顾炎武案　山东即墨人黄培曾任明末锦衣卫都指挥使,清初隐居在家,诗作有反清思想。康熙五年,黄培家仆之孙姜元衡考中进士,向官府告发,结果黄培等十四人被入狱。康熙七年,姜元衡等人又上《南北通逆》禀文,指控顾炎武等人诽谤朝廷,密谋造反,约点了三百人的名字,企图制造大案,还说顾炎武编著《忠节集》。此案惊动朝廷,山东总督、巡抚亲自过问,顾炎武为此被入狱近七个月。后查明《忠节集》纯系编造诬陷,姜元衡诬告反坐被杀,再经朱彝尊等人营救,顾炎武与黄家多人才得出狱。

朱方旦《中补说》案 朱方旦是个名医,还是气功大师,自号二眉山人,活动于湖广一带。他著有《中补说》《中质秘书》等书,提出"中道在两眉间山根上",即人脑是思想中枢的观点,与传统医学认定的"心"相悖,引起医界震撼,遭到群起挞伐。朱方旦不但为人看病,还广收门徒,聚众修炼,搞得颇有声势,一些地方官员也对他顶礼膜拜。

康熙二十年(1681年),侍讲王鸿绪上疏,指摘朱方旦《中质秘书》中有诬蔑君上、悖逆圣道、蛊惑民心之处。大学士熊赐覆等也认为,朱方旦"阳托修炼之名,阴挟欺世之术",发展信徒,聚集能量,不可放任自流。康熙决定加以制裁,次年九卿议复,"乞正典刑,以维世道"。征讨吴三桂有功的顺承郡王勒尔锦十分尊敬朱方旦,想极力营救。康熙先革了勒尔锦的职,再下诏朱方旦斩首。弟子陆光旭、翟凤彩、顾齐弘斩监候,秋后处决,所有著作一律焚毁。

戴名世《南山集》案 康熙时,最有名的文字狱是戴名世的《南山集》案。因书中搜集有许多南明王朝的史料,并将清朝的历史从康熙元年算起,对顺治一朝直书南明政权年号,并记录有清军的一些暴行。康熙五十年(1711年),被人告发。刑部依谋逆罪拟判戴名世凌迟处死,刻书、作序诸人斩首,家属中十六岁以上男子处斩,十六岁以下男性及妇女发配为奴,与戴名世讲学论文关系密切的朝官三十余人也被贬谪,共处罪三百余人。康熙帝看了案卷,认为判处过重,几次颁旨宽减。最后,戴名世处斩,家属流放黑龙江,刻书、作序诸人编入旗籍为奴或流放,其余朝官免议。

徐转妄造书词案 康熙五十三年(1714年),山东人徐转拒不剃发,用布包头,在街头唱戏说书,内容多是旧时史事,被人告发,刑部根据康熙的旨意判处斩首。康熙感觉人命关天,便又看了徐转乱编的书词,然后批道:"朕前以蓄发包巾,造词惑人,曾喻立斩。复以人命关系甚重,欲详览其所造之书。及取览之,甚是粗俗,俱如街坊戏唱之言,妄行涂改,所写亦系旧事,疯癫是实。"很清楚,说书人徐转因妄改书词而遭杀头。

庄氏史案发生时,康熙才八岁。时值郑成功进兵江南退败,然人心向背,威胁清廷统治,以鳌拜为首的辅政大臣决断,不惜以最野蛮而疯狂的手段屠戮无辜,以杀一儆百。康熙亲政后,文网还算宽松,康熙帝特别注意笼络汉族士大夫,对偶犯忌讳的文字作品或能容宥,在他亲政的五十多年中,文字狱亲批杀人的就以上三案。

雍正在位十三年,大权独揽,事必躬亲,刑法严峻。他从宗教中了解到心是一切的根本,从而知道对身体的征服不是最大的征服,对心灵的征服才是最彻底的征服。为了"诛心",在文字狱方面,有其特别的敏感和用心,发案频繁,裁夺凶刻,并以此作为排除异己、惩戒朋党的重要手段。翰林院庶吉士徐骏诗稿中仅"明月有情还顾我,清风无意不留人"一句,就犯了清朝文字大忌,说他"居心叵测,狂诞成性,在诗稿中影射讥讪我大清,按大不敬律处斩,立即执行,诗稿一律焚毁"。

汪景祺之狱 汪景祺和钱名世是雍正文字狱的首批受害者,得祸原因是投献文字攀附年羹尧。汪景祺是浙江钱塘人,通过朋友投效年羹尧为其临时幕僚,作《读书堂西征随笔》献呈,其中称颂年为"宇宙第一伟人",又有《功臣不可为论》一篇,数列历史上"狡兔死,走狗烹"的现象,为功臣鸣不平,似乎在向年羹尧敲警钟,并非议康熙谥号与雍正年号,认为"正"字是不祥之兆。凡此种种,雍正看罢,咬牙切齿地批道:"悖谬狂乱,至于此极!"在年羹尧死后第七天将汪景祺斩首示众,妻子儿女发配黑龙江为奴,兄弟叔侄辈都夺职流放宁古塔(今黑龙江宁安县),远亲交地方管制。

钱名世奇案 钱名世是江苏武进人,与年羹尧乡试同年,故有交情。后中进士,授翰林编修,升侍讲。雍正二年(1724年),写诗赠颂年羹尧,认为年的功绩可立碑褒扬。雍正加给他的罪名是"曲尽谄媚,颂扬奸恶",但没有杀他,而要他比死还难受。雍正将他革职还乡,御书"名教罪人"四字,命钱名世制匾挂大门上,并令京官作讽刺诗给钱"饯行",共三百八十五人奉诏作诗。雍正一一过目,交付钱名世,并令辑成专集,刊发全国学校。古人云:"士可杀而不可辱。"雍正却偏偏辱而不杀,以活活折磨人为快。同时,翰林侍读吴孝登因诗作不合雍正心意,竟被发配宁古塔为奴,还有数人也因诗句"乖误"而被革职。

查嗣庭之狱　　此案发生在雍正四年（1726年）。查嗣庭被派充江西乡试正考官，被人告发试题中有"维民所止"一句，"维"、"止"两字正是"雍正"去首之意。而这实为《诗经》中句子，如此牵强附会的罪名居然都能成立。查嗣庭从江西回京，即被捕入狱。案件尚未了结，查就病死狱中。抄家时，又查出许多"谤讪"文字，其罪状中还有趋附隆科多一条，说明与隆科多狱也有直接关系。最后，查嗣庭被戮尸枭首，儿子查潭判斩监候，另一子已病死狱中，其他三个幼子、二个侄子流放三千里，家产籍没。其兄翰林侍讲查嗣瑮流放陕西，后死于戍地。其他受牵连官员多人，被贬降或夺职。

曾静、张熙、吕留良之狱　　雍正七年（1729年），曾静、张熙异想天开地想搞策反活动被捕，其行为是受学者吕留良著作影响所致，致使吕留良等三人被开棺戮尸，门生和亲属多人被斩首，其余流放宁古塔为奴，家产籍没。刊印、收藏吕留良著作的车鼎丰等四人判斩监候，家属流放三千里外，还有十余人受杖责。雍正却特赦了曾静、张熙，将曾静的供词、忏悔及自己嗣位问题的一些解释集成《大义觉迷录》一书，刊后在全国发行。在官员监视下，命曾静、张熙分别到江浙、陕西一带宣讲。雍正十三年（1735年），乾隆即位，十月就将曾静、张熙凌迟处死，并将《大义觉迷录》列为禁书。

乾隆皇帝好标榜自己"从不以语言文字罪人"。然而事实恰恰相反，乾隆一朝，文字狱愈演愈烈，有人统计其总数至少有一百三十余起，超过顺、康、雍诸朝的总数。这一时期文字狱非但数量庞大，且获罪原因也五花八门，奇出怪样，无论是官员还是文士学子，几乎动辄得咎。乾隆把政治独裁与思想专制紧密结合起来，其文化统治的淫威令人窒息。

伪孙嘉淦疏祸大案　　乾隆十六年（1751年），云贵总督硕色密奏从一旅客身上搜查到一份传抄的伪"孙嘉淦奏疏"，上附伪造"朱批"，内容大肆讪谤朝政，反对乾隆南巡，并斥乾隆失德，有"五不可解"，"十大过"。孙嘉淦历任都御史、吏部尚书及直隶总督等要职，虽有直言敢谏的名声，但对朝廷忠心耿耿，不可能写此奏疏，此疏稿必伪无疑。

乾隆见奏震怒，怀疑别处也可能流传，便命令各地总督、巡抚秘密缉访，一有踪迹即行拿办。果然，随后各地纷纷奏报查获传抄的伪疏稿，但都不知伪造者是谁。乾隆帝见如此多的伪疏稿，怒火中烧，要求全国官府大张旗鼓地追查，定要查个水落石出。一时闹得人心惶惶，各地鸡犬不宁。

十七年（1752年），缉查达到高潮，传抄案已达八十多起，逮捕人犯超过一千人，上至提督、道员，下至商贩、僧侣，几乎各色人都有，就是伪造犯仍杳无踪影。乾隆帝怪罪各地督抚办案不力，山东巡抚准泰、两江总督尹继善、江西巡抚鄂昌都先后被罪贬黜。御史书成同情各地被监禁的无辜者，上疏请求宽释，却被乾隆斥为"丧心病狂"而革职服苦役。

最后，江西巡抚鄂容安奏称，查获撰造伪疏稿的首号罪犯，是抚州千总卢鲁生和南昌守备刘时达、刘守朴父子。十八年（1753年）二月，卢鲁生被凌迟处死，其两个儿子与刘时达父子判斩监候，秋后处决，家属按律缘坐。同时，江西有关官员也难辞其咎，从巡抚、按察使到知府，都被革职治罪。其实，卢、刘有关的口供矛盾百出，疑窦甚大，八九只是替罪羊而已。然而，不找替罪羊，督抚们无法交差，乾隆帝也下不了台。该稿传抄如此普遍，说明所谓的乾隆盛世潜伏着深重危机，而案子查不出结果，更说明清廷的不得人心。

胡中藻《坚磨生诗抄》案　伪疏稿案刚刚平息，乾隆帝又亲自查找出一部诽谤朝廷大逆不道的诗集《坚磨生诗抄》，并牵强附会地批驳勾画出其中"悖逆"诗句五十余处。作者胡中藻，进士出身，曾任过诸省学政，是大学士鄂尔泰的门生。胡一向依附鄂尔泰，与大学士张廷玉一派相仇。鄂尔泰死后，胡失去依靠，仕途无望，不免有些牢骚托于字里行间。最后，胡中藻被斩首弃市，鄂尔泰被撤出贤良祠。鄂尔泰侄子甘肃巡抚鄂昌，为胡世交，二人常相诗文酬唱，被赐死，其他有关官员也被一一贬黜。

蔡显《闲闲录》案　乾隆三十二年（1767年），七十一岁举人蔡显出版诗文集《闲闲录》，中有引用古人《咏紫牡丹》的诗句："夺朱非正色，异种尽称王"，被人举报诗文含沙射影，诋毁清朝夺取朱明天下。乾隆从中又发现一些影射的诗句，并有"戴名世以《南山集》弃市"的句子，认为都是发泄对现实政治的不满。结果，蔡显与十七岁的儿子被处死，两个幼子判给功臣为奴，朋友、门生多人杖刑后充军，受此案株连之人达二十四之多。

齐周华著书案　浙江天台诸生齐周华，在雍正时就草拟《请求释放吕留良子孙疏》，被关进监狱。乾隆时出狱，著书立说，不过精神有点问题。乾隆三十三年（1768 年），七十一岁的齐周华向浙江巡抚献所著书《名山藏初集》《诸公赠言》《半山学步时文》及《请求释放吕留良子孙疏》等。又呈递状纸诬告妻子犯奸，齐召南寄银生息，齐轩南（他的另一堂弟）包讼陷人等。熊学鹏翻阅其所呈书，当即把他逮捕。齐周华状没告成，祸却惹上了。其中《狱中祭吕留良文》极力推崇吕留良，比之伯夷、叔齐和孟子。乾隆降旨，齐周华凌迟处死，子孙斩监候，还牵连各地许多与他有过联系的文人。

王锡侯《字贯》案　乾隆四十二年的王锡侯《字贯》案，是当时文字狱中最冤者。王锡侯是江西新昌（今宜丰县）人，由于科举屡败，遂专事著述，看到《康熙字典》收字繁多，检索困难，便用数年之功编成一部便于查检的《字贯》刊印发行。不料被仇家告发，谓其贬毁钦定之书，私自删改《康熙字典》。乾隆过目后，又发现该书的凡例中，对诸帝的御史不加避讳，只作缺笔处理，于是勃然大怒，认为"此实大逆不道，为从未有之事，罪不容诛"。最后判王锡侯斩立决，子孙斩监候，其他亲属贬为奴，家产抄没。如此治小学、编字典也会得死罪，足可见乾隆之世文化专制的程度。

徐述夔《一柱楼诗集》案　江苏举人徐述夔去世后，其子为纪念亡父而刊印《一柱楼诗集》。乾隆四十三年（1778 年），仇家蔡嘉树检举其诗有辱骂清廷之意。乾隆帝看后更是牵强附会，如说诗中"明朝期振翮，一举去清都"一句，有"兴明灭清"之意等等，于是成为大案而酿成大祸。乾隆批示，徐述夔罪大恶极，当剖棺戮尸。结果，徐述夔与其子（已死）都被开棺枭首示众，两个孙子处斩。两个族人徐首发、徐成濯，因名字有嘲笑清剃发之制，以大逆罪处死。已故大臣沈德潜因给徐述夔写过传记，被革职夺名，碎尸扑碑。其他徐姓族人被抄家骚扰，很多人只能隐姓改名以躲避追究。

编撰《四库全书》是中国文化的又一场厄运。乾隆四十三年（1778 年），《四库全书》的编撰工作完成，其中共收录书籍三千四百六十一种。然而在这个编撰过程中，因为"违碍"、"诞妄"诸原因，被乾隆抽毁的书籍至少有三千多种，各地自行毁书更无法统计。如江西巡抚海成，焚毁"违碍"书籍达八千多种，受乾隆夸奖，浙江只收缴到"违碍"书籍五百多种，令乾隆不满意而遭申斥。在访求

"违碍"书籍期间，还发生了十余起文字狱，如《字贯》案、《一柱楼诗集》案等，残酷之状，亘古所未有。如此恐怖的政策之下，各地士民为了避祸，私自销毁的"违碍"书籍，更是不计其数。

《四库全书》的编撰表面上是完成了一部篇幅巨大的丛书，实质上是将统治者认为不好的书，甚至许多存留书中的"违碍"文字都予以销毁，其销毁文化的程度比秦始皇不知又要重多少倍。它还有一个结果，就是让大批文人都去抄书，其三部《四库全书》都是抄出来的，而抄书者所谓的学术大都只是训诂、考据，没有多少人再敢去思考国家、民族的大问题。或可说中国文化的厄运，自秦始皇焚书坑儒后，此次最为厉害。

尹嘉铨"假道学"诸案　乾隆四十六年(1781年)，大理寺卿尹嘉铨退休，回到老家河北博野。父亲尹会一是位道学家，他便上奏为父亲请谥，并请从祀文庙。乾隆看后大怒，以行为狂妄，革去顶戴，下狱治罪。刑部又称尹嘉铨所著书中，多有毁谤时事的狂悖之语，以"假道学"欺世盗名。乾隆见尹嘉铨还自称"古稀老人"，认为自己称"古稀老人"之事，早已布告天下，尹嘉铨岂敢也自称。于是数罪并罚，尹嘉铨被处绞刑，禁毁著作。

其他诗文诸案　江西生员祝庭净编《续三字经》，死后其孙用以教子，被族人诬告为"逆书"，祝庭净被开棺戮尸，孙子斩立决。常熟文人朱思藻写《吊时文》，发发灾年无望的牢骚，被小人告发处斩。山东文人魏塾抄批《徙戎论》，联系当时回教事件，被斩立决，家属从坐。湖北生员程明禋因收藏禁书，代撰寿文中有"狂悖词句"，就被处斩。安徽贡生方芬的诗集中有"蒹葭欲白露华清，梦里哀鸿听转明"一句，被刨坟戮尸，祸延子孙。河南生员李一作诗"狂悖"，被同乡好友乔廷英告发，李一也指控乔有"悖逆"诗，二人被凌迟处死，家属从坐。湖南增生贺世盛因不得志，著《笃国策》一书，议论朝政，指斥当道，被处斩首。安徽教书先生戴世道，及其一子二孙被判斩立决，妻女家属为奴，只因其高祖戴重(明末官员)编有《河村集》，曾祖戴移孝编有《碧落后人诗集》，祖父戴昆编有《约亭遗诗》。同时，已故之戴移孝与戴昆都被刨坟戮尸。江西永新县知县沈大绶，七十大寿时，其子孙好友为其编《硕果录》《介寿词》二书，六年后事发，被指书中有不少违碍之处，结果沈大绶被开棺戮尸，兄侄子孙好友十余人被斩立决，其余人被充军或为奴。湖北监生石卓槐因编《芥圃诗抄》,以大逆罪凌迟处死,家属缘坐为奴。

众文人表忠心自投罗网诸案　当时还有一个很值得反思的普遍现象,就是许多文人想炫耀才华和表现忠诚,以求进用,而自投罗网成为皇帝的刀下之鬼。如乾隆十六年(1751年),穷书生王肇基乘万寿节(太后生日)献祝寿诗、联,结果被乾隆下令"立毙杖下"。十八年,七十多岁的刘震宇向湖南布政使投献所著《万世治平新策》,请转呈御览,乾隆将其处斩。二十一年,山东平民刘德照抄录《春秋建论词》,赴京城呈献,被凌迟处死。二十九年,童生邓文亮逞递《戒淫说》《戒暴文》及诗,当场被捕,斩首立决。三十四年,江南生员李超海献《武生立品集》,被安徽官府斩首。三十九年,直隶人王珣编成四本书来讨好清朝当局,让兄弟王琦进京呈献,最后以"造作妖书"律,判王珣斩首,王琦充军新疆。四十一年,山西平民严增投呈奏折,要褒彰皇后,被斩首。四十三年,八十六岁的刘翱来省城投献《供状》,称颂清廷诸帝,被充军新疆,创充军年龄纪录。四十四年,直隶人智天豹编造《本朝万年历》,意在颂扬清朝国祚长久,叫徒弟张九霄呈献,最后智天豹被判斩首,张九霄斩监候,秋后处决。四十五年,生员吴英献《时务策》,被凌迟处死,二子、一弟、一侄斩立决,家属为奴……

如此络绎不绝的读书人向皇上献忠心,表才能,其唯一的愿望只是想做个效犬马之劳的奴才,结果都被下至地狱。可见,在如此的思想文化专制下,不仅只是屠戮异己、迫害文人,还是把所谓民族精英的知识者都团捏成一具具僵尸,抽掉其独立人格,塑造成一个个奴才。从某种意义上讲,践踏人的灵魂,比消灭其肉体更为刻毒!由是作为民族精英的文人士大夫,在社会中非但发挥不出其应有的精神力量,且素质的日益下降,其中许多人已沦落到奴颜婢膝、不知羞耻的地步,这不能不说是中国社会的悲哀与倒退。这一文化现象到底蕴含着怎样的民族基因?实在需要我们认真思考。

据有关统计,顺治朝十八年间,文字狱有五起;康熙朝六十一年间,约有十一起;雍正朝十三年间,约有二十五起;而乾隆朝六十年中,至少在一百三十五起以上。可见,雍正、乾隆两朝不管是从用文字狱整人的数量、频率、力度、方法,还是打击面之广度与深度各方面,都比前两朝更为密集、阴毒、荒唐、残暴,对中华文化的破坏也是空前的。

嘉庆即位后,对父皇大兴文字狱的做法颇不以为然,还要求赦免徐述夔、王锡侯诸案牵连的亲属,并认为文字诗句的解释不必牵强附会,否则会让挟仇报复者有机可乘,"既开告讦之端,复失情法之当",即使偶以笔墨不检,也不必与叛逆同科定罪。因此,嘉庆帝在位期间,就没有再搞文字狱。之后的道光、咸丰、同治诸朝也没有文字狱的记载。其实,清朝前期残酷的文字狱,几乎已经将国人思考的勇气和能力摧毁殆尽,大多数文人已从精神上沦为奴才。文人们纷纷逃避现实,埋头钻进故纸堆作些考据文章,形成中国学术史上一个著名学派,即乾嘉学派。

光绪戊戌变法失败,清廷对康、梁变法派进行文字书籍之禁,随后又开始镇压革命党人。光绪二十九年的上海《苏报》案大概是清末最有影响的一桩文字狱。此案是革命派以推翻清王朝为目的,进行的文字宣传,如从清王朝方面来看,其用极刑镇压也符合当时法律。然而,报馆地处外国租界,清政府无权管辖,只得与租界的领事团、工部局谈判。最后,清政府充当原告,向租界的会审公廨起诉。清政府在自己的土地上,与臣民打官司,大家请律师对簿公堂,都有公平的申诉权与辩护权,这实在是中国司法制度史上的一次革命!虽由外国人干涉所致,并且结果也并不是很令人欣慰(主要是邹容瘐死狱中),但其中所显示出的文化、制度之进步,对中国思想文化界及中国司法近代化进程的影响是十分巨大的。

三、讼棍玩法,颠倒黑白

清代司法活动中出现了一个前代少有的普遍现象,就是有相当数量的讼师、讼棍在背后为原、被告出谋划策,玩法蒙人,并制造出许多冤假错案,这一现象的出现有其复杂的社会根源。

中国古代社会的专制统治从来只有君权、官权,没有什么民权,民人一旦不幸涉讼,便完全处于听审受刑的被处置地位,没有什么权利可言,尤其常常被无辜逮捕,身陷囹圄,刑讯逼供,监押瘐死……民众便十分需要在打官司前,进行一些法律咨询,以尽量免除一些不必要的厄运。尤其是一些来自穷乡僻壤的平民百姓,不得已而涉讼,自己不懂法律,极需请人帮忙。更有一些人犯了罪,想逃避法律的制裁,嫁祸于人,甚或借用法律来陷害别人,以达不可告人的目的,清代社会便开始出现了一批专门帮人打官司的讼师。

清代讼师相当普遍的另一个原因,与当时人口激增,士人也同样激增,而士人寻找出路有关。士人的上乘谋求科考仕途,中乘或为幕僚佐治官府,下乘便开始干些包承税收、包揽词讼之类的事。由于包揽词讼有时能谋得相当高的报酬,所以不仅是落魄文人,一些闲居在家的候补官员、文武生员、举人、保甲之类都可能充当。

古代讼师与现代律师的根本区别在于:讼师没有合法的诉讼地位,法律甚至根本不允许讼师的存在。历代法律最大的限度,只是认可"代作词状"。因为一般老百姓不会写状子,所以只得允许他人代写,而代写也有严格规定,不能违法,如《唐律》规定:"诸为人作辞牒,加增其状,不如所告者,笞五十。若加增罪重,减诬告一等","如所告者,不论"。《大明律》专门设"教唆词讼"条规定:"凡教唆词讼及为人作词状,增减情罪诬告人者,与犯人同罪。"只有"教令得实,及为人书写词状而罪无增减者,勿论"。清代承袭唐、明律规定,又增加一些条例,对犯法的讼师一般处以军流的重刑。由于讼师不能名正言顺地接受当事人委托充当其辩护人或代理人,他们除了"代作词状"外,也只有常常做些架词唆讼、助人逃罪或陷人于罪的犯法勾当。换句话说,讼棍的许多无耻勾当,是当时那种专制统治司法制度的产物,是中国古代法治状况畸形发展的必然结果。

清代法令中首次出现"讼师"的名称,并在有关案例中存在大量涉及讼师的案件,说明清代讼师涉案的情况普遍,可谓清代司法诉讼中一大特点。不过,由于讼师的非法性,一旦案发,则充军流放,所以谁也不会承认自己是讼师,致使当时各类讼师又常常带有一些朦胧神秘的色彩,隐藏于案狱词讼的背后。

那时讼棍玩法,制造冤假错案的手段颇多。

第一是诬告　用假造罪名诬陷被告,这方面的案例可谓俯拾皆是。如《刑案汇览》卷一百四十九载,道光八年(1828年),陕西某县民赵岭之妻徐氏因与李本智争灌渠水互骂,徐氏气愤投水自尽。赵岭的族弟讼师赵灼教唆赵岭诬告李本智将徐氏投入水沟淹死。后案子查清,赵灼以教唆诬告定罪。

《清稗类抄·狱讼类》有"讼师陷贤妇案":某儿媳劝好赌的公公节赌,公公默然出走。几天后发现河中有一老翁尸体,儿媳误认作公公而捞起殡殓。某监生讼棍为诈取钱财不得,便以儿媳逼公公投河自杀罪名报官。官府严刑逼供,不作调查,不验明尸身,就判儿媳死刑。后公公平安回来,儿媳已成冤魂。

雍正年间出名的湖北麻城涂如松杀妻冤案,就是由讼棍诬告造成的。妻子杨氏不孝顺婆婆,被涂如松打了一顿,便跑到奸夫处躲藏。弟弟杨五荣到县衙告姐夫杀妻,因为拿不出证据,被县官驳回。杨五荣便找到秀才讼棍杨同范。杨同范不但藏了杨氏,且教唆杨五荣去冒认无名尸体,然后到官衙诬告涂如松杀妻。总督迈柱派人重审,杨同范又贿买仵作伪验尸体。涂如松经不住酷刑拷打,只得诬服,被判斩首。原县令也被加以受赃罪名,革职并处绞刑。数月后,有人发现杨氏藏在杨同范家,告到县衙,此案才得平反。涂如松与原县官得死里逃生,而杨同范、杨五荣依律处斩。

乾隆三十八年(1773年),湖南发生一件抢谷致命案。受害人找到讼棍丁朝佐,请他书写状词,丁竟然要原告把自己的仇人之子也作为杀人凶手而无端牵连进此案。结果在酷刑拷问下,屈打成招,直到省里复审喊冤,才把案子查清。讼棍丁朝佐被发往伊犁为奴。

一些讼棍、地痞甚至对官吏也敢诬告。如嘉庆三年(1798年),直隶获鹿县乡绅白源,仗势欺人,遭知县斥责收监,后找讼棍孙供泉、王嘉瑞商议,竟诬告知县借粮不还,挟嫌收禁等罪名。案子查清后,各犯均判处充军。

这些记载都是查明真相后,讼棍得到惩罚的诬案。可以想象,在当时腐败吏治之下,没有被查出来的讼棍诬案不知有多少。

第二是作伪证 《虫鸣漫录》记载了件小案,颇耐人寻味。有一人把舅舅的牙打落了,舅舅恼怒向官府告状,此人便向讼师出高价以求开脱之计。讼师向前与他耳语,忽然一口咬住他的耳朵,几乎把耳朵咬下来,那人痛得哇哇直叫。讼师挥手让他回去,他顿时悟出了用意。等到对簿公堂时,便诬告舅舅先咬自己的耳朵,由于摔脱时用力过猛,致使舅舅牙齿脱落。官府验过伤,此案不了了之。

《清稗类抄·狱讼类》中有一案更为奇特。光绪年间,有个姓杨的讼师,定居苏州。此人阴险多谋，凡是讼事，别人不能胜诉的，只要找他，必定能出奇制胜。苏州有个富人十分吝啬，那富人穷的时候曾向当地的一个孀妇借过不少银两。后来富人阔了，而孀妇却转而穷了。孀妇便只得屡次带着以前的借券前去讨债，但那富人却一分也不肯偿还。孀妇因为生活贫困，走投无路，最后在一天夜里吊死在富户的大门上。富人发现后急忙派人将杨讼师请到家里，杨讼师了解情况后也不说什么，只顾与富人家仆玩赌博游戏，富人催促他快拿主意，他却说："你是不是害怕了呀，那你就把尸体解下。"富人就解下尸体。而杨讼师依旧玩得兴致勃勃，对眼前事不顾不问。富人忍不住又催问他该怎么办，杨说："你这么胆小，还不如把尸体悬挂在老地方。"富人听从了。然后杨讼师叫富人关了门，不要再打开，硬是拉了富人一起掷骰赌博，还对他说："这事简单得很，不要老是提心吊胆的，败了我们的赌兴。"

天亮后，有个里正路过富人家门前，发现悬着一具死尸，吓了一跳，急急敲开富人的家门，询问是怎么回事。富人按照杨讼师的指使，只说不知情由。于是，里正报告官府。一会儿衙役来了，孀妇家人也来了。孀妇家以要债不还，怨恚屈死请求官府为孀妇主持公道。但官府验尸后发现尸体颈项有两条缢痕，怀疑是故意移尸，谋图陷害富家，于是反以诬告反坐处罪孀妇家人。而死尸颈项的两条缢痕就是杨讼师指使富人忽而解下，忽而又悬上后所造成的，杨讼师就靠做这类事情而发了大财。

第三是买通舞弊　嘉庆年间，震动朝野的寿州城毒死三命案件，就是由于讼棍在其中摇唇鼓舌、颠神弄鬼，而将案情搞得错综复杂、扑朔迷离，成为轰动江南的一件疑难大案。

富家之子张大有与弟媳通奸，后弟媳又与族侄通奸，张大有妒火中烧，毒杀族侄、长工父子三人。由于讼棍的谋划，买通被害者家属，糊涂官以误食毒蘑菇结案。后被知情人告发，张大有兄弟又将罪名推给刚刚去世的父亲，再次结案。但下任总督将此案挑出来复审，查出许多破绽。在讼棍的谋划下，张大有兄弟用重金买通官府、证人，弄虚作假，居然全翻前案，以"烘烤木板"、三人误中煤毒身亡的所谓调查结论而重新结案。在此反复中，使两位两江总督、一位按察使、好几位知州、知县受骗，两位知府、知县受贿。几个讼棍的计谋，就可以把案子颠来倒去,以不同的名目结案。

最后,还是有人告发,嘉庆帝亲自过问,见此案如此复杂,便派安徽巡抚初彭龄和刑部侍郎王麟等大员亲审,才查得水落石出。尽管此时讼师又出谋划策,逼证人自杀,再图翻案,但已枉然。初彭龄查清事实,上报朝廷,严厉惩处了有关罪犯、官员及讼师。此案历时四年,几经周折,嘉庆帝还特为此颁发了三十道谕旨。在最后定案的奏折上,嘉庆帝批道:"此案可恨极矣!"对讼师恨得咬牙切齿。

雍正《朱批谕旨》中记载着一件江西南昌的聚赌案被查获,牵涉多人。按清律条例,聚赌要判流放三千里外。当事人找到南昌一个卸任闲居的知县汪某从中斡旋,汪答应要银六千两,便"可上下衙门,一总包管无事",了结此案。可见只要有钱,讼师有时也可包打官司。

当时社会上还流传有许多讼师教唆词讼的教科书秘本,如《警天雷》《相角》《法家新书》《刑台秦镜》等,其中对各类词讼都举例详述,一告一诉,可各取所需,任意黑白。按此蓝本词讼,或可玩弄两造于股掌之间。

鉴于讼师为害主要表现在呈词诉状之上,雍正时为严禁讼师参与词讼,规定各地衙门选择里民中诚实识字者,考取官代书资格,具有合法身份,然后才得代人词讼,并需要在词状后写明代书者姓名,以便衙门勘验。凡无代书者资格和姓名的呈状,衙门不收,且要对呈状严行查究,如有教唆增减者,按律治罪。

建立有关官代书制度的目的在从根本上杜绝讼师玩法,然而这是不可能的。讼师暗中活动的方式多种多样,并非只有代书人才当讼师,司法程序中许多环节都会有空子可钻。可悲的是,当时西方已经开始建立公平、公正、公开的司法程序与律师制度,建立平等的司法审判机制,而我们却还一无所知,或者说还根本没有相关的意识。

四、遍及民间的冤狱

由于清代有关野史笔记、案例选编、档案资料的丰富保存,其民间冤狱的记载和前代相比有赫然的增加,且详尽生动,涉面广泛。

第一，借镇压会党、谋反，大肆涂炭百姓。

当时，民众不但没有结社、会党的权利，就连歃血订盟、结拜兄弟，甚至尚武练拳、婚丧聚会之类的活动都会遭到官府的捕杀、加害。

顺治十六年（1659年），郑成功率军进兵江南，民间一时兴起个叫羊尾党的组织。清政府自然全力禁止，追查得十分严厉，单江宁（今南京）一地就一连抓了数百人。城中有个百姓仅登高瞭望了一下，看看郑军是否逼近，就被巡逻兵抓紧进监狱治罪，造成平民百姓间互相猜忌，怀疑别人在出卖、陷害自己。而一些原先有些宿怨的人，便乘机诬告仇家，闹得人心惶惶，狱满冤滥。

郑兵败退之后，清廷又乘胜之威，开始大肆搜捕所谓与郑军沟通之人。一些与郑军偶有交谈、接触的百姓、士人，都以谋反罪被处以极刑。并奖励告密者，许多小人伪造名册，诬告宿敌，一时被逮捕处刑或没为官奴者无数。官府如发现有偶然同海上来客交往者，也以通匪罪处刑，家人亲属乃至故旧朋友都要被无辜牵连。

乾隆十三年（1748年），江西南丰县百姓饶令德，平时爱好拳术，崇尚勇武，时与朋友一起练武，被人谣传企图谋反。官府抓来刑讯逼供，饶令德受不住酷刑煎熬，只得胡乱编供，把邻居、好友、亲戚一股脑儿都攀引进来，最后蔓连逮捕竟达两百余人。幸亏两江总督派得力官员复审，查无实据，才使陷于死罪的无辜者获释。

清朝中期，川、陕、楚诸地连遭天灾，加上官吏的搜刮荼毒，百姓无以为生，饿殍载道。各地出现白莲教，组织民众自救。官府知晓后，追捕活动紧锣密鼓，大小贪官污吏借追查异教之名，行敲诈勒索之实。"不论习教不习教，但论给钱不给钱"，不行贿赂就按白莲教徒严加论处。武昌府同知常丹蔡，任意迫害民众，捕系无辜达数千人之巨。乾隆六十年（1795年），他又到荆州、宜昌一带巡捕，稍得"证据"，便施酷刑，用铁锤猛砸人犯，用铁钉把人钉在壁上，残忍杀害。被押送省城的嫌疑犯，每船一二百人，其中被迫投江而死，或被严刑拷打致死的人，多得连尸首也殓不过来。其他地区也同样暴虐悲惨，最终激起白莲教大起义。

直到清朝末年，各地镇压会党、荼毒乡民的惨案持续不断。如光绪二十三年（1897年），湖南龙阳县一起激起民愤的命案就由此而发生。当时湖南一带会党秘密活动较多，成员都有一块书写本人姓名的"飘布"，会党发展组织称作"放飘"。绿营兵丁李国彬在某地偶然捡到一块飘布，便以把总、县令为靠山，借缉拿会党、镇压放飘活动为名，纠集一帮兵勇、差役到处行凶劫掠。他肆意诬陷不肯出钱贿赂的小商贩李开寿，上门敲诈，私刑逼供，又调戏其女，致使少妇抱婴投河自尽。乡邻闻讯，气愤难平，捆送兵差上县，要求申冤。县令与凶犯狼狈为奸，刑逼李开寿修改状词，作为少妇失足落水而亡，否则要拿他作"会匪"严办。龙阳县虚假结案后，申报府、省，层层过关，均无异议。最后刑部官员发现此案激起民愤，事出有因，不可忽视，驳回湖南重审。在按察使的亲自审理之下，案情才大白。一个绿营兵丁尚且如此猖狂，其他官吏可想而且知。

第二，酷吏丧心病狂，官府草菅人命。

康熙初年，京城有个叫阿那库的人，因家里财产纠纷告到官府。刑部判阿那库有罪，竟处以绞刑。幸亏其妻到朝廷击登闻鼓诉冤，才得以纠正，有关官员被夺职削衔。它反映了当时法律民刑不分，官员对纯粹民事纠纷案也滥施刑罚的司法特点。当时，刑部都如此断案，更不用说地方衙门了。

官员主观臆断、刑讯逼供是其草菅人命的最主要表现形式，相关案例可谓俯拾皆是。《香饮楼宾谈》卷二载，泰州发生一件强盗杀人命案。被害老妇人的弟弟为地方无赖，指控是妇人的女儿、女婿所为。知州不作调查，不取物证，刑讯逼供。夫妇俩含冤诬招，被凌迟处死。后抓住真凶，知州怕暴露真相，自己被革职查办，居然派亲信到监狱中嘱咐真凶隐瞒实情，致使夫妇俩的冤情一直得不到昭雪。

《清稗类抄·狱讼类》中"江宁三牌楼枉杀二命案"，是光绪年间有名冤狱。参将胡金传承办朱彪被害案时，采用刑讯逼供，收买伪证等手段，错杀两名无辜平民。后案子审清，胡被斩首抵命。

还有官员以成见逼出人命的冤案。《折狱龟鉴补》卷四载，江阴县少女贾荃已经订婚，却被谣传中伤，说她已怀孕，对方来退婚，乃至对簿公堂。县官听信谣传，已有成见，想用酷刑逼贾荃承认。贾荃受辱不过，当堂剖腹，以死表明清白。

光绪二十三年（1897年），湖南兴宁县民朱桂英生活窘迫，讨债被诬劫财。巡检杨振荣不审理办案，反而大加勒索，朱桂英含冤自杀。其妻为夫鸣冤，反被诬是奸情杀夫。知县李柏龄刚愎自用，根本不听当事人申辩，施用酷刑，酿成错案。直到省臬司才查清翻案，惩处有关人犯及官吏。此案中，官吏审案时明目张胆地勒索钱财，逼死人命，实在无耻之极。

还有许多案子，由于案情细节巧合，官员不仔细调查、取证、分析，就误断判决。如《客窗闲话》卷三载，新娘在新婚之夜，被一手有歧指的男人冒奸，事后自缢身死。新郎认定是平时喜欢开风流玩笑的表哥张歧指所为，告到官府。张歧指在严刑逼供下屈打成招，最后被处决。后来，邻县抓获真凶程歧指，可冤狱已经铸就。

有些案子情节还十分离奇。《惊喜集》卷一载，江苏东台县一案令人诧异，说小叔子以为嫂嫂去世，便入棺殡埋。当天夜里，杀人犯为消灭罪迹，移尸棺中。不料打开棺木，女尸复苏。女子被胁迫带走，棺中换成男尸。而官府主观臆断是小叔子杀人移尸，处以死刑。后小叔子哥哥在外地遇见妻子，才逮住真凶。

《折狱龟鉴补》卷三载，嘉兴有个王监生，与佃户的妻子通奸，嫌佃户在家不便，就借给他本钱，让他去四川做生意。佃户走后，村里却谣传佃户被王监生谋害。县令宋荣马上派人抓来王监生与佃户之妻，拷讯结案，处二人死刑。县民拍手称快，赞县令为宋龙图，还编成戏演唱。过了几年，佃户从四川回来，看了戏才知怎么回事，到省城控告，"宋龙图"才被抵罪斩首。

安徽霍邱县，顾家上门女婿范寿子，为逃赌债潜声失踪，加上夫妻本来口角不断，人们传言范寿子被害。范父告到官府。县令本有成见，将顾氏严刑逼供，最后判顾氏及其所谓奸夫死刑，顾母、顾弟和顾家长工三人绞监候。半年后，范寿子回家，才知家中遭大难。幸亏死刑未及执行，五人才得洗冤。

尽管上述冤案中大都以查清平反结局，但许多无辜者的死刑已经执行。尤其是在清代司法审判活动中，能平反昭雪的冤案与实际存在的冤案比起来，实在是微乎其微，所占比例是很小的。光绪元年，给事中边宝泉就在奏章中说："近来外省已经办成之案，虽经京控，而发交原省查办，平反者百不得一，久已相习成风。"甚至，有时在平反冤狱或翻案时，反而会再生出冤案来。《清史稿·温承惠传》载，一强盗抢劫泰安县富户徐文浩家时，杀害佣工柏永柱，知县却认定是徐文浩误杀，判了徐的罪。新任山东按察使温承惠了解了实情，决定为徐文浩平反，并抓获了真凶。而前任按察使程国仁已升为巡抚，对温有成见，又想掩饰自己先前任上的过失,便派遣温承惠去勘测河堤工程,而不再处理此案。温承惠一口回绝。程国仁抓住把柄,劾奏温承惠骄横放肆,不受约束。这样,温被削夺官职,后又诬以罪名,结果温被流放伊犁充军。

湖北德安府应山县民喻春杀三人,被判罪。他母亲以官府严刑逼供迫使儿子含冤招供为由到京城控告。朝廷命总督汪志伊负责复审。德安府同知刘曜唐等法官便诱供翻案,找了一个无辜平民抵命,但没有任何证据。巡抚同兴再为之平反,上报朝廷。皇上责问汪志伊,而汪还为刘曜唐等狡辩。

还有一件道光帝钦定的推翻正确判决,让凶手逍遥法外的案子更令人惊讶。道光末年,河北涿州一富家妇人谋杀亲夫,伪造现场造成自杀假象。官府查清是富妇与奸夫私通杀夫,依律判极刑。而刑部郎中耆龄负责秋审,平时总以平反冤狱来标榜自己的能力,这一次又得意地故伎重演,替俩奸凶翻案,且上报道光皇帝。道光特命予以褒奖,并要司法官员以耆龄为表率,而原审判决正确的官员受到流放和降职的处分。几年后,富妇与奸夫配为夫妻。人们虽然猜中一些内中的真相,但此案已属钦定,谁还敢出来拨谬反正呢?

第三,地方豪绅勾结官府,荼毒乡里,欺压百姓。

《清代档案史料丛编》第五辑中《徐乾学等被控鱼肉乡里荼毒人民状》一篇,收录了康熙二十九年(1690 年)至三十一年(1692 年)间,民众控告这些官宦子弟、土豪劣绅罪恶的呈状三十四件,可谓件件满含血泪、凄婉悲凉、冤比海深,然都投诉无门。

如康熙二十九年九月,苏州府嘉定县王玉呈控拥有权势的官宦家属叶廷玉等人抢夺财产,叶反诬王玉是盗贼。当时王玉有个仇家名时益,侵吞了王玉的钱粮,王玉要去衙门告状,谁知时益拿了一千两银子去贿赂叶廷玉,请求庇护。三月初十那天,王玉路过叶廷玉府宅门前,叶竟令家仆二十多人把王玉抓来,衣帽脱尽,抢去了行李、银钱,又将王玉打得遍体鳞伤,然后把他送捕快张俊家里,诬指点王玉是盗贼。捕快又施酷刑对王玉吊打拷问,而后把王玉押解到衙门。衙门典吏差投都受叶廷玉的控制,对王玉施行夹棍重刑,逼迫王玉认罪,致使王玉生命垂危。一时众口沸腾,百姓都为王玉叫冤,但因叶家的权势,因而官府不给公正的判决。尽管有人为王玉到各个衙门奔走上控,也依然号冤无门。

　　还有松江府华宁县民刘衡控告高槎客等倚势占产，强拆房舍的诉状：刘衡家原有居住房舍二十多间，正毗邻于太常卿公子高槎客的花园旁。高家为了扩建花园，硬要刘衡让房，刘衡没有同意。高家即以有碍他家好风水为由，勒令刘家拆移。但未及刘衡回复，即于五月七日傍晚，高家就喝令凶狠的豪奴戴三、吴四、夏二等统领着一百多人威胁刘家。他们手持殴人器械，层层包围刘家，然后就破门抄家，见人就打，见物就毁。顷刻之间，房屋就被扒塌，衣物银两被抢，妻子女儿四下逃散，人影不见，邻居闻讯也一个个闭门关户不敢相救。刘家父子被抓去关了起来，高家还动用私刑。民众见此惨状都震惊不已，多次向府县控告，但因为高家交通官员，府县不肯审理沉冤。结果，刘家全家十二口人无有栖身之所，只能在街旁支起几块破板露宿，也不能遮风挡雨，愁苦不堪。

　　又有浙江湖州府归安县儒生计过庭控告势宦赵察院家人张瑞杀人占产。计过庭世籍归安县，但他父亲寓居常熟，自己在安徽教书，两个儿子寿朋、寿眉跟着祖父也住常熟。后来父亲因病去世，儿子依旧住常熟，同住的还有他的一个孀居的妹妹计氏。张瑞贪图计氏有钱，便与计氏勾勾搭搭，日子长了被侄子寿朋、寿眉发现。孩子当面骂计氏与奸夫不要脸，因而触犯了张瑞和计氏，张瑞和计氏便杀害了两个侄儿，还贿赂了有关亲戚焚尸灭迹，并将所有房屋田产变卖所得的三千多银两，也公然吞占。直至计过庭回到常熟，询问了亲属才得知实情，为此历诉县府道台。然官官相护，对此案不加过问，计过庭始终无处申冤。

　　土豪劣绅与官宦亲属仗势欺人，胡作非为，又有官府做靠山，更是肆无忌惮。民众有冤无处申，实际上也是一种冤狱，这种现实生活中的"冤案"要比官府审理后错判的冤狱大概还要多。

　　道光、咸丰年间，福建漳州、泉州一带还盛行一种叫作"宰白鸡"的现象，更令人愤慨，就是富豪若犯了法，尤其是犯了死罪，可以出钱买穷人的命去抵罪偿命，自己仍逍遥法外。由于替罪人把口供背得滚瓜烂熟，几无破绽，即便是清明的官员也常受蒙蔽。如此肯替富豪顶罪偿命的穷人，自有说不出的苦衷，甚至有父母将儿女出卖抵罪的情况。当时穷苦民众如何在水深火热中挣扎，已毋庸多言。

五、清朝法律制度与冤狱

后金政权落后野蛮。努尔哈赤于天命六年(1621年),打下辽阳、沈阳,屠杀抗拒不降之人,并将未杀尽的汉民悉数编为俘获(奴隶),赐予将士。七年,努尔哈赤攻下广宁、北山各寨,尽杀男子,以其子女作为俘获,赐予将士。八年四月,沙安峪等四村民三千余人向明境出逃,被大肆追杀。六月,努尔哈赤悉复州城民也欲逃往明境,屠杀该城男丁一万八千余人,又将其子女编为俘获,赐给将士。九年,努尔哈赤下令屠杀各地押送来的"无谷之人",即没有土地不交租税的汉族贫民。

后金的一些习惯法也颇酷毒、无理。如规定凡牛录之人,"若男为盗",则令其妻双脚站在烧红的木炭上,还要头顶铁锅,说明妇女地位之低下,竟要替偷盗的丈夫受刑,实在不讲道理。参将沙律不仅可以夺人财物,且逼人为妻,将所辖牛录诸申(平民)之妻抢回家中,强奸霸占,虽被告发,仅罚银二十两即算了结。努尔哈赤族人色冷充任备御,硬将牛录诸申之妻诬为狐精,凶狠鞭挞,活活打死,这样的杀人惨案竟无人敢上告。直到后来色冷又打瞎牛录章京赖山妻子的眼睛,赖山申诉控告,前案才被一并揭发出来。但处罚也很轻,仅革职,罚银十五两。

还有更荒唐的判案,努尔哈赤之子塔拜强奸了诸申布哈里之妻,布哈里忍无可忍,冒死上告,执法诸大臣竟判打布哈里一百板,贬为奴隶。可见,贵族、官员依仗权势,几乎可以无法无天。后皇太极登位,订立《盛京定例》,也只是简陋的因时之制,不备久远。

顺治初年,清朝铁骑踏入中原,掀起一场场灭绝人性的大屠杀。顺治二年(1645年),清军已占领大半个中国,下令厉行薙发,"自今布告之后,京城内外限旬日,直隶各省地方自部文到日亦限旬日,尽行薙发。遵依者为我国之民,迟疑者同逆命之寇,必致重罪。"在"留头不留发,留发不留头"的命令下,清廷派出很多剃头匠。他们挑了剃头担,巡察于大街小巷,见没有薙发的,拉来便剃,稍一反抗,就砍下脑袋,挂在剃头担的竿子上示众。这种强迫汉民同化的野蛮政策,使广大民众感到莫大的侮辱,加上清军官兵的暴虐,引起普遍的反清斗争。

　　这样，汉族便经历了又一场比蒙古人入侵时还要悲惨的浩劫：扬州十日、嘉定三屠、苏州之屠、南昌之屠、赣州之屠、江阴之屠、昆山之屠、嘉兴之屠、海宁之屠、济南之屠、金华之屠、厦门之屠、潮州之屠、沅江之屠、舟山之屠、湘潭之屠、南雄之屠、泾县之屠、大同之屠……一次屠杀就可达数万至数十万，据说嘉定三屠时，被杀者的鲜血可没到脚踝之上，儿童也不能幸免。直到顺治十年，还有一位名叫杨廷枢的人公然反抗剃发。在行刑时，他高呼："杀头是小事，剃发是大事！"路遇、滕泽之《中国人口通史》经考证指出："在明末清初这场浩劫中，中国人口遭到了巨大的耗损。从绝对数上来说，比历史上任何一次浩劫死人都多，估计在七千多万。"可谓悲催之极！

　　清人关后，原有的满族习惯法与旧例已不能适应统治全国的需要，只得先沿用明律。顺治三年开始制订清律，两年后完成《大清律集解附例》。如此迅速完成的这部成文法典，其实除个别条款有所改动外，无异于大明律的翻版。康熙十八年，刑部修订的《现行则例》刊刻通行，雍正五年又修订颁行《大清律集解》，乾隆五年正式编写定稿《大清律例》。清朝修律，历时百年，统筹汇集唐、宋以来历代法律而成。

　　《大清律例》全面加强君主专制统治，维护至高无上的皇权，最高司法权完全掌握在皇帝中，如秋审、朝审案件的最后判决，都需"取自上裁"，稍有违拗，就要被问罪。乾隆二十二年（1757年），湖南布政使杨灏犯贪污罪，判了斩刑。秋谳复审时，巡抚蒋炳考虑到杨灏能在限期内退还全部赃款，提议改判斩监候，法司也拟"缓决"。这一很正常的提议，却遭到乾隆帝的勃然大怒，命立斩杨灏，并削夺蒋炳的官职，将其逮捕押送京城。法司连忙上折请罪："今奉圣主恩加训饬，如梦初醒，悚惧战栗，心魂失措，虽万死不足以自赎。乃蒙皇上天恩，不加治罪，仅交部从重严加议处。"（《档案刑部案卷》七十八号）法司卑躬屈膝到无以复加的地步，除了匍匐在皇上的脚下表示惶愧战栗外，别无选择。

　　刑部马上又迎合皇上的意思，判蒋炳坐罪论斩。转而，乾隆认为蒋炳意在沽名钓誉，并未犯受贿罪，便改为流放充军，以示宽恕。此案说明，连对案件判处的提议如不合皇帝的口味，也有性命之忧。

同时,乾隆对地方上呈的案卷也常常仔细审阅,亲自给予判决。三十三年,江苏船工柴世进由于家遭不幸,妻死儿亡,本人成疯。一天,他手持从小说中胡抄来的一些"逆词",闯进官衙,被当即拿获。江苏巡抚郑重上奏。乾隆接到奏报,看过"逆词"材料后,认为此案不值得上报复审,下令就地杖毙。"就地杖毙"是乾隆文字狱中最直接简易的死刑判决,许多文字狱案都得如此结局。然而,民间一疯子之类小案,都离不开最高统治者的手批裁决,足见司法权专制控制之程度。

《大清律例》在明律的基础上,对反叛大逆罪的处刑还有所加重。规定:凡谋反大逆罪,不分首从,皆凌迟处死,并株连祖孙、父子、兄弟及同居之人,不分异姓及叔伯、侄舅,不限籍贯之异同。十六岁以上,不论笃疾残废皆斩。男子年少,确不知情者,阉割后以配新疆给官兵为奴。母女妻妾姊妹则付功臣家为奴,财产入官。

《大清律例》为防止人民利用宗教或结拜等形式聚众反抗,规定:凡异姓歃血订盟、结拜兄弟者,照谋叛罪未行律,为首绞监候,为从减一等。若聚众二十人,为首绞决,为从发往烟瘴地区充军。也不允许士大夫结社唱和,乃至投拜门生。此外,抗粮聚众,或罢市、罢考至四五十人,为首者斩立决,从者绞监候,胁从者各杖一百。如哄堂塞署,逞凶殴官,为首斩决枭示,同谋也斩立决,从犯绞监候。总之,用如此严刑酷法来维持其社会秩序,强化专制统治。

清律还严格维护家族尊长的权威,对于惩治"子孙违反教令"罪,赋予祖父母、父母以广泛的权力,直至处死。父母也可把不肖子孙呈送官府,凡"父母控子,即照所控办理,不必审讯"。反过来,卑幼和妇女不得控告尊长,否则即属"干犯名义罪"。据《刑案汇览》卷四十四载,有许多案件,曲在尊长,迹近无赖,卑幼不但未加逼迫,甚至也无过失可言,有时尊长因讹诈不遂而羞愧自尽,便要卑幼承担罪名,被冤判流放或徒刑。如"金世重向弟金世成强借不遂,互殴,世成伤重,世重畏惧自尽。世成依逼迫律量减一等拟流"。还有些案子更叫人不可理喻。如姚百受与姚阿名系兄弟。百受触犯母亲陈氏,母喝令阿名捆缚送官。阿名不敢动手。陈氏气愤,斥骂阿名帮同忤逆,欲行自尽。阿名无奈,用绳将兄反缚送地保。路上,百受央求弟弟放逃。阿名恐母不依,劝兄等母气平,再恳地保劝说。然而百受畏惧到官府判罪，遂投河自尽。最后，官府以姚阿名逼迫期亲尊长致死罪，判绞监候，量减一等拟流。此案捆送兄长乃出于母命，如不服从母命，便是抗拒不孝，阿名也要被罪。假如母亲因此自尽，那阿名罪责更大。而实际上，姚百受是被母亲和法律逼死的。这一很清楚的事实在伦理上却说不通，因为尊长对卑幼威逼致死的罪名是不成立。"律不言尊长威逼卑幼之事，盖尊长之于卑幼名分相临；无威之可畏，事宜忍受，无逼之可言，故不着其法。"（《清律辑注》）所以法律对这类案子所看重的是伦理等纪问题，而不是是非问题。如此荒谬的法律，不知贻害了多少人。总之，父权在家庭中或族长在家庭中的专制权，与国家君权相呼应。

清律还全面继承了旧法典中关于良贱不平等的法律原则和用刑规定，甚至有所加刑。如奴婢骂家长，《元律》杖一百七十，居役三年，役满仍归其主，清律则处绞刑。奴婢如殴打主人，无论有伤无伤，皆斩，反之主人"决罚奴婢，邂逅致死，及过失杀者，各勿论"（《光绪会典事例》卷一百八十）。这样，主人几乎可以随意加害奴婢而不犯法，清代的奴仆地位比前代似乎更低下。

大清法律中还保留有一些旧习惯法，如规定遇有国丧，官员们应过一百天忌日之后才得理发。乾隆十三年（1748年）三月十一日，孝贤纯皇后病逝。锦州知府金文醇违反此制，被检举揭发。刑部居然判斩监候，秋后处决。乾隆认为判得过重。接着，江南河道总督周学健也被检举法办，两人都被革职流放。后湖广总督塞楞额又被检举，这时皇上不客气地予以赐死。因为理个发而掉了脑袋，真是荒唐透顶。

其他如惩罚异端思想，推行文化高压政策，经济上重农抑商，闭关锁国制度等方面都有用重刑的内容，同时采用各种案例，涉及面广泛，弥补了律文之不足。康熙朝修律，有例两百九十条，乾隆五年的《大清律例》后附例一千零四十九条，同治九年又增加到一千八百九十二条。条例纷繁，使人感到"例难尽悉"，以致出现了"则例纷纭，胥吏欲轻则有轻条，欲重则有重款，事同法异，总缘多立名色，便于高下其手"（《康熙实录》卷三十三）。这一法律状况，方便了胥吏玩法行私。

清代司法中，受到权臣、宦官、外戚、母后、宗藩等方面控制、破坏的情况，基本上没有出现。当然也不能说绝对没有,清末慈禧秉政几十年便是个极坏的例子,权臣鳌拜、明珠、和坤等人,似乎也不能与历史上类似的权臣相比,这应是清代君主专制政治体制得以强化的体现。然而,值得一提的是,清代从中央到地方的各级机关中充斥着无所不在的刑书、幕友、长随等胥吏,由于这些人在司法审判过程中较容易做一些手脚,干扰正常的司法审判,所以基层的司法权力在某种意义上部分落到了这些似乎微不足道者的手中。"清朝与胥吏共天下"的民谚,生动地道出了其中的内涵。

胥吏刀笔的厉害也是古已有之,但是发展到成为司法制度中的一种社会公害,大约是明代中叶以来的事,到清代就一任猖獗放恣而不可收拾。胥吏蚀蚀衙门,为害百姓,被视为衙蠹。顺治八年上谕:"每官一出,必市马数十匹,招募书吏数十人,绍兴棍徒,谋充书吏,争竞钻营,未出都门,先行纳贿。"(《世祖实录》卷五十四)顺治十六年,给事中张维赤奏:"每岁年终,督抚衙门书办进见臬司,必后堂留茶,立饮一杯,各送银二十四两。堂堂臬司尚且如此,有司敢不畏之如虎乎?"(《丛书集成续编》)康熙三年,刑科奏:"往昔各省督、抚、按臣访拿衙蠹,追解赃赎银两,每岁多至数十万金,合天下计之,亦足稍许军储于万一。"胥吏贪贿之数,实在让人惊骇。统治者对之痛恨不已,却又无可奈何。"自大学士、尚书、侍郎以及百司庶尹,唯诺成风,皆听命于书吏。"(张际亮《送姚石甫之官司江南序》)

胥吏窃柄弄权决非出自偶然。以八股文为晋升之阶的官员,除了精于毫无用处的"制艺"以外,几乎不了解民情世故和刑名法例。而胥吏恰恰是以垄断法律条例方面的知识作为世业的,因此,"一遇疑难大事,(官)茫然无所措手,反委于幕府胥吏之手,欲不偾事得乎?"(《大清律讲义》)

司法程序中,升堂准备、堂供笔录、勘验现场、票差衙役及大量的司法事务文书填写、各级衙门部务管理、收藏整理档案……这些辅助性公务一般由刑书主持,其重要性不言而喻。

幕友是官员以私人名义聘请的顾问、帮办,常常是官员的师友。在协助官员审案方面,能起举足轻重的作用,尤其在用律量刑上,有相当的影响力,所谓"佐官为治",甚至"代官出治",俗有"绍兴师爷"之称。同时,案卷、公牍在上下级幕友或刑书间呈报批答,其中"彼此关照、作弊营私、高下其手"之事层出不穷。

清代各级官署还普遍使用一种贴身奴仆:长随,以帮办公务。他与刑书、幕友的区别在于:幕友在署内检议批拟,刑书在科房办理文稿,而长随则在官、幕、吏之间往来传答,在某种程度上也能产生一定的司法作弊功效。不少地方官员把长随倚为心腹,使他们很容易介入司法公务。

清代流行一句谚语:"随你官清似水,难逃吏滑如油。"当时各种案例中,胥吏利用职务之便,收受贿赂,营私舞弊之事,不胜枚举,更何况许多官员要么麻木不仁、贪图安乐,要么残忍暴虐、贪财索贿。官与吏之间经常是狼狈为奸,上下其手,这一司法弊病,便成为当时造成各类冤狱的重要因素之一。

同样,刑讯逼供也是清代司法最大的弊端之一。按照清律,刑讯是合法的,常用刑具有笞、杖、枷,命盗重案可用夹棍、拶子,此外拧耳、跪链、压膝、掌嘴也是法定刑种。杖本是轻刑,但在执行中常常可以立毙人命。乾隆二年(1737 年),广东海关监督郑伍赛奏疏:"下贱胥役止知图财,罔顾天理更比比皆是,遂其欲,责宜重而返轻;弗其意,责宜轻而独重。诚所谓有钱者生,无钱者死,爱之欲生,恶之欲死,高下随便,操纵自如。弊难擢举,势难禁遏,往往见行杖之下,立毙人命。"(《朱批奏折档案》)合法的刑讯尚且如此,不必说滥刑了。

当时自立名目的酷刑及其惨无人道的状况,在档案与史籍中不乏记载。《大清律例》中加以禁止的非刑就有:联枷、脑箍、匣床、悬吊敲踝、大小夹棍等十余种。其他史籍中记的还有什么好汉架、魁点斗、饿鬼吹箫等。每年在刑讯中"拷毙"的人犯就达数万之众。

钓鱼执法明清两朝已存在。衙役门找个无赖,假装是逃犯,然后找好钓鱼的对象,装成逃荒人要求收留。一旦将人留下,衙役便随后就到。一个窝藏逃犯的罪名,足以让一个中产之家破产,这叫"活钓"。"死钓"就是用尸体讹诈。"色钓"是用妓女作诱饵。衙役一般只是想诈钱,并不想取人性命,而如果是官员设计钓鱼,就往往要害人命了。比如上述清初金圣叹一案,巡抚大人想杀这些秀才以儆效尤,便让落网的海盗去攀上这些秀才,然后说他们是一伙的,据说此案的罪名中就有一条为海盗内应,秀才们的脑袋也因此落地。

咸丰元年,太平天国起义爆发,惊恐万状的清朝统治者在武装围剿过程中,授予军官们"就地正法"的权力，以便放手镇压。曾国藩就提出，捕人"不必一一报官"，杀人"不必拘守常例"，且"决不以多杀为悔"，在局势稍微平静之后，"就地正法"也未能完全废除。《清史稿·刑法志》说："惟就地正法一项始自咸丰三年，时各省军兴，地方大吏，遇土匪窃发，往往先行正法，然后奏闻。"地方大吏获得前所未有的司法权，不必结案复核，更不必经过秋审，只要加上土匪罪名即可就地正法。这一权力甚至下到州县一级，使死刑基本失去控制，几乎每年都有几千人被法外屠杀。

　　清代各地监狱一般都分内、外监。强盗并斩，绞重犯俱禁内监，军流以下俱禁外监，再另置一室以禁女犯，但仍不敷用。因为在刑事诉讼中，除了当事案犯外，还有乡邻地谊，干连证人，甚至被害人亲属都要处处随审。按法律对这些人应取保候审或根本不用取保之类，仅传讯而已，但实际上，一经到官即被羁押。因把他们与犯人关在一起不妥，于是出现了所谓"班房"，其性质就是衙役私设的"看守所"。蹲班房最常见的是欠钱粮不交或欠租不交者，前者算是公事，把当事人押起来，在那个时代还算有道理；后者本是私事，但因豪绅在县太爷那里有面子，所以把人送来也照样关押。还有一些户婚、田土这样的民事纠纷，不服判决的人和不肯作证的证人都有可能被关进去。所以蹲班房的大多是没有罪的人，用今天的话来说，其实就是非法拘禁。

　　清代"班房"设置很普遍，一个县凡十余所，主要就是关押那些没法定罪又需要把他们关起来的人，其中也不乏衙门的人挟私报复，平白将人关押的情况，且羁押常常没有限期，完全以衙役的意志为转移。如道光年间，福建晋江等县的衙役欺谩县官不懂方言，班房"无论原被告，每押至八九百人，竟二三年不得见本官之面"（《清宣宗实录》卷一九一）。

　　道光二十八年（1848年），四川臬司张集馨讲到四川各地州县私设监狱的情况："卡房最为惨酷，大县卡房恒羁禁数百人，小邑亦不下数十人及十余人不等。甚至将户婚、田土、钱债细故、被证人等亦拘禁其中，每日给稀糜一瓯，终年不见天日。"（《道咸宦海见闻录》）对女关押者，甚至有逼令卖淫之事，实在暗无天日之极。

　　道光初年，四川监生陈乐生因被卷进一场官司，在各处衙门、监狱辗转了十余年。道光十四年(1834年),他向朝廷奏疏说:在巴县班房禁押七个月,该狱每年"牢死"两百余人,在华阳县拘押两个月,亲见"牢死"三十余人,尚有七十余人也将待毙,后充军途经湖北、安徽,情形与四川也无异。他推算四川全省每年"牢死"要达六七千人,安徽也要达三四千人,全国每年至少有数万人。清朝每年判死刑者大约三千多人,而瘐死狱中的无辜人犯竟达数万,远远高于死刑犯的数量,这一数字叫人触目惊心。可见,班房就是一个地方官吏公开地草菅人命的地方。

　　方苞在《狱中杂记》中,还记载了清代监狱中千奇百怪的敲诈勒索花样。首先如果你想要好点的生活待遇,就得花各式钱打点,否则便会吃尽苦头。牢里用刑,也是按给钱多少来定刑。死刑犯想要死得利索点,也要花钱打点,就是收尸也要花钱。甚至死刑犯能用钱买顶罪者,使自己得以脱身,官员即使发现也不敢追究。有些长期被关押的奸狡者,干脆就不出去了,与狱卒内外勾结,以这些手段害人、捞钱。